Karl May als Kara Ben Nemsi (Aufnahme Alois Schießer, 1896)

DIETER SUDHOFF
HANS-DIETER STEINMETZ

KARL-MAY-CHRONIK

BAND II
1897–1901

KARL-MAY-VERLAG
BAMBERG · RADEBEUL

KARL-MAY-CHRONIK

Band I: 1842 – 1896

Band II: 1897 – 1901

Band III: 1902 – 1905

Band IV: 1906 – 1909

Band V: 1910 – 1912

Begleitbuch mit Sigleverzeichnis

Redaktionsschluss Juli 2005

Bildnachweis:
Karl-May-Verlag

Herausgegeben von Lothar und Bernhard Schmid

Druck: Fuldaer Verlagsanstalt

ISBN 3-7802-0172-0

1897

1897. In der Villa "Shatterhand" wird ein Gästebuch eingeführt: *Sei uns willkommen, lieber Gast! / Du sollst hier mit uns hausen, / Und wenn Du einen Kummer hast, / So laß ihn ja nicht draußen! / Bring ihn nur immer mit herein; / Du darfst es ruhig wagen; / Wir wollen Dir behülflich sein / Und gern ihn mit Dir tragen. // Sei uns willkommen, lieber Gast! / Du sollst hier mit uns hausen, / Und wenn Du eine Freude hast, / So laß sie ja nicht draußen! / Bring sie nur immer mit herein, / Um sie mit uns zu theilen; / Wir möchten Deine Freunde sein, / Drum schreib hier ein paar Zeilen!* (XX A14f.)

1897-1898. Im Verlag E. O. Jordans Eftfl. in Kopenhagen erscheint in zwei Bänden eine erste, gekürzte dänische *Winnetou*-Ausgabe (may&co 100, 28-32).

01. Im Fehsenfeld-Verlag erscheint (mit einem "Porträt Old Shatterhands") verspätet der Roman *Old Surehand III* als Bd. XIX der "Gesammelten Reiseerzählungen" (plaul1 212; ued 204-210).

Frühjahr. Karl May komponiert zum *Ave Maria*, dem Sterbelied Winnetous, eine Partitur (wohl 766).

01.02. Das seit langem gespannte Verhältnis zu Wilhelm Spemanns Verlag verschlechtert sich. Mays jahrelanger Unmut über Spemanns schleppende Zahlungsweise bei gleichzeitigen ständigen Manuskriptanmahnungen führt zu dem Entschluss, sich von Spemann bzw. dem Union-Verlag zu trennen. Brieflich beklagt May sich über den mangelnden Erfolg der Union-Bände im Vergleich zur Fehsenfeld-Ausgabe. Angeblich spielt bei seiner Distanzierung auch ein (nicht zu datierender) Konflikt mit dem "Kamerad"-Redakteur Johann Alfred Kaltenboeck eine Rolle, der unter dem Pseudonym Max Felde Abenteuererzählungen im Stile Mays schreibt (*Die Helden des Westens* A64f.; mkmb 408). – Radebeul. Kirchenrechnungsführer Oskar

Theodor Schaale (1847–1909) gibt im Gemeindeamt zu Protokoll, "daß die Straßenbaubeiträge [für Mays Gartengrundstück] noch nicht bezahlt seien. Herr Dr. May habe zwar bezahlen wollen, da aber die anth. Beiträge noch nicht berechnet seien, wäre er einstweilen zurückgewiesen worden. Herr [Ortsrichter Franz F. A.] Rothe habe zur Ausmessung pp. und Berechnung Auftrag" (kmlpz 50, 5f.). – Schloss Kettenburg. Clemens Freiherr von der Kettenburg kündigt May für den 9.1. seinen Besuch an. Falls es May am 8.1. besser passe, sei auch dies möglich. Notiz Mays: *habe telegraphirt.*

01.03. Sonntag.

01.05. Erster Besuch des Dresdner Technikstudenten und späteren Bauingenieurs bei der Eisenbahn Max Moritz Welte (1877–1934; kmw VIII.6, 112f., 958f.) in der Villa "Shatterhand". Welte an seine Cousine Nana: "May empfing uns in dem Zimmer, welches andere Leute Salon nennen würden; da es aber einen solchen hier nicht gibt, so hat das Zimmer den poetischen Namen 'Emmas Harem' empfangen. [...] May ist [...] Feinschmecker und genießt manche Speisen nur dann, wenn sie von seiner Gattin eigenhändig zubereitet sind. Doch gönnt er seiner Gemahlin wöchentlich einigemale Ruhe, indem er im Hotel speist. Mays Weinkeller ist höchst exquisit und wird von dankbaren Lesern oft bereichert; oben an stehen die 'Deidesheimer Orgelpfeifen'. Nach Tische setzte sich May an's Klavier. Seine Frau spielt nicht, denn 'eine gute Hausfrau hat in Haus und Hof, und Küche und Keller zu viel zu thun, als daß sie viel Zeit zu dergleichen hätte, und unfertiger Dilettantismus ist mir verhaßt', pflegt May zu sagen. Er spielte Stücke aus seiner Oper 'Winnetou', an welcher er jetzt arbeitet. Sein Spiel zu beschreiben unterlasse ich, und ich fände auch keine Worte, aber jeder, der seine Komposition seines Liedes 'Ave Maria' kennt, der weiß, wie ergreifend seine Melodien wirken. Winnetou auf der Bühne? – warum nicht? Sollte sich unser Volk nicht danach sehnen, von den modernen Ehebruchsscenen und drgl. befreit zu werden?" (masch 77) Zusammen mit seinem Freund

und ehemaligen Mitschüler am Wettiner Gymnasium Hans Heinrich Walter Weber (1877–1958; kmw VIII.6, 128f., 484f., 894f., 958f.) und mit dem Seminaristen Ernst Johannes März (*1878; kmw VIII.6, 326f., 958f.) wird Welte ein "Trio" bilden, das noch oft zu Gast in Radebeul ist, u. a. zu Skatrunden und spiritistischen Sitzungen. Später wird May Welte zu Unrecht des Ehebruchs mit seiner Frau verdächtigen: *Meine Frau nahm sich seiner sehr weiblich an.* [...] *Sie verkehrte viel mit ihm und erzog ihn so, daß er mir seine Schwärmerei entzog, um sie ihr hinüber zu tragen. Er himmelte sie an. Es war ihm eine Wonne, von ihr gequält und zu den niedrigsten Handreichungen verwendet zu werden. Ich duldete es, weil ich dadurch entlastet wurde und Ruhe bekam. Aber sie trieb es zu arg. Wenn ich mit ihr in die Stadt fuhr, stand dieser Mensch am Bahnhof, um ihr eine Blume zu überreichen. Ich hatte ihn dann einzuladen und freizuhalten. Wenn ich in der Stadt mit ihr essen wollte, saß er, während wir die Restauration betraten, schon da, uns zu erwarten. Natürlich aß er mit! Das wurde immer auffälliger. Offenbar benachrichtigte sie ihn hinter meinem Rücken, denn er wußte nur dann, daß wir kamen, wenn ich es ihr so zeitig gesagt hatte, daß die Zeit reichte, ihm einen Wink zu geben* (*Frau Pollmer* 857f.). – Stuttgart. Wilhelm Spemann antwortet auf Mays Brief vom 2.1.: "Was nun Ihre Klage betrifft, daß Ihre Arbeiten bei uns kein Publikum hätten und bei uns nicht gingen, während Sie mit Ihren alten Veröffentlichungen bei Fehsenfeld die größten Erfolge hätten, so dürfen wir Sie ergebenst darauf aufmerksam machen, daß es ein erheblicher Unterschied ist, ob man für ein [...] aristokratisches Jugendpublicum in Bänden zu 7 Mark publiciert – oder ob man populäre Bändchen, die sich an die weitesten Leserkreise wenden sollen, bringt. Sie werden es nicht für paradox halten, wenn ich Ihnen sage, daß ein Theil der Gangbarkeit der Fehsenfeldschen Publicationen ihre Erklärung und eine Stütze darin findet, daß unsre Jugendschriften in noblem und etwas theurem Gewande auftreten müssen. Daß ich die Verlagsübernahme Ihrer Reiseerzählungen früher abgelehnt haben soll, ist meinem Gedächtnis total entschwunden, jedenfalls haben Sie doch wohl durch unseren Generalvertrag den deutlichsten Beweis vor Augen, daß es mein ausgesprochener Wunsch war, mit Ihnen eine feste Verbindung zu knüpfen. Zu wiederholten Malen haben wir immer wieder angefragt, wie es denn mit dem längst geplanten 'Weltläufer' stehe und ob es immer noch nicht möglich sei, an dieses Unternehmen heranzugehen. Zuletzt haben wir vor 3 Jahren über diese Dinge correspondirt und es hat lediglich an Ihnen gelegen, daß wir mit unsrer Sache nicht vorwärts gekommen sind. Ich glaube, wenn Sie mal den Versuch machen würden, was es heißt, wenn unsre ganze große Organisation sich für diesen Plan ins Zeug legt, so würden Sie keine schlechten Erfahrungen machen und bin auch überzeugt, daß sich ein Weg finden läßt, Ihnen ein etwas höheres Honorar zu bewilligen" (*Die Helden des Westens* A65).

01.08. Clemens von der Kettenburg besucht May abends erstmals in der Villa "Shatterhand" und schenkt ihm ein Porträtfoto von sich (kmw VIII.6, 212f.). Kettenburg, "Vor 36 Jahren": "Es mochte ungefähr 6 Uhr abends sein, als ich die Schwelle der Villa 'Shatterhand' betrat; gleich darauf stand ich Karl May gegenüber, der mich mit großer Herzlichkeit willkommen hieß. [...] Seine Frau sorgte für eine Stärkung, und so verging die Zeit nur zu rasch. Ausgezeichnete Zigarren und eine Flasche der 'Perle von Deidesheim' erhöhten die Gemütlichkeit, und die humorvolle Unterhaltung des Hausherrn tat das übrige. Natürlich mußte er mir seine berühmten Waffen zeigen; leider war der Henrystutzen nicht zur Hand, doch Silberbüchse und Bärentöter waren da, und ich erkannte mit Staunen, daß Old Shatterhand diesen mit offenbarer Leichtigkeit handhabte. [...] Während ich dann auf seinen Wunsch für sein Gästebuch ein Gedicht verbrach [vermutlich eine Erinnerungstäuschung; überliefert ist ein Gedichteintrag vom 9.10.], setzte er sich im Nebenzimmer ans Klavier und gab verschiedne Musikstücke zum besten, darunter auch das 'Ave Maria'. Es waren erhebende und genußreiche Stunden, die ich an diesem Abend in der Villa

'Shatterhand' verbrachte; die Zeit verging leider nur zu schnell, und ehe ich's gedacht, war es Mitternacht geworden und damit für mich höchste Zeit zum Aufbruch. Zum Abschied schenkte mir Karl May drei Photographien von sich als Kara Ben Nemsi und als Old Shatterhand mit seiner Unterschrift und begleitete mich schließlich noch an die Bahn" (kmjb 1933, 436f.). Der Freiherr wird seiner Bekannten Anna Elisabeth von Jankovics mitteilen, dass May vorhabe, im Sommer nach Tirol zu reisen; die Gräfin wird May daraufhin in einem undatierten Brief an den "viel schönen, blauen Achensee" einladen.

01.10. Sonntag.

01.14. Die Redaktion des "Guten Kameraden" an May: "Bei Ablieferung Ihres letzten Beitrages 'Der schwarze Mustang' hatten Sie die Freundlichkeit, uns eine weitere Erzählung für den 'Guten Kameraden' in Aussicht zu stellen. Zu unserm Bedauern haben Sie aber seither nichts mehr davon vernehmen lassen" (*Die Helden des Westens* A65).

01.17. Sonntag.

01.18. Mokritz/Krain (Mokrice, Slowenien). Der junge und seit drei Monaten kranke Friedrich Freiherr von Gagern (1882–1947), der später selber als Autor u. a. von Amerikabüchern hervortreten wird, hat Mays "unübertreffliche Reiseromane" gelesen und stellt einige Fragen. Er möchte wissen, was aus Hadschi Halef Omar und Omar Ben Sadek geworden ist, in welcher Zeit *Old Surehand* handelt und wie May in den Besitz von Sam Hawkens' "Liddy" gekommen ist. Nicht zuletzt interessiert ihn, ob May mit "Old Shatterhand" im *Silbersee* und im *Bärenjäger* sich selbst meint.

01.20.(?) Um May endgültig wieder mit dem "Deutschen Hausschatz" zu versöhnen, ist Friedrich Pustet jun. (1867–1947), der Sohn des Verlegers, nach Radebeul gereist (XXV N28). "Meine Erinnerungen an Karl May": "Eine Beratung innerhalb der Geschäftsleitung zeitigte den Entschluß, daß einer von uns raschestens zu Karl May fahren solle, um ihm wahrheitsgemäß den Fall aufzuklären und ihm die Versicherung zu geben, daß keiner der beiden Chefs [Friedrich und Karl Pustet] die geringste Ahnung von der Abänderung Karl May'scher Manuskripte besessen habe. Außerdem sollte ausgesprochen werden, sich in Zukunft jeder Kritik und selbständigen Abänderung der einlaufenden Manuskripte zu enthalten. Als Vertreter der Firma wurde ich selbst für diese etwas heikle Mission bestimmt und sollte, nach telegraphischer Ankündigung bei Karl May, am nächsten Tage zu ihm fahren. Als ich von Dresden aus seine Villa erreichte, fand ich ihn in seinem riesigen Arbeitszimmer vor einem mit einer Überfülle von Schriften, Reiseprospekten, Büchern und Karten bedeckten Schreibtisch in naheliegender Aufregung. Unsere Unterhaltung verlief aber doch leidlich angenehm und endete mit meinem feierlichen Versprechen, daß unser Schriftleiter Heinrich Keiter bereits strengste Anweisung zur Unterlassung aller derartigen Privatkorrekturen erhalten habe. Karl May zeigte mir alsdann die reiche Sammlung seiner Reise- und Jugenderinnerungen und war sogar so entgegenkommend, mich für den Abend des gleichen Tages zu Tisch einzuladen, an welchem auch ein ihm befreundeter Legationsrat aus Rio de Janeiro teilnehmen sollte. Ich sah in den Räumen von Karl Mays Villa all die aus seinen Indianergeschichten reichlich bekannten Gegenstände, den massiven Bärentöter, die kostbare Silberbüchse, Trophäen von Geweihen, exotische Tierfelle. Außerdem erklärte er mir die Schätze seiner reichhaltigen Bibliothek an geographischen und Reise-Werken, welche vom Fußboden bis zur Decke die Wände seines großen Arbeitszimmers bedeckten. Der Abend, bei welchem natürlich auch seine Frau anwesend war, verlief recht unterhaltend, bis plötzlich Karl May in hämischer Weise dem Legationsrat von dem geschäftlichen Zwischenfall erzählte und ihn aufforderte, sich diesen jungen Verleger recht genau anzuschauen, der sich nicht scheute, ihm in seine Manuskripte hineinzukorrigieren und ihn damit bei der Öffentlichkeit zu blamieren. Ich bat den Hausherrn, doch jetzt bei Tisch, wo wir auch durch die Anwesenheit des

Herrn Legationsrat so viel interessanten Gesprächsstoff über fremde Länder zur Verfügung hätten, nicht noch einmal die bereits erledigte Sache aufzugreifen, nachdem Karl May und ich doch schon am Morgen des gleichen Tages über alle geschäftlichen Fragen genügend uns ausgesprochen hätten. Damit war dann der Fall auch erledigt; erst auf der Heimfahrt mit dem Vorortzug nach Dresden erzählte ich dem brasilianischen Gast von dem für uns so peinlichen Zwischenfall und meinte auch er, daß Karl May Unrecht getan habe, während der gemütlichen Tischunterhaltung noch einmal in so scharfer Form den Streitfall hervorzukehren" (kmg-Tagungsprogramm 1983).

01.22. May an Fehsenfeld: *Wollte schon am 20ten "Satan" III schicken; da kam Pustet. Er ist erst jetzt fort; darum erst heut der Band. "Auf fernen Pfaden" folgt binnen einer Woche.*

01.23. Innsbruck. Clemens von der Kettenburg, der ebenso wie sein älterer Bruder Philipp in Innsbruck studiert, dankt den Mays für die "so liebenswürdige Aufnahme" und die "vergnügten Stunden, die ich in Ihrem 'Wigwam' verlebte". May hat einen Besuch bei den Eltern auf Schloss Kettenburg und in Innsbruck zugesagt. Von Anna Elisabeth Gräfin Jankovics hat Kettenburg den Auftrag erhalten, Mays zu ihr an den Achensee zu bringen.

01.24. Sonntag.

01.26. May antwortet auf einen Brief des Wiener katholischen Schriftstellers und Redakteurs Franz Eichert (1857–1926), der ihn um einen "Abfall" aus seiner "litterarischen Werkstätte" für den "Kalender des Katholischen Schulvereines" gebeten hat. May gibt an, über keinen *Abfall* zu verfügen und stellt Eichert einen Beitrag *aus dem Ganzen* in Aussicht. – Friedrich Pustet jun. an May: "Noch unter dem Eindrucke der in Ihrem gastlichen Hause genossenen liebenswürdigen Gastfreundschaft und in angenehmster Erinnerung an die in Ihrer und Ihrer hochverehrten Frau Gemahlin reizenden Gesellschaft verbrachten Stunden möchte ich Ihnen und verehrter gnädiger Frau nochmals herzlichsten Dank für all Ihre Güte aussprechen und freue mich sehr, bei Ihrem in Aussicht gestellten Besuch hier Gelegenheit zu haben, mich einigermaßen zu revanchieren. Die Familie meines Onkels Carl, sowie Herr Keiter & Meissner erwidern Ihre freundlichen Grüße bestens. Herr Keiter, der sich für die Folge jedes literarischen Eingriffs in Ihre Manuskripte enthalten wird, beginnt im 8ten Heft des 'Hausschatz' mit Ihrer neuen so sehnlichst erwarteten Reiseerzählung 'Im Reiche des silbernen Löwen' [...]. Hoffentlich erfreuen Sie uns recht bald mit der Fortsetzung des hochinteressanten Manuskripts. Den Artikel des Herrn Professor Brand [nicht erschienen], sowie 2 Compositionen Ihres Ave Maria sende ich Ihnen beigeschlossen laut unserer Besprechung zu und bin begierig, Ihr Urteil darüber zu hören. Die Leser dürften an dem interessanten Einblicke in Ihre Häuslichkeit und Ihr Thun und Treiben in der Brand'schen flotten Schilderung großen Gefallen finden." May hat eine Reiseerzählung für den Marienkalender 1899 in Aussicht gestellt. "Gestatten Sie mir noch, der heutigen Sendung für Ihre hochverehrte Frau Gemahlin die beiden versprochenen [Sebastian] Kneipp'schen [1821–1897] Werke 'Mein Testament [für Gesunde und Kranke, 1894]' und 'Codizill hiezu' [1896] mit verehrungsvollsten Empfehlungen, für Ihre persönliche Bibliothek aber das 'Türkische Verdeutschungswörterbuch', allerdings vom Jahre 1828, beizulegen".

01.28. Berlin. Prof. Ludwig Freytag, der seit 1893 Mays Reiseerzählungen regelmäßig im "Central-Organ für die Interessen des Realschulwesens" besprochen hat, wendet sich erstmals mit einem verehrungsvollen Brief an den Schriftsteller, dessen Werke seiner Überzeugung nach dann noch "praktisch fortleben, d. h. gelesen werden, wenn die [Ernst von] Wildenbruch [1845–1909] und die [Henrik] Ibsen [1828–1906] und die [Gerhart] Hauptmann [1862–1946] etc etc längst in den Literaturgeschichten wesenlos spuken".

01.31. Sonntag.

02.-06. *Im Reiche des silbernen Löwen* (1. Teil *Die Rose von Schiras. Einleitung*) erscheint im "Deutschen Hausschatz". Es handelt sich um jenen trotz des orientalischen Titels im Wilden Westen spielenden Text, den May schon im Herbst 1893 verfasst hat (plaul1 216-218; wohl 766).

02.02. May schickt Manuskript zu *Auf fremden Pfaden* nach Freiburg: *Ja, ich werde es möglich zu machen suchen, eher nach Stuttgart zu kommen. Da ich vorher nach Regensburg reise und meine Frau mitgeht, wäre es mir lieb, wenn Sie die 17000 schon am 10ten senden könnten, weil wir am 15ten nicht mehr daheim sind.* Die Reise wird sich bis Mai verzögern.

02.07. Sonntag. China, Süd-Schantong, Jentschaufu. Der Steyler Missionar Franz Bartels (1859–1928) bittet May nach der Lektüre der *Freuden und Leiden eines Vielgelesenen*, ihm zu einem Harmonium für die Missionskapelle zu verhelfen, das der "Hebung und Verschönerung des Gottesdienstes" dienen soll; er legt einen Katalog bei.

02.09. Radebeul. Der Bauausschuss befasst sich mit einem "Schuppenbau-Vorhaben des Dr. May in seinem Gartengrundstück an der Kirchstraße" und erinnert noch einmal: "Die erfolgte Bezahlung der Anliegerbeiträge zur Kirchengemeindekasse ist nachzuweisen" (kmlpz 50, 6).

02.14. Sonntag.

02.15. May an den jungen Leser Michael Oppenheim (1885–1963) in Mainz: *Da ich tausende von Briefen meiner Leser zur Beantwortung hier liegen habe, kann ich Ihnen leider nur kurz sagen, daß Droll und Hobble-Frank jetzt unter sehr guten Verhältnissen leben. Wenn Sie mich besuchen, werde ich Ihnen Alles zeigen, was Sie zu sehen wünschen* (kma 3, 7f.). – May an einen jungen Leser Staden in Amsterdam: *Obgleich mehrere Tausend Briefe meiner Leser hier liegen, welche ich alle in der Reihe, wie sie eingegangen sind, zu beantworten habe, sollen Sie doch sofort diese Zeilen erhalten, weil Sie mir so lieb schrei-*

ben. Ich möchte Sie um Erfüllung einer Bitte ersuchen, über welche Sie aber einstweilen recht verschwiegen sein müssen! Der Photograph in Urfahr-Linz darf nämlich nur Bilder mit meiner eigenhändigen Unterschrift verkaufen; thut er es ohne diese Unterschrift, so betrügt er mich um das Geld. Nun geht aus Ihrem Briefe hervor, daß Sie Photographien ohne meinen Namenszug erhalten haben. Sie können sich meine größte Dankbarkeit erwerben, wenn Sie die Güte haben, mir bei der Entlarvung dieses Betruges behülflich zu sein. Bitte, senden Sie mir die nicht unterschriebenen Photographien sofort ein; ich schicke Ihnen andere dafür. Wenn May *im Frühjahre nach Köln* kommt, will er sich *persönlich* bedanken. – *Old Shatterhand* an den *Studiosus* Ernst Graf und seine Freunde in Bendorf am Rhein: *Hier send ich Euch Sieben diese / Freundschaftlich gewünschten Grüße. / Ich bin dankbar für die Euern; / Das will ich Euch gern betheuern. / Eure Biereskarte war / Nummer Achtzig dieses Jahr; / Aber leert nicht zu viel Gläser, / Und bleibt mir getreue Leser! / Denn, wenn mildre Lüfte wehen, / Sollt Ihr mich in Bendorf sehen, / Und ich werde mit Entzücken / Euch die vierzehn Hände drücken.*

02. Laut Mays Brief an Emil Seyler vom 10.3. hält May sich mit Emma mehrere Tage in Berlin auf: *Der Aufenthalt dort war blos auf zwei Tage berechnet, dehnte sich aber über eine Woche aus, weil uns meine dortigen Leser nicht fortließen. Keine einzige Nacht vor 3–4 Uhr schlafen!!!* (masch 233) In dieser Zeit vermutlich undatierte Karte aus Berlin an Familie Seyler: *Es ist bald nicht mehr zu begreifen, / Wie dick 's hier schneit, nur Schnee, nur Schnee! / Drum thun uns nach den Orgelpfeifen / Die Herzen ganz gewaltig weh. / Nicht eine Amsel ist zu sehen; / Hier pfeift kein Finke und kein Staar, / Drum wird's nach Deidesheim nun gehen / So gegen Ende Februar!* (gus 23)

02.20. Vermutlich ist Fürst Hugo von Windisch-Grätz (Wien, Schloss Haasberg) zu Gast in der Villa "Shatterhand" (Widmungsfoto "Als Erinnerung an den für mich so erfreulichen Besuch des Sg. Dtor Karl May").

02.21. Sonntag.

02.23. May weist dem Gemeindeamt Radebeul nach, dass er anteilige Straßenbaubeiträge in Höhe von 275 Mark 40 an die Kirchengemeindekasse Radebeul bezahlt hat. Daraufhin kann Baumeister Gustav Ludwig Ziller das Gartengrundstück Mays einfrieden (kmlpz 50, 6).

02.24. Stuttgart. Dr. Theodor Freund, der Direktor der Union Deutsche Verlagsgesellschaft, an May: "Wir sind [...] hier übereinstimmend der Ansicht, daß unsere beiderseitige Absicht sich am erfolgreichsten ausführen lassen werde, wenn wir unsern ursprünglichen, ja bereits vertragsmäßig festgelegten Plan wieder aufnehmen: den Weltläufer. Die Idee ist so hübsch, paßt so ausgezeichnet in Ihre Richtung und hebt sich dabei doch in entsprechender Weise von Ihrer seitherigen Romanserie ab, sodaß wir in der That der festen Ueberzeugung sind, der 'Weltläufer' werde die erfolgreichste Ihrer Schöpfungen werden, vorausgesetzt natürlich, daß wir beiderseits das Werk richtig anfassen u. ausführen" (*Die Helden des Westens* A66). – Einsiedeln. Der Verlag Eberle & Rickenbach mahnt dringend eine versprochene Marienkalender-Geschichte (*Mutterliebe*) an: "Hätten wir nur wenigstens Bericht, bis wann wir Ihr Manuscript erhalten werden!"

02.25. Karl Mays 55. Geburtstag.

02.26. Einsiedeln. Der Verlag Benziger & Co. fragt an, ob May nicht einmal einen "Reise-Roman" für die Monatsschrift "Alte und Neue Welt" schreiben wolle.

02.27. May erhält von der Union eine Vorausschätzung des Honorars für die Erstauflage der Buchausgabe des *Oelprinz* (703 Mark für 3000 Exemplare), die ihn erheblich verstimmt (*Die Helden des Westens* A66). – München. Hauptmann Freiherr Hans von Laßberg (1854–1952), der Kämmerer (und ab 1898 persönliche Adjutant) Prinz Ludwigs von Bayern (1912 Prinzregent, 1913-18 König Ludwig III., 1845–1921), schreibt im

Auftrag der Prinzessinnen Wiltrud (1884–1975) und Helmtrud von Bayern (1886–1977), der Töchter des Prinzen und der Prinzessin (geb. Erzherzogin) Marie Therese geb. von Österreich-Este (1849–1919), einen Fragebrief an May: "1) Sind Sie wirklich Old Shatterhand? 2) Welche von den Westmännern haben gelebt? 3) Ich begreife nicht, daß Winnetou in der Geschichte 'Winnetou' ermordet worden ist, wenn er im 'Schwarzen Mustang' wieder vorkommt. 4) Waren Sie wirklich in Amerika? 5) Bitte viele Grüße an Droll und Hobble-Frank, wenn sie leben." Da der Hauptmann nur von "2 Kindern" schreibt, vermutet May in den Fragestellern *bayrische Prinzen*. Eine Antwort bleibt vorerst aus.

02.28. Sonntag. May widmet ein Nunwarz-Foto, das ihn in seinem Arbeitszimmer zeigt, Lisbeth Felber: *Meinem Lisbethel* (Karl-May-Museum, Radebeul).

02. Unter dem Pseudonym L. Schlesier veröffentlicht Franz Langer (der aus Bennisch in Österreichisch-Schlesien stammt) im März-Heft der Marienzeitschrift "Ave Maria!" (Wels: Dombauverein Linz) eine kurze Skizze über "Dr. Karl May und sein herrliches 'Ave Maria'", in der er aus einem Brief des "Laien-Missionärs" zitiert: *Fehsenfeld wird diesen falschen Titel* ["Reise-Romane"] *nächstens auch streichen. Ich schreibe nicht Romane, denn was ich erzähle, das habe ich – wirklich alles erlebt.* Mays Gedicht wird "mit Erlaubnis des Verfassers und des Verlages Pustet aus dem 'Hausschatz' abgedruckt".

03. Ludwig Freytag veröffentlicht im "Pädagogischen Archiv" eine Rezension von *Old Surehand III* und *Satan und Ischariot I.*

03.07. Sonntag.

03.10. May an Emil Seyler: *Fast alle Nächte Manuscript schreiben und täglich Leserbesuche von früh bis zum Abend, darunter Herrschaften, welche 3–5 Tage als Gäste bei mir wohnten!* [...] *Ich bedarf der Erholung nur zu dringend, kann aber doch nicht eher fort, als bis mein neuer Garten angelegt ist, und ha-*

be bis Ende April noch über 3000 Seiten "Im Reiche des silbernen Löwen" und 1200 Seiten "Scheitana" zu schreiben. Dann aber geht es unbedingt fort, nach Berlin, Hamburg, Bremen, Leer, Hannover, Münster u.s.w. Köln, Deidesheim, Stuttgart, Regensburg, München, Innsbruck, Salzburg, Wien, Ungarn etc. Eine Erholung wird das aber auch nicht, denn ich habe da überall Vorträge zu halten und die Salamander der verschiedenen Studentenschaften mitzureiben. Dabei mache ich diese lange Tour nur, um endlich wenigstens den gesellschaftlich Hervorragendsten unter den Hunderten, welche mich eingeladen haben und längst mit Ungeduld erwarten, zu Willen zu sein. Lange kann ich mich da freilich bei Niemandem verweilen, oft höchstens nur ein halbes Stündchen. Ich werde wohl müder nach Hause kommen, als ich von hier fortgehe. [...] *Sind meine lieben Orgelpfeifen noch gut bei Ton? Oder klingen sie verstimmt, weil // der vielgeplagte Onkel, / welcher schreibt Nachts, wenn es donkel / und gar auch die oft genannte / reiselustge Emmatante / im Ballon bei günstgem Wind / heut noch nicht gekommen sind? // Ich verstehe mich etwas auf das Orgelstimmen und werde, wenn der May mit dem Mai bei Ihnen eingezogen ist, den Schaden auszubessern versuchen* (masch 233-235). Grüße gelten hier und später auch Maria Giantini (*Fräulein Schantini, die Orgelschlägerin*), der Hauslehrerin der *Orgelpfeifen* (mkmg 28, 7).

03. Im Fehsenfeld-Verlag erscheint die Buchausgabe *Satan und Ischariot II*, die den "Hausschatz"-Text *Krüger-Bei* enthält, als Bd. XXI der "Gesammelten Reiseerzählungen". Das von Heinrich Keiter gestrichene Kapitel *In der Heimath* fehlt auch in der Fehsenfeld-Ausgabe, obwohl May es hätte einfügen können (plaul1 219; ued 217-219).

03.14. Sonntag.

03.19. Wien. Der Redakteur Franz Eichert antwortet verspätet auf Mays Angebot vom 26.1. und bedauert, dass es zu keiner Veröffentlichung im "Kalender des Katholischen Schulvereines" kommen könne, da der Herausgeber nicht bereit sei, ein finanzielles "Opfer" zu bringen.

03.20. May an den Insassen einer Blindenanstalt im Elsass: *Mein lieber Freund! Ja, so nenne ich Sie, obgleich ich Sie noch nicht gesehen habe und Sie mich nur aus meinen Werken kennen; aber das ist genug, denn ich bin so glücklich, von Jedem, der ein Buch von mir gelesen hat, als Freund betrachtet zu werden. Das ersehe ich aus den täglichen Besuchen und der schier überwältigenden Zahl von Briefen, welche ich von meinen Lesern erhalte. Jetzt habe ich über fünftausend Zuschriften hier, welche alle beantwortet werden sollen, und zwar von meiner eigenen Hand, so wünscht man es. Ich thue das, natürlich in der Reihenfolge, in welcher sie eingegangen sind. Auf diese Weise würden Sie erst nach Monaten eine Antwort erhalten, und so lange möchte ich doch grad Sie nicht warten lassen; ich schreibe Ihnen also gleich heut. Ich will Ihnen sagen, daß ich mich über Ihren Brief recht herzlich gefreut habe; giebt er mir doch Nachricht davon, daß das seelische Licht, welches meine Werke verbreiten sollen, auch Denen erglänzt, denen es leider versagt ist, sich an den Strahlen des irdischen Lichtes zu erfreuen. Da Sie die drei Bände "Old Surehand" noch nicht zu kennen scheinen, schicke ich sie Ihnen als Geschenk von Ihrem Old Shatterhand. Aus dem ersten Bande werden Sie ersehen, daß ich auch blind gewesen bin und also sehr wohl weiß, welche herrliche Gottesgabe den lieben Zöglingen Ihrer Anstalt versagt worden ist. Mein Herz bringt Ihnen das aufrichtigste, tiefste Mitgefühl entgegen; aber ich weiß auch, daß Sie einen großen Vorzug besitzen vor Allen, welche sehen können: durch die Unempfindlichkeit der Augen werden nicht allein die andren körperlichen Sinne geschärft, sondern auch der Geist, die Seele gewinnt an Fähigkeit, jenes höhere, himmlische Licht zu erkennen, welches ewig leuchtet und niemals wie hier unsere Sonne untergehen wird. Das ist die große, unschätzbare Entschädigung, mit welcher Gottes Liebe Sie belohnt, wenn Sie es gelernt haben, die Ihnen auferlegte Prüfung mit vertrauender*

Geduld zu tragen. Es ist möglich, daß ich einmal nach dem schönen Elsaß komme; dann werde ich Ihre Anstalt unbedingt mit besuchen und, falls es mir erlaubt wird, Ihnen einen Vortrag halten. Ich freue mich darauf. [...] *Ich schreibe jetzt drei neue Bände einer Reise, welche ich mit Hadschi Halef durch Persien gemacht habe. Wenn die Bücher fertig sind, werde ich sie Ihnen senden. Auch die drei Bände "Im Lande des Mahdi" schicke ich Ihnen gern, wenn Sie sie noch nicht haben.* [...] *Der berühmte österreichische Feldmarschall-Lieutenant Baron von Scholley, welcher kürzlich auch erblindet ist, schrieb mir vor einigen Wochen: "Ich wollte an Gott verzweifeln; aber Ihre Bücher gaben mir den verlorenen Glauben wieder.* [...]*" So wie dieser Offizier, müssen auch Sie, lieber Freund, und müssen alle Ihre Kameraden Ihre innern Augen erheben zu den Bergen, von denen die einzig wahre Hülfe kommt.*

03.21. Sonntag. Parade in der Radebeuler Kirche anlässlich des 100. Geburtstags von Kaiser Wilhelm I.

03.22. *Redlich-Haus.* [...] *Kaisers 100jähriger Geburtstag.* Gedicht *Blind* (*Blind und doch sehend*, in *Himmelsgedanken* 114f.) (küh 436-438). Im Redlichhaus in Dresden, Eingang Ringstraße, ist neben einem Restaurant auch Fuhrmann's Kaiser-Panorama untergebracht, das in dieser Woche Ansichten von Neapel und vom Vesuv, von Pompeji, der Insel Capri und Ischia zeigt. – Vermutlich nimmt May an einer der Radebeuler Gedenkfeiern zum Kaiser-Geburtstag teil, die um 19.30 Uhr im Hotel Vier Jahreszeiten und in der Goldenen Weintraube stattfinden ("Radebeuler Wochenblatt" 13. u. 20.3.).

03.23. München. Freiherr Hans von Laßberg wiederholt seine Fragen vom 27.2. auf einer "Antwortkarte".

03.26. May an Fehsenfeld: *Ueber die Prachtausgabe sprechen wir im Mai persönlich. Bezüglich der englischen Uebersetzung hat es vielleicht auch bis dahin Zeit. Der Englishman wird jedenfalls ein gutes Geschäft machen. Sie wissen, daß ich Contract mit Spemann habe; ich hoffe, jetzt von ihm loszukommen.*

Dem guten Manne ist es eingefallen, mich von oben herab zu haranguiren, weil ich nichts für ihn schreibe; ich habe ihn aber kalt gestellt. Wenn ich Alles leiden kann, nur diese affectuirte Vornehmthuerei nicht. Es ist natürlich blos der Neid! Er schickte mir vorher seinen Director (H. Freund), um eine Bestellung von 6 neuen Bänden und große Honoraranerbietungen zu machen, und ich habe mich mit keiner Zeile darüber geäußert. Das ärgert ihn gewaltig. Ich bin nicht Derjenige, der große Freudensprünge macht, wenn die durchlauchtigste "Union" sich einmal in Gnaden zu ihm herniederläßt. Bitte, dies als vertraulich zu behandeln! [...] *Gehen Sie zur Buchhändlermesse nach Leipzig? Ich möchte hin, um mir dort meinen Herrn Spemann zu kaufen. Dann bin ich die geistige Sklaverei los, was auch Ihrem Verlage Vortheile bringen wird. Wünschen Sie außer "Auf fremden Pfaden" einen interessanten Weihnachtsband?*

03.27. Einsiedeln. Der Verlag Eberle & Rickenbach erbittet die versprochene Marienkalender-Geschichte (*Mutterliebe*) dringend bis Mitte April, weil man wegen neuer Zolltarife in Amerika sonst "schweren finanziellen Schaden" erleide.

03.28. Sonntag.

Frühjahr. Dr. Fr. Amroth ist mit einem Freund zu Besuch in der Villa "Shatterhand": "Wir saßen dem Dr. May und seiner treuen Gattin am Tische gegenüber und plauderten nach Herzenslust über Mancherlei. Daß natürlich May und seine Werke den allergrößesten Teil der Unterhaltung ausmachten, liegt auf der Hand. Mit entzückender Offenheit, die seinem ganzen Character eigen, erzählte er bald eine Episode aus diesem, bald aus jenem Lande. Oft waren sie uns liebe Bekannte aus seinen Schriften, zuweilen waren sie neu und es mutete uns ganz eigenartig an, diese Erzählungen zu hören, die so leichtlich dahersprudelten, als beträfen sie die einfachsten Sachen der Welt, obschon sie Erlebnisse der gefährlichsten Natur oft enthielten. Ich will noch einmal nach Amerika, womöglich noch diesen Sommer. Bevor sie ganz alle werden, will ich mir einen Grissli schießen. [...] Neunzehn Jahre reisen, wie May sagt, immer abseits der Heerstraße, mögen ihren Einfluß auf seinen eisernen Körper ausgeübt haben. Aber der Wille, der Geist ist sicher nicht, weder von Strapazen früher, noch von zunehmendem Alter oder von seiner angestrengten schriftstellerischen Thätigkeit angegriffen. Mit welchem Feuer weiß May zu erzählen, wie leuchten die Augen, wenn er auf seinen rothen Freund, seinen Winnetou, zu sprechen kommt! Und wie überschleicht eine unaussprechliche Rührung sein energisches Gesicht, gedenkt er des Todten. [...] Wie sie alle aufleben die Gestalten seiner Werke, im Erzählen! Sie haben alle gelebt und leben zum Teil heute noch, sprach May! Ich schildere Keinen, den ich nicht gekannt habe. Hadschi Halef z. B. ist heute Oberscheik der Haddedihn. Nicht weit von mir wohnt Hobbelfrank und wenn Sie den sprechen hörten, würden Sie ausrufen: 'Ganz genau, wie May ihn sprechen läßt!' Auch die Erlebnisse, die ich schildere, sind alle wahre. [...] Die Zeit läuft! Als ich 19 Jahre alt war, begann ich meine Reisen und mit wenig Unterbrechung bin ich bis zu meinen 38sten Lebensjahre unterwegs gewesen. Da kehrte ich mit einem Pfeilstumpf im Rücken nach Deutschland zurück. Er war mir in der Wunde abgebrochen, da ich verwundet vom Pferd fiel. Drüben konnten mich die Heilkünstler nicht curiren. Ich kam nach Dresden zu einem Arzt. Im Vorzimmer empfing mich ein kleines Mädchen. 'Die und keine andere wird deine Frau, wenn du wieder gesund bist, sagte ich mir!' Nach vier Wochen war ich gesund, 14 Tage darauf war das kleine Mädchen meine Frau, die da, die jetzt neben Ihnen sitzt. Seitdem ist das Reisen vorbei! – Sie läßt mich nicht mehr weg; aber einmal muß ich doch noch los." Abends begleiten Mays die Gäste zur Bahn ("Ein Besuch bei Dr. Karl May", Archiv-Edition Ib, H. 2, Bad Segeberg 1989, 6-10).

1897. Im Garten der Villa "Shatterhand" werden Lampionfeste veranstaltet. "Old Shatterhand" betätigt sich eigenhändig als Feuerwerker. Bisweilen gibt es Maskenfeste, bei denen May schon einmal als Tante Droll oder Emma als Old Shatterhand auftritt (plet 86). Gruppenaufnahmen von Gartenfesten zeigen Mays u. a. mit Plöhns, Wilhelmine Beibler, Louise Dietrich, Marie und Hans Grund, Alois Schießer, Leutnant Georg Peschel (kmw VIII.6, 332f.), Baumeister Paul Ziller, dem Cellisten Peter Stein (kmw VIII.6, 664f.) und dem Geiger Erdmann Warwas.

04. May schreibt nach wiederholten Mahnungen des Verlags Eberle & Rickenbach für den Jahrgang 1898 des "Einsiedler Marien-Kalenders" die Erzählung *Mutterliebe* (XXIII A40; jbkmg 1985, 220).

04.03. Einsiedeln. Der Verlag Benziger & Co. bittet um die Erlaubnis, Mays in "Benziger's Marien-Kalender" erschienene Erzählungen zu übersetzen und in den verschiedensprachigen Kalendern zu veröffentlichen.

04.04. Sonntag.

04.08. May an Max Welte: *Verzeihung, daß ich nicht eher schrieb; ich hatte nicht frei! Bitte, kommen Sie mit Herrn Weber morgen, Freitag, und richten Sie es so ein, daß Sie mit uns essen, also spätestens 1 Uhr hier eintreffen* (kmhi 4, 7, 33).

04.09. Besuch Max Weltes mit seinem Freund Walter Weber in der Villa "Shatterhand". Wie er seiner Cousine Nana später mitteilt, fallen ihm die "kleinen zarten Hände" Mays auf. Beim Essen im Weißen Roß (rich 228; hall 189f.; augl 96f.) habe May seine Gemahlin mit "vorzüglicher Hochachtung" bedient. Seine Lieblingsrose sei die Marschall-Niel-Rose [hochkletternde, zitronengelbe Rose mit kurzstieligen Blüten, benannt nach Maréchal Adolphe Niel, 1802–1869]. Auch sei May ein starker Raucher; als Kettenraucher verbrauche er nur ein Zündholz am Tag (masch 77f.).

04.11. Sonntag. Max Welte ist mit Walter Weber in der Villa "Shatterhand" und macht Fotos. May an Welte: *1ter Preis für das VIIIte sächsische Wettphotographieren* (kmhi 4, 8, 34). Ein undatierter Brief Weltes an Emma May bezieht sich vermutlich auf diesen Besuch: "Sie glauben nicht, wie leid es mir gethan hat, daß Sie meinetwegen so viel Umstände machen mußten. [...] Vielleicht nehmen Sie als Zeichen meiner Dankbarkeit die ersten fertigen Bilder". Weber hat May gegen Weltes "Wunsch und Willen" gefragt, ob er beim nächsten Fototermin seinen Freund Johannes März mitbringen dürfe.

1897.(?) May an Max Welte: *Lieber Herr Haupt- Ober- und Leibphotograph. Bitte machen Sie von den Gruppenbildern je sechs retouchirte. Könnte ich bis Sonnabend Abend eine oder vielleicht gar einige von jedem haben? Von Old Shatterhand je drei retouchirte, (ganze Figur) und 6 Brustbilder; mit diesen eilt es aber nicht so* (kmhi 4, 9, 34).

04. May bittet (laut "Allerlei von Karl May") den Arzt Gustav Adolf Wilhelm Hannes (1842–1914), den Vater von Marie Hannes, "um die Erlaubnis, 'auf einige Minuten bei uns anklopfen zu dürfen'. Er machte mit seiner Gattin eine lange Reise durch Österreich-Ungarn und Deutschland und wollte von Leipzig aus einen Abstecher in unser stilles Städtchen [Wernigerode] machen. Vater bat ihn natürlich, so lange bei uns anzuklopfen, wie er wolle, und versprach scherzend, ihm sogar aufzumachen! – Darauf erhielt ich folgendes Kärtchen: 'Für Dein Album, liebes Nichtchen – Senden wir hier dies Gedichtchen – Doch wir kommen selber bald – Denn es ist uns hier zu kalt – Laß das ganze Haus drum scheuern – Und den Saloon tüchtig feuern!'" (stein1 82) Notiz Mays: *Dr. Hannes schreiben. Entschuldigen, daß ich nicht geschrieben habe.*

04.12. Ernstthal. Tod des Schwagers Julius Ferdinand Schöne, Ehemann der zweiten Schwester Christiane Wilhelmine (plaul2). *Frau Pollmer* 934: *ein Schwager von mir, ein äußerst braver Gatte und Vater, der Mann grad meiner Lieblingsschwester, hat in seinen drei letzten Lebenswochen mit seiner ganzen Familie mit sechs Mark auskommen d. h. hungern müssen, ohne daß ich ein Wort davon erfuhr, weil* [Emma] [...] *die Nachrichten mit Hülfe ihres Doppelschlüssels unterschlug. Dann war er todt!*

Um ihre Familie durchzubringen, arbeitet Christiane Wilhelmine als Damenschneiderin. – Wernigerode. Marie Hannes an May: "Heut im Bette, / Überraschte mich die nette, / Wonnige Karte, die mich gleich, / Hob ins siebte Himmelreich – / Alle freuen wir uns mächtig, / Doch die andern mehr bedächtig. / Ich, ich sehne ihn herbei, Den geliebten Mai(y), (verzeih!)".

04.14. Mittwoch. May an Emil Seyler: *Heut z. B. habe ich von früh 9 Uhr an bis jetzt Besuch gehabt, und es ist 1 ½ Uhr Nachts; ich muß bis Freitag früh am Schreibtische sitzen.* [...]. *Also, Anfang Mai geht es fort, nach Hamburg, an den Rhein, zu Ihnen und dann weiter: Schweiz, Tirol, Oesterreich, Ungarn. Ich werde Ihnen meine Ankunft melden. Lange kann ich leider nirgends bleiben, denn es stehen mir zu dieser ganzen Reise höchstens sechs Wochen zur Verfügung; aber ich freue mich riesig auf Sie und die lieben Ihren. Was (den Wein) – die Reben – betrifft, so wird es wohl nun Zeit zum Pflanzen. Ich gehe auf Ihr freundliches Anerbieten ein, behalte mir aber vor, mit Ihnen persönlich darüber zu verhandeln, ob es opportun ist oder nicht, eine solche Sendung als Geschenk anzunehmen* (masch 236).

04.15. May an einen unbekannten Adressaten in Düsseldorf: *Es ist doch eigentümlich, daß, so weit die deutsche Zunge klingt und weit darüber hinaus, niemals ein Zweifel über mich und meine Werke verlautet und grad nur in dieser einen Stadt Düsseldorf der Streit über diesen Gegenstand erhoben wurde und kein Ende nehmen will. Wie viele Briefe sind mir da schon zugegangen! Ich beantworte sie gar nicht, denn bei den z. B. gegen 5000 Briefen, welche ich jetzt zur Beantwortung hier liegen habe, gibt es für mich keine Zeit, eine lange Epistel über etwas doch ganz Selbstverständliches zu schreiben. Sie aber sollen Antwort haben. Das Titelwort "Reiseromane" ist ohne meine Erlaubniß gesetzt (also falsch) und jetzt in "Reiseerzählungen" umgeändert worden. Ich bin wirklich Old Shatterhand resp. Kara Ben Nemsi und habe erlebt, was ich erzähle. Daß ich dabei, wie der Maler, die Feder in die Farbe tauche, ver-*

steht sich so von selbst, daß ich es gar nicht zu erwähnen brauche. Wer da behauptet, daß ich nicht aus der Erfahrung, sondern aus der Phantasie schöpfe, der mag, und sei er der begabteste Mensch, sich doch einmal hinsetzen und den Versuch machen, auch nur einen einzigen "May-Band" einfach zu erdichten. Daß ich zu meiner großen Genugthuung grad aus den Ländern, über welche ich schreibe, eine Menge schriftliche und mündliche Bestätigungen erhalte, will ich nur erwähnen; behaupten aber muß ich, und mit mir jeder vernünftige Mann, daß die Meinung, ich schreibe nichts als Erdichtetes, nur in einem jungen, also unreifen Gehirn entstehen kann. Der gereifte Denker weiß, daß solche Erzählungen, zu denen eine solche Summe von Kenntnissen und Erfahrungen gehört, nicht aus den Rippen zu saugen sind, und wenn die höchsten Geburts- und Geistesaristokraten mir schriftlich und persönlich ihre Anerkennung zollen, so ist es eigentlich lächerlich, daß ich einiger Flachköpfe wegen diesen Brief schreibe. Diese jungen Herren mögen hierher kommen und meine Reisetrophäen sehen, dann werden sie schweigen! Oder sie mögen die Narben sehen, welche meinen Körper bedecken! Doch wozu Worte machen? Was hilft der Kuh Muskate! (jbkmg 1976, 283f.) – May antwortet verspätet auf die Fragen, die Freiherr Hans von Laßberg am 27.2. im Auftrag der Prinzessinnen Wiltrud und Helmtrud von Bayern gestellt und am 23.3. wiederholt hat: *Ich kam erst Sonnabend von einer weiten Reise zurück, und nun liegen über 5000 Leserbriefe da, welche alle nach der Reihenfolge ihres Einganges zu beantworten sind. Das würde für Ihr Schreiben erst nach Monaten sein, aber so lange darf ich die lieben Kleinen doch unmöglich warten lassen.* [...] *1) Ich bin wirklich Old Shatterhand. 2) Alle Westmänner, von denen ich erzähle, haben gelebt oder leben noch, wenn auch nicht mehr in dieser Eigenschaft. 3) Ich war 21 mal in Amerika und werde nächstens zum 22ten Male hinübergehen, um mir noch einige Grizzlies zu schießen und die Apatschen zu besuchen. 4) Die III Bände "Winnetou" bilden ein Denkmal für meinen herrlichen Freund; da mußte ich auch den Tod bringen.* [...] *Ihre lieben*

Kinder würden sich gewiß sehr freuen, wenn sie Heft I des "Deutschen Hausschatz" neuer Jahrgang, sehen könnten; da ist viel (mit Abbildungen) über Old Shatterhand zu lesen (jbkmg 1983, 76). – May an Franz Joseph Börger (1864–1953; kmw VIII.6, 102f., 972f.), Gärtner in Ehrenbreitstein, später Pfaffendorf: *Leider kann ich Ihnen erst heut schreiben, weil ich nicht zu Hause war. Und nun liegen mehrere Tausend Briefe da, welche alle zu beantworten sind und oft die wunderbarsten, rücksichtslosesten Wünsche enthalten. "Im Reiche des silbernen Löwen" wird durch mehrere Jahrgänge des Hausschatzes gehen und erst später in Buchform erscheinen. "Satan und Ischarioth" sind jetzt herausgekommen – 3 Bände. Dann erscheint "Auf fremden Pfaden" – ein Band. Mehr kann ich heut nicht schreiben; ich habe keine Zeit; dafür aber werde ich Sie persönlich aufsuchen, wenn ich im Mai nach Koblenz komme* (kma 5, 5-7).

04. Undatierter Ostergruß an *Monsieur le roi des commerces et des vins Emile Seyler* auf einer Karte "Salut de Bruxelles": *Es wörde Ihnen heut zu Theul / Ein Ostergruß aus Radebeul, / Dör aber nicht, wie vorne stöht, / Auch wirklich über Brüssel göht, / Und ist die Osterzeit vorbeu, / So kommt der schöne Monat Meu, / In dem mit Freude und Entzücken / Wir Ihnen beude Hände drücken.*

04.18. Ostersonntag. 11.07 Uhr. Telegraphisch senden *Onkel* und *Tante May* an Emil Seyler *Tausend herzliche Ostergrüße*.

04.21. May an Max Welte: *Du bist so oft vom lieben Dresen / Bei mir in Radebeul gewesen; / Sei doch so gut und komme doch – / Dreimal zu mir in jeder Woch! / Dein treuer Cousin May* (kma 2, 3f.).

04. Heinrich Haeußler ist zu Besuch in der Villa "Shatterhand".

04.25. Sonntag.

04.26. Berlin. Heinrich Haeußler an May: "Heute früh gelangte hier glücklich an und sende ich Ihnen sowie Ihrer [...] Frau

Gemahlin nochmals meinen besten Dank für Ihre so freundliche Aufnahme." Abends geht noch einmal ein "bierfröhlicher Gruß" mit zwei weiteren Unterschriften an May.

04.30. Besuch des Lesers Dr. med. Vinzenz Eichler (†1923) aus Komotau mit seiner Frau in der Villa "Shatterhand". Das Ehepaar erlebt "viele schöne Stunden" in Radebeul und vereinbart ein baldiges Wiedersehen in Komotau (Eichler an May 2.5.).

05. "Deutscher Hausschatz": "Herr Dr. Karl May erfreut sich in seiner Villa zu Radebeul des besten Wohlseins" (mkmg 20, 18).

05. Nach fast vierjähriger Pause setzt May mit dem Kapitel *Am Turm zu Babel* spätestens jetzt die Niederschrift des *Silberlöwen* fort (XXIII A40; wohl 766).

05.02. Sonntag. May an Joseph Kürschner, der ihn gebeten hat, einen angeblich von ihm stammenden Roman "Unter der Königstanne" wieder veröffentlichen zu dürfen: *Ich war verreist. Ich bin gern bereit, Ihnen eine packende, actuelle Reiseerzählung im gewünschten Umfang zu liefern, und bitte, mir Ihre Bedingungen gütigst mitzutheilen. Sie wünschen meinen Roman: "Unter der Königstanne"? Dieser Titel ist mir unbekannt. Wahrscheinlich ist da, was mir leider oft geschieht, eine meiner Erzählungen ohne meine Erlaubniß und darum unter einem andern Titel aber doch mit meinem zugkräftigen Namen gedruckt worden.* May erwartet baldige Antwort, da er am 8.5. verreise (jbkmg 1992, 151f.). – May teilt Wilhelm Spemann zum wiederholten Male mit, dass er das Vertragsverhältnis mit ihm lösen will (*Die Helden des Westens* A66f.). – May an Fehsenfeld: *Da Sie mir nichts darüber schreiben, nehme ich an, daß Sie in diesem Jahre nicht nach Leipzig zur Messe gehen. Ich möchte Sie aber wegen illustr. Ausgabe, engl. Uebersetzung etc. persönlich sprechen, und so wird Muhammed zum Berge kommen, da dieser nicht zu ihm kommt. Betreffs des Weihnachtsbandes muß ich auch mit Ihnen reden. Ich habe da*

2 Sujets, nämlich entweder einen Hadschi Halef-Band oder einen "Christmas" betitelten, welcher hochinteressant zu werden verspricht. Wählen Sie, welchen Sie wollen; den andern werden wir ja dann später bringen. Jetzt muß ich endlich wenigstens einigen von den hunderten von Einladungen, welche an mich ergehen, Folge leisten. Wir reisen am 8ten dieses Monates ab, Berlin, Hamburg, Westfalen, Rhein, Stuttgart etc. Bayern, Oesterreich, Ungarn. Die Fahrbücher sind schon bestellt. Die Leser lassen mir keine Ruhe mehr; ich will also an verschiedenen Orten Vorträge halten. [...] *Wenn ich es ermöglichen kann, komme ich von Stuttgart aus nach Freiburg; drängt mich aber die Arbeit zur Beschleunigung der Reise, so können wir uns vielleicht in Stuttgart treffen.* – Komotau. Dr. Vinzenz Eichler bedankt sich für Mays "liebenswürdige Aufnahme" am 30.4. und schickt ihm zur Erinnerung "an einen der schönsten Tage meines Lebens" ein 20-strophiges Gedicht über "Haus 'Shatterhand'": "Schau ich im Geiste dieses Haus, / Dann denk ich zweier Wesen, / Die dorten gehen ein und aus, / Die gar so lieb gewesen. –" Eichler hat zwei Söhne Oskar und Alfred (kmw VIII.6, 920f.); May hat sich bereit erklärt, für den Jüngeren, Alfred, Pate zu sein.

05.04. Der Linzer Buchhändler Fidelis Steurer annonciert im "Börsenblatt": "Hervorragende Neuheit. Photographieen von Dr. Carl May, dem berühmten und wohl beliebtesten Reiseschriftsteller der Gegenwart, mit seiner eigenhändigen Unterschrift sind unter Vorbehalt aller Urheberrechte seitens der Verlagsfirma A. Nunwarz, Urfahr-Linz in nachstehenden Ausgaben erschienen". Zum Angebot gehören Kabinett-Formate zu 1 Mark ("Dr. Karl May als Old Shatterhand. Brustbild", "Dr. Karl May als Old Shatterhand. Stehfigur mit 'Silberbüchse' und Fell des 'Präriewolfes'", "Dr. Karl May als Kara Ben Nemsi. Brustbild", "Dr. Karl May als Kara Ben Nemsi. Stehfigur mit Revolver in der Hand", "Herr Dr. Karl May. Portrait in Civilkleidung") und Klein-Boudoir-Formate 13x18 cm zu 1 Mark 25 ("Villa Shatterhand des Herrn Dr. Karl May", "Herr Dr. Karl

May in seiner Bibliothek", "Herr Dr. Karl May in seinem Arbeitszimmer am Schreibtisch", "Herr Dr. Karl May in seinem Arbeitszimmer auf dem Sopha lesend"). – Die Union-Direktion antwortet auf Mays Brief vom 2.5. an Spemann: "Ihrem Wunsch, das bisherige Vertragsverhältnis aufzuheben, sind wir leider nicht in der Lage ohne Weiteres nachzukommen – umso weniger, als es uns eine offene Frage zu sein scheint, ob die von Ihnen im Laufe der Jahre als 'Neubearbeitungen' publicierten Erzählungen vor dem Richter thatsächlich nur als solche, oder, wie wir annehmen, als Beeinträchtigungen unserer Vertragsrechte sich erweisen würden. Nun liegt uns aber selbstverständlich an Prozessen nichts, auch pflichten wir Ihnen gerne darin bei, daß es auf Ihre Schreiblust günstiger einwirken könnte, wenn Sie nicht lediglich an uns gebunden wären. Aus diesem Grund unterbreiten wir Ihnen in der Anlage einen neuen Vertragsentwurf, welcher den beiderseitigen Wünschen Rechnung trägt und erklären uns bereit, wenn Sie diesen neuen Vertrag annehmen, den alten aufzuheben. Nach den jahrelangen, unfreiwilligen Verzichtleistungen auf Rechte, welche nach unserer Auffassung und der unseres Rechtsbeistandes unser bisheriger Vertrag uns verbürgt, müssen wir auf das Bestimmteste erklären, daß wir nur unter obiger Voraussetzung in eine Aufhebung dieses früheren Vertrages willigen werden. Wir bitten Sie, den neuen Vertrag anzunehmen und uns nicht zu zwingen, auf dem Prozeßwege den 'Neubearbeitungen' und Ihren sonstigen, trotz unseres Vertragsverhältnisses, in anderem Verlage erschienenen Veröffentlichungen näher zu treten" (*Die Helden des Westens* A66f.). – Kürschner an May: "Es wird mir ein Vergnügen sein, von Ihnen einen Roman zu erhalten [...]. Wer mir s. Z. mittheilte, daß der Roman 'Unter der Königstanne' von Ihnen erschienen sei, vermag ich leider nicht zu sagen" (jbkmg 1992, 152f.).

05. Die Arbeit am *Silberlöwen* wird wieder unterbrochen: Eine turbulente Reise steht bevor (wohl 766).

05.07. Kreuzhof am Achensee. Gräfin Anna Elisabeth Jankovics hat Mays Ankündigung eines Besuchs am Achensee erhalten und bittet ihn, möglichst nicht vor dem 15.6. und nicht unangemeldet zu kommen: "Der +Hof ist leider zu klein um Ihnen Nacht-Herberge zu bieten, doch ist der Gasthof auf drei Minuten Ruder-Entfernung u. unter Tags sind Sie unsre sehr lieben Gäste – it's clear. Ganz leise füge ich auch bei, bringen Sie keine Bn Kettenburgs od. drgl. mit, sondern schenken Sie uns ungetheilt Ihre freundliche Gegenwart!" In einem undatierten Brief heißt es: "Gleichzeitig möchte ich sehr eindringlich wiederholen daß wir Sie nur zur Nachtruhe der Scholastika überlassen, sonst aber herzlich bitten Sie u. Ihre liebe Frau mögen sich am kleinen Kreuzhofe wie zu Hause fühlen u. uns die Freude machen sich unter Tags in demselben aufzuhalten! Zu Wasser u. zu Land giebt es genug zu unternehmen".

05.09. Sonntag. May, der eigentlich schon am 8.5. verreisen wollte, an Emil Seyler: *Verzeihung! Außerordentlich beschäftigt. Beim Einpacken einige Worte. Morgen nach Leipzig; dann Harz, Hamburg, Rhein. Von Köln aus werde schreiben, wann wir mit Kurirzug Bingerbrück Neustadt fahren. Wenn möglich, sind wir zu Pfingsten bei Ihnen. Gestatten Sie eine Bitte: Ich liebe Checkbücher pp nicht, will mich auch nicht mit Geld schleppen; erlauben Sie, inliegende 2000 Mrk (Reisegeld von Deidesheim an) bei Ihnen niederzulegen!* (masch 236) Notiz Mays: *Seyler 2000 schicken.* – Auch dem Hamburger *Freund* Carl Felber kündigt May seinen Besuch an: *Der große Koffer geht schon Montag, übermorgen, Bahnrestante Hamburg ab. Bitte, haben Sie doch die Güte, mir ein in Ihrer Nähe liegendes gutes Hôtel zu nennen und diese kurze Auskunft an mich pr. adr. des Herrn Dr. med. Hannes, Wernigerode, zu adressiren!* (Karl-May-Museum, Radebeul)

05.10.-07.15. Das Ehepaar May unternimmt *mit Rundreisebillets 2ter Klasse* eine große *Vergnügungsreise* durch Deutschland und Österreich, die vor allem dem Besuch befreundeter Leser gilt. Die Route: Radebeul – Leipzig – Wernigerode (Familie

Hannes) – Hamburg (Familie Felber) – Kassel – Wiesbaden – Mainz – Köln – Bonn – Königswinter – Deidesheim (Familie Seyler) – Stuttgart (Verleger Spemann und Drucker Krais) – Bodensee – Innsbruck (Clemens von der Kettenburg) – Achensee (Grafenfamilie Julius von Jankovics) – München – Regensburg (Pustet) – Böhmen – Radebeul.

05.10. Abreise nach Leipzig, Dresdner Bahnhof (kmlpz 42, 2). Notiz Mays: *Hôtel Sedan. Wein schlecht, Rechnung um 30 Pf. betrogen.* – Dresden. Max Welte, der nichts von der Reise der Mays weiß, schickt ein Scherzgedicht mit einer Einladung: "Mein lieber May, ich rate dir / Komm nächste Woche doch zu mir", mitunterschrieben von Johannes März und W. Schäfer.

05.13. 12.55 Uhr Abreise vom Magdeburger Bahnhof in Leipzig. Um 16.01 Uhr treffen Mays (über Halle, 13.33 Uhr) auf dem Bahnhof Wernigerode ein, wo es zur ersten Begegnung mit Marie Hannes kommt. Sie nehmen Quartier im Hotel Weißer Hirsch (Moritz Fricke) am Markt. Notiz Mays: *Alles gut, nur Schleie nicht; etwas theures Essen.* Den Abend verbringen Mays bei der Familie Hannes (Gustav und Wilhelmine Charlotte Marie Antoinette Hannes geb. Meyer [1844–1921], Sohn Ferdinand Gustav Julius [1879–1968; kmw VIII.6, 465-467, 528f., 537, 744f.] und Tochter Marie) in der Forckestraße 15 (stein1 11, 82). – Marie Hannes, "Allerlei von Karl May" (1902): Am Bahnhof "fühlte ich mich plötzlich von zwei Armen ergriffen – jemand küßte mich herzlich und eine freundliche Stimme sagte: 'Da ist ja das Mariechen! – Grüß Dich Gott, Kind!' Ich blickte auf in ein Paar leuchtende graue Augen [...]." Darauf "bekam ich einen zweiten Kuß – Da stand ja Tante Emma – eine mittelgroße, ungemein sympathisch aussehende Dame mit lieben braunen Augen. – Mutter hatte schon unsere Gäste willkommen geheißen, und so zogen wir vier selbander fürbaß und zwängten uns alsbald in den Riesenbauch eines Omnibusses [...]. Kaum hatten wir uns in dem wackligen Gestell niedergelassen, ich an Onkel Karls Seite [...], als auch schon mit einem mächtigen Ruck die Pferde anzogen und wir über unser berüchtigtes Pflaster dahinrumpelten! – Da – jetzt hielt er schon wieder an – die Thüre ging auf und herein schaute das erhitzte Gesicht meines Bruders, der eben aus der Schule kommend, in 5 Minuten den Weg bis zum Bahnhof gerannt war, um 'ihn' noch ankommen zu sehen! [...] Wie war nun unser erster Eindruck? – Wir sahen einen nicht viel über mittelgroßen, aber breit und kräftig gebauten Mann, mit raschen, elastischen Bewegungen, straffer Haltung und merkwürdig kleinen Händen und Füßen. Das Bemerkenswerteste war aber entschieden der mächtige, imponierend aufgesetzte Kopf, mit der hohen Stirn, die an Goethe erinnert und der vollen grauen Haartolle. Er besaß äußerst bewegliche, lebhafte Gesichtszüge, die, besonders beim Sprechen, eine geradezu verblüffende Fähigkeit kundgaben, seine Worte gewissermaßen zu illustrieren, ihren Eindruck zu verstärken. Karl May hat eine merkwürdig gelbliche Gesichtsfarbe – 'Tropenfarbe' wie Ferdi hinter seinem breiten Rücken äußerst vernehmbar flüsterte – grauen Schnurrbart und Fliege, eine schöne, charaktervolle Nase und graue, nicht gerade große, aber äußerst interessante Augen. – Sie hatten für gewöhnlich einen ganz unbeschreiblich gütigen, lieben Blick, wenngleich ungemein durchdringend, der, wenn er sich leuchtend auf jemanden richtet, diesem die Empfindung weckt, als schlüge er in den tiefsten Tiefen der Seele Anker. [...] War Onkel Karl erregt, so sprühten seine Augen ein solch loderndes Feuer, daß es mir unmöglich war, hineinzuschauen. [...] Ein plötzlicher Ruck schreckte mich auf; wir hielten auf dem Marktplatz, vor dem Hotel, das Onkel und Tante bewohnen wollten. Bei uns hatten sie leider nicht logieren wollen – Onkel ist der Ansicht, daß dadurch Gast und Gastgeber bei aller Liebe ein wenig geniert sind. – Onkel und Tante stiegen aus und – o Freude – ich durfte mit ins Hotelzimmer gehen an Onkels Seite, während Tante sich noch erst ein wenig vom Reisestaub befreien wollte und vom Kellner in die oberen Regionen geleitet wurde. Wir nahmen von Mutter und Ferdi vorläufig Abschied, versprachen gleich nachzukommen und die beiden rollten davon. [...] Nun stiegen wir die Hoteltreppe empor, während ich mich überall umsah, ob denn keiner der umherlungernden Kellner ahnte, wer jetzt dieselbe Luft mit ihm atmete. Und wie ich nun so recht bedachte, daß der vor mir Hergehende wirklich mein Onkel Karl May, mein 'Old Shatterhand' sei, dem ich ja mein ganzes Herz entgegenbrachte – auf dessen Ankunft ich zwei schwungvolle Gedichte in stark hinkenden Hexametern verbrochen – da überkam mich ein hohes, seliges Glücksgefühl, das allen Raum meines Innern einnahm, sodaß die Schatten der Scheu und Verlegenheiten aus der Thür geworfen wurden und davonflohen. [...] Wir traten nun in das um diese Zeit fast leere Gastzimmer des Hotels und setzten uns an einen kleinen Fenstertisch, wo die Sonne hereinblickte und um die Gestalt meines 'Reiseonkels' ein goldflimmerndes Netz webte. Ein schäbiger Kellner schlenderte heran mit einer Miene, als sei es eine Gnade von ihm bedient zu werden – Vermutlich hatten wir ihn gerade in seinem besten Mittagsschläfchen unterbrochen. Ich ärgerte mich über den Kerl und schaute verstohlen zu Onkel Karl hinüber, was der wohl für ein Gesicht dazu aufsetze. Dr. May sah aber ganz gleichmütig aus, nur in der Tiefe seiner Augen begann es gar seltsam zu funkeln und zu blitzen und um seinen Mund lag ein – beinahe hochmütiger Zug, den ich früher gar nicht bemerkt hatte. Er bestellte zwei Bier und fragte dann in kurzem Tone, aber doch eigentümlich pointiert den befrackten Gesellen: 'Haben Sie hier deutsche, französische oder englische Betten?' – – Der Monsieur sah ihn merklich verblüfft an und murmelte etwas Unverständliches – 'Hm, Sie wissen natürlich nicht den Unterschied', erklang es jetzt im schleppendsten Tonfall und sehr von oben herab, 'also wohl deutsche Federbetten – na, gut. Haben Sie auch Trümeaux im Bett?' – – Der Kellner schaute noch erstaunter drein und auch ich war 'paff' – hatte ich mich verhört – sollte Onkel denn so wenig Französisch kennen? – Schweigen. – – 'Ob Sie Trümeaux im Bette haben, fragte ich', klang es jetzt ungeduldig und entschieden hochmütig. 'Verstehen Sie mich nicht? Dann bitte – den Oberkellner!' – Der Kellner knickte völlig zusammen bei dem letzten Worte und stammelte dann: 'Ja, Herr Baron – gewiß – selbstverständlich – Trümeaux sind im Bett – das gehört ja dazu – und wir sind hier allerersten Ranges – mit allem Comfort der Neuzeit ausgestattet!' – Die letzten Sätze kamen schon bedeutend geläufiger heraus – aber ach – jetzt kam's erst! – – Onkel Karl begann nämlich zu meiner Verwunderung zu lachen – herzhaft zu lachen – und sagte dann ganz gemütlich zu dem jetzt vollständig verdutzten Jünglinge: 'Na, lieber Freund, dann lassen Sie Ihren 'Comfort' nur herausnehmen – meine Frau und ich schlafen nicht gerne auf – Spiegelglas – wenn Sie aber ein Plümeau haben sollten, so legen Sie das statt dessen hin! – – Bitte, kann ich zahlen? –' Der unglückliche Kellner, mit dem ich Mitleid zu fühlen begann, raffte sich bei seinem Stichwort möglichst zusammen und mochte ihn wohl das erhaltene Trinkgeld völlig 'wiederhergestellt' haben – denn er machte sich jetzt eifrigst um unsere Bequemlichkeit zu thun, holte mit 'geschnellter Ungeheurigkeit', wie sich Krüger-Bey ausdrücken würde [...], Zeitung, Streichhölzer und Aschenbecher herbei und nahm dann nach vielen Verbeugungen seinen Abgang durch die Mitte, der nicht gerade erhebend wirkte, denn wir fingen nun noch einmal an zu lachen – ich hatte inzwischen auch 'begriffen'. [...] Jetzt nun kam die Tante aus den oberen Räumen herab und machten wir uns nun auf den Weg zu unserm Hause. – Unser 'Besuch' erzählte dabei so interessant von den Erlebnissen seiner jetzigen Reise, die hauptsächlich dem Besuche der überall vertretenen Freunde und Leser galt [...], daß ich alles um mich her vergaß und beinahe an unserem Häuschen vorübergegangen wäre. – Nun waren wir da und Mays begrüßten zunächst erst noch meinen lieben Vater, der nicht hatte zur Bahn kommen können. [...] Dann tranken wir alle zusammen gemütlich in unserm großen Wohnzimmer den Kaffee. Ferdi und ich [...] krochen eng zusammen in der behaglichen Sofaecke und lauschten den Erzählungen des 'Onkels'. Ja, Onkel Karl erzählte, wie man im Kreise lieber Freunde zu thun pflegt – erzählte, wie ich niemals jemanden erzählen gehört hatte. So interessant, so abwechslungsreich flogen die bunten Bilder aus aller Welt vor unserm geistigen Auge vorüber –

bald waren wir mit ihm in den Felsenbergen Nordamerikas, bald an den Gestaden der blauen Adria, bald im gemütlichen Sachsenlande oder im romantischen Norwegen. Zuweilen wagten wir kaum zu atmen und Thränen verdunkelten unsere Augen – wir standen am Sterbelager Winnetous. – Dann aber wieder durchbrach der sieghaft leuchtende Sonnenschein des Humors den dunkeln Himmel – – – so schwebten wir zwischen Rührung und Heiterkeit. – – Wir hörten zu und merkten gar nicht, daß die Dämmerung anbrach, daß die Lampe kam, daß es elf Uhr schlug – wo wir sonst längst schliefen und träumten." May erzählt der Familie Hannes phantastische Lebenslügen. So will er "in einem kleinen Dorfe Oberbayerns" (Hohenburg) geboren und als blindes, "äußerst schwächliches Kind" von einem Vierspänner überfahren worden sein: "An einem Frühlingsmorgen, als der kleine Karl, vom Sonnenschein unwiderstehlich angelockt, vor seine Thürschwelle gekrochen war [...] und mit seinen halbblinden Augen sehnsüchtig dem fröhlichen Spiel jauchzender Kinder zugeschaut haben mag – da – kam plötzlich ein flotter Vierspänner in scharfem Trabe um die Ecke gebogen und sauste die schmale Dorfstraße hinab. Kreischend stob die lustige Kinderschar nach allen Seiten auseinander, an den kranken Karl May dachte keines. Ja, nicht eher dachten sie an ihn, als bis sie ihn blutend und bewußtlos am Boden liegen fanden. – Der einzelne Herr im Fond des Wagens war bestürzt herausgesprungen und half das arme Kind ins Haus tragen – man untersuchte es und fand schwere Verletzungen. An ausreichende Pflege und kräftigende Kost war im Häuschen seiner Eltern kein Gedanke! Der Fremde [...], ein österreichischer Edelmann, im besten Wortessinne, sah das ein und ließ den Kranken in die Stadt – in ein gutes Krankenhaus bringen, wo er ausgezeichnet aufgehoben war. Er machte dort auch eine Augenoperation durch und zwar mit bestem Erfolge und verließ das Hospital völlig gesund und kräftig, mehr als er es bis dahin jemals gewesen war. Aber der edle Helfer ließ sich daran noch nicht genügen, er sorgte auch für die geistige Entwickelung des begabten Knaben und ließ ihn ein tüchtiges

Gymnasium besuchen, was seines Herzens höchster Wunsch gewesen war – ließ ihn lernen und Kenntnisse erwerben, damit er später die Stütze seiner Eltern sein könne". Obwohl "er auf dem Gymnasium eine Freistelle hatte, so konnte er doch sonst – in bezug auf Kleidung, Nahrung, Wohnung u.s.f. nichts – garnichts von seinen Eltern erwarten und erhalten – sondern mußte für sich selber sorgen und schaffen bis ins Kleinste. Er hat gar oft sein Buch zum Dachfenster hinaus in den Mondschein gehalten, um die Talgkerze zu sparen – er hat alle Arbeiten verrichtet, die ihm möglich waren und bei denen er etwas verdienen konnte – mag es nun ein Haufen Holz gewesen sein, den er zerhackt – mag er ein Klavier gestimmt haben – er that es willig – [...] Als Karl May dann das Gymnasium durchlaufen hatte und nun jauchzend der Hochschule entgegenstrebte – da – starb sein edelherziger Wohlthäter, der alte Graf – sein Sohn aber zuckte die Achseln und sagte nur – 'was geht mich May an?' Er kümmerte sich in keiner Weise mehr um den Schützling seines Vaters. – Der aber unternahm nun das Ungeheure: sich ganz allein – aus eigener Kraft, ohne einen Heller Unterstützung von irgendwo her auf der Universität durchzubringen mittelst einiger Stipendien und Freitische, im übrigen aber durch seiner Hände, seines Kopfes harte Arbeit – durch Stundengeben in allen Fächern der Wissenschaft, auch in körperlichen Übungen. Sein ganzes Leben unaufhörlich durchsetzt mit Entbehrungen und quälenden Sorgen. [...] Später nun, als schwere innere [...] Kämpfe des Jünglings Seelenfrieden bedrohten, ließ er die Heimat und ging nach Amerika hinüber im Anfang der sechziger Jahre. Seinen nun folgenden Lebensgang sowie sein Zusammentreffen mit 'Winnetou' erzählt er selbst in dem Werke gleichen Namens in unwiderstehlich anziehender Weise [...]. Karl May also schriftstellerte fleißig, zunächst, um sich und seine Angehörigen pekuniär zu verbessern, was ihm auch gelang. Er arbeitete nicht nur für deutsche, auch vielfach für amerikanische, ja für orientalische Zeitungen in türkischer und arabischer Sprache [...]. [1. Fassung: Als Onkel Karl ca. 38 Jahre alt war, verlobte er sich – auch dieser sein Liebesfrühling war aus wunderbar bunten Fäden gewirkt, wie sein ganzes Leben. – – Er kam gerade von einer Weltreise zurück, verwundet und schwer leidend. Der Speer eines Zulu oder derartigen Kriegers war ihm in den Rücken gefahren, der Widerhaken brach dann ab und konnte nicht ohne weiteres entfernt werden. Er begab sich nun zum Zwecke einer Operation nach einer deutschen Residenzstadt und consultierte einen Spezialisten. Als er an dessen Hausthür klingelte, öffnete ihm eine junge Dame – seine zukünftige Frau – – –] – Selten habe ich ein so glückliches – so harmonisches Ehepaar gesehen, als Mays es sind. [...] Onkel Karl lehnte sich ein wenig erschöpft in seinen Stuhl zurück – er hatte den ganzen Nachmittag und Abend, unseren Bitten nachgebend, erzählt – viele gute Worte geredet, die nie sterben konnten. – – – Ich sah mich – bei dem plötzlichen feierlichen Stillschweigen, tief Atem holend, im Kreise um – da saßen sie alle um den runden Tisch – Tante Emma, Vater, Mutter, Ferdi mit glänzenden Augen – regungslos....... Jetzt nun machte Vater der Pause ein Ende, indem er in scherzendem Ton zu mir sagte: 'Jetzt, Kind, nachdem uns Herr Doktor so viel Schönes und Interessantes erzählt hat, mache auch Du ihm ein Vergnügen, hole einmal die Gedichtchen hervor, an denen Du gestern abend die Silben zähltest – ja – es ist mein Ernst, geh', hole sie!' [...] Es half mir [...] alles weitere Sträuben nichts – meine 'ungeratenen Musenkinder' wurden erbarmungslos ans Tages- oder vielmehr ans Lampenlicht gezerrt und Onkel Karl setzte seinen Kneifer auf die Nase, warf mir einen listig lächelnden Blick über die blitzenden Gläser weg zu und entfaltete die mit meinen krausen Schriftzeichen bedeckten Bogen! – Das mit anzusehen ging über meine Kräfte – schleunigst floh ich aus dem Zimmer, von dem Gelächter meiner Familie begleitet. Ob Onkel Karl mitgelacht hat, weiß ich nicht genau, jedenfalls fand ich das ein bischen herzlos und fühlte mich mal wieder 'unverstanden'. Wie immer in solchen Nöten setzte ich mich an mein geliebtes Klavier und versuchte zu phantasieren, natürlich in cmoll. Das hielt ich für am angemessensten. Das Mittel bewährte sich, wie schon so oft, und als mir bald danach die ganze Familie nachkam, war ich wieder 'in high spirits', wie der Engländer sagt. Von den 'Gedichten' war zu meiner großen Erleichterung vorläufig gar keine Rede mehr. Onkel Karl nickte mir nur freundlich zu und setzte sich dann an mein Instrument, wo ich ihm natürlich gerne Platz machte. Zunächst folgte einem kurzen neckischen Vorspiel ein buntes Durcheinander aus einer Komischen Oper, die Onkel Karl gerade komponierte, eine Fülle reizender Melodien – – und ging dann langsam in die 'ernsten Klänge' über, die er mit dem herrlichen 'Ave Maria' abschloß. – Wir alle hörten mit großer Freude zu – denn die ganze Familie liebt Musik und keiner achtete der immer weiter vorrückenden Zeit. [...] Onkel und Tante sahen jetzt nach der Uhr und sprangen dann erschrocken auf. – 'Mitternacht vorbei.' – – – – Sie sagten uns herzlich 'gute Nacht'. Eigentlich hatte es schon 'Lebewohl' heißen sollen, denn Onkel wollte schon am andern Morgen weiter – aber nun kam als Freude zur guten Nacht noch das Versprechen, bis übermorgen früh zu bleiben. – Onkel Karl ließ einen Tag in Baden-Baden fallen und schenkte ihn der stillen Harzstadt hinter den Bergen. – – – Als die Beiden mit Ferdi als 'Skout' im Wirrwarr der Gassen und Gäßchen verschwunden waren, sahen wir Zurückbleibenden uns an..... Es war plötzlich so dunkel geworden" (stein1 82-96).

05.14. Wernigerode. Die Begegnung mit Marie Hannes und ihrer Familie hat May so beeindruckt, dass er einen Tag länger als geplant im Harz bleibt. Am Morgen erhält Marie einen Stadtpostbrief mit einem Gedicht, das May in der Nacht um 0.30 Uhr geschrieben hat: *Mein liebes Mariechen! Hier meine Antwort auf Deine beiden Empfangsgedichte: // Ist Dir ein Stern heut aufgegangen / In Deines Daseins dunkler Nacht, / So sag' ich Dir ganz unbefangen, / Daß Dir den Strahl nur Gott gebracht. // Ich bin ein Mensch, wie jeder andre / Nur daß ich Dir mein Herz geschenkt – / Und ob ich auch bald weiterwandre, / Es bleibt Dir immer treu und denkt: // Es lasse Gott, mein lieb Mariechen, / Der über Deinen Häupten wacht, / Nie das Vertraun zu ihm versiechen, Das mich Dir lieb und wert ge-*

macht. // Dein Onkel Karl May (stein1 97). "Allerlei von Karl May": "In einer Stunde aber sah mich die Sonne den Weg zum 'Weißen Hirschen' wandern. Ich konnt's ja nicht mehr erwarten, ihn wieder zu sehen, seine Hand zu fassen, und fragte bald die aus dem Fenster lehnende dicke Wirtin atemlos, ob die Herrschaften schon aufgestanden seien. Die beglückende Antwort trat in diesem Augenblicke im leichten Morgenanzug, eine Cigarre rauchend, vor die Haustür und lud mich freundlich ein, näher zu treten. Ich folgte dem Onkel und verlebte ein paar köstliche Frühstunden. Meine lieben 'Verwandten' zeigten mir Briefe, Bilder und allerlei bunte Andenken an ihre Freunde aller Länder und Zonen und erläuterten mir alles kurz aber interessant. Ich entsinne mich noch einer Fülle getrockneter Blumen von den heiligen Orten Palästinas [...], von frommer Nonnenhand auf Cartons geklebt und dem allverehrten Reisenden gewidmet" (stein1 97) – Am Nachmittag Kremserfahrt (Kutscher Wilhelm Meinecke) des Ehepaars May mit Mutter und Tochter Hannes zur Steinernen Renne. "Allerlei von Karl May": "Am Nachmittag holten Mays Mutter und mich zu einer Spazierfahrt ab. [...] Wir [...] schwangen uns fröhlich in den behaglichen Landauer. Das heißt, ich für meine Person wurde geschwungen und auch ein paar mal in der Luft gewirbelt, vom Onkel natürlich, was mich hoch entzückte. [...] Die beiden Damen saßen uns gegenüber und jede hatte eine famose Rosenknospe im Gürtel, die der Onkel irgendwo aufgetrieben. Jetzt zogen die prächtigen Braunen an und fort rollten wir durch die engen Gassen der altersgrauen Stadt, in die weite Welt hinein – – – Ich [...] genoß mit vollen Zügen die Gegenwart, das himmlische Wetter und die romantische Harzwildnis, die uns bald umschloß, nachdem wir die staubige Chaussee verlassen hatten. Während wir langsam den steilen Bergpfad hinauffuhren, der sich bald durch reizende Lichtungen schlängelte, bald zwischen himmelanragenden Klippen, an leuchtenden Gebirgsseen vorüberführte, plauderte der Onkel Karl von seinen Lappländererlebnissen, die in der ersten Erzählung des Bandes 'Auf fremden Pfaden' erscheinen sollten, an dem er damals arbeitete. Er sprach in seiner unwiderstehlich anregenden Weise, die uns bald allesamt gefangen nahm und der schönen Wirklichkeit entrückte in fremde Länder. Dann ging er, durch eine Frage meinerseits angeregt, auf seine Indianerfahrten über und war bald bei unser aller Lieblingsgestalt Winnetou angelangt. Er belehrte mich zunächst, daß derselbe nicht etwa als bejahrter Mann, sondern erst 34 Jahre alt als Opfer weißer Rowdies gefallen war, im Jahre 1873. Dann schilderte er uns die Sterbestunden dieses Mannes, noch ausführlicher und ergreifender, als wir sie in 'Winnetou III' kennen gelernt. [...] [Der Kutscher] rückte [...] verlegen an der Mütze und fragte halblaut: 'Ich wollt man bloß sagen, daß ich hier abstaagen muß, das zieht da so staal bergauf – wenn der Herr Professor da nüscht nich jegen haben' – – Der plötzlich avancierte Onkel hatte denn auch nischt dajegen, sondern stieg sogleich selbst aus, um den armen Pferden die Last zu erleichtern und schritt rüstig neben den Tieren her, indem er, wie der Kutscher, die Hand anlegte und kräftig mitschieben half. Der Alte ließ es ruhig geschehen, allerdings nicht ohne verstohlene Seitenblicke und leises Kopfschütteln. Nach einer kleinen Weile griff sein neuer Gehilfe in die Brusttasche und bot dem Kutscher seine Cigarrentasche dar mit einladendem Lächeln. Ich hatte den Onkel im leisen Verdacht, daß dies nicht eine Handlung lauterer Herzensgüte allein war, sondern daß er auch die heimliche Hoffnung nährte, der Andere werde seine geradezu polizeiwidrig dunstende Stummelpfeife beiseite tun. War diese Vermutung begründet, so wurde der 'Professor' schmerzlich enttäuscht – Schmunzelnd ergriff der Biedere die Cigarre, besah, befühlte und beroch sie bedachtsam, ja – er leckte sogar dran. Dann griff er seitwärts in die Tasche, holte ein mächtiges knallbuntes Taschentuch heraus, faltete es sorgsam auseinander, schlug das erhaltene Geschenk darin ein und praktizierte es abermals in seine weiten Taschen. Dabei bemerkte er treuherzig zu dem Geber aufblickend: 'Nee, so'n faanes Kraut, dat heb' ich mich für den Faaertag auf – so aans krieg ich nich alle Tage geschonken', sprach's – und that einen inbrünstigen Zug aus der Qualmröhre, daß alle Insekten im Umkreis von dreißig Metern entsetzt und halb betäubt davonschwirrten. Der Onkel beschwor ihn nun, doch diese jetzt zu rauchen, er wolle ihm für den Sonntag noch eine geben und machte auch gleich das Wort zur Tat. Der alte Meinecke, so hieß er, zierte sich auch keineswegs, sondern nahm sie entgegen und – griff abermals nach dem Sacktuche mit der Äußerung: 'Die soll maan Schwiegersohn haben, der sticht auch jerne mal wat Jutes mang die Zähnen –' – O Old Shatterhand, wo bleibt Deine List? – Der gute Mann war nun ganz gesprächig geworden und erzählte von Schwiegersohn und Tochter, wie die sich abplacken müßten, wie er ihnen zu Ostern gerne das Grundstück übergeben wolle – aber erst müsse er's hypothekenfrei abliefern können – 'sonst schinden sie sich die Quesen an die Finger' – Onkel hörte mit Interesse zu – manchmal einige Fragen dazwischen werfend. – Mittlerweile waren wir dem Ziele unserer Fahrt nahegekommen, der sogenannten steinernen Renne. Es ist dies ein imposanter Wasserfall, der zwischen mächtigen Felsblöcken eingeklemmt, talab braust, bis er in einem der lieblichen Harzflüßchen mündet, seine groteske Wildheit abstreift und ganz manierlich und glatt den betriebsamen Harzern ihre Mühlen treibt. [...] Die armen Pferde keuchten und schäumten zum Steinerbarmen, trotz der beiden starken Männer, die ihnen Hilfe leisteten. Das letzte Stück war aber auch weitaus das steilste und unwegsamste. – Himmelan und immer himmelanner gings! – Überall, im Bach und am Ufer, am Bergrande und in den Schluchten türmten sich die gigantischen Blöcke, oft quer über den schmalen Weg verstreut. Zwischen ihnen sahen wir mächtige Baumstümpfe dahingestreckt, die wie tote Riesenleiber im Blätterschutt moderten. Onkel Karl bezeichnete die wilde Scenerie als ein Harzer 'Wadi' und frug mich scherzend, ob wir ein bischen 'anschleichen' spielen wollten. Endlich – endlich lag der schmucke Gasthof vor uns und mit einem Ruck hielten die schweißtriefenden Gäule an. Onkel Karl half uns aussteigen und beschlagnahmte dann einen hübsch gelegenen Tisch [...] unter dem [...] duftenden Tannendunkel für uns. Dann aber verschwand er im Büffet und kehrte gleich darauf, während wir's uns behaglich machten und Kaffee beorderten, mit zwei Körben geschnittenen Landbrotes und einer großen Tüte Zuckerstückchen zurück. – Ehe wir noch begriffen, was er machen wollte, nahte er sich den wild schnaubenden Pferden, half sie ausspannen, klopfte sie schmeichelnd auf den Rücken und kraute ihnen die Nüstern. Unser neuer Freund, der Kutscher, rief ihn zwar ängstlich 'Herr Professor – nicht so dicht – man nich ma nich! Dat sin wille Beester – dei schlagt ut.' Bald aber sah er wohl, daß der gelehrte Professor auch ein wenig mit Pferden umzugehen verstand und sah staunend und mit verwundertem Kopfschütteln, wie die erschöpften Tiere dankbar schnaubend Brot und Zucker von der freundlichen Hand entgegennahmen [und] die wilden Racker sanft wie die Lämmer standen. So etwas war ihm noch nicht vorgekommen........ Nachdenklich trollte er sich in die Küche und auch wir sorgten für unser leibliches Wohl und teilten unser Vesperbrot mit den vergnügt zwischen unsern Füßen pickenden Hühnern und einem mächtigen, prachtvoll gewachsenen Leonberger, der freudig bellend an Onkel Karl in die Höhe sprang und freundlich mit dem Schweife wedelte..... Seine klugen Hundeaugen hatten gleich erkannt, daß hier 'gut Freund' war – [...] Ein köstlicher Nachmittag war's hier in der stillen Waldeinsamkeit und nie werde ich ihn vergessen, ihn und diejenigen, deren [...] freundliche Güte und Augen ihn [...] lachend verklärten, heller als der strahlende Frühlingssonnenschein es vermochte. [...] Schön war auch die Heimfahrt durch den berückenden Zauber der Sternennacht. Wir sprachen alle wenig. Still lehnten wir im offenen Wagen und freuten uns an einander" (stein1 98-102). Am 19.1.1898 wird Marie Hannes sich in einem Brief an May an eine Fahrt "nach Ilsenburg" erinnern: Vermutlich führt der Rückweg nach Wernigerode also über Ilsenburg, wo man am Fuß des Ilsesteins (laut einer Karte Maries vom 17.7.1898) noch einmal in dem (heute nicht mehr bestehenden) Gasthaus Prinzess Ilse einkehrt (stein1 156). – Der Abend wird wieder bei der Familie Hannes verbracht. "Allerlei von Karl May": Wir "traten miteinander hinein ins behaglich warme Wohnzimmer, um Vater und Ferdi, der leider hatte daheimbleiben müssen [...], zu begrüßen und verspätet unsern Abendthee zu nehmen. [...] Dann verlebten wir alle zusammen noch einen herrlichen Abend, der sich bis spät in die Nacht ausdehnte. War's doch der letzte – denn morgen früh mußte und mußte geschieden sein. Noch einmal führte uns Onkel Karl in jene bunten Regionen, in die Länder und Zonen, die er gesehen, Phantasie und Wirklichkeit anmutig verschmolzen zu einem harmonischen Ganzen. Als ich ihn fragte, ob nun alles alles wirklich wahr sei, was er schreibe, wirklich erlebte, feststehende Thatsachen, antwortete er: 'Kind, ich zeichne nach der Wirklichkeit, die Thatsachen sind erlebt, die Personen haben existiert, wenn auch unter anderm Namen – aber ich habe verschiedene bunte Farben auf meiner Palette und ich tauche den Pinsel hinein und gebe jedem Bilde die Färbung, die ihm gemäß ist – Stoff – o was das betrifft, hundert Bände noch könnte ich schreiben über alles, was mein bewegtes Leben mir zeigte – denn kein Roman vermag so wunderbar zu erfinden, so phantasiereich zu gestalten, als das wirkliche Leben, wenn man es mit offenen Augen anschaut –' [...] Und Onkel sprach weiter – sprach mit der hinreißenden Macht der Überzeugung, die er gewann, als unveräußerliche, köstlichste Errungenschaft eines langen reichen Lebens – sprach über das alte und doch für jeden Menschen neu sich erzeugende, nie erschöpfte Thema 'Der Mensch ist das Chaos – bis Gott sprach, es werde Licht!' [...] – und als die Uhr zwölf schlug und Onkel Karl aufstand, war's uns allen bitter weh zumute. – Ich sah durch einen dichten Thränenschleier, daß Onkel Karl Vaters Hand schüttelte – [...] Vater Onkel Karls Hand preßte [...], ich sah's feucht glänzen in Mutters Augen und jetzt legte Onkel Karl die Hand auf Ferdis Schulter und sagte lächelnd [...], 'Nun, wenn wir uns wiedersehen, so wollen wir hoffen, daß wir zwei ein paar tücht'ge Kerle geworden sind, gelt?' 'Ja', sagte Ferdi treuherzig und schluckte seltsam bei dem Worte. Und jetzt sah Onkel Karl zu mir hinüber. Ich war hinter den großen Schrank gekrochen vor lauter bangem Herzweh – das Abschiednehmen war so schrecklich. Das half nun aber nichts – ich mußte hervorkommen und Onkel

Karl zog mich an sein Herz und sagte liebe treue Worte, die ich wie aus weiter Ferne vernahm – 'Kind', schloß er bewegt, 'weißt Du, wer Dich am meisten liebt nächst Deinen Eltern, das sind die Tante und ich – Wir haben keine Kinder, sei ein wenig mit das unsrige. Erfülle uns diese Bitte und behalte uns lieb'... Es war mir unmöglich, auch nur eine Silbe von allem, was mir durchs Herz wogte, hervorzustammeln, ich nickte nur und als ich aufschaute, wie die Tante mich küßte – waren wir vier allein – [...] Keiner sagte ein Wort [...], was sind Worte in solchem Augenblick??????" (stein1 102-104) – Fortan werden Mays Briefe an "Mariechen" häufiger und anteilnehmender werden. Vielleicht hat er erst in Wernigerode von der Behinderung des Mädchens erfahren, die sein Mitleid erregt; vor allem aber beeindruckt ihn die Ernsthaftigkeit, mit der Marie sich eine Zukunft als Dichterin erträumt (stein1 22).

05.15. Wernigerode. Am Morgen Weiterreise nach Hamburg (stein1 82).

05.16.-29. Hamburg. Hotel Berliner Hof. Notiz Mays: *vorzüglich.* Besuche bei Carl und Lisbeth Felber, den Eigentümern des Wiener Café Felber im Stadtteil St. Georg, Steindamm 8 (gus 90; beide Gebäude nicht mehr existent). Bericht von Elisabeth Larson geb. Felber, der damals 12-jährigen Stiefschwester Carl Felbers (jbkmg 1970, 164f.): "1897 teilte Karl May mit, daß er beabsichtige, mit seiner Frau zur Gartenbau-Ausstellung nach Hamburg zu kommen, und uns dann besuchen wolle. [...] Am verabredeten Tage erschien er mit seiner Frau Emma. Es gab eine kleine Enttäuschung, denn wir hatten ihn uns größer, imponierender vorgestellt, aber er war nur mittelgroß und gab sich ganz schlicht und freundlich. Das Paar wurde respektvoll und sehr herzlich begrüßt. Mein Bruder lud es gleich für den nächsten Tag ein. Die zwei Wochen, welche Karl May in Hamburg zubrachte, war er meist bei uns. Mitunter saß er mit seiner Frau im Café, oder man traf sich im großen Café der Ausstellung, das mein Bruder dort gebaut hatte. Spaß machte es, zu beobachten, wie sich überall die Kellner darum rissen, Karl May zu bedienen, denn es hatte sich herumgesprochen, daß er stets, ohne wechseln zu lassen, ein Goldstück auf den Tisch legte." Elisabeth Larson im "Hamburger Abendblatt" 24./25.8.1957: "Das also war Karl May? Der Freund der edlen Rothaut Winnetou? [...] Wir hatten ihn uns ganz anders vorgestellt. Nichts hatte er an sich von einem breitschultrigen 'Westmann'. Er war nur mittelgroß mit einer auffallend hohen und breiten Stirn. Mit einem starken Hinterkopf und sehr vollem Haar. Schlicht und sympathisch sah er aus. Der Schalk blitzte ihm aus den Augen, als er zum erstenmal vor uns stand in unserer damaligen Wohnung am Hamburger Steindamm. [...] Voller Bewunderung betrachteten wir stets Karl Mays Hände. Sie waren auffallend fein gegliedert. Die Hände eines Künstlers, fast Frauenhände. 'Wie bringen Sie es nur fähig, mit diesen Händen Ihre Feinde niederzuschmettern?' fragte meine Schwägerin. Karl May sah sie groß an und meinte recht ernsthaft: 'Sehen Sie, es kommt dabei weniger auf eine große starke Hand an, als auf die Stellung der Fingerknöchel. Man muß dann nur die richtige Stelle treffen.' Er ließ uns im guten Glauben, daß er selber der Held all seiner Abenteuer war. Er wollte wohl keine Illusionen zerstören. [...] Karl May kam mit seiner ersten Frau Emma. Sie war eine nicht hübsche, aber recht ansehnliche Dame. Sie sprach wenig. Es störte uns mächtig, daß sie ihrem Mann gegenüber einen durchaus verdrießlichen Ton anschlug. Karl May nahm es gelassen hin. Aber meine Schwägerin Lisbeth kochte. Wie konnte sich das diese Frau dem so guten und bedeutenden Mann gegenüber erlauben. Lisbeth sagte es Frau May schlankweg ins Gesicht. [...] In einer Kutsche fuhr man durch Hamburg. Karl May bewunderte die Stadt. Und vor allem die Kellner bewunderten – ihn. Wo er auch aufkreuzte, gab es tiefe Bücklinge. Geld hatte für Karl May keinen Wert – außer, damit anderen eine Freude bereiten zu können. Wir rissen die Augen groß auf, wenn Karl May eine Zeche von zwei oder drei Mark bezahlte und dann dem Kellner ein Goldstück als Trinkgeld in die Hand drückte" (masch 68f.). Zu den Ausflugsorten gehört neben Blankenese und St. Pauli auch Carl Hagenbecks (1844–1913) Tierpark, wo als Völkerschau eine Arabertruppe zu Gast ist (jbkmg 1970, 167). Begegnungen mit *Kaiinspector* [F. C. A.] *Himmel*, einem *Cousin Hoffmann* und *Dr.* [C. F.] *Roth*. Notiz: *Dr. Roth hat mir Angst gemacht.*

05. May an Carl und Lisbeth Felber: *Ich kam von Wernigerode her / Halb an die Elbe, halb ans Meer / Zu meinem Freunde Karel Felber, / Das ist er selber. // In Hamburg glücklich angekommen / Wurd ich so herzlich aufgenommen / Von meiner Freundin Lisbeth Felber, / Das ist sie selber. // Im Hôtel nach dem Preis zu fragen, / Das darf ich leider gar nicht wagen, / Denn Alles zahlt mir Freundchen Felber, / Das ist er selber. // Tritt man in unser vordres Zimmer. / Da blühn die schönsten Rosen immer. / Die hat geschickt Frau Lisbeth Felber / Das ist sie selber.*

05.16. Sonntag. Hamburg. Gruß auf "offizieller Ausstellungspostkarte" der Großen Gartenbauausstellung an Emil Seyler (mkmg 25, 8; gus 91).

05.19. Hamburg. *Herzl. Grüße* aus Friedrichsruh an Richard Plöhn, auf einer Bismarck-Karte: *Wir haben Ihn!!! gesehn!!!* (gus 82) Erinnerung Elisabeth Larson 1969: "Mein Bruder und Karl May waren große Verehrer von Fürst Bismarck. Daher wurde, ehe Karl May abreiste, ein Ausflug nach Friedrichsruh [im Sachsenwald] vereinbart. Wir fuhren hin und fragten in einem nahe gelegenen Restaurant, wann und wo man wohl Bismarck sehen könnte. Wir hörten, daß er mittags 12 Uhr aus dem Tor seiner Besitzung herausfahre, um eine kleine Ausfahrt zu unternehmen. Da wir mit Blumensträußen versehen waren, hieß es, wir dürften sie ihm nicht in die Hände drücken, denn sie schmerzten ihn sehr. Wir stellten uns dann mit noch einigen anderen Leuten nahe dem Tor auf, und richtig kam dann das Gefährt mit dem schon recht leidend aussehenden Fürsten und fuhr langsam, so daß jede von uns Frauen und Mädchen die Blumen mit Grüßen aus Hamburg und Dresden übergeben konnte. Der Fürst neigte ein wenig den Kopf und sagte liebenswürdig: 'O meine Damen!' Dann rollte der Wagen weiter und Karl May und mein Bruder blieben gedankenvoll plaudernd zurück" (masch 70). – *Viele Grüße* aus Friedrichsruh gehen auf einer Bismarck-Karte auch an Max Welte (kmhi 4, 13, 35).

05.20. Hamburg. – Stuttgart. Die Union-Direktion bittet dringend um Beantwortung ihres Briefes vom 4.5. (*Die Helden des Westens* A67).

05.21. An Bord des Schnelldampfers "Prinzessin Heinrich" auf Helgolandfahrt. Kartengruß an Emil Seyler (mkmg 25, 8).

05.23. Sonntag. Hamburg. – Heinrich Keiter wartet auf die Fortsetzung des *Silberlöwen*: "Wäre es Ihnen denn nicht möglich, uns recht bald wieder ein paar hundert Seiten zugehen zu lassen, damit ich ruhig in die Zukunft blicken kann?"

05.24. 20.20 Uhr. May telegraphiert an Emil Seyler: *Mit lieben eingeladenen Leserinnen und Lesern hier in Hamburg Hôtel Berliner Hof vereint werden wir punkt 10 Uhr den herzlieben Deidesheimer Freundinnen und Freunden mit dem Safte edler Reben ein dreimaliges Hoch bringen. Prosit.*

05.29. 19.40 Uhr. Hamburg. Telegramm an Emil Seyler: *Morgen reisen wir von Hamburg ab und machen Nachtstationen in Cassel, Frankfurt und Cöln von wo aus Ausflüge zu Lesern.*

05.30. Sonntag. 7.42 Uhr. May telegraphiert aus Kassel an Emil Seyler: *Tausend Grüße vom Hausfreunde Shatterhand und seiner guten Squaw vom Rio Pecos* (mkmg 26, 7). Mays übernachten im Hotel König von Preußen. Notiz: *Aristokrat. heruntergekommen, theuer, steif.* – Mays besichtigen die Wilhelmshöhe (mkmg 27, 8; gus 38).

05.31. In Wiesbaden Besuch der Familie Wolff-Malm, Geisbergstraße 15. Vermutlich haben die Söhne Ernst und Franz-Conrad des Kaufmanns Franz Wolff-Malm (†1906), der mit seiner Frau Isabella Malm noch die Kinder Anna, Rudolf, Otto und Elisabeth (Lilli) hat, May ohne Wissen der Eltern eingeladen. Als Franz-Conrad als erster aus der Schule kommt, wird er in den Salon gebeten, wo die Eltern mit einem fremden Herrn plaudern. Als May fragt: "Wer bin ich?", antwortet der Junge begeistert: "Old Shatterhand!" (grie2 375) Eintragung von *Old Shatterhand* und "Frau Dr. May" ins Gästebuch: *Das Leben ist ein Kampf; / Der Tod ist der Sieg; / Ich lebe, um zu kämpfen, / Und ich sterbe, um zu siegen* (mkmg 33, 3; jbkmg 1992, 349). Die Verse sind Mays "Motto", das er in dieser Zeit oft verwendet (kluß2 146; vgl. XII 289). – May telegraphiert an Emil Seyler: *Große Hitze hier, welche von den tausend Fragen meiner hiesigen Leser noch glühender gemacht wird. Old Shatterhand und Nscho-tschi II* (mkmg 25, 8). – Mainz. Hotel Continental. Kartengruß an den Mainzer Michael Oppenheim (kma 3, 9f.). Ein gereimter Gruß geht an Carl und Lisbeth Felber: *Wir sitzen hier im goldenen Mainz / Und trinken auf Euch immer noch Einz / Und sind von Dankbarkeit ganz tief gerührt, / Daß Ihr uns 14 Tage lang verführt. / Grüßt Alle, die wir dorten kennen lernten / Und fröhlich waren, daß wir uns per Dampf entfernten! / Emma, die Traurige, Karl, der Schaurige* (masch 71).

06. Im "Deutschen Hausschatz" erscheint *Ave Maria, Gedicht und Komposition für* [vierstimmigen] *Männerchor* [in Es-Dur] *von Dr. Karl May* (*Es will das Licht des Tages scheiden*) (plaul1 221f.; küh 151f., 207f.; kluß2 106; *Christus oder Muhammed* 261). "K. Dr. Eine weitere Komposition des Ave Maria von Karl May veröffentlichen wir demnächst" (mkmg 20, 18).

06. In der ständigen Rubrik "Fragen und Antworten" erfahren die Leser des "Guten Kameraden", dass der Name Winnetou "Brennendes Wasser" bedeute: "so versichert uns der Verfasser, der [...] allerdings oftmals zu einem Späßchen aufgelegt ist" (*Der schwarze Mustang* 220).

06.01. Köln. Hotel Ernst, gegenüber dem Dom. 19.05 Uhr. Telegramm an Emil Seyler: *In Köln angekommen grüßen wir alle*

Ihre Lieben nach denen wir uns sehnen. Wahrscheinlich werden wir nicht so bald von hier fort gelassen.

06.02. Köln. – Der Prager Verleger Josef R. Vilímek will eine tschechische Übersetzung des Jugendromans *Die Sklavenkarawane* bringen und bittet um Mays Autorisation: "Sie werden sich gewiss noch zu erinnern wissen, dass ich bereits zwei Ihrer Werke herausgegeben habe u. zw. waren es 'Der Sohn des Bärenjägers' & 'Der Geist der Llano-Esteccado', deren Publication in böhmischer Sprache mir durch Ihr Wo[h]lwollen ermöglicht worden ist" (mor).

06.03. Köln. Anzeige in Lokalzeitungen: "Dr. Karl May ist heute Nachmittag von 4–6 Uhr, Hôtel Ernst, Köln, für seine Leserinnen und Leser zu sprechen" (mkmg 112, 10).

06.04. Abreise nach Bonn (mkmg 112, 11). Grand-Hotel Royal (seit 1914 Hotel Königshof, 1944 zerstört, heute Neubau), unmittelbar am Rhein neben der Drei-Königen-Bastion "Alter Zoll" (Wehranlage mit Denkmal des patriotischen Freiheitsdichters Ernst Moritz Arndt, 1769–1860) und gegenüber dem Hofgarten. Nach einem 1901 verfassten Bericht Ernst Webers ("Karl May. Eine kritische Plauderei", in: "Zur Jugendschriftenfrage", 1903) erzählt May im Juli bei einer Audienz in München: "Komme ich da jüngst nach Bonn – inkognito selbstverständlich. Aber schon am Bahnhof ward ich erkannt. Man schleppte mich ins Hotel. Ich mußte mir für meine vielen Freunde einen eigenen Saal mieten. Jeder wollte mein Autograph haben. Ich verschwitzte im Lauf von 3 oder 4 Stunden mehrere Hemdkragen mit Unterschriftenschreiben, und am Ende fiel es einem kleinen Knirps gar ein, eine Locke von mir zu verlangen. Ich habe [...] nur Borsten; aber ich machte ihm Hoffnung: 'Eine Locke kannst du leicht haben; ich lasse mir morgen die Haare schneiden.' Am nächsten Tag – welche Überraschung! Vor meinem Hotel: doppeltes Spalier der studierenden Jugend bis zum nächsten Friseurladen. Ich trete dort ein. Der Bader wirft mir den Mantel um und beginnt sein Geschäft. Da nach den ersten Schnitten geht die Tür auf; ein paar Gymnasiasten stürzen herein – krips, kraps, die am Boden liegenden Haare sind verschwunden. Und so geht das fort, bis die Schererei vollendet ist. Der Friseur ist starr vor Staunen" (aug3 248). – Laut einer Visitenkarte sucht May während seines Bonn-Aufenthalts den Gasthof zum Vater Arndt auf und lernt dort einen Johannes Glückert kennen (Näheres unbekannt). – Porträtfoto Hermann Albertz, Bonn (kmw VIII.6, 46f.). – Die Königswinterer Zeitung "Echo des Siebengebirges" meldet, dass der "in den weitesten Kreisen bekannte und beliebte Schriftsteller Herr Dr. Karl May, der durch seine äußerst interessant geschriebenen Reiseerlebnisse Tausenden vergnügte Stunden bereitet hat, morgen Nachmittag 2 Uhr in Königswinter" eintrifft (kmg-Tagungsprogramm 1985). – Heinrich Keiter wartet auf Manuskript zum *Silberlöwen*: "Sie können sich doch denken, daß ich als Redacteur nur ruhig sein kann, wenn ich auf längere Zeit hinaus gesichert bin."

06.05. Bonn. 8.20 Uhr. Telegramm an Emil Seyler: *Tante ist nicht wohl, darum können wir leider erst nächste Woche kommen.* – May an Carl und Lisbeth Felber: *Liebe Freundin, lieber Freund, meine gute Emma weint, / Daß der Rhein hier überfließt – viermal breiter als er ist – / Weil ihr hier in dieser Welt ihre theure Lisbeth fehlt. / Ohne die kann sie nicht leben, darum bleiben wir nicht kleben, / Sondern reisen mit Verstand von hier fort nach Helgoland* (jbkmg 1970, 167). – Porträtfoto von August Rucker, Bonn (kmw VIII.6, 126f.). – Weiterfahrt nach Königswinter, Ankunft um 14 Uhr. Hotel Monopol-Metropole (heute Rheinhotel Loreley) an der Rheinallee 12 (mkmg 25, 8; mkmg 27, 8; mkmg 39, 26; mkmg 66, Inform; sokmg 66, 1f.; kmg-Tagungsprogramm 1985; gus 124). Notiz Mays: *großartige Lage.*

06.06. Pfingstsonntag. Königswinter. Die Leiterin der Höheren Töchterschule, Therese Kreer, organisiert morgens ein Treffen mit Lesern (u. a. Kaplan Carl Commes [*1849], Bürgermeister Fritz Kreitz [1855–1909], Karl Kreitz, Gertrud Walmrath [kmw

VIII.6, 314f.], Justizrat Dr. Peter Kirch [1831–1906] und Frau, Rentmeister Joseph Scheiff [1859–1920], Weinhändler Carl Ittenbach) im Vereinshaus der Gesellschaft Bürger-Casino (später Hotel Union, 1945 abgebrannt) an der Rheinallee (mkmg 39, 26; kmg-Tagungsprogramm 1985). "Echo des Siebengebirges" 8.6.: "Sonntags hatten die Reisenden die Liebenswürdigkeit, auf Einladung einer eifrigen Verehrerin, die schon vorher mit dem Schriftsteller in Correspondenz gestanden hatte, das Bürger-Casino mit einem Besuche zu beehren. Das Wort: Karl May ist da, fuhr im nähern Bekanntenkreise wie der Blitz herum und sehr schnell war der bescheidene Gesellschaftssaal mit Damen und Herren angefüllt, die darauf brannten, die Bekanntschaft des Mannes zu machen, der ihnen durch seine so fesselnd geschriebenen Reiseerlebnisse schon längst ungewöhnliches Interesse eingeflößt hatte. Da gings dann an ein Erzählen und Fragen; es entwickelte sich eine äußerst animirte Unterhaltung. Mit seltener Liebenswürdigkeit, mit frischem Humor hielt Herr Dr. May im Kreuzfeuer der Rede und Gegenrede Stand, hier eine interessante Episode seines reich bewegten Lebens streifend, dort mit seinem Geiste eine Ansicht berichtigend. [...] Nachmittags machte der Schriftsteller mit seiner Gemahlin eine Fahrt auf den Drachenfels. Eine Anzahl seiner Verehrer begleitete ihn. [Die Drachenfelsbahn hat an diesem Tag mit 3356 Fahrgästen den größten Tagesverkehr seit ihrem 14-jährigen Bestehen.] Der Director der Zahnradbahn [Ludwig Brandan] stellte sofort einen Extrazug dem bekannten Weltreisenden zu Ehren ein. Nochmals hatten wir dann später das Vergnügen, die Gäste im nämlichen Saale bei uns zu sehen und bei einer duftenden Bowle ließ der erfahrene Westmann noch manchen schillernden Schatz aus seinem wildbewegten Leben an unserm Geiste vorüber ziehen. [...] Aeußerst spannend war seine Erzählung von der Correspondenz, die er mit seinen Lesern pflegt, und noch interessanter die Verlesung verschiedener, origineller Briefe aus dem Leserkreise. Die Nachmittagsstunden machten den Abendstunden Platz und noch immer saß der traute Kreis zusammen. Die Gemüthlichkeit stieg, Rhein- und Wein-Lieder erklangen in der Runde, der Gefeierte setzte sich selbst an's Klavier und übernahm bei manchem frischen Sang die Begleitung. [...] Dankbar wurde es begrüßt, als Dr. May das Ave Maria [...] vortrug, dessen innige, zum Herzen sprechende Melodie allgemein gefiel" (mkmg 39, 24f.; kmg-Tagungsprogramm 1985) – Dem Redakteur Adrian Tillewein (†1909, "Echo des Siebengebirges") verspricht May, über seinen Aufenthalt in Königswinter im "Deutschen Hausschatz" zu berichten. – Die Lehrerin Gertrud Walmrath wird am 24.5.1898 an May schreiben: "Ja, das waren mir 2 schöne, unvergeßliche Tage, als Sie mit der lieben Frau Gemahlin unter uns weilten!" – Auf die Rückseite der Wein-Karte des Bürger-Casinos schreibt May ein Gedicht *Zur Erinnerung an den schönen Pfingstsonntag des Jahres 1897*: *Es giebt am schönen Rhein ein liebes Nest, / Das hält mein Herz und meine Seele fest. / Wie sind die Menschen dort so gut und traut, / Weil dort aus jedem Aug das Deutschthum schaut. / Daß ich bei solchen Leuten durfte sein, / Das wird für mich ein stets Gedenken sein* (mkmg 39, 26; kmg-Tagungsprogramm 1985; sokmg 66, 6; gus 124).

06.07. Pfingstmontag. Königswinter. Vormittags noch Besuche bei verschiedenen Familien (mkmg 39, 25). Danach Abreise mit dem Zug über Mainz, Bingerbrück und Neustadt an der Haardt (Weinstraße) nach Deidesheim zur Familie Emil Seyler. Vermutlich an diesem Tag Scherzgedicht aus Neustadt an Hedwig, die jüngste Seyler-Tochter: *In Neustadt sitzen wir vereint / Und sind noch nicht im Klaren, / Ob, wenn die Sonne morgen scheint, / Nach Deidesheim wir fahren, / Denn bleibt sie etwa in dem Bett / Als Faulpelz müde liegen, / So kannst du uns, das ist nicht nett, / Erst in drei Wochen kriegen* (gus 157).

06.08.-10. Deidesheim. Villa Seyler (Florentiner Palais, heute Weingut Motzenbäcker, Ruppertsberg, Weinstraße 1, Gedenktafel seit 1982; mag 17, 38-42; mkmg 54, 36-39). Im Kreise Geladener aus der Bekanntschaft der Seylers, darunter Bürgermeister und Weingutsbesitzer Dr. Johann Julius Siben (1851–1907), der katholische Pfarrer Georg Metzger (1833–1924, Pfarrei St. Ulrich) und Kaplan Andreas Kempf (1865–1921; kmw VIII.6, 516f., 570f., 730f., 825), wird in diesen Tagen *herzhaft* in der Tafelrunde *"geweint" und gelacht* (May an Emil Seyler 14.7.; masch 217f.). Andreas Kempf in der "Pfälzer Zeitung" (Speyer) 21.8. ("Einige Plauderstündchen von Pfälzern bei 'Old Shatterhand'"): "Wir hatten ihn fest und hielten ihn fest. Denn es war ein zu köstlicher Genuß, ihn fern von seinen Manuskripten, losgetrennt von seinen ernsten Pflichtarbeiten, Friedenspfade verfolgend als muntern Wandersmann für einige Stunden mit Beschlag belegen zu können. [...] Aber leider wie bald schwand die Zeit dahin, in der man mit ihm, dem Erholungsbedürftigen, zusammen sein konnte. Auch war schon die Sonne hinabgesunken und die heraufsteigenden Wolken führten kühlere Luftzüge in ihrem Gefolge mit – Umstände, welche die Räumung der Veranda veranlaßten. Gute Geister fügten es aber, daß man seine anregende Gesellschaft auch noch anderswo genießen konnte, nie zu lang nie lang genug, denn wenn er freigebig spendet aus dem reichen Schatz seiner Erfahrung, wobei seine Wort- und Menschenkenntnis zutage tritt, wenn man dem leichten Fluß seiner Rede lauscht und seine große Sprachgewandtheit bewundern muß, wenn er so ungesucht den Ernst seiner Worte mit den Guirlanden anmutigen Scherzes verbrämt, so auf den Goldgrund eines tiefen Gemütes schauen läßt, dann fühlt auch der unruhigste Mensch – Talent zum Sitzenbleiben" (mag 17, 40; mkmg 55, 22-26). – Erinnerung Magda Seyler: "Einmal saßen Mays mit meinen Eltern auf der Veranda, von wo aus eine Treppe in den Vorgarten führte. Von der Straße konnte man sehen, daß Menschen auf der Veranda saßen. Da ging nun ein junger Mann geduldig auf und ab, natürlich um May zu sehen. Dieser bemerkte es, stand auf und kam ans Gitter, wo er den jungen Mann begrüßte. Er reichte ihm die Hand und sagte: 'So, nun können Sie Ihren Freunden erzählen, daß Old Shatterhand Ihnen die Hand gedrückt hat'" (Magda Graeßle an Fritz Maschke 10.9.1973; mag 17, 40). – Eine lange Zeit angenommene Begegnung Mays in Deidesheim mit dem Komponisten Johannes Brahms (1833–1897) ist offenbar nur eine

Legende. Wahrscheinlicher ist dagegen eine Mitteilung Ruth Schaumanns (1899–1975), nach der die spätere Schauspielerin Erna Morena (d. i. Eugenie Seyler, 1885–1962), eine Stiefnichte der Seylers, als Kind mit May zusammentraf: "Erna Morena erzählte oft, wie sie im florentinischen Palais ihres Onkels zu Deidesheim so mit 12 Jahren zur Tafel neben Karl May gesessen habe – wie dieser ihr erzählt habe, daß ein Tiger in Afrikas Wüste ihn in den Schenkel gebissen habe, und, o Unkeuschheit so im Jahre 1897, May streifte unterm Tisch seine rechtsseitige Beinbekleidung empor und wies dem 12jährigen Nichtchen des Hausherrn den Schenkel und eine Narbe darin (die er sich beim Überklettern eines Zauns zum Apfelstehlen als Bub ergattert hatte. Diese Wahrheit wurde Erna Morena später vom Onkel selbst offenbart)" (mkmg 19, 10).

06.11. Beginn eines mehrtägigen Ausflugs zum Rhein. Besichtigung des Niederwald-Denkmals bei Rüdesheim (gus 158). Kartengruß an Familie Felber: *Beim Denkmal hier am Niederwald / Auf Euer Wohl ein Pfropfen knallt; / Hoch lebe Liesbeth Felber / Und zweitens auch er selber* (kma 6, 14).

06.12. Brohl am Rhein. Im Gasthaus zur alten Post (Stephan Drolshagen; heute Brohltalstraße 8, in Brohl-Lützing) besucht May eine Stammtisch-Gesellschaft seiner Leser (mkmg 132, 2-7). "Sinziger Zeitung" 16.6.: "Obschon der Besuch ganz unerwartet kam, war die Kunde doch bald im Dorfe verbreitet, und schnell hatte sich ein Kreis seiner Verehrer in dem Gasthause von St. Drolshagen versammelt. Hier zählt eine Stammtischgesellschaft zu den eifrigen Lesern May'scher Schriften, und hat durch Begrüßungstelegramme und Briefe des öfteren bei passenden Gelegenheiten ihre Bewunderung für den gefeierten Schriftsteller zum Ausdruck gebracht. Hier hängt auch ein Dankschreiben des letzteren unter Glas und Rahmen nebst einer Photographie. Diesem Stammtisch wollte nun Dr. May einmal seinen Besuch abstatten. Als der erst unerkannt Hinzugekommene aus seinem Incognito heraustrat, entstand die größte Überraschung, die sich bald in lebhaftem Jubel Luft machte.

Bis in die Nacht hinein weilte der berühmte Reisende im Kreise seiner Leser, die sich an seiner interessanten Erzählkunst nicht satthören konnten und Hunderte von wissbegierigen Fragen stellten. Da erfuhr man von Winnetou und anderen mündlich, worüber man so vieles gelesen."

06.13. Sonntag. Brohl. "Sinziger Zeitung" 16.6.: "Am anderen Morgen sammelte sich zum Frühschoppen bald wieder ein Kreis um den Genannten, der ihn denn auch um 2 Uhr zum Bahnhof geleitete." Zur Gesellschaft gehört auch der Brohler Pfarrer Joseph Leusch. – Abreise, vermutlich nach Stuttgart. Gedichtnotiz, wohl für das Gästebuch eines Hotels: *Bei Bettlad war ich auch einmal; / Da gabs zwar keinen Speisesaal, / Doch was man trank und was man aß, / Wie ächt und gut war alles das! / Ich komme jedenfalls bald wieder / Und lasse mich da häuslich nieder.*

06.16. Clemens Freiherr von der Kettenburg bittet May, ihm Tag und Stunde seiner Ankunft in Innsbruck mitzuteilen.

06.17. Zurück in Deidesheim. Ausflug über Dürkheim mit Besuch der Hardenburg. Eine Postkarte geht an die Gastgeber Seyler (mkmg 25, 8; mkmg 27, 8).

06.18. Widmung *Das Leben ist ein Kampf* auf einem Foto im Kostüm Kara Ben Nemsis (mkmg 70, Inform V).

06.19. Deidesheim. Telegramm an Fehsenfeld: *Zeit ist für uns zu kurz nach Freiburg zu kommen ist Ihnen ein Rendezvous bei Krais in Stuttgart möglich?*

06.20. Sonntag.

06.21./22. Deidesheim. Abreise mit Abschiedsgedicht an Seylers: *Nacht ist es rings; es schlägt halb drei, / Und vom Gepäck ermüdet, sitzen / Der Onkel und die Tante May, / Um Euch noch geistig anzublitzen. // Die Tante liegt im Bett; der Onkel / Geht in das Zimmer nebenan, / Und weil es dort so furchtbar donkel, / Dreht das Elektrische er an // Ihr Lieben liegt in tie-*

fem Schlummer, / Und ich, ich finde keinen Schluß; / Es bleibt mein Auge weh vor Kummer, / Daß ich nun von Euch scheiden muß. // Es ist mir ganz unmöglich, heute / So abschiedslos zur Ruh zu gehn, / Denn solche herzig gute Leute / Hab ich noch nie, noch nie gesehn. // Habt Dank, habt Dank für all die Liebe, / Die uns in Eurem Haus umfing! / Ob ich auch schrieb und weiter schriebe, / Es wär doch alles zu gering, // Um Euch die Herzen auszuschütten, / An Dank und Liebe überreich; / Wir können Euch nur einfach bitten: / Gedenkt an uns wie wir an Euch! // Und gehn die Reime nun zu Ende, / Muß auch der Onkel schlafen gehn, / Doch flehend faltet er die Hände: / In Radebeul ein Wiedersehn! // Der muntere Onkel / Die schlummernde Tante (masch 237; mkmg 27, 8f.).

06.22. Stuttgart. 16.26 Uhr. Telegramm an Emil Seyler: *Soeben gut hier angekommen Hotel Viktoria. Noch tausend tausend Dank für die Liebe und Gastfreundlichkeit welche ihr uns erwiesen habt.*

06. Stuttgart. Hotel Viktoria. May trifft sich mit Wilhelm Spemann. Nach den letzten Auseinandersetzungen kommt es zu einer gütlichen Trennung, über deren Modalitäten aber nichts bekannt ist, da alle diesbezüglichen Zeugnisse (incl. des Vertragsentwurfs vom 4.5.) verschollen sind (*Die Helden des Westens* A67).

06. Stuttgart. Wiedersehen mit Fehsenfeld bei Felix Krais, Rothebühlstraße 77 parterre.

06.23. Stuttgart. Zwei Ansichtskarten an Familie Seyler (mkmg 27, 9).

06.24. Friedrichshafen. Kartengruß an Familie Seyler (mkmg 25, 8).

06.25. Lindau. Hotel Hauber. Fahrt auf dem Bodensee. May an Emil Seyler ("Schiffspost auf dem Bodensee"): *probiere einige Deiner Weine. Man muß sie bei Dir trinken!* (mkmg 25, 8)

06.26. Bahnhof Bregenz. 13.05 Uhr Abfahrt nach Innsbruck, über Feldkirch, Bludenz, Langen, St. Anton am Arlberg, Landeck, Imst, Ötztal und Telfs. Ankunft in Innsbruck gegen 18.14 Uhr. Clemens von der Kettenburg, "Vor 36 Jahren": "als ich, von einem Radausflug zurückgekehrt, auf meiner Bude in Innsbruck eben beim Umkleiden war, klopfte es an der Tür, und herein trat – Karl May! Er machte damals mit seiner Frau eine Reise nach Tirol, und sein erster Gang nach der Ankunft war zu mir, was mir eine außerordentliche Freude bereitete. Ich konnte ihm die gastfreundliche Aufnahme in Radebeul ein wenig vergelten, indem ich ihm die Sehenswürdigkeiten der Stadt zeigte, und wieder waren es äußerst wertvolle Stunden, die ich in seiner Gesellschaft verbringen durfte" (kmjb 1933, 437). May an Emil Seyler 12.8.: *In Stuttgart und Innsbruck ließen mir die Leser keine Minute Ruhe* (masch 238). May an Fehsenfeld 27. 7.: *In Innsbruck war es die reine Rebellion, bin ausgerissen.*

06.27. Sonntag. Aufbruch zum Achensee, Tirol. Hotel Zur Scholastika (Hauptgebäude 1913 abgebrannt, Gesindehaus heute Restaurant; mkmg 88, 38, 41; gus 206). Der größte Teil der Zeit wird auf dem Kreuzhof der gräflichen Familie Jankovics (Anna Elisabeth Jankovics mit ihren Eltern Julius, 1820–1904, und Louise geb. Montbel, 1836–1923) am gegenüberliegenden Westufer des Achensees verbracht (kmjb 1933, 437f.; mkmg 88, 39, 40f.).

06. Notiz Mays: *In Seespitz auf den Dampfer nach Scholastika. Dann zu Fuß oder per Kahn nach Kreuzhof.*

06. May in der Wiener "Freistatt" am 14.5.1910: *Ich befand mich am Achensee bei einem Freunde. Dieser meldete dem Abt* [Albert II., d. i. Joachim Wildauer, 1841–1945, Abtei St. Georgenberg, Fiecht; mkmg 88, 39] *meine Anwesenheit. Der Abt kam nach dem See. Er umarmte mich und grüßte mich mit den Worten: "Sie sind der größte Wohltäter der deutschen Jugend!" Er führte mich im Laufe des Tages rund um den Achensee, und ich habe von ihm die Erinnerung an einen der höchsten und* *bedeutendsten Edelmenschen, die ich kennen lernte, mit heimgenommen* (jbkmg 1976, 247f.). May an Ildephons Schober 11.10.1904: *Es ist noch nicht gar lange her* [...], *da war ich am Achensee, Station Scholastica, der Gast meines Freundes, des Grafen Jankovics. Als der Abt von Fiecht, bekanntlich ein Benedictiner der Kongregation vom Heil. Josef, dies hörte, kam er extra herab, mich zu begrüßen. Er umarmte und küßte mich und sprach, sichtlich tief gerührt: "Dieser Tag ist einer der schönsten meines Lebens, weil er mir erlaubt, unsern Karl May einmal von Angesicht zu Angesicht zu sehen. Sie sind der größte Wohlthäter der deutschen Jugend. Gott segne Sie und erhalte Sie uns noch lange, lange Zeit!" Er widmete sich mir fast einen ganzen Tag, führte mich um den See herum, und was dabei zwischen ihm und mir in ungestörter Einsamkeit gesprochen worden ist, das blieb mir treu bis auf den heutigen Tag.* Aufzeichnung Klara May: "Dieser geistliche Herr stellte K. M. ein eigenes Schiff zur Verfügung während seines Aufenthalts am Achensee." May an Fehsenfeld 27.7.: *Am Achensee beim Grafen Jankowiĉ auch keine Ruhe; massenhaft Besuche; es war der ganze dort weilende Adel von nah und fern herbeigetrommelt worden. Die Dampfschiffverwaltung stellte mir ein Extraschiff zur Verfügung.*

06.29. Achensee. Clemens von der Kettenburg trifft für einen kurzen Besuch (bis zum Morgen des 30.6.) auf dem Kreuzhof ein. Kettenburg, "Vor 36 Jahren": "Wie manchen andern Sonn- und Feiertag benützte ich damals das Fest Peter und Paul [...] zu einem Ausflug nach dem Achensee und dem gastlichen Kreuzhof. So konnte ich den herrlichen Sommertag zum größten Teil in Karl Mays Gesellschaft, sei es in der gemütlichen Tirolerstube, sei es im Boot, genießen" (kmjb 1933, 438). – Abt Albert II. verlässt den Achensee: "Wie sollt' ich von hier scheiden ohne Ihnen noch einmal meine besten Grüße zu senden, getröstet durch Ihr Wort, das mir Wiedersehen versprochen." – Eintragung ins Gästebuch des Kreuzhofes: *Am Achensee, am Achensee, / Da steht ein wundersames Haus; / So oft* *hinein, hinein ich geh, / Sehn' ich mich nimmermehr hinaus. // Am Achensee, am Achensee, / Da steht ein wundersames Haus; / Es thut so weh, es thut so weh, / Daß ich doch wieder muß hinaus. // Es wohnen Herzen da, so lieb, / So edel, ohne Falsch, so gut; / So oft ich blieb, so lang ich blieb, / Stets ständ ich da in Gottes Hut. // Und schrieb ich tausend Zeilen hier, / Und wären sie auch noch so schön, / Sie klängen aus der Seele mir / Doch nur auf baldges Wiedersehn. // Du lieber, lieber Kreuzhof hast / Es mir für immer angethan; / Ich wünsche fast, ich wünsche fast: / Wär ich für dich doch der Kaplan. // Da frūg ich alle Herzen aus, / Und gäben Antwort sie mir dann, / Daß immer offen mir dies Haus, / Ich wär ein glücklich froher Mann!* Auch Emma schreibt einen Vierzeiler ins Gästebuch: "Ich kann nichts Besseres sagen / Und kann nichts Anderes schreiben / Von diesen schönen Tagen: / Wird mir ein Strahl stets bleiben" (mkmg 88, 34-36). – Emma May an Agnes Seyler 1.8.: "Die Tage bei Euch u. am Achensee in der gräflichen Familie werden uns fürs ganze Leben unvergeßlich bleiben. Denke Dir, als wir Abend 11 Uhr Abschied nahmen, um nach unserem Hotel zu fahren (wir mußten nämlich immer über den See), begleitete uns die alte Frau Gräfin mit ihrer Tochter, u. als wir noch einmal einen letzten Gruß nach dem Kreuzhof sandten, erstrahlte das ganze Haus in Buntfeuer; alles war behangen mit bunten Lampions, sogar das Bootshaus, was sich im See prächtig wiederspiegelte. Und weit her vom See erklangen wunderbare Töne an unser Ohr; vielleicht zehn Boote waren hinausgesandt worden, um uns aus der Ferne ein letztes Lebewohl zu singen. Was wir in diesem Augenblick gefühlt u. empfunden, brauche ich Dir wohl nicht zu sagen. – – – Die beiden Gräfinnen umarmten u. küßten mich, als ob wir seit 10 Jahren alte, liebe Bekannte wären. Natürlich mußten wir versprechen, so bald wie möglich wieder zu kommen" (masch 218). May an Ildephons Schober 11.10.1904: *und als ich dann von meinen Freunden schied, wurde ich von den beiden Gräfinnen eigenhändig in das tiefe Abenddunkel des Sees hinausgerudert. Sie hielten an und gaben ein lautes Zeichen. Da stand plötzlich das ganze Ufer in farbigem Lichte; der "Kreuzhof" des Grafen leuchtete in glühenden Guirlanden; das am Ufer stehende hohe Bild des "Heilandes am Kreuz" flammte auf wie eine helle Offenbarung in finsterer Nacht; von noch weiter draußen auf dem Wasser her aber erklangen die drei Strophen meines Ave Maria, gesungen von dortigen Sängern, mit denen Gräfin Anna es eigens zu diesem Zwecke eingeübt hatte. War das eine Ueberraschung! War das ein Ade! Als die letzten Zeilen verklungen waren* [...], *standen Aller Augen in Thränen.* Aufzeichnungen Klara May: "Alles war illuminirt und hunderte sangen das Ave Maria als er abreiste, die beiden Gräfinnen ruderten ihn selbst nach Seespitz zur Dampferstation." "Beim Abschied K. Ms. wurde der ganze See illuminirt und die Gesangvereine sangen: 'Es will das Licht des Tages scheiden' u. d. 'Ave Maria' in vielen Kähnen die dem Nachen K. Ms nach Seespitz folgten, den die junge Gräfin ruderte und die alte Dame steuerte." "Am Abend sollte von Seespitz aus die Abreise angetreten werden. Noch einmal war man froh im schönen Kreuzhof versammelt. Im Boot sollte die letzte Fahrt zurückgelegt werden. Gräfin Anna wehrte Karl May mit zu rudern. Diesmal müsse sie dem Freund diesen Dienst erweisen und ihre Mutter führte das Steuer. Der alte Graf blieb auf dem Kreuzhof zurück nach einem herzlichen Abschied. Das Boot war geschmückt, wie für einen König. Still ging es hinaus in den von der Abenddämmerung umhauchten See. Als das Boot die Mitte des Sees erreicht hatte wendeten die Damen und wie mit einem Zauberstab berührt flammte der Kreuzhof im Lichte von kleinen Lampen auf, überall waren sie angebracht, wo es nur möglich war. Die kleine eigene Kapelle und das große Kreuz davor, die Ufer des See's ringsum grüßten den Scheidenden im Lichterglanz. Als er noch im Anschauen versunken und bevor noch ein Wort die Feierlichkeit dieses sinnigen Grußes störte, nahten ringsum viele Boote und aus hunderten von Kehlen erklang Karl May's 'Ave Maria' über den See. Diese schönste aller Abschiedsstunden hatte Gräfin Anna von Jankovicsch ihrem Karl May bereitet. Unermüdlich war sie im Geheimen tätig gewesen und hatte mit Hülfe des Abts alle

Schulkinder und Sänger rund um den See, durch die Lehrer, das Ave Maria einüben lassen. Ergreifend kam es zum Ausdruck und entlockte dem Gefeierten Freudentränen. Unter den zahllosen Ovationen, die ihm das Leben brachte, war dieser Abschied ihm das liebste. Oft gedachte er noch in späteren Jahren dieser Stunden." Kettenburg, "Vor 36 Jahren": "Den Abschluß des Tages bildete ein kleines Feuerwerk, das von der Gräfin Jankowics veranstaltet wurde; währenddessen wurde von der Dienerschaft auf dem Wasser das 'Ave Maria' vierstimmig gesungen, was einen tiefen Eindruck machte" (kmjb 1933, 438).

06.30. Abreise vom Achensee in Richtung München.

07. Im Fehsenfeld-Verlag erscheint die Buchausgabe *Satan und Ischariot III*, die den "Hausschatz"-Text *Die Jagd auf den Millionendieb* enthält, als Bd. XXII der "Gesammelten Reiseerzählungen" (plaul1 220; ued 219-222).

07.01. Gräfin Anna Elisabeth Jankovics schreibt May, "m[it] welch theilnehmender Sorge wir gestern Ihrer heißen Fahrt gefolgt sind u. wie sehr wir hoffen daß Sie nicht allzu ermüdet in München angekommen sind": "Wir haben Ihren Worten so bewegt u. dankbar gelauscht lieber Herr Doktor u. sind dem blinden Kinde m. solcher Verehrung auf den rauhen mühevollen Lebenswegen gefolgt welche seinen Sinn so wundersam milde werden ließen u., als ich beim Abschied das Waldkreuz erglühen sah, war es mir wie ein Bild Ihrer Missionsthätigkeit in den fernen Welten wo Sie durch Ihre praktisch bethätigte Feindesliebe die armen Menschen erkennen lehrten, was es um die welterlösende Heilands-Liebe sei!"

07.03. Starnberg. Dampferfahrt auf dem Starnberger See. Auf einer Grußkarte an Familie Seyler bittet May um ein Lebenszeichen für die *beiden fortgeflogenen Schwalben* an den Verleger Pustet in Regensburg (mkmg 25, 8). – *Am schönen Starnberger See an den noch schöneren Achensee denkend, senden Gruß und Dank die beiden sich als Kreuzhof-Waisenkinder fühlenden und darum so sehnsuchtsvollen Zugvögel* an Anna

Elisabeth Jankovics. – Prag. Josef Vilímek wiederholt seine (vergebliche) Bitte um Autorisation einer tschechischen Ausgabe der *Sklavenkarawane* und erbittet das "ausschliessliche Recht zur regelmässigen Herausgabe" aller Reiseromane Mays "für die böhmische Sprache" (mor).

07.04. Sonntag. Mays treffen in München ein, wo sie im Hotel Trefler (Sonnengarten, im 2. Weltkrieg zerstört) in der Sonnenstraße 21-28 logieren (mkmg 124, 15; mkmg 127, 69; gus 152). "Bayerischer Courier" 10.7.: "Anfangs verweilte der berühmte Autor hier unerkannt und nahm verschiedene Sehenswürdigkeiten in Augenschein" (kluß2 146). – Der Arzt Dr. Josef Weigl (1870–1933) meldet seinen Besuch an, um May "von Herzen zu danken für so viele Stunden angeregter Unterhaltung". Er ist von der Persönlichkeit Mays so beeindruckt, dass er beschließen wird, einen "May-Club München" zu gründen. – Max Casella an "Professor" May: "Sie würden mir eine unnennbare Freude machen, wenn Sie es gestatteten, Sie auf einige Augenblicke zu sehen und vielleicht sogar zu sprechen!" – May an Emil Seyler 12.8.: *Am ersten Abend entdeckte mich ein dortiger Buchhändler im Hôtel und ließ es ohne mein Wissen in die Zeitungen setzen, daß "May da sei"* (masch 238). – In den folgenden Tagen gibt "Dr. Karl May" alias "Old Shatterhand" die absurdesten Interviews. Einem begeisterten, an die tausend Personen zählenden Auditorium erteilt er im Speisesaal des Hotels die unsinnigsten Antworten auf ebenso unsinnige Fragen. Er behauptet u. a., er beherrsche ca. 1200 Sprachen und Dialekte, er sei bei den Apachen als Nachfolger Winnetous Befehlshaber von 35.000 Kriegern und erst kürzlich in Mekka gewesen. Ehefrau Emma, die alles mit anhört, korrigiert und blamiert ihn nicht. Sie sonnt sich im Glanz ihres Gatten (Erinnerung Casellas, kmjb 1921, 320f.; wohl 766).

07.05. München. In den "Münchner Neuesten Nachrichten" erscheint eine Annonce mehrerer Verehrer, die darauf hinweisen, dass der "berühmte Weltreisende und Schriftsteller" im Hotel Trefler abgestiegen "und auf unsere Bitte dort, aber nur nach vorheriger Anmeldung per Postkarte, Montag Nachmittag 3–6 Uhr für seine Leserinnen und Leser zu sprechen" sei. May an Josef Weber u. a.: *Heut Nachmittag 3 Uhr bin ich zu sprechen im Hôtel Trefler, Sonnenstraße, hier* (kmjb 1978, 62f.). May an Emil Seyler 12.8.: *Mittag hatte ich schon über 600 Briefe und Karten mit Besuchsanmeldungen. Von Nachm. 2 bis Abends 1 Uhr gegen 900 Besuche* [...]. *Während ich hunderte von Lesern (hohe Offiziere, Grafen, Barone mit ihren Squaws bis herunter zum Arbeiter) im Saale hatte, mußte ich alle zehn Minuten auf den Balkon treten, um mich der unten stehenden Menge zu zeigen und sie zu grüßen.* [...] *Die kleineren Gymnasiasten etc. standen so dicht vor dem Hôtel, daß die Tramway nicht durchkonnte und es keine andere Hülfe gab, als sie per Wasserschlauch auseinanderzuspritzen* (masch 238). May an Fehsenfeld 27.7.: *Erster Tag: über 900 Besuche, zweiter Tag über 600, dritter wieder über 800. Bin gegen Abend zur Seitenthür hinaus entflohen. Dann standen die Gymnasiasten, um Autogramms zu erjagen, in solchen Massen vor dem Hôtel Trefler, daß die Tramway nicht hindurchkonnte und der Portier sie mit dem Schlauch auseinanderspritzen mußte. Thatsache!!!* May an Fehsenfeld 22.9.: *Es war kein Platz mehr im Saale; auf der Straße standen die Leser zu Hunderten; ich mußte alle 10 Minuten auf den Balkon, um die Leute wie ein König zu begrüßen. Endlich konnte keine Pferdebahn mehr durch; der Polizei achtete man nicht, so daß die Menge schließlich per Schlauch auseinandergespritzt werden mußte. Das ist keine Unwahrheit; ich kann Ihnen die Zeitungsberichte vorlegen, in denen dies erzählt und dann gesagt wird, daß kein König und kein Prinzregent in seiner Residenz München solches Aufsehen erregt habe wie dieser eine Privatmann Dr. May.* – "Bayerischer Courier" 7.7.: "Am Montag Nachmittags versammelte sich von 3 Uhr ab eine große, im Ganzen mehrere Hundert Personen zählende Menge von Verehrern des rasch zur Berühmtheit emporgestiegenen Weltreisenden und Schriftstellers Dr. Karl May im Speisesaal des Hotels Treffler [...]. Dr. May [...] schilderte Nachmittags in ausführlicher Weise einzelne Episoden aus seinen Reisen, verlas chinesische Texte und stand Rede und Antwort auf alle Fragen, die man aus dem Kreise der Zuhörer an ihn stellte. Gegen halb 8 Uhr Abends ab sammelte sich, wiederum im Speisesaale, ein aus Männern gereifteren Alters zusammengesetztes Auditorium, um theils Aufschlüsse des gefeierten Schriftstellers über seine Lebensgewohnheiten, seine Art zu reisen, die Qualität seiner Waffen entgegenzunehmen, theils selbst dem Schriftsteller Anekdoten und Schilderungen von der Wirkung seiner Schriften zur Kenntniß zu bringen. So erzählte Karl May seinen lauschenden Verehrern, er empfange täglich 40 bis 60 Briefe mit allen möglichen Anliegen. Eine Frau habe ihm ein Pfändungsprotokoll in Höhe von 600 fl=ö.W. zur Auslösung geschickt; eine andere ihm dagegen ihre gesammelten Ersparnisse, bestehend in einem alten österreichischen Guldenzettel mit der Bitte um seine Photographie zugesandt. Bezüglich seiner Lebensgewohnheiten theilte Redner mit, er sei gewöhnt, Nachts um 1 Uhr zu Abend zu speisen, da er auf seinen Reisen stets, bevor er einen Platz für das Nachtlager wähle, sich gewöhnt habe, dessen Umgebung in weitem Umkreise zu durchforschen und erst dann zu Abend zu essen. Drollige Anekdoten erzählte der beliebte Romancier von den verschiedenen Versuchen seiner Verehrer, Locken von seinem borstigen, starken Kopfhaar zu erhalten. Auch von seinen Reisen [...] gab Redner Manches zum Besten. So theilte er mit, er werde heuer im Herbste von Dresden aus seine 22. Reise und zwar nach Nordamerika antreten, das Grab seines treuen Waffengenossen und ehemaligen Feindes Winitou besuchen und dann seine wunderbare Henry-Repetirbüchse, mit der er nach seiner Versicherung 100 Schüsse per Minute abzugeben vermag, ohne daß der Lauf heiß wird, dem deutschen Kaiser für Militärzwecke zur Verfügung stellen. [...] Das Kaliber der Geschosse soll so klein sein, daß Karl May in seinem Patronengürtel 1728 Patronen (!) mit sich zu führen vermag. [...] Von seinen weiteren Plänen wird die May-Verehrer [...] wohl der eine am meisten interessieren, daß er 'Winitou' [...] dramatisiren und auf die Bühne bringen will" (kmjb 1978, 64f.). Ernst Weber 1901 ("Karl May. Eine kritische Plauderei", 1903): "Karl May behandelte die Erschienenen mit größter Liebenswürdigkeit, gleichsam wie Glieder einer großen Familie. [...] Old Shatterhand hielt mit nichts zurück, sondern erzählte uns von allem Möglichen und zwar im buntesten Wechsel, von einem Gebiet ins andere überspringend, ohne daß es mir gelungen wäre, irgendwelche Associationspunkte zu entdecken, von den intimsten Dingen, die ihm persönlich Seele und Leib berührten, von seiner Brautwerbung, wie von seinen Mahlzeiten, von erlebten Gefahren und Abenteuern". Angeblich sagt May wörtlich: "Ich habe nur noch zwei große Lebenszwecke zu erfüllen: eine Mission bei den Apatschen, deren Häuptling ich bin, und eine Reise zu meinem Halef, dem obersten Scheik der Haddedihn-Araber. Dann aber werde ich vor den deutschen Kaiser treten: 'Majestät, wir wollen einmal miteinander schießen.' Ich werde ihm meinen Henrystutzen vorführen. Derselbe wird in der gesamten deutschen Armee eingeführt werden, und kein Volk der Erde wird dann je den Deutschen widerstehen können." Für den Münchner Forschungsreisenden Eugen Wolf (1850–1912), einen "vermeintlichen Konkurrenten", findet May nur "recht gallige Bemerkungen" (aug3 248, 267). Bericht Joseph Bernhart (1881–1969; "Erinnerungen", 1972): "Es geschah das Peinliche, daß May sich den Oberkörper entblößte, um ein paar Narben als Beweis für die Kämpfe auszugeben, die er laut seiner Bücher siegreich bestanden hatte" (jbkmg 1974, 26).

07.06. München. Fortsetzung der Massenaudienzen im Hotel Trefler. May an Emil Seyler 12.8.: *über 600* Besucher (masch 238). – Emma May an Max Welte: "Bald werden die Radebeuler Zugvögel ihr Nest wieder aufsuchen!" (*Frau Pollmer* 948)

07.07. München. Fortsetzung der Massenaudienzen im Hotel Trefler. May an Emil Seyler 12.8.: *über 800* Besucher (masch 238). "Bayerischer Courier" 10.7.: "Als aber in seinem Auftrag der Portier Visitenkarten vertheilte, auf die Karl May seinen Namen geschrieben hatte, da kannte die Freude seiner jugendlichen Verehrer keine Grenzen mehr" (klußf2 146). – Ein großer

Bericht über Mays Besuch erscheint im "Bayerischen Courier" (vgl. 5.7.). May an den Redakteur der Zeitung: *Soeben kommt mir Ihr § Referat in die Hände. Um Mißverständnissen vorzubeugen, gestatte ich mir die Bitte um Aufnahme folgender Bemerkungen in Ihr geschätztes Blatt: Ich habe vor militairischen Autoritäten allerdings 100 Schüsse aus meinem Henry-Stutzen abgegeben, ohne daß der Lauf heiß wurde, doch nicht in einer Minute. Ferner faßt mein Patronengürtel allerdings 1728 Patronen zu diesem Gewehr – – für monatelangen Gebrauch in der Wildniß; für den Soldaten aber würde es unmöglich sein, einen solchen Vorrath mit sich zu führen* (kmjb 1978, 65, 76).

07.08. München. Das Ehepaar May entzieht sich dem Besucherstrom und hält sich vornehmlich in einem kleinen Kreis von Verehrern und Verehrerinnen (u. a. Marie und Ida Amann; kmw VIII.6 8f.) auf. In der Gastwirtschaft Schleibinger Keller schreibt May dem Arzt Josef Weigl in dessen medizinischen Kalender: *Ich kurier den Schmerz der Seelen, / Sie kurieren Mann, Weib und Kind; / Drum werd ich daheim erzählen, / Dass wir liebe Collegen sind* (kmjb 1978, 72). – Innsbruck. Clemens von der Kettenburg kündigt May für den 13.7. seinen Besuch in Radebeul an. May wird an diesem Tag jedoch noch nicht zurück sein.

07.09. München. Grußkarte der Mays an Familie Seyler *im Kreise lieber Menschen*, mitunterzeichnet von Max Harlander, F. Schmid, Josef und Marie Weigl (mkmg 25, 8). – An Familie Felber geht eine von Harlander mitunterschriebene Karte: *Ihr habt keine Ahnung, welche herzliebe Menschen Euch die obigen Grüße senden* (mkmg 76, 49).

07.10. Abreise aus München. "Bayerischer Courier": "Nach etwa achttägigem Aufenthalte in München hat Dr. Karl May nunmehr unsere Stadt wieder verlassen, um sich über Regensburg in seine Heimat zurückzubegeben." Dem Redakteur (T. H., vielleicht T. Hofstatt) hat May ein Interview gegeben: "Die von ihm geschilderten Personen haben alle wirklich existirt, und auch seine Abenteuer bezeichnete er keineswegs als Erfindung, wenn auch im Einzelnen manches habe anders gruppirt werden müssen, als es in Wirklichkeit geschah. [...] Im Herbste dieses Jahres gedenkt Karl May wieder die Atlantis zu durchqueren, um Winnetous einsames Grab zu besuchen, bei den Apachen einzukehren und sich in den Rocky Mountains einen Grizzly-Bären zu holen. Für das nächste Jahr ist eine Reise nach Bagdad geplant, und will 'Kara Ben Nemsi' seinen einstigen Freund und Beschützer, den nunmehrigen Oberscheik der Haddedihn-Schammar, den unvergleichlichen Hadschi Halef Omar und seine 'Hanneh' besuchen" (klußi2 146). Unter denen, die May am Bahnhof in München verabschiedet haben, ist auch der Gymnasiast Franz Ernst gewesen: "Er drückte uns die Hände und unterhielt sich äußerst leutselig mit uns, bis es höchste Zeit zum Einsteigen war. [...] Als getreuer Berichterstatter will ich noch erzählen, daß ich bei dieser Gelegenheit Mays erste Frau von einer Seite kennen lernte, die mich damals schon [...] von ihr abstieß. Einem etwa 15jährigen (!) Backfische, der Schwester eines Mitschülers, gegenüber beklagte sie sich über den Charakter Karl Mays als Ehemann!" (kmjb 1920, 299) – In Regensburg besucht May den Verleger Friedrich Pustet, der inzwischen durch seinen Redakteur Heinrich Keiter gerüchtweise von der Kolportagetätigkeit seines Autors erfahren hat. Keiter hat auf dem Katholikentag in Landshut einen Geistlichen gesprochen, der durch Karten Münchmeyers von Mays Verfasserschaft weiß und diese öffentlich machen will. Keiter selbst hat noch in Landshut u. a. den katholischen Journalisten Dr. Armin Kausen (1855–1913) darüber informiert ("Allgemeine Rundschau" 28.5.1910). May distanziert sich von den Romanen, unterschätzt aber die Bedrohung. Karl Pustet am 20.4.1901 (Wiener "Reichspost" 9.5.1901): "Wir waren [...] von verschiedenen Seiten darauf aufmerksam gemacht geworden, daß Karl May in den Jahren 1883 bis 1887 bei einer den Verlag von Colportage-Romanen pflegenden Dresdner Firma (H. G. Münchmeyer) Hintertreppen-Romane der allerbedenklichsten Sorte herausgegeben habe. Nachdem wir uns durch Autopsie von dem über alle Maßen unsittlichen Inhalt jener theils anonym, theils pseudonym erschienenen Romane [...] überzeugt und uns die wiederholte Erklärung des Verlegers gesichert hatten, 'daß der Verfasser der Romane identisch sei mit Dr. Karl May, der für Fehsenfeld in Freiburg schreibe', [...] wurde May von uns befragt" (jbkmg 1982, 216). – Achensee. Anna Elisabeth Jankovics an May: "Heute sollen Sie in Dresden eintreffen und da fliegen die Gedanken der +hofer Ihnen u. Ihrer lieben Frau voran". Wenn May und seine Frau sich als "Kreuzhof-Waisenkinder" vorkämen, so habe sich auch ihre Familie "verwaist" gefühlt, "nachdem die lieben nordischen Vögel ihre Schwingen ausgebreitet hatten".

07. Regensburg. Abendunterhaltung in der Familie des Kommerzienrats Karl Pustet. Zu den Gästen gehört der junge Priester Wilhelm Scherer (*1873, Priesterweihe am 20.6.), der sich 1923 ("Ein Familienabend mit Karl May") erinnert: "Eine kaum mittelgroße Persönlichkeit, fast schmächtig, jedenfalls nicht strotzend von Kraft, stand vor mir und ließ sich den jungen Gottesstreiter vorstellen. Nur der Blick, den er prüfend über meine ganze Gestalt schweifen ließ, verriet von innerem Feuer und die scharfgeschnittenen Gesichtszüge offenbarten eine ungewöhnliche Energie, die Furchen über den Augen erzählten von einer wechselvollen Lebensschule, in der dieser Charakter gehämmert und geschmiedet worden war. Es ehrte mich, daß ich zur anderen Seite des Gastes meinen Platz nehmen durfte. Ich frug ihn um seine viel genannten Erzählungstypen [...] und schier ungläubig sah das Auge auf die harmlos scheinende Hand, die sich zum Fausthieb ballen konnte, dessen Wirkung von Bewußtlosigkeit bis zum Nimmererwachen vom Besitzer genau berechnet wurde. So ging das Gespräch hin und her und mit gespanntem Interesse lauschten alle dem Redeflusse des Meisters der Erzählung, nur die besorgte Gattin schien manchmal einen Blick demselben zusenden zu wollen, der ihm Mäßigung auferlegen sollte, sei es im Erzählen, sei es im Befeuchten der Kehle mit dem guten Bayerntrank, der selbst einem Welttummler wie KM noch etwas neues an Genuß zu bieten vermochte. Auf einmal ertönte von den Türmen der Stadt die Aveglocke. Die anwesenden Familienmitglieder und Gäste unterbrachen das Gespräch, bekreuzten sich und beteten still den Engel des Herrn. Auch der Redner hielt inne, er schien von der Haltung der Gesellschaft überrascht und wußte erst nicht, was er tun sollte; dann aber erfaßte er die Sachlage und wollte sich als echter May sofort in dieselbe schicken. Er versuchte sogar ein Kreuzzeichen nachzumachen, gebrauchte aber unglücklicherweise die linke Hand und auch die brachte es über einen unbestimmbaren Fahrer von oben nach unten nicht hinaus. Damals ist es mir klar geworden, daß KM nicht katholisch sein konnte. Langsam kam die Unterhaltung wieder in Fluß, der Faden der Erzählung wurde wieder aufgenommen und die Minuten eilten in angenehmster Weise vorüber [...]. Als ich von den liebenswürdigen Veranstaltern des Abends Abschied genommen hatte, sprang KM plötzlich von seinem Sitze auf, eilte mir nach, begleitete mich bis zur Treppe, reichte mir die 'alte Schmetterhand' daß es mir warm ums Herz wurde und sagte dann: 'Sie sind Priester. Ich wünsche Ihnen den gleichen Erfolg, wie ich selbst gehabt habe.'"

07.11. Sonntag. Regensburg, wo der Besucherstrom der Verehrer "gleich wieder so los ging. Darum sind wir nur zwei Tage geblieben" (Emma May an Agnes Seyler 14.7.) (masch 215). – Weiterreise nach Böhmen. – Radebeul. Max Welte, der den "Emir Kara Ben Nemsi" in Nürnberg vermutet, schickt auf einer Karte des Hotels Lechla ein Scherzgedicht im Namen "der Freunde Schaar / In Erinn'rung an die Zeiten, / da sie mit dir allhier war", mitunterschrieben von Johannes März.

07.12. Eger (Cheb). Gedichtnotiz: *Hier in diesem schmuzgen Eger / hält es selbst der schmiergste Neger / Keine halbe Stunde aus / Darum fahren wir nach Haus.* – Kartengruß Emma Mays an Agnes Seyler (mkmg 25, 8). – Angeblich trifft May in Falkenau (Sokolov) das Gastwirtsehepaar Franz ("Franzl") (†1900) und Anna Scholz (Gasthaus Steiniger am Alten Platz, später

Kremlink), das er in seiner Reiseerzählung *"Weihnacht!"* spiegeln wird. Möglich ist, dass May Franz Scholz 1869 kennen gelernt hat, als er in Böhmen vor der sächsischen Polizei auf der Flucht war und dabei Falkenau berührte (XXV N3).

07.13. Komotau (Chomutov). Hotel Scherber, Frohngasse 98 (heute Chelčického ulice) (gus 122). Mays besuchen Dr. Vinzenz Eichler und Familie, Langegasse 253 (heute Palackého ulice). – Auf einer Karte des Hotels Trefler sendet die "constituierende Versammlung zur Gründung des May-Vereins" (Josef Weigl, mit Unterschriften von F. Schmid und Max Harlander) "die herzlichsten Grüße. Weitere Nachrichten folgen" (gus 153).

07.14. Komotau. Auf Einladung des Lehrers Adolf Fischer (†1914) besuchen Mays nachmittags eine Gerümpelausstellung des Turnvereins im Schießhaussaal. Bericht von Karl Haudek ("Die Quelle", Komotau, April 1933): "Es hat auch nicht lange gedauert, da hörten wir ein heiteres Frauenlachen auf der Stiege, darauf eine ernste Stimme, die sprach: 'Aber bitte, da ist gar nichts zu lachen!' Die mit eingedrückten Zylinderhüten dekorierte Stiege hatte die Heiterkeit der Frau May erregt und gleich darauf betrat das Ehepaar den alten Schießhaussaal. Sie war eine imposante Frauengestalt, wie man sich Wagners Walküre denken kann, doch der Anblick Karl Mays enttäuschte uns. Wir hatten uns eine Heldengestalt vorgestellt, statt deren kam ein kaum mittelgroßer Mann herein, etwas krumme Beine (vom vielen Reiten, wie Fischer erklärte), aufrechtstehende, ziemlich struppige Haare, einen goldenen Zwicker auf der Nase, also genau so, wie ihn sein Bild im dritten Band seiner Reiseerzählungen zeigt, nur etwas älter. Während der Besichtigung der Ausstellung unterhielt sich May prächtig, besonders erfreut aber war er, als er unter einer Anzahl alter Gewehre auch zwei solche Dinger erblickte, die Hellering mit den Aufschriften 'Karl Mays Bärentöter' und 'Karl Mays Henrystutzen' bezeichnet hatte. Uns wieder machte es große Freude und brachten wir ihm laute Heil-Rufe zu, als er auf einem uralten Spinett die 'Wacht am Rhein' herunterhämmerte. Als May hörte, daß das

Erträgnis der Ausstellung zur Stärkung des Turnhallenbaufonds bestimmt sei, zog er gleich ein blankes, goldenes Zwanzigmarkstück aus der Westentasche, das er als Widmung dem darüber hocherfreuten Turner-Säckelwart überreichte. Dasselbe geschah noch einmal bei der Besichtigung der neben dem alten Schießhause aufgestellten 'Maschinenhalle'. Diese bestand aus einer großen Anzahl alter Spinnräder, Kaffeemühlen und Nähmaschinen, die untereinander sinnreich mit Spagat verbunden waren und alle zugleich in Bewegung gesetzt werden konnten. [...] Als Karl May die Ausstellung verlassen hatte, ließen wir ihn noch nicht los und Fischer brachte die Bitte vor, May möchte sich von uns zum Andenken photographieren lassen. [...] Aber Karl May wollte davon nichts wissen, er habe, wie er sagte, den Alleinvertrieb seiner Bilder seiner Verlagsbuchhandlung übergeben und sei vertraglich verpflichtet, sich nirgends photographieren zu lassen. Aber auf unser dringendes Bitten ließ er sich doch herbei, uns zu einer Aufnahme zu sitzen, richtiger zu stehen, denn die Aufnahme wurde eine ganze Figur, er ließ sich auch von uns keine Stellung geben, sondern nahm selbst Stellung und meinte, er wisse schon selbst, wie er gut werde." Adolf Fischer wird später einmal nach Radebeul reisen und von Emma mit Butterbrot und Bier bewirtet werden, ohne jedoch May selbst wiederzusehen (mkmg 72, 12; braun 53f.). Laut einem Leserbericht ("Karl May-Erlebnisse") in der Prager "Bohemia" (15.4.1910) erzählt May in der Gerümpelausstellung einigen Schülern abenteuerliche Geschichten. So müsse er "bereits nächsten Monat nach Amerika, um einen Aufstand der Apachen niederzuwerfen" (braun 54-56). – Einige Studenten, darunter Anton Kral (Brief an May vom 8.1.1898), suchen May im Hotel auf und lassen sich von ihm je ein Glas Pilsner zahlen. – Emma May an Agnes Seyler: "Du wärst so recht die dritte im Bunde; Dich könnten wir brauchen; das Mausel [Klara Plöhn] würde Dir sicher auch gefallen. [...] [Wir] sind nun schon wieder 2 Tage hier in Komotau in Böhmen, von wo aus es dann, Gott sei Dank, endlich morgen nach Hause geht. [...] Ich will Dir nur noch sagen, daß die bei Euch verlebten Tage die allerschönsten unserer ganzen Reise gewesen sind; sie werden uns fürs Leben unvergeßlich bleiben!" (masch 215f.) – May an Fehsenfeld 22.9.: *Unsere Reise durch Oesterreich hat uns noch mehr angegriffen als vorher.* – Eintrag ins Gästebuch des Hotels Scherber (*Im lieben, schönen Komotau*). – München. Marie Amann dankt Emma May "für die unaussprechliche Ehre und das überaus herrliche Vergnügen, welches uns durch hochverehrtesten Herrn & Frau Doktor Güte in der verflossenen Woche geworden". – Waldamt (Niederösterreich). Der Volksschulleiter Franz Langer ("Onkel Franz") schickt May die seit Anfang des Jahres von ihm herausgegebenen Monatsnummern seines "Dr. Karl May-Jugendblatts", der Jugendbeilage zur "St. Pöltner Zeitung". Er plant eine Reise, die ihn auch nach Dresden führen soll, und bietet May an, seine Bibliothek zu katalogisieren (weh 66-71).

07.15. Abreise aus Komotau über Bodenbach. – Dresden-Altstadt. May an Emil Seyler, Gratulation zur Wahl in einer Weinausstellung: *ein Pilsener auf aller Euer Wohl!* (mkmg 25, 8)

07.16. May kündigt in einem Brief an den Pustet-Verlag gerichtliche Schritte gegen den Münchmeyer-Verlag an: *Ich werde die Münchmeyer'sche Verlagshandlung gerichtlich belangen und Ihnen das Resultat mittheilen* (jbkmg 1982, 216). Zum Prozess kommt es aber erst 1901/02. – Telegramm an eine unbekannte hochgestellte Dame: *Gestern abend ganz matt hier angekommen; in München mußten die Leser per Spritze vom Hotel entfernt werden* ("Über den Wassern" 25.1.1910).

07.17. Heinrich Keiter an May: "Es freut mich sehr, daß Sie in der leidigen Angelegenheit energisch vorgehen; ich halte das für unbedingt nötig, denn wenn solche Dinge in der Öffentlichkeit erst einmal erörtert werden, so bleibt es gewöhnlich nicht dabei. [...] Um einen Mißbrauch Ihres Namens seitens eines anderen Schriftstellers handelt es sich nicht, sondern um Colportageromane, die unter Pseudonymen erschienen sind. Herr Münchmeyer hat Sie auf zwei Postkarten [...] ausdrücklich als

Verfasser folgender Romane genannt: Das Waldröschen – Der verlorene Sohn – Deutsche Herzen – Der Weg zum Glück – Deutsche Wanderer. Diese Romane sind derart, daß sie mit Ihrem Namen nicht in Verbindung gebracht werden dürfen, und deshalb freue ich mich, daß Sie so energisch vorgehen wollen. Der Name des Geistlichen thut nichts zur Sache; die Lauterkeit seiner Gesinnung ist über allen Zweifel erhaben. Ich werde ihm mitteilen, was Sie mir gesagt und geschrieben haben." Keiter drängt auf weiteres Manuskript zum *Silberlöwen*: "Ich wäre sehr froh, wenn ich mit etwa 1000 Seiten in den neuen Jahrgang gehen könnte. [...] Hätte ich nicht glücklicherweise mit dem Schluß der Einleitung eine Pause eintreten lassen können, so säße ich nun auf dem Trocknen." – Dresden. Scherzgedicht Max Weltes an Emma May, mitunterschrieben von Johannes März. Die Freunde waren vergeblich in Radebeul.

1897. Anna Rothe (1850–1907), eine durch psychokinetische Leistungen bekannte Spiritistin (das "sächsische Blumenmedium"), bereichert die Séancen in der Villa "Shatterhand". Am 7./8.6. hat sie am 2. Kongress des Verbandes deutscher Okkultisten im Dresdner Musenhaus teilgenommen. Dass die Frau eine Schwindlerin ist, wird von May vermutlich durchschaut; Emma und Klara Plöhn aber sind fasziniert (woll 87; wohl 767). *Frau Pollmer* 869f.: *Auch das bekannte Medium Anna Rothe habe ich einige Male bei mir gehabt und sie wiederholt entlarvt.* [...] *Auch bei Frau Rothe war nicht sie, sondern der betrügerische, buckelige Unternehmer* [Max Jentsch], *der sie dirigirte, das eigentliche Medium; sie aber war sein Opfer!* Zeugenaussage Emma Pollmer 13.7.1907: "Wir haben uns sogar einmal die berühmte Anna Rothe zu einer Sitzung nach Radebeul kommen lassen" (leb 47). Zeugenaussage Selma vom Scheidt 21.9.1909: "Auch die bekannte Anna Rothe sei zu diesen Sitzungen ein oder zwei mal zugezogen worden. Frau Plöhn sei Schreibmedium gewesen, ihr hätten die 'Lieben' immer des Nachts ihre Befehle in die Feder diktiert" (leb 135). 1902/03 wird in Berlin ein Betrugsprozess gegen Anna Rothe stattfinden, bei dem auch Klara Plöhn als Zeugin vernommen wird.

1897. Auch in seiner engeren Heimat hat May inzwischen viele Bewunderer. Heinrich Vogel (1855–1945), der Ortsrichter der Nachbargemeinde Serkowitz, lädt ihn und Emma zu Ausfahrten mit seinem Einspänner durch die Lößnitz, nach Meißen, Moritzburg oder Pillnitz ein und erfährt dabei manches "exklusive Reiseabenteuer" (kmhi 12, 46; heer4 337).

07.-12. May setzt das *Silberlöwen*-Kapitel *Am Turm zu Babel* fort (XXIII A40).

07.17.-19. Fünfte Wiener Männerwallfahrt nach Mariazell. Am Abend des ersten Tages hält Jesuitenpater Heinrich Abel (1843–1926), Lehrer für Geschichte und Literatur am Konvikt zu Kalksburg, Männerseelsorger in Wien und ein Hausfreund der Familie Jankovics, in der Gnadenkirche eine "begeisternde Ansprache", in der er das vom Wiener Männergesangverein "Dreizehnlinden" vorgetragene *Ave Maria* des "bekannten Reiseschriftstellers Dr. Carl May" mit den Worten ankündigt: "Meine lieben Männer! Folget dem Dichter!" Die Predigten und Mays Komposition werden in einer Broschüre "Perlen der Erinnerung an die Fünfte Wiener Männerfahrt nach Mariazell" (Wien, "Austria", 1897; plaul1 224; *Christus oder Muhammed* 9f.) erscheinen, auf der May für einen befreundeten Redakteur notiert: *Zum Nachweis, wie tief meine Werke auf die Menschenseele wirken.*

07.18. Sonntag. Heinrich Abel und der Schriftsteller und Redakteur Franz Eichert schicken "im Namen der Wiener Männer Wallfahrt" ein von Eichert verfasstes Telegramm an May: "Old Shatterhand auf seiner Reis sang einstens zu Mariens Preis ein Lied des milder ernster Klang uns mächtig laut zum Herzen drang zweitausendstimmig sei mit Macht dem Dichter unser Dank gebracht." Späterer Kommentar auf der Rückseite: "Das 'Ave Maria' wurde von 2000 Pilgern in Mariazell gesungen u. an May diese Depesche abgesandt. Die Zeitungen waren voll von dieser machtvollen Aufführung – es war für K. M. eine große Ehre und eine noch größere Freude" (küh 274f.).

07.25. Sonntag. Dresden. Hedwig Alma März, die Witwe des Porzellanmalers Ernst Julius März (†1890) und Mutter von Johannes März, dankt May für eine Spende von 20 Mark. May wird auch ihren Sohn unterstützen, damit er studieren kann. Eingabe an das Landgericht Dresden Dezember 1907: *Johannes März, einer armen Witwe Sohn, Seminarist in Dresden* [Schullehrerseminar Friedrichstadt]. *Ich unterstützte seine Mutter. Er kam als Lehrer nach Radebeul* [Ortsschule Radebeul, ab 1898]. *War begabt und fleißig. Bat mich studieren zu dürfen. Ich gab ihm die Mittel dazu. Holte das Gymnasium schnell nach und machte ein glänzendes Abiturium* [Ostern 1903 als Externer am Seminar in Wurzen]. *Studierte von 1901 bis 1905* [recte 1903-06] *in Leipzig Philosophie und Nationalökonomie, machte den Doktor, ist jetzt Redakteur der "Sächsischen Industrie" in Dresden. Ein glücklicher Mensch* (leb 92). May an Richard Leidholdt 28.1.1906: *J. M. war der Sohn einer blutarmen Wittwe. Er hungerte und arbeitete sich trotz dieser bitteren Armuth durch den Seminarunterricht und wurde mit 18 Jahren Lehrer. <u>Ich achtete ihn sehr</u> und bat ihn, zu studiren. Da holte er <u>in einem einzigen Jahre</u> die ganze Gymnasialbildung nach, dazu das Latein u. Griechisch und machte ein gradezu glänzendes Abiturium. Dazu kam Französisch u. Englisch. Er ging nach Leipzig und studierte die von mir bezeichneten Fächer. Soeben macht er seinen philosophischen Doktor und wird dann eine hochfeine Carriere machen. Er hat trotz dieser Fülle von Arbeit Engl. etc. bereist und schon einige Werke geschrieben, die ihm beträchtliche Honorare einbringen.* – Schloss Kettenburg. Clemens von der Kettenburg bedauert, May am 13.7. in Radebeul nicht angetroffen zu haben, und lädt ihn wiederholt nach Kettenburg ein.

07.27. Um sein Schweigen zu entschuldigen, behauptet May gegenüber Fehsenfeld, er sei erst *vorgestern nach Hause gekommen*: *Das war eine schreckliche Reise! Ich bin halb todt.*

07.28. Heinrich Keiter schickt May das "abgesetzte Material des Romans" *Im Reiche des silbernen Löwen*, damit er sieht, "wie gering es ist": "Daraufhin kann ich doch kaum wagen, anzufangen. [...] Bitte recht sehr, lassen Sie mir gütigst Nachricht zugehen, wann weitere Sendung folgt. Wenn Sie einmal am Arbeiten sind, so ist es Ihnen leicht, in wenigen Wochen tausend Seiten zu liefern, wodurch ich fast für den neuen Jahrgang genug hätte." Auf der Rückseite des Briefes steht ein undatiertes Gedicht Mays: *Der Morgen graut; es flieht die Nacht; / Die Nebel wollen aufwärts wallen. / Bald ist der junge Tag erwacht / In Hütten und in Fürstenhallen. / Ist dann am blauen Himmelszelt / Die goldne Sonne aufgestiegen, / So sieht die gotterstaunte Welt / Der Schöpfung hehre Wunder liegen.*

07.29. Radebeul. Auf einer Karte des Hotels Lechla geht ein Gruß an Familie Felber in Hamburg: *Wir sagen Euch, Ihr lieben, guten, herzigen Leuten, daß wir Euch nicht vergessen können. Wir denken täglich an Euch und bitten Euch herzlich, auch zuweilen an uns zu denken* (jbkmg 1994, 16, 28).

08. Im "Deutschen Hausschatz" erscheint "Ave Maria", "Text von Dr. Karl May, Komposition von J[oseph] [Cölestin Othmar] Schildknecht [1861–1899]" (küh 283-285; kluß2 106; *Christus oder Muhammed* 271f.).

08. Im "Regensburger Marien-Kalender" für 1898 (Pustet) erscheint die Reiseerzählung *Scheba et Thar*, mit Illustrationen von Alexander Zick (1845–1907) (plaul1 224).

08.01. Sonntag. Emma May an Agnes Seyler: "Doch wie die Zeit verfliegt; jetzt sind wir schon bald 3 Wochen daheim u. ich habe einen ganzen Berg Arbeit hinter mir. Die Reise war zwar sehr anstrengend, aber schön war sie auch. Wir haben Tage u. Stunden verlebt, die wohl nicht jedem Sterblichen beschieden sind. [...] [Spätere Nachschrift:] Wir hatten wieder zwei Amerikanerinnen zu Besuch; so lange wir heim sind, haben wir noch keine Ruhe gehabt." May fügt ein Gedicht hinzu: *Hat man wo sein Herz gelassen, / Kann die Trennung man nicht* *fassen / Und möchte immer wieder hin. / Glaubt es nur, wir sind, Ihr Lieben, / Geistig stets bei Euch geblieben, / Treu im Herzen, treu im Sinn* (masch 218f.).

08.05. Kartengruß an Emil Seyler aus der *Maierei im Lößnitzgrunde* (mkmg 25, 8). – Johannes März und Walter Weber grüßen aus Leipzig und kündigen ihren Besuch an.

08.08. Sonntag. *Mit Gott fang jede Arbeit an, / Dann ist sie immer wohlgethan, / Denn wer von Gott nichts wissen mag, / Den flieht der Segen jeden Tag; / Drum denk an ihn bei allen Dingen, / So werden sie Dir wohlgelingen!*

08.10. Dresden. Dr. Heinrich von Marquardsen, Schöpfer des Reichspressegesetzes (1857–1897), ist Gast der Familie Seyler in Deidesheim. May dankt um 15.35 Uhr telegraphisch für Grüße: *Hoch das liebe Haus Seyler und sein illustrer Gast!* Marquardsen stirbt am 29.11.

08.12. Dresden. Leipziger Bahnhof (heute Neustädter Bahnhof). May an Fehsenfeld: *Im Bahnhofrestaurant sitze ich und denke über den Weihnachtsband nach, den ich mit wahrer Begeisterung schreibe. Er wird fluschen; mehr will ich nicht sagen. Nur muß die Ausstattung mir behülflich sein. Ich verlange von Ihnen nicht zu viel. Alles genau wie bisher, doch ohne Umschlag-Bild. Dafür aber Folgendes: Titel: / "Wei[n]acht" / Darunter einfach, deutlich und ungekünstelt die 4 Zeilen: / Ich verkünde große Freude, / Die Euch widerfahren ist, / Denn geboren wurde heute / Euer Heiland Jesus Christ. / Können Sie das machen? Bitte, bald Antwort, weil ich nicht eher schreiben kann. Diese Strophe nämlich dominirt den ganzen Inhalt, zieht sich wie ein goldener Faden durch das ganze Buch und beherrscht in ergreifender Weise den Schluß desselben. Wenn es möglich ist, bitte, so thun Sie es! Ueber Einband der gesendeten Bücher nächstens. Habe jetzt keine Zeit;* der Zug geht ab. Die Strophe möchte May *vielleicht in Goldschrift*: *Geht das, ohne daß es zu theuer wird oder sonstige Unbequemlichkeiten verursacht? Ich gebe Ihnen mein Wort, der Band wird großar-*

tig und wird größern Absatz haben als alle bisherigen (XXV N7-N9). – Radebeul. May an den *herzlieben Winnetou* Emil Seyler: *Es ist wirklich kaum auszuhalten, welche Last von Arbeiten mich drückt! 6000 Seiten "Silberner Löwe", 1 Band "Christfest", 1 Band "Hadschi Halef" u.s.w. u.s.w. Täglich ca. 60 Briefe; nur die zu lesen, oft 8 Seiten lang und unleserlich! Dann die Besuche während der großen Ferien! Ich möchte aus der Haut fahren; leider aber hat sie kein so großes Loch, daß ich bequem herauskann!* (masch 238)

08.13. Lockwitz bei Dresden. Walter Weber schickt ein Scherzgedicht vom Lugturm, mitunterzeichnet von Johannes März: "Sobald einmal vereint wir zwei / Wir denken stets an Papa May."

08. Im Fehsenfeld-Verlag erscheint *Auf fremden Pfaden*, ein Sammelband mit früher publizierten Novellen und Marienkalender-Geschichten, als Bd. XXIII der "Gesammelten Reiseerzählungen" (plaul1 223; ued 222-227). Das Deckelbild von Adolf Wald ist ursprünglich für Henry Rider Haggards Roman "Das unerforschte Land" ("Die Welt der Fahrten und Abenteuer", Bd. I) bestimmt gewesen und zeigt nicht Kara Ben Nemsi und Quimbo, sondern Haggards Helden Allan Quatermain mit seinem afrikanischen Freund Umslopogaas.

08. May erhält von Frau Maria Jung aus Lorch 120 Flaschen Wein, die er, *moralisch gezwungen, bestellen mußte* (May an Emil Seyler 15.10) (masch 240).

08.15. Sonntag.

08.17. Radebeul. An Julie Vitali, Warschau, auf Seidenpapier: *In Warschau sind viel Leute edel, / Am alleredelsten Herr Wedel, / Dieweil er ließ mit Haut und Haaren / Frau Julie her nach Dresden fahren, / Um sich bei Bilz zu restauriren / Und die Gesundheit renovieren. / Das hat ihr von dem edlen Mann / und auch bei Bilz sehr wohlgethan. / Drum sind wir alle ganz entzückt, / Daß sie uns einen Brief jetzt schickt, / in dem sie* *schreibt, daß sie bald wieder / Sich läßt als Gast hier bei uns nieder. / Nun ist der Jubel riesengroß; / Ganz Radebeul, das scheuert blos, / Für Frau Vitali sich zu schmücken / und sie ans saubre Herz zu drücken; / Sogar die Straßen will man spritzen, / Damit sie sich nicht thut erhitzen, / Und in dem Hause, dem bekannten, / Da windet man schon die Guirlanden, / Um sie ihr nach der Bahn zu bringen / Und um sie 'rum und 'num zu schlingen. / Doch hoffen wir allhier in Sachsen, / Es sind doch etwa nicht blos Faxen, / Denn das wär wirklich von Herrn Wedel / Und von Frau Wedel gar nicht edel. / Wir würden uns gewaltig grämen, / Wenn Julie und ihr Zug nicht kämen / Und hoffen darum ganz bestimmt, / Daß sie die Sache ernstlich nimmt / Und sich bei Tage oder Nacht / Sofort gleich auf die Socken macht, / Denn wenn man auf den Gast sich freut, / Hat man zum Warten keine Zeit. / Drum komme Freundin, komme bald, / Sonst wird bei uns der Kaffee kalt, / Und bleib auch auf der Reise treu / Herrn und Frau Doctor Emma May.* Die Beziehung Julie Vitalis zur Familie Wedel (kmw VIII.6, 882f.) ist ebenso unklar wie die zu einer Frau Krusche. Gruppenfotos dokumentieren einen Besuch der Warschauerinnen Frau Wedel und Frau Krusche (mit Schwester und Tochter) in Radebeul (kmw VIII.6, 477, 690f., vgl. 682f., 910f.).

08.20. Kartengruß an Familie Seyler (mkmg 25, 8).

08.22. Sonntag. Schloss Kettenburg. Clemens von der Kettenburg bedauert in einem Brief an Emma May, noch keine Antwort auf seine Einladung nach Kettenburg erhalten zu haben. May hat ihm eingestanden, dass er bei seiner sommerlichen "Erholungsreise" von Erholung nichts verspürt hat.

08.27. Besuch von Richard Kirsch (1882–1969), dem Sohn des Wiener Buchhändlers Heinrich Kirsch, mit seiner Mutter Wilhelmine und seiner Schwester Rosa in der Villa "Shatterhand". Kirsch im "Neuen Wiener Abendblatt" ("Persönliche Erinnerungen an Karl May", 24.2.1937; sokmg 58, 26-28): "Am Nachmittag des 27. 8. 1897 stand ich vor der Villa und bemerkte zunächst in einem Fenster des I. Stocks einen ausgestopften Löwen, der auf die Vorübergehenden die Zähne fletschte. [...] Ich klingelte zaghaft. Ein Stubenmädchen erschien. Ich fragte, ob Herr May zu sprechen sei, und gab dem Mädchen die Karte meines Vaters. Das Mädchen aber sagte, daß Herr May nicht zu Hause sei, und ich möchte vielleicht ein andermal kommen. Ich stand wie ein begossener Pudel da. Während ich mir den Kopf zerbrach, was nun zu tun sei, erschien das Stubenmädchen atemlos wieder und sagte, daß Herr May in einer Stunde zu sprechen sei. [...] Pünktlich war ich wieder da. Das Mädchen führte mich in ein im I. Stock gelegenes Wartezimmer. Kaum hatte ich Platz genommen und mich ein bißchen umgesehen, da ging energisch die Tür auf und 'Old Shatterhand' stand vor mir. Zuerst stotterte ich aufgeregt, bald aber faßte ich mich, und eine angeregte Unterhaltung begann. May führte mich zunächst in sein Arbeitszimmer. Entzückt sah ich die vielen Trophäen. Den größten Eindruck machte auf mich der ausgestopfte Löwe, den ich schon von der Straße her gesehen hatte. Über dem Schreibtisch hing eine bunte indianische Decke. Ich sah Revolver, Tabaksbeutel und die aus Grizzlybärenzähnen hergestellte Halskette. Viele Gewehre hingen an der Wand. Ich sah die 'Liddy' Sam Hawkens, bestaunte den schweren Bärentöter und betrachtete ergriffen die Silberbüchse, die Old Shatterhands bester Freund Winnetou, der edelste der Indianer, so oft in Händen gehalten hatte, ehe ihm die Kugel eines Weißen den Tod brachte. Dann wollte ich auch den 25-schüssigen Henrystutzen sehen. Dieser wäre, so erklärte May, beim Büchsenmacher, da seine Konstruktion sehr heikel und durch das Herumfingern der zahlreichen Besucher – ich sei heute bereits der 17. – kaputt gemacht worden sei. Die übrigen Waffen interessierten mich neben diesen Glanzstücken begreiflicherweise weniger. Ferner zeigte mir May auch seinen Trapperlederrock, den ihm Winnetous Schwester Nscho-tschi genäht hatte, und zog mir diesen an. Ich strahlte vor Freude und hätte mich am liebsten so photographieren lassen. Nun prasselten meine Fragen auf den liebenswürdigen Hausherrn nieder, die hauptsächlich die vielen Gestalten aus seinen Büchern betrafen. May wurde nicht antwortmüde und ich glaubte ihm eine helle Freude über meine Belesenheit anzumerken. Dann führte mich May in das anschließende Bibliothekszimmer, wo an den Wänden unzählige Bücher aufgestellt waren. In der Mitte stand ein Tisch, der mit Reisewerken und Landkarten überdeckt war. Als Buchhändlerssohn sah ich mich mit einigem Verständnis um und fand seine 'Rose von Kairwan'. Ich wußte, daß dieses Buch vergriffen sei und hätte es gar zu gern besessen. May mußte mir in die Seele geschaut haben, denn mit raschem Griff nahm er den Band und übergab ihn mir mit den Worten: 'Wenn ich Ihnen eine Freude machen kann, nehmen Sie das Buch zum Andenken mit.' Ich bedankte mich überschwenglich und vergaß vor Freude, May um eine kleine Widmung zu bitten. Mein Besuch dauerte bereits 2 Stunden. Ich wollte nicht lästig erscheinen, wiewohl May nicht das Geringste merken ließ. Und so ging ich schweren Herzens, indem ich für die freundliche Aufnahme dankte und May im Namen meines Vaters einlud, im Falle einer Wiener Reise uns aufzusuchen." Die Begleitung von Mutter und Schwester erwähnt Kirsch nicht, sie ist aber durch das *Leseralbum* bezeugt (mkmb 255f.; kmw VIII.6, 838f.). – Andreas Kempf ist für einige Tage Gast in der Villa "Shatterhand" (Fotos des Ehepaars May mit Kempf, Max Welte, Johannes März und Walter Weber; *Frau Pollmer* 947). Kartengruß an Familie Seyler, mitunterschrieben von "A. Kempf" (mkmg 25, 9).

08.28. Anna Elisabeth Jankovics schickt einen Gruß aus St. Georgenberg bei Schwaz, Tirol: "Ihr vorgestern erhaltener langer Brief war eine <u>Festfreude</u> f. den +Hof".

08.29. Sonntag. Wanderungen mit Kaplan Kempf durch die Sächsische Schweiz. "Jubiläumspostkarte 1797–1897" von der Bastei an Familie Seyler (mkmg 25, 9). Emma May an Agnes Seyler 16.10.: "Mit Herrn Kaplan Kämpf haben wir herrliche Stunden verlebt; er ist ein prächtiger Mensch; die beiden Herrn haben sich köstlich unterhalten; am letzten Abend hatte ich Noth, die beiden Geister ins Bett zu bringen; sie wollten gleich munter bleiben, bis der Zug des Morgens nach Dresden fuhr; da habe ich denn kurzen Proceß mit ihnen gemacht: sie mußten einfach ins Bett" (masch 220).

08.30. Spiritistische Sitzung in der Villa "Shatterhand", von einem der Teilnehmer heimlich protokolliert. Außer Karl und Emma sind Plöhns, der frühere Apotheker und jetzige Partikulier Dr. phil. August Wilhelm Ernst Witting (1824–1901; kmw VIII.6, 620-623) aus Dresden und vermutlich u. a. Kempf, Welte und Weber beteiligt. Als "liebe Geister" erscheinen u. a. "Freund Dessauer" (zu May: "Der liebe Gott ist groß [...] und Deine Liebe ebenfalls zu mir [...], so wie meine zu Dir groß ist. Voll heiligsten Feuers entbrennt die geistige Liebe unter Euch und sie soll auch bei uns das höchste und heiligste Gefühl bilden; und so kommen wir in treuer Liebe zu Euch!"), Emmas (?) "Mutter" ("Als ich erwachte und mir alles klar wurde, lag ich zu den Füßen unseres Heilandes und er nahm mich auf in sein Reich."), ein sog. "Führer" ("Ihr wisset, in der Schrift steht geschrieben: so bleiben Glaube, Hoffnung, Liebe, diese Drei, die Liebe aber ist das größte unter ihnen, mithin ist auch letzteres Gefühl so stark, daß sie Alles vermag, selbst das Schwerste. [...] Haltet fest zusammen in treuer Liebe!"), der Liederdichter Georg Neumark (1621–1681) (zu May: "Lieber Freund! [...] Wir sind stets um Dich! Wenn wir auch oft zu kämpfen haben; wir bleiben aber immer Sieger; denn der Herr, er hat Dich geliebt, er hat Dich aufgenommen in seinen Gnadenbund! Wohl Dir Du Kind der Treue, Du hast und trägst davon mit Ruhm und Dankgeschreihe, den Sieg, die Ehrenkron!"), eine Adelheid Bieberstein, "vor 200 Jahren auf dem Berge Oybin gefangen gehalten und dort gestorben" (Gedicht "Ich bin jetzt ein Gotteskind") und ein "Bergmann", "†1801" (Gesang "Aber der Bergmann im schwarzen Gewand"). Außerdem im Protokoll das Gedicht eines "Friedchen" ("Was uns im Leben hat oft erfreut, / das sein die alten Leut!") "bei erster Seance im Haus des Herrn Plöhn". An ähnliche Sitzungen erinnert May sich in *Frau Pollmer* 870f.: *Frau Plöhn hatte und hat eine Mutter, eine* [...] *sich* *gern an ihre Jugendzeit und ihre Verwandtschaft erinnernde Dame* [...]. *Als diese hörte, daß man mit Hülfe des Spiritismus mit den verstorbenen Eltern und Geschwistern reden könne, bat sie, ihr das doch zu zeigen. Meine damalige Frau war sofort bereit dazu. Frau Plöhn mußte die Dritte machen, und so setzten sich die drei Frauen des Abends zuweilen hin, um Todte erscheinen zu lassen. Die wurden zwar nicht sichtbar, aber sie wackelten mit dem Tische, und das erschien nicht nur genügend, sondern sogar überzeugend. Das Wackeln wurde in Buchstaben, Laute und Worte verwandelt, und so entstand "die Sprache mit den Geistern". Meist waren Pollmersche da, oft auch der schon bekannte Gottlieb oder Gottfried; aber weil Frau Plöhn und ihre Mutter aus Dessau stammten und ich sehr viel über den "alten Dessauer" geschrieben hatte,* [...] *so trat unter diesem ihrem Einflusse plötzlich der angebliche "alte Dessauer" auf und warf den Tisch in der Stube herum, daß es nur so krachte. Er befahl auch, daß man schreiben solle* [...]. *Später, nach langem Bemühen, kam Sinn hinein, und da stellte sich denn ganz eigenthümlicher Weise heraus, daß die Herren Geister am Liebsten über mich und meine vielen Fehler sprachen und daß ich mich zu ändern und zu bessern hätte. Es kam nach und nach zu einem förmlichen Sport mit dieser meiner Besserung.*

09. "Deutscher Hausschatz": "Was wir im nächsten Jahrgang bringen. Im Reiche des silbernen Löwen, von Karl May. Der Liebling der Leserwelt hat uns in sichere Aussicht gestellt, daß der erste Band der packenden Reiseerzählung pünktlich eintreffen werde. Die zahllosen Freunde von Dr. Karl May werden also auch im kommenden Jahrgang seine gern gelesenen Abenteuer nicht vermissen." Ebenfalls angekündigt wird der "Regensburger Marienkalender": "Dr. Karl May, der Allbeliebte, erscheint mit der Reiseerzählung 'Scheba et Thar'" (mkmg 20, 18f.).

09. Im "Einsiedler Marien-Kalender 1898" (Einsiedeln/Schweiz, St. Ludwig/Elsass, Eberle & Rickenbach) erscheint (ohne Mays

Zustimmung zu einer Teilung) der erste Teil *Gefangen* der Reiseerinnerung *Mutterliebe*, mit Illustrationen von A. Hrdlicka nach Mays Kostümfotos (plaul1 225; ued 424f.). In einer Fußnote heißt es: "Da der hochgeehrte Herr Verfasser infolge längerer Abwesenheit auf einer seiner Reisen uns diese prachtvolle Erzählung erst senden konnte, als der größte Teil unseres Kalenders schon gedruckt war, so waren wir gezwungen, den zweiten Teil derselben, 'Gerettet', auf den nächstjährigen Kalender zu verschieben" (jbkmg 1985, 220).

09.02. Kötzschenbroda. Bahnhofsrestaurant Max (Oskar) Baumann, Güterhofstraße (heute Bahnhof Radebeul-West) (gus 126; hall 189). Kartengruß Emma Mays an Familie Seyler (mkmg 25, 9). – Achensee. Anna Elisabeth Jankovics schreibt tröstliche Worte am vermeintlichen Todestag Winnetous, der May "am heutigen Tage voran in die Heimath gegangen" sei. Sie würde sich über einen Besuch in Wien freuen, wo die Familie eine Stadtwohnung besitzt.

09.03. August Fabiani (1862–1934; kmw VIII.6, 40f.), Postmeister in Štanjel (St. Daniel) am Karst (Slowenien), schickt May einen Korb Pfirsiche und lädt ihn zu sich ein (vgl. *Der dankbare Leser* 114f.).

09.05. Sonntag.

09.11. Einsiedeln. Der Verlag Eberle & Rickenbach schickt ein Belegexemplar des "Einsiedler Marien-Kalenders 1898" mit dem ersten Teil der Reiseerinnerung *Mutterliebe* und erbittet eine Erzählung für die "Mariengrüsse aus Einsiedeln", für die er im voraus 100 Mark zahlt (weitere 100 Mark werden für *Mutterliebe* gezahlt). Die Erzählung soll "wenigstens teilweise im Inhalt etwas an die Marienverehrung anklingen & bestimmt Ende November hier sein".

09.12. Sonntag.

09.-11. May unterbricht die Arbeit am *Silberlöwen* und schreibt unmittelbar für Fehsenfeld den Amerika-Roman *"Weihnacht!"*.

Der Hauptteil entsteht angeblich nicht in der Villa "Shatterhand", wo es seit langem zu turbulent ist, sondern im Oktober und November in einem Hotel in Birnai an der Elbe (XXIII A40).

09.15. Niederlößnitz. Ausflugslokal Friedensburg (Burgstraße 6; gus 127; rich 213; hall 188f.). May und Emma an Familie Felber: *Wir gestatten uns die herzlichsten Glückwünsche zu Eurem heutigen Hochzeitstage!!! (Wann ist er denn eigentlich?)* (jbkmg 1994, 11, 27). Kartengruß an Familie Seyler (mkmg 25, 9).

09.16. Angeblich *von einer sehr langen Auslandsreise zurückgekehrt*, bittet May den Fotografen Adolf Nunwarz in Urfahr-Linz, ihm umgehend *2 Dutzend* ausgewählter Fotos zu senden.

09.17. Dresden. Ein Kartengruß geht (über Familie Seyler) an die Stadtratswitwe Jenny Plaeschke, Emil Seylers erste Schwiegermutter, in Aschaffenburg (mkmg 25, 9; mkmg 26, 9).

09.18. Achensee. Anna Elisabeth Jankovics schickt May eine Teilabschrift der Ansprache, die Heinrich Abel am 17.7. bei der Wiener Männerwallfahrt in Mariazell gehalten hat, und bedankt sich für ein Gedicht über den Kreuzhof: "Wie freuen wir uns Alle auf Weihnacht u. den Gruss den es uns v. Ihrer Feder bringen wird! Wenn es Sie nur nicht Ihre Nächte kostete!"

09. Volksschulleiter Franz Langer aus Waldamt ist zu Besuch in Radebeul. Gemeinsam mit May singt er dessen *Ave Maria*. Langer an May 29.1.1907: "Herr May sind damals zu Winetou's Grab gereist".

09.19. Sonntag.

09.20. Josef Weigl und F. Schmid (Unterschrift) schicken einen "Gruss vom Octoberfest": "Auf Ihr u. Ihrer Fr Gemalin trinken ein kräftiges Prosit mit vorzüglichem Franciscanerstoff die Mayclubbianer" (gus 154).

09.22. May an Fehsenfeld: *"Weihnacht" schreitet schnell vorwärts. Nächstens geht ein ganzer Schub an Krais ab. Anfang November letztes Manuscript. Dieser Band wird kostbar. Drucken Sie nur so viel wie möglich! Titel nur Goldschrift. Silber würde wie Trauer- oder Begräbnißsache aussehen. Für die Prospecte lasse ich mich Freitag extra photographiren und sende das Bild, sobald es fertig ist, also nächste Woche. [...] Nach Weihnacht bekommen Sie den neuen Band "Hadschi Halef", ein Thema, welches ziehen wird. [...] Während unserer Reise sind mir die Mädchen unerlaubter Weise in meine Zimmer gerathen, um reine zu machen (!!!). Die verrückten Geschöpfe haben da alle Papiere ausgemärzt, die sie für Maculatur hielten, und haben dabei auch mein Auflagen-Verzeichniß erwischt, wie es scheint; ich habe sie aus Grimm beide fortgejagt. Dieses Verzeichniß muß natürlich erneuert werden, was leider nur mit Ihrer gütigen Hülfe geschehen kann. [...] Sehr dankbar würde ich Ihnen sein, wenn Sie mir ebenso umgehend die Frage beantworteten, ob Sie vielleicht gewillt wären, den Verlag meiner Photographieen zu übernehmen. Nunwarz in Linz ist kein Geschäftsmann und bringt nicht soviel fertig, wie verlangt werden; auch ist es wegen der Zollwiderwärtigkeiten besser, wenn der Verleger ein Deutscher anstatt ein Oesterreicher ist. Die Platten etc. gehören nicht ihm sondern mir.* – May sagt dem Verlag Eberle & Rickenbach für die "Mariengrüsse aus Einsiedeln" eine Erzählung von 300 Manuskriptseiten zu.

09.24. May lässt sich fotografieren. – Max Welte schreibt ein Scherzgedicht "Leben und Treiben des Skatklub 'May'", mitunterzeichnet von Walter Weber und Johannes März. Zugleich ernennen sie May zu ihrem "Ehrenmitglied".

09.25. Einsiedeln. Der Verlag Eberle & Rickenbach teilt May mit, dass eine Erzählung von 300 Seiten (Honorar 400 Mark) sich durch zwei Jahrgänge der "Mariengrüsse" erstrecken würde, womit man einverstanden sei, wenn May sie "in zwei gleiche, abgeschlossene Hälften" teilt: "Als einzige Bedingung resp. Bitte müssen wir Ihnen einen stark marianischen Stoff ans

Herz legen." – Achensee. Anna Elisabeth Jankovics an May: "Wie gut klingt das 'Auf Wiedersehen' in Wien!"

09.26. Sonntag.

09.28. May an Adolf Nunwarz in Urfahr-Linz: *Da Sie betreffs der Ihnen am 1ten Dezb. 1896 geliehenen 2700 Mark bis heut mit Zahlung der Zinsen zögerten, so sehe ich mich gezwungen, Ihnen hiermit dieses Kapital zu kündigen. Ganz in derselben Weise ging in Beziehung auf die verkauften Photographien seit langer Zeit weder eine Zahlung noch die für vierteljährlich vorgeschriebene genaue Berechnung ein, welch letztere ich doch wenigstens erwarten konnte. Aus diesem Grunde und weil ich für Sie nur zum Geben, nicht aber zum Empfangen vorhanden zu sein scheine, kündige ich Ihnen heut auch den von uns am 24. Juni 96 verfaßten und unterzeichneten Verlagskontrakt, behalte mir aber dabei vor,* [...] *unser geschäftliches Verhältnis schon vor dem 1. Januar 98 nach meinem Belieben als aufgelöst zu betrachten. Hieran schließe ich die Bemerkung, daß die Platten von allen hier aufgenommenen Bildern nicht Ihnen sondern mir gehören, weil ich sie bezahlt habe, und ich sie in Folge dessen ohne Ausnahme und in gutem Zustande zurückverlangen werde.* – In einem Brief an Alois Schießer bedankt May sich für zwei Zahlungen und erwähnt, dass er den Kontrakt mit Nunwarz gekündigt habe (kmjb 1978, 125). Der Vertrieb wird später von Max Welte übernommen, der hierzu eigens einen "Photographie-Verlag" gründet (kmhi 4, 34; heer4 328).

09.29. Heinrich Keiter hat Manuskript zum *Silberlöwen* erhalten: "Mit Uebersendung des neuen Msc. haben Sie mir eine große Freude gemacht, hoffentlich darf ich annehmen, daß, wie Sie in Aussicht stellen, recht bald mehr kommt, damit ich ruhig sein kann. Mit noch 500–800 Seiten würde ich für diesen Jahrgang gedeckt sein."

10. Im Verlag der Union Deutsche Verlagsgesellschaft (Stuttgart, Berlin, Leipzig) erscheint die Buchausgabe des Jugendromans *Der Oelprinz. Eine Erzählung für die reifere Jugend*, mit Illustrationen von Oskar Herrfurth (plaul1 225; ued 292-297).

10.03. Sonntag. "Massen von Besuchern". Nach einem Brief Emma Mays an Agnes Seyler (datiert 16.10., jedoch vor dem 10.10. begonnen) klingelt es "alle drei Minuten, so daß ein Mädchen nur immer an der Pforte stehen" muss. "Sonntags sind es meistens Dresdner Herrschaften, welche uns heimsuchen; sie verbinden dann gleichzeitig einen Ausflug in unsere herrliche Lößnitz damit" (masch 219f.).

10.05. May an Fehsenfeld: *Anbei die neuen Photographieen, von denen Ihnen die Wahl zum Prospecte freisteht. Könnte ich das Concept zu demselben vielleicht bald bekommen? Wenn Sie das Brustbild wählen, so muß der schwarze Punkt im Schnurrbart unter der Nase erst wegradirt werden. Wie der hingekommen ist, ist mir ein Räthsel: ich bin doch kein Schnupfer; liegt wahrscheinlich an der Platte.*

10.09. Clemens von der Kettenburg besucht Mays in der Villa "Shatterhand" und trägt sich mit einem launigen Gedicht ins Gästebuch ein.

10.10. Radebeul. An diesem Sonntag findet das Feuerwerk statt, auf das Emma May in ihrem erst am 16.10. beendeten Brief an Agnes Seyler vorausweist: "Wir brennen [...] ein Feuerwerk bei uns im Garten ab, wozu das liebe Hühnelchen so ungefähr 30 Personen geladen hat. Der ganze Garten u. die Hinterfront des Hauses wird illuminirt" (masch 220). May an Emil Seyler 15.10.: *Uebrigens haben wir kürzlich sehr kräftig auf das Wohl unserer geliebten Seylers angestoßen. Ich hatte, um die Drängendsten gleich auf einmal zu befriedigen, ihrer so ein halbes Schock geladen und gab ein Feuerwerk von 86 Nummern. Von Old Shatterhand selbst abgebrannt! Es war besser, als man es auf der Dresdener oder Leipziger Ausstellung gesehen hat und dauerte volle drei Stunden* (masch 240). Gruppenaufnahmen von einem Feuerwerksfest zeigen Mays mit Plöhns, Wilhelmine Beibler, dem Ehepaar Ernst und Antonie Witting, dem Ehepaar Carl Heinrich und Anna Schurtz mit ihrer Tochter Elsa, den Freunden März und Weber, dem Nachbarn Ludwig Gustav Pohl und einer Baronin sowie einer Baronesse Tschirschnitz. Clemens von der Kettenburg an May am 22.10.: "Hoffentlich sind Sie jetzt ganz wieder hergestellt und hat das Malheur mit dem Kanonenschlag keine ernsteren Folgen gehabt."

10.12. May an Fehsenfeld: *Erstes Kapitel von "Weihnacht" geht morgen an H. Krais ab; die weiteren folgen schnell nach. Was den Einband betrifft, so bin ich, aufrichtig gestanden – – enttäuscht und von meiner Idee ganz und gar zurückgekommen. Ich hatte mir das ganz schön gedacht, und nun es vor mir liegt, sehe ich ein, daß diese Einbände nicht "ziehen" würden. Die Hauptsache ist der Name May, der muß besonders in die Augen fallen, denn er ist es allein, welcher zieht. Steht er blos auf dem Rücken, so ist es nichts. Die Käufer wollen zu Weihnachten weniger einen Weihnachts- als vielmehr einen Mayband haben; daß dieser Band ein Weihnachtsthema behandelt, kommt in zweiter Linie; der Name des Verfassers muß also auch vorn, nicht nur auf dem Rücken stehen, damit er im Schaufenster gleich auffällt. Sodann kommt mir erst jetzt, da ich die frommen Verse stehen sehe, der Gedanke, daß sie wohl Manchen abhalten würden, das Buch zu kaufen; sie verrathen zu sehr, daß der Inhalt gottesfürchtig ist. Daran habe ich vorher nicht gedacht. Was sagen Sie dazu. Auch würde sich dieser Band in dieser Ausstattung den andern nicht gut anreihen. Ich habe mir einen Absatz von wenigstens 30,000 gedacht und möchte nichts vorschlagen, was diese Zahl vermindern könnte. Es sind schon hunderte von Anfragen bei mir eingegangen. Bitte, überlegen Sie sich die Sache doch einmal, und wenn Sie mir dann Ihren Bescheid mittheilen, werden Sie wohl das Richtige getroffen haben. Was an mir liegt, wird gethan, und ich bin, ohne mich überheben zu wollen, überzeugt, daß dieser Band die vorhergehenden übertreffen wird. Da Sie den Inhalt noch* *nicht kennen, gestatten Sie mir vielleicht, dem Prospecte einige darauf bezügliche Mittheilungen beizufügen.*

10.14. May an Paul Thomas (kmw VIII.6, 498f.), Straßburg: *Ich verkaufe keine Photographien; das lasse ich natürlich den Händlern über. Von Winnetou, Sam Hawkens etc. sind keine zu haben sondern nur von mir (Old Shatterhand). Indem ich die Preisliste beilege sage ich Ihnen Besten Gruß!* (mkmg 8, 13, 22) – May an den Landschaftsoffizial Oskar Burkart (1842–1925), Salzburg: *Herr Fehsenfeld hat mir Ihren Brief vom 10. ds. M. geschickt. Es gehen täglich ca. 60–80 Briefe von meinen Lesern bei mir ein, die ich alle beantworten muß. Das kann natürlich nicht so schnell geschehen, wie die Herren resp. Damen es wünschen, sondern ich erledige sie in der Reihenfolge, wie sie eingegangen sind. Außerdem mache ich viele und große Reisen und finde dann bei meiner Rückkehr Tausende von Briefen vor, deren Beantwortung natürlich Monate erfordert, zumal ich nur die Nächte dazu nehmen kann, weil ich doch auch meine Manuscripte schreiben muß. Jetzt z. B. liegen über 6.000 Briefe hier, die ich alle beantworten soll! Wenn Sie mir Ihren ersten Brief im September schrieben, ist es also <u>gar</u> <u>nicht</u> möglich, daß Sie schon Antwort haben können. Uebrigens schreiben Sie nur Ihren Namen, nicht aber auch, was Sie sind, und wenn man mit Jemand geschäftliche Dinge besprechen soll, versteht es sich ganz von selbst, daß man wenigstens wissen muß, welchen Standes er ist. Uebrigens bitte ich, die Frage auszusprechen, warum der Herr Komponist sich nicht selbst und direct an mich wendet. Das würde doch wohl der bequemste und kürzeste Weg sein. Indem ich bemerke, daß ich mein Ave Maria selbst schon komponirt habe und diese Komposition auch schon in Salzburg in der Stiftskirche gesungen worden ist, sage ich Ihnen herzlichen Dank für Ihre freundliche Zuschrift.* – May an den Quartaner Hans Burkhardt in Dresden: *Es thut mir leid, daß Sie mich am Sonntag nicht angetroffen haben. Ich war nach Dresden versprochen und habe Ihren Brief erst heut lesen können* (Karl-May-Museum, Radebeul).

10.15. May schickt das erste Kapitel von *"Weihnacht!"* an Felix Krais (kmw IV.21, 526). – Frau Maria Jung aus Lorch ist zu Besuch in der Villa "Shatterhand" (masch 239f.). Nach einem Brief Emma Mays an Agnes Seyler (datiert 16.10.) kommt demnächst Gräfin Jankovics "auf einige Tage [nicht erfolgt], dann Besuch aus Berlin, Hamburg, Warschau, lauter Herrschaften, die wir nicht abweisen können sondern hier behalten müssen" (masch 220). – May an Emil Seyler: *unten im Wohnzimmer sitzen zwei liebe aber sehr unbequeme Gäste, welche mit Schmerzen auf mich warten, um mir den heutigen und morgenden Tag vollständig abzustehlen.* [...] *ich habe z. B. in dieser Woche 3 Nächte durch geschrieben, muß auch die nächste durch arbeiten und werde dann am Tage, anstatt ruhen zu können, von Gästen, kürzeren Besuchen, der Beantwortung von Fragen, Bittschriften pp so in Anspruch genommen, daß ich mit Recht behaupten kann, daß ich wirklich gar keine Zeit für mich habe* [...]. *Ich bin selbst schuld, weil ich das Verhältniß zwischen mir und meinen Lesern vielleicht zu ernst, zu heilig nehme; ich bin ihr Freund, ihr Berather auch in tausend privaten Angelegenheiten. Ich sollte aufhören, zu schreiben und mich zur Ruhe setzen; aber mein Pflichtgefühl sträubt sich dagegen, und so werde ich wohl weiterschinden oder mich weiterschinden lassen, bis ich vor der Zeit aufgebraucht worden bin. Jetzt arbeite ich an dem Christbande "Weihnacht" und an "Im Reiche des silbernen Löwen", wöchentlich wenigstens 500 Seiten à 900 Sylben, macht 450,000 Sylben* (masch 239f.).

10.16. Emma May an Agnes Seyler (der Brief wurde bereits vor dem 10.10. begonnen): "Ich leide seit einiger Zeit an den furchtbarsten Kreuzschmerzen; grad als H. Kaplan [Kempf] hier war, fing es an und hat sich auch bis heute noch nicht wieder beruhigt. Oft habe ich solche Schmerzen, daß ich ganz krum[m] gehen muß: In Folge dessen haben wir auch die amerikanische Reise einstweilen aufgegeben, auch hat sich die Arbeit meines Mannes während unserer Abwesenheit so angehäuft, daß ein Durchkommen bis jetzt noch nicht möglich war. Dazu diese Massen von Besuchen!" (masch 219-221)

10.17. Sonntag.

10.22. May ist enttäuscht über Fehsenfelds Prospektentwurf: *Das Bild ist gut; aber der Inhalt – – –? Ich dachte nicht, daß Sie die Arbeit von* [Hermann J.] *Frenken bringen würden; sie ist so alt und trifft nicht mehr das Richtige, denn meine Aufgaben sind über Frenkens Ansicht hinausgewachsen. Ich dachte, Sie würden selbst – oder irgend ein Anderer, den Text verfassen, und ich wollte dann einige Hauptpointe dazugeben. Das hätte gezogen. Und die Hauptsache: Dieser Prospect ist für die Katholiken, die wir doch schon fest haben. Was thun wir mit den Millionen Protestanten? Sie haben auch schon angefangen, müssen aber noch mehr heran. Dresden z. B. ist jetzt begeistert. Der Prospect mußte so ausgearbeitet werden, daß er für Alle, ohne Unterschied der Confession, zugkräftig war, und besonders den Weihnachtsband hervorheben, denn wer May noch nicht kennt und den liest, kauft auch die andern Bände. Doch, wie Sie wollen!* [...] *Haben Sie schon Correctur v. "Weihnacht" bekommen? Das Manuscript wächst schnell.* – An einem der folgenden Tage begibt May sich auf Reisen, um dem heimatlichen Trubel zu entkommen und in abgeschiedener Ruhe den Roman *"Weihnacht!"* fortzusetzen (XXV N9f.). – Innsbruck. Clemens Freiherr von der Kettenburg bedankt sich für die "freundliche Aufnahme" in der Villa "Shatterhand" und für ein nachgeschicktes Paket mit Würsten. Sein Eintrag ins Gästebuch sei ein "Schmarrn" gewesen, weshalb er ein neues, selbstironisches Gedicht schickt.

10.24. Sonntag.

10.25. Kartengruß Mays aus der österreichischen Wachau, Donaustrecke zwischen Melk und Krems, an die Familie Seyler (mkmg 25, 9). – Richard Plöhn hat seine Verbandstoff-Fabrik an seinen Nachbarn (Gellertstraße 6) Ernst Leberecht Steidte verkauft, nachdem er an einem schweren Nierenleiden (Morbus

Brightii) erkrankte, zeitweilig bettlägerig war und von Klara gepflegt werden musste (heer4 360; kmhi 12, 36). Der "jetzige Rentier" bereitet eine Reise nach Russland vor und erhält für sich und Klara bei der Dresdner Amtshauptmannschaft einen bis zum 31.12. gültigen Reisepass. Das russische Konsulat in Dresden erteilt ein Visum.

10.26.-11. Birnai (Brná nad Labem) in Nordböhmen, 5 km südlich von Aussig (Ústí nad Labem). Garten-Restaurant Ernst Herzig (heute Srdíčko, "Herzchen"), Zimmer mit Balkon im ersten Stock, mit Aussicht auf das Elbetal (gus 28). May beginnt vermutlich erst hier das zweite Kapitel des Romans *"Weihnacht!"* und schreibt angeblich in wenigen Tagen den Hauptteil nieder (XXV N10). Sein Aufenthalt ist allerdings wesentlich kürzer als bisher angenommen. Zeitungsbericht 1938: "Menschen, die ihn kannten, erzählen noch, wie er die Einrichtung seines Zimmers umgruppiert hatte und Tag und Nacht bei Petroleumbeleuchtung schrieb, umgeben von zahllosen Landkarten und Plänen" (kmw IV.21, 526). – Die nötigen Karten und Literatur kauft May bei dem Buchhändler Franz Eduard Krüger (1857–1926) (kmw VIII.6, 612-615) in Aussig, Teplitzer Straße (heute Revoluční ulice), den er kennen gelernt hat, als dieser noch Lehrling bei Münchmeyer in Dresden war. Krügers Vater Christoph Friedrich hat u. a. "Schacht und Hütte" in Österreich verlegt.

10.31. Sonntag. Birnai.

10.-11. Radebeul. Während Mays Abwesenheit muss Emma die Besucher empfangen, darunter die Freunde Max Welte, Walter Weber und Johannes März. Emma, die von den dreien "Nscho-tschi" genannt wird, hält mit ihnen Séancen ab (masch 80). *Frau Pollmer* 858: Welte *gerieth ganz in ihre Fesseln. Wenn er von ihr nach Hause kam, sah er Geister auf der finstern Treppe, und wenn er an sie dachte, erklangen die lieblichsten Töne um ihn her.* Undatierte Briefe Weltes an Emma verraten einen poetischen Schwarmgeist und überzeugten Spiritisten.

11. Ludwig Freytag veröffentlicht im "Pädagogischen Archiv" eine Rezension von *Satan und Ischariot II* und *III*.

11. "Deutscher Hausschatz": "Wenn Herr Dr. Karl May mit der Lieferung von Manuskript so fleißig, wie in den letzten Wochen, fortfährt, so kann der Roman: Im Reiche des silbernen Löwen, im dritten Hefte beginnen" (mkmg 20, 19).

1897.11.-1898.09. Fortsetzung des Abdrucks von *Im Reiche des silbernen Löwen* (*Erstes Kapitel. Am Turm zu Babel*) im "Deutschen Hausschatz" (plaul1 218; mkmg 20, 19). Wann May die Niederschrift dieses Textes beendet hat (noch 1897 oder spätestens im Frühsommer 1898), ist ebenso fraglich wie die Entstehungszeit des Anschlusstextes *In Basra* (ursprünglich *Der Löwe von Farsistan*), der später das erste Kapitel des dritten *Silberlöwen*-Bandes bilden wird (kms 2, 10; XXIII A40; XXVIII N3).

11.01. Babette Hohl, inzwischen Geschäftsfrau (Kolonial-, Spezerei- und Mehlgeschäft) in Amberg, schreibt May, er sei seit ihrer ersten Korrespondenz (1893) ein "ungeheuerlich großer Mann" geworden, und gratuliert ihm zum (vermeintlichen) Namenstag (Karl Borromäus, 4.11.): "Nächsten Sommer komme ich nach Frankenberg; ob Sie mir wohl ein paar Minuten Einlaß geben, falls ich an Ihre Thüre klopfen sollte oder ob wohl meine Nase eingeklemmt wird?" (vgl. *Der dankbare Leser* 89)

11.03. Einsiedeln. Der Verlag Eberle & Rickenbach erbittet das für die "Mariengrüsse aus Einsiedeln" zugesagte Manuskript dringend bis zum 15. oder spätestens 25.11.

11.06. May ist bereits wieder aus Birnai nach Radebeul zurückgekehrt, wo er nun den Schluss des Romans *"Weihnacht!"* schreibt. Dem Linzer Fotografen Adolf Nunwarz teilt er mit, dass ein Einschreibebrief *(wahrscheinlich meine Kündigung* [vom 28.9.] *betreffend) an einem Tage angekommen ist, an* *welchem ich große Gesellschaft mit Feuerwerk etc. gab: Die Mädchen scheinen diesen Brief, welchen gleich zu lesen, ich keine Zeit hatte, im Troubel mit den Packpapieren der Feuerwerkskörper verbrannt zu haben. Ich bitte um Entschuldigung und um eine kurze Wiederholung des Inhaltes, da lange Schreiben unbedingt in den Papierkorb wandern.*

11.07. Sonntag.

11.10. Der Verlag Eberle & Rickenbach sendet weitere 100 Mark für eine Erzählung für die "Mariengrüsse aus Einsiedeln". May wird sich mit einer angeblichen großen Reise entschuldigen.

11.12. Herzogin Marie Antoinette von Mecklenburg-Schwerin (1856–1929), die Tochter von Fürst Hugo von Windisch-Grätz und Frau von Paul Friedrich Herzog von Mecklenburg-Schwerin (1852–1923), hält sich mit ihren Söhnen Paul Friedrich (1882–1904) und Heinrich Borwin (1885–1942) einige Tage in Dresden auf und lässt durch die Erzieherin J. Dallery ausrichten, sie habe den "lebhaften Wunsch", Mays Bekanntschaft zu machen; auch die "jungen Herzöge" seien "passionierte Leser Ihrer Bücher und Verehrer des Autors".

11.14. Sonntag. Dresden. Im Grand Union Hotel, Bismarckplatz 2/4 (Heinrich Schnelle) besucht May Marie von Mecklenburg und ihre Söhne Paul und Borwin.

11.16. Marie von Mecklenburg telegraphiert, sie würde "mit Freuden morgen Nachmittag mit Kindern unseren verehrten Freund besuchen kommen", und dankt May für seinen "so liebenswürdigen Besuch".

11.18. Radebeul. May an Franz Joseph Börger: *ich habe keine Zeit, weil ich noch in dieser Woche den Band "Weihnacht" fertig schreiben muß. Interessant ist mir das von den Cigaretten. Bitte, senden Sie mir ein Päcktchen oder Kästchen zur Ansicht; den Preis schicke ich Ihnen sofort zu.* Börger hat May darüber informiert (vermutlich am 7.11.), dass Zigarettenschachteln mit dem Konterfei Old Shatterhands aus der Kostümfotoserie auf dem Markt seien (kma 5, 8f.).

11.19. Friedrich Eduard Bilz lädt May "für nächsten Montag 1/2 4 Uhr zu einem Scat in Lechlas-Weinstube ein. Herr Major [Heinrich Woldemar] Weigel [Russenstraße 4] wird noch den Vierten mitbringen." – Wendisch-Wilmersdorf. Friedrich Graf von Schwerin hat von einem "Buch von einem gewissen C. May, benamset: 'Räuber der Wüste'" erfahren: "Was nutzt mir 'Ischariot III' und die "fremden Pfade', wenn es noch verheimlichte Sachen giebt?"

11.20. Regensburg. Ludwig Pustet (1870–1933), der Sohn Karl Pustets, zuständig für den Kalender, bittet "um baldige Ablieferung der für den Regensburger Marienkalender 1899 versprochenen Erzählung". May schreibt daraufhin die Geschichte *Die "Umm ed Dschamahl"*.

11.21. Sonntag. Marie von Mecklenburg lässt telegraphisch anfragen, ob sie May heute Nachmittag zu Hause antrifft.

11.22. Radebeul. Emma Mays 41. Geburtstag. – Ab 15.30 Uhr vermutlich Skatspiel mit Friedrich Eduard Bilz, Heinrich Woldemar Weigel und einem Vierten in der Weinstube des Hotels Lechla.

11.25. May schickt Fehsenfeld den überarbeiteten Prospektentwurf zurück: *Ich habe das wiederkehrende Wort "Romane" angestrichen; bitte, lassen Sie das ändern; es stoßen sich viele daran.* May will zu einer *Weihnachtsausstellung (Bücher)* nach München: *Man will dort grad mit "May" Staat machen, wie man mir schreibt. Ich will natürlich selbst auch hin; das macht Eindruck!* – Marie von Mecklenburg fragt telegraphisch an, ob sie "morgen zwischen 3 und 7 Uhr" mit ihren Söhnen nach Radebeul kommen darf.

11.28. Sonntag. May an Fehsenfeld, mit der wiederholten Ankündigung, nach München zu fahren: *In München giebt es mehrere May-Clubbs. Am letzten Male mußten die Gymnasias-*

ten vor meinem Hôtel mit der Spritze auseinandergetrieben werden; es konnte keine Tramway durch. Ich erhielt auch erst Bogen 27 Correctur [von *"Weihnacht!"*]. *Das Manuscript ist dort* [in Stuttgart], *nur die letzten Seiten Schluß behielt ich zur Abrundung zurück, bis ich Bogen 34 bekomme.* – In der "Frankfurter Zeitung" schreibt der Lehrer Carl Blümlein (1863–1945) in einer Sammelrezension, in der er die Jugenderzählung *Der Oelprinz* zu den Büchern rechnet, "die ein schönes Aeußere, aber einen damit nicht harmonirenden Inhalt haben": "Es ist neuerdings viel über das Elend unserer Jugendliteratur geklagt worden: May's Buch wie all seine andern Erzeugnisse kann man ruhig auf den Index setzen" (seul4 46-48). "Das Elend unserer Jugendliteratur" ist der Titel einer 1896 erschienenen polemischen Schrift des Pädagogen Heinrich Wolgast (1860–1920), die jedoch erst ab der 3. Auflage (1905) auch dezidiert gegen May gerichtet ist. *Der dankbare Leser* 18: Die "Frankfurter Zeitung" *brachte regelmäßig zur Weihnachtszeit in ihrer Bücherschau eine kurze Warnung vor Mays Werken. Warum gerade zu dieser Zeit? Des Weihnachtsmarktes wegen. Die Bücher waren ja als Christgeschenke vielbegehrt. Kein Verleger verkaufte so viel wie der seinige. Dieser Absatz sollte ihm verdorben werden.* [...] *Aber es wirkte* [...] *nicht.* [...] *Da griff der Feind zum Unkrautsamen. Die genannte Zeitung schrieb, daß May "in den Index einzutragen" sei. Wie kam sie zu dieser erstaunlichen Aeußerung? Ist sie katholisch? Oder auch nur christlich? Ist sie vielleicht sogar Mitglied der Congregation von Kardinälen, welche über den Index zu bestimmen haben? Lächerlich! Und diese Lächerlichkeit bewirkte, was sie bewirken mußte: einen nur größeren Absatz der von ihr gehaßten Bücher.* – Marie von Mecklenburg dankt May telegraphisch "für liebenswürdige Gastfreundschaft" und "interessante Stunden". In einem zweiten Telegramm lädt sie May "von 5 bis 8, oder von 6 bis 9 Uhr" zu sich ein.

11.30. Marie von Mecklenburg telegraphiert, dass sie morgen mit ihren Söhnen Paul und Borwin nach Radebeul kommen will, um mit dem Henrystutzen zu schießen. May ist jedoch offenbar nach Leipzig gereist.

11. Dem "Deutschen Hausschatz" liegt ein neuer Prospekt des Fehsenfeld-Verlags mit Auszügen aus einem Essay von H. J. Frenken (11.11.1892) und "Empfehlenden Worten Deutscher Bischöfe" (1894) bei. Bereits 1898 wird ein anderer, Mays ethischen Intentionen eher entsprechender Prospekt, mit einem Essay von Prof. Dr. Weise, erscheinen (mkmg 139, 5-7).

12. "Deutscher Hausschatz": "Fehsenfelds Verlag in Freiburg in Baden legt von Karl Mays gesammelten Reiseerzählungen die Bände 20–23 auf den Weihnachtsbüchertisch [...]. Die Bände 20–22 enthalten den Roman Satan und Ischariot, den wir in den Jahrgängen 1894/96 unter den Titeln: Die Felsenburg, Krüger-Bei und die Jagd auf den Millionendieb veröffentlichten. Bd. 23 umfaßt unter dem Titel: Auf fremden Pfaden eine Reihe kleinerer Erzählungen. Unseren Lesern Karl Mays Reiseerzählungen besonders empfehlen wollen, hieße Eulen nach Athen tragen, wir dürfen uns begnügen, auf das Erscheinen der neuen Bände aufmerksam zu machen" (mkmg 20, 19).

12. "Deutscher Hausschatz": "Herr Dr. Karl May wohnt in Radebeul-Dresden. – J. Sch. in D. Die im Deutschen Hausschatz vom 15. Jahrgang an veröffentlichten Reiseerzählungen von Karl May haben folgende Titel: XV. Der Scout. Reiseerlebnisse in Mexiko. XVI. El Sendador, Quer durch Südamerika. I. Teil Lopez Jordan. XVII. El Sendador, Quer durch Südamerika. II. Teil. Schatz der Inkas. XVIII. Der Mahdi. I. Teil. Am Nile. XIX. Der Mahdi. II. Teil. Im Sudan. XX. Die Felsenburg. XXI. Krüger-Bei. XXII. Die Jagd auf den Millionendieb. XXIII. Im Reiche des silbernen Löwen. Einleitung" (mkmg 20, 19).

12. Nach Abschluss des *"Weihnacht!"*-Manuskripts (856 Seiten) setzt May die Niederschrift des *Silberlöwen* fort.

12.01. Marie von Mecklenburg telegraphiert an Emma May, sie habe nach Leipzig gedrahtet, May solle "keinesfalls seinen so nothwendigen Aufenthalt [...] verkürzen". Sie will am Sonntag nach Radebeul kommen.

12.05. Sonntag. Marie von Mecklenburg bedauert telegraphisch, heute nicht kommen zu können, und kündigt einen Besuch ihres Mannes Paul Friedrich mit den Kindern am 8.12. an.

12.08. Marie von Mecklenburg muss telegraphisch erneut den Besuch in Radebeul absagen, weil sie erkältet und ihr Mann verreist ist.

12.10. Kötzschenbroda. Bahnhofsrestaurant Max Baumann. May an Max Welte: *Bitte, Sonntag mit dem Zuge 12,1 von Neustadt aus zum Mittagessen!* (kmhi 4, 14, 35)

12.11. May an Carl und Lisbeth Felber, auf einer Ansichtskarte vom Neuen Bahnhof (Bahnhofsrestaurant) in Kötzschenbroda (mit *Gruß Herren Cousin Hoffmann, Inspector Himmel u.s.w.*): *Es stand in alten Zeiten / Ein Café hoch und hehr; / Das war ganz voll von Leuten, / Und das gefiel uns sehr, / Jedoch am allerbesten / Gefiel von seinen Gästen / Uns der Besitzer selber, / Denn es war unser Felber. / Wir denken seiner immer / Und wenn er nicht bald schreibt, / Wirds mit der Sehnsucht schlimmer / Bis sie krank liegen bleibt / Drum laßt uns nicht lang warten; / Es gibt ja Ansichtskarten!* (gus 126; jbkmg 1970, 168)

12.14. May hat dem "May-Club München" seinen Besuch angekündigt. Der Präsident Josef Weigl an May: "Hocherfreut über die Aussicht auf Ihren baldigen Besuch, bitte ich Sie höflichst um Mitteilung des Tages Ihrer Ankunft, womöglich auch des betreffenden Zuges, damit ich mit den Vorstandsmitgliedern des Club, Herrn [Max] Harlander u. [Paul] Burger Sie empfange" (kmjb 1978, 72f.).

12.17. May an den tschechischen Verleger Josef Vilímek in Prag, der den Orientzyklus übersetzen und verlegen will: *Es ist mir nicht möglich gewesen, Ihren Brief richtig zu verstehen.*

Bitte, haben Sie darum die Güte, mir mitzutheilen, welches Honorar Sie mir pro Auflage bieten und wie hoch diese Auflage sein soll. Ich schrieb Ihnen schon, daß es mir aber noch lieber sein würde, alle meine Rechte (bis 30 Jahre nach meinem Tod) für eine bestimmte, einmal zu zahlende Summe an Sie abzutreten (jbkmg 1977, 231). – Marie von Mecklenburg will nach München reisen und lässt telegraphisch anfragen, ob sie May am 21.12. sehen kann.

12.19. Sonntag. Vermutlich ist Max Welte mittags in der Villa "Shatterhand".

12.20. Im Fehsenfeld-Verlag erscheint *"Weihnacht!"* als Bd. XXIV der "Gesammelten Reiseerzählungen", mit Antonio Allegri da Correggios (1489–1534) Gemälde "Die Heilige Nacht" aus der Dresdner Gemäldegalerie als Titelbild (plaul1 226f.; ued 227-232). – Marie von Mecklenburg, die am 21.12. abreist, bittet May telegraphisch, "von 7 bis 9 Uhr" zu kommen.

12. *Weihnacht 1897.* May widmet *seinem hochverehrten Herrn Graf* [Julius] *von Jankovic* die Handschrift *"Vergiss mich nicht!"*.

12.22. Die "Kreuzhoferin" Anna Elisabeth Jankovics bedankt sich in einem bis zum 26.12. fortgesetzten Brief für "Brief – Bild – Gedichte – Lied" und schickt die Abschrift eines Weihnachtsgedichtes "Meinem Kinde", das sie von ihrer Mutter am Heiligabend 1885 erhielt. May hat für Anfang des kommenden Jahres einen Besuch in Wien angekündigt; diese erste Reise in die "alte Kaiserstadt" ist als "Christgeschenk" für Emma gedacht.

12.24.-26. Emma May an Agnes Seyler 10.2.1898: "An den 3 Weihnachtsfeiertagen haben wir zusammen 43 Personen zu Tisch gehabt. Da heißt es, die Gedanken zusammennehmen, zumal wenn man, wie es mir jetzt geht, keine zuverlässigen Mädchen hat" (masch 222).

12.26. Sonntag. Zweiter Weihnachtstag.

12.27. Wien. Prof. Dionys Rosenfeld, der Herausgeber der "Freien Osmanischen Post", bittet May um die Erlaubnis, die jetzige "Hausschatz"-Erzählung *Im Reiche des silbernen Löwen* nachdrucken zu dürfen.

12.28. Max Welte an Emma May: "Unsere liebe 'Nscho-tschi' zu besuchen, wird auch der 'dritte' mit 'allerhöchster Erlaubnis' (also fast Befehl) eines Abends späte durch Vermittlung der 'Lieben' eintreffen" (*Frau Pollmer* 948).

12.30. Friedberg (Hessen). Regierungsrat Dr. Karl Emil Gättelmann (1858–1928) und sein Freund Kulturinspektor Dr. Carl Eser (1854–1915) danken May für "viele genußreiche Stunden" (vgl. *Der dankbare Leser* 87f.).

12.31. Silvester. 17.15 Uhr. May an Emil Seyler: *Punkt 12 Uhr trinke ich Euch ihr Lieben mit meinen Gästen ein herzliches Prosit Neujahr.*

1898

1898. Als erste finnische Übersetzung erscheint *Hopeajärven aarre*, eine Übertragung des *Schatz im Silbersee*, bei der Finnisch-amerikanischen Verlagsgesellschaft in Brooklyn (New York) (jbkmg 1994, 316; mkmg 78, 11).

1898. Als erste offizielle slowenische Übersetzung verlegt Anton Turk (1856–1934) in Ljubljana unter dem Titel *Gozdovnik* eine zweibändige Ausgabe des *Waldläufers* (jbkmg 1994, 321; mkmg 78, 11f.).

1898.(?) Die jungen Herzogskinder Paul und Pauline von Mecklenburg-Strelitz sind mit ihrem Hofmeister Wilhelm Kochs zu Besuch in der Villa "Shatterhand" gewesen. May schickt ihnen Gummiüberschuhe nach, die sie vergessen haben: *Im Hausflur vis-a-vis der Truhe / Stehn drei Paar fremde Gummischuhe; / Die sollten, glaub ich, mit dem andern / Gestiefel auch nach Strelitz wandern, / Um unterwegs dadurch zu nützen, / Daß sie des Fußes Schönheit schützen, / Doch leidet oft und allezeit / Der Gummi an Vergeßlichkeit. / Besonders wenn's an Zeit gebricht, / Denkt er nicht gern an seine Pflicht / Und bleibt, anstatt schnell mitzugehen, / In wichtigen Gedanken stehen, / Weil er die Ueberzeugung hat, / Er komme auch noch in die Stadt, / Und zwar ganz mühelos und nett / In einem Shatterhand-Packet / Und dieser Schuhe heilgen Willen, / Will ich hiermit sehr gern erfüllen, / Wobei sie dankbar sich bequemen / Auch drei Paar Grüße mitzunehmen. / Doch ganz bescheiden nebenbei / von Karl May.* Wilhelm Kochs an May 3.1.1908: "Wollen Sie sich gütigst an den Herrn erinnern, der vor etwa 10 Jahren als Gouverneur der jungen Herzoge Paul und Pauline zu Mecklenburg Sie in Radebeul besuchte. [...] Auch erinnere ich mich an ein reizendes Gedicht, das Sie uns damals mit einem Paar zurückgelassenen Gummiüberschuhen sendeten."

01.01. Neujahr. Die benachbarten Ortschaften Hohenstein und Ernstthal werden zur Stadtgemeinde Hohenstein-Ernstthal zusammengelegt. – Im Berliner evangelischen Gemeindeblatt "Der Protestant" ("Reiseromane") schreibt Pastor Emil Bollow (*1864; kmw VIII.6, 362f.) aus Leubus (Schlesien): "May ist überzeugter katholischer Christ, aber sein Christentum hat draußen in der weiten, wilden Welt die dogmatischen Härten verloren und erhebt sich zu einer oft johanneisch anmutenden Höhe und Duldsamkeit. Ihm kommt es immer zuerst auf das Christliche, das wahrhaft Religiöse an, und dann erst auf die konfessionelle Ausprägung, gegen die sich vom evangelischen Standpunkt manchmal Einwendungen machen lassen – ein auch in dieser Beziehung seltener Charakter in der Kirche Roms."

01.02. Sonntag. Berlin. Neujahrsgrüße an Mays von "Heinrich Haeußler & Frau nebst Mutter [vermutlich Frau Schmidt]".

01.03. May an Josef Mayer in Leyenkaul (nach Koblenz weitergeleitet): *Sie glauben, daß Sie mit Ihrer Bitte nicht zu meinen Leiden beitragen? Sie irren sich da sehr! Es sind von Weihnacht bis jetzt gegen 3000 Briefe und Karten eingegangen, die ich alle beantworten muß. Darunter sind wenigstens 1200 Leute, welche Bücher geschenkt haben wollen. Sie haben wohl geglaubt, daß Sie der Einzige seien? Wenn ich da Jedem für 20 Mark Bücher schenke, so sind das 24000 Mark. Ich bekomme nämlich nur 5 Stück umsonst; die andern muß ich bezahlen wie jeder andere Mensch. Und da sagen Sie, das mache nichts bei mir aus! Sie sagen mir auch gar nicht, was Sie sind! Es ist doch höchst sonderbar! Alle Welt will Geschenke von mir haben, und kein Mensch schreibt, welchem Stand er angehört! Da steht Müller, Meier, Schulze, Schmidt, Vogel u.s.w. Das kann doch nicht genügen. Wenn Sie Etwas verschenken, wollen Sie doch auch wissen, wem Sie es geben. Im Uebrigen habe ich mich über Ihren Brief herzlich gefreut. Grüßen Sie Ihre Freunde und Bekannten von mir! Was Sie über die Westmänner fragen, über Mekka etc. das steht Alles in den spätern Bänden. Ich muß kurz sein und schließen, denn ich arbeite nun* *schon die dritte Nacht an den Briefen. Es ist ½ 3 Uhr früh.* – Der Katastergraveur Ernst Abel in München erhält Mays Ankündigung eines baldigen Besuchs und erfährt von der Existenz des "May-Clubs München". Am 18.4. wird er "Aufzeichnungen und Erinnerungen an Dr. Carl May während seiner Anwesenheit in München" festhalten (kmjb 1978, 83-93). – Schloss Kettenburg. Marie-Theres (Karoline Paula Huberta) Freiin von der Kettenburg (1878–1946), die Schwester von Clemens von der Kettenburg, schickt May ein Scherzgedicht, in dem sie beklagt, dass er noch immer nicht einer Einladung zur Jagd nach Kettenburg gefolgt ist.

01.08. Der Pädagogikstudent Anton Kral, der May im Juli 1897 persönlich in Komotau gesprochen hat, drückt ihm seinen "tiefgefühltesten Dank" aus (vgl. *Der dankbare Leser* 111f.).

01.09. Sonntag.

01.11. May an Adolf Nunwarz: *Meine Kündigung halte ich aufrecht; es ist nichts mehr anzufertigen oder zu verkaufen. Der Wechsel wird Ihnen am 1. März c. präsentirt.* – May an Alois Schießer: *Hiermit quittiere ich Ihnen die empfangenen 29 fl. 50 Kr. Das ist brav von Ihnen. Sie wissen es kommt mir nicht auf das Geld an sondern darauf, daß ich einen so guten Bekannten auch achten kann! N*[unwarz] *dagegen wimmert mir stets die Ohren voll, hat mir aber noch keinen Kr. Zinsen für das ihm geliehene Kapital gesandt* (kmjb 1978, 125f.).

01.13. May an Babette Hohl in Amberg: *Da ich Tausende von Briefen zu beantworten habe, kommt der Ihrige* [vom 1.11. 1897] *leider erst jetzt an die Reihe. Herzlichen Dank für Ihre Gratulation zum Namensfeste! Sie meinen, seit Sie in Buchs waren, sei ich ein berühmter Mann geworden; Sie irren sich, denn das war ich schon damals; Sie wußten es nur nicht. Kommen Sie getrost zu mir, wenn Sie in Frankenberg sind; aber bitte, melden Sie sich einige Tage vorher an. Wenn ich da nicht antworte, bin ich verreist* (jbkmg 1997, 28). – May an Emil Körber (kmw VIII.6, 280f.), Saargemünd: *Da ich tausende von*

Briefen zu beantworten habe, kann ich Ihnen nur kurz sagen, daß Herr Fehsenfeld die Bezeichnung "Reiseromane" in "Reiseerlebnisse" umändern mußte, weil ich Alles, was ich erzähle, wirklich erlebt habe (patsch).

01.14. Friedberg (Hessen). Carl Eser ist über eine Antwort Mays an seinen Freund Karl Emil Gättelmann so erfreut, dass auch er ihm danken will. May hat beiden versprochen, ihnen von seiner Orientreise Tschibuks und Dschebeli-Tabak zu schicken (vgl. *Der dankbare Leser* 91f.).

01.16. Sonntag. Friedrich Ernst Fehsenfeld ist mit seiner Frau Paula und seinem Schwager Dr. M. Rheinboldt seit drei Tagen zu Gast in der Villa "Shatterhand". Eintrag ins Gästebuch: "Dem Erforscher jetzt, dem Großen, / Will ich diese Zeilen weih'n: / Unter allen irdschen Loosen / Deines wird das schönste sein. // Wahrlich, deines Namens Schimmer / Wird unsterblich sein im Lied, / Wenn das ird'sche Leben flieht – / Doch die Geister dauern immer" (XX A16f.). Rheinboldt zitiert einen Ausspruch Alphonse Daudets (1840–1897). Zu den Plänen, die May und Fehsenfeld in Radebeul besprechen, gehört die Herausgabe einer Werbepostkarten-Serie mit Szenen aus den Reiseerzählungen.

01.17.-24. Das Ehepaar May besucht für acht Tage Berlin. Sie wohnen im Central-Hotel in der Friedrichstraße, dem mit 500 Zimmern größten Gästehaus in Deutschland, unmittelbar neben dem Central-Bahnhof (sokmg 33, 12; hall 18f.; gus 24).

01.18. Berlin. – Prinzessin Alexandrine von Windisch-Grätz (Wien), die Tochter des Fürsten Hugo von Windisch-Grätz, ist vergeblich mit ihren Neffen Paul und Borwin und zwei russischen Baronen in Radebeul, um Grüße von ihrer Freundin Anna Elisabeth Jankovics zu bestellen. – Einsiedeln. Der Verlag Eberle & Rickenbach bittet May "dringend um ein Lebenszeichen", sobald er von seiner "großen Reise" zurück sei: "Sie können sich gar nicht vorstellen, in welcher Verlegenheit wir inzwischen waren & noch sind."

01.20. Berlin. – Planina. Marie von Mecklenburg-Schwerin bittet ihren Sohn Paul in Dresden telegraphisch, May zu fragen, wann er reise, und ihn nach Florenz in ihre Villa Medici einzuladen.

01.21. Berlin. – Wien. Anna Elisabeth Jankovics teilt mit, dass Alexandrine von Windisch-Grätz vergeblich in Radebeul gewesen sei ("das Nest war leider leer"). Für Mays Aufenthalt in Wien empfiehlt sie die Woche vom 14. bis 21.2. und das "gemüthliche Familien Hôtel" Goldene Ente (patsch).

01.22. Berlin. May an Emil Seyler: *diesen Gruß und noch 999.999 recht herzliche dazu* (mkmg 25, 9).

01.23. Sonntag. Berlin. – Innsbruck. Clemens von der Kettenburg schreibt ein Scherzgedicht, in dem er für Mays "Freundschaft" dankt. Seinen Brief beendet er erst am nächsten Tag mit einer Einladung nach Innsbruck.

01.24. Berlin. Tag der Abreise (mkmg 25, 9). – Kartengruß Emma Mays an Familie Seyler (mkmg 25, 9).

01.25. Josef Weigl berichtet May über die Abende des "May-Clubs München" und übersendet ihm die Vereinssatzung: "Wir kommen stets Dienstag abends 8 Uhr im Hotel Trefler, wo Sie seinerzeit wohnten, zusammen". Kurz darauf wird das Restaurant Blaue Taube am Sendlingertorplatz zum Clublokal. Nach den Statuten können nur Männer Mitglieder werden, die den "besseren Kreisen" angehören und sich zu den "Grundsätzen der christlichen Kultur" bekennen (kmjb 1978, 73-76).

01.30. Sonntag.

01./02. Carl Jung ist zu Besuch in der Villa "Shatterhand". Erinnerung 1962: "In Dresden angekommen, meldete ich Karl May unverzüglich meine Ankunft und wurde von ihm bereits am nächstfolgenden Tag im zweispännigen, eleganten Landauer abgeholt. In seiner Villa 'Old Shatterhand' in Radebeul angekommen, wurde ich von der Hausfrau aufs freundlichste empfangen und in das komfortable Fremdenzimmer einquartiert. Um meinen Aufenthalt für mich so angenehm und interessant wie möglich zu machen und meinen Drang nach möglichst weitgehender Teilnahme an dem sehr hochstehenden Kulturleben des benachbarten Dresden zu ermöglichen, überreichte mir mein Gastgeber zunächst eine Eisenbahndauerkarte 1. Klasse für jederzeitige Abstecher in diese schöne, in vieler Beziehung einmalige Stadt. Die erste Besichtigung der Wohnräume führte mich in ein exotisches Traumland. Auf Gängen und Vorräumlichkeiten bedrohten den Besucher Ansammlungen von indianischen, malayischen und anderen Hieb- und Stich- und Wurfwaffen aller Art, untermischt mit fratzenhaften Masken primitiver Völker der verschiedensten Erdteile. Das Schreibzimmer, keineswegs auf Kosten behaglicher Bequemlichkeit vornehmlich im ägyptischen Stil ausmöbliert, wurde von einem geräumigen Schreibtisch, voll an Aufstellsachen, Fotos und Souvenirs beherrscht, an dessen Rückseite eine in einzelne farbige Felder eingeteilte indianische Lederarbeit herabhing. Bei ihrer Betrachtung erklärte mir mein Gastgeber, bei den roten Teilstücken handele es sich um mit Menschenblut gefärbte Einzelteile. Nachdem ich mich von einem leichten Schauder erholt hatte, richtete ich meine neugierigen Augen auf ein in einer Zimmerecke ostentativ zur Schau gestelltes massives Gewehr, das mir als der bekannte 'Bärentöter' vorgestellt wurde. Ich versuchte diesen doppelläufigen Vorderlader zu heben, [...] ließ ihn aber sofort wieder sinken, da das Gewicht dieses Schießeisens eher demjenigen einer Wallbüchse aus dem 30jährigen Krieg, als dem eines handlichen Gewehrs für den normalen Gebrauch zu entsprechen schien. [...] In einer benachbarten Zimmerecke präsentierte sich dem Auge die ebenso berühmte 'Silberbüchse', ein verhältnismäßig leichter, sozusagen zierlicher Vorderlader, der von oben bis unten mit kleinen silbernen Buckeln benagelt war und in schießtechnischer Hinsicht nur wenig Interessantes zu bieten hatte. Mein Hauptinteresse galt jedoch dem sagenhaften Henrystutzen, einem Repetiergewehr, das 25 Schuß in seinem Magazin fassen sollte. Meine neugierigen Fragen nach dieser Wunderbüchse wurden indessen mit der kurzen Erklärung abgetan, das Gewehr sei von einem englischen Major zum Einschießen abgeholt worden und augenblicklich nicht verfügbar. Die Wohnräume machten im allgemeinen den Eindruck des in damaliger Zeit üblichen Wohnstils gehobener Bürgerlichkeit. Wenn ich mich auch nicht erinnere, damals Kunstgegenstände von besonderem Wert wahrgenommen zu haben, so bewies immerhin ein im Eßzimmer plaziertes Pianino ein gewisses musisches Verhältnis zur Kunst. Schon während seines Aufenthaltes in meinem Elternhaus hatte er uns bei freier Improvisation eine keineswegs auffällige Fertigkeit im Klavierspiel bewiesen, ohne allerdings eine bemerkenswerte Veranlagung zu künstlerischer Inspiration erkennen zu lassen. Nebenbei erwähnte er, daß er sich auch mit Komponieren beschäftige und z. B. ein von ihm gedichtetes 'Ave Maria' vertont habe. Sein eigentliches großes Vorhaben richte sich jedoch darauf, Text und Musik zu einer großen Oper zu schreiben, die Winnetou verherrlichen sollte. Angesichts der in seinem Klavierspiel offen zutage getretenen Diskrepanz zwischen Wollen und Können wagte ich die etwas beklommene Frage, ob er sich auch imstande fühle, mit dem Schreiben einer Orchesterpartitur und der Instrumen-tation neben seiner sonstigen schriftstellerischen Betätigung fertig zu werden. Darauf gab er mir prompt zur Antwort, das besorge ihm ein befreundeter Dresdener Musiker. Auch sonst fanden meine begeisterten Schilderungen von meinen damaligen musikalischen Erlebnissen in der Hofoper, Hofkirche und Konzerten bei ihm nur geringen Widerhall, da er zu den Werken der großen klassischen Kunst nur ein oberflächliches Verhältnis zu haben schien. Während meines Aufenthaltes in seiner persönlichen Nähe und Umgebung habe ich nicht den Eindruck gewinnen können, daß er tagsüber mit ernster schriftstellerischer Arbeit beschäftigt sei. Er schien in dieser Hinsicht mir eine Erklärung schuldig zu sein, als er mir sagte, daß er nur nachts arbeite, um so den Ablenkungen der banalen Alltäglichkeit zu entgehen. Das Zigarrenrauchen und der Kaffee seien ihm dabei seine besten Gesellschafter. Als die außerordentlich anregenden Tage in Radebeul sich ihrem Ende nähern sollten, überraschte er mich mit dem Vorschlag, mit ihm und seiner Frau eine Reise nach Prag zu unternehmen, selbstverständlich auf seine Kosten. Nach einigem Widerstreben [...] willigte ich freudestrahlend ein, zumal mir damit die einmalige Gelegenheit geboten wurde, meinen Verwandten, Pater Dominikus Petry aus Aulhausen (Rheingau) und den damaligen Prior, späteren Abt Pater Alban Schachleiter aus Mainz in dem altberühmten Kloster Emaus zu besuchen" (mkmg 75, 17f.). In Prag will May mit dem Verleger Josef Vilímek über die Herausgabe seiner Reiseerzählungen in tschechischer Sprache verhandeln.

02.04. May an Fehsenfeld: *Sie empfangen hiermit die gewünschten Cigarren, welche von derselben Sorte sind, welche Ihnen bei mir gefiel. Ich hatte 1 Kistchen für Herrn Plöhn, wenn er bei mir ist; er raucht meine starken nicht.* – May kündigt Josef Vilímek seinen Besuch an (mor).

02.05. Prag. Josef Vilímek erbittet Mays Besuch in den Vormittagsstunden, die er regelmäßig in seinem Büro im Druckereigebäude (Brenntegasse / Spálená ulice 13) verbringe (mor).

02.06. Sonntag.

02.07. Wien. Anna Elisabeth Jankovics, als Antwort auf einen Brief, in dem May seinen Besuch für "nächste Woche" angekündigt hat: "Gott führe Sie glücklich her u. segne Ihren Aufenthalt in der alten Kaiserstadt [...]. Bitte uns nur <u>rechtzeitig</u> v. Tag u. Stunde Ihrer Ankunft zu verständigen, denn auch wir wollen eine Ringmauer um [Jacquingasse] # 33. ziehen so lange Sie da sind u. <u>niemand</u> herein lassen damit wir mitten in der Stadt +Hofstunden feiern!"

02. May beantwortet einen Fragebogen, den Freiherr Hans von Laßberg im Auftrag der Prinzessinnen Wiltrud und Helmtrud von Bayern an ihn gerichtet hat; u. a. nennt er als Todestag Winnetous den *2ten Sept. 1874* und behauptet, ihn *mit seinem* *eigenen Blute getauft zu haben: Übrigens komme ich anfangs März nach München, Hotel Treffler, bei welcher Gelegenheit ich bereit bin, ausführlicher zu antworten* (jbkmg 1983, 77f.).

02.08. May an Adolf Nunwarz: *Dadurch, daß Sie trotz meines Verbotes meine Photographien noch jetzt ausbieten und verkaufen, zwingen Sie mich, gerichtlich gegen Sie vorzugehen und auch in anderweiter Beziehung auf die Ihnen gegenüber beabsichtigte Milde zu verzichten. Beweise habe ich in den Händen. Durch Ihre wiederholten, versteckten Drohungen haben Sie natürlich grad das Gegenheil erreicht!*

02.09. May an Unbekannt in Prag: *Diesen Sonnabend treffe ich mit dem Schnellzuge aus Dresden in Prag ein – – 3 Uhr 10 Minuten Nachmittags. Komme ich da nicht, so komme ich Sonntag um dieselbe Zeit. Ich steige aus einem Coupée erster Classe und habe meine Frau mit. Wo ich wohnen werde, weiß ich noch nicht. Wenn Sie Zeit haben, kann ich Ihnen auf dem Bahnhofe "Grüß Gott" sagen* (Archiv Johannes Zeilinger, Berlin). – Max Welte ist in der Villa "Shatterhand" (*Frau Pollmer* 949).

02.10. Emma May schickt Max Welte eine Abschrift des Gedichts *Herr bleib bei uns!*: "Hiermit erhalten Sie einstweilen Eins von den Gedichten meines Mannes, es war mir unmöglich die andern abzuschreiben. Aber kein Mensch darf etwas davon erfahren, selbst Fr. Ploehn nicht, ich bitte Sie darum! Weshalb, sag ich Ihnen später. Es ist mir ein Herzensbedürfniß, Ihnen noch für die wunderhübschen Karten meinen Dank zu sagen, ich vergaß es gestern beim Abschied" (*Frau Pollmer* 949). – Emma May an Agnes Seyler: "Wir haben seit Weihnachten un-unterbrochen jeden Tag Besuch gehabt, ausgenommen die 8 Tage, die wir in Berlin verlebt haben. [...] Ausruhen giebt es überhaupt nicht; es jagt immer Eins das Andere. Morgen kommen 2 Hamburger Herrn; die kommen mir allerdings sehr ungelegen, denn Sonnabend muß ich das Bündel schnüren; Sonntag geht es auf 3 Wochen fort in die weite Welt. Erst Prag, dann Wien, Linz, München, Regensburg, Dresden" (masch 221f.).

02.11. Vermutlich Besuch von "2 Hamburger Herrn". – May an Carl und Lisbeth Felber: *Es ist im Leben häßlich eingerichtet, / Daß May, grad wenn er schreibt und dichtet, / Eh fertig er den Reim an Euch gebracht, / Ein unbegreiflich dumm's Gesichte macht* (jbkmg 1970, 168).

02. Im "Literarischen Anzeiger" der Benziger Brothers in Cincinnati erscheint ein Nachdruck der Skizze "Dr. Karl May und sein herrliches 'Ave Maria'" von L. Sch... (L. Schlesier, d. i. Franz Langer) aus der Marienzeitschrift "Ave Maria!" (Februar 1897).

02.12. Emma May packt für die Reise.

02.13.-03. Über Prag, wohin sie Carl Jung begleitet, reisen Mays nach Wien (wo der Aufenthalt sich wegen einer Erkrankung Mays über vier Wochen erstreckt), anschließend nach Linz und München und über Regensburg zurück nach Radebeul.

02.13. Sonntag. Morgens Abreise vom Böhmischen Bahnhof (Dresden-Altstadt) über Tetschen-Bodenbach nach Prag. 15.10 Uhr Ankunft auf dem Bahnhof Prag-Mitte. Hotel de Saxe (Sächsischer Hof, Bohuslav Beneš), Hybernergasse (Hybernská) 2, unweit des Bahnhofs (mkmg 37, 28; mkmg 83, 1f.).

02. Gespräche mit dem Verleger Josef Vilímek über eine tschechische Ausgabe der Reiseerzählungen führen vorerst zu keiner Einigung (mkmg 37, 29).

02.16. Prag. "Prager Tagblatt": "Dr. Carl May, der bekannte Weltreisende und Schriftsteller, Tausenden von Lesern unter dem Namen Old Shatterhand und Kara ben Nemsi bekannt, ist aus Dresden zu zweitägigem Aufenthalt in Prag eingetroffen und im 'Hotel de Saxe' abgestiegen. Herr Dr. May ist im Begriffe, eine auf drei Jahre projectirte Reise nach Arabien, Persien und Ostindien zu unternehmen. Er ist, wie man uns mittheilt, heute noch der oberste Häuptling der Apatschenindianer, des gegenwärtig zahlreichsten rothen Volksstammes" (mkmg 37, 28). "Bohemia": "Der Weltreisende und Schriftsteller Herr Dr. Karl May aus Dresden, Hunderttausenden von Lesern unter dem Namen Old Shatterhand und Kara ben Nemsi bekannt, ist in Prag zu einem zweitägigen Aufenthalte eingetroffen. Dieser bekannte deutsche Schriftsteller soll heute noch oberster Häuptling der Apatschen-Indianer sein. Herr Dr. May ist im Begriffe, eine auf drei Jahre projectirte Reise nach Arabien, Persien und Ostindien zu unternehmen, und begibt sich von hier zunächst nach Wien, wohin er von hohen und höchsten Herrschaften zu Besuch eingeladen ist" (mkmg 37, 28). – In dem deutsch-amerikanischen katholischen Wochenblatt "Der Wanderer" (St. Paul, Minnesota) erscheint eine gegen May gerichtete Notiz: "In Benziger Bros's 'Literarischem Anzeiger', Febr. 1898, sagt L. Sch... [Franz Langer] von dem bekannten Erzähler Karl May, derselbe habe ihm geschrieben: 'Ich schreibe nicht Romane; denn was ich erzähle, das habe ich – wirklich alles erlebt'. Das dünkt uns, mit Verlaub, denn doch der stärkste Tobak, welcher einem gläubigen Publikum geboten worden ist – seit Diana Vaughan!" (Diana Vaughan, eine Mystifikation des französischen Schriftstellers Leo Taxil [Gabriel Jogand-Pagés, 1854–1907], der im scheinbaren Kampf gegen das Freimaurertum unglaublichste "Enthüllungen" über Mysterien und Satanskulte der Freimaurer verbreitete; Diana Vaughan erscheint dort als Geliebte des Teufels Asmodäus und Tochter des Teufels Bitru und dessen Geliebter Sophie Walder, künftiger Urgroßmutter des Antichrist, soll sich aber bekehrt haben. Die katholische Kirche begrüßte bis zu seiner Entlarvung Taxils Beistand im Kampf gegen die Logen; 1887 wurde er sogar von Papst Leo XIII. empfangen. In Deutschland erschien 1896 "Die Geheimnisse der Hölle oder Miß Diana Vaughan, ihre Bekehrung und ihre Enthüllungen über die Freimaurerei". Ende 1901 wird der Kölner Redakteur Hermann Cardauns, dessen "Kölnische Volkszeitung" 1896/97 zur Entlarvung Taxils beitrug, in Vorträgen May mit Taxil und dem antiklerikalen Stettiner Buchhändler und Schriftsteller Robert Graßmann [1815–1901] vergleichen.)

02. Prag. Zu den vielen Besuchern im Hotel de Saxe (u. a. die Grafen Adalbert von Thun und Robert Hugo von Nostitz-Rieneck, 1881–1915) gehören auch die Gymnasiasten Rolf Hübner (1886–1969) und Hans Waydelin. Angeblich verärgert Waydelin den Schriftsteller, weil er ihm einen Roman "Der Fluch des schwarzen Dämons" zuschreibt; May soll deshalb sogar zum Direktor des Stephansgymnasiums gegangen sein, um sich darüber zu beschweren, dass in der dortigen Schülerbibliothek Bücher fälschlich mit seinem Namen versehen werden (sokmg 98, 39-46). Hübner soll in nächster Zeit noch nach Radebeul geschrieben haben, ohne Antwort zu erhalten, und May in späteren Jahren vergeblich zur Gründung des Vereins der Deutschen im Prager Heine-Saal eingeladen haben (mkmg 37, 30).

02.17. In "Onkel Franzens Dr. Karl May-Jugendblatt" (St. Pölten) veröffentlicht Franz Langer die Nachricht: "Herr Dr. May ist verreist (nach Amerika und von dort nach Afrika) und wird lange ausbleiben. Beten wir für die glückliche Heimkehr meines lieben Freundes" (mkmg 97, 18f.; braun 16f.).

02.17.-19. Prag. May an Emil Seyler 15.4.: *In Prag rissen sich die Czechen mit den Deutschen um mich* (masch 241). – Mays besuchen das Kloster Emaus an der Moldau. Die Einladung des Priors Alban Schachleiter (1861–1937) hat Carl Jung vermittelt, der mit Pater Dominikus Petry verwandt ist. Jung 1962: "Karl May folgte dieser Einladung ohne Zögern und hatte Gelegenheit, die berühmten Fresken des alten Kreuzgangs aus der Zeit des Stifters Kaiser Karl V. [1500–1558] und die imponierende Klosterkirche zu bewundern. Der Rundgang endete auf der Orgelempore, wo ein großes dreimanualiges Instrument sich dem Spieler darbot. Prior Schachleiter, als ausgezeichneter Orgelvirtuose bekannt, begann mit einer großartigen Improvisation, nach deren Beendigung er Karl May einlud, auch seinerseits das machtvolle Instrument einmal auszuprobieren.

Nachdem alle Bemühungen jedoch erfolglos geblieben waren, schwang sich ein unscheinbarer Mann, der zunächst ganz unbeachtet geblieben war, auf die Orgelbank und vollführte ein Orgelspiel, wie ich es in meinem ganzen Leben noch nicht vernommen hatte. Wie ich nachträglich erfuhr, gehörte der Künstler zur damaligen Elite der Pariser Organisten. Karl May hörte mit Aufmerksamkeit zu – ohne sich, wie mir schien, der Bedeutung eines solchen künstlerischen Erlebnisses voll bewußt zu werden. Nach einem kurzen Aufenthalt in der Moldaustadt habe ich mich von meinen Reisegefährten verabschiedet ohne zu ahnen, daß ich beide im Leben nicht mehr wiedersehen würde" (mkmg 75, 20).

02.20. Sonntag. Ankunft in Wien. Hotel Goldene Ente, Ecke Schulerstraße und Riemergasse (unweit vom Stefansdom). – Gräfin Anna Elisabeth Jankovics an May: "Tausendmal herzlichst willkommen in der alten Kaiserstadt wo Ihnen die Kreuzhofer Herzen so besonders warm entgegen schlagen – weil sie sich aber vor allem recht verständnisvoll u. wirklich freundschaftlich bewähren wollen, beanspruchen sie heute kein Wiedersehen, sondern wünschen nur, daß Sie sich nach der ermüdenden Fahrt recht behaglich ausruhen; morgen aber zählen wir auf Sie! Selbstredend müssen Sie bei uns speisen, ganz schlicht u. gemüthlich wie in Tyrol u. je eher Sie kommen, je länger Sie bleiben desto besser!" – Emma May ("Nscho Nschi") schickt Grüße "aus der alten Kaiserstadt" an Max Welte (*Frau Pollmer* 950). Welte bittet May in dieser Zeit um die Erlaubnis zu einem Beitrag über ihn für einen Schülerkalender, den der Buchhändler Carl August Theodor Pfeil zu Ostern herausgeben will. – Aus Wien geht eine undatierte Karte (zur 50-jährigen Jubelfeier Kaiser Franz Josephs I., 1830–1916) mit einem *Grüß Gott!* an B. Kisch in Prag (gus 230).

02. Visitenkarten u. a. von Ferdinand Freiherr von Skal und Groß-Ellguth, Raimund Freiherr von Stillfried und Rathenitz, Max Freiherr von Vittinghoff-Schell, Joseph Freiherr von Grimmenstein, Domkapitular Arnold Graf zur Lippe-Weißenfels,

Ludwig Alfred Prinz von Windisch-Grätz, Louise Gräfin Jankovics Montbel, Sergius Prinz Radziwiłł, Pia Baronin von der Kettenburg, Alexandrine Prinzessin von Windisch-Grätz, Octavia Gräfin von Strachwitz, Siegfried Fürst von Clary und Aldringen, Ernst Prinz von Windisch-Grätz und Heinrich Kirsch.

02.21. Faschingsmontag. Wien. Morgens besucht May den Buchhändler und Ritter des päpstlichen St. Gregorius-Ordens Heinrich Kirsch in dessen Buchhandlung, Singerstraße 7. Richard Kirsch im "Neuen Wiener Abendblatt" ("Persönliche Erinnerungen an Karl May", 24.2.1937): "Am Vormittag des 21. Feber 1898 ging die Tür unserer Buchhandlung in Wien auf, und ein eleganter Herr verlangte nach meinem Vater. Diesem stellte sich der vermeintliche Kunde kurz als 'Karl May' vor. Hocherfreut bat mein Vater, ihm in sein Privatkomptoir zu folgen. Bei den Angestellten gab es ein Köpfe-zusammenstecken, und eifriges Geraune hob an. May erzählte von meinem Besuch [am 27.8.1897], besprach geschäftliches, und unterhielt sich angeregt mit meinem Vater. [Nach einem anderen Bericht Kirschs reißt May ein Mantelknopf ab, den ihm die Kirsch-Tochter Rosa in der Wohnung wieder annäht; scherzhaft sagt May, er werde den Knopf besonders in Ehren halten; patsch] Als ich mittags heimkam, erzählte er mir von der Überraschung. Gleich nach dem Mittagessen gingen wir in das Hotel 'Goldene Ente' in der Riemergasse. May kam mir wie ein alter Bekannter entgegen. Liebenswürdig begrüßte uns auch seine Frau. Wir boten uns an, dem Ehepaar die Sehenswürdigkeiten Wiens zu zeigen" (mkmb 256). Der Rundgang durch die Innere Stadt endet im berühmten Griechenbeisel am Fleischmarkt, dem ältesten Gasthaus Wiens, wo May sich Pilsner Bier schmecken lässt (patsch). Nicht genau zu datieren ist ein gemeinsames Essen mit Familie Kirsch (Heinrich und Wilhelmine mit Richard und Rosa) im Restaurant Tökés in der Habsburgergasse (mkmg 4, 11). Heinrich Kirsch bietet May an, Postkarten von ihm zu verlegen und 2000 Gulden anzuzahlen. May an Fehsenfeld 19.5.: *Er war ganz Feuer und Flamme und hing dann sehr den Kopf,* *als er hörte, daß Sie der Mann sein würden, welcher.* – Abends ist May in der Leo-Gesellschaft (Verein zur Förderung katholischen Wissens, benannt nach Papst Leo XIII.) eingeladen. Unter seinen Tischnachbarn befinden sich Richard von Kralik (1852–1934), der Gründer und geistige Führer des "Gralbundes", dessen musikalisches Scherzspiel "Rolands Knappen" den Abend einleitet, Fürst Hugo Windisch-Grätz, Eugen Freiherr von Haan (*1842), Max Freiherr von Vittinghoff-Schell (1854–1926), das Herrenhaus-Mitglied Dr. Anton Haßlwanter (1835–1901), Prälat Hofrat Dr. Hermann Zschokke (*1838), Sektionsrat Dr. Karl Scheimpflug (*1856) und Landesschulinspektor Dr. Carl Ferdinand Kummer (1848–1918). Auf drängende Bitten hält May einen kleinen Vortrag, den er unter das Motto stellt: "Ich hebe meine Augen auf zu den Bergen, von denen meine Hilfe kommt und mein Heil" (kmjb 1978, 78). Richard von Kralik ("Der abenteuerliche Tag"): "Er erzählte noch unbekannte Szenen aus dem Leben seines indianischen Freundes Winnetou, dessen Todestag zufällig heute war, er enthüllte erhabene Seelenzüge aus dessen letzten Augenblicken, und so erhob er alle Hörer über die Enge des europäischen Lebens. Als er von der Bühne herabstieg, drängte sich alles herzu, ihm gerührt die Hand zu drücken" (kmjb 1919, 252). "Vaterland" 22.2.: "Sofort erhob sich Se. bischöfliche Gnaden, der hochw. apostolische Feldvicar Dr. [Koloman] Belopotoczky [1845–1914, Bischof von Trikala, stellvertretender Vorsitzender der Leo-Gesellschaft] und gab namens des Präsidiums der Leo-Gesellschaft der Verehrung für den liebwerthen Gast Ausdruck, so wirksam, daß Dr. May sich schleunigst in die Reihen der Mitglieder der Leo-Gesellschaft aufnehmen ließ" (jbkmg 1974, 27). Im anschließenden Tischgespräch antwortet May laut Kralik auf die Frage, warum anderen Reisenden weit seltener als ihm Abenteuer begegnen: "Ja, das kommt eben davon, daß die meisten Philister sind, wie unsere ganze Zeit, wie unser ganzes Leben philiströs ist. Jeder lebt so, daß ihm nichts Besonderes begegnen kann und soll. Unsere europäische Bildung besteht darin, daß der Zufall, das Ereignis, das Abenteuer, die Überraschung ganz ausgeschlossen ist. Das Leben eines jeden Menschen in Schule und Haus, in Amt und Würden, in Ehe und Gesellschaft ist festgelegt und darf sich nicht in Extravaganzen ergehen. Beim geringsten Abgleiten von der Bahn des Philisters wirken sogleich hundert Kräfte zusammen, jene fremde Zutat zu ersticken. Diese Kräfte sind das Gesetz, das Gericht, die Sitte und vor allem die Feigheit." Einige Zuhörer vermissen Beschreibungen der Abenteuer, die May in Europa, in Deutschland erlebt hat: "Nun, zum Teil habe ich das ja auch getan. Aber freilich nicht in dem Maß, wie Sie erwarten dürften. Ich muß mich eben hier auch mehr zusammennehmen, um nicht in Zusammenstoß mit der Polizei, mit der Gesellschaft, mit den Irrenanstalten zu kommen. Aber hie und da hab ich's doch auch einen Tag lang versucht, wenn ich's nicht mehr aushielt vor europäischer Langeweile." Der Aufforderung, an Ort und Stelle den Beweis für seine Ausführungen anzutreten, entzieht May sich höflich: "Für heute ist es schon zu spät [...]. Sie werden wohl alle müde sein. Aber morgen früh können Sie mich in meinem Gasthof abholen. Da werden wir auf Abenteuer ausgehen. Sie werden sehen, daß die Abenteuer auf der Straße liegen" (kmjb 1919, 254f.). Nach anderen Angaben zeigt May auch seine angeblich von einem Messerstich Winnetous herrührende Narbe unter der Kinnlade, beweist seine vermeintliche Muskelkraft durch das Hochstemmen eines Tisches und verblüfft die junge Baronin Marie Pascotini, die er bisher nur auf einem Foto gesehen hat (kmw VIII.6, 210f.), durch sofortiges Erkennen (mkmg 9, 22). Bei einem späteren Gastmahl wird die Baronin May mit seinen Lieblingsspeisen erfreuen (patsch). – "Reichspost" 26.2.: "Am Montag, nach Schluß des Unterhaltungsabends der Leogesellschaft, begab sich Herr Dr. May in Begleitung des Barons Vittinghoff-Schell zum Faschingsabend des katholischen Handelscasinos, wo er in Gesellschaft seiner Frau Gemahlin längere Zeit in animirtester Stimmung verweilte und alle Anwesenden durch seine witz- und geistsprühende Unterhaltung in gehobene Stimmung versetzte. Selbstverständlich ließen es die Versammelten nicht an Ovationen für den

Helden des wilden Westens fehlen, welcher in launigem Couplet und Gedicht gefeiert wurde" (kmjb 1978, 78; braun 68). – Graf Ladislaus Cavriani, der Kammervorsteher der Erzherzogin Maria Theresia, lädt May ein, "sich am Mittwoch den 23. um ½ 2 Uhr in Audienz, im Palais Favoritenstraße N° 7 gefälligst einfinden zu wollen": "Euer Wohlgeboren werden außer Ihrer kais. Hoheit auch höchstderen Töchter Maria-Annunziata und Elisabeth sowie die 2 Söhne Seiner königl. Hoheit des Herrn Herzogs Carl Theodor zu Bayern gelegentlich der Audienz treffen. Die jungen höchsten Herrschaften freuen sich insgesammt den Autor ihrer Lieblingsbücher persönlich kennen zu lernen. [...] Bitte im Strassen-Anzug zu erscheinen."

02.22. Faschingsdienstag. Wien. Um 8 Uhr morgens wird May wie vereinbart im Hotel von Richard von Kralik und anderen Wiener Freunden zu einem "abenteuerlichen Tag" abgeholt. Kraliks spätere Schilderung ist selbst abenteuerlich und darf nicht als authentisches Zeugnis gelten: "Karl May kam auch schon nach einer kleinen halben Stunde aus seinem Schlafzimmer herunter, stürzte ein Schälchen Kaffee hinab und stellte sich uns zur Verfügung. Er war zu unserer Enttäuschung in gewöhnlichem Stadtanzuge. Auch fanden wir keine Pferde, geschweige denn Kamele oder Mustangs vor dem Hotel. Als einer darüber eine scherzhafte Bemerkung machte, sagte Karl May: 'Lassen Sie uns ganz einfach mit dem Omnibus in die abenteuerliche Welt einfahren!' Eben waren wir auf den Stefansplatz gekommen, als ein Stellwagen nach Währing vorbeifuhr. Man winkte ihm, und unsere Gesellschaft stieg ein. Der rumpelnde, humpelnde Stellwagen brachte die eng zusammengepreßte Gesellschaft durch die Straßen der Vorstadt in den damals aus dörflicher Idylle zur Nebengroßstadt aufwuchernden Vorort Währing. Wir stiegen am Zielpunkt des Wagens aus und gingen ohne Verabredung weiter hinaus, bis wir zur sogenannten Türkenschanze kamen, jenem hochgelegenen, weiten Hügelrücken, auf dem sowohl im Jahre 1529 wie 1683 ein Hauptlager der belagernden Türken gewesen sein soll. Von eigentlichen

Schanzen sieht man wohl nicht mehr viel. Nur der Name haftet an dem Ort und an dem ziemlich öde gelegenen Wirtshause auf der Höhe. Um die Abhänge ziehen sich gegen die Täler von Weinhaus und Salmansdorf beiderseits Weinberge hin. Als wir eben ins Wirtshaus eintreten wollten, um uns zu großen Taten zu stärken und einen Kriegsplan zu halten, da tönten von der Seite von Weinhaus und Plötzleinsdorf herauf fremdartige Töne, mehr einer Katzenmusik als einer türkischen Musik gleichend, Becken, große Trommel und andere Lärminstrumente. Da wir uns erstaunt umsahen, bemerkte der dastehende Wirt mit gravitätischer Betonung, das sei der Hernalser Faschingszug, der seit gestern Nachmittag die ganze Nacht von einem Wirtshaus ins andere gezogen und nun auch als letztes Ziel das Türkenwirtshaus besuche [...]. Wir traten heraus und sahen den Hohlweg herauf schon die barbarische Festschar anrücken. Es waren Türken der türkischesten Art, wie um ganz Europa über den Atlantischen Ozean hin in die Flucht zu schlagen. [...] Mit Tumult und fanatischem Allahgeschrei nahm die Horde Besitz von dem Wirtshaus. Die unmöglichsten Gestalten mit den grausam falschen Bärten mußten, so schien es, schon durch ihr bloßes Auftreten und durch ihren Lärm alle Kultur ins Nichts zerstampfen. Man wunderte sich, daß das Haus, die Wände und Stühle, die Weingläser und Teller sich vor ihnen nicht in Schutt und Scherben auflösten. Wir waren in eine Ecke zusammengedrängt, fast auf ein Nichts zusammengepreßt. Wir hielten uns für verloren. Da sprang aus dem Chaos der Barbarei ein kleines groteskes Männlein hervor, es hatte nichts Humanes an sich, nur Orientalisches, kein Gesicht, sondern nur Bart und Krixelkraxel, keinen Leib und keine Glieder, sondern nur Fetzen, Flecken, wehende Draperie, Bewegung, Gewirbel. Es war ein lebendiges Besteck von Waffen. Es hatte keine Sprache, sondern nur Geberden, Spucken, Sprudeln, Würgen, Räuspern von grausamen Kehllauten, eine täuschende Parodie auf das edle Wüstenarabisch der Hamasa. Dieses Wesen stürzte auf unsern Karl May zu, packte ihn zuerst an den beiden Händen, den Armen, den Schultern, drehte ihn herum und hinum, umarmte ihn, schien ihn geradezu verschlingen zu wollen – bis der Gequälte anfing ungeduldig zu werden und außer Atem zu schreien: 'Was will dieser Kerl da? Schafft ihn doch einmal fort! So was kann einem doch nur in Österreich passieren!' Da sprang der kleine Kerl wie im Tiefsten beleidigt, plötzlich zurück, schlug mit beiden Händen ein Rad, warf den Bart gen Himmel und rief kreischend: 'O Allah il Allah! Ist es möglich! Du bist nicht Kara Ben Nemsi? Denn sonst könntest du nicht deinen besten Freund verkennen, deinen getreuen Hadschi Halef Omar Ben Hadschi Abbul Abbas Ibn Hadschi Dawud al Gossarah, ihn, der mit dir alle Gefahren der Wüste, der Salzseen, der Heilquellen, des Samums, der Pest, der Räuber und Mörder durchgemacht! [...]' Karl May wußte nicht, was er dazu sagen sollte. Sollte er lachen oder schelten? Er blickte umher. Er sah, daß sich ein Kreis um ihn und den Kleinen bildete, daß er immer mehr und mehr der Mittelpunkt der allgemeinen Aufmerksamkeit wurde. Er schaute wieder nach uns hin, dann auf die andern, auf den angeblichen Hadschi Halef Omar Ben Hadschi und so weiter." Die peinliche Situation löst sich angeblich dadurch auf, dass es nötig wird, die vom Volksschullehrer Koloman Fuchswinkler "entführte" Tochter eines "Bäckermeisters von Hernals" zu befreien. Der turbulente Faschingsausflug führt daraufhin laut Kraliks Schilderung unter allerlei Klamauk weiter nach Sievering und Nußdorf an die Donau, wo im Wirtshaus zum Franz-Josephsland Lehrer und Bäckerstochter endlich glücklich vereint gefunden werden. Angeblich erscheint dann der "ewige Jude Ahasveros", der "eine Lobrede auf Karl May, den zweitgrößten Reisenden nach ihm", hält, und nach der abendlichen Rückkehr in die Stadt zur Faschingsdienstags-Redoute schließlich auch noch ein "Indianer in halbeuropäischer Tracht mit Zylinder und Lackschuhen, aber sonst mit allem Indianertrödel behangen", der sich als Winnetou zu erkennen gibt. "Da stellte sich denn zu allgemeinem Ergötzen heraus, daß dieser Winnetou und der Hadschi Halef und noch einige der Mitwirkenden bekannte Maler waren, Freunde unseres Freundes, des Malers [Wenzel Ottokar] Noltsch [1835–1908], der gestern in der Leogesellschaft war und alles angestiftet hatte. Sie hatten sich und andern den Spaß geleistet, auch sonst in das zufällige Wirrwarr des Faschingstages einige Methode gebracht. Karl May ließ sich aber nicht aus der Fassung bringen, sondern sagte, den Spitzkelch erhebend: 'Sehen Sie, meine Herren, das Leben ist wirklich nicht so langweilig, wenn man nur selber nicht langweilig ist. Sie haben mit mir einen abenteuerlichen Tag erlebt, denn ich bin wie Falstaff nicht nur selber witzig und abenteuerlich, meine Gegenwart macht auch andere witzig und abenteuerlich." In der von Kralik geschilderten Form kann der Faschingsausflug schon deshalb nicht stattgefunden haben, weil May sich nachmittags nachweislich in Kalksburg aufhält (kmjb 1919, 256-269) – 14.30 Uhr. Durch Vermittlung des ehemaligen Schülers Richard Kirsch hält May einen Vortrag im Theatersaal (Grazer Saal) des Konvikts Kalksburg über das Thema: Winnetou, der "Adelsmensch". Kirsch: "Stolz fuhr ich allein mit dem Ehepaar May hinaus [nach anderen Angaben fahren Mays mit Frau Kirsch und den Kindern mit der Bahn nach Kalksburg]. May wurde von der Anstaltsleitung, wie auch von 500 Zöglingen stürmisch begrüßt und in den Theatersaal geführt, wo er einen Vortrag über Winnetou, den Edelmenschen, hielt. Am Schluß mahnte er zu bravem Lernen und verwies auf seinen eigenen Lebensweg, der ihn unter mancherlei Entbehrungen so weit emporgebracht hatte. Als May endete, erscholl frenetischer Beifall. Er wurde von den Buben umdrängt; sie wollten ihn garnicht fortlassen. Wie staunten sie, als der eher kleine Mann einen Stuhl mit einer Hand wie einen Spazierstock durch die Luft wirbelte" (mkmb 256; kmjb 1978, 78f.). Laut der "Kalksburger Correspondenz" (Juni) sagt May: "Wir seien in Gottes Garten gepflanzt und müßten uns zu edlen Bäumen entfalten, die gute Früchte bringen; was dies heißen soll, zeigte er uns durch einige Züge aus dem Leben seines uns allen bekannten Winnetou. Er war der Sohn eines Häuptlings der Apachen, ein echter Aristokrat [...]. Er zeigte sich in der Religion und im religiösen Leben als echter Aristokrat [...]. So sollen auch wir [...] nicht mit dem Gewöhnlichen uns begnügen, sondern Aristokraten der christlichen Religion werden."

02. Wien. Prinzessin Alexandrine von Windisch-Grätz an Richard Fritsche: "Meine Eltern [Fürst Hugo und seine zweite Frau Mathilde von Windisch-Grätz geb. Radziwill, 1836–1918] geben den Herrn Dr. Carl May frei unter der Bedingung daß er sicher verspricht entweder Aschermittwoch oder <u>Donnerstag</u> zu uns zu kommen zum Gabelfrühstück und <u>nicht</u> früher abreist."

02.23. Aschermittwoch. Wien. "Neues Wiener Tagblatt" ("Der Indianer-May in Wien"): "Dr. Carl May, der deutsche Cooper, ist in Wien und läßt sich unsere Stadt gefallen. Seine Wohnung verrathen wir nicht: sie würde nicht leer werden von all' den kleinen Indianerfreunden, die Lust hätten, ihn zu interviewen und einmal auf's Wort zu fragen, wann er zum letzten Male mit Winnetou die Friedenspfeife geraucht hat." – 13.30 Uhr. May wird durch die Erzherzogin von Österreich Maria Theresia geb. Infantin von Portugal (1855–1944), die Witwe des Erzherzogs Carl Ludwig (1833–1896) und als Stiefmutter des Thronfolgers Franz Ferdinand (1863–1914) Erste Dame des Reiches nach Kaiserin Elisabeth (1837-1898), im Palais Carl Ludwig empfangen. "Reichspost" 26.2.: "Dieser allerorts beliebte und viel bekannte Reiseschriftsteller wurde [...] von Ihrer kaiserlichen Hoheit der Frau Erzherzogin Maria Therese, im Beisein der Erzherzoginnen Maria Annunciata [1876–1961] und Elisabeth [Amalia, 1878–1960], sowie der Kinder [Erzherzog Maximilian (1885–1952) und Erzherzog Karl Franz Joseph (1887–1922), 1916-18 letzter Kaiser von Österreich] des Erzherzogs Otto [1865–1906] und der hier weilenden Söhne [Ludwig Wilhelm (1884–1968) und Franz Josef (1888–1912) von Bayern] des Herzogs Karl Theodor von Bayern [1839–1909] in längerer Audienz empfangen und durch einen sehr ehrenden Empfang ausgezeichnet" (kmjb 1978, 78; braun 68). Angeblich fragt May beim Betreten des Salons: "Kaiserliche Hoheit, soll ich als cow-boy oder als Schriftsteller die Unterhaltung führen?" (leb 264) May an Emil Seyler 15.4.: *Ich* [...] *kam zu Hofe,* *ohne es gewünscht und den geringsten Schritt dazu gethan zu haben* (masch 241). – Durch Kammervorsteher Graf Ladislaus Cavriani erhält May von den Erzherzoginnen Maria Annunziata und Elisabeth Amalia und den Herzögen Ludwig Wilhelm und Franz Joseph in Bayern vier Gedenkbücher mit der Bitte um Autogramme. – "Reichspost" 26.2.: "Mittwoch Abends fand sich Dr. M. in einer ihm zu Ehren im 'Regensburger Hof' veranstalteten Zusammenkunft katholischer Männer ein, bei welcher sein von ihm gedichtetes und componirtes 'Ave Maria' vom Sängerchor 'Dreizehnlinden' in trefflicher Weise vorgetragen wurde, was einen tiefen Eindruck auf die ganze Versammlung machte" (kmjb 1978, 78; braun 68). May erfreut die anwesenden Verehrer mit einer "Ansprache, die in eine begeisterte Apologie des Marien-Cultus" ausklingt ("Vaterland" 25.2., mkmg 21, 30).

02.24. Wien. Vermutlich Gabelfrühstück im Hause Windisch-Grätz.

02.25. Wien. May feiert seinen 56. Geburtstag im Haus des Grafen Julius Jankovics, Jacquingasse 33, der am 25.2. seinen 44. Hochzeitstag und am 26.2. Geburtstag hat. – Porträtfotos von Jesuitenpater Heinrich Abel und Domkapitular zu St. Stefan Arnold Graf zur Lippe-Weißenfels (1842–1908), Geheimkämmerer Seiner Heiligkeit, Wien (kmw VIII.6, 852-855). – Abends Fortsetzung der Geburtstagsfeier bei der Familie Kirsch, im selben Block wie die Buchhandlung (Richard Kirsch ist am 25.2.1882 geboren). Richard Kirsch: "Mein Vater lud May ein, seinen Geburtstagsabend im Kreise unserer Familie zu verbringen. Man sagte zu, und ich war hochbeglückt über dieses Krönung auch meines Geburtstages [...]. Der Geburtstagabend kam, und May erschien pünktlich mit seiner Frau. Wir hatten noch einige Freunde zu Tische gebeten. Der Abend verlief sehr angeregt und May erzählte ein ganzes Kapitel aus 'Im Reich des silbernen Löwen', wobei er besonders Halef, seinen drolligen Gefährten, humorvoll zeichnete. Schließlich spielte er auf unsere Bitte auf dem Klavier das von ihm gedichtete und vertonte 'Ave Maria'. Es mag gegen Mitternacht gewesen sein, als, immer noch zu früh, der Gefeierte von uns schied" (mkmb 256). Nach einem anderen Bericht Kirschs hat May die Einladung unter der Bedingung angenommen, dass das Abendessen einfach sei. Als er in den Vorraum der Wohnung kommt, bemerkt er: "Da riecht's aber fein! Das ist aber nicht einfach!" Eine große Tafelrunde feiert den Schriftsteller, der die ganze Gesellschaft unterhält. Frau Emma sagt der Hausfrau Wilhelmine Kirsch, als diese sie um den berühmten Mann beneidet, dass es auch Schattenseiten gebe. Emma trägt viel Schmuck, darunter eine Goldmünze, die May von einem Wiener Fürsten (vermutlich Windisch-Grätz) geschenkt erhalten hat und in Brillanten fassen ließ. Dem Dienstmädchen schenkt er beim Abschied eine dreieckig gefaltete 5-Gulden-Note (patsch). – Innsbruck. Clemens von der Kettenburg gratuliert May zum Geburtstag: "Wie schade, dass ich nicht mit in Wien war!" In Wien hat May Kettenburgs Mutter Marie und seine Schwester Pia (Maria Josepha Huberta) (1872–1938) kennen gelernt.

02. *Frau Pollmer* 877: *Wir waren damals in Wien fünf Wochen lang die Gäste hocharistokratischer Häuser.* [...] [Emma] *erzählte* [...] *im Salon einer alten, lieben Gräfin in Gegenwart anderer, noch höherer Damen, daß sie jetzt, im Hôtel, ganze Nächte lang am Fenster stehe, um das Leben und Treiben eines gegenüberliegenden Bordelles resp. Hurenhauses zu beobachten. Was das für einen Eindruck machte, kann man sich denken.* Sein eigenes Auftreten kritisiert May entschuldigend am 20.9.1906 in einem Brief an Anna Elisabeth Jankovics: *ich war damals viel zu laut in Wien.*

02.26. Wien. Ausführlicher Bericht über Mays Aufenthalt in der Wiener "Reichspost". – Von 19 bis 21.30 Uhr wieder im Haus der Familie Kirsch (patsch).

02.27. Sonntag. Wien. May erkrankt ("Reichspost" 9.3.; mkmg 21, 29). Ein angeblich geplanter Vortrag auf der Vollversammlung der Gesellschaft des Heiligen Vinzenz findet vermutlich nicht statt (mkmg 45, 18). May an Carl Felber 18.5.: *In Wien wollten wir nur 3 Tage bleiben, sind aber 5 Wochen dort gewesen. Ich mußte an den kaiserlichen Hof, und dann haben sich die höchsten Aristokraten, Fürsten, Erzherzoginnen, Grafen, Generale etc. so um mich gerissen, daß ich krank wurde und 14 Tage lang im Bette lag.* May an Fehsenfeld 19.5.: *Tausende von Lesern kommen; fast täglich 2–3 lange Vorträge extemporiren; Leser bis 3 und 4 Uhr früh im Hôtel. Ueberanstrengt; 3 Wochen krank im Bette.* – Baron Otto Karl von Scholley an May: "Mit großem Bedauern habe ich vernommen daß Sie und Ihre liebe Frau Gemahlin viel zu früh von mir aufgebrochen waren. Darum bin ich ganz gelb vor Neid, daß mein Schwiegersohn, Enkelin und Baron [Ferdinand von] Skal [und Groß-Ellguth, 1874–1935] noch allein das große Glück hatten mit Ihnen und Ihrer Frau Gemahlin mehrere Stunden des Glücks zubringen zu dürfen." Scholleys Schwiegersohn ist Moritz Freiherr von Brunicki, der Mann seiner Tochter Gertrude (*1878).

03.01. Wien. Emma May an Agnes Seyler: "Uns geht es hier in Wien sehr traurig; wir sind keine Minute Herrn unserer Zeit. Die ganze hohe und höchste Aristokratie ist begeistert u. will Old Schatterhand sehen. Ich will Dir nur kurz mittheilen, bei welchen hohen Herrschaften wir bis jetzt haben speisen müssen. Fürst [Hugo] Windisch-Graetz, Fürst [Prinz Alexander Sergius Vincenz] Radziwill [1851–1906], Fürstin [Rosa zu] Hohenlohe[-Bartenstein und Jagstberg, *1836], Graf Jankovič, Gräfin [Octavia] Strachwitz, Feldmarschall Baron von Scholley, u bei Ihrer k. k. Hoheit der Erzherzogin Marie Theresie. Wir sind mit einigen Erwartungen nach Wien gekommen, aber auf so einen Erfolg waren wir nicht gefaßt. Das Hôtel ist von früh bis Abends belagert; die Meisten müssen sich begnügen, meinen Mann in den Wagen steigen zu sehen. [...] Jeden Abend führt man ihn in einen andern Verein, wo er sprechen muß. Täglich kommen über hundert Briefe u. Karten; zu seinem Geburtstage war es ganz toll. Es ist schön, aber auch ungeheuer beschwerlich, ein berühmter Mann zu sein. [...] Vor einer Stunde sind wir von einem Souper heimgekommen; es ist jetzt 12 Uhr Nachts; mein guter Mann schläft schon" (masch 222f.). – Emma May an Max Welte: "Leider ist mir mein Mann krank geworden, nun sitzen wir hier in Wien fest. Hoffentlich geht es bald vorüber. Bitte nicht merken lassen, daß ich geschrieben habe" (*Frau Pollmer* 950). – May an Emil Seyler 15.4.: *In Wien war ich der Liebling der hohen und höchsten Aristokratie; von früh bis Abends spät waren sie bei mir oder ich bei ihnen. Sogar an meinem Krankenbette saßen Fürsten, Fürstinnen und Prinzessinnen stundenlang. Mark Twain, welcher seit Monaten daran gearbeitet hatte, eine Rolle zu spielen, war ganz vergessen* (masch 241). Der amerikanische Humorist Mark Twain (eig. Samuel Longhorne Clemens, 1835–1910) lebt seit September 1897 in Wien und bleibt bis Mai 1899. – Sergius Prinz Radziwiłł bedauert, May "krank zu wissen, wodurch uns leider die Freude entgangen, Sie heute bei uns zu sehen".

03. May ist ernstlich erkrankt und verbringt *3 Wochen krank im Bette* (an Fehsenfeld 19.5.). Vermutlich handelt es sich um ein *erbliches Hämorrhoidalleiden, kompliziert mit einem Aufbruche einer alten schlecht vernarbten Wunde: Er kam dem Tode nahe, und nur seine Riesennatur, die ihn selbst bei fünf auf einmal genommenen Schlafpulvern wach erhielt, rettete ihn. Der Arzt, ein Jude* [Dr. Julius Drey], *hatte noch nie einen solchen Patienten gehabt, der trotz der sichtlich außerordentlichen Schmerzen stets so heiter scherzte und sich nicht von ihm verbinden ließ. May kennt seine Konstitution am besten und läßt keinen Arzt an sich heran; außerdem hatte dieser Herr eine schwere Hand* (May unter dem Namen Richard Plöhns in der "Tremonia" 28.9.1899) (jbkmg 1974, 139).

03.06. Sonntag. Wien.

03.07. Wien. Anna Elisabeth Jankovics erhält einen Brief aus dem Palais Carl Ludwig, in dem Elise Schönfeld sich im Auftrag der Erzherzogin Maria Theresia, der Erzherzoginnen Maria Annunziata und Elisabeth Amalia und der Herzöge Ludwig

Wilhelm und Franz Joseph in Bayern nach Mays "Befinden" erkundigt. Die Gräfin schickt den Brief, den sie "nach bestem Wissen" beantworten will, an Emma May weiter: "Vielleicht macht der liebe Patient selbst unbeschadet einen Federzug zu den Prinzen!"

03.08. Wien. Meldung in der "Reichspost" (9.3., datiert 8.3.): "Erst heute ist eine Wendung zur Besserung eingetreten, doch ist noch größte Schonung geboten" (mkmg 21, 29). – Prag. Josef Vilímek, der auf eine Entscheidung wartet, fragt nach, ob sein "mündliches Angebot" für die Autorisation der Reiseerzählungen in böhmischer Sprache May "convenirt oder nicht" (mor).

03.10. Wien. Emma May an Agnes Seyler: "An ein Fortkommen ist hier nicht zu denken, wir werden noch 8 Tage hier bleiben" (mkmg 25, 9). – May hat das Krankenlager verlassen und unternimmt einen ersten Spaziergang ("Vaterland" 10.3.; mkmg 21, 29).

03.11. Wien. Meldung im "Vaterland": "Dr. Carl May, welcher noch immer in unserer Stadt weilt, ist wieder vollkommen hergestellt und hat bereits gestern seinen ersten Spaziergang gemacht" (mkmg 21, 29).

03. Wien, Hofburg. Hofkaplan Dr. Heinrich Swoboda (1861–1923) gratuliert May "zur wiedererlangten Gesundheit" und bittet um eine "kurze Besprechung" im Hotel Goldene Ente: "Es handelt sich mir um einige für die Liturgie interessante Details des orientalischen Reisecostümes".

03.13. Sonntag. Wien. Vilma Weinacht von der Klosterschule St. Ursula in Währing besucht mit einem Fräulein Halter die Mays im Hotel.

03.14. Wien. – Dresden. Johannes März und Walter Weber senden ein Gedicht: "Woll'n sich Doktors ewig von uns wenden / Kehr'n sie nicht nach Radebeul zurück?"

03.16. Wien. Vilma Weinacht dankt für die mit Mays verbrachte Stunde, richtet einen Dank der Mater Antonia für ein Gedicht aus und berichtet über den "stürmischen Jubel", den Mays Autogramme bei den Schülerinnen auslösten. – Dresden. Max Welte an May: "Ich freue mich herzlich, daß Sie wieder gesund sind." Welte bittet, "schleunigst hierher auszureisen, da Sie unter reißende Wölfe gefallen sind, wie ich höre. Old Shatterhand wird sich ihrer schon erwehren, aber die arme Nscho-tschi will ich lieber mit beschützen helfen, das ist sicherer!"

03.17. Wien. Graf Ladislaus Cavriani dankt im Namen der Erzherzoginnen Maria Annunziata und Elisabeth Amalia und der Herzöge Ludwig Wilhelm und Franz Joseph in Bayern für die "schönen Widmungen" in deren Gedenkbüchern: "Die höchsten Herrschaften nehmen regen Antheil an der Erkrankung Euer Wohlgeboren und wünschen baldige Besserung und gute Heimkehr. Ihre k. u. k. Hoheit d. d. Frau Erzherzogin Maria Theresia laßen Euer Wohlgeboren ersuchen, ganz aufrichtig sagen zu wollen, ob Sie der Besuch der 2 jungen Prinzen in Begleitung ihres Mentors nicht zu sehr ermüden würde? Wenn nicht, würden die 2 jungen Herrn sich das Vergnügen machen, Freitag oder Samstag auf kurzen Besuch in Ihrem Hôtel zu erscheinen."

03.18. Wien. Graf Cavriani kündigt May für 15 Uhr den Besuch der Herzöge Ludwig Wilhelm und Franz Joseph in Bayern an.

03.20. Sonntag. Wien. Gegen 11 Uhr besucht der Advokat Dr. Arnold Berl May im Hotel. – Dr. Julius Drey bestätigt den Erhalt seines Arzthonorars. – "Zur Erinnerung an den 20. März 1898" werden die Schwestern Marianne, Valerie, Stefanie und Hedwig Fischer aus Wien-Grinzing ein Gruppenfoto von sich schicken (kmw VIII.6, 932f.). – Graf Julius Jankovics schickt May mit einem "herzlichen Lebewohl" einen Ausschnitt aus der "Reichspost" über einen abenteuerlichen "Jagdzug des Erzherzogs Josef August" (1872–1962) auf wilde Büffel in der Sahara.

03.21. Meldung im "Vaterland": "Dr. Carl May hat heute nach fünfwöchentlichem Aufenthalte Wien verlassen und ist nach Linz abgereist" (mkmg 21, 29). – Wien. Prinzessin Johanna (Hanna) Radziwiłł (*1884), die Tochter des Fürsten Sergius und seiner Frau Elisabeth geb. Gräfin Cavriani (1852–1931), bedankt sich für Mays "Freundlichkeit", "unsere Bücher mit so viel Schönen und Lieben zu schmücken": "Wir waren alle ganz enttäuscht und traurig, Sie Samstag nicht wiedergesehen zu haben. Will Sie nicht länger plagen, muß Ihnen aber nur noch sagen, daß ich leider das Totem von Winnetou, welches Sie mir versprachen vermißte, worüber ich sehr traurig bin." – Linz. Hotel Roter Krebs. May an Klara Plöhn: *Wien war gradezu großartig, Alles begeistert. Wir sind erst seit 2 Stunden hier, aber auch schon mehrmals erkannt. Von jetzt an ist unsere Adresse München, Hôtel Treffler. Tausend Grüße an die trei Lieben, denen wir stets dreu geblieben! Karl & Emma, Emma & Karl.* "Herzlichste Grüße aus meiner Vaterstadt" ergänzt Alois Schießer. – May an den Linzer Buchhändler Fidelis Steurer, der noch immer die Kostümfotos vertreibt: *Eine Einladung habe ich nicht ausgesprochen, denn einen Buchhändler, welcher Bilder von mir verkauft, obgleich er weiß, daß keine mehr verkauft werden dürfen, lade ich natürlich nicht zu mir ein. Es giebt dafür andere Worte* (kma 3, 10f.). – Der "May-Club München" trifft sich im Restaurant Blaue Taube, um Mays angekündigten Besuch vorzubereiten (kmjb 1978, 82).

03.22. Linz. Die Rückkehr wird für den 27.3. angekündigt. Emma May an Agnes Seyler: "Du wirst auch von Radebeul öfter von mir hören! Auch der treue Karl sendet die herzlichsten Grüße" (mkmg 25, 9).

03.23. Linz. Das "Volksblatt" meldet, dass "Dr. Karl May, der bekannte Reiseschriftsteller, [...] in Linz eingetroffen und im 'Roten Krebs' abgestiegen" ist: "Karl May kommt von Wien, wo er der Gegenstand vieler Aufmerksamkeiten war". Die "Tages-Post" schreibt: "Sowohl Bürgerstand, als hohe und höchste Aristokratie hat der seltene Mann durch sein schlichtes, herzgewinnendes Wesen bezaubert"; May sei ein "moderner Odysseus", "von dessen gefährlichen Reisen zahlreiche Narben an seinem Körper Zeugnis ablegen". "Möge ihm Linz, die Donauperle, in bester Erinnerung bleiben." – 12–12.30 Uhr. May besucht zusammen mit Emma den Buchhändler Fidelis Steurer (Schmidtorstraße 5) und ist trotz seines Schreibens vom 21.2. (laut Steurer) "äußerst liebenswürdig" (kma 3, 10f.). Wie Kirsch in Wien, bietet auch Steurer May vergeblich an, Postkarten von ihm zu verlegen.

03.24. Linz. Widmung *Das Leben ist ein Kampf*, vermutlich für den Großindustriellen August von Miller zu Aichholz (1829–1899) (kma 5, 9; kmhi 1, 14). – Nachmittags treffen May und Emma mit dem Orient-Express in München ein, wo sie auf dem Bahnhof von Mitgliedern des "May-Clubs", den Brüdern Josef und Franz Xaver Weigl (1878–1952), Ernst Abel und Georg Gernbeck, begrüßt werden. Abel, "Aufzeichnungen und Erinnerungen an Dr. Carl May" (18.4.): "Welche Freude den Ersehnten nun zu sehen. Ihm folgte seine geehrte Frau Gemahlin. Rechts Lehrer Weigl und ich, links Dr. Weigl, Herr Gernbeck an Seite der Frau May begleiteten wir May in den Wartesaal II. Kl., wo wir 2 Stunden in gemütlichem Gespräche beisammensaßen. Wohl tausend Leser von May's Werken würden uns beneidet haben und nur zu schnell schlug uns die Trennungsstunde, indem May sich nach seinem Hotel (Trefler) fahren ließ. Die zwei Stunden bis wir abends May wieder im Kreise der Klub-Mitglieder treffen sollten, benützten wir, um diese für den Abend zusammenzutrommeln und die fröhliche Botschaft, daß der lang Ersehnte nun gekommen sei, zu verbreiten. So fand denn der Abend uns alle recht zahlreich und erwartungsvoll im Trefler beisammen. May und seine geehrte Frau Gemahlin wurden von allen herzlich begrüßt und willkommen geheißen. Doch lag die Unterhaltung fast ausschließlich an unserem Gaste, der nicht müde wurde, uns Episoden aus seinem Leben und Wanderungen zum Besten zu geben [...]. Um 2 Uhr erst schlug die Trennungsstunde, die trotz der vorgerückten Zeit uns doch viel zu früh auseinandergehen hieß" (kmjb 1978, 84).

03.25. München. Ernst Abel: "Dr. Weigl, dessen Gattin und Bruder, Herr [Rudolf] Fried und ich holten mittags May und Frau May vom Hotel ab und begaben uns nach dem Kaffee Luitpold, wo gespeist wurde. Die Herren Weigl und Dr. May spielten dann Billard, wo May bewies, daß ein Westmann auch ein guter Billardspieler sein kann. Der Abend fand uns wieder, wie gestern, beisammen, nur mit dem Unterschiede, daß wir zur heutigen Zusammenkunft den Silbersaal des Luitpold wählten. Wieder stand der Zeiger weit nach Mitternacht, als wir uns auf den Heimweg machten. Es waren noch einige Freunde von mir und einzelne Mitglieder unseres Klubs zugegen" (kmjb 1978, 84). – Emma May an Max Welte: "Hurrah, jetzt sind wir wieder auf deutschen Boden, u. zwar in dem schönen München. Endlich ein Hoffnungsstrahl auf baldiges frohes Wiedersehen. In längstens 8 Tagen gedenken wir wieder daheim zu sein" (*Frau Pollmer* 951).

03.26. München. Die 13-jährige Prinzessin Wiltrud von Bayern, Tochter des Prinzen Ludwig von Bayern und der Prinzessin Marie Therese, arrangiert mit ihren Schwestern Helmtrud und Gundelinde (1891–1983) einen triumphalen Empfang im Wittelsbacher Palais, wo May *in einer langen, langen Audienz alle Glieder des Bayerischen Königshauses* um sich *versammelt* sieht und mit ihnen *wie ein alter, lieber Bekannter verkehren* darf (an Emil Seyler 15.4.) (masch 241). May an Carl Felber 18.5.: *Dann mußte ich auch in München am königlichen Hofe erscheinen, hatte da wunderbar schöne Audienzen.* May an Fehsenfeld 19.5.: *Kaum bin ich ins Hôtel getreten, da kommt der Adjutant, mich an den Königlichen Hof zu bitten. Großartige Audienz, mehrere Stunden lang; sämmtliche Mitglieder des Königshauses da. Alles liest May! Einladung zum*

Diner beim Fürsten [Albrecht] *v. Oettingen*[-Spielberg, 1847–1916, verheiratet mit Fürstin Sophie geb. Prinzessin von Metternich-Winneburg, 1857–1941], *der Fürstin* [Pauline] *Metternich*[-Winneburg, geb. Gräfin Sándor-Slavnica, 1836–1921, Schwiegermutter des Fürsten von Oettingen-Spielberg] *etc.* Marie Hannes, "Allerlei von Karl May": "Vom Prinzen Ludwig [...], dem bayrischen Thronfolger, erzählte man mir, daß O[nkel] K[arl] [...] ihn einst auf seinem Landschlosse besucht habe. Dort habe er, von Onkel Karls Werken sprechend, plötzlich einen Lakaien herbeigerufen, ihm einen leisen Befehl gebend. – Der sei verschwunden und gleich darauf wiedererschienen mit noch einem andern. Beide waren schwer beladen mit Büchern, die sie auf den Boden warfen. 'Da sehen Sie', sprach s. kgl. Hoheit lachend, 'Ihre sämtl. Werke', u. erzählte dann, auf das recht zerfetzte und zerlesene Aussehen der Bücher [hindeutend] [...], daß er nicht nur dieselben fleißig lese, sondern daß er auch jedesmal, wenn Besuch käme, diesen fragte, ob er Karl Mays Werke schon kenne. Sagte dieser nein, so lieh er ihm sofort von den seinigen u. zwar besonders gerne 'Winnetou', den er sehr liebt. Natürlich waren die Bände durch das viele Verleihen stark mitgenommen, denn natürlich kann man einem Prinzen keine neuen Exemplare zurücksenden, falls das Buch ein wenig beschädigt wurde, [...] wie einem armen Bürger, sondern er mußte dieselben Exemplare zurückerhalten. 'Daher also', schloß der hohe Herr lächelnd, diese strafbar schäbigen Bücher'" (stein1 121).

03.27. Sonntag. München.

03. München. Der Schüler F. Johst (Erinnerung 1931) wird nachmittags mit zwei Kameraden von May empfangen und im Hotelgarten zum Bier eingeladen. Fragen beantwortet er nicht mit klarem Ja, doch erzählt er von seinen Gewehren und Jagdtrophäen, gibt Autogramme und zeigt zuletzt seine Wade mit angeblichen Schuss- oder Pfeilnarben (patsch). – Nach der Erinnerung Albrecht Einhorns (1936) empfängt May auch in einem Zimmer im 1. Stock des Hotels, das mit einem Löwenfell,

Waffen und anderen angeblichen Reiseandenken geschmückt ist (patsch).

03.28. München. 10 Uhr. Im Grünen Saal des Wagnerbräu findet eine Audienz statt, zu der die "jungen Freunde" Mays mit Plakaten eingeladen worden sind. Unter den Teilnehmern ist der spätere Schriftsteller Fritz Müller-Partenkirchen (1875–1942). Nach seiner Erinnerung (1931) hängen an den Wänden Panther- und Tigerfelle, Gewehre und Pfeilbündel. Den Schreibtisch, an dem May sitzt, umstehen Pfeiler seiner Bücher, Manuskriptblätter liegen umher und eine Landkarte hängt herein. May spricht zu den Knaben, liest ihnen vor, demonstriert an der Landkarte und zeigt eine Narbe am Oberarm. Beim Abschied reicht er hunderten Knaben die Hand und sagt "Seid tapfer!" zu ihnen (patsch). Ein Lehrer berichtet später ("Frankfurter Zeitung" 16.4.1910): "Ganze Ströme von Schülern ergossen sich ins Hoteltor, auf den Vorplätzen und Treppen wimmelte es von erregten Jünglingen. Truppweise empfing sie der Gewaltige in einem großen Zimmer. Mit leuchtenden Augen kamen sie auf der Rückseite wieder heraus. [...] Natürlich waren Schulschwänzer die schwere Menge dabei. Da sah ich auch meinen jüngsten Bruder. Der erzählte mir, er habe i h n gesehen, am Schreibtisch sei er gesessen, hätte jedem einen fürchterlich kräftigen Händedruck (shatter hand!) gegeben, und schließlich habe er seinen Rock ausgezogen, die Aermel hinaufgestreift und ihnen wilde W u n d n a r b e n gezeigt, die er im Apachenfeldzug erhalten habe" (seul4 163f.). – Abends ist May wieder Gast des "May-Clubs" im Café Luitpold, "wo wir über 30 Damen und Herren beisammen waren". Ernst Abel: "Dieser Abend bildete den Schluß unserer fröhlichen Zusammenkünfte mit Dr. May". May erzählt "Vieles aus seinem Leben". So sei er "als Kind eines einfachen Leinewebers in einem kleinen Dorfe in oder am bayr. Fichtelgebirge" geboren, bis "zu seinem fünften Jahre" blind gewesen, habe "erst im Alter von 6 Jahren stehen und gehen" können, habe aber bereits "mit 16 ½ Jahren" die Universität besucht und sei "in seinem 19ten Jahre (1860)" in den Westen gegangen. May erzählt, wie Winnetou mit 13 Jahren zu seinem Namen (angeblich "Brennendes Wasser") kam. "Nach der Rede, die May über Winnetou gehalten, schlug unser Vorstand [Josef Weigl] ein fünf Minuten währendes Trauerschweigen zur Ehre des großen Apatschenhäuptlings vor, was Old Shatterhand, der hundertmal dem Tode kalt in die Augen sah, so bewegte, daß er die Tränen nicht zurückhalten konnte." "Tränenden Auges" erzählt May seine Abenteuer mit dem "Aristokraten" Winnetou. "May vertilgte nach seiner eignen Aussprache täglich oft 10-14 Pfd. Fleisch, wenn er in der Wildnis leben mußte. [...] Sehr oft aber konnten sie das Fleisch nicht einmal braten und waren gezwungen, dasselbe roh zu essen, wenn nicht gar unterm Sattel zuzureiten. Welcher Genuß ein solcher Fleischklumpen, der noch dazu penetrant nach dem Schweiß des Pferdes riecht und schmeckt, ist, bedarf keiner weiteren Beschreibung. May spricht 24 Sprachen und hat fast sämtliche religiösen Werke und die ältesten Lehren der Völker in ihrem Urtexte gelesen. [...] Seinen sogen. Henrystutzen hat May nicht nur erfunden, sondern auch selbst gefertigt nicht Mstr. Henry. Auf weiten Reisen führt Old Shatterhand über 1700 Patronen mit sich. Er macht dieselben alle während seiner freien Zeit selbst [...]. Von seinen Gefährten lebt außer Hobble Frank, der in Dresden lebt, kein einziger [...] mehr. Alle wurden 'ausgelöscht' und manche sogar starben auf elende Weise. Den Tod der meisten verschuldete der bekannte 'Buffalo Bill'." Aus Brasilien will May mit einer Pfeilwunde zurückgekehrt sein. Im Spital "pflegte ihn eine Professortochter mit großer Hingabe. Wieder zum neuen Leben und aus der Ohnmacht erwacht, fand er die Ähnlichkeit zwischen seiner Pflegerin und Nschotschi, der Schwester Winnetous, heraus, infolgedessen ist sie seine Frau geworden." Den letzterschienenen Band *Weihnacht!* will May "in einer Woche" geschrieben haben, "nur Wasser und einiges Beefsteak genießend in einer Tour, während er nur zweimal geschlafen hat" (kmjb 1978, 84-93).

03.29. Ankunft in Regensburg. May an Fehsenfeld 19.5.: *Kommerzienrath Pustet trommelt alle Honoratioren und Offiziere zusammen; wieder Sturmlauf der Leser; werde als Wunderthier behandelt, gerathe nach einigen Tagen in Wuth darüber und reiße wieder aus.*

04. "Deutscher Hausschatz": "Ave Maria. Gedicht von K. May. Komposition von K. W. Nitzsche" (küh 286-289; *Christus oder Muhammed* 273f.).

04.02. Das "Radebeuler Wochenblatt" kolportiert den Bericht der "Reichspost" vom 26.2. über Mays Aufenthalt in Wien.

04.03. Sonntag. Radebeul.

04.10. Ostersonntag. Radebeul.

04.11. Ostermontag. Radebeul. – Wien. Fürst Hugo von Windisch-Grätz dankt telegraphisch für Telegramme und schickt die "allerinnigsten besten Wünsche zum Osterfest".

04.15. Radebeul. Babette Hohl ist zu Besuch. Ausflug nach Blasewitz, Restaurant Schillergarten (jbkmg 1997, 28; gus 57, 59; rich 181; hall 59f.). – May an Emil Seyler: *Wäre es nicht Nacht, und hätte ich nicht so entsetzlich nothwendig zu arbeiten, so würde ich Dir einen langen Brief schreiben über die großartigen Ehrungen, welche mir auf meiner letzten Reise zu Theil wurden. Drei Wochen wollte ich fortsein; es sind acht daraus geworden. So Etwas ist wirklich noch keinem Schriftsteller passirt!* [...] *Es war ein wahrer Siegeszug, den ich gehalten habe, oder vielmehr nicht ich, denn gesiegt hat die Sache meines lieben Herrgottes, für den ich schreibe, um ihm recht, recht viele Menschenherzen zuzuführen* (masch 241). Das Ehepaar May schenkt Magda Seyler zur Erstkommunion am 17.4. eine Reproduktion der "Sixtinischen Madonna" Raffaels (Raffaello Santi, 1483–1520) aus der Dresdner Gemäldegalerie. May widmet es dem Mädchen mit einem "zweiten" *Ave Maria*: *Sei gegrüßt, Du Heil'ge, Reine! / Sei gegrüßt, gegrüßt seist Du, / Keine Liebe giebt wie Deine / Meinem Herzen selge*

Ruh. // Sei gegrüßt, Du voller Gnaden, / Du mein Heil zu jeder Zeit, / Komm ich zu Dir schmerzbeladen, / Nimmst auf Dich Du all mein Leid. // Sei gegrüßt, von Dir gerufen, / Steig ich immer höher auf, / Bis vor Deines Thrones Stufen / Ich vollende meinen Lauf. // Sei auch dann gegrüßt, und breite / Ob mir Gottes Gnade aus, / Nimm mich an der Hand und leite / Mich zu ihm ins Vaterhaus (mkmg 26, 6; mkmg 34, 5).

04.17. Sonntag.

04.24. Sonntag.

04.29. Dessau. May, der ein Stück über den "alten Dessauer" (nach anderen Angaben ein "Buch über die Quitzows"; kmjb 1928, 165) schreiben will, ist zu Studienzwecken allein verreist. Um 17.40 Uhr geht ein Grußtelegramm an Familie Seyler: *Heut Geburtstag des Herzogs* [Friedrich I. von Anhalt-Dessau, *1831, Regent von 1871 bis zu seinem Tod 1904; kmw VIII.6, 642f., 646f.]. May an Fehsenfeld 19.5.: *da ich einmal nach Dessau mußte (der Herzog und die Herzogin* [Antoinette, geb. Prinzessin von Sachsen-Altenburg, 1838–1908; kmw VIII. 6, 644-647] *sind begeisterte Leser), so benutzte ich das, um gleich weiterzufahren und wegen meines nächst erscheinenden Theaterstückes in Gartow, Lüchow, Lenzen etc. Studien zu machen.*

04.30. Dessau. May an Agnes Seyler (Ansichtskarte Dessauer Stadtschloss): *Vom Geburtsfeste des Herzogs von Dessau* [...] *In diesem Schlosse wohnt ein sehr lieber Gönner von mir* [Friedrich I.] (mkmg 25, 9; hall 43; heer2 67). – May an Klara Plöhns Mutter Wilhelmine Beibler: *Ich habe mir Retourbillets genommen / Und kam ganz heiler Haut hier angeschwommen, / Doch wird's in Dessau nicht verhehlt, / Daß dieser Stadt ihr Minchen fehlt.* – May an Richard Plöhn (Ansichtskarte Dessau, mit Standbild des "alten Dessauers" und einem marschierenden Infanterieregiment): *Hier sieht man viel Soldaten, / Die sind sehr gut gerathen, / Und wenn sie nicht gerathen wären, / Müßt man mit Austern sie ernähren.* – May an Richard Plöhn (Ansichtskarte Erbprinzliches Palais, Friedrich II., 1856–1918): *Hier wohnt mit vergnügtem Sinn / Seit langer Zeit der Erbprinz drin, / Und wenn es nicht der Erbprinz wär, / Ständ das Palais drum auch nicht leer.* – May an Klara Plöhn (Ansichtskarte Großer Markt): *Dies ist von Deiner Vaterstadt / Ein Theil, wo's heut geregnet hat, / Und wenn es nicht mehr regnen thut, / Dann ist das Wetter wieder gut!* – May an Klara Plöhn (Ansichtskarte Kleiner Markt): *Hier auf dem Markt bin ich gelaufen, / Um diese Karte mir zu kaufen, / Bis ins Hôtel ich wieder kam, / Wo ich zur Hand die Feder nahm, / Um Ihnen wehmutsvoll zu schreiben: / Am besten ists, daheim zu bleiben, / Weil man als kluger Ehemann / Sich nur zu Hause ärgern kann!* (gus 48)

05.01. Sonntag. Dessau. May an Klara Plöhn: *Und so sinkt die Herrlichkeit des Lebens / Nicht ganz in den Neumond eitler Nacht, / Denn auch ich hab hier nicht ganz vergebens / An Frau Beibler und an Euch gedacht. / Wenn Ihr wollt, ich werd Euch nie vergessen; / Jetzt ade, es klingelt grad zum Essen.* – May an Wilhelmine Beibler (Ansichtskarte "Gruss aus Dessau bei Nacht!"): *Des Nachts sieht man von allen Spuren / Der Stadt nur einfach die Conturen; / So sieht man wohl gewiß auch nur / Von dir beim Schlummern die Contur* (gus 49). – Weiterreise ins östliche Niedersachsen (hannoveranisch-preußisches Grenzgebiet, Schauplatz mehrerer Dessauer-Geschichten) über Salzwedel und Lüchow. Vom Bahnhof in Salzwedel geht ein Gruß an Klara Plöhn: *In Wedelsalz komm ich jetzt an, / Ganz auf derselben Eisenbahn / Und warte hier in dieser Stadt, / Nur bis das Salz gewedelt hat. // Immer schtolz, / Ja noch viel schtölzer, / Denn aus Holz / Macht man Streichhölzer! // Tausend süße Herzensgrüße!* (gus 199)

05. Von Lüchow aus Weiterreise mit der Kutsche nach Gartow (700 Einwohner). In Gartow steigt May im Hotel Krug, Hauptstraße 15, ab (Gedenktafel um 1972: "Hier weilte Karl May [...] April/Mai 1898"; mkmg 94, 19; mkmg 116, 61; heer2 70). Mit dem Hotelier Wilhelm Anton Krug (1859–1938) wird er später noch korrespondieren. Mays Ankunft in Gartow lässt sich nicht sicher datieren, doch soll er bereits am 1.5. im Gasthof gewesen sein und dort August Herbst und den Forstmeister Karl Junack (1870–1943) kennen gelernt haben. Zu Junack, der einen Rehbock erlegt hatte, soll er gesagt haben: "Verzeihung, ich habe zwar in meinem Leben nie einen Rehbock geschossen, aber desto mehr Grizzlybären und Löwen". Danach habe er bis 2 Uhr morgens "spannende Geschichten" erzählt (jbkmg 1971, 259-261; Karl Junack, "Karl May in Gartow", "Heimatbote", Gartow, Mai 1935, 26).

05. Nach eigenen Angaben ist May in Gartow bei dem Grafen, Rittergutsbesitzer und Reichstagsabgeordneten Berthold von Bernstorff (1842–1917) zu Gast. Angeblich besucht er auch den Grafen Adolf Viktor Ludwig von Grote (1864–1931) in Breese im Bruche (heute Jameln), in der Nähe von Dannenberg. – An den Abenden gibt May im Hotel Krug und im Deutschen Haus in geselliger Runde (Honoratiorenstammtisch "Die Börse", u. a. Lehrer und Kantor Friedrich Hinnrichs [1873–1955; kmw VIII.6, 236f., 348f.], Karl Junack, Dr. med. Ernst Röhrs [†1911]) phantastische Geschichten aus seinem "abenteuerlichen Westmannsleben" zum besten. So habe der Bärentöter den Nachteil, dass er "ungeheuer schwer sei, so daß außer ihm selbst nur wenige damit umgehen könnten. Wenn ihn jemand besuchte und es dann einen plötzlichen Krach gäbe, so wisse seine Frau schon, daß er wieder einmal – wie erst kürzlich dem König von Sachsen – seine Büchse vorgeführt und gereicht hätte und der Besucher die Büchse habe fallen lassen, weil sie ihm zu schwer war" (Erinnerung Junack, 27). Von Röhrs lässt May sich untersuchen; tatsächlich entdeckt der Arzt einige Körpernarben, die seine angeblichen Jagdabenteuer (u. a. eine Pantherjagd) zu beweisen scheinen.

05. Porträtfoto eines Mädchens und eines Jungen, *Kinder aus Hôtel "Krug" Gartow* (kmw VIII.6, 232f.).

05. Gartow. May trägt sich im Gästebuch der Familie Röhrs mit Versen ein, die 1900 die erste Strophe des Gedichts *Zuversicht* in den *Himmelsgedanken* bilden werden: *Ich bin in Gottes Hand, wo ich auch geh und steh; / Seit meinem ersten Tag bin ich geborgen. / Er kennt mein Herz mit seinem Leid und Weh, / Mit seinen großen, seinen kleinen Sorgen. / Es wachen über mich bei Tag und Nacht / Die lichten Engel, die er mir gesandt; / Drum giebt es nichts, was mich je bange macht; / Ich weiß es ja, ich steh in Gottes Hand* (mkmg 20, 2f.). – Im Doktorhaus, wo er wegen der Maibowle gern einkehrt, lernt May den Schwiegervater von Ernst Röhrs kennen, den Departement-Tierarzt Dr. Ernst Otto Haarstick aus Hildesheim. Haarstick, ein ausgewiesener Pferdekenner, wird nach seinen Gesprächen mit May Zweifel an dessen Reitkünsten äußern. May habe von den "rassigen Vollblütern" geschwärmt, die er daheim in einem "prächtigen Marstall" stehen habe, wo sie ihr Futter aus "wohlgefüllten Marmorkrippen" erhielten (jbkmg 1971, 262; Erich Heinemann, "Dreißig Jahre Karl-May-Gesellschaft", Hamburg, Husum 2000, 209). Röhrs' literarisch interessierter Frau Margarethe schenkt May ein Widmungsexemplar von *"Weihnacht!"*, das sein Lieblingswerk sei (jbkmg 1971, 261).

05.02. Lanz, Geburtsort des "Turnvaters" Friedrich Ludwig Jahn (1778–1852). May besichtigt vermutlich Jahns Geburtshaus (Pfarrhaus) und den Jahn-Obelisken (hall 217). Ansichtskarte mit Jahn-Porträt und diesen Stätten an Klara Plöhn (abgestempelt in Lenzen): *Hier, wo der Vater Jahn geboren, / Sitz im Hôtel ich weltverloren / Und denke, welch ein Glück es wär, / Wenn mich jetzt fräß ein wilder Bär* (gus 129). – Kartengruß an Emil Seyler aus dem Nachbardorf Lenzen an der Elbe, wo May wahrscheinlich die Burg, die Katharinenkirche, den Stumpfen Turm und das Rathaus besichtigt. Vermutlich kehrt er im Gasthof Goldener Stern (Seetorstraße 33) ein. (hall 217). Aus Lenzen geht ein Gedicht an Wilhelmine Beibler (Ansichtskarte "Gruss aus Lenzen"): *Hast Du mich lieb, mußt Du versuchen / Noch einmal den Kartoffelkuchen. / Ich zeig mit Telegraph Dir* *an, / Wenn ich ganz sicher kommen kann. / Dein Anbeter von Jugend auf!* (gus 138)

05.04. Mit dem Lehrer und Junggesellen Friedrich Hinnrichs unternimmt May "Gänge und Fahrten" in die nähere Umgebung, so auch über Kapern nach Schnackenburg an der Elbe, wo im Gasthof Kerkau abgestiegen wird. Notiz auf einer Visitenkarte: *Den 4ten Mai 1898. Schnackenburg. Gasthof Kerkau.* Friedrich Hinnrichs, "Eine Studienreise Karl Mays": "Wie schon oft hatten wir beide eine Wagenfahrt unternommen, die ausgefüllt wurde mit ernsten Gesprächen aller Art, die mich das gewaltige Wissen dieses Mannes bewundern ließen, zugleich mir aber auch Einblick gewährten in sein tiefes Gemüt. Diesmal sollte die Fahrt nach dem Städtchen Schnackenburg gehen; unterwegs kamen wir durch das Dorf Capern. Da es [...] meinem Begleiter darauf ankam, Land und Leute kennen zu lernen, so wurde vor dem einfachen Dorfwirtshaus, mit dem ein kleiner Kramladen verbunden war, Halt gemacht. Wir stiegen aus, gingen hinein, und bald war Karl May in lebhaftem Gespräch mit der dörflichen Wirtin. Die Gaststube war sonst leer. Da öffnet sich die Tür und herein tritt ein kleines Mädchen, barfuß in ärmlicher Kleidung, um für ein paar Pfennig von diesem und von jenem zu kaufen. 'Lieber Freund, sehen Sie doch die wunderbaren Kinderaugen, bis auf den Grund der Seele kann man schauen. Das Kind hat Hunger und Kummer.' Das zu mir sagen und sich dann voll Freundlichkeit zu dem Kinde wenden, war eins. Und bald öffnete sich der schüchterne Mund der Kleinen, und was Karl May wissen wollte und was er geahnt hatte, erfuhr er. Die ärmlichsten Verhältnisse, die Mutter schwer krank, so sah es bei dem Mädchen zu Hause aus. Die hellen Tränen liefen dem Weitgereisten über die Wangen. 'Ach, wie erinnert es mich an meine Kindheit, wo ich auch Hunger und Kummer kennen gelernt habe! Doch das erzähle ich Ihnen nachher. Jetzt beobachten Sie das Kindchen, was es nun für ein Gesicht machen wird! – Frau Wirtin, was haben Sie denn alles zu verkaufen? Packen Sie ein!' Und so geschah es. Immer größer wurden die Augen des Kindes, immer heller der Blick, und Freude und Lachen kamen, nicht nur beim Kinde, sondern auch bei dem Geber. 'Ach, eine selige Stunde!' meinte er. Nachdem wir dem Kind aufgetragen hatten, am Abend, wenn wir zurückkämen, den Vater zu schicken, stiegen wir ein und fuhren weiter. [...] Auf unserer Rückreise trafen wir dann den Vater. Mehrere Goldstücke glitten in die Hand des Ueberglücklichen, der nun in der Lage war, seinem kranken Weib Stärkung und Pflege zukommen zu lassen" (kmjb 1924, 334-336) Eine andere Version dieses Erlebnisses erfährt Carl Ball 1904: "Auf der Straße traf [May] ein weinendes Kind; teilnehmend erkundigte er sich nach seinem Schmerz. Das Kleine sagte ihm, es habe Milch gekauft, aber der Topf sei ihm aus der Hand gefallen und zerbrochen. Gleich nahm nun Karl May das Kind an die Hand und führte es nach Hause. Er bat die Mutter, die nicht gerade mit Glücksgütern gesegnet war, um Straflosigkeit für das Kleine und schenkte ihr ein Goldstück. Diese Kunde gelangte auch zu Ohren der hohen Ortspolizei" (kmjb 1928, 166). – Gedenktafel in Kapern, Februar 1997: "In diesem altehrwürdigen Hause der Familie Porath hat der bekannte deutsche Schriftsteller Dr. Karl May aus Radebeul im April [sic] des Jahres 1898 Rast eingelegt. Während seines Aufenthaltes half er einem Kind armer Eltern aus bitterster Not durch das Füllen eines Korbes mit Lebensmitteln auf eigene Rechnung und überreichte dem herbeigeeilten Vater außerdem noch einige Goldstücke. Diese spontane Tat menschlicher Nächstenliebe wollen wir hiermit würdigen und anderen Menschen mit auf den Weg geben!" (mkmg 116, 60) – Kartengrüße aus der Thal-Mühle gehen an Emil Seyler und an Richard Plöhn (*Herzlichen Gruß mit der letzten Karte. Nun komme ich selber*; gus 84). Für Klara Plöhn ist ein Scherzgedicht gedacht: *Ich sitze zum erschten Male / In dieser Mühle im Thale; / Die Elbe liegt rechter Hand; / Weiber haben keenen Verstand.* – Der Prager Verleger Josef Vilímek erneuert eine frühere Offerte. Er ist bereit, 150 Mark Honorar pro Band oder 900 Mark für alle sechs Bände des Orientzyklus zu zahlen. Er beteuert, dass er die Ausgabe "gerne in der besten Harmonie mit dem Autor [...] als autorisirte Uebersetzung publiciren möchte", macht aber deutlich, dass er die Werke nach österreichischem Recht auch ohne Erlaubnis herausgeben könne (mor).

05. "Salzwedel-Gardeleger Zeitung" 12.5.: "In Gartow und Umgegend hält sich seit acht Tagen ein Mann auf, der durch seine Freigebigkeit viel von sich reden macht. Dr. May nennt sich dieser menschenfreundliche Herr. Nach eigener Erzählung ist er viel gereist, alle Erdtheile hat er bereits besucht, sogar 'Häuptling' bei den Wilden war er schon. An Geld scheint es dem reichen Fremden nicht zu fehlen, er ist sehr splendit. 10 Mk. Trinkgelder hier und da sind Kleinigkeiten, auch Mildthätigkeit ist eine große Tugend bei ihm und erzählt man sich manchen schönen Zug, der einen kleinen Krösus in ihm vermuthen läßt. Im Uebrigen scheint der Unbekannte sich mit dem Literaten K. May, welcher durch seine hübschen Werke, die unter dem Titel 'Reiseromane' bekannt sind, identificiren zu wollen, – wollen's abwarten, ob's geschieht."

05.06. Gartow. Da May (der "stets im Zylinder" ausgeht; kmjb 1928, 166) geringste Dienstleistungen mit verschwenderischen Trinkgeldern belohnt (so soll er einem Stallknecht im Deutschen Haus, der ihn auf die Frage nach einem gewissen Örtchen an den nächsten Dunghaufen beim Schweinestall verwies, ein Goldstück im Wert von 20 Mark in die Hand gedrückt haben; jbkmg 1971, 263), macht er sich bei den einfachen Leuten auf dem Lande verdächtig. Vermutlich macht er sich außerdem den Bürgermeister Zimmermeister Heinrich Friedrich Könke [*1831] zum Feind; laut einem Brief Carl Balls an May vom 21.2.1911 pumpt Könke May vergeblich an und wird daraufhin zu einem "besonders lieben Freunde". Zwei Polizeibeamte (darunter Gendarm Gehrke) erscheinen morgens im Hotel Krug und setzen den Schriftsteller fest. Hinnrichs: "Erschrocken fährt unser Freund aus dem Bett, und als er notdürftig angekleidet die Tür öffnet, sieht er davor nicht einen, nein gleich zwei Wachtmeister, die ihn fragen nach Nam' und Art und ihn prüfen auf

Herz und Nieren. Scheckbuch und sonstige Papiere genügen nicht. 'Ja, meine Herren, einen Auslandspaß habe ich nicht!' – 'Dann dürfen Sie das Haus nicht verlassen, bis wir Antwort haben!'" Ermittelt wird wegen Hochstapelei. Mays Identität soll durch eine Depesche nach Dresden festgestellt werden. Im Laufe des Tages kommt vom Radebeuler Gemeindevorstand [Robert Werner] die erlösende Mitteilung: "Karl May hier wohnhaft, übt sehr gern Wohltätigkeit." "Das genügte den beiden Hütern des Gesetzes und – Karl May war wieder frei" (kmjb 1924, 337). May an Fehsenfeld 19.5.: *damit Old Shatterhand doch auch einmal Etwas erlebt, wird er in Gartow, dem welfischen Erdenwinkel, als französischer Spion arretirt. Darüber allgemeine Entrüstung in den Blättern.* Carl Ball an May 21. 11.1910: In Gartow "gaben Sie einem armen Kinde, welches Geld verloren hatte, ein Zehnmarkstück u. ebensoviel der armen Mutter. Ob dieser edlen Tat sah man Sie mit sehr vorsichtigen Augen an, als man dann aber erfuhr, wer Sie waren, wollte die Freude kein Ende nehmen". Balls Version der Geschichte unterscheidet sich erneut vom Bericht des Augenzeugen Hinnrichs: "Bald erschien ein Polizeibeamter im Gasthof und verlangte von Karl May Aufschluß über seine Person. Lächelnd beantwortete er alle Fragen, zeigte seine Besuchskarte vor, wies auf seinen Namen am Regenschirm – Personalausweis mit Namensunterschrift und behördlich gestempeltem Lichtbild führte man damals nicht auf jeder Reise bei sich. Aber das alles genügte dem gewissenhaften Beamten nicht. Er erklärte Karl May unzweideutig, daß bei seiner Heimatsbehörde sofort telegraphisch Erkundigungen über ihn eingeholt werden würden und daß er das Hotel vorläufig nicht verlassen dürfe; es würde daraufhin überwacht werden. [...] Im Kreise von Bekannten verbrachte man den Abend in launiger Weise, bis dann endlich – es war schon in der Nacht – ein Telegramm die behördliche Bestätigung der Mayschen Angaben brachte. Wieder erschien der Polizeibeamte und erklärte die 'Freilassung des Häftlings'. Selbstverständlich wurde die Befreiung in gebührender Weise und bei kreisendem Becher gefeiert" (kmjb 1928, 166f.). Das

Gartower Erlebnis weckt ungute Erinnerungen in May und verleidet ihm endgültig den Plan eines Stückes über den "alten Dessauer" (heer2 71; heer4 359). Noch im April oder Mai 1899 wird May eine Karte an den Gastwirt Krug als *Ihr ergebener Arrestant* unterschreiben ("Heimatbote", Juni 1935, 33).

05.07. In Begleitung von Friedrich Hinnrichs Abreise mit der Kutsche aus Gartow über Kapern, Bömenzien, Ziemendorf und Arendsee nach Salzwedel, wo May wegen der schlechten Straßenverhältnisse nach vier Stunden zu spät eintrifft und seinen Zug verpasst. Er steigt daher im Gasthof Schwarzer Adler ab, neben dem Rathausturm (hall 216f.; gus 200; jbkmg 1971, 264). Der Oberkellner "Louis" (Karl Erbstösser) wird sich noch 1904 an den "noblen" Gast erinnern, der ihm ein "fürstliches Trinkgeld" von 20 Mark gab (kmjb 1928). May an Wilhelm Anton Krug: *Wir sind zu dem Schnellzug nach Dresden hier zu spät angekommen – Dr. Karl May hat also auch Bekanntschaft gemacht mit den das Herz bewegenden Verkehrsverhältnissen, die jetzt ja auch nicht allerseits besser geworden sind, denn in den Schlaglöchern zwischen Gartow und Capern gleich nach der Straße nach Holtorf würde K. May heute als unerfahren auf der Strecke wahrscheinlich steckenbleiben, weil er ja nicht wissen könnte, daß nur die eiligste Flucht auf den Sommerweg oder in Schneckentempo vor Berg- und Thalkarussell retten kann – und so bleibe ich diese Nacht in Salzwedel* ("Heimatbote", Juni 1935, 32f.; jbkmg 1971, 265). In der Reichestraße 15 (heute Burgstraße 4), schräg gegenüber dem Schwarzen Adler, besucht May an diesem Nachmittag oder am nächsten Morgen die Buchhandlung von Gustav Klingenstein (†1896, Witwe Marie Klingenstein; hall 216; gus 200). Der Buchhändler Otto Horn wird sich noch 1904 an eine Unterhaltung mit May erinnern, bei der er eine Besuchskarte erhielt (kmjb 1928, 164).

05.08. Sonntag. Salzwedel. Fortsetzung der Heimreise mit dem Schnellzug. Grußtelegramme an Friedrich Hinnrichs 14.50 Uhr aus Stendal (*Gruß – Kuß – Schluß*) und 16.25 Uhr aus Schönebeck an der Elbe (*Herzlichen Gruß*) (jbkmg 1971, 268). Vermutlich abends Ankunft in Radebeul.

05.13. Per Bahnpost Dresden–Meißen, Zug Nr. 1559, geht ein Brief Emma Mays an Agnes Seyler; Briefschulden werden bedauert und Besserung wird gelobt (mkmg 25, 9).

05.15. Sonntag.

05.16. Radebeul. Mays haben (Brief an Emil Seyler 18.5.) *einen höchst interessanten Besuch, nämlich die drei Grafen von Radetzky, welche begeisterte Leser von mir sind – – Enkel des Feldmarschalls Radetzky* (masch 242). An Carl Felber 18.5.: *Vorgestern waren die drei Grafen Radetzky bei uns, Nachkommen des Feldmarschalls Radetzky. Lieber hätten wir es gesehen, wenn Ihr es gewesen wäret.* May an Fehsenfeld 19.5.: *Drei Grafen von Radetzky, Enkel des Feldmarschalls, Graf Schwerin, Prinzessin Windisch-Gräz u.s.w.* Ein Foto zeigt die Grafen Joseph Franz Johann (1884–1966), Theodor Franz Leopold (1885–1917) und Egon Alfred Johann (1887–1927) Radetzky von Radetz (Urenkel des österreichischen Feldmarschalls Johann Joseph Wenzel Graf Radetzky von Radetz, 1766–1858) vor dem chinesischen Pavillon im Garten der Villa "Shatterhand" (kmw VIII.6, 459, vgl. 456f., 460f.).

05.17. May an den Gastwirt Wilhelm Anton Krug in Gartow: *Denken Sie nicht, daß ich Sie vergessen habe! Kaum zu Hause angekommen, mußte ich nach Wien. Von dort zurückgekehrt, sende ich einstweilen diese zwei Hefte, eins für Sie und das andere für Ihren vortrefflichen Arzt, Herrn Dr. med. Röhrs* ("Heimatbote", Juni 1935, 32).

05.18. May an Carl Felber in Hamburg: *Nehmt unsern Dank für den Stör etc. der für mich eine große Delikatesse gewesen ist. Die Krabben kommen später dran; ich habe sie so sehr gern, weil ich selbst so eine Krabbe bin, nur nicht so jung, appetitlich und zart wie diese. Wir haben eine schwere Reisezeit hinter uns. Ich machte diese Reise, um mich zu erholen, bin* *aber angegriffener wiedergekommen, als ich fortgegangen bin.* [...] *Kürzlich war ich in Eurer Nähe, in Gartow, Provinz Lüneburg, beim Grafen von Bernstorff, um Studien zu machen.* May lädt Felbers, die ihr Café verkauft haben und *nun frei* sind, zu einem Besuch ein: *Ihr wohnt natürlich bei uns, und wir machen allerlei Ausflüge nach Dresden und in die herrliche sächsische Schweiz.* – May an Emil Seyler: *Kürzlich war ich zum Geburtstag in Dessau und dann in Gartow beim Grafen von Bernstorff, um Studien zu machen.* [...] *In einer der neuern Nummern des "Hausschatz" steht mein "Ave Maria" wieder, für Tenor und Sopran von einem guten Bekannten von mir* [K. W. Nitzsche] *komponirt. Die Composition ist vortrefflich. Wie würde ich mich freuen, sie von der herrlichen Stimme unserer lieben Freundin Agnes zu hören!* (masch 242f.) – May an Josef Vilímek: *Wenn ich Ihnen noch nicht geschrieben habe, so liegt das daran, daß ich in Wien, München, Stuttgart etc. von den höchsten und hohen Herrschaften und Tausenden von Lesern so in Anspruch genommen wurde, daß mir faktisch keine Zeit für mich selbst geblieben ist und ich vielmehr vor Anstrengung schwer krank geworden bin. Dann mußte ich nach Norddeutschland und bin von da erst vor einigen Tagen zurückgekehrt. Was Ihre Auseinandersetzung betrifft, so giebt es außer Ihnen – man sollte es wohl nicht glauben – noch elf Offerten.* [...]. *Nun weiß ich, daß Sie Ihrer Leistungsfähigkeit wegen den Vorzug verdienen, und so würde es mich freuen, wenn ich mit Ihnen einig würde. Nur ist es ein Irrthum, daß ich mit 150 Mrk. einverstanden gewesen sei. Die Fehsenfeldschen Bände enthalten fast doppelt soviel wie die Spemannschen* [...] *Werke; ich halte da eine Honorarsteigerung für ganz selbstverständlich und glaube, nicht unbescheiden zu sein, wenn ich 200 Mark sage. Auch möchte ich contractlich festgestellt haben, wie hoch die Auflage für diese 200 Mrk. sein soll. Und was dieses Honorar betrifft, so würde, da ich sehr oft für lange Zeit von daheim auf Reisen abwesend bin, es mir lieb sein, wenn es pränumerando zu entrichten wäre!* (jbkmg 1977, 231f.) – Notiz: *Der Muth des*

Leidens und Entbehrens steht unendlich höher als der Muth der That!

05.19. May schreibt Fehsenfeld über seine jüngsten Reisetriumphe in Wien, München, Regensburg und Norddeutschland. Er kündigt neue Projekte an: *Der nächste Band ist der 25te, also ein Jubiläumsband; da muß ich etwas Vorzügliches bringen, weiche also von meiner bisherigen Absicht ab und werde einen Band schreiben, der entweder den Titel "Vom Tode erstanden" oder "Am Jenseits" hat. Welches von Beiden gefällt Ihnen besser? Ich hoffe, recht bald anfangen zu können. Vielleicht werden es gar 2 Bände.* Fehsenfeld wird den ersten Titel durchstreichen und zum zweiten schreiben: "Fein!" (XXV N15) *Hierauf erwähne ich die Musikalien. Alle Welt bestürmt mich um mein Ave Maria. Es muß gedruckt werden. Jeder Gesangverein kauft es; es ist für Männerchor; gebe ich noch ein Lied für gemischten Chor dazu, so ist das ein Geschäftscoup, durch welchen Derjenige, der nur das eine braucht, gezwungen wird, auch das andere mitzukaufen. Da habe ich denn ein "Gebet"* [*Vergiß mich nicht*] *gedichtet und componirt, welches in Wien bei der hohen und höchsten Aristokratie und in allen Vereinen außerordentlich angesprochen hat, fast noch mehr als das Ave Maria.* May will eine Reihe seiner Kompositionen unter dem Titel *Ernste Klänge* veröffentlichen. Außerdem sollen, wie am 16.1. in Radebeul besprochen, *May-Postkarten* herausgebracht werden: *Ueberall, wo ich davon gesprochen habe, waren die Leser ganz entzückt von dem Gedanken, May-Karten bekommen zu können. Ganze Institute werden gar keine andern mehr kaufen. Es giebt Institute (wie das berühmte Kalksburg bei Wien, wo nur Söhne adeliger Eltern erzogen werden, jetzt ca. 400 und wo ich auch einen Tag war und wie ein Fürst gefeiert worden bin), die gleich 1000 kaufen werden.* [...] *Also bitte, suchen Sie das richtige Geschäft! Ich werde dann für gute Bilder sorgen; aber nur schwarz, nicht bunt. Papageikarten dürfen es nicht sein.* Da Fehsenfeld sich in Bad Kissingen aufhält, erreicht ihn der Brief verspätet. – Emma May an Agnes Seyler, mit einem gedruckten Gedicht von Bernhardine Schulze-Schmidt: "Wäre das aber eine echte, wahre Herzensfreude für uns, Euch [...] auf den weisen Hirsch [Sanatorium von Dr. Heinrich Lahmann, 1860–1905] zu wissen, u. dieses entzückende Loschwitz, wie würde Dir das gefallen!" May ergänzt: *Diese pfiffige Emma freut sich also, ihre lieben Deidesheimer auf dem weißen Hirsch zu wissen, nicht aber bei sich! Gewaltige Gastfreundschaft! Auch Grüße hat sie nicht mitgeschickt. Ich verbessere das aus reiner Dankbarkeit für sie, weil sie täglich auch an mir herumbessert, leider ohne Erfolg!* (masch 223f.; mkmg 25, 9, 24) Zu einer Aufenthalt der Seylers auf dem Weißen Hirsch wird es nicht kommen.

05.20. May an Fehsenfeld: *Habe Ihnen einen 9 Seiten langen Brief geschickt und da Alles erörtert. Lassen Sie sich ihn schicken. Ich muß jetzt in die Stadt; darum so kurz.*

05.22. Sonntag.

05.23. Bad Kissingen. Fehsenfeld ist mit Mays Plänen (Postkarten, Musikalien, Bd. 25) einverstanden: "Der Titel [...] Am Jenseits ist ganz ausgezeichnet. Wann denken Sie mit dem Band fertig zu sein? Mitte August?"

05.25. May schickt Friedrich Hinnrichs Fotos für den *Herrn Posteleven, obgleich ich mich über seinen Zeitungsartikel mit der Ausplauderung der 1000 Mark und des Klaviers riesig geärgert habe*: *Ihnen lege ich Blumen aus dem gelobten Lande bei, welche mir mein lieber, hochwürdiger Freund, der Patriarch von Jerusalem* [Luigi Piavi, 1833–1905], *gesandt hat* (jbkmg 1971, 266f.). In Gartow hat May dem Gemischten Chor 1000 Mark für ein Klavier versprochen. – Prag. Josef Vilímek antwortet auf Mays Brief vom 18.5. Er ist mit Mays Bedingungen (200 Mark pro Band) einverstanden, möchte aber die jeweilige Auflagenhöhe nicht vertraglich festlegen, weil die Erfolgsaussichten ungewiss seien (mor).

05.28. May sendet Fehsenfeld die *Partitur des ersten Heftchens* der *Ernsten Klänge*: *Ob Sie nur die Partitur oder auch die Stimmen drucken, steht in Ihrem Belieben. Beides hat seine Vor- und Nachtheile. Die Bilder zu den Postkarten sende ich Ihnen nach den Feiertagen. Lassen Sie die Karten gesetzlich schützen! Da Sie es sind, will ich mit zwei Pfennigen zufrieden sein, damit Ihr Reichthum sich vermehre. Ueber "Am Jenseits" werde ich mich baldigst machen, damit Ihr Wunsch erfüllt werde: zu Weihnachten Bücher, Postkarten und Lieder von May. "Ernste Klänge" werden in zwanglosen Nummern erscheinen.* – Einsiedeln. Der Verlag Eberle & Rickenbach, der in den "Mariengrüssen aus Einsiedeln" wiederholt eine Erzählung Mays angekündigt hat, teilt mit, dass "mündliche & schriftliche Reclamationen, namentlich von Geistlichen", einträfen, "welche uns vorwerfen, wir hätten die Abonnenten angelogen": "Wir bitten Sie recht dringend, geehrtester Herr Doktor, uns doch aus der Klemme zu helfen & das Manuscript baldigst einzusenden!"

05.29. Pfingstsonntag. May an Emil Seyler: *Wegen Ueberhäufung mit Arbeit, Besuchen etc. können wir Euch leider einen nur kurzen aber um so herzlichern Pfingstgruß senden* (masch 244).

06. Ludwig Freytag veröffentlicht im "Pädagogischen Archiv" eine Rezension von *"Weihnacht!"*.

06.05. Sonntag.

06.07. Per Bahnpost Leipzig–Riesa–Dresden geht eine Karte Karl und Emmas an Familie Seyler, mit Bedauern über eine Erkrankung Agnes Seylers (mkmg 25, 9). – 16.50 Uhr. Ein Telegramm an Fehsenfeld kündigt für Donnerstag und Sonntag Fotovorlagen für die geplanten Postkarten (May in Zivil resp. in Kostüm) an.

06.10. Einsiedeln. Verlag Eberle & Rickenbach an May: "Wir bitten Sie inständig, uns doch güt. die für unsere 'Mariengrüsse' längst versprochene Erzählung einzusenden." Auch für eine noch zu gründende "Zeitschrift für kath. Jünglinge" ("Die Zukunft") wird ein Beitrag erbeten.

06.12. Sonntag.

06.19. Sonntag. Emma May an Agnes Seyler: "Vergangene Woche haben wir die ersten Erdbeeren von Deinen Pflanzen gepflückt [...] wir bekommen morgen Logierbesuch auf 8 Tage; da giebt es noch Vieles zu besorgen. Ein geistlicher Herr aus Ungarn [Lajos Szekrényi]. Es ist der, welcher meines Mannes Werke ins Ungarische übersetzt" (masch 224f.). Szekrényi, Pfarrer in Magyar-Bánhegyes, hat bereits im Januar 1896 mit May über die ungarischen Übersetzungsrechte verhandelt und erste Vereinbarungen getroffen. Von 1898 bis 1904 wird er, beginnend mit *Am Stillen Ocean* (*A Csendes Oceánon*), acht Bände für den Verlag Szent-István-Társulat (Heilige-Stephan-Gesellschaft, Budapest) übersetzen. Als erste ungarische Übersetzung hat 1894 Rikárd Arkövi bei Athenaeum (Budapest) die *Sklavenkarawane* (*A rabszolga-karaván*) vorgelegt, vermutlich mit Genehmigung des Union-Verlags, jedoch stark gekürzt und zusammen mit einer Erzählung von Carl Falkenhorst (mkmg 33, 10, 13-15; mkmg 34, 14).

06.20. Beginn eines mehrtägigen Besuchs von Lajos Szekrényi in der Villa "Shatterhand". Vertragsabschluss über eine ungarische Ausgabe (vgl. Mays Brief vom 8.7.) *Frau Pollmer* 857: *Theologieprofessor Szekrényi, ein schöner, geistreicher Magyar, der meine Werke in das Ungarische übersetzte. Er besuchte mich wiederholt und lebte in überaus glücklicher Ehe mit einer sehr schönen und geistig hochstehenden Frau* [recte die Haushälterin Barbara Gondák, die Szekrényi erst im März 1906 nach seiner Apostatierung heiratete; mkmg 33, 11f.]. *In diesen war die meinige so sinnlos verschossen, daß er mich bat, wenn er wiederkomme, seine Frau mitbringen zu dürfen. Er brauchte, um bei mir wohnen zu können, Schutz gegen meine Phryne!*

06.23. Kartengrüße von der Bastei an Familie Seyler: *Wo hoch des Herrgotts Berge ragen, / Da stehen wir und denken Euer. / Wir müssen Euch von Herzen sagen, / Wie lieb Ihr uns seid und wie theuer. / O, wär es möglich, daß Ihr Beide / Doch könntet diese wunderbaren / Beweise hier an unsrer Seite / Von Gottes Vaterhuld erfahren!* (gus 192) Eine Separatkarte an Agnes Seyler schreibt Emma (mkmg 25, 9).

06.24. Meißen, *die ganz aus Porzellan bestehende Stadt.* Kartengruß an Familie Seyler (mkmg 25, 10; hall 209).

06.25. Rückkehr aus Meißen. Per Bahnpost Leipzig–Riesa–Dresden, Zug Nr. 448, geht ein Kartengruß mit einem Gedicht über Käse, der *alle ist!*, an Familie Seyler (mkmg 25, 10).

06.26. Sonntag.

07.02. Fehsenfeld schlägt vor, 100 Künstlerpostkarten mit Motiven aus den Reiseerzählungen zu veröffentlichen.

07.03. Sonntag.

07.04. Fehsenfeld an May: "Sie wollten mir s. Zt. die Platten zu Ihren Photographien überweisen. Wie mir mitgeteilt wird, liefert weder der Photograph [Nunwarz] noch der Linzer Buchhändler [Steurer] die Bilder mehr, sodaß es sich wohl lohnen dürfte, wieder Abzüge zu machen, um die eingehenden Bestellungen erledigen zu können."

07.06. Prag. Telegramm Josef Vilímeks an May: "Reclamire Beantwortung meines Briefes vom 25 Mai da ich im Begriff stehe auf längere Zeit zu verreisen und noch vor Abreise die Sache abgewickelt haben möchte". May telegraphiert zurück: *ein- fuer allemal auf bestimmung der auflage zu verzichten, ist mir bei diesem honorarsatze natuerlich unmoeglich* (mor).

07.07. Telegramm Vilímeks an May: "Unter Aufrechterhaltung der in meinem Schreiben vom 25 Mai stipulirten Bedingungen fixire ich die Auflage auf 5000 Exemplare und betrachte hiemit die Angelegenheit für endgiltig erledigt". – Der "May-Club

München" veröffentlicht die erste Nummer der "Vereins-Zeitung". Zum neu gewählten Vorstand gehören Josef Weigl (Präsident), der Buchhändler Friedrich Daniel, der Rentier Max Harlander, der Jurastudent Georg Gernbeck und der Kanzlist Rudolf Fried; neues Lokal ist das Restaurant Herzog-Ludwig in der Rothmundstraße 5[I]; nach den neuen Statuten können nun auch weibliche Mitglieder aufgenommen werden (kmjb 1978, 96-105).

07.08. May ist mit Fehsenfelds Vorschlag vom 2.7. einverstanden: *Nur geht aus Ihrem Briefe nicht hervor, ob Sie blos diese Serien herausgeben wollen oder ob es auch außerdem bei den drei Portraitpostkarten bleibt (Old Shatterhand, Kara Ben Nemsi und Civil, welch letztere ich Ihnen heut beilege). Bitte Antwort! Hauptsache ist, daß in den Serienbildern Old Shatterhands und Kara Ben Nemsis Gesicht in jeder Stellung gut getroffen ist. Wenn Sie es wünschen, sende ich Ihnen Photographieen zum Studium für die Künstler ein. Bitte Antwort! Ebenso möchte Winnetou ähnlich sein. Ich bin bereit, Ihnen eine Zeichnung anzufertigen, welche ähnlich ist. Bitte Antwort! Wie steht es mit den Compositionen? Ist damit schon begonnen worden? Bitte Antwort! Aus Ihren Zeilen vom 4ten d. M. werde ich nicht klug. Habe ich Ihnen wirklich Platten versprochen? Wozu? Haben Sie etwa, ohne daß ich davon wußte, die Absicht, auch die Photographieen zu verlegen? Das wäre mir sehr lieb. Platten bekommt natürlich nur der Verleger vom Photographen. Bitte Antwort! Nunwarz in Linz ist geschaßt. Meine Lieben theilten mir mit, daß er mich betrügt; sie dictirten mir seine ganze, heimliche Buchführung und klärten mich auch über alle andern Heimlichkeiten auf. Da reiste ich hin, überführte ihn und nahm ihm den Verlag. Es stimmte Alles, was sie mir gesagt hatten; er ist ein Lump.* Felix Krais versieht Mays Brief mit Bemerkungen; u. a. soll May eine Zeichnung Winnetous an den Kunstmaler Carl Henckel (1862–1929) in Pirna schicken. – May an Josef Vilímek: *Meine Werke sind nicht zu beurtheilen wie die Bücher Anderer, auch Verne's. Die meinigen sind nicht blos die*

Früchte langer und angestrengter Studien sondern noch mehr die Erfolge fast 30jähriger Reisen, Entbehrungen und Gefahren; sie sind, man kann das wörtlich nehmen, mit meinem Blute aus den Wunden geflossen, deren Narben ich noch heut an meinem Körper trage. Das haben bisher alle meine Verleger eingesehen und mir ohne Ausnahme ein anständiges Entgegenkommen gezeigt. Ich reise noch heut und bin in Beziehung auf die Kosten dieser Reisen auf meine Honorare angewiesen. [...] *Professor Szrekrényi, der Uebersetzer und Herausgeber meiner Werke in ungarischer Sprache, zahlt mir pro Tausend 250 Mark, also 25 Pfennige pro Buch, und macht dabei bedeutende Geschäfte. Den Umstand berücksichtigend, daß ich oft und lange auf Reisen abwesend bin, hat er mir (auch im Contract bemerkt), die ersten 11 Bände pränumerando bezahlt. Das ist ein glattes, anständiges Geschäft! Ich will Ihnen gegenüber gern berücksichtigen, daß Sie meinten, nicht soviel Käufer zu bekommen wie er. Sie sprachen in Prag von 3000; jetzt telegraphiren Sie von 5000. Eine Honorarforderung von 5 deutschen Pfennigen pro Buch, also 250 Mark pro 5000 ist, wie mir Jedermann zugeben wird, so niedrig gegriffen, wie die schriftstellerische Ambition kaum erlaubt; tiefer gehen kann ich nicht und erhoffe dabei die Zahlung der von Ihnen in Angriff genommenen 6 ersten Bände bei Abschluß des Contractes, den ich Ihnen, sobald Sie mir Ihr Einverständniß erklären, sofort zur Unterschrift zusenden werde. Also 5 arme, deutsche Pfennige pro Buch. Selbst der Herausgeber in slowenischer Sprache (Graz)* [Anton Turk?] *hat mir kürzlich 15 bezahlt, natürlich auch pränumerando. Sie verreisen; auch ich trete nach kurzer Zeit meinen Ausflug nach Bagdad etc. etc. an; ein baldiger Abschluß ist also für beide Theile wünschenswerth* (jbkmg 1977, 232f.).

07.09. Vilímek teilt May mit, dass es ihm "beim besten Willen nicht anders möglich ist, als meine Offerte v. 25. Mai d. J. aufrechtzuhalten, da diese schon zu Gunsten des Autors derart festgestellt wurde, wie es bei unseren literarischen Verhältnissen überhaupt nur möglich ist. Sie werden sich wohl erinnern, dass ich schon einmal auf eine Erhöhung des Honorars von Mk 150.- auf 200.- eingegangen bin; eine weitere Erhöhung desselben ist mir aber absolut unmöglich." Vilímek ist besorgt, weil inzwischen eine "sehr ernste Concurrenz aufgetaucht ist"; er legt eine "vorläufige Anzeige desselben Romans" bei, mit dem er die Reihe eröffnen will: "Der Concurrenz-Verleger wich gewiss allen Unterhandlungen mit Ihnen aus und wird einfach eine nicht autorisirte Uebersetzung herausgeben". Tatsächlich bereiten die Benediktinermönche des Klosters in Groß-Raigern (Mähren) eine unerlaubte Übersetzung des Orientzyklus vor (mkmg 45, 18). Vilímek deutet an, dass auch er "von dem Rechte Gebrauch machen" könne, Mays Romane "ohne jede Autorisationsgebühr" einfach abzudrucken, und erbittet Antwort "binnen 3 Tagen" (mor).

07.10. Sonntag. Fehsenfeld an May: "Selbstverständlich beabsichtige ich, die 3 Portraits Karten auch zu bringen [...]. Es wird mir sehr lieb sein, wenn Sie mir sofort noch Photographien zum Studium für die Künstler schicken [...]. Wenn Sie mir eine Zeichnung von Winnetou machen wollen, die ähnlich ist, so bitte ich es aber gleich zu tun. Das würde dann von großer Zugkraft für das Unternehmen sein." Fehsenfeld will die Nunwarz-Fotos in seinen Verlag nehmen.

07.12. May an Vilímek: *Es thut mir unendlich leid, daß Sie auf eine so schnelle Entscheidung dringen und diese doch selbst verzögern. Sie senden mir zwar das Inserat, aber nur die Hälfte desselben; die andere mit dem Namen ist abgeschnitten, was doch nur die Absicht haben kann, daß mir die Firma unbekannt bleiben soll.* May vermutet eine *Uebersetzung meiner Werke ohne mein Wissen.* Er schließt: *Auch ich verreise, wie ich Ihnen bereits mitgetheilt habe, und zwar für lange Zeit, weit über das laufende Jahr hinaus, und so ist es selbstverständlich, daß ich lange Verhandlungen und einen Contract mit Honorarverzettelungen resp. weit auseinandergeschobenen Zahlungen geringer Beträge möglichst vermeiden muß* (jbkmg 1977, 234). Da es unter diesen Voraussetzungen zu keiner Einigung kommt, entschließt Vilímek sich dazu, auch ohne Mays Erlaubnis in einer neuen illustrierten Reihe "Dobrodružné cesty" (Abenteuerliche Reisen) unter dem Sammeltitel *Po stopě zlého činu* (Auf der Spur der bösen Tat) zunächst eine Heftausgabe von *Durch die Wüste* (*Pouští*) herauszugeben, in einer rigorosen Bearbeitung von Jiří Stanislav Guth-Jarkovsky (1861–1943), die u. a. Kara Ben Nemsi zu einem Franzosen namens Ben Han macht.

07.16. Ernstthal. Ein Großfeuer zerstört mehrere Häuser am Markt, darunter das Haus Nr. 183, in dem die Familie May seit 1845 wohnte, das letzte Wohnhaus Nr. 185, das Gasthaus Stadt Glauchau und das ehemalige Webermeisterhaus, in dem May von 1848 bis 1850 die Elementarschule besuchte (rich 13).

07.17. Sonntag.

07.22. Christian Albert Richard Klagemann (*1860), Redakteur des "Radebeuler Wochenblatts", an May: "Soeben erfahren wir, daß bei Ihnen Jemand gewesen ist, um scheinbar Bücher abzusetzen und diese später auch in Ihrer Abwesenheit dort abgegeben hat. Es wäre uns lieb im Interesse der Allgemeinheit eine kleine Notiz hierüber bringen zu können und bitten wir daher ergebenst, wenn möglich uns einige Zeilen heut Vormittag zuzustellen resp. dem Boten diese mitzugeben." Es erscheint keine Notiz.

07.24. Sonntag. An May geht eine Vereinszeitung des Münchener "May-Clubs" vom 21.7.

07.27. May an Emil Seyler: *Deine gute Agnes hat meiner Frau geschrieben, daß Ihr im August kommen werdet. Bravo! Hurrah! Al Hamd ul Illah!* [...] *Und nehmt unsern Herzensdank für die herrliche Hoffnung, Euch bald unsere Treppen hinaufkraxeln zu sehen! Schon morgen kommt eine neue Guitarre ins Gastzimmer und Guirlanden um die Blitzableiter; sämtliche Laternen werden reparirt und die Suppenteller frisch angestrichen. Wir können es wirklich kaum erwarten und bitten Euch:*

Kommt nur wenigstens einen Zug eher, sonst halten wirs nicht aus!!! (masch 244f.)

07.30. Auf Schloss Friedrichsruh stirbt der ehemalige Reichskanzler Fürst Otto von Bismarck.

07.31. Sonntag.

08. Der angesehene Reformkatholik Carl Borromäus Johann Baptist Muth (1867–1944) wirft May unter dem Pseudonym Veremundus in seiner Schrift "Steht die Katholische Belletristik auf der Höhe der Zeit?" (Mainz, Franz Kirchheim) "litterarische Geschmacksverderbnis" vor; Mays "reiseliterarische Taxiliaden [Bezug auf den Hochstapler Leo Taxil] mit ihren als captationes benevolentiae eingeflochtenen religiösen Phrasen" seien "auch vom erzieherischen Standpunkt aus nicht ganz einwandfrei". Auch der "Deutsche Hausschatz", der das "zweifelhafte Verdienst" habe, den Abenteuerroman "unter der Firma Karl May eingebürgert zu haben", gerät in die Kritik (aug3 VII, 241-244; jbkmg 1975, 202; jbkmg 1978, 187f.).

08. "Deutscher Hausschatz": "Der Schluß des ersten Bandes der Reise-Erzählung von Karl May [*Im Reiche des silbernen Löwen*] ist weit umfangreicher geworden, als erwartet werden konnte. Um nun das Material bewältigen zu können, ohne den übrigen Lesestoff erheblich zu schädigen, hat der Verlag sich entschlossen, zu Heft 16, 17 und 18 je eine besondere Beilage von 8 Seiten zu geben, sodaß unsere Leser in diesem Jahrgang 24 Seiten Lesestoff mehr erhalten" (mkmg 20, 19).

1898.08.-1899.03. May schreibt unmittelbar für Fehsenfeld seinen neuen Roman *Am Jenseits* (XXIII A40).

08.02. May an Fehsenfeld: *Anbei empfangen Sie von "Im Reiche des Silberlöwen" Bd. 1. und das erste Kapitel von Bd. II. Es würde mir lieb sein, wenn H. Krais recht bald beginnen könnte, damit wir mit diesen beiden Bänden und "Am Jenseits" schnell fertig werden, weil ich im Spätherbst nach Mossul, Bagdad etc. zu Hadschi Halef reise.*

08.04. Berlin. Louise Haeußler, "betrübten Herzens", auf einer Karte zum Andenken Bismarcks an Emma May: "Wir Deutschen fürchten Gott / Sonst nichts auf der Welt."

08.05. Johannes März und Walter Weber schicken ein Scherzgedicht aus Leipzig.

08.07. Sonntag.

08.12. Schloss Weesenstein, südlich von Dresden im Müglitztal (rich 184f.; hall 73f.; gus 225). Vierteiliger lyrischer Kartengruß an Familie Seyler: *Vers 1: Im alten Schloß zu Weesenstein, / Da solls des Nachts sehr finster sein. / Warum so finster grad bei Nacht? / Das hat man nicht herausgebracht. // Vers 2: Wenn es des Nachts dort Zwölfe schlägt, / Der Klöppel zwölfmal sich bewegt, / Warum es grad zwölf Schläge macht, / Das hat man nicht herausgebracht! // Vers 3: Ein Dichter, dem dies ward bericht', / Der machte darauf ein Gedicht. / Warum er das Gedicht gemacht? / Das hat noch niemand 'rausgebracht! // Nutzanwendung: Im alten Schloß zu Weesenstein / Da sitzen wir so ganz allein. / Warum Ihr nicht mit uns gemacht, / Das hat noch keiner 'rausgebracht!* (mkmg 25, 10; mkmg 26, 10)

08.14. Sonntag.

08.15. Emma May bittet Agnes Seyler um eine Mitteilung über den seit längerem vergeblich erwarteten Besuch der Familie Seyler: "Da wir nun [...] noch eine kleine Reise vorhaben, u. bald bestimmen müssen wann, so würde es uns außerordentlich lieb sein, wenn Ihr die Güte haben wolltet, uns eine entscheidende u. bestimmte Antwort recht bald zukommen zu lassen" (masch 225).

08.16. "Radebeuler Wochenblatt", Briefkasten: "Paul N. Die berühmten Werke des Herrn Dr. Karl May sind für die, welche sie nicht kaufen können, bandweise (jetzt 30) in jeder Dresdner Leihbibliothek zu haben. Allerdings müssen Sie, infolge der starken Nachfrage, mitunter monatelang warten, ehe Sie durch Voranmeldungen an die Reihe kommen."

08.17. Mays sind mit Plöhns und Hausarzt Curt Mickel nach Grünthal (heute Olbernhau) gereist. Gastwirtschaft Schwefelbad der Familie Wilhelm Klinger, am Grenzübergang nach Böhmen, An der Natzschung 9 (hall 164-167; heer2 95f.; kmhi 2/3, 25). Eintrag ins Gästebuch: *In Grünthal giebts ein liebes Haus; / Geht man da öfters ein und aus / Und lernt die braven Leute kennen, / Die sich mit Namen Klinger nennen, / So geht man wohl von diesem Ort / Mit großem Widerstreben fort / Und sagt: "Hier läßt sichs glücklich sein; / Ich kehre baldigst wieder ein!"* (hall 165; heer4 360; kmhi 2/3, 21, 24) Der Aufenthalt im Schwefelbad Grünthal hängt vermutlich mit Richard Plöhns Nierenleiden zusammen.

08. In Grünthal kommt es zu einem Treffen mit dem Ehepaar Marie und Hans Grund. Marie Grund am 20.1.1911 an Klara May über deren Beziehung zu Emma: "Ihr waret damals sehr intim, und Du wie immer von dem Weibe sehr beeinflußt."

08.18. Grünthal. Gemeinsamer Kartengruß an Familie Seyler *von einer nur dreitägigen Spritztour nach der österreichischen Grenze* (mkmg 25, 10; mkmg 26, 4; kmhi 2/3, 22). An einem dieser Tage vermutlich Besichtigung der Saigerhütte, in unmittelbarer Nähe zum Schwefelbad, und des Anwesens Althammer, jenseits des oberen Tores (hall 166f.; kmhi 2/3, 25).

08.20. Grünthal. Telegramm an Fehsenfeld: *wir sind verreist haben sie keine sorge um manuskript montag ausfuehrlicher brief.*

08.(?) May an *Rittmeister Fritz* (*Erstes Gardeulanenregiment, zweite Schwadron*) und *Hauptmann Hans* (*Erstes Feldartillerieregiment, zweite Batterie*) in *Garnison Kirchheim, Dettinger Sonnenseite* (gemeint sind die Söhne Fritz [1881–1939] und Hans des befreundeten Ehepaars Carl Max und Emma Weise in Kirchheim unter Teck): *In Kirchheim steht ein Häusle; / Drin sind zwei liebe Mäusle, / Das Hansle und das Fritzle, / Die machen viele Witzle. / Wir aber sind in Dresdle, / Wo sie auch oft gewestle, / Und haben groß Verlangle, / Zu ihnen zu gelangle. /*

Drum nehmen wir ein Zettle, / Vulgo Rundreisbilletle, / Und fahren mit dem Bahnle / Und auf dem Neckarkahnle, / Dann noch ein kleines Streckle / Bis Kirchheim unterm Teckle / Und bringen mit Frau Saftle. / Hei! Wird das ein Wirthschaftle!!!

08. Im "Regensburger Marien-Kalender" für 1899 (Pustet) erscheint die Reiseerzählung *Die "Umm ed Dschamahl"*, mit Illustrationen von Anton Hoffmann (1863–1938) (plaul1 230).

08.21. Sonntag. Katholikentag in Krefeld. Neben der Muth-Broschüre dürften auch Mays Kolportageromane wieder für Gesprächsstoff sorgen (jbkmg 1982, 25).

08.24. Der russische Zar Nikolaus II. Aleksandrović (1868–1918) erlässt einen "Aufruf zu einer internationalen Konferenz für Frieden und Abrüstung". Die erste Haager Friedenskonferenz 1899 wird jedoch erfolglos bleiben, weil keine der Großmächte ernsthaft an Abrüstung denkt.

08.28. Sonntag.

08.29. Unter diesem Datum findet sich eine nicht von May stammende Eintragung ("Dr. Carl May / Dresden / Schriftsteller") im Gästebuch des Hotels zum Wilzenberg in der Sommerfrische Winkhausen im Sauerland. Ein tatsächlicher Aufenthalt ist dadurch nicht bewiesen (kmhi 9, 38-42).

08.30. 8 Uhr. Regensburg. Heinrich Keiter stirbt nach jahrelangem Leiden an Lungentuberkulose (mkmg 78, 27). Sein Nachfolger als Redakteur des "Deutschen Hausschatz" wird im Dezember Dr. V. M. Otto Denk (Pseud. Otto von Schaching, 1853–1918) (mkmg 20, 19). – Um diese Zeit kommt es für neun Jahre zum Bruch mit dem Regensburger Verlag. Einen von Friedrich Pustet versandten *Waschzettel*, der vermutlich eine Distanzierung enthielt, empfindet May als Verrat an der Freundschaft. Pustet fürchtet die allmählich sich herausbildende katholische Opposition gegen May. Dieser wiederum will sich vom "Deutschen Hausschatz" trennen, weil der literarische Anspruch seiner künftigen Werke über das "Hausschatz"-Niveau weit hinausgehen soll. Die von May geplante Fortsetzung des *Silberlöwen* kann nicht mehr bei Pustet erscheinen (wohl 768; jbkmg 1982, 25; mkmg 78, 28). *Leben und Streben* 235f.: *Ich war grad bis zum Schluß des zweiten Bandes gelangt, da bekam ich von befreundeten Redaktionen einen Waschzettel des "Hausschatzes" geschickt, dessen Inhalt mich veranlaßte, meine damalige Absage zu wiederholen. Ich telegrafierte Pustet, daß ich mitten in der Arbeit aufhören müsse und kein Wort weiter für ihn schreiben werde. Er mußte mir sogar* [im Juli 1901] *das in seinen Händen befindliche, noch ungedruckte Manuskript wieder senden, wofür ich ihm das darauf entfallende Honorar wiederschickte.*

09. Im "Einsiedler Marien-Kalender 1898" (Einsiedeln/Schweiz, St. Ludwig/Elsass, Eberle & Rickenbach) erscheint der zweite Teil *Gerettet* der Reiseerinnerung *Mutterliebe* (plaul1 230; ued 424f.).

09. Der "Deutsche Hausschatz" kündigt die dort nicht mehr erschienene Fortsetzung des *Silberlöwen* an: "Auch für den neuen Jahrgang haben wir ausgezeichneten Lesestoff in reicher Auswahl zur Verfügung, sodaß der 25. Jahrgang sich seinen vielen Vorgängern würdig anreihen wird. Karl May setzt seine Reiseerzählung Im Reiche des silbernen Löwen fort und spannt den Leser durch die stets wechselnde abenteuerreiche Handlung und die frische packende Darstellung, die auch dem Humor einen weiten Spielraum läßt" (mkmg 20, 19).

09.04. Sonntag. Carl Graf Nostitz fragt telegraphisch an, ob May am 11.9. zu Hause sei.

09.08. May ist (möglicherweise schon seit Ende August) mit Emma zur Sommerfrische im erzgebirgischen Kurort Mulda bei Freiberg, Wald-Park, Ramm's Park-Hotel (Parkanlage begründet von Mühlengutsbesitzer Friedrich Wilhelm Ramm, 1820–1891; Hotelbesitzer Karl August Schulze), Oststraße 3 (hall 167f.; kmhi 16, 1-14). Mays bewohnen eine zum Hotel gehörende "Sommerwohnung" an der Bahn. Ihr Lieblingsort ist eine kleine felsige Anhöhe, die May nach seinem Schutzengel "Marien-Stein" nennt. Kartengruß an Familie Seyler (mkmg 25, 10). – Eine undatierte Kartenserie mit Hotelansichten geht an Plöhns; Karte *No. 1* (*Fortsetzung folgt in No. 2*) ist an *Richardt Plöhn* gerichtet: *Kaum sind im Park wir angekommen, / So kommt das Tintenfaß geschwommen, / Und Schulze drückt mir hochgewandt / Den Federhalter in die Hand. / Nun geht mit Glanz und riesengroß / Das Schreiben und das Dichten los, / Und obs nun oder obs nicht glückt, / Es wird nach Radebeul geschickt* (gus 150; kmhi 16, 3f.). Die Karte *No. 2* ist an *Frau Richardt Plöhn* gerichtet: *Wir wissens längst und sahns auch hier / Die Reisewürze seid nur Ihr, / Und hinter Felsen und Gesträuch / Da suchen fleißig wir nach Euch, / Doch nirgends sahen wir Euch stehn, / Drum werden bald wir wieder gehn, / Um mit, vielleicht auch ohne Schinken, / Euch warm und kalt ans Herz zu sinken* (kmhi 16, 3f.).

09.10. Franz Graf Deym (1838–1903), der österreichische Gesandte in London, ist auf der Durchreise in Dresden und kündigt May für einen der nächsten beiden Tage seinen Besuch an. Hierzu kommt es erst nach Mays Rückkehr aus der Sommerfrische. – In Genf wird die österreichische Kaiserin Elisabeth (genannt Sisi, *1837) Opfer eines Attentats. – In Prag beginnt Josef Vilímek mit der unautorisierten Herausgabe der tschechischen Heftausgabe von *Durch die Wüste*. Die Illustrationen stammen von Josef Ulrich (1857–1930), der auch künftig Vilímeks wichtigster Zeichner ist.

09.11. Sonntag.

09.14. Mulda. 15.40 Uhr. Telegramm an Familie Seyler: *Aus der herrlichen Sommer- oder vielmehr Herbstfrische hier in Mulda bei Freiberg senden wir Euch Lieben tausend Grüße und fragen an, ob Ihr alle wohl seid und besonders ob unsere gute Agnes bald reisekräftig sein wird.*

09.16.(?) Ankunft im württembergischen Kirchheim unter Teck, südöstlich von Stuttgart. Das Ehepaar May ist zu Gast bei der

Fabrikantenfamilie Carl Max (1855–1931) und Emma Weise geb. Brehmer (1854–1940) in deren Villa, Dettinger Straße 95. Die Weises haben am 31.7.1880 nur wenige Wochen vor Mays in Hohenstein geheiratet, zogen zunächst nach Freiberg und leben seit 1888 in Kirchheim, wo die Mays sie vermutlich bereits im November 1890 ein erstes Mal besucht haben; die beiden Frauen, ehemalige Nachbarinnen, sind befreundet. May zieht sich zwischenzeitlich zur literarischen Arbeit (*Am Jenseits*) zurück, doch werden auch Ausflüge in die Umgebung, u. a. vielleicht nach Gutenberg, unternommen. Angeblich fragt May in der Riethmüllerschen Buchhandlung (Karls-Straße, heute Max-Eyth-Straße 25) nach dem Vorhandensein seiner Bücher (low 2, 5-11; mkmg 89, 47f.; gus 120).

09.18. Sonntag. Kirchheim (?). – Hamburg. Die junge protestantische Leserin Anna Peters (kmw VIII.6, 298f., 934-937) schreibt einen schwärmerischen Brief, in dem sie auch Glaubenszweifel äußert (vgl. *Der dankbare Leser* 90).

09.25. Sonntag. Kirchheim (?).

09. Im Verlag der Päpstlichen Druckerei der Benediktiner des Klosters Groß-Raigern (Rajhrad) beginnt eine unberechtigte tschechische Übersetzung von *Durch die Wüste* (*Poušti*) durch den Brünner Postoffizial Oskar Ferdinand Flögl (1860–1938) zu erscheinen; später folgt noch eine Übersetzung von *Durchs wilde Kurdistan* (mkmg 45, 14-25; vgl. Mays Briefe vom 10.7. und 13.7.1901). *Der dankbare Leser* 61: *ein frommes, stilles Haus. Es wird von Brüdern einer Kongregation bewohnt, welche "ihren Karl May" sehr hoch in Ehren hält. Sie hat ihn sogar in eine fremde Sprache übersetzt, um durch ihn auch auf ihre nichtdeutschen Beicht- und anderen Kinder religiös und sittlich heilsam einzuwirken. Sie erzielt mit ihm recht günstige Erfolge, doch leider nicht er mit ihr. Sie zahlt ihm nämlich nichts für diese Bücher!*

09.29.(?) Vermutlich morgens Rückfahrt von Kirchheim nach Radebeul über Unterboihingen (heute Wendlingen), Stuttgart, Halle und Leipzig; Ankunft in Dresden am 30.9. in den frühen Morgenstunden (low 10).

10.01. Radebeul. May an Fehsenfeld, der ihm die erste (und wegen des geringen Erfolgs und der Kritik Mays auch einzige) Serie von Bildpostkarten zu den Reiseerzählungen geschickt hat ("Karl May Postkarten, Serie 1.", ein exotisch umranktes Brustbild von May als Old Shatterhand, neun gezeichnete Handlungsmotive und ein Deckbild mit einem Zivilporträt): *Wie Sie aus meinen Karten ersehen haben, war ich nicht daheim sondern wegen den lästigen, täglichen Leserbesuchen nach dem einsamen Orte geflohen, um ungestört an Band 25 "Am Jenseits" arbeiten zu können. Damit ist auch Ihre Frage erledigt: Diesen Band schreibe ich neu; "Im Reiche des silbernen Löwen" wird Band 26 und 27. Zu 27 hat Herr Krais das 1. Kapitel schon, und heut sende ich Ihnen die übrigen 4 Kapitel, womit Bd. 27 voll ist, auch 39 Bogen wie 26. Bitten Sie H. Krais, diesen Bd. 27 recht schnell zu setzen, damit dann "Am Jenseits" nicht zu spät erscheint. An mir soll es nicht liegen; ich arbeite fleißig drauf los. Dieses "Am Jenseits" wird noch weit interessanter als "Weihnacht"; Sie werden sehen! Für die gesandten 6000 Mark danke und quittire ich herzlichst. Wir erhielten sie gestern bei unserer Heimkehr. Uebrigens wird mir heut unter den ehrenvollsten Ausdrücken mitgetheilt, daß I. D. Majestäten der Kaiser* [Wilhelm II.], *die Kaiserin* [Auguste Viktoria, 1858–1921] *etc. zu unsern begeistertsten Lesern gehören; die Prinzen* [Wilhelm, 1882–1951; Eitel Friedrich, 1883–1942; Adalbert, 1884–1948; August Wilhelm, 1887–1949; Oskar, 1888–1958, und Joachim, 1890–1920; außerdem Prinzessin Victoria Luise, 1892–1980] *haben voriges Jahr nicht eher geruht, als bis sie arabische Anzüge à la Hadschi Halef bekommen haben. Nun zu den Postkarten! Sie werden Lob erwarten; ich muß Sie aber leider betrüben. Zunächst verlangen die Leser mündlich und in hunderten von Briefen die drei Hauptbilder: Civil, Old*

Shatterhand und Kara Ben Nemsi. Die Photographieen dazu habe ich Ihnen geschickt und fest geglaubt, daß diese 3 Portraits zunächst erscheinen werden. Tausende und Abertausende würden sofort verkauft. Diese 3 Bilder sind doch die Hauptsache und für meine Verehrer etc. viel wichtiger als die Bücherscenen. Sogar Prinzen, Prinzessinnen etc. warten längst mit Schmerzen auf sie. Detailliert kritisiert May die Serie der zehn Bildpostkarten. So heißt es zu Nr. 2: *Mag* [...] *gehen, nur bedaure ich lebhaft, daß ich eine Larve vor dem Gesicht habe. Wenn man mich nicht ähnlich zeichnet, mich nicht trifft, so ist es besser, der Künstler zeichnet nur solche Scenen, wo mitten in der finstern Nacht nichts als Mauern stehen; das giebt Schwarz auf Schwarz und stimmt auf alle Fälle. Der Leser aber will mein Gesicht haben. Wer das nicht bringt, darf sich nicht Zeichner resp. Künstler nennen.* Eine *Mahdi*-Karte geht an Eva Fehsenfeld: *Der gewünschte Gruß soll so groß und herzlich sein und es ist doch so wenig Platz dazu. Papa möchte das ändern lassen* (jbkmg 1978, 161). Mays Kritik an den Postkarten ist auch überliefert durch ein undatiertes Scherzgedicht auf einer nicht realisierten *Cordilleren*-Karte des Münchner Illustrators Julius Zuber (*1861): *Lieber Zuber, / mir wärs luber / Du hättest dieses Meisterstück / nicht gemacht, nimm es zurück* (kmv 75, 17). – Abends kommen Gäste (u. a. Plöhns und Galerie-Inspektor Gustav Otto Müller, Klara Plöhns *Pflegevater* [May an Fehsenfeld 1.10.] resp. ihr "alter Freund", kmw VIII.6, 442f.), um Mays Rückkehr zu feiern. Angeblich kritisiert auch Müller die Karten.

10.02. Sonntag. May setzt seinen Brief an Fehsenfeld mit der Postkartenkritik fort, entschuldigt sich aber zunächst für seine Unhöflichkeit vom Vortag: *Verzeihen Sie das, lieber Freund! Aber meine Nerven sind herunter; Alles regt mich zehnfach auf; Sie ahnen nicht, wie ich von Hoch und Niedrig schriftlich und persönlich überlaufen werde und selbst im entlegensten Ortchen, nachdem man mich entdeckt hat, keine Ruhe und Erholung finde. Zudem ist es im höchsten Grade ärgerlich für* *mich, daß Sie mich mit den Karten vor ein Fait accompli gestellt haben, ohne mich die Entwürfe erst sehen zu lassen. Wäre dies geschehen, so hätte ich die nöthigen Fingerzeige gegeben und die Ausführung hätte befriedigt. Denken Sie doch, daß alle Fürstenhöfe, sogar die italienische Kronprinzessin* [d. i. Elena, 1872–1952, verheiratet mit Kronprinz Vittorio Emanuele, 1869–1947, ab 1900 König von Italien], *obgleich sie geborene Montenegrinerin ist, uns mit Begeisterung lesen und daß nicht nur sie sondern Fürsten, Generale etc. unsere Karten kaufen werden. Die österr. Erzherzöge, bayer. und preuß. Prinzen, Turn und Taxis, Mecklenburg, Schönburg, Montecuculi, Esterhazy, Gallas, Wende, Radziwill etc. warten schon darauf; sogar Graf Deym, österr. Gesandter in London, war bei mir und sagte, daß er sich riesig darauf freue. Das sind lauter Kenner, und aber nun!!! Wenn ein Oberlandesstallmeister Halefs Pferd mit Scheuleder oder gar meinen vollständig verzeichneten Rih sieht, der keine Spur von Araber an sich hat! Diese Leute haben unsere Bände förmlich studirt; sie besitzen meine Bilder; sie kennen die Waffen, die Kleidung, die betreffenden Situationen ganz genau, und nun stimmt auf den Karten nichts, gar nichts. Das erregt, gelinde gesagt, ein Schütteln des Kopfes, welches durch unsern ganzen Leserkreis geht. Wer solche Karten zeichnen will, und zwar <u>richtig</u> zeichnen, der muß alle, aber auch <u>alle</u> unsere Bände intus und sich vollständig in sie hineingelebt haben. Er darf es sich nicht dadurch leicht machen, daß er mein Gesicht nicht mitbringt, denn grad das ist die Hauptsache, grad das will man haben. Er muß sich <u>genau</u> an jede Situation halten, die er illustrirt; er darf nicht Bäume setzen, wo keine sind, oder eine Scene aus dem Innern der Musallah el Amwat nach außen verlegen, um sich die Sache leichter zu machen. Er hat überhaupt auf alle Eselsbrücken zu verzichten und für sein Honorar etwas Gutes zu liefern. Auch muß ihm nicht erlaubt sein, Scenen selbst zu wählen, weil sie ihm keine Mühe machen. Es kommen doch wahrhaftig genug Situationen vor, die hoch-actuell sind! Warum also solche wie No. 2 wählen, die mich noch dazu meines Gesichtes wegen schämen macht. Seine* *erste und höchste Aufgabe ist, zu characterisiren; weiß oder kann er das nicht, so ist er unbrauchbar für uns und wir machen keine Geschäfte. Der Zeichner darf um Gotteswillen nicht denken, daß er nur für unwissende Schüler arbeitet, die mit Allem zufrieden sind! Meine Werke sind für die Jugend und das erfahrene, kritische Alter geschrieben, und so hat auch er zu arbeiten. Uebrigens haben grad unsere jugendlichen Leser mir tausendmal bewiesen, welch eine haarscharfe Kritik sie üben. Der Künstler darf nicht schleudern; er muß sich Mühe geben; er hat sich zu sagen, daß selbst der deutsche, der österreichische Kaiser sich im Privatgebrauche unserer Karten bedienen werden, wie ich ganz genau weiß. Wir müssen uns also bemühen, Ehre einzulegen, zumal vorauszusehen ist, daß sich die Zeitungen dieses Unternehmens bemächtigen werden. Diese Kartenausgabe ist keine häusliche Arbeit am Strickstrumpfe, die Niemand sieht, sondern ein ganz bedeutend öffentliches Unternehmen, welches von hunderttausend oder millionen kritischen Augen beurtheilt wird. Wir dürfen also nur absolut Gutes bieten. Wie man Respect vor meinen Werken hat und mit Begeisterung von ihnen spricht, so müssen auch diese Postkarten-Illustrationen vor allen Dingen Achtung erwecken, wenn sie mit der von uns erwarteten Begeisterung aufgenommen und verbreitet werden sollen. Ich wiederhole: Die Käufer wollen vor allen Dingen meine Züge sehen. Wie prächtig ist z. B. in den "Fliegenden Blättern" oft ein Gesicht in den verschiedensten Haltungen und Stimmungen getroffen! Es giebt also Leute, die das können! Winnetous Gesicht darf ich für diese Karten unmöglich einsenden, denn wenn es so verzeichnet würde wie das meinige in N°. 2, ich müßte gradezu weinen! Die Personen meiner Erzählungen sind zu Idealen geworden und dürfen vom Zeichner nicht travestirt werden. Also bitte, mein lieber Freund, haben Sie die Güte, mir folgende Wünsche zu gewähren: Geben Sie vor allen Dingen baldigst folgende Karten (einzeln, nicht in Serie) heraus: May in Civil, Old Shatterhand und Kara Ben Nemsi. Ich sage Ihnen, wir machen Bombengeschäfte, wenn die Bilder gut getroffen sind! Ferner, lassen Sie mich die Bilder erst sehen! Oder meinen Sie nicht, daß Jemand, dessen Bild in vieltausend Exemplaren veröffentlicht wird, das Recht besitzt, vorher nachzuschauen, ob nicht vielleicht das Abbild des dummen August daraus gemacht worden ist? Meine Frau ist wüthend darüber. Als ich ihr die Karten zeigte, war sie erst ganz still; bei N°. 8 u. 10 schüttelte sie den Kopf; bei N°. 9 sagte sie nur: "Faxen!" und aber bei 5 u. 2 rief sie: "Alberner Quatsch!" warf die Karten in die Stube und lief fort.* [...] *Ich entschließe mich, Ihnen eine Anzahl von Photographieen zu senden, meist unschöne Probebilder, aber zum Studium für den Zeichner sehr gut geeignet. Und nun zum Schluß! "Am Jenseits" wird also Bd. 25. "Silberlöwe" jetzt 26 u. 27. und übers Jahr 28 u. 29 also vier Bände, wozu dann "Hadschi Halef" oder "Mara Durimeh" kommt. Weihnacht bietet also 3 Bände, Postkarten v. May (Civil) Old Shatterhand und Kara Ben Nemsi, außer der Serie, ferner 1 Heft "ernste Klänge", wozu ich, wenn es fertig wäre, schnell noch Heft II gegeben hätte. Der Mann macht ungeheuer langsam! Sobald ich mit der Arbeit fertig bin, geht es nach Arabien zu Halef etc. vielleicht an Freiburg vorüber. Ich freue mich königlich, daß ich meine Haddedihn wiedersehe! Ich wünsche nur, daß H. Krais schnell arbeiten läßt, damit ich die Correcturen schnell lesen kann. Bitte, senden Sie ihm ohne Verzug Cap. 2, 3, 4 u 5 (Schluß) von Bd. II "Silberlöwe"! –* May an den Berliner Buchhändler Gotthart Hammer (Gselliussche Buchhandlung), der einen Koran geschickt hat: *Den Kuran behalte ich, obgleich ich verschiedene Exemplare schon besitze, darunter einige von Mekka selbst mitgebrachte Hamails. Der Betrag liegt bei. Bei mir ist alles Wirklichkeit und keine Phantasie. Was ich erzähle, das habe ich erlebt, und keine einzige meiner Gestalten ist ersonnen. Aber da ich nicht nur nackte Erzählungen bringen sondern meine Leser zu Gott führen und für alles Gute, Hohe, Edle und Schöne begeistern will, so bin ich allerdings gezwungen, meine Feder, so wie der Maler den Pinsel in die Farben, zuweilen in diejenigen Tinten zu tauchen, welche zur Erreichung dieser mir so sehr am Herzen liegenden religiös-sittlichen Zwecke nöthig sind. Das ist aber auch Alles. Es bereitet mir das höchste irdische Glück, täglich zu sehen, zu hören und zu lesen, daß unser Herrgott diesem meinem Bestreben seinen ganz besonderen Segen giebt. Vom Throne bis herab zur Armenhütte bekomme ich täglich Briefe oder persönliche Besuche, welche "ihrem Liebling", "ihrem Old Shatterhand", "unserm Kara Ben Nemsi" partout schreiben oder gar ihn sehen und sprechen müssen, weil ihr Herz ihnen nicht eher Ruhe läßt. Abertausende theilen mir z. B. mit, daß sie früher Sozialdemokraten waren, jetzt aber, nachdem sie meine Bände gelesen haben, brave Menschen und gute Unterthanen sind. Ein regierender Herr, der das weiß und viele derartige Zuschriften selbst gelesen hat, sagte kürzlich zu mir: "Sie wissen gar nicht, was wir Ihnen zu danken haben." Und ein andrer, ebenso hoher Herr, meinte: "Sie haben mehr Unterthanen als ich, und diese gehorchen Ihnen nicht aus Zwang sondern aus Liebe, die Sie so vollauf ernten, weil Sie sie täglich säen!" Ich schreibe das nicht etwa, um mich zu brüsten, o nein; das sei ferne! Ich bin ein armes Werkzeug, eine kleine Schriftstellerfeder in Gottes allmächtiger und allweiser Hand, für meine Arbeit zugeschnitten durch die Gefahren, Entbehrungen etc. fast vierzigjähriger Reisen in fremden Erdtheilen. Im October, spätestens November gehe ich wieder nach Arabien, um meine braven Haddedihn und ihren Scheik, den lieben Hadschi Halef Omar aufzusuchen. Mein Leben ist ein innerlich und äußerlich reichbewegtes gewesen. Gott hat mich stets geführt und gehalten; der Weg zu ihm ist der einzige Weg zum wahren Glücke; darum möchte ich diesen Weg allen zeigen, welche einen anderen, falschen wandeln. Ich will mein kleines Theil beitragen auch zur Rettung aus der jetzt so schweren sozialen Gefahr. Nur der Glaube an Gott, die wahre Nächstenliebe und die unwandelbare Treue zu Kaiser und Reich können uns das Ideal erreichen lassen, welches unserm energischen Herrscher vorschwebt. Das lehre ich in meinen Werken, und denke ich der "May-Clubs", welche allerorts wie aus der Erde hervorschießen, der Million "May-Postkarten", die wir jetzt drucken müssen, der jubelnden Begeisterung, mit welcher ich überall, wohin ich komme, von den Arbeiter-, Jünglings- und vielen anderen Vereinen empfangen werde, der schier zahllosen Werkstätten- und Kasernenbriefe, in denen mir Werkleute und Soldaten gestehen, daß sie aus meinen Werken den Antrieb, den Willen und die Kraft zum Fleiße und zur Treue schöpfen, so muß ich betend meine Hände falten und dem Herrgott danken für soviel Wonne, die ich nicht verdiene.* [...] *Was Sie mir über die hohen und allerhöchsten Herrschaften schreiben, macht mir innige Freude, nicht als nach Ruhm lechzendem Schriftsteller, sondern als einfachem Menschen. Wem meine Erzählungen gefallen, der ist ein guter Mensch, und es beglückt mich, so edle Herzen auch auf dem Throne zu wissen, für dessen Glanz und Fortbestehen ich, der ich ein begeisterter Kaiserdeutscher bin, gern mein Leben geben würde. Audienzen in Wien, München etc. haben mir schon ähnliche Freude gebracht. Haben Sie die Güte, für Ihre Zeilen beifolgendes Bild anzunehmen! Der Halsschmuck besteht aus den Zähnen selbsterlegter Löwen, Tiger, Panther und Grizzlybären. Wenn ich nächstes Jahr wieder zu den Apatschen gehe, werde ich mir meine letzten Grizzlies holen; sie sterben aus, so wie die Büffel und Mustangs längst schon entschwunden sind.*

10.03. *Gestern nach hier zurückgekehrt* (an Agnes Seyler), wird immer noch sehnlich der seit Monaten angekündigte Besuch der Familie Seyler erwartet: *Da darf ich Sie doch noch sehen, ehe ich nach Arabien zu meinem Hadschi Halef gehe! Ich sagte schon seinerzeit, daß die Suppenteller frisch angestrichen worden sind. Nun lassen wir auch noch sämmtliche Regenschirme neu auflackieren, an die Stühle 5 Beine machen, die Dachschiefer nummerieren, die Gartenwege mit Roßhaaren polstern, die Bäume blau anmalen und die Kartoffelquetsche mit rother Seide auswattiren. Wenn Sie nun nicht kommen, verkaufen wir den ganzen hiesigen Krämpel und ziehen tief betrübt nach Kiau-tschau!* (masch 245)

10.06. Plöhns sind für einige Wochen zur Kur nach Karlsbad gefahren. Klara an ihre Mutter Wilhelmine Beibler: "Heute morgens 9 Uhr sind wir totmüde hier angekommen. Wir haben im goldenen Helm Sprudelgasse Wohnung genommen, das Zimmer ist sehr schön, vom Essen können wir leider nicht dasselbe sagen. Jetzt gehen wir zum Arzt, um schon morgen mit der Kur zu beginnen" (gus 116f.).

10.08. May bittet die Redaktion des Dresdner Adressbuches, in dem seit 1897 auch die Vororte enthalten sind (oder direkt das Gemeindeamt Radebeul), um Korrektur auf Seite 358: Es fehle bei seinem Namen die Angabe Dr., was "schon zu Verwechslungen und Unzuträglichkeiten geführt" habe (leb 320; kmhi 13, 2).

10.09. Sonntag.

10.10.-11.26. Orientreise Kaiser Wilhelms II. (Konstantinopel, Haifa, Jaffa, Jerusalem, Beirut, Damaskus, Baalbek). In Jerusalem am 31.10. Einweihung der mit seinen Mitteln errichteten Erlöserkirche.

10.12. May reist mit Emma nach Prag zu Verhandlungen mit dem Verleger Josef Vilímek, der im September unautorisiert mit einer tschechischen Ausgabe von *Durch die Wüste* begonnen hat. Eintrag ins Fremdenbuch des Hotel de Saxe (mor).

10.13. Prag. May verfasst eine Anzeige für die "Bohemia": *Zu meinem großen Erstaunen erfahre ich hier durch öffentliche Plakate, daß die Verlagshandlung von Jos. R. Vilimek mit der Herausgabe einer böhmischen Uibersetzung resp. Bearbeitung meiner Reisewerke begonnen hat* [...]. *Seine wiederholte Drohung, das Unternehmen auch gegen meinen Willen auszuführen, ist jetzt, wie ich sehe, zur That geworden, und zwar zu einer That, die ich tief beklagen muß.* [...] *Ich werde selbstverständlich für meine Rechte und für die Unantastbarkeit des ethischen Charakters meiner Werke mit vollen Kräften einzutreten wissen* (mor; jbkmg 1977, 223; braun 64f.).

10.14. Prag. Mays Anzeige vom Vortag erscheint in der "Bohemia" (*'Dobrodružné Cesty'*). – Verhandlung mit Vilímek oder dessen Rechtsanwalt Dr. Leopold Katz (1854–1927) im Hotel de Saxe (mor; mkmg 37, 31). – Kartengruß an Emil Seyler *Mit der Abbildung der größten hiesigen Sehenswürdigkeit (Judenfriedhof)* (mkmg 37, 31). – Der Dresdner Polizeipräsident Albin Hugo Le Maistre richtet (veranlasst vermutlich durch Mays Antrag auf Korrektur des Adressbucheintrags vom 8.10.) ein Schreiben an Amtshauptmann Kurt Ludwig Franz von Burgsdorff (1849–1922), in dem es sinngemäß heißt: "Ein sogen. Schriftsteller Dr. May habe dadurch die Aufmerksamkeit auf sich gezogen, daß er sich den ständig oder vorübergehend hier weilenden Mitgliedern des Mecklenb. Fürstenhauses zu nähern gewußt hat und sich dieser Beziehungen gelegentlich rühmt. Der Mann entpuppt sich bei näherer Prüfung als ein vorbestrafter Schwindler und Hochstapler, namentlich auch in der Richtung, daß er seine schriftstellerische Tätigkeit auf dem Gebiet von überseeischen Reiseschilderungen pp. entfaltet, wobei er sich den Anschein gibt, als ob er über Selbsterlebtes und Selbstgesehenes berichtet, während er in Wahrheit dem Vernehmen nach über die deutschen und österreichischen Grenzen nicht weit hinausgekommen sein dürfte – Ew. Hochwohlgeboren auf ihn aufmerksam zu machen halte ich mich auch deshalb verpflichtet, weil May unter der Flagge eines Dr. philosophiae segelt, jedenfalls ohne zur Führung dieses Titels berechtigt zu sein" (leb 319f.; kmhi 13, 2f.). In Mays Selbstbiographie (304f.) heißt es dazu: *Meine erste Frau hatte die Frau eines Dresdener Schriftstellers beleidigt, welcher von Münchmeyers aus wußte, daß ich vorbestraft bin. Er rächte sich dadurch, daß er mich bei einem deutschen Fürsten denunzierte und ihm mitteilte, daß seine Verwandten meine Bücher läsen und mich auch persönlich besuchten. Der Fürst antwortete durch Schweigen. Da kam eine zweite Denunziation, und nun war der Fürst gezwungen, sich nach Dresden zu wenden, um zu erfahren, was mit meinen Vorstrafen sei. Er erhielt die eingehendste Auskunft. Es wurde ein Beamter nach Radebeul geschickt, um sich an Ort und Stel-*

le zu erkundigen. Er erfuhr, daß meine Ehe keine glückliche sei, weshalb ich in meinen freien Stunden nicht zu Hause bleibe, und daß ich in meinen Büchern über Länder schreibe, in denen ich gar nicht gewesen sei; Alles, was ich da berichte, sei nicht wahr. Infolgedessen steht in den Dresdener Polizeiakten über mich verzeichnet, daß ich einen unsoliden Lebenswandel führe und ein literarischer Hochstabler sei. Das wurde dem Fürsten mitgeteilt, und einer der betreffenden Verwandten erzählte es mir bei nächster Gelegenheit sehr ausführlich wieder. Er wußte sehr wohl, was an der Sache war, bat mich aber um Diskretion, so daß ich gezwungen war, hierüber zu schweigen. Ich glaubte auch, schweigen zu können, weil ich annahm, daß derartige Polizeiakten zu den verschwiegendsten Dingen der Verwaltung gehören.

10. Grüße aus Prag gehen u. a. an die Lehrerin Gertrud Walmrath in Königswinter.

10.15. Prag. – Der Gemeindevorstand von Radebeul übersendet May Strafnotifikation mit dem Bemerken, dass er sich fälschlich Dr. phil. nenne und auch sein Namensschild an der Villa diesen Titel trage (leb 319). – Datum einer Ehrenmitgliedsurkunde der Frankfurter Gesellschaft "Khalifia", von "Scheik Selim I." für den "edlen Hadschi Emir Kara Ben Nemsi Effendi". "Selims" "Adjutant" ist "Halef Pascha", im bürgerlichen Leben Wilhelm Otte (*1880) (kmw VIII.6, 290f.). Otte wird später in Assuan (Ägypten) leben.

10.16. Sonntag. Prag. – Haasberg. Fürstin Mathilde von Windisch-Grätz schickt May ein ihrem 1897 verstorbenen Sohn Ernst Wilhelm gewidmetes Erinnerungsblatt "Sodale und Soldat".

10.17. Prag. Im Hotel de Saxe gelingt es dem Realschüler Egon Erwin Kisch (1885–1948), "Old Shatterhand" die Hand zu drücken. May schenkt dem Jungen ein Exemplar *Old Surehand III* mit der bekannten Widmung *Das Leben ist ein Kampf* (mkmg 104, 48). Kisch, "Die Abenteuer in Prag" (1920): "Im Hotel de

Saxe wohnte er, und der Portier wurde von kurzhosigen Greenhorns überlaufen. Sie alle kamen, den kühnen Präriehelden zu sehen, den sie früher oder später weit übertrumpfen wollten. Zitternd empfingen wir die Botschaft, wir mögen zum Herrn Doktor ins Zimmer kommen. Er machte uns geheimnisvolle Andeutungen über ein entsetzliches Ende, das Hadschi Halef Omar genommen habe, über eine Goldgrube, die er vor kurzem im Llano Estacado entdeckte, deren Ausbeutung aber gefahrdrohend sei" (mkmg 62, 17). – May an Vilímeks Anwalt Leopold Katz: *Man mag mir tausend Paragraphen zeigen; es giebt ein Recht, welches mich schützt und mich den Prozeß mit unfehlbarer Sicherheit gewinnen läßt. Daß das Plakat selbst an den Mauern kleiner Landorte zu lesen ist, das hätte kein anderer Verleger ohne meine ausdrückliche Einwilligung gewagt. Er hat sich in mir vollständig geirrt. Auch habe ich, geehrter Herr Doctor, Ihnen bereits gesagt, daß meine früheren Honorarforderungen anullirt sind, da sie nicht angenommen wurden und die Angelegenheit sich überhaupt ganz anders gestaltet hat, als ich dachte. Schließlich erwähne ich noch, daß ich morgen von hier abreisen werde, und zwar nicht ohne diesen hochinteressanten Fall in die besten Hände gegeben und meine Autorisation zu einer böhmischen Uebersetzung ertheilt zu haben. Da ich in kürzester Zeit nach Arabien reise, muß diese Angelegenheit auf das Schleunigste erledigt werden. Ich bin nicht nur mir sondern der ganzen schriftstellerischen und anständigen buchhändlerischen Welt die größte Energie schuldig* (kma 1, 3, 6).

10. Prag. Der Vilímek-Redakteur Jaroslav Janeček sieht May "in lebhaftem deutschen Gespräch mit unserem administrativen Direktor [Václav] Čečetka": "Dieser teilte mir dann mit, er habe den Eindruck, daß der Schriftsteller an Größenwahn leide. Seine üppigen Schilderungen der eigenen Taten, sagte er, beruhen nicht auf eigener Anschauung, sondern seien bloße Aufschneiderei" (mor; jbkmg 1977, 224).

10.18. Prag. May hat sich mit Vilímek über eine seinen Intentionen entsprechende Neuübersetzung geeinigt und erteilt ihm das alleinige Übersetzungsrecht in die tschechische Sprache für die bei Fehsenfeld erschienenen Werke. Der von Rechtsanwalt Leopold Katz aufgesetzte Vertrag umfasst sieben Paragraphen und ist außer von den Parteien auch von Katz und dessen Gehilfen Eduard Hejda unterschrieben (mor). May in der "Bohemia" 19.10.: *Ich erkläre hiermit, daß ich mich mit der hiesigen Verlagsfirma Jos. R. Vilimek bezüglich der Uibersetzung meiner Werke in die böhmische Sprache gütlich geeinigt habe.* [...] *Ich bin überzeugt, daß die neue Uibersetzung die von mir angestrebten religiösen, ethischen und humanen Ziele so warm und den Originalen treu berücksichtigen wird, daß ich mich nicht weigere, ihr* [...] *meine Empfehlung mit auf den Weg zu geben* (mkmg 45, 19, 24; hoff1 2631; jbkmg 1977, 222; braun 65). Die ersten Lieferungen der Neuübersetzung von *Durch die Wüste* (*Pouští*) durch Jiří Stanislav Guth-Jarkovsky (unter dem Pseudonym Stanislav Vraný) werden bereits im November (die Buchausgabe erst am 10.3.1899) erscheinen, mit dem Aufdruck "Autorisierte, ungekürzte Ausgabe", und können gegen die alte Übersetzung eingetauscht werden. Für den Orientzyklus erhält May schon jetzt 300 Mark pro Band (1800 Mark) bei einer Auflage von 5000 Exemplaren, für *Winnetou* (*Vinnetou, rudý gentleman*, 1901) und weitere Titel wird er später 500 Mark bekommen (hoff4 87; mkmg 61, 31).

10.19. Prag. Mays Erklärung vom Vortag erscheint in der "Bohemia". – Emma May an Agnes Seyler: "Wir mußten geschäftlich nach Prag, Karl hat große Erfolge gehabt. Morgen geht's wieder heim" (mkmg 37, 34).

10.20. Abreise aus Prag (mkmg 37, 34).

10.23. Sonntag.

10.25. Hamburg. Hotel Zum Großherzog von Mecklenburg, am Hafen. Kartengruß an Emil Seyler mit Dank für *Pomonas süße Gaben* (Sendung Birnen) (mkmg 25, 10).

10.28. Radebeul. May an Pauline Münchmeyer: *Es gibt gegenwärtig keinen Schriftsteller, dessen Werke so viel ohne Berechtigung nachgedruckt werden wie die meinigen. Gutmütig, wie ich bin, habe ich mir das bisher fast ausnahmslos gefallen lassen; aber da die mir dadurch entzogenen Honorare sich auf Hunderttausende belaufen, sehe ich mich auf Drängen meines Buchverlegers, welcher ebenso wie ich an diesem Verluste beteiligt ist, jetzt gezwungen, den betreffenden Firmen nun endlich einmal Halt zu gebieten. In welcher kräftigen Weise wir das thun, mögen Sie aus der inliegenden Prager Zeitung ersehen. Ich habe den Prozeß gegen diesen Verlagsbuchhändler Vilimek binnen 5 Tagen gewonnen.* [...] *Jetzt nun richten wir unsere weiteren gerichtlichen Klagen gegen einen Brünner, einen Wiener, einen Luxemburger und einen Dresdner Verleger. Dieser Letztere ist die Verlagsfirma H. G. Münchmeyer. Das wird Sie jedenfalls nicht wundern. Ich habe schon im Jahre 1884 zu Herrn H. Münchmeyer und dessen Vertreter Walter gesagt, daß man nicht weiter drucken solle, weil ich die Sachen in Buchform herausgeben werde. Ein Brief Herrn Münchmeyers, der das beweist, befindet sich in meinen Händen. Walter erklärte: "Denken Sie alles, nur nicht, daß Sie Geld kriegen werden." Jetzt nun erfahren wir zu unserem Staunen, daß immerfort flott weitergedruckt worden ist – 14 Jahre lang! Da ich mich sofort erkundigt und dadurch die ungeheure Zahl der verkauften Exemplare erfahren habe, weiß ich, daß es geradezu mehr, viel mehr als ein Reichtum ist, den Sie ohne alle Rücksicht auf mich aus meinen Sachen gezogen haben. Diesen großen Summen gegenüber an das, was ich bekommen habe, nur zu denken, muß ich mich ja schämen. Habe ich doch nicht einmal einen Pfennig von der mir einst versprochenen und wohlverdienten <u>Gratifikation</u> erhalten, was Ihr Walter stets mit großer Genugtuung belächelt hat.* [...] *Herr Münchmeyer war nie zu einem Contract zu bringen. Infolgedessen ist hier nur der § 1142 des Bürgerlichen Gesetzbuches* [...] *in Kraft. Dieser lautet: "Der Verlagsvertrag berechtigt blos zu <u>einer</u> Auflage. Ist über deren Stärke nichts verabredet, so bestimmt sie der*

Verleger, ohne jedoch die Zahl von 1000 überschreiten zu dürfen!" Sie aber haben Hunderttausende weitergedruckt und verkauft und dadurch Millionen verdient! [...] *Mein Rechtsanwalt wird ohne alle persönliche Rücksicht vorgehen und zunächst Arrestantrag stellen, welcher sich auf alle vorhandenen Vorräte, Platten, Stereotypen zu beziehen hat. Selbstverständlich würde diese Angelegenheit sofort ebenso in allen größeren Zeitungen des Inlandes und Auslandes besprochen werden* [...]. *Aufrichtig gestehe ich ihnen, geehrte Frau Münchmeyer, daß ich gegen Sie persönlich keinen Groll hege. Sie besitzen meine Ihnen gern gewidmete Hochachtung; ich weiß, daß Ihr Leben kein Pflegen und Genießen gewesen ist, und wünsche Ihnen einen recht glücklichen und heiteren Lebensabend.* Angeblich fällt Pauline Münchmeyer nach Empfang des Briefes in Ohnmacht und ist auch danach noch in dauernder Aufregung (hoff1 2631). Sie lässt August Walther für sich antworten. May an Adalbert Fischer 30.4.1899: *Die Antwort eines Herrn Walther konnte für mich nicht bestimmend sein. In einer so wichtigen Angelegenheit hat der Besitzer des Geschäftes selbst zu antworten, keine so untergeordnete Persönlichkeit, von welcher man gar nicht weiß, welcher Art ihre Anstellung ist.*

10.30. Sonntag. In der Olmützer Zeitung "Našinec" erscheint unter dem Pseudonym "Ňulunk" (veranlasst möglicherweise durch die Benediktiner in Groß-Raigern) eine kritische Leserzuschrift zur Vilímek-Ausgabe: "Sieht denn nicht unsere gesamte katholische intelligente Welt, wie der berühmte Verbreiter der tschechischen Literatur Herr Josef Vilímek in seinen Ausgaben alles, was unsere Leser an die christliche Religion und an alles Gute erinnert, meisterhaft und geschickt aus seinen Werken streicht? Und dieser Mensch untersteht sich, auch die katholische Priesterschaft mit seinen Büchern zu belästigen? Es darf keinen einzigen gebildeten Menschen in ganz Mähren geben, der sich nicht bei dieser Gelegenheit öffentlich auf die Seite unserer Religion stellen würde, und zwar dadurch, daß alle, die von dem geschätzten Verlag Vilímek bereits die ersten Hefte erhalten haben sollten, diese mit der ausdrücklichen Bemerkung zurücksenden, warum sie dies getan haben. Und es muß die Rücksendung nicht nur an Vilímek erfolgen, sondern an alle kleineren Buchhändler, die ebenfalls den Versand vorgenommen haben. O, daß doch meine Worte ein Funke wären, der in das sich seiner religiösen Überzeugung bisher wenig bewußte Volk geworfen wird, und daß das schamlose Beginnen vieler Feinde und Schinder unseres Volkes öffentlich zunichte gemacht werde! Laßt uns alle diese Hefte zurücksenden und erwarten wir die wörtliche oder wenigstens ebenso fesselnde Übersetzung des berühmten Schriftstellers Dr. Carl May! Es lebe in Hinkunft der scharfsinnige Übersetzer seiner Werke in katholischem Sinne!" (mor; mkmg 45, 19; Übersetzung Jaroslav Moravec) Vilímeks Anwalt Leopold Katz konzipiert daraufhin einen Brief an die Redaktion des "Našinec" (Alexander Jiříček), in dem der Verleger auf die Einigung mit May verweist und einen Widerruf der ehrenrührigen Behauptungen fordert (mor; mkmg 45, 19f.).

10.31. May ist allein ins Schwefelbad Grünthal gereist. Aus dem nahen Katharinaberg geht ein Kartengruß an Emil Seyler: *Ich sende diese Grüße hier / Denn Du bist dort, und ich bin hier / Und weil ich Dir so ferne bin / Gehen Gruß und Kuß und Karte hin* (mkmg 72, 34). An Hans Grund schreibt May: *Diesen Gruß aus Katharinenberg und Schwefelbad, wo ich leider ganz allein bin* (Archiv Hartmut Schmidt, Berlin).

1898. Vermutlich in diesem Jahr antwortet May Marie Hannes auf einen Brief, in dem sie sich begeistert über "unsere modernen Dichter" geäußert hat: *Mein Liebling, ich bitte Dich dringend – hüte Dich ja vor Gerhard Hauptmann, Ibsen,* [Hermann] *Sudermann* [1857–1928]*, dem zynischen Wüstling* [Christian Dietrich] *Grabbe* [1801–1836]*! Ich bin förmlich darüber erschrocken! – Diese Lektüre beschmutzt und zerstört das weibliche Herz und Gemüth vollständig. Ich bin in sehr großer Sorge um Dich – Warum wendest Du Dich gerade diesen verderblichen Sachen zu. Auch* [Heinrich] *Heine* [1797–1856] *ist nicht* *zu empfehlen und* [William] *Shakespeare* [1564–1616] *noch zu schwer. Schönheit der Sprache und Gedankentiefe kannst Du auch bei einem ganz verderblichen Buche finden. Ich warne Dich ganz besonders vor den sogenannten "Neuen". Sie sind jetzt Mode, werden es aber nicht lange sein – Ich kämpfe mit aller Kraft gegen ihren unheilvollen Einfluß: Meine Bücher enthalten das strikte Gegentheil von den ihrigen! Sie wühlen nur im Schmutze des Lebens und der Seele herum, wobei sie allerdings ein großes Geschick entwickeln und ganz besonders den weiblichen Lesern imponiren. Durch die Lektüre dieser Bücher wirst Du in den Materialismus, in die Tiefe gezogen, während Du denkst, den Himmel zu stürmen* (stein1 105f.).

11. May lässt dem Maler und Graphiker Max Slevogt (1868–1932) ein Widmungsfoto zukommen. Ein vermuteter Besuch Slevogts mit seinem Freund Karl Voll in der Villa "Shatterhand" ist unwahrscheinlich (mkmg 70, 12; mkmg 77, 47).

11.03. Olmütz (Olomouc). Die Redaktion des "Našinec" veröffentlicht Vilímeks Berichtigung (mor; mkmg 45, 20).

11.06. Sonntag. Radebeul. May an Klara Plöhn, zur Rückkehr von der Kur: *Diese "letzten Rosen" sende / Zum Willkommen ich als Spende, / Als des späten Herbstes Gabe, / Außer welcher ich nichts habe. / Wenn Dich dran ein Dörnlein sticht, / Liebstes Mausel, zittre nicht!* (grie1 79f.)

11.07. May an Fehsenfeld, der weitere Postkartenmotive geschickt hat: *Als wir uns über die Herausgabe von Postkarten einigten, hatte ich folgende Ansicht, die ich noch habe, und welche die allein richtige ist: Zunächst die 3 Portraits Shatterhand, Kara und Civil. Dazu sandte ich Ihnen die 3 Photographieen, also dazu, nicht zu den Serien. Sodann war ich nicht gegen die Serien, vorausgesetzt, daß die Auswahl der Scenen eine angemessene und die Ausführung eine genau dem Texte entsprechende und künstlerisch gute sei. Da kam Serie I; ich erschrak! Also die 3 Bilder nicht, die ich wollte und mit denen wir ein Pompositätsgeschäft gemacht hätten. Die hiesigen Be-*

kannten, denen ich sie zeigte, waren empört, und hunderte von Briefen resp. Zuschriften auf diesen total mißlungenen Maykarten machten mich entweder verantwortlich für diese "Entwürdigung Ihrer Ideale", wie Einer es bezeichnete, oder gaben – der Wahrheit gemäß, ihrer Ueberzeugung Ausdruck, daß diese Ausgabe ganz ohne mein Wissen geschehen sei, da ich, der wegen seiner hohen Ziele Allverehrte, mein Ja jedenfalls nicht dazu gegeben hätte. Sehr richtig! Ich schrieb, ganz unter dem Eindrucke meines Zornes, in diesem Sinne an Sie. Sie antworteten und gaben mir die Schuld: Es sei kein Brief von mir zu bekommen; ich sei nie daheim, wenn es nöthig wäre u.s.w. Lieber Freund, Sie kennen die Grundlosigkeit dieser Vorwürfe genau so gut wie ich. Ich hatte nichts zu schreiben, denn ich wurde einfach nicht gefragt. Hätten Sie mir mitgetheilt, daß nicht die 3 Bilder sondern sofort die Serie erscheinen sollte, so hätte ich mich dagegen gewehrt resp. die Scenen zu der Serie vorgeschlagen. Ich befand mich in der vollständigen Gewißheit, daß Sie zunächst die 3 Bilder fertigen lassen und mir zur Ansicht schicken würden. Darauf wartete ich. Es verstand sich doch ganz von selbst, daß ich sie vorher sehen und beurtheilen mußte. Statt dessen kam die fertige Serie. Ich war paff, meine Frau wüthend, und Jeder, der die Bilder sah, im höchsten Grade verwundert. Das Old Shatterhandbild mit in der Serie! Das Civilbild auf dem Umschlage, so daß es Niemand zu bezahlen brauchte! Die Scenen ohne mich gewählt und schlecht ausgeführt! Meine Frau warf das dafür erhaltene Geld in die Stube, denn ihr steht ebenso wie mir meine Ehre höher als das Geld. [...] *Wenn wir Serien herausgeben, müssen wir uns doch wohl fragen, warum, wozu und wie? Um Geld zu verdienen? Ja. Das ist für mich auch ein Grund, doch nicht der oberste. Diese Illustrationen müssen sich vor allen Dingen und unbedingt nach dem Leitgedanken richten, der sich durch alle meine Bücher zieht: Mein Zweck ist, meine Leser zu Gott zu führen und sie für alles Gute, Edle, Schöne und Erhabene zu begeistern. Hieran haben sich auch die Bilder zu halten. Es sind nur Scenen zu wählen, welche diesen Zweck bezeichnen und unterstützen. Es ist jedes Bild zu verwerfen, welches gegen diesen Grundgedanken verstößt. Geschieht das, so machen wir doppelt Geschäft, denn im Gegentheile wird kein vernünftiger Mann die Bilder kaufen oder von seinen Kindern, Schülern etc. kaufen lassen. Solche Scenen bieten meine Werke massenhaft, und hätte ich wählen dürfen, so würden Sie jetzt den Beweis haben, daß grad diese guten Scenen die aktuellsten sind. Da platzte wie eine Bombe die Mittheilung Herrn Krais' zu mir herein, daß 90, sage neunzig Originale angefertigt worden seien. Mein Schreck! Die Entrüstung meiner Frau! "Bist Du denn ein Lump, ein Nichts, ein Garnichts, daß man das so über Deinen Kopf hinweg thun kann?" fragte sie mich. Sie hatte Recht! Die Bilder kamen. Mein Herr und Gott, und was für welche! Wer hat denn nur die Sujets ausgesucht? Könnte ich den Mann zwischen meine Hände kriegen! Aber wahrscheinlich hat es ganz im Belieben der "Künstler" gestanden, und die sind alle gradezu auf Mord und Todtschlag ausgegangen! Es ist auch nicht ein einziges Bild dabei, welches sich an den oben ausgesprochenen Grundgedanken hält; aber wenigstens 90 Prozent legen klar und bündig dar, daß meine Erzählungen in die Klasse der Schund-, Schauer-, Blut- und Hintertreppengeschichten gehören. Würgen, schlagen, hauen, schießen, fesseln, stechen, auf alle mögliche Weise einander abwürgen – das ist da mit erkennbarer Vorliebe ausgesucht worden! Haben Sie im Westf. Merkur gelesen, was der hervorragendste katholische Recensent, Hochwürden Dr.* [Franz] *Hülskamp* [1833–1911], *päpstlicher Geheimkämmerer, schreibt? "Mays Erzählungen sind Schauergeschichten; das beweisen die Postkartenbilder!" Und in dem jetzt erschienenen Buche von Veremundus wird dasselbe behauptet und vor ihnen gewarnt! Der Verfasser war ein eifriger Mayleser und hat mich stets empfohlen – jetzt nicht mehr! Wenn die Bilder, welche ich Ihnen zurücksende, zu Postkarten verarbeitet würden, wäre es mit mir als Schriftsteller aus! Und selbst wenn die Scenenauswahl eine gute wäre, wie hat man gearbeitet?! Niemand hat sich nach meinen Angaben gerichtet sondern Jeder nach Belieben gezeichnet, seine Phantasie walten lassen und sich die Sache möglichst leicht gemacht. Interieurs ins Freie verlegen, Rappen in Schimmel verwandeln, die Ebene zum Gebirge, die Nacht zum Tage, das Wasser zum Lande, die Wiese zum Walde zu machen, den Figuren auf jedem Bilde andere Kleidung geben, den Orient ins Abendland verwandeln etc. das Alles, Alles und noch viel Schwierigeres hat man mit der größten Leichtigkeit fertig gebracht. Und dies trotz der gradezu peinlichen Genauigkeit meiner betr. Angaben im Texte! Habe doch ich selbst, wenn keine Seitenzahl angegeben war, die Bilder nicht erkannt und in mehreren Bänden nachschlagen müssen, um die Stellen zu finden! Das ist höchst bezeichnend! Und welche Menge von Gestalten, welche Vegetationsfülle auf manchen Bildern, besonders den großen! Einer kleinen Postkarte wegen, bei der doch die Einfachheit und Deutlichkeit nothwendig geboten ist. Wenn die Blätter (also Nebensachen) des Vordergrundes 3mal größer sind als der Elephant und Tiger (also Hauptfiguren) des Mittelgrundes, was soll da bei der Verkleinerung zur Postkarte werden? Haben denn die Herren Zeichner nicht nachgedacht? Es handelt sich nicht um große Rundpanoramen sondern um kleine Correspondenzkarten, welche Treue und Deutlichkeit der Figuren und Vermeidung alles unnützen Beiwerkes verlangen! Es ist da fast Unmögliches geleistet worden. Scheuklappen bei den Pferden der Naturvölker! Besonders auch der Federschmuck bei Indianern. Man denke sich so einen Rothen beim nächtlichen Anschleichen im dichten Gebüsch! Daheim bei festlichen Tänzen und Umzügen, zum Repräsentiren, ja – aber auf der Jagd, beim Marsche, im Kriege – wie würde das hindern! Winnetou war übrigens stets ohne Feder. Bis jetzt habe ich getadelt. "Das ist keine Kunst", werden Sie sagen; "aber besser machen!" Bon! Zunächst bedaure ich aufrichtig und herzlich Ihre resultatlosen, großen Geldausgaben und ebenso die bittere Enttäuschung. Seelische Verluste sind ja stets schlimmer als materielle. Aber, lieber Freund, wir kommen ihnen sehr schnell wieder bei. Ich bitte nur, und zwar recht herzlich, mir zu folgen; Sie können sich darauf verlassen, daß ich es gut meine, und wenn ich auf meine schriftstelleri-*

sche Ehre halte, ist Ihre buchhändlerische mit inbegriffen. Spemann etc. etc. sollen ja nicht sagen dürfen, daß wir uns auf Wege begeben, welche in punkte dieser Ehre abwärts führen! Diese Befriedigung bereiten wir ihnen nicht! Wir wollen und können, wenn nicht vornehm, so doch anständig sein, und halten das, was wir moralisch und geschäftlich errungen haben, fest! Wir wissen ja, daß wir nicht nur für den Augenblick arbeiten sondern für die Zukunft. Ein Recensent sagt: "Wenn die Ibsen, Hauptmann, Sudermann etc. längst vergessen sind, wird May in jeder neuen Generation auch neu erstehen!" [vgl. Ludwig Freytags Brief vom 28.1.1897] *Und vorgestern schrieb mir der Dirigent einer der bedeutendsten Erziehungsanstalten: "So lange es einen deutschen Knaben geben wird, wird man Sie mit ungemindertem Eifer lesen und werden Sie und Ihre Ideale lebendig und wirksam bleiben!" Und ein hessischer Regierungsrath* [Karl Emil Gättelmann, vgl. sud1 110-112] *schrieb: "Sie schreiben nicht Reiseerzählungen sondern Predigten an die Völker, welche noch nach Jahrhunderten nicht verhallen werden!" Ist das nicht schön? Und von diesem Ruhme gehört Ihnen auch Ihr Theil! Wollen wir ihm entsagen, ihn durch Schauerbilder beschmutzen? Nein, nie! Sie haben Kinder, die noch nach Ihrem Tode stolz auf die Reinheit des Verlages F. E. F. sein sollen. Wenn wir uns auf diesen Grundsatz stellen, verdienen wir nicht weniger sondern mehr von dem Mammon, der zum Leben nun doch einmal nöthig ist. Wie es nun anfangen? Nicht anders als so: Herausgabe der 3 Postkarten Shatterhand, Kara und Civil. Hierüber sind wir ja schon einig. Vielleicht bekomme ich sie bald zur Ansicht. Das wird Weihnachtsgeschäft. Herausgabe von Serien, zu denen ich die Scenen aus den Bänden vorschlage. Wenn wir aus jedem Bande 2–3 nehmen, ists genug. Hauptsache ist da, daß jeder Künstler nur dieselben Personen etc. also stets Gleichartiges zu behandeln hat und der Gegenstand ihm also so vertraut ist, daß Fehler, wie die gerügten, nicht vorkommen können. Vor dieser Serienausgabe können Sie eine Ausgabe von Postkarten mit Einzelportraits veranstalten. Es hätte das mehrfachen Nutzen. Erstens würden Sie damit den Lesern einen großen Dienst erweisen und sehr viel verkaufen. Ich meine Bilder z. B. von Sam Hawkens, Hammerdull, Old Wabble, Old Surehand, Apanatschka, Halef, Ben Nil, Quimbo etc. Das wäre doch höchst interessant! Und zweitens würde das den Künstlern Gelegenheit geben, sich portraitlich auf die Serien einzuüben. Ich meine nämlich: Jeder Künstler, der das betr. beste Portrait erfindet, behält es, so zu sagen, im Privilegium, d. h. er hat die Scenen, in denen es vorkommt, zu zeichnen. Also: Wer die beste Hadschi Halef-Karte liefert, hat dann in den Serien die Karten zu zeichnen, auf denen Halef vorkommt. Nur dadurch kann die Portraitähnlichkeit, Gleichheit in Tracht etc. erreicht werden, welche auf den bisherigen Bildern fehlt. Ich könnte überhaupt von meiner jetzigen Reise (Anfang Dezember geht's fort!) ein Bild Halefs mitbringen. Die Sache ist so wichtig, daß eine persönliche Besprechung nothwendig wäre; aber ich habe keine Zeit, zu Ihnen zu kommen, obgleich es sich um so ein Hauptgeschäft handelt. Ich habe "Am Jenseits" noch nicht fertig und 4 Nachdrucksprozesse zu führen, die mich nach Brünn, Berlin, Leipzig und Prag bald hin- und bald hertreiben. Der Prager ist nun gewonnen. Das nimmt viel, sehr viel Zeit weg. Wenn es noch Zeit wäre, könnten Sie zu Weihnacht noch das 2te Heft "Ernste Klänge" herausgeben. Die Compositionen* [*Nun gehst du hin in Frieden* und *Ich fragte zu den Sternen*] *sind fertig und vorzüglich gelungen. Welche Preise Sie da stellen etc. das sind Fragen, deren Beantwortung ich mir abzunehmen bitte. Sie sind ja ein so vorzüglicher Verlagsbuchhändler, daß Sie unbedingt das Richtige treffen werden. Billig aber möchte es sein. Je mehr Käufer, desto sicherer der Erfolg. Billig und viel ist besser als theuer aber wenig! Den Text der beiden für Männerchor componirten Lieder lege ich Ihnen zur freundlichen Kenntnißnahme bei. Sie sehen da, wofür ich auch in dieser Weise wirke!* [...] *Und nun noch eine wohl eigenthümlich klingende Anfrage: Der Buchbinder* [Schwabe] *ist mir, ohne daß ich mahnte, mit nun grad tausend Freiexemplaren in Rückstand geblieben. Jetzt schreibt er mir, daß er, von H. Krais darauf aufmerksam gemacht, sie mir jetzt schicken will. Ich habe die Freibücher stets als Geschenk und zwar in der Weise verwendet, daß ich damit Reklame machte. Nun plötzlich tausend könnte ich zwar in derselben Weise herrlich verwenden, ohne daß Sie einen einzigen Käufer einbüßten, vielmehr würde es viele, viele neue bringen; aber da ich nach dem Oriente gehe, kommt mir die Sendung, welche nach so langem Warten zur Ueberschwemmung wird, doch nicht gelegen, und ich mache Ihnen, um nicht in dieser Fluth zu ertrinken, den mir für Sie und mich praktisch scheinenden Vorschlag: Behalten Sie sie gegen eine Zahlung von 1 Mrk. pro Band. Da machen wir beide ein Geschäft, und es wäre eine willkommene Bereicherung meines Reisegeldes. Sagen Sie ganz aufrichtig, ob oder nicht.* (Fehsenfeld wird May daraufhin 1150 Mark "für nicht erhaltene Freiexemplare" schicken.) Abschließend schreibt May, die Orientreise sei *bei den jetzt dortigen Verhältnissen keine ungefährliche* und er wisse nicht, *ob ich wiederkomme*: *Ich habe Testament gemacht und muß auch geschäftlich Alles klar und glatt machen. Hoffe aber, daß Gott mich beschützen werde. Wenn es nach meinen Lieben geht, werde ich herrlichen Stoff für neue Bände mitbringen.*

11.08. Kartengruß mit Bahnpost Dresden–Meißen, Zug Nr. 1568, an Familie Seyler (mkmg 25, 10).

11.09. Dresden. May erhält von Karoline Auguste Friederike Isabella Lydia Freiin von Gaertner, der Hofdame der Prinzessin Mathilde von Sachsen (1863–1933), der Schwester König Alberts, eine Einladung ins Palais Prinz Georg zum Empfang einer Mitteilung der Fürstin Windisch-Grätz.

11.10. Dresden-Neustadt. May wird zu dem von ihm eingereichten Antrag auf Führung des Doktortitels vernommen. Vor der Amtshauptmannschaft sagt er aus: "Ich bin nicht im Besitz eines von einer deutschen Universität verliehenen Doktortitels, dagegen habe ich den Doktortitel in Rouen in Frankreich verliehen erhalten." Im Laufe des Gesprächs teilt May mit, "daß er große Reisen unternommen habe, u. a. lange in China gewesen sei [...] und dabei eine dem Doktortitel gleiche oder noch höher stehende Würde erworben habe". Weiter hält der vernehmende Beamte, Assessor Dr. Eduard Heusch, dem Mays Strafregisterauszug vorliegt, fest: "May beabsichtigt in Kürze nach Arabien zu gehen. Des Weiteren erzählte er mir, daß er fast zu sämtlichen Fürstlichkeiten Deutschlands Beziehungen habe. Er sei in München bei Hof gewesen und auch in Wien. Die Großherzogin [Marie] von Mecklenburg habe ihn wiederholt besucht, um seine Sammlungen zu besichtigen. Auch wies May eine Postkarte nach seiner Angabe von der Hofdame ihrer Königl. Hoheit der Prinzess Mathilde [Baronin Gaertner, 9.11.] vor, welche ihn zu einem Besuch behufs Empfangnahme einer Mitteilung der Fürstin Windisch-Graetz einlud. Auf seine beiläufige Befragung nach seinem Vorleben räumte May Bestrafung in der Vergangenheit, welche er als Sturm- und Drangperiode bezeichnet, ein, erklärte aber, daß er diese durch viele erfolgreiche Arbeit in Vergessenheit gebracht habe." May wird die Führung des Doktortitels untersagt, strafrechtliche Schritte werden jedoch nicht unternommen. Mit einem Bekanntwerden seiner Haftstrafen in der Öffentlichkeit rechnet er nicht (leb 17f., 21, 320; kmhi 13, 3). – Felix Krais hat von May vermutlich die Handschrift *Ein Rätsel* erhalten, die den sonst zu schmalen zweiten *Silberlöwen*-Band abschließen soll, ursprünglich aber wohl für den Roman *Marah Durimeh* gedacht war (XXV N47).

11.12. May kündigt der Baronin Gaertner seinen Besuch an.

11.13. Sonntag. In der Olmützer Zeitung "Našinec" werden die ersten autorisierten Hefte der Vilímek-Ausgabe empfohlen (m-kmg 45, 20).

11.19. Im Fehsenfeld-Verlag erscheint *Im Reiche des silbernen Löwen I* als Bd. XXVI der "Gesammelten Reiseerzählungen". Das Buch ist nicht sehr plausibel zusammengestellt aus dem 1893 entstandenen "Hausschatz"-Text *Die Rose von Schiras*, der 1895 entstandenen Kurzgeschichte *Scheba et Thar* (jetziger Titel *Der "Löwe der Blutrache"*) und den Anfangspartien des

1897 entstandenen "Hausschatz"-Textes *Am Turm zu Babel* (plaul1 229; ued 236f.; kms 2, 8f.). Als Anhang enthält der Band eine ganzseitige Werbung für "Karl-May-Postkarten" (gus 7).

11.20. Sonntag.

11.22. Emma Mays 42. Geburtstag.

11.25. May schickt das Deckelbild zu *Am Jenseits* an Fehsenfelds Buchbinder C. H. Schwabe (Stuttgart) zurück: *Der Zeichner hat das, was ich wollte, verstanden, doch sind aus den Lichtstrahlen, die doch wohl durchsichtig sind, viel zu lange, undurchsichtige Bretter geworden, welche unbedingt duftiger gemacht werden müssen. Der linke Vorderarm des Engels ist unschön lang, und die Arme und Hände des Beduinen machen den Eindruck von Schildkrötenflossen oder langen Eidechsenbeinen. Nebenbei bemerkt, wie hat sich der "Künstler" wohl die Beine des Engels gedacht? Wo legt sich das Gewand nach hinten? Und wo stecken da wohl die Kniee? Das ist es, was ich jetzt an ca. 90 Postkarten-Entwürfen zu tadeln hatte: Es war kein einziger dabei, der seinen Künstler als Künstler bestätigte. Ein wirklicher Künstler hat die Anatomie des menschlichen (auch des Engels-) Körpers so untrüglich im Stifte, daß er solche Pudels gar nicht schießen kann. Vor allen Dingen weiß er auch, daß Lichtstrahlen keine undurchsichtigen Latten oder Pfosten sind. Die Palmen sind nothwendig, weil characteristisch, / stehen aber, Allah, siehste, / grade mitten in der Wüste, / wo, das weeß mer hier in Sachsen, / niemals kann e Beemchen wachsen! / Ich hatte geglaubt, daß doch wenigstens das Bild dieses Jubiläumsbandes sich über das gewöhnliche Niveau etc. etc. Was sieht man bei andern Werken oft für hübsche, sogar schöne Sachen!*

11.27. Sonntag. Nachmittags sind die jungen Herzöge Paul und Borwin von Mecklenburg-Schwerin zu Gast in der Villa "Shatterhand" und tragen sich ins Gästebuch ein.

11.29. May an Fehsenfeld: *Mir ist es ja recht, daß Sie erst Sonnabend kommen, doch drängt das Manuscript je später desto mehr (zu Band 25), wodurch die Ihnen so gern gewidmete Zeit zusammenschrumpft, und ich bedaure, daß so lange Zeit seit der Ankündigung Ihres lieben Besuches nutzlos vergangen ist, weil doch keine Postkarten gedruckt werden können, ehe wir uns darüber besprochen haben, auch die letztgeschickten nicht, betreffs deren Sie mich auch wieder vollständig mißverstanden haben. Ich begreife nicht, warum Herr Krais die Correctur zum Schluß des 27ten Bandes nicht schickt; er hat das Manuscript dazu schon seit dem 10ten in den Händen. Wann soll da "Am Jenseits" fertig werden! Ob er etwa gar schon wieder Postkarten druckt, über die ich mich noch nicht ausgesprochen habe (Shatterhand, Kara und Civil mit inbegriffen) weil Sie noch nicht bei mir waren und alle brieflichen Äußerungen nutzlos sind, da sie mit constanter Energie mißverstanden werden?*

12. Regensburg. Otto Denk übernimmt als Nachfolger Heinrich Keiters die "Hausschatz"-Redaktion (mkmg 78, 28).

12. "Deutscher Hausschatz": "J. S. in Bl. Von Karl May liegt uns erst ein Teil seiner Reiseerzählung: Im Reiche des silbernen Löwen vor" (mkmg 20, 20).

12. "Deutscher Hausschatz": "P. M. in N. Ihnen und allen übrigen Interessenten teilen wir mit, daß wir mit der Reiseerzählung Karl Mays: 'Im Reiche des silbernen Löwen' erst dann beginnen können, wenn der Verfasser den größten Teil derselben fertig gestellt haben wird. Bisher liegen uns erst etwa 100 Seiten Handschrift vor, und das genügt für unsern Bedarf nicht. Haben Sie also etwas Geduld!" (mkmg 20, 20)

12. Im Fehsenfeld-Verlag erscheint *Im Reiche des silbernen Löwen II* als Bd. XXVII der "Gesammelten Reiseerzählungen". Das Buch entspricht dem Hauptteil von *Am Turm zu Babel*, verknüpft mit der vermutlich im Oktober/November entstandenen, mit der *Silberlöwen*-Handlung kaum zusammenhängenden Erzählung *Ein Rätsel* (plaul1 231; ued 238-240).

12. Nachdem er bereits zwei unbeantwortete Einschreibebriefe nach Radebeul geschickt hat, besucht der Postoffizial Oskar Flögl, der Übersetzer der unberechtigten Benediktiner-Ausgabe von *Durch die Wüste*, May in der Villa "Shatterhand". Er stellt sich als Redakteur des Brünner "Postanzeigers" vor und will rückwirkend eine Autorisation seiner Übersetzung erreichen. Da May die alleinigen Übersetzungsrechte Vilímek erteilt hat, kann er Flögl nicht autorisieren, versichert ihm aber, er werde nicht gegen die Ausgabe vorgehen. Später wird Flögl für Vilímek die *Winnetou*-Trilogie übersetzen. Die Benediktiner-Ausgabe bleibt Fragment (mor; mkmg 45, 21).

12.03. Fehsenfeld besucht May in Radebeul, um u. a. die Postkartenserien zu besprechen.

12.04. Sonntag.

12.08. Im "Börsenblatt" kündigt Fehsenfeld (mit Datum vom 5.12.) "3 Karten mit dem Bilde des berühmten Reiseschriftstellers" an, "und zwar: Civilbild, als Old Shatterhand und als Kara Ben Nemsi". Die Karten erscheinen noch im Dezember.

12.11. Sonntag. May besucht den *Vormittagsgottesdienst* in der Dresdner Frauenkirche und schenkt Klara Plöhn, seiner *lieben Schwester im Geiste*, ein "Gesangbuch für die evangelisch-lutherische Landeskirche des Königreichs Sachsen" (Leipzig, Dresden 1883) mit der Widmung: *Ein' feste Burg ist unser Gott / Im Himmel und auf Erden; / Es muß vor ihm der Feinde Spott / Und Hohn zu Schanden werden. / Vertraue seinen heilgen Schaaren / Im Kampfe mit der Finsterniß; / Sie werden allzeit Dich bewahren, / Und der Triumph ist Dir gewiß!*

12.14. May antwortet auf einen Brief, in dem er vermutlich um die Autorisation einer niederländischen Übersetzung gebeten wurde: *Meine Autorisation zu dieser Uebersetzung werde ich nie geben und auch nie wieder solche Bücher schreiben, weil* *ich das Honorar mit Andern, welche doch das Original nicht mitgearbeitet haben, theilen müßte, weil ich ferner die da auf mich entfallenden hundert Mark, Gott sei Dank, nicht zum leben bleiben brauche, und endlich weil ich bei dieser Angelegenheit als so nebensächlich betrachtet werde, daß man mich mit den drei Worten "ein holländischer Verleger" abspeist und es für ganz selbstverständlich hält, daß ich, der Autor, den Namen gar nicht zu erfahren brauche. Eine so wegwerfende Behandlung würde selbst die olympische Ruhe eines Hintertreppenschriftstellers erschüttern. Ich bin das nicht gewöhnt!* Ein möglicher Bezug könnte die *Waldröschen*-Übersetzung *De Familie Rodriganda* sein, die in einer Übersetzung von Dr. Sterel 1894/95 im Amsterdamer Verlag R. R. Thum erschienen ist (sokmg 87, 3f., 27, Bildteil II).

12.18. Sonntag.

12.21. Berlin. Weihnachtlicher Kartengruß an Familie Seyler (mkmg 25, 10).

12. May widmet Eva Fehsenfeld ein (später noch mehrfach verwendetes) Gedicht *Schau auf zu Gott, Du liebe Menschenblume* (kmv 75, 18).

12. Komotau. Dr. Vinzenz Eichler schickt ein Atelierfoto seiner Söhne Oskar und Alfred (kmw VIII.6, 920f.).

12.25. Sonntag. Erster Weihnachtstag.

12.27. Haasberg. Fürstin Mathilde von Windisch-Grätz dankt May für ein Porträtfoto und ein trostreiches Gedicht. Fürst Hugo habe ihm schon lange eine "Cigarrentasche" senden wollen.

12.28. Wernigerode. Marie Hannes teilt dem "lieben lieben Onkel Karl" mit, dass sein "treuer Liebling" "frisch u. fröhlich aus Schierke wieder heimgekehrt ist".

12.31. Silvester. 11.38 Uhr. Telegramm an Emil Seyler: *Immer an meinen Winnetou und sein trautes Wigwam denkend schütte ich noch heut ein ganzes Herz voll Liebe und Treue über Euch* *aus. Die ewige Güte flute über Euch.* – Silvesterfeier mit Plöhns. Auf einer Menükarte: *Zum achtundneunziger Sylvester, / Da wird der Bruder und die Schwester / Mitsammt der Mutter eingeladen / Zum Kalbs- und auch zum Hasenbraten. / Und dürfts 'was Andres geben sollen, / So darf man nicht darüber grollen, / Denn in der letzten Jahresnacht / Wird niemals große Jus* [d. i. Fleischbrühe] *gemacht.*

1899

1899. Im Verlag von Julius Hansen in Kopenhagen erscheint in zwei Bänden eine dänische *Winnetou*-Ausgabe (mkmg 78, 11). Bereits 1898 hat Hansen in einem Band "Mindre Fortællinger" (Kleinere Erzählungen) *Robert Surcouf* von Ernst von Linden veröffentlicht, zusammen mit Erzählungen von Joseph Spillmann SJ (1842–1905, "Lady Nithsdale") und Jodocus Donatus Hubertus Temme (1798–1881, "Et Familjedrama").

01.-03. May führt den Roman *Am Jenseits* zu Ende (XXIII A40).

01. Emma May an den Bruchsaler Schüler Alfred Biedermann (1884–1971), der Ende 1898 erstmals an May geschrieben hat: "Besten Dank für Ihre guten Wünsche. Mein lieber Mann beabsichtigt eine große Orientreise; er will wieder zu den Haddedihn" (masch 95).

01.01. Sonntag. Neujahr. Walter Weber ist, vermutlich mit Johannes März und Max Welte, zu Gast in der Villa "Shatterhand". – Pastor Emil Bollow, Leubus, rühmt May als "einzig dastehende Erscheinung auf dem Gebiete der modernen Literatur" ("Der Protestant", Berlin).

01.03. Planina. Fürst Hugo von Windisch-Grätz schickt telegraphische Neujahrsgrüße: "Bitte Antwort ob ich Brief und Cigarrentasche nachschicken kann". May wird ein Zigarrenetui aus Bärenleder erhalten.

01.07. Die liberale "Aschaffenburger Zeitung" berichtet über eine "jugendliche Diebesbande" (Realschüler und Lehrlinge, Fritz von Hutten, Otto Andreas Willkomm, August Karl Fröhlich, Eugen von Kiesling, Fritz Herbert, Max Orschler, Joseph Schmitt), die von der Polizei gefasst worden ist. Angeblich sollen die Jungen durch die Lektüre Mays verdorben worden sein (mkmg 140, 12).

01.08. Sonntag. May schreibt eine Dankespostkarte an die junge Leserin Hetty (Hedwig) Huyssen, später verh. Heide (1885–1913) in Freiburg, Deutschordenstraße 25, die mit ihrer Freundin Carmen Devaux einen "May-Club" gegründet und eine Gruppenaufnahme nach Radebeul geschickt hat.

01.09. May an die Schülerin und spätere Schriftstellerin Ina Seidel (1885–1974), München: *Rih ist längst todt, wie in dem Bande "Der Schut" zu lesen ist. In einigen Tagen gehe ich nach Arabien zu meinem lieben Hadschi Halef Omar* (kma 1, 7).

01.10. Das "Aschaffenburger Intelligenzblatt" berichtet über das "jugendliche Diebeskonsortium der Stadt Aschaffenburg": "Die unmittelbare Veranlassung zu den Bubenthaten sollen die Phantastereien Carl May's sein, der hier eine Verehrung genießen soll, die fast an seinen eigenen Geisteszustand grenzt" (mkmg 140, 3, 12).

01.11. Auch die "Neue Würzburger Zeitung" berichtet über die Aschaffenburger "Diebsgesellschaft": "Sie besteht aus einigen 15–17jährigen Burschen aus sehr angesehenen Familien. Seit mehr als einem halben Jahre stahlen dieselben zum Theil durch Einbruch Eßwaaren, Spirituosen und Schießzeug in raffinirtester Weise. Es sind begeisterte Leser der Karl May'schen Reisegeschichten, die des Meisters Fabeleien in eine für sie und die Ihrigen sehr unangenehm gewordene Praxis umgesetzt haben" (mkmg 140, 4, 12).

01.13. May an Josef Schlipper, Köln-Zollstock: *Kurz vor meiner Abreise nach Arabien zu Hadschi Halef Omar und dann nach Amerika zu meinen Apatschen sende ich Dir mein Bild. Bleibe so brav, wie Du jetzt bist!* (kma 1, 7f.)

01.14. May hat von den Berichten über die "jugendliche Diebesbande" in Aschaffenburg erfahren. An Emil Seyler telegraphiert er um 10.30 Uhr: *Bitte wißt Ihr einen schneidigen Rechtsanwalt in Aschaffenburg? Habt Ihr in irgend einer Zeitung eine böswillige Kritik gefunden, dann mir sofort senden.* Seyler telegraphiert zurück: "Ein Blatt mit betreffendem Artikel habe ich leider vor einigen Tagen in erster Wuth in Stücke zerrissen. Tony [Tochter aus Seylers erster Ehe mit Jenny Plaeschke, aufgewachsen in Aschaffenburg] hatte schon nach Aschaffenburg geschrieben, daß große Gemeinheit vorliege. Rechtsanwälte mir leider unbekannt."

01.15. Sonntag.

01.16. Leipzig. Walter Weber bedankt sich für die "angenehmen Stunden" am Neujahrstag und schickt dem "Lehrmeister des ganzen deutschen Volkes" die "besten Wünsche" für seine "große Reise" (vgl. *Der dankbare Leser* 115).

01.17. May an einen unbekannten Referendar, der ihn auf eine Unstimmigkeit in *Im Reiche des silbernen Löwen II* aufmerksam gemacht hat: *In der nächsten Auflage wird das corrigirt, auch die Stelle in "Winnetou"* [VII 5], *wo es dem Correktor entgangen ist, daß der Setzer einen Weißen aus einem Rothen gemacht hatte.* [...] *Uebrigens befinde ich mich grad jetzt mitten in den Vorbereitungen zu einer neuen Reise nach Arabien zu Hadschi Halef und dann nach Amerika zu meinen Apatschen.* – May an einen Herrn Lorentz: *Ich bin kerngesund und befinde mich auch geistig so frisch und wohl, daß ich eben jetzt wieder eine Reise nach Arabien zu Hadschi Halef und dann nach Amerika zu den Apatschen machen werde. Es muß einen Feind von mir geben, welcher überall das Gerücht verbreitet, daß ich geisteskrank geworden sei. Natürlich möchte ich diesen Menschen gern entdecken, und wenn Sie wollen, können Sie mir behülflich sein. Bitte, schreiben Sie doch Ihrem Freunde nach Einsiedeln, daß er mir oder auch Ihnen den betreffenden Brief aus Dresden schicken soll, und zwar so bald wie möglich! Ich muß ihn lesen! Schreiben Sie mir auch, wer dieser Freund in Einsiedeln ist, daß ich mich auch direct an ihn wenden kann! Aber, bitte, schnell, sonst bin ich nicht mehr da.*

01.18. In der "Aschaffenburger Zeitung" erscheint ein Artikel über die "jugendliche Diebesbande" unter der Überschrift "Die

Jünger Karl May's" (mkmg 125, 3). Der katholische "Beobachter am Main" dagegen bezweifelt, "daß die Reiseerzählungen Karl May's die Gemüther der jugendlichen Taugenichtse so verdorben und diese zu Dieben gemacht hätten". May verfolge "sehr moralische Tendenzen" und diene "den christlichen Ideen wie Gottvertrauen, Nächstenliebe und Barmherzigkeit auch gegen Feinde" (mkmg 125, 4f.; mkmg 140, 5, 13).

01.20. May an seine Schwester Christiane Wilhelmine Schöne: *Es ist doch wahr; Ihr werdet im ganzen Leben nicht gescheidt! Da schreibt mir Marie Hoppe* [1875–1919, Tochter der Schwester Auguste Wilhelmine] *einen Brief, daß sie heirathet, aber die Hauptsache schreibt sie nicht, nämlich wer und was der ist, den sie nimmt. So dumm!* [Marie Hoppe wird erst am 7.7.1901 den verwitweten Handarbeiter Hugo Hermann Schwalbe heiraten.] *Und dann die alberne Adresse. Lies sie nur! Den Krübel, bei dem sie wohnt, den nennt sie Herr* [Karl] *Gottlob Krübel* [1829–1904, Weinkellerstraße 28]. *Mich aber nennt sie außen auf der Adresse nicht Herr und nicht Doctor, da schreibt sie nur Karl May. Ist denn dieser Krübel ein größerer oder vornehmerer Herr, als ich bin? Was sollen die Leute auf der Post denken. Was Emma dazu sagt, kannst Du Dir denken! Sie ist im höchsten Grade zornig über diese Adresse! Gieb Marie Hoppe ihren Brief wieder und diesen hier dazu, auch meine Adresse, die ich geschrieben habe. Sie mag das lesen und sich schämen! Wenn sie uns so wenig achtet, daß sie den Krübel Herr nennt, mich aber auf der Adresse nicht, so kann sie mir nur leid thun. Ich hätte ihr sogleich Geld geschickt, werde nun aber warten, ob sie es besser macht. Nicht einmal eine Ueberschrift hat ihr Brief. Ist sie denn gar so sehr dumm?* [...] *Nächste Woche bin ich nicht mehr da. Ich mache eine Reise rund um die Erde, welche wohl ein ganzes Jahr dauern wird* (mkmg 66, 12f.).

01.(?) May an Babette Hohl: *Aus den Reisevorbereitungen heraus herzlichen Dank für Ihre Weihnachtsgabe. Was haben Sie sich für große Mühe gemacht, und zwar – – ganz umsonst! Oder haben Sie wirklich geglaubt, Old Shatterhand sei ein so* *alter, schwacher, abgelebter und empfindlicher Greis, daß er seinen Kopf in eine wattirte Kappe stecken muß? Nie! Denken Sie: Ein Westmann! Schon ich selbst würde mich auslachen! Aber Sie haben es herzlich gut gemeint, und so danke ich Ihnen ebenso herzlich, wie wenn Sie mich durch diese Mütze gegen 1000 Schnupfen und Katarrhen verteidigt hätten. Dafür jetzt 1000 Grüße, 500 von mir und 500 von meiner Emmeh!* (jbkmg 1997, 29)

01.22. Sonntag.

01.27. Dresden. Kartengruß Emmas an Agnes Seyler mit Bahnpost Leipzig–Riesa–Dresden, Zug Nr. 430. Für den folgenden Tag wird der "ans Herz gedrückten" Freundin eine Reise "schon wieder nach Berlin" angekündigt (mkmg 25, 10).

01.28. Reise nach Berlin (mkmg 25, 10). Möglicherweise Teilnahme an einer spiritistischen Sitzung. Eidesstattliche Erklärung Louise Achilles (Haeußler) 9.11.1909: "Einmal habe ich mit den May'schen Eheleuten zusammen einer spiritistischen Sitzung angewohnt und zwar ungefähr vor 10 Jahren in meiner damaligen Wohnung in Berlin, Goltzstraße 36" (leb 326f.).

01.29. Sonntag.

02.05. Sonntag.

02.12. Sonntag.

02.19. Sonntag.

02.21. Einsiedeln. Verlag Eberle & Rickenbach an May: "Man würde bald meinen Sie wären mit dem Andréischen Luftballon auf Nimmerwiederlesen verflogen, da alle unsere Bitten & Mahnungen, Briefe & Depeschen so spurlos im Winde verhallen! Wir sollten nun <u>3</u> Erzählungen von Ihnen haben, nämlich eine für unseren <u>Kalender</u>, eine für die '<u>Mariengrüsse</u>' & eine für eine von uns zu gründende [...] <u>Jugendzeitschrift</u> ["Die Zukunft"]. Es grüßt Sie die von Ihnen vergessene, verlassene & verachtete Pechfirma Eberle & Rickenbach". – Die Aschaffenburger Diebesbande wird vom Schöffengericht Aschaffenburg (Oberamtsrichter Eduard Wild) zu geringen Freiheitsstrafen verurteilt. In der Verhandlung haben die Verteidiger Franz Stadelmayer (1859–1935) und Wilhelm Müller betont, dass die Lektüre Karl Mays die Diebstähle nicht motiviert haben könne, da solche in dessen "Indianergeschichten und Münchhausiaden" nicht vorkommen (mkmg 140, 6-9). Wegen einiger schwererer Vergehen werden die Angeklagten am 1.3. vom Landgericht zu längeren Haftstrafen verurteilt; die Höchststrafe erhält Fritz von Hutten mit 7 Monaten Gefängnis (mkmg 140, 9f.).

02.25. Karl Mays 57. Geburtstag.

02.26. Sonntag.

02.28. Radebeul. Emma May an Agnes Seyler: "Das verflossene Jahr war ein recht bewegtes für uns, mit Ausnahme der vier Wochen, die wir im Gebirge zugebracht haben. [...] Zuerst wollte ich mitreisen; aber nach reiflicher Überlegung mußte ich schon aus Gesundheitsrücksichten den Plan aufgeben. Erstens wäre ich meinem guten Mann in jeder Beziehung hinderlich, u. zweitens könnte es passiren, daß ich in irgendeiner Stadt sitzen bleiben müßte u. nicht weiter könnte, u. das wäre entsetzlich. Lieber will ich daheim bleiben und der Ruhe pflegen. [...] Eigentlich wollte mein Mann gleich nach Weihnachten fort, aber allerlei Abhaltungen verzögerten das Schreiben des 25 Bandes 'Am Jenseits' so sehr, daß er vor Mitte März nicht fortkommt. Das Schlimmste für mich ist, daß er auf unbestimmte Zeit fortgeht, sonst habe ich keine Sorge um ihn! Ich weiß bestimmt, daß mein Hühnlichen glücklich zurückkehrt. [...] Nur vor Einem fürchte ich mich; ich werde Heimweh nach meinem Hühnlichen bekommen; er wird mir fehlen, zumal wenn er sehr lange ausbleibt, was leider eher anzunehmen ist, als daß er bald zurückkehrt. [...] Bald wären wir jetzt nach München gereist. Mein Mann war an den Hof befohlen; die Prinzessin Ludwig [Marie Therese, Mutter von Prinzessin Wiltrud] hatte es so sehr gewünscht, dazu noch eine ganze Menge anderer Prinzen u.

Prinzessinnen. Leider mußte mein guter Mann abschreiben; es war ihm unmöglich, jetzt so kurz vor der Abreise wieder die Arbeit weg zu legen, so leid es ihm auch gethan hat, denn man muß nur die große Ehre bedenken!" (masch 226f.) – München. Josef Weigl antwortet auf einen Brief, in dem May von der "friedlichen Weltmission der Frau" geschrieben hat. Weigl ist in Nymphenburg bei Prinzessin Marie Therese gewesen, die "entzückt über die Ansichten und Mahnrufe" Mays sei, die "von hoher Stelle durch die 'Friedensblätter'" verbreitet werden sollen. May soll sofort nach seiner Rückkehr von der Reise nach München kommen. Die Prinzessin will mit ihrer Familie dem "Carl May Club" beitreten. Emma ist nach München eingeladen (Abreise 12.7.) (patsch).

03.02. May hat am Vortag von Fehsenfeld ein überarbeitetes Deckelbild zu *Am Jenseits* erhalten; an den Buchbinder Schwabe schreibt er: *Der sofortige Entschluß war, mir von meinem Freunde, dem Inspector der Dresdener Gemäldegalerie* [Gustav Otto Müller], *selbst eins anfertigen zu lassen, denn dieser Jubiläumsband ist, wie Sie auch lesen werden, derjenige, auf welchen alle andern zugespitzt waren, das eigentliche Ziel meines literarischen Strebens. Er wird ungeheures Aufsehen erregen, und so sollte auch der Einband ein wirklich gutes Bild bringen. Aber es würde zur Anfertigung desselben wieder Zeit vergehen, und da das Manuscript in nächster Woche beendet sein wird, so wollen wir bei dem von mir bezeichneten bleiben. Daß die starke Querfalte grad über dem Punkte liegt, den man verbirgt, und ihn also scheußlich hervorhebt, das stört ungemein; das hätte der Zeichner wissen sollen. Vielleicht tritt dies aber in der Ausführung nicht so hervor oder ist vorher noch zu ändern.*

03.04. May an Emil Seyler: *Ich war an den Königl. Hof nach München zu Besprechungen berufen, welche sich auf den Hauptgedanken meines Lebens und Wirkens beziehen, an dessen Veröffentlichung ich nun endlich – Gott sei Dank! – angelangt bin. Der Zar* [Nikolaus II.] *hat* [am 24.8.1898] *einen Vor-*

schlag zu einer Abrüstungs- und Friedensconferenz erlassen; er wird nichts erreichen. Dein Charley erläßt nun aber einen weithin schallenden Ruf zu einer andern Friedensconferenz, welche den Zweck hat, der am tödtlichen Unglauben schwer darniederliegenden Menschheit Hülfe zu bringen und den unter dem lieblosen Interessenkampfe Leidenden den Frieden zu bringen. Am Königl. Hofe zu München interessirt man sich mit Begeisterung für diese meine Idee, welcher der herrlichste Erfolg sicher ist, wenn sie nicht von meinem armen Schreibtische sondern vom Throne ihren Ausgang nimmt und von den Inhabern fürstlicher Macht getragen und verbreitet wird. Ohne von diesem hohen Beifalle Etwas zu ahnen, erhielt ich diese Einladung, der ich aber leider aus Mangel an Zeit nicht folgen kann. Ich habe in eiligster, fürchterlichster Anstrengung den Band "Am Jenseits" zu fertigen, um das Schiff, auf welchem ich meine große Reise antrete, rechtzeitig zu erreichen. [...] *Ich gehe zunächst zu Hadschi Halef, dann nach Persien, Indien, China, Amerika zu meinen Apatschen etc. Wann oder vielmehr ob ich überhaupt wiederkomme, das weiß ich freilich nicht, da ich nicht so reise wie Andere, die jeden Schritt und Tritt, so sorgfältig vorausberechnen, daß ihr geliebter Leichnam ja nicht von dem leisesten Anfluge einer Gefahr berührt werde.* Grüße gelten auch *Fräulein Schantini* [Maria Giantini]*, der ich aus dem tiefsten Innern Arabiens eine Ansichtskarte mit dem schönsten Beduinen, den ich auftreiben kann, senden werde!* (masch 246)

03.05. Sonntag. Josef Weigl, Präsident des "May-Clubs München", an May: "Sie sind übrigens nicht – wie Sie schreiben – nur unser Mitglied, sondern unser – polizeilich angemeldeter – Ehrenpräsident! Sie haben nur nicht die Urkunde in Händen, weil wir Ihnen sie persönlich überreichen wollten in Erwartung Ihres Kommens. Jetzt verzögert sich das; aber dafür wird K. Hoheit es thun, wenn Sie bei uns weilen werden. K. Hoheit werden wir um das hohe Protectorat bitten und sie wird es uns nicht abschlagen, wie ich höre. Sie Protectorin, Herr Doctor

Ehrenpräsident und die stattliche Zahl Ehrenmitglieder! Hurrah der Club! [...] Hurrah Old Shatterhand! So war die Devise von je, so wird sie bleiben; und wenn nächstens die große Conferenz ist, in der wir unser Programm entwickeln, dann wird der Ruf erschallen: Hurrah Old Shatterhand! auch von höchstem Munde!" (kmjb 1978, 105-107)

03.08. Josef Weigl, der wegen "unserer Friedenssache" bei der Obersthofmeisterin Baronin Adolfine Reichlin von Meldegg (*1839) war, richtet eine Bitte der Prinzen Ferdinand Maria (1884–1958) und Adalbert von Bayern (1886–1970), der Söhne des Prinzen Ludwig Ferdinand (1859–1949) (Schloss Nymphenburg), aus, die gerne Ansichtskarten von Mays Reise hätten: "Sie ahnen nicht, wie man ob Ihres Briefes bei Hofe für Sie beten wird auf Ihrer Reise u. Sie liebt." Auch Prinz Heinrich von Bayern (1884–1916), der Sohn des Prinzen Arnulf (1852–1907), und die Herzöge Ludwig Wilhelm und Franz Joseph in Bayern wünschen Karten.

03.12. Sonntag. May bedankt sich bei Emil Seyler für eine Weinsendung: *"Perle" wird mitgenommen, für Hanneh die kleine, die andern für Halef und Omar Ben Sadek* (mkmg 25, 10).

03.13. May an Felix Krais: *Donnerstag geht das letzte Manuscript an Sie ab. Am 24ten dieses Monates muß ich von hier fort, sonst erreiche ich das Schiff nicht und versäume einen ganzen Monat. Ich möchte aber grad bei diesem Bande die Correcturen bis zum letzten Worte auch selbst lesen.* [...] *"Am Jenseits" liegt mir so am Herzen, weil dieses Buch eine große, tief und weitgehende, sozial-ethische Bewegung einzuleiten hat, an deren Spitze sich der Königl. Hof von Bayern mit sämmtlichen Gliedern des Wittelsbacher Hauses stellen wird. Sie sind Mitglieder meines Münchener May-Klub geworden.* May erbittet für sein Testament eine Gesamtaufstellung aller in Stuttgart hergestellten Exemplare seiner Reiseerzählungen. – May an Fehsenfeld: *Lesen Sie die Correcturen von Band 25? Ja? Dann werden Sie gemerkt haben, daß Karl May jetzt beginnt, mit seinen eigentli-*

chen Absichten herauszurücken. Es handelt sich um eine wohlvorbereitete, großartige Bewegung auf religios-ethisch-sozialem Gebiete, an deren Spitze sich der Königl. Hof in München mit allen Gliedern des Wittelsbacher Hauses stellen wird. Diese Herrschaften sind Mitglieder meines Münchener May-Klub geworden und von meinen Ideen ganz und gar begeistert. Ich werde auch während meiner Reise in regstem Briefwechsel mit ihnen bleiben – so gut es nämlich geht. Des Kaiserl. Hofes in Wien bin ich auch sicher, und erst kürzlich hatte ich eine Audienz auch hier in Dresden. Ebenso telegraphirte mir vor einigen Tagen Herr [Emil] *von Rümelin* [1846–1899; kmw VIII.6, 926, 922-925], *der Oberbürgermeister von Stuttgart, wo man nun endlich auch einzusehen beginnt, daß K. May keine Indianergeschichten sondern "Predigten an die Völker" schreibt. Ich sage Ihnen, die Namen Fehsenfeld und May werden der Zeitgeschichte so tief eingegraben sein, daß wir ruhig sterben können und doch weiterleben werden. Doch dies einstweilen nur privatim, also vertraulich, bis ich selbst komme! Nach "Am Jenseits" ist so große Anfrage, schon jetzt, daß Sie unbesorgt eine bedeutende Auflage drucken lassen können. Uebermorgen geht das letzte Manuscript zu Krais. Nächste Woche muß ich fort, um das Schiff rechtzeitig zu erreichen, sonst verliere ich einen ganzen Monat Zeit. Um Sie für einige Stunden zu sehen, reise ich über Freiburg und werde Ihnen vorher telegraphiren. Doch wünsche ich, ganz unbelästigt zu sein. Und nun eine ganz nothwendige Bitte, liebster Freund! Ich gehe nach Arabien zu Hadschi Halef, dann durch Persien u. Indien nach China, Japan und Amerika zu meinen Apatschen. Da ich meine eigene Art, zu reisen, habe und keiner Gefahr ausweichen darf, um Stoff für meine Bücher zu erleben, so kann mir sehr leicht etwas Menschliches passiren, und ich habe darum mein Testament gemacht. In Folge einiger darin enthaltenen Punkte muß ich einen genauen Nachweis über unser Verlagsgeschäft, vom ersten Tage an bis heut, gerichtlich deponiren, damit bei meinem etwaigen Tode die nothwendige Klarheit und Ordnung von der Behörde vorgefunden wird. Die meisten dieser Herren, sogar in der*

Amts- und Kreishauptmannschaft, sind Leser von mir und interessiren sich riesig für das Testament von Old Shatterhand, welches seinem ganzen Inhalte nach schon jetzt keine geheime sondern eine öffentliche Angelegenheit ist. Aus diesem Grunde muß ich Sie dringend ersuchen, mir doch gütigst diesen nothwendigen Geschäftsauszug so bald wie möglich zu senden, da die Sache vor meiner Abreise geordnet sein muß. [...] *Da diese Angelegenheit in kürzester Zeit geordnet sein muß, wiederhole ich meine dringende Bitte um Beschleunigung und versichere Sie des herzlichsten Dankes Ihres May und seiner Erben, von denen ich aber hoffe, daß sie noch lange, lange warten müssen, denn ich will wenigstens noch 30 Bände schreiben, nun, da ich erst eigentlich mit meiner Aufgabe beginne. Die bisherigen Bände waren nur dazu geschrieben, mir eine möglichst große Zahl von Lesern als Arbeitsfeld zu schaffen.* – May an Babette Hohl: *Ich sandte Ihnen einen Brief aus München zur Ansicht, in welchem ich dringend und herzlich eingeladen wurde, sofort an den Königlichen Hof zu kommen, wo ich allerdings schon früher gewesen bin. Ich wollte Ihnen diesen Brief zu lesen geben, um Sie und auch Andere zu überzeugen, daß ich es nicht nöthig habe, auf dumme Zeitungsangriffe einzugehen. Ich legte auch Marken zur Rücksendung bei. Dieser mir so werthvolle Brief ist also nicht bei Ihnen angekommen? Da werde ich sofort recherchiren lassen! Inzwischen will ich Ihnen einen andern senden oder gar drei. Der Absender ist Dr.* [Josef] *Weigl, Vorsteher meines Karl May-Klub in München. Ich will nicht etwa damit prahlen, denn derartige Briefe erhalte ich sehr oft; aber ich weiß, welchen Antheil Sie an dem Erfolge meiner Werke nehmen, und will Ihnen also eine persönliche Freude machen. Bitte, senden Sie sie baldigst zurück, denn in nächster Woche geht das Schiff, und ich muß schon viel eher fort* (jbkmg 1997, 30).

03.15. May schickt den Schluss von *Am Jenseits* an Krais; die Letztkorrektur wird er wegen seiner Reise nicht mehr lesen können (jbkmg 1974, 171).

03.16. May wertet eine Anfrage Fehsenfelds *wegen den längst abgethanen Bildern* als *Scherz*: *Von den "höchsten Herrschaften" sind meine Ansichten und mein Geschmack ebenso unabhängig wie vom geringsten meiner Leser. Diese Bilder trivialisiren meine ethisch hohen, edlen Absichten. Dies ist der Grund meiner Weigerung und wird und muß es bleiben. Ich bin nicht schuld an ihrer Anfertigung, ich habe nichts gewußt, nicht einmal geahnt!* [...] *Nächste Woche komme ich und wiederhole meine dringende Bitte um die Aufstellung aus Ihren Büchern! Höchst nothwendig! Brauche es bis spätestens den 20. März!* – Telegramm an Carl Felber: *Alles sehr wohl nächste Woche geht es nach Arabien* (Karl-May-Museum, Radebeul). – Pauline Münchmeyer, die sich seit längerem aus dem Geschäft zurückziehen will, besonders nach dem Tod ihres Schwagers Friedrich Louis (1897), verkauft den Dresdner Kolportageverlag für 175.000 Mark an den ehemaligen Möbelhändler und Leipziger Verlagsbuchhändler (Kunstdruckerei Fischer und Wittig) Johannes Adalbert Fischer (1855–1907), der nur an Mays Romanen interessiert ist, von denen er vermutlich im Frühjahr 1897 durch den Schriftsteller Moritz Lilie, seinen damaligen Nachbarn und Kegelbruder ("Kegelei"), erfahren hat. Lilie hat ihm auch von Mays Vorstrafen erzählt. Für May beginnt damit das Unglück seines Alters, auch wenn die Folgen sich erst zwei Jahre später zeigen (mkmg 94, 21; hoff1 2632; woll 96; heer4 229f.). *Leben und Streben* 242: *Ich stand grad im Begriff, eine längere Reise nach dem Orient anzutreten, als ich erfuhr, daß Frau Münchmeyer ihr Geschäft verkaufen wollte. Ich schrieb ihr sofort einen Brief, in dem ich sie warnte, etwa meine Romane mitzuverkaufen. – Schundverlag 05*, 366f.: *ich schrieb ihr einen Brief, in welchem ich in der ernsten Weise, die ich hier für geboten hielt, die Verhältnisse darlegte, in aller Form auf meinen Rechten beharrte und sie auf die schweren Folgen aufmerksam machte, die es haben würde, falls das wahr sei, was ich erfahren habe. Ich bezeichne dieses Schreiben als meinen "Warnungsbrief"* [...]. *Ich glaubte, annehmen zu dürfen, dass dieser mein Brief die Wirkung haben werde, die ich von* *ihm erwartete.* [...] *Ich trat so* [...] *meine Reise an, liess aber die Weisung zurück, mir sofort Nachricht zuzusenden, falls Frau Münchmeyer das Geschäft wirklich verkaufen und gegen alles Erwarten dabei meine briefliche Warnung unberücksichtigt lassen sollte.* May beruft sich in diesem Brief auf sein Schreiben vom 28.10.1898, in dem er bereits eine Klage angekündigt hat; von einem Verkauf des Geschäfts ist dort jedoch noch nicht die Rede (hoffl 2632). – *Schundverlag 09*, 92f.: *Der Kaufpreis betrug angeblich 175 000 Mark; garantiert war ein Reingewinn von 40 000 Mark. Schon das ist bezeichnend!* [Zettelnotiz: *Fischer sagt, es sei ihm ein Reingewinn von 40,000 Mark gewährleistet worden. Für einen Kaufpreis von nur 175,000 Mark! Ist das nicht Beweis genug, daß der Kauf ein Geschäft unter Banditen war? Waldröschen allein bringt 120000 Mrk. Noch mehr!*] *Noch bezeichnender aber ist, dass der Käufer später während des Prozesses wiederholt in den Akten behauptete, er habe mit diesen 175 000 Mark alle von dem Münchmeyerschen Geschäft verlegten Romane bezahlt, also auch die von Karl May, auf die es ihm ganz allein angekommen sei, während aber Frau Münchmeyer ebenso in den Akten behauptete, er habe die Mayschen Romane nicht mitgekauft, sondern sie habe sie ihm geschenkt!* – Stuttgart. Auf Mays Wunsch vom 13.3. fertigt Felix Krais ein "Verzeichnis der sämtlichen seit Anbeginn (1892) gedruckten May'schen Reiseerzählungen" (617.150 Exemplare) an (XXI A18, A20f.).

03.18. Leipzig. Heinrich Haeußler an Emma May, auf einer Karte von Aeckerleins Weinkeller: "Ich bin aus Prag wieder zurück, wie mir Kaninchen schreibt, freut sie sich sehr, daß ich Sie gesprochen habe, und freut sich schon auf den Besuch. Schreiben Sie bitte nach Berlin, wann es Ihnen paßt, dann kommt Kaninchen zu Ihnen." Emma hat ihre Freundin Louise Haeußler eingeladen, sie während Mays Abwesenheit zu besuchen.

03.19. Sonntag.

03. May an Fehsenfeld: *Herzl. Dank für 6000 Mark! Die andern so freundl. angebotenen 6000 nehme ich auch mit, doch ohne Wissen meiner Frau, bitte. Sie darf nicht wissen, wie theuer diese Reise wird (wenigstens 40,000 Mark!) Es würde mir lieb sein, wenn ich englisches Geld dafür haben könnte. Geht das bei Ihrer rheinischen Bank? Sonnabend od. Sonntag geht es fort, über Frankfurt Main, um meinen herrlichen May-Klub dort, die "Khalifen" zu besuchen, dann zu Ihnen.*

03.20. Pauline Münchmeyer und Adalbert Fischer geben mit einem Rundschreiben die Verlagsübernahme bekannt.

03.21. May an die Volksschullehrerin Sophie von Stieber, Atzgersdorf bei Wien: *Winnetou war geboren 1840 und wurde erschossen am 2./9. 1874. Er war noch herrlicher, als ich ihn beschreiben kann!* (*Winnetou's Tod* 6; gwb 80, 479f.) – May an einen unbekannten Frankfurter: *Ich trete soeben eine neue Weltreise an, komme wahrscheinlich Sonnabend, d. 25ten mit dem Schnellzuge Abends 8 Uhr in Frankfurt, Hauptbahnhof, an und werde Hôtel Continental bleiben, um früh nach Genua weiterzureisen. Werde ich Sie sprechen können? Eine wichtige Bitte! Es giebt in Frankfurt eine Gesellschaft "der Khalifen"* ["Khalifia"]. *Ich bin Ehrenmitglied, kenne aber keine Adresse. Meine Briefe kommen zurück. Und doch möchte und muß ich diese Herren sehen. Zu langen Erkundigungen habe ich wegen der Kürze des Aufenthaltes keine Zeit. Scheik Selim I nennt sich der Regierende; sein Adjutant Halef Pascha heißt Wilhelm Otte, wahrscheinlich Kaufmann. Ein Mayleser wie Sie muß doch das Anschleichen fertig kennen gelernt haben. Bitte, können Sie diese Gesellschaft ausfindig machen, so daß ich sie Sonnabend erwische? Meinen Dank persönlich! Große Eile. Gruß! Schluß!*

03.24. May erhält seinen Reisepass auf der Amtshauptmannschaft Dresden-Neustadt. Die Gültigkeitsdauer des Dokuments reicht bis zum 23.3.1904 (gwb 82, 49).

03.25. May an den Landesbeamten und Schriftsteller Franz Brixel (Pseud. Armin Franke, 1840–1903) in Graz: *Bitte lesen*

Sie doch meinen 25. Band "Am Jenseits" [...], *da ich morgen meine Reise nach Arabien (Hadschi Halef), Persien, Indien antrete. Werde unterwegs an Sie denken!*

03.26. Palmsonntag. Morgens Antritt einer großen Orientreise (50.000 Mark stehen zur Verfügung; Kreditbrief der Firma Günther & Rudolph, Dresden, Fritz Emil Günther), von der May nach 16 Monaten als ein Verwandelter zurückkehren wird (woll 94). Anfangs wird er von seiner Frau Emma und Klara Plöhn begleitet; Richard Plöhn stößt erst in Genua dazu. In sein Reisetagebuch (bis Januar 1900 im "Schriftsteller- und Journalisten-Kalender 1899", hrsg. von Emil Thomas, Leipzig, Walther Fiedler, 1899) trägt May ein: *Dresden* [Hauptbahnhof; gus 236] *früh 8.5 ab, Frankfurt abends 8.2 an. Emma und Klara mit*. Richard Plöhn (recte May) in der "Tremonia" 29.9.: *May reiste in Begleitung seiner und meiner Frau, welche innige Freundinnen sind, über Luzern nach Genua, wo ich über Ala kommend, zu ihnen stieß* (jbkmg 1974, 147). – Aufzeichnung Klara May: "KMs Orientreise [...] sollte eine Ausbeute werden für neue, im Orient spielende Erzählungen. Froh ging er hinaus in das sonnige Land. Heiter war der Beginn und die von dort kommenden Berichte." – Teilweise wird May sich auf den Spuren Kaiser Wilhelms II. bewegen, der den Orient im Herbst 1898 mit seiner Gemahlin Auguste Viktoria und großem Gefolge bereist hat. – Hamburg. Die junge Leserin und "Freundin" Anna Peters schreibt May über ihre Glaubenszweifel.

03.27. Frankfurt a. M. Reisetagebuch: *Hôtel Continental* (gwb 82, 47), Baseler Straße 56, gegenüber dem Hauptbahnhof (gus 77). – Im "Börsenblatt" kündigt Fehsenfeld (mit Datum vom 26.3.) für den 15.4. die Reiseerzählung *Am Jenseits* an.

03.28. Frankfurt a. M. Reisetagebuch: *Palmengarten* (gwb 82, 47). – Während des Frankfurt-Aufenthalts besucht May die Gesellschaft "Khalifia" und andere Verehrer.

03.29. Frankfurt a. M. Reisetagebuch: *9.45 ab nach Freiburg. Abends bei Fehsenfelds* (gwb 82, 47), Sternwaldstraße 19 (XX

A46). Richard Plöhn (May) in der "Tremonia" 29.9.: *Weiterfahrt nach Freiburg i. Br., um seinen Verleger, Herrn Fehsenfeld, aufzusuchen und mit ihm die neuen Auflagen während einer wahrscheinlich mehr als einjährigen Abwesenheit zu besprechen* (jbkmg 1974, 147). – Freiburg i. Br. May steigt zunächst im Zähringer Hof (Bahnhofstraße 2, Heinrich und Friedrich Sommer, Haus nicht mehr existent) ab, übernachtet aber (laut Brief an Fehsenfeld vom 20.5.1907) mit den Frauen nicht dort, sondern bei seinem Verleger. Bald nach der Ankunft besucht May alleine die Villa Devaux, wo er nur die Tochter Carmen und deren Freundin Hetty Huyssen (später verh. Heide) sowie Herrn Devaux, einen Engländer, antrifft, nicht aber dessen Frau, zu der durch den Berliner Schriftsteller und Kritiker Otto von Leixner-Grünberg (1847–1907) Kontakt entstanden ist. Hetty Heide an May 25.10.1906: "Kurze Zeit darauf [Karte Mays vom 8.1.] [...] führte Sie Ihr Weg nach Freiburg und damit auch eines sonnigen Morgens in die Villa Devaux in der Mozartstraße [16], wo Sie zwar nicht die Dame des Hauses, dafür aber meine Freundin Carmen und mich antrafen. Daß Ihr Entzücken darüber nicht im entferntesten an die Grenzen des unsrigen reichte, wage ich dreist zu behaupten. Dennoch schien uns Kindern (ich war damals 14, Carmen 12 Jahre alt) die Viertel Stunde, die wir mit Ihnen verplauderten – resp. die Sie plauderten und wir Ihnen zuhörten, – das schönste und größte Ereignis unsres Lebens." Jahre später, mit dem zitierten Brief vom 25.10.1906, wird ein intensiver Briefwechsel, vor allem mit Klara May, beginnen. Am 27.3.1907 wird Hetty Heide in einem Brief an Klara aus ihrem Tagebuch ("mit Original-Orthographie und -Interpunktion") vom 29.3.1899 zitieren: "'Ich saß mit Carmen in größter Eintracht auf dem Sopfa, da fuhr ein Wagen vor. Wir gingen an's Fenster und hatten kaum einen Blick auf den Herrn, im hellgrauen Sportsanzug geworfen, um wie aus einem Munde zu rufen: 'Das ist Karl May.' Dann standen wir mitten im Zimmer und starrten uns an, bis unten kräftig die Klingel tönte und uns zur Besinnung brachte. Wir sausten wie der Blitz hinab und richtig er war's. (!!!) Ist die gnädige

Frau zu Hause? tönte eine kräftige Stimme? Nein, war die Antwort, sie ist ausgegangen. Dann hörten wir nichts mehr, bis plötzlich Luisa (das Mädchen) sagte ob er nicht herein wolle. Er hatte etwas schreiben wollen, worauf Luisa ihn ins Eßzimmer geführt hätte, damit er besser schreiben könnte. Wir sausten wie der Blitz die Treppe hinauf, aber er hatte Carmen noch gesehen, und ehe ich mich besonnen hatte wie albern es sei, so davon zu laufen, standen sie voreinander, Hand in Hand, und da die Ihre so sehr zitterte, lächelte er und sagte freundlich, ja das ist Old Shatterhand. Sie öffnete die Thür zum Salon und ließ ihn dann stehen. Ich trat schnell herzu und bot ihm einen Stuhl an, und er legte seine Mütze auf den Sopfa und wollte sich gerade setzen als Herr D. kam. Er stellte sich vor und setzte sich dann, und das erzählen ging los:' – Was Ihr Gatte erzählte, will ich nicht wörtlich anführen. [...] ich erinnere mich seiner ganzen Persönlichkeit noch sehr genau, vornehmlich des grauen Anzugs und der pompösen gelben Stiefel, die lange Zeit darnach noch das Tagesgespräch des 'May-Clubs' bildeten. Auf die Mütze, 'die er auf den Sopfa legte', würde ich nun heute allerdings nicht mehr schwören, ich meinte eher etwas großes, breitrandiges gesehen zu haben. Am deutlichsten sind mir aber die Augen des verehrten Kara ben Nemsi in der Erinnerung geblieben... Sehr hell, von klarem Blau, sehr scharfblickend und durchdringend und [...] damals ein klein wenig moquant und spottsüchtig. [...] Wenn ich bedenke, daß Ihr Gatte statt der Dame des Hauses – übrigens einer sehr schönen und klugen Frau – nur die 11jährige Tochter nebst ihrer Freundin antraf und ihnen, statt gleich wieder davonzufahren, in liebenswürdigster Weise eine halbe Stunde kleine Erlebnisse vorplauderte, so ist alles wohl erklärt." Am 6.4.1907 wird Hetty Heide das Gespräch anhand ihres Tagebuchs paraphrasieren: "Zu Anfang sagte Ihr Gatte also folgendes: (Zum bessern Verständnis werde ich alles 'wörtliche' lateinisch [hier: kursiv] schreiben.) *Ich bin jetzt auf der Reise nach dem Sudan, und zu Hadschi Halef Omar und seiner Hanneh. Dann will ich wieder zu meinen Apatschen. Ich bin ja noch immer ihr oberster Häuptling und stehe sogar in Briefwechsel mit ihnen.* [...] *Meine Reise ist schon so lange verschoben, jetzt wird es dort in Arabien schrecklich heiss sein, aber ich bin das ja gewöhnt. Meine Gewehre sind schon vorgeschickt, denn ich zeige sie nicht gern. Der Bärentöter wiegt 26 Pfund.* [...] *Vier Kisten voll Geschenke habe ich bei mir für Halef und Hanneh. Ich freue mich, wieder dort hin zu kommen, denn ich will dann nach Mekka.* Hierauf folgt die Bemerkung, daß er den muhamedanischen Glauben sehr verehrt und die Frömmigkeit der Menschen dort z. B. bei einer Karawane, wenn sie von den Kamelen steigen, ihre Teppiche ausbreiten, darauf niederknieen, um ihre Gebete zu verrichten, stets als außerordentlich packend empfunden hat. Er zeigte uns ferner seine berühmte Winnetou'sche Narbe am Halse, die uns großen Respekt einflößte. Er sagte auch, daß er drei bis vier Millionen Leser habe und den ganzen Hof zu ihnen zähle. Ob damit nun der sächsische oder der preußische gemeint war, wage ich von hier aus nicht zu entscheiden. Ich möchte aber fast zu Gunsten des letzteren plaidieren, denn es heißt später: *Zu Weihnachten bekamen die Prinzen 'Im Lande des Mahdi' und da musste ihnen der Kaiser gleich arabische Anzüge kaufen. Wenn ein neuer Band erscheint, sagte der Kaiser zu mir, so streitet meine Frau sich mit mir, wer ihn zuerst lesen soll.* [...] *Ach, es ist ja ganz nett, ein berühmter Mann zu sein, aber auch wieder nicht. In Wien, wo ein Fürst* [Graf Julius Jankovics] *ist, der an demselben Tage Geburtstag hatte wie ich, wollte ich* [im Februar 1898] *zwei Tage bleiben um zu feiern, allein fünf Wochen musste ich bleiben, bis ich endlich durchbrannte.* [...] Es kommt dann noch etwas von München und dem Hotel Treffler, was ich Ihnen aber höchstens einmal mündlich erzähle – oder vielleicht auch gar nicht, denn mir scheint, daß sich Herr Doktor damals ein wenig über seine Zuhörer lustig gemacht hat: Fragen Sie ihn nur selber! – Bleibt noch zum Schluß die Erzählung, daß er eine berühmte Erziehungsanstalt zu X. besuchte, und dort bei seinem Erscheinen statt der vielen erwarteten Fragen Totenstille herrschte, bis endlich der kleinste der Jungen losplatzte: 'Wie heulen denn die Indianer?' [...] Dann noch die Bemerkungen: *Winnetou soll bald auf der Bühne erscheinen.* Und: Das Gedicht 'Ich fragte zu den Sternen' hat er selbst gemacht. (Deshalb kannte es niemand.) Und endlich, der beim Durchlesen selbst für mich überraschende Satz: *Die ersten 26. Bände waren Einleitung und erst 'Am Jenseits' wird richtig der Erste!*"

03.(?) Erinnerung Paula Fehsenfeld 1942: May "stellte Frau Plöhn als seine Schwester vor. Als wir fragten: 'Wieso? Warum?' sagte er, sie sei seine Schwester im Geiste. M. und seine beiden Begleiterinnen waren zu dieser Zeit dem Spiritismus verfallen. Sie erzählten Wunderdinge von Sitzungen in ihrem Hause, wobei frische Blumen von der Decke heruntergekommen seien, auch vom Tischrücken, sodass wir uns an einem kleinen Tischchen vereinigten, die Hände aufgelegt, hatten aber keinen Erfolg. May behauptete, Ungläubige seien dabei [...] In diesen Tagen, es war im Wirtshaus in St. Ottilien bei Freiburg, befiel M. ganz unvermittelt ein heftiges Zittern, man sah das Hin- und Herfliegen der Hand. 'Schnell, schnell Bleistift u. Papier' rief er, u. schrieb ein Gedicht hin, das ihm von 'drüben' eingegeben worden sei."

03.30. Freiburg i. Br. Reisetagebuch: *4-spännige Ausfahrt* mit Fehsenfeld durch die Waldstraßen der Stadt, vermutlich bis nach dem Dorf Ehrenstetten, wo der Verleger seit 1898 ein Jagdhaus, den "Lehenhof", besitzt (kmv 75, 15). May an Fehsenfeld 22.4.: *Sind Sie wieder einmal dreispännig gefahren? Das war ein schöner Tag! Wir sind Ihnen überhaupt so herzlich dankbar für Ihre liebe Gastlichkeit.* Laut Richard Plöhn (May) in der Dortmunder "Tremonia" vom 29.9. zeigt *der Verleger Fehsenfeld dem Schriftsteller May oberhalb Freiburg im Schwarzwalde das Areal* [...], *auf dem das Jagdschlößchen stehen wird, welches Herr Fehsenfeld seinem Autor schenkt. Sollte aus diesem Schlößchen ein Schloß werden, so würde das nur der feindlichen Reklame zu verdanken sein* (jbkmg 1974, 147; olen 18f.) Tatsächlich hat Fehsenfeld May (wohl scherzhaft) bei Erscheinen des 25. Bandes der "Gesammelten Reiseerzählungen" ein Jagdschloss versprochen. – Adalbert Fischer teilt May in einem Brief mit, dass er den Münchmeyer-Verlag gekauft hat; der Brief erreicht den Schriftsteller jedoch nicht mehr. May an Fischer 30.4.: *Da war ich schon nicht mehr daheim. Meine Frau hat mich nach Genua an das Schiff begleitet, und mein Vertreter* [Richard Plöhn] *ist grad um diese Zeit auf einer Reise nach Nizza und Genf abwesend gewesen. Ja, Verehrtester, wie kommen Sie dazu, mir da Vorwürfe zu machen? Verlangen Sie, daß wir alle zusammen zu Hause sitzen bleiben müssen, weil es doch vielleicht einmal in der Münchmeyerschen Angelegenheit einem Briefe einfallen könnte, uns die hohe Ehre zu erweisen, bei uns einzutreffen? Das Wunderbarste ist, daß dieser Brief die Mittheilung enthalten haben soll, daß Sie das Münchmeyersche Geschäft gekauft haben! Warum haben Sie nicht vorher bei mir angefragt, ehe Sie kauften? Das war Ihnen doch nicht nur durch die geschäftliche Klugheit geboten, sondern auch durch die Rücksicht, welche Sie dem Verfasser schuldig sind! Sie scheinen gar nicht zu ahnen, daß es keinem Autoren gleichgültig ist, mit welchem Verleger er es zu thun hat!* Fischer an Felix Bondi 5.7.1905: "May sagt [...], ich hätte mich vor Kauf mit ihm in Verbindung setzen sollen usw. – Ich habe dies sogar versucht: er war aber wohl gerade bei einem Indianerhäuptling zu Besuch" (*Buch der Liebe* 225).

03.31. Karfreitag. Weiterreise vom Freiburger Bahnhof in die Schweiz, über Basel und Luzern. Reisetagebuch: *Ab nach Lugano* (gwb 82, 47). Richard Plöhn (May) in der "Tremonia" 29.9.: *Freitag, den 31., ab nach Lugano* (jbkmg 1974, 147). Die Fahrt führt bis Flüelen am Vierwaldstättersee entlang (elbs 9), mit Blick auf die Rigi (elbs 10), dann das Reusstal aufwärts über den Gotthard (gus 236; elbs 6). *Eine Pilgerreise in das Morgenland* Nr. 5 (*Am Gotthard*, undatiert): *Der Helm von Eis, der Panzer Stein, / So steht er an des Südens Thor, / Lässt scheinbar Niemand aus und ein, / Blickt scheinbar unbesiegt empor. / Doch, hast Du von des Maulthiers Gang / Auf seiner Schulter nichts gewußt? / Und kennst du nicht den Eisenstrang, /*

Der ihm durchbohrt die Felsenbrust? // So sah ich den Versucher stehn, / In Lüge stark, in Wahrheit schwach. / Er kann mich niemals hintergehn, / So lang ich mich und ihn bewach. / Nicht seiner Schönheit stolze List, / Nicht seine Drohung fürchte ich, / Denn daß er längst besiegt schon ist, / Das weiß ich, und er täuscht nur sich. // So ragt der Zweifel himmelwärts, / Der gern dem Hier das Dort versagt, / Und blickt so finster, wenn das Herz / Voll Sehnsucht nach dem Jenseits fragt. / Doch trägt grad er den kühnen Steg / Von Bergeswand zu Bergeswand / Und tief in sich den dunklen Weg / Hinüber in das helle Land. // So giebts zu Gott kein Hinderniß, / Und sei es noch so stolz, so groß; / Wer ehrlich strebt, macht sich gewiß / Doch endlich von den Fesseln los. / Das irdische Gigantenthum, / Es ist nur Trug, es ist nur Schein; / Der wahren Größe höchster Ruhm / Gebührt nur Gott, dem Herrn, allein! (gwb 81, 218; gwb 82, 47f.) – Vom Bahnhof Lugano (elbs 7) zum Hotel Bellevue au Lac an der Seepromenade, Landungsplatz Paradiso (heute Riva A. Caccia 10), mit Blick auf den Lago di Lugano und die Berge Monte Brè und Monte San Salvatore (gus 238; elbs 7). – In unmittelbarer Nähe des Hotels liegt die 1890 fertig gestellte Monte-Salvatore-Drahtseilbahn (elbs 6). May adressiert eine Ansichtskarte vom Monte San Salvatore (912 m), Hotel-Restaurant J. Huhn (*Karl & Emma Klara*; heute Ristorante Vetta San Salvatore) an sich selbst (gus 237). Er besucht die kleine Bergkapelle San Salvatoria (elbs 8). *Eine Pilgerreise in das Morgenland* Nr. 6 (*San Salvatore*, undatiert): *Sei mir gegrüßt, San Salvatore, / Du hochgebautes Gotteshaus! / Lugano's herrlichste Empore, / Schaust weit du übers Land hinaus. / Ich hör dein frommes Glöcklein schlagen / Und folge diesem Rufe gern, / Denn seine Stimme will mir sagen: / "Steig auf, steig auf zu Gott, dem Herrn!" // Von goldnem Sonnenglanz belichtet, / Liegt weiß die Stadt am blauen See, / Ein Märchen, von Gott selbst gedichtet, / Und seine Güte ist die Fee. / Grünsammt'ne Matten zu den Füßen, / Stehn eng die Bergeswächter da, / Gebenedeit von dir, der süßen / Kapelle Salvatoria. // Sei nochmals mir gegrüßt! Ich trete / In deine heilge Kühle ein / Und bin gewillt, dir im Gebete / Ein andachtsvoller Gast zu sein. / Ich will dem großen Meister sagen, / Daß all die Herrlichkeit und Pracht, / Die ich geschaut in diesen Tagen, / Mich so unendlich glücklich macht. // Ich will von Herzen ihm gestehen, / Wie heilsam dieses Glück mir ist, / Da es mich zwingt, zu dir zu gehen, / Die du der Demuth Stätte bist. / Ich will hier seinen Namen preisen, / Dem keines Menschen Namen gleicht, / Will Dank und Ehre ihm erweisen, / Den nie ein Sterblicher erreicht. // Schon will ich meine Hände falten, / Doch – – – ist es Wahrheit, ist es Trug? / Darf ich es wohl für möglich halten? / Da liegt – – da liegt ein – – "Fremdenbuch"! / Ich seh es vor mir aufgeschlagen / Und les das letztbeschrieb'ne Blatt: / "Reservelieutenant Hagen", / "Frau Bankjeh Cohn aus Hermannstadt". // Wie still ich vor dem Buche stehe, / Wohl eine ganze, ganze Zeit! / Mir thuts um diese Menschen wehe / Und um den heilgen Ort so leid. / Dann denke ich bei mir: "Ihr Beide / Sollt wohl die letzten Sünder sein!" / Und trage auf die nächste Seite / Mit doppelt großen Lettern ein: // "Gelobt seist du, oh Salvatore! / Es sei in deinem Heiligthum / Hier auf und unter diesem Chore / Nur deinem Namen Preis und Ruhm, / Und ist noch Einer so vermessen, / Hier zu "verewigen" sein Nichts, / So sei sein Name einst vergessen / Dafür am Tage des Gerichts!" // Zwei Stunden sind wohl kaum verstrichen, / Als nochmals ich zum Kirchlein geh / Und wieder vor den öffentlichen / Entwürdigenden Blättern steh. / Darf ich wohl meinen Augen trauen? / Ich find mich schon nicht mehr zuletzt; / Die Strophe ist in sehr genauen, / Gereimten Versen fortgesetzt: // "Der allerdümmste Kerl auf Erden / Ist der, der diesen Quatsch geschmiert; / Er wird bald reif zum Tollhaus werden / Und mit dem Rohrstock auskuriert." / Dann folgt ein halbes Dutzend Namen, / Doch aber ich verschweig sie gern, / Darunter die von zwei "Madamen" / Und einem hochstudirten Herrn. // Ich will nichts sagen, will nichts denken / Und reiße nur das Blatt heraus; / Vorüber an den leeren Bänken / Verlasse ich das Gotteshaus. – / Wie konnte man mit diesem Buche / Oh Salvatore, dich entweihn! / Wer widmete es dir zum Flu-*

che? / Wer mag der fromme Herr wohl sein? (gwb 81, 219-221; gwb 82, 48-50) – Von Morcote aus kündigt May der Familie Seyler auf einer Mondschein-Karte den Besuch Emmas und Klara Plöhns auf deren Heimreise an. Das kleine, am See gelegene Morcote ist ein Wallfahrtsort, berühmt durch die Kirche Madonna del Sasso (mkmg 26, 3; mkmg 34, 6). – Vom 31.3. datiert eine Falscheintragung unter Mays Namen im Fremdenbuch des Hotels Bürgerbräu in Tölz (seul4 83).

04.01. Lugano. – Berlin. Louise Haeußler an Emma May: "Deinen lieben Brief habe ich erhalten u. freute mich sehr über Deine Einladung. Gerne werde ich kommen, Du weißt doch wie lieb ich Dich habe. Für heute die herzlichsten Grüße von meinem Drickes [Ehemann Heinrich] u. d. Kaninchen."

04.02. Ostersonntag. Lugano. Reisetagebuch: *1.20 ab nach Genua* über Como, Mailand, Pavia. *Sitze allein* (gwb 82, 50). Richard Plöhn (May) in der "Tremonia" 29.9.: *Er traf am 2. April in Genua ein* (jbkmg 1974, 147). Hotel Royal. – München. Central-Hotel. Richard Plöhn an seine Frau Klara: "In 2 Stunden geht die Reise nach Bozen. Ankunft daselbst abends 7 Uhr. Weiterreise Montag früh 6 Uhr, 3 Uhr mittags Mailand, Ankunft Genua ¾ 7 Uhr." – Hamburg. Anna Peters schreibt für May ein langes Gedicht "Auferstehung".

04.03. Ostermontag. Genua. Erste Begegnung mit dem "Kulturschock", der May auf seiner Reise noch öfters treffen wird. *Eine Pilgerreise in das Morgenland* Nr. 7 (*Genua*, undatiert): *"Signor, bleib stehn; gieb eine Gabe! / Es bittet Dich ein armer Knabe, / Ein Krüppel, ein "zerbrochnes Kind". / Sieh doch die Thränen, die ich weine; / Schau meine Arme, meine Beine, / Wie sie verdreht, verbogen sind! // Die Hände steif, die Füße hinten, / Kann ich nicht gehn, kann mich nur winden / Wie eine Echse auf dem Leib. / Oh, laß zu dir heran mich kriechen / Und bittend mich im Staube liegen; / Geh ja nicht weiter, sondern bleib! // Die Mutter ist noch nicht gestorben / Die Schwester nicht ganz unverdorben, / Der Vater ein stets durstger Mann; /*

Drum knebelten sie einst mich nieder, / Zerbrachen mir die jungen Glieder! / Und heilten sie verkehrt mir an. // Wie eine Kröte unterm Strauche, / So schieb ich mich nun auf dem Bauche / Von Platz zu Platz die Stadt entlang, / Und wenn des Mitleids karge Gaben / Zu Hause nicht befriedigt haben / So ist mir um mein Leben bang. // Und glaubst du, daß ich dich belüge, / So kennst Du noch nicht zur Genüge / Das schöne, goldne Genua. / Erlaube, daß ich dich belehre: / Es sind, der Menschlichkeit zur Ehre, / Noch mehr "zerbrochne Kinder" da!" (gwb 81, 222; gwb 82, 50f.) – Ausflug nach Arenzano, wo Mays und Plöhns sich Ende des Jahres wieder treffen werden (woll 94; gwb 82, 50). – May an Fehsenfeld 22.4.: *In Lugano wurde ich entdeckt; in Genua wurde ich im Hôtel entdeckt.* – Abends trifft Richard Plöhn in Genua ein.

04.04. In Genua verabschiedet sich May von Emma, die aus gesundheitlichen Gründen (einem beginnenden Unterleibsleiden) auf die weitere Teilnahme an der Reise verzichtet, und vom Ehepaar Plöhn. Richard Plöhn (May) in der "Tremonia" 29.9.: *Wir brachten ihn auf das Schiff, von welchem ich, als er aus dem Hafen dampfte, eine photographische Aufnahme machte* (jbkmg 1974, 147; Foto gwb 82, 51). – Vermutlich steckt May seiner Frau, die mit Plöhns noch einige Tage in Genua bleibt, beim Abschied einen (undatierten) Zettel zu: *Süßeste, herzliebste Mietz. In Gedanken küsse ich Dich viel tausend mal. Lebe wohl, und vergiß mich nicht. Auf Wiedersehen / Dein Karl* (mkmg 100, 17). – Reisetagebuch: Von *Genua ab* mit dem Reichspostdampfer "Preussen" (Kapitän Richard Heintze) des Norddeutschen Lloyd (Bremen) nach Port Said (gwb 82, 51-53). Klara May: "Karl May bevorzugte auf allen seinen Reisen die Bremer Schiffe, die auch nach meinen Erfahrungen die vornehmsten Schiffe der Welt sind" (kmjb 1918, 68). May an Emma 25.4.: *Das war in Genua für mich ein böses Scheiden. Ich habe an derselben Stelle gestanden, bis nach 2 Stunden das Land ganz verschwunden war. Diese herrliche, unvergleichliche Reisewoche hat es mir noch heut angethan!* (gwb 82, 51) –

Et in terra pax 238f.: *Ich habe die Sterne so gern, so lieb! Als ich am Beginn der jetzigen Reise in Genua, wohin sie mich begleitet hatte, von meiner Frau Abschied nahm, war ich mit der Guten übereingekommen, uns täglich abends durch den Himmelswagen Grüße zuzusenden. Dieses Versprechen haben wir treu gehalten, sie immerfort und ich, so lange ich konnte, denn im südlichen Teile des Roten Meeres verlor ich ihn aus den Augen. Aber es hat keinen einzigen Abend gegeben, an dem ich nicht auch beim Glanz der südlichen Sterne der lieben, reinen Seele gedachte, die mit der meinigen für immerdar so eng verbunden ist.*

04.05. Auf der "Preussen". Station in Rom (gwb 82, 51).

04.06. Auf der "Preussen". Station in Neapel (gwb 82, 52). – Genua. Karte Emma Mays an Familie Seyler (mkmg 26, 3). Von Genua aus fährt Emma (laut Aussage vom 13.12.1907) jetzt oder in den nächsten Tagen mit Plöhns über Monte Carlo "nach Nizza [Grand Hotel Métropole] (ungefähr 14 Tage) und darauf über Marseille und Lyon nach Paris [...]. In Paris haben wir uns auch ungefähr 14 Tage aufgehalten. Von Paris sind Plöhns mit mir über Straßburg nach Radebeul gefahren. Ich bin noch einige Zeit nach Deidesheim gefahren" (leb 46). Aus Monte Carlo schickt Emma eine Karte an sich selbst: "Grüß Dich Gott mein liebes Heim!" – *An die 4. Strafkammer* 73: *Ich schrieb und depeschierte wiederholt, doch stets ohne Erfolg, denn meine Frau war nicht nach Hause gereist, sondern nach der Riviera, Monte Carlo, Nizza, Lyon, Paris und dann zu einer Freundin auf langen Logierbesuch gegangen.* – *Frau Pollmer* 880: *Ich reiste nach Egypten ab und wurde von meiner Frau sowie auch von Herrn Plöhn und seiner Frau bis nach Genua begleitet. Von da reisten diese Drei über Südfrankreich nach Paris und von da nach Deidesheim, wo meine Frau bei einem Freunde von mir, dem Kommerzienrath Seyler, mehrere Wochen lang Gastin war; Plöhns aber fuhren heim.*

04.07. Auf der "Preussen". Station in Messina und in Catania (gwb 82, 52).

04.08. Auf der "Preussen". May an Fehsenfeld 22.4.: *Auf dem Schiffe entdeckte mich Professor Lesser aus Berlin auf der Schiffsliste. Seit diesem Augenblicke war es aus mit meiner Freiheit. Alle wollten mit Kara Ben Nemsi Afrika betreten und mit ihm von Port Said nach Kairo fahren, sogar hier mit in seinem Hôtel wohnen.* Der Dermatologe Prof. Edmund Lesser (1852–1918) ist Direktor der Klinik für syphilitische Krankheiten an der Berliner Charité.

04. Auf der "Preussen" schenkt May einer jungen Dame, die seine Tischnachbarin ist, eine Handschrift des für die zweite Folge der *Ernsten Klänge* bestimmten Gedichts *Ich fragte zu den Sternen*, das jetzt in *Am Jenseits* (133f.) erscheint und später als *Widmung* die *Himmelsgedanken* (IIIf.) einleiten wird ("Berliner Tageblatt" 17.9.1935; gwb 49, 26f.; gwb 81, 210; gwb 82, 59).

04.09. Sonntag. Im Hafenort Port Said, der Hauptstadt des ägyptischen Gouvernements Suez Canal, die ihre Gründung dem Suezkanal verdankt, betritt May zum ersten Mal außereuropäischen Boden. Reisetagebuch: *Port Said an 10 ½ Uhr. Hôtel Continental*, Rue de Commerce (gwb 82, 54).

04.10. Port Said. Karten an Plöhns und Wilhelmine Beibler (patsch). Ansichtskarte an Unbekannt (mkmg 81, 55). Eine undatierte Ansichtskarte an den Prager Oberleutnant Josef Mitterbacher mit einem *recht, recht aufrichtigen Gruß* dürfte ebenfalls aus diesen Tagen stammen (mkmg 95, 52). – Brief aus Suez an Plöhns, verschollen (gwb 82, 40). – *Abends bis 9 ¼ Uhr* Gedicht *Abschied von der Heimath* zur Gedichtsammlung *Eine Pilgerreise in das Morgenland* (Nr. 1): *Ade, mein Heim! Ich lag in deinem Schooß, / Als noch das Mutterauge mich bewachte. / Ade, mein Heim! Du zogst mich stark und groß, / Bis es dann kam, daß ich so klein mich dachte. / Ich sah den Geist der Liebe mir erscheinen / Von Osten her, dem fernen Morgenland, / Und schaute staunend auf zu ihm, dem Reinen, / Ich nur* *ein Wurm, er aber ein Gigant. // Da stieg ein heißes Flehen in mir auf: / "Rabbuni, sei mein Meister, und erbarme / Dich meiner Seele; richte meinen Lauf / Empor zu dir; nimm mich in deine Arme!" / Und die Erhörung sollte mir erklingen: / "Willst du entgegenziehn dem Sonnenlicht, / So werde jene Strahlen ich dir bringen, / Von denen die Verheißung Micha's spricht!" // Ich folge diesem Ruf und scheide nun / Von dir, mein Heim, Dein Bitten ist vergebens, / Denn was die Liebe sagt, das muß ich thun; / Sie ist die einz'ge Herrin meines Lebens, / Wie sie mich rief, so wird sie mich auch leiten / Zur Jordantaufe ins gelobte Land, / An jenen Ort, wo zu Johanni Zeiten / Der Fuß des Herrn im heilgen Wasser stand. // Dann schöpfe ich für mich und dich daraus / Zu meines Gottes Ruhm und Wohlgefallen, / Und kehre ich zurück ins Vaterhaus, / Spend ich davon den Heilsbedürftgen allen. / Den Wanderstab reicht mir mein Herr und Vater / Und mit ihm frohen Muth und Glaubenskraft; / Er ist mein Führer; er ist mein Berather; / Wohlauf also, wohlauf zur Pilgerschaft!* – (gwb 81, 211f., gwb 82, 54)

04.11. Port Said. *Nachts 2 Uhr* das Gedicht *Südwärts* zur Gedichtsammlung *Eine Pilgerreise in das Morgenland* (Nr. 2), später als *Ragende Berge* in den *Himmelsgedanken* (65): *Schon weicht der Norden hinter mir; / Die Ebene beginnt, zu steigen. / So naht das Herz, Jehovah, dir, / Wenn hinter ihm die Zweifel weichen. // Es ist, als ob am Horizont / Ich Bergesspitzen leuchten sähe. / So reinigt, läutert, wärmt und sonnt / Die Seele sich in Himmelsnähe. // Hinauf, hinauf! Ich raste nicht; / Ich will und will nicht unten bleiben. / Mein frömmstes, seligstes Gedicht / Will ich beim Glühn der Alpen schreiben. // Dann werde ich es heimlich, still / In einem Kirchlein niederlegen; / Vielleicht gereichts, so Gott es will, / Dem, der es findet, dann zum Segen!* – (gwb 81, 213, gwb 82, 55) – Reisetagebuch: *3.42 nach Ismailija* mit der Bahn (gwb 82, 55).

04.12. Ismailija, 80 km von Port Said entfernt (gwb 82, 55). Hotel et Restaurant des Voyageurs. May ist wenig angetan vom groß angelegten Garten mit dem Büro der Suezkanal-Gesellschaft (gus 240).

04.13. Ismailija. Brief an Emma May, verschollen (gwb 82, 40). – *Abends ¾ 12 Uhr* das Gedicht *Am Vierwaldstädter See* zur Gedichtsammlung *Eine Pilgerreise in das Morgenland* (Nr. 3): *Der Abend küßte grad die Nacht / Bei heilig ernstem Sternenleuchten, / Da hab ich mich noch aufgemacht, / Mir Herz und Stirne zu befeuchten. / Die Gierigkeit der Mammonssklaven / War mir so leid, that mir so weh; / Das Auge schloß sich nicht zum Schlafen; / Drum ging hinaus ich an den See. // Er lag so still, er lag so hehr / In Fels und Matten eingebettet, / Als hätte, so wie ich, auch er / Sich aus der Welt hierhergerettet. / Und jeden Strahl, der ihm hernieder / Vom lichten Firmamente kam, / Gab ehrlich er dem Himmel wieder, / Von dem er seinen Ursprung nahm. // Ich schwamm hinaus so weit, so weit, / Um mich und über mir nur Sterne, / Als sei ich von der Ewigkeit / Umwallt und ihr nicht menschlich ferne. / Ich glaube, hätte es die Schwere / Versucht, mich auf den Grund zu ziehn, / Daß ich doch nicht gesunken wäre, / Da mir ein Doppelhimmel schien. // Dann sagte dankbar ich Ade / Und bin gelobend fortgegangen: / Mein Herz sei nunmehr auch ein See, / Der widerstrahlt, was er empfangen; / Nicht feßle es an ird'sche Grenzen, / Was es von Gott entgegennimmt; / Wo unzählbare Sterne glänzen, / Ist einer wohl auch mir bestimmt.* – (gwb 81, 214f.; gwb 82, 55)

04.14. Mit der Eisenbahn nach Kairo, der Hauptstadt Ägyptens. Vom Hauptbahnhof mit der Droschke zum Hotel Bavaria (Bayerischer Hof) F. Schüller, Shâri'a Kâmel (gwb 82, 62; kmhi 16, 16; nicht mehr existent). May an Emma 25.4.: *mein Hôtel, wo ich mich unendlich wohl fühle*; an Plöhns: *Wirths sind grad so liebe Leute wie Ihr* (gwb 82, 56, 62; eck 67). In diesem deutschen Gasthaus und bei Wilhelm Boehr, der angeblich das beste Münchner Bier in Kairo zu bieten hat, trifft May in den kommenden Wochen häufig mit Landsleuten zusammen, so mit Ernst Klippel, der sich später ("Gartenlaube" 9.6.1932) u. a. an den Satz erinnert: "In meinem Berufe bin ich glücklich und, wie

Sie wissen, erfolgreich, habe ein friedliches Heim, meinen unerschütterlichen Glauben an Gott und an die Menschheit" (mkmb 198; mkmg 126, 62f.). – Ausflüge werden May u. a. auf die Höhen des Mokkatam im Südosten der Stadt führen, wo ein *Felsensitz in der Nähe der alten, verfallenen Giyuschi-Moschee* zu seinem *Lieblingsplatz* wird: *Wie ein im Einschlummern unvollendet gebliebenes Gebet lagen die Mamelukengräber tief zu meinen Füßen. Von der Alabastermoschee bis nach Kasr el Ain hinüber und von der ahnenhaften Amr Ibn el As bis zur früheren ez Zahir hinunter klangen die in Stein gedichteten tausend Strophen der Minarehs zu Allahs Thron empor. Durch Masr el Atika, das einstige Fostat, dampfte, einer Entheiligung gleich, ein Zug hinauf nach Heluan, und hinter den Lebbachbäumen der Dakrurstraße und dem Grün der Kanalfelder lagen am Wüstenrande die Pyramiden – aus Angst vor der Ewigkeit erstarrte Todesgedanken der Pharaonen* (XXX 8).

04. Kairo. Bekanntschaft mit dem Buchhändler Max Boehme von der Buchhandlung Boehme & Anderer und dem dort angestellten, aus Heidelberg stammenden und mit Alfred Biedermann befreundeten Buchhandlungsgehilfen Hans Rühlmann, der sich später ("Karl May in Kairo") erinnern wird: "Auf einmal öffnet sich die Ladentür. Ein großer, kräftiggebauter Herr tritt ein, schaut sich selbstbewußt um, dem langen Ladentisch zusteuernd. Das Haupt bedeckt ein Schlapphut, unter dem langes, ergrautes Haar förmlich wie ein Urwald hervorquillt. Die Kleidung besteht in einem bequemen, grauen Reiseanzug. An den Füßen trägt der Fremde derbe Schnürschuhe, am Arm einen Krückstock. [...] Kommt er eben erst von drüben, aus dem fernen Deutschland? Allem Anschein nach ja, denn er verlangt sogleich auf gut Deutsch die neuesten farbigen Ansichtskarten vom Orient, 'aber nur made in Germany. Ich kaufe auf meinen Auslandsreisen derartige Druckerzeugnisse ausdrücklich nur, wenn deutschen Ursprungs.' – In diesem Augenblick tritt aus dem nebenan befindlichen Amtsraum der Geschäftsinhaber, Herr Boehme, mit seinen blonden Buben Emil und Felix eilig auf ihn zu: 'Willkommen, mein neuer Bekannter und Landsmann von gestern Abend! Wie freue ich mich, Sie empfangen zu dürfen! Sie können so prächtig plaudern.' – Der Fremdling erwidert lächelnd: 'Sie haben mich in Ihr wohlbekanntes, großes Geschäft in der Rue Wag-el-Birket eingeladen. Voilà, hier bin ich!' – 'Erzählen! Bitte erzählen Sie uns was,' betteln die beiden Buben. 'Vater hat vorhin erklärt, der neue Onkel aus Sachsen wüßte die schönsten Geschichten. Bleiben Sie nur da!' – Der vermeintliche Kunstmaler – dafür hielten wir ihn – setzt sich kurzer Hand auf den nächsten Stuhl und schildert seine Seereise. Durch die bewegliche, atemraubende Beschreibung der stürmischen Herfahrt von Triest nach Alexandrien über das orkan-gepeitschte Mittelmeer blitzt von Zeit zu Zeit ein warmer, herzlicher, scherzhafter Unterton. 'Wo es zu helfen gab, war ich dabei. Als die Mitreisenden auf mich aufmerksam wurden und gar meinen bekannten Namen erfuhren, erbat sich jeder zum Andenken meine Handschrift, die ich wohl hundertmal hingemalt habe.' – Nach einer halben Stunde schied der gütige Gast von uns, der kaum den Laden verlassen hatte, als Herr Boehme von allen Seiten bestürmt wurde, wer der Fremde sei. 'Was er ist? Ich habe ihn gestern Abend zum erstenmal in der Brasserie Schüler getroffen, wo wir uns im Kreis einiger Landsleute bei einem Glas Bier begrüßten'" (kmjb 1923, 124-126; gwb 82, 63). Bei Boehme & Anderer und bei dem Buchhändler Felix Marschner (Buchhandlung F. Diemer, Shâri'a Kâmel) erwirbt May Hunderte von Ansichtskarten (masch 86). Rühlmann: "In den nächsten Wochen kam der 'fahrende Geselle' wiederholt ins Geschäft, wählte Hunderte von ägyptischen Ansichtskarten, die er mit handschriftlichen Grüßen an ehemalige Besucher seines Dichterheims, an junge und alte Freunde, hohe und höchste Herrschaften, vornehme und einfache Leute in Deutschland und Oesterreich verschickte, die ihn um Grüße aus der Ferne gebeten hatten" (kmjb 1923, 126).

04. Kairo. Nach einer Anekdote Klara Mays ("Der Weißbrot-Araber") verhilft May einem bettelnden Araber durch ein geschenktes Weißbrot, das dieser stückweise versteigert, zu vorübergehendem Wohlstand, erfährt aber bei der Abreise, dass der "'reiche' Händler" seinen Reichtum beim Glücksspiel wieder verloren hat (kmjb 1930, 490-492).

04.15. Im Fehsenfeld-Verlag erscheint *Am Jenseits* als Bd. XXV der "Gesammelten Reiseerzählungen" (plaul1 234; ued 232-235).

04.(?) *Ernste Klänge*, ein Heft mit zwei Partituren für gemischten Chor (*Ave Maria* in B-Dur und *Vergiß mich nicht*), erscheint verspätet bei Fehsenfeld (plaul1 232f.; küh 153-156, 209-214; *Christus oder Muhammed* 262-268). Weitere geplante Hefte werden nicht verwirklicht.

04.16. Sonntag. Kairo. May an Richard Plöhn (auf einer Karte mit Palmen am Nil vor den Pyramiden): *Willste diese Palmen sehen, / Mußte nach Egypten gehen. / Willste aber nischt von wissen, / Leg Dich off das Sophakissen, / Und inzwischen mit Gefühl, / Geh ich baden in den Nil!* – Kartengruß an Familie Seyler (Mitrahineh, Memphis) (mkmg 26, 3). – *Die herzlichsten Grüße aus Egypten* sendet May an Walter Weber in Leipzig (kma 6, 36). – Kartengruß an den Dresdner Verlagsbuchhändler Wilhelm Kulicke: *Sein Wort haltend, sendet aus Egypten den ersten Gruß Ihr ergebener Dr. Karl May.* May an Franz Netcke 27.10.1911: *Ich bin einmal bei Kulike gewesen, im Jahre 1899, und zwar infolge eines Briefes, den er mir schrieb. Er hatte gehört, dass ich im Begriff stand, eine Reise nach Asien und Afrika zu unternehmen, und bat mich um die Zusendung von Postkarten aus diesen Ländern. Er war mir gänzlich unbekannt* [...]. *Daher kam mir dieser Wunsch sonderbar vor, und ich ging zu ihm, ihn mir anzusehen. Er sprach mit grossem Lob von meinen Werken, verrieth dabei aber nur die Ansichten eines Quartaners. Darum erklärte ich ihm, dass ich mit diesen Werken ganz andere und viel tiefere Zwecke verfolge, konnte aber hierfür kein Verständnis finden und brach den Besuch also ab.* Mit dem Wunsch nach Postkarten verbindet Kulicke vermutlich eine *geschäftliche Absicht*: *Wenn ich ihm dann trotzdem einige wenige Postkarten aus Syrien, Egypten, Indien, Indochina und Sumatra geschickt habe, so geschah dies nur, um nicht unhöflich zu erscheinen.* – May dankt einer *Königlichen Hoheit* [vermutlich Prinz Heinrich von Bayern] für die *gütige Erlaubniß, zuweilen eine Karte senden zu dürfen*: *Ein einfacher Schriftsteller hat kein Recht, königliche Hoheiten zu grüßen; aber bitte, mein Prinz, nehmen Sie die Karten als Grüße des Morgenlandes, so kann ich die Fehler, welche ich wahrscheinlich begehe, mit der Unerfahrenheit des Orientes entschuldigen* (kma 3, 12f.). – *Abends 12 Uhr* im *Hotel Bavaria* das Gedicht *Auf Rigi-Kulm* zur Gedichtsammlung *Eine Pilgerreise in das Morgenland* (Nr. 4): *Siehst du die wunderbare Herrlichkeit, / Die vor dein Auge sich hier rundum breitet? / Fühlst du, daß sie dich innen firmt und weiht, / Dich von der Schöpfung auf den Schöpfer leitet? / Willst du der Allmacht Worte recht verstehen, / So darfst du sie nicht so wie Andre sehen. // Den rothen "Führer" krampfhaft in der Hand, / Sind sie bemüht, zu messen, zu vergleichen, / Als habe Bädecker sie hergesandt, / Um ihnen als untrüglich sich zu zeigen. / Man hat die Berge alle nachzuzählen; / Auch keiner, der im "Mayer" steht, darf fehlen. // Doch ich bin ohne den geliebten Band; / Ich will die Schöpfung, kein Verzeichnis schauen. / Starr immer ich aufs Buch in meiner Hand, / Wie kann ich mich an Gottes Huld erbauen! / Zu ihm bin ich als Pilger aufgestiegen / Und ließ den Band für die Touristen liegen. // Kaum sind sie angekommen, giebts sogleich / Ein fortgesetztes Fragen, Rufen, Raunen; / Mich aber stört kein fremder Fingerzeig / In meinem tiefen, heilig stillen Staunen. / Ich sah die Größe Gottes mir erscheinen / Und möcht in Demuth niederknien und weinen. // Ein jeder Berg dünkt mir ein Athemzug / Der Erde, einst vor Schreck zu Stein geworden, / Als unser Ahne von dem Sündenfluch / Vertrieben ward aus seines Edens Pforten; / Die Schläge ihres Pulses, sie erstarrten / Und ragen himmelan, des Heils zu warten. // Und kaum daß ich dies denke, sieh, da fällt / Wie eine Antwort mir, im Ost der Schleier, / Und die vorher so todte Ei-*

seswelt / Strahlt plötzlich Leben, liegt in Sabbathsfeier. / Erleuchtung, nicht Beleuchtung kommt den Firnen, / Und nun erglänzen himmlisch ihre Stirnen. // Ist es ein ird'sches, ists ein Sphärenlicht? / Sind es die Berge wirklich, welche glühen? / Ists Wahrheit, oder ist es ein Gesicht, / In welchem mir die Zinnen Zions sprühen? / Ich komme, Herr! Du gabst mir dieses Zeichen; / Drum will ich stetig auf zur Klarheit steigen! // Und nun, wie stehts? Ich ärmlicher Poet / Nahm mir ja vor, dies Wunder zu beschreiben! / Wenn so in Gluth die Welt zum Himmel fleht / Hat jedes Menschenwort zu unterbleiben. / Ich kann nur stumm und leise seitwärts treten, / Nicht um zu dichten, sondern um zu beten! (gwb 81, 216f.; gwb 82, 56f.) – Marseille. Grand Hotel Noailles & Métropole. Emma May und Plöhns besichtigen die Kirche Notre-Dame de la Garde, mit Blick auf die Stadt und den Hafen.

04.18. Kairo. – Paris. Grand Hotel Continental. Emma May und Plöhns bewohnen 2 Zimmer im 4. Stock, mit Blick auf den Eiffelturm. Grußkarte (Le Panthéon) Emma Mays an Agnes Seyler, "unbekannterweise Clara Plöhn" (mkmg 26, 3).

04.19. Kairo. Fahrt nach Gizeh zu den Pyramiden. Reisetagebuch: *Gefahren Menahaus Pyramiden, Mondschein* (gwb 82, 58; gus 270f.; kmlpz 47, 3f.). Das Mena House Hotel (Emil Weckel) bei den Pyramiden ist von Kairo aus stündlich mit der elektrischen Trambahn erreichbar; es verfügt über 180 Zimmer und bietet dem Europäer jeglichen Luxus; Verwaltung und Personal sind deutsch (seul4 55). *Die Pyramiden hat man gerade vor sich liegen. Sie erscheinen von Weitem als dreieckige Flächen, treten aber, je mehr man sich ihnen nähert, um so plastischer hervor. Das Menahouse-Hotel liegt am Fuße derselben. Es führt von ihm aus ein ziemlich breiter, auch fahrbarer Weg hinauf, welcher, um nicht vom Sande verschüttet zu werden, zu beiden Seiten mit Mauern versehen ist* (XXX 63f.). Hans Rühlmann, "Karl May in Kairo": "Nach kurzer Rast bestieg unser Freund ohne Führung, die mächtigen Quadern überkletternd, die Cheopspyramide, die älteste und größte, bis zur abgeplatteten Spitze, die ungefähr in gleicher Höhe liegt mit den Kreuzblumen der Kölner Domtürme. Die Nacht verbrachte er in dem am Fuß der Pyramide gelegenen Mena-House-Hotel." Rühlmanns Erinnerung geht auf Erzählungen Mays zurück. Angeblich will May am nächsten Morgen "mit dem ortskundigen Beduinenführer Said den gefahrvollen Einstieg in die große Pyramide" gewagt haben und bis in die "im Mittelpunkt des Riesenbaus befindliche Grabkammer" gelangt sein (kmjb 1923, 128f.). Tatsächlich hat May die Pyramiden nie bestiegen. – Brief an Emma (patsch).

04.20. Reisetagebuch: *Ritt durch die Wüste nach Sakkara, Badrechên u. Heluan.* Baedeker-Route: mit Kamelen vom Mena House am Rand der Wüste entlang über Abusir nach Sakkara (etwa 2 ¾ Stunden); Memphis; über den Nil nach Heluan; Rückfahrt nach Kairo mit der Bahn am rechten Nil-Ufer (gwb 82, 58). – Plan und Titelblatt zur Gedichtsammlung *Eine Pilgerreise in das Morgenland*, datiert *angefangen Kairo, d. 20*[ten] *April 1899* (gwb 81, 209). Als *Motto* wählt May das Gedicht *Ich fragte zu den Sternen*, neu hinzu kommt vermutlich das Gedicht *Erster Blick auf das Meer* (Nr. 8, *Himmelsgedanken* 313): *Sei still in Gott, still wie das Meer! / Nur seine Fläche streicht der Wind, / Und tobt als Sturm er noch so sehr, / Wiß, daß die Tiefen ruhig sind! // Sei weit in Gott, weit wie das Meer! / Es wogt nicht blos am heim'schen Strand. / Und wird's dir auch zu glauben schwer, / Wiß, drüben giebts doch wieder Land. // Sei tief in Gott, tief wie das Meer! / Nur an der Küste ist es seicht. / Siehst du den Grund da rings umher, / Wiß, daß er immer weiter weicht. // Ja, sei, mein Herz, stets wie das Meer / In Gott so still, so tief, so weit! / Dann landest du nicht hoffnungsleer / Am Küstensaum der Ewigkeit* (gwb 82, 59f.) – In den folgenden Monaten entstehen zahlreiche religiöse Gedichte, von denen die meisten 1900 in den *Himmelsgedanken* erscheinen werden. – Paris. Emma May und Plöhns besteigen den Eiffelturm.

04.21. Kairo. May an Emma: *Bin außerordentlich zufrieden mit meinem Hôtel. Werde es sehr empfehlen!* (gwb 82, 59) *Grüße* *mir Spitzi und Mausi!* (patsch) – Zwei Karten an Plöhns, eine an Wilhelmine Beibler (patsch).

04.22. Kairo. May an Fehsenfeld (mit arabischer Zusatzunterschrift "Ben Nil"): *Nicht wahr, es ist schrecklich, daß man nicht einmal seinem Verleger schreibt? Pardon!* [...] *Ich habe mich bisher nur einmal freimachen können, zu einem zweitägigen Ritte in die lybische Wüste. Noch nicht einmal die Pyramiden bestiegen, und nur 2 Moscheen besucht. Erst in Oberegypten wird das anders, weil es da glücklicher Weise keine Leser giebt. Jeder gebildete Deutsche, der sich hier in Kairo befindet, kennt leider May. Wir haben jetzt eben, Nachmittag 3 Uhr, 32 Grad Réaumur; das genügt!* [...] *Ist Band 25 erschienen? Man erwartet ihn mit Schmerzen, besonders in München, wo es vorige Woche einen großartigen Karl May-Abend gegeben hat. Der Bericht liegt mir schon vor. Königl. Hoheit, Prinzessin Ludwig hat die Einladungen ergehen lassen. Erschienen waren der Hof mit allen Militair- und Civilcharchen in Uniform, der Magistrat, Professoren, bedeutende Künstler etc. Den Saal hatte K. H. Herzogin Karl* [Marie Josepha, Herzogin in Bayern, 1857–1943] *aus ihren Gewächshäusern schmücken lassen. Erst ein Lied gesungen mit Harmoniumbegleitung; dann der Vortrag Dr.* [Josef] *Weigls über das Thema "Dr. Karl May und die religiöse Friedensidee". Da ist mein ganzer Lebensgang und da sind auch die Grundideen und die Ziele, welche meine Bücher verfolgen, in solcher Weise geschildert worden, daß am Schlusse die ganze Versammlung begeistert gewesen ist. Prinzessin Ludwig hat ausgerufen: "Ich bin stolz darauf, ein Mitglied unsers lieben Karl May-Klub zu sein." Ein alter General hat ebenso laut erklärt, er bitte, sofort auch beitreten zu dürfen. Lieber Freund, das sind Erfolge, welche auch dem Verleger dieser Werke zu gute kommen werden! Jetzt meine heutige Bitte. Wahrscheinlich haben Sie die Briefe noch nicht an Professor Freytag geschickt. Ich hatte wirklich noch nicht Zeit, den Begleitbrief zu schreiben. Erst heut komme ich dazu. Ich richte ihn an Ihre Adresse und bitte, ihn mit dem Couverte beizule-*

gen, denn Freytag ist Sammler, und ein Brief von mir mit egyptischen Marken ist ihm werth. Er wird nun mit Bd. 25 wohl einsehen, daß er sich irrte, als er mich für einen Jugendschriftsteller hielt. Bitte, haben Sie doch die Güte, auch dem Chefredacteur der "Tremonia" in Dortmund, Joh. Dederle, Pottgasse 4 den 25. Band zur Besprechung zu senden. Die ganze kathol. Presse von Rheinland und Westfalen richtet sich nach der Tremonia. Haben Sie schon an unserer englischen Uebersetzung arbeiten lassen? Ist das erste Heft der Lieder heraus? Sie scheinen das als eine verlorene Sache zu betrachten, ich nicht! Könnten Sie mir vielleicht einen Band 25 hierherschicken (mit gewöhnlicher Decke)? Ich mache, ehe ich nach dem Sudan aufbreche, erst einen Exkursionsritt nach dem Fayum und würde ihn bei meiner Rückkehr finden, wenn er gleich aufgegeben wird. Meine Adresse ist Kairo Hotel Bavaria, Scharia Kâmel. Und nun rathen Sie, wer hier jetzt auf meinem Divan sitzt und seinen Namen auch unterschreiben wird! Ein Rechtsanwalt in Zeitz [Rudolf Reiling, vgl. kmw VIII.6, 352-357, 928f., Fotos der Zwillinge Ernst und Hans] *schrieb mir, er habe Ben Nil in Kairo getroffen; er sei jetzt Besitzer von 2 Dahabijen. Das ist richtig.* Auch Karten verschickt May in diesen Tagen mit *Ben Nils Unterschrift*, so im Mai an Prinz Adalbert von Bayern (plet 91; kms 7, 19). – May an Johannes Dederle (1850–1913), Redakteur des Dortmunder Zentrums-Blatts "Tremonia": *Jetzt gehe ich nach dem Sudan; dann über Mekka nach Arabien zu Hadschi Halef, Persien, Indien* (gwb 82, 60).

04.23. Sonntag. Kairo. May an Emma: *Wenn Du gleich wiederschreibst, trifft mich Dein Brief noch hier an.* May unterschreibt als *Dein sonnverbrannter Mumius* (patsch). *Meine gute Emma! Du hast keine Ahnung, was ich zu schreiben habe. Heut sind ohne die Briefe 78 Postkarten fertig geworden. 25 allein für die bayrischen Prinzen, denn die wünschen ganze Sammlungen. Dr. Weigl hat nämlich schon geantwortet, und von meiner Frau habe ich noch kein Lebenszeichen! Schaurig traurig laur' ich!* (gus 241) *Die Prinzessinnen haben selbst al-*

les vorbereitet gehabt und die Einladungen ergehen lassen. Anwesend ist gewesen, der Hof, Offiziere, die ganze Aristokratie, Magistrat, Professoren, Künstler und Prinzessin Ludwig hat laut verkündet: Sie sei stolz darauf Mitglied des Karl-May-Klubs zu sein. Tausend Küsse (patsch). *Abends 10 Uhr. Heut bin ich nur ½ Stunde ausgegangen. Das war mein Sonntagsvergnügen!* (patsch) – *An die 4. Strafkammer* 73: Emma *hat mir während der ganzen fast zweijährigen Reise überhaupt keinen einzigen wirklichen Brief geschrieben, sondern es Herrn und Frau Plöhn überlassen, mir Antwort zu geben.* – *Frau Pollmer* 881f.: *Diese Gewissenlosigkeit und Faulheit meiner Frau hat mich, die Zeitverschwendung gar nicht gerechnet, Tausende gekostet, und es hätte ganz unmöglich zu der fürchterlichen* [...] *öffentlichen Karl May-Hetze kommen können, wenn meine Frau auch nur ein einziges Mal ihre Pflicht gethan und die Postzeit innegehalten hätte. Daß ich überhaupt zuweilen ein Lebenszeichen aus der Heimath bekam, hatte ich nur Frau Plöhn zu verdanken, die ihr, wenn es allzu lange gedauert hatte, in das Gewissen sprach und aber auch dann noch den Brief meist selbst schreiben mußte.* – May an Klara Plöhn: *Diese Felachin* [auf der Postkarte] *ist die größte Schönheit, welche ich bisher hier gefunden habe. Es braucht also selbst keine Freundin nicht auf Niemanden hier keinesweges ohne nirgendwelche Eifersucht zu sein!* (gwb 82, 60) – May an Wilhelmine Beibler: *Aus all dieser Herrlichkeit heraus sehne ich mich doch so herzlich nach Euch allen, Ihr Lieben* (gwb 82, 61). – May an Unbekannt: *In dieser Woche ist ein Buch von mir erschienen, welches "Am Jenseits" betitelt ist. Das muß man lesen.* – Zahlreiche Karten mit Grüßen *Salam Karl* in arabischer Schrift (gwb 82, 61).

04.24. Kairo. Zwei Karten an Emma, neun Karten an Plöhns (patsch). An Emma und an Klara schickt May je einen Bildband "Souvenir of Egypt", für Emma mit den Widmungsversen: *Seh ich in Trümmern diese "ewigen" Werke, / Dann wehe mir Armen! / Ich verlaß mich nicht auf meine Stärke / Sondern auf Gottes Erbarmen!*, für Klara mit der Widmung: *Ein Mau-*

sel, das man herzlich liebt / Und ihm nichts aus Kairo giebt, / Das kann sich leicht von Einem wenden, / Drum will ich ihm dies Album senden, / Und einen treuen Gruß noch mit, / Das giebt der Liebe neuen Kitt. / Karl, der Chawadschi (gwb 82, 61). An Klara schreibt May: *Ich sende Dir ein Album mit. Weiter bekommt Ihr aus Kairo nichts. Ich bin nicht so dumm wie Andere, die sich mit Orientalia betrügen lassen, welche aus Europa sind* (gwb 82, 61). – May schickt eine Karte an das Ehepaar Marie und Hans Grund in Annaberg. – May an Eva Fehsenfeld: *Unter Palmen Niemand sicher wandelt, auch mich hat die Sonne braun gebranntelt* (jbkmg 1978, 161). – May arbeitet bis nachts 2 Uhr (gwb 82, 62). – Paris. Emma schreibt Agnes Seyler, sie sei seit 14 Tagen in Paris, habe "das Bett hüten müssen" und werde über Straßburg und Ludwigshafen weiterreisen (mkmg 26, 3). Tatsächlich reist sie bald darauf mit Plöhns nach Deidesheim.

04.25. Kairo. An Emma und Klara geht Stoff für Kleider. May an Emma: *Ich habe mir einen leichten weißen Anzug machen lassen für die Hitze. Ist egyptischer Stoff; wird nur hier gemacht.* [...] *Muß erst ins Wasser gethan werden, um einzugehen. Vergiß das nicht. Der Stoff wird vom Waschen leise cremefarbig.* [...] *Ich sende Euch von diesem Stoffe 2 Kleider. Für Dich eins und für das Mausel eins. Das ist etwas, was dort noch kein Mensch hat.* [...] *Es giebt diesen Stoff in ganz Europa nicht. Laßt ihn aber ja erst eingehen!* [...] *Er ist großartig. Sehr leicht und unverwüstlich. Laßt die Anzüge gleich machen, und tragt sie mir zur Erinnerung!* [...] *Ihr sollt als Schwestern gleich gehen* (patsch; gwb 82, 61f.). – May an Richard Plöhn: *Bitte, lieber Freund, erlaube, daß Klara den Stoff von mir annehmen darf! Ich möchte, daß sie und Emma sich ganz gleich kleiden, wenn sie auf den Marienstein* [Mulda bei Freiberg] *steigen* (gwb 82, 62). *Meine Adresse ist, so lange ich Euch nichts Anderes melde, Hôtel Bavaria, Kairo, Egypten. (nicht Amerika.) Briefe an diese Adresse werden mir von hieraus nachgesandt, wo ich auch immer sei* (gus 245). *Tausend Grüße!* (gus 246) – May an

Emma: *Bin gestern vom Consul* [Felix von Müller, 1857–1918, Generalkonsul in Ägypten, außerordentlicher Gesandter und bevollmächtigter Minister] *entdeckt worden. Er lud mich zu Tische. Habe es aber abgeschlagen. Will ganz für mich, ganz allein bleiben* [...]. *Ich esse ganz wenig Fleisch. Will es mir abgewöhnen. Trinke täglich zwei Limonaden.* [...] *Bitte, laß den Garten gut gießen!* [...] *Egyptische Tänzerin. Die einzige, die ich gesehen habe, hier auf der Karte* [kluß2 166]. [...] *Abends 11 Uhr. Bin heut nur ½ Stunde fortgewesen. Gearbeitet von früh bis jetzt. Gestern bis nachts 2 Uhr* (patsch; gwb 82, 62). *Die Sphinx ist lange nicht so imposant wie hier auf dem Bilde* (gus 244). – May an Richard Plöhn (auf einer Karte mit verschleierter Orientalin): *Warum hat denn die / Da die Jalousie? / Ja, das kann ich dir nicht sagen, / Da mußt du sie selber fragen!* – May an Richard Plöhn: *Bitte, habt doch die Güte, und schreibt mir auch einige Zeilen! Ich würde mich wirklich herzlich darüber freuen!* (kma 2, 4) – May an Unbekannt: *Ich gehe jetzt nach dem Sudan, Arabien, Persien, Rückweg über Kurdistan, Kleinasien und Palästina. Wollte über den stillen Ozean auch nach Amerika zu meinen Apatschen, aber die Zeit ist zu kurz, da Hadschi Halef mich wohl bei den Haddedihn lange festhalten wird. Diese Reise werde ich in Gedichten unter dem Titel "Eine Pilgerreise in das Morgenland" herausgeben. Ich will da zu Ehren meines himmlischen Herrn und Vaters etwas Eigenartiges schaffen* ("Über den Wassern" 10.5.1910). – Adalbert Fischer, der jetzige Besitzer des Münchmeyer-Verlags, schreibt erneut an May und gibt zu erkennen, dass dessen Romane für ihn "den Hauptwert des gesamten Verlages bilden" und er gesonnen sei, "daraus Nutzen zu ziehen" (plaul3 434).

04.27. Kairo. Neun Karten an Emma, neunzehn an Plöhns, fünf an Wilhelmine Beibler (patsch). – Emma ist in Deidesheim zu Besuch bei Familie Seyler; tags zuvor hat sie sich von Plöhns trennen müssen, die nach Radebeul gerufen wurden. Emma an Klara: "Als ich gestern so plötzlich von Deiner Seite gerissen wurde, mußte ich all meine Kraft zusammennehmen um mich aufrecht zu erhalten. Da habe ich eigentlich erst so recht gefühlt, daß wir zusammen gehören u. so wie unsere lieben Väterchen nur eine Person sind; keine kann ohne die andere mehr existieren. Der Gedanke, daß ich Dich mußte mit so schweren Sorgen ziehen lassen war furchtbar für mich, wäre es mir nicht so zum Tode schlecht gewesen ich hätte mich nicht bewegen lassen zu bleiben. Gott gebe, daß es besser ausgefallen ist wie wir dachten. Mir geht es Gott sei Dank heute wieder gut, geschlafen habe ich zwar diese Nacht trotz des herrlichen Bettes nicht viel, weil ich zu sehr an Dich Du mein Lieb denken mußte, hoffe es aber diese Nacht besser zu machen. Zu Essen habe ich was das Herz begehrt! Schwarzbrod, gesalzene Butter, dünnen Thee, altbackene Semmeln, rohen Schinken. Heut Mittag gab es Sauerbraten mit Klößen, wenn das noch nichts ist! Gelt?? Bei solcher Behandlung muß man sich erholen. Frau Commerzienrath sieht mir alles an den Augen ab. [...] Wenn es Dir möglich ist, früher zu kommen, werde ich mich unendlich freuen."

04.30. Sonntag. Kairo. May antwortet postwendend auf Adalbert Fischers Schreiben vom 25.4.: *Ihr Brief ist heut in meine Hände gekommen, eine Depesche noch nicht. Jeder erfahrene Geschäftsmann weiß, daß man sich nach Egypten* <u>*nicht*</u> *des türkischen Telegraphen bedient, weil das Telegramm da entweder gar nicht oder erst nach Wochen verstümmelt ankommt, außer Sie telegraphiren in türkischer Sprache. Man telegraphirt über England, und da hat mich noch jede Depesche nach Deutschland 40–50 Franks gekostet. Das wenden Sie wahrscheinlich nicht daran. Ihr Brief setzt mich Punkt für Punkt in Verwunderung. Das M. Geschäft scheint verkauft worden zu sein, ohne daß einer der beiden Theile Kenntniß der Paragraphen des Gesetzes über das Urheberrecht besitzt. Was Frau M. und Hr. Walther Ihnen gesagt haben,* <u>*gilt*</u> <u>*nichts*</u>*. Sie mußten als Fachmann nach dem* <u>*Verlagskontrakte*</u> *zwischen May u. M. fragen, und da der nun in Gott ruhende Heinrich M. aus Gründen, die ich gar wohl kenne, nie zu einem Verlagsvertrage zu bringen war, so haben seine Erben es ihm zu verdanken, daß* *nun die Bestimmung des bürgerl. Gesetzbuches des Königreiches Sachsen in Kraft tritt, nach welcher, wenn kein Kontrakt vorhanden ist, eine Auflage von 1000 Exemplaren gilt.* [...] *Was wir ausgemacht haben, gehört nicht hierher, sondern vor das Gericht. Wenn es Personen giebt, welche meine Ansprüche leugnen, so lügen sie mit Absicht. Man weiß ganz genau, daß ich diese Sachen geschrieben habe, um sie später anderweit in je 6 Bänden herauszugeben; die ganze Disposition ist auch demgemäß getroffen, und ich kann nachweisen, daß ich meine Ansprüche wiederholt geltend gemacht habe. Gerichtlich geschah dies nicht, weil ich da, wenigstens bezüglich des "Waldröschens", eine bestimmte Auflagenzahl abwarten mußte. Und diese habe ich nie erfahren können. Man hat sich stets bemüht, die Meinung in mir zu erwecken, daß die Sachen nicht so gehen, wie ich annahm. In meinem Schreiben vom 28./10. 98 schlug ich wieder auf den Busch, um Etwas darüber zu erfahren. Vergeblich!* [...] *Dabei schreiben Sie mir, daß es mit meinen Ansprüchen doch einen Haken haben muß! Ja, den hat es allerdings. Und dieser Haken ist, daß ich nie die Höhe der Auflage erfahren konnte und also still sein mußte. Nun ich aber von Ihnen erfahren habe, daß Sie den Verlag blos in der Ueberzeugung gekauft haben, daß meine Werke ihn bezahlt machen werden, nun weiß ich ja Alles, was ich zu wissen nöthig habe, und nun werde ich allerdings gerichtlich vorgehen. Nur dürfen Sie mir nicht mit dem geradezu unbegreiflichen Ersuchen kommen, daß dies sofort, von hier aus, zu geschehen habe. Ich sage Ihnen ganz ehrlich, daß ich meinen Augen nicht traute, als ich dieses las. Sie wissen, daß ich in Egypten bin; ich gehe von Kairo aus nach dem Sudan, nach Arabien, Persien, Indien, China, und werde aufgefordert, sofort einen Prozeß in Dresden zu führen, bei dem meine persönliche Anwesenheit unbedingt nothwendig ist. Wie finden Sie das? Ein Prozeß, bei dem es sich um Hundertausende handelt! Ihr Brief wimmelt von Vorwürfen gegen mich, die Sie doch gegen sich selbst zu richten hätten. Warum sind Sie nicht vor dem Kaufe zu mir gekommen?! Und nun sagen Sie, daß diese ganze Sache Sie gar nichts ange-*

he! Herr Fischer, daran glauben Sie doch wohl selbst nicht! Kein wirklicher Verleger kauft einen Verlag, ohne die Verlagskontrakte mit zu kaufen. Wo aber haben Sie eine Unterschrift von mir? Und diese Sachen sind aus höchst wichtigen Gründen pseudonym erschienen. Dieses Geheimniß ist mein ausschließliches Eigenthum, und der Verlag hat kein Recht, es ohne meine Genehmigung auch nur einem einzigen Menschen gegenüber zu lüften. Erkundigen Sie sich, welche gewaltige Summen Schadenersatz dafür schon eingeklagt und bezahlt worden sind! Jeder litterarisch erfahrene Rechtsanwalt giebt Ihnen Auskunft darüber. Wenn bisher schon dagegen gesündigt worden ist, so werde ich mein Recht suchen. Die Firma hat dieses Geheimniß sogar an eine Schriftstellerin in Spanien verrathen; ich werde auch das bestrafen lassen, und wenn Sie meinen, daß Sie es nun auch thun können, weil Andere es vor Ihnen gethan haben, so irren Sie sich! Wenn jeder Leser und jeder Colporteur den eigentlichen Verfasser kennt, wie Sie mir schreiben, so ist gegen mein gutes Recht und gegen den litterarischen Anstand gehandelt worden, und ich werde dagegen vorgehen. Der Verrath von dieser Art von Geschäftsgeheimnissen kann theuer, sehr theuer zu stehen kommen! Daß mein Name nicht genannt werden darf, habe ich durch d. Pseudonym bewiesen. Meine Antwort auf Ihren Brief ist folgende: 1) Ich reclamire alle von mir im Verlage von H. G. Münchmeyer, Dresden erschienenen Werke als mein ausschließliches Eigenthum und verbiete den ferneren Druck derselben und ebenso auch den Verkauf der noch vorhandenen Exemplare. 2) Druckt man weiter, so beanspruche ich nach meiner Heimkehr Confiscation aller Exemplare, Platten etc. und 1000 Mark pro Bogen Schadenersatz. Ich kann gerichtlich nachweisen, daß dies der Honorarsatz ist, den ich beziehe. 3) Für die Lüftung meines Pseudonym werde ich eine Buße von 500,000 Mark einfordern und nachweisen, daß dies nicht zu viel ist. [...] *Sie wollen meine Berühmtheit für Ihren Beutel ausschlachten, und ich soll mein Blut wehrlos und ohne Entschädigung fließen sehen. Ich mache Sie darauf aufmerksam, daß es grad diese Berühmtheit ist, welche mich zur erfolgreichen Vertheidigung befähigt.* [...] *Sie kennen nun mein Verbot. Sie sprechen davon, daß ich Sie später, wenn ich den Prozeß gewinne, bezahlen müsse. Ich werde ihn gewinnen, wie ich schon mehrere gewonnen habe, aber von einer Bezahlung an Sie kann keine Rede sein, da ich Sie nicht veranlaßt habe, den Verlag zu kaufen, ohne sich vorher bei mir zu erkundigen.* – *Schundverlag 05*, 367f.: *Ich schrieb* [Fischer] *einen sehr ernsten Brief und bekam von ihm eine Antwort, die an Grobheit und Missachtung ihresgleichen suchte. Ich schrieb abermals, um mir nicht später vorwerfen zu müssen, dass in meinen Mitteilungen an ihn eine Lücke gewesen sei. Er antwortete mit einer Geringschätzung, die gar nicht beleidigender hätte sein können, als sie war.* [...] *Die Krone desselben aber bestand in der Zumutung, meine Klage binnen höchstens zwei Wochen einzureichen, widrigenfalls er mich des für ihn entstehenden Schadens wegen gerichtlich belangen lassen werde. Dabei schrieb mir dieser Mann nach Egypten, und er wusste, dass ich mich erst am Anfange einer ganz ungewöhnlich weiten Reise befand!* – *Leben und Streben* 242: *Ich zögerte nicht, an diesen Herrn zu schreiben. Er antwortete mir im Kolportageton, daß er das Münchmeyersche Geschäft nur wegen der Romane von Karl May gekauft habe. Alles Andere sei nichts wert. Er werde diese meine Sachen so ausbeuten, wie es nur möglich sei, und mich, falls ich ihn daran hindere, auf Schadenersatz verklagen.*

05.02. Kairo. May an Emma: *Heut vor 4 Wochen sind wir von einander geschieden. Ich habe Dir so häufig geschrieben, Du mir aber noch kein einziges Mal! Seid Ihr denn so lange an der Riviera und bei Commerzienraths geblieben? Ich kann natürlich nicht von hier fort ohne eine Nachricht von Dir und versäume also die kostbare Zeit ganz unnütz. Jeder Tag kostet mich ca. 60 Mark. Leider bin ich auch schon hier in Kairo entdeckt worden. Jeder Deutsche liest meine Werke. Man schwärmt für mich, wie ja überall, und will den "berühmten" Karl May sehen. Es regnet Blumen, Briefe etc. Ich bin, wie stets auf Reisen, ein armer, geplagter Mann und möchte recht bald fort.*

Darum schreib ja sofort! Ich gehe zunächst nach dem Sudan. Prinz Heinrich von Bayern sendet mir einen herzlieben Brief, auch Baronesse [Marie] *Pascotini* [Wien]. *Prinzessin Ludwig läßt mir sagen, daß sie mit ihren Kindern täglich für mich betet. Ist das nicht rührend? Und Du, die mir über alle Prinzessinnen geht, Du schweigst. Jedenfalls bist Du noch nicht daheim. Aber grad jetzt, wo ich noch nicht in der Wüste bin und also noch Postverbindung habe, solltest Du doch zu Hause sein! Gestern* [?] *kam der beifolgende, echt münchmeyersche Brief. Ist das nicht eine Schande, wie ich ausgeschlachtet und verwurstet werden soll? Ich sende ihn Dir, weil er aufgehoben werden muß und bei mir auf der Route durch die Wildniß nicht sicher ist. Die Abschrift meiner sofortigen Antwort bitte ich, ebenso gut aufzubewahren. Ich bin im höchsten Grade empört über eine solche niederträchtige Handlungsweise! Das ist der Dank dafür, daß ich H. G. M. zweimal gerettet habe! Aecht Colportagebuchhändler! Nur die gemeinste Ausbeutung! Keine Ehre im Leibe, keine Kenntniß der Gesetze und dabei doch die Einbildung, daß sie machen können, was ihnen beliebt. Aber, Gott sei Dank, in Deutschland giebt es Gerechtigkeit. Tausend Küsse an Dich! Die herzlichsten Grüße an Richard, Klara und die Mutter! – Frau Pollmer* 881: *Ich hatte sie in Genua gebeten, direct heimzukehren und mir ihre Ankunft sofort nach Kairo mitzutheilen. Anstatt dies zu thun, kam sie erst nach sieben Wochen dazu, mir das zu schreiben, was ich wissen mußte, um von Kairo fortzukönnen. Dort kostete mich jeder Tag 40–60 Mark. So erging es mir während der ganzen Reise.* – Kartengruß an Herzog Franz Joseph in Bayern (gwb 82, 64).

05.03. Kairo. Sechs Karten an Emma (drei ohne Text), zehn an Plöhns, drei an Wilhelmine Beibler (patsch). – Gedicht *Für Valerie Arlt* (*Schau auf zu Gott, Du holde Menschenblume!*, vgl. 23.7.), ein Mädchen aus einem Kairoer Pensionat, das May vormittags bei einem Stadtspaziergang getroffen hat und mit ihren beiden Freundinnen nachmittags zu sich ins Hotel einlädt (kmjb 1931, 476-478; mkmg 70, 29; gwb 82, 65). – May an Wilhelmine Beibler: *Ich bin wüthend. Schon 4 Wochen warte ich vergeblich auf eine Zeile und brauche hier täglich 50–60 Mark, weil ich nicht fortkann. Konntest Du die Kinder nicht benachrichtigen, daß ich hier in Kairo, Hôtel Bavaria bin und auf Antwort warte? Du hast doch alle Karten an Euch bekommen? Wenn Emma noch nicht wieder zu Hause ist, so weiß sie doch, daß Du Eure Karten liesest und also weißt, wo ich bin. Sie mußte sich also unbedingt brieflich bei Dir erkundigen, um mir schreiben zu können. Wenn mir nur auf der Weiterreise nichts passirt, denn wenn ich so ohne Verbindung mit der Heimath bleibe wie jetzt, weil sich die Frau nicht um mich bekümmert, so kann ich Monate lang irgendwo in der Tinte stecken, und nicht einmal eine Depesche für 50 Mark hilft etwas. Denkt sich Emma denn nicht, daß mir dieses Schweigen große Sorge macht?* (gwb 82, 64f.) – Kartengruß an Familie Seyler ("à l'entré d'une village arabe") (mkmg 26, 3). – Kartengruß (Tänzerinnen) an Carl Felber: *Das sind die Tänzerinnen, bei denen so Mancher sein Geld liegen läßt. Ich behalte es in der Tasche* (mkmg 49, 1f., Inform). – Kartengruß an das Jesuitenkonvikt in Kalksburg (patsch).

05.04. Kairo. 14.40 Uhr. Telegramm an Emil Seyler: *Emma attendre envoi en route*. Emma soll in Deidesheim eine Sendung abwarten (mkmg 26, 3).

05.05. Kairo. An Emil Seyler gehen mehrere gleichlautende Grußkarten ab, offenbar zur Verteilung an weitere Bekannte: *Gruß aus Egypten, Dr. Karl May* (mkmg 26, 3). Auch an den *Studiosus* Walter Weber schickt May einen *Freundlichen Gruß aus Egypten!* (kma 6, 37)

05.06. Kairo. Reisetagebuch: *Barrage du Nil* (Kaliub), eine der größten Stauschleusen der Welt (gwb 82, 66; gus 273).

05.07. Sonntag. Kairo (gwb 82, 66).

05.08. Kairo. Reisetagebuch: *v. Oppenheim Einladung* (gwb 82, 66; kmhi 16, 15). Max Adrian Hubert von Oppenheim (1860–

1946), Attaché am deutschen Generalkonsulat, in seinen Erinnerungen: "Im Jahre 1899 besuchte mich in Cairo [Privathaus am Bab el Louk] Karl May, der bekannte fruchtbare Schriftsteller [...]. Er liess sich von mir möglichst viel über die Sitten und Gebräuche, die Stämme und ihre Zusammensetzungen usw., vor allem der Beduinen, erzählen, was ich gerne tat, da er ein interessanter Mann war". Oppenheim an Amand von Ozoróczy 11.12.1936: "Wir haben uns lange miteinander unterhalten. Eine grössere Gesellschaft war bei unserem Zusammensein nicht vorhanden; ich wollte gerade mit ihm, dessen Schriften ich z. T. schon kannte, gern allein plaudern. Seine grosse schöne Erscheinung habe ich nicht vergessen" (kmhi 16, 17f.). Angeregt durch die Begegnung mit Oppenheim, kauft May bei Felix Marschner den ersten Band von dessen Werk "Vom Mittelmeer zum Persischen Golf, durch den Haurān, die Syrische Wüste und Mesopotamien" (Berlin 1899/1900) und bestellt den zweiten vor, der ihm erst am 20.4.1901 zugeschickt wird (kmhi 16, 18f.) – Klara Plöhn ist inzwischen zu Emma nach Deidesheim gereist und wohnt mit ihr bei Familie Seyler. Emma an May: "Die erste abgehende Orgelpfeifen-Postkarte ist von Deinem Winnetou für Dich bestimmt, mein Karl, und ich sende sie Dir mit herzlichem Gruß" (masch 86).

05.09. Kairo. Reisetagebuch: *Museum Gizeh* (gwb 82, 66; kmhi 16, 15). – Karte an Plöhns (patsch).

05.10. Kairo. Reisetagebuch: *Emmas & Mausels ersten Briefe* (gwb 82, 66; kmhi 16, 15). – May an Klara: *Meine liebe, liebe Herzensschwester! Endlich, endlich kommt der längst erwartete Brief von Dir! Und zwar mit derselben Post wie der von Emma aus Deidesheim! Das ist eine wahre Festfreude! Seit fünfwöchentlicher Trennung nicht eine einzige Zeile von Euch; ich wußte gar nicht, woran ich war!* (gwb 82, 66)

05.11. Kairo. Briefe an Plöhns und Emma, verschollen (patsch; gwb 82, 40). – Das Priesterseminar in Montabaur, an dessen Knabenkonvikt Carl Jung im Frühjahr 1898 sein Abitur gemacht hat, erhält eine Ansichtskarte des Hotels Bavaria (*Mein Hôtel*) (mkmg 95, 53; may&co 73, 46).

05.12. Kairo. Reisetagebuch: *Depesche v. E*[mma] *aus Deidesheim, daß wichtiger Brief unterwegs* (gwb 82, 66; kmhi 16, 15).

05.13. Kairo. – Dresden. Adalbert Fischer an May: "Ich kann [...] nur nochmals bemerken, daß ich alle Ihre Forderungen & Drohungen ganz energisch zurückweisen muß & mich in keiner Weise daran kehren werde. Wenn Sie irgend welche Ansprüche zu haben glauben, so wenden Sie sich damit an die Vorbesitzerin der Firma, mir sind Ihre sämmtlichen Verlagswerke der Firma H. G. Münchmeyer, vertraglich, frei von jeder Verpflichtung oder Beschränkung für jetzt & alle Zukunft verkauft worden."

05.14. Sonntag. Kairo. "Ägyptische Zeitung", Typ. M. Schencke, Rubrik "Aus der Kolonie": "Der bekannte Reiseschriftsteller Dr. Karl May, der seit einiger Zeit hier in Kairo weilt, plant eine neue größere Reise. Er gedenkt von hier nach Bombay zu gehen, von dort durch den Persischen Golf nach Basrah, Bagdad und dann Mesopotamien und die Syrische Wüste zu durchqueren, um Damaskus zu erreichen. Die Erlebnisse und Ergebnisse der Reise werden darauf in einem neuen, zweifellos höchst interessanten Buche den zahlreichen Verehrern des Schriftstellers dargeboten werden" (gwb 82, 66; jbkmg 1971, 171). – Kartengruß an Familie Seyler ("Caire – Pont de Kasr el Nil") (mkmg 26, 3).

05.16. Kairo. Kartengruß an Prinz Adalbert von Bayern (kma 1, 9f.). – May an Klara Plöhn: *Denke Dir, mein liebes Mausel, / Daß es hier schon Kirschen giebt, / Die man auch bei uns zu Hausel / Mit und ohne Kerne liebt. / Doch ich schick' nischt, denn in Sachsen / Thun se schpäter ooch noch wachsen* (gwb 82, 67).

05.17. Kairo. May an Johannes Dederle: *Beifolgende Zeitungsnotiz* ["Ägyptische Zeitung" 14.5.] *wurde ohne mein Wissen* *gedruckt; habe sie darum korrigiert, falls Sie sie aufnehmen sollten* (gwb 82, 67). – May an Emma: *Noch weiß ich nicht, ob der Kleiderstoff und die 2 Albums angekommen sind.* Auf einer Karte, die einen Beduinen auf einem Kamel zeigt: *Siehst Du diese, denk in Deinem Sinn / ja nicht, daß ich eins von beiden bin!* (patsch) *Denke Dir, wir haben hier nicht nur schon Kirschen, sondern auch Pfirsiche. Aber an die deutschen Früchte kommen sie noch lange, lange nicht!* [...] *Der Spargel wird hier geschnitten, wenn er noch ganz dünn ist, wie der dünnste Suppenspargel, lang herausgewachsen und schon ganz dunkel. Diese Leute haben zwar die Delikatessen, wissen sie aber nicht zu behandeln, sondern verderben sie und lachen doch über unsere bessere Art und Weise!* (patsch) *Grad weil das Leben des Orientes so inhaltslos, so oberflächlich, schmutzig und lärmvoll ist, wirkt es auf den besser veranlagten Menschen vertiefend, bereichernd, reinigend, beruhigend und befestigend. Man wendet sich unbefriedigend* [unbefriedigt] *und bedauernd ab und geht nach innen. Das ist die Wirkung auf mich, und ich bin Gott dankbar dafür.* [...] *Ich schicke auch unschöne Karten mit, um die Sammlung zu vervollständigen* (gwb 82, 67). *Tausend herzliche Pfingstgrüße!* (gus 248) – Fünfmal geht ein *Gruß aus Kairo* an Wilhelmine Beibler, einmal unterzeichnet *Dein still Getreuer* (gwb 82, 67; gus 247), zehnmal an Plöhns (patsch). – May an Franz Brixel (vgl. 25.3.): *Mein 25ter Band "Am Jenseits" ist nun ausgegeben. Er enthält meine Antwort auf Ihren Brief.* – "Pfälzer Zeitung": "Deidesheim, 16. Mai. Die Leser und Verehrer des berühmten Reiseschriftstellers Karl May wird die Nachricht interessiren, daß er eben unterwegs ist, um seinen Halef in Arabien zu besuchen und daß seine Frau Gemahlin in Deidesheim bei Frau Commercienrat Seyler zu Besuch weilt" (mkmg 20, 12). Tatsächlich sind Emma und Klara Plöhn bereits abgereist und halten sich in Weimar auf, wo sie an diesem Tag u. a. Goethes Gartenhaus im Park an der Ilm besichtigen. Klara erwirbt eine Ansichtskarte des Arbeitszimmers: "für Karl bestimmt."

05.18.-07.29. Erste internationale Friedenskonferenz in Den Haag.

05.18. Kairo. – Radebeul. Emma May nach ihrer Rückkehr aus Deidesheim an Lisbeth Felber: "Endlich ein Hoffnungsstrahl, unsere lieben Freunde einmal und zwar recht bald bei uns zu sehen. Es wäre eine wirkliche Herzensfreude für uns" (masch 69). – Deidesheim. Agnes Seyler "heimlich" an Klara Plöhn: "so schön ist's nimmer, daß ich nur an die Fremdenzimmerthür zu klopfen brauche, um gleich in solch liebenswürdiger Gesellschaft zu sein. [...] Ihre liebe Karte gestern hat viel Freude gemacht. [...] Mich [...] faßt manchmal ein ganz arges Verlangen nach Ihnen, so als müßte ich schnell nur ein Minütchen zu Ihnen laufen. Es war doch so lieb von Ihnen, daß Sie mich immer so freundlich aufnahmen in Ihrem Zimmer, u. wenn ich jetzt hinein komme, so denke ich augenblicklich an Sie beide, u. lieb habe ich Sie für immer, das wissen Sie ja! [...] Denken Sie noch an unsere Wagenfahrt?"

05.20. Kairo. Brief an Emma, verschollen (gwb 82, 40). – Radebeul. 9.45 Uhr. Telegramm Emmas und der Plöhns an Emil Seyler: "Soeben glücklich die Heimath erreicht". *Frau Pollmer* 883-885: *Nach der endlichen Heimkehr meiner Frau* [...] *hat sie sich zu Hause betragen, als ob ich überhaupt bereits gestorben sei. Vor allen Dingen wurde der Verkehr mit dem jetzigen Regierungsbaumeister* [Max Welte] *inniger gestaltet.* [...] *Sie trieben Spiritismus mit einander.* [...] *Dann wurde Frau Häusler, das Kaninchen, eingeladen und blieb wochenlang bei ihr, um Spiritismus, Liebesbrunst und andere Dinge zu treiben. Auch die mannhafte, schlagfertige Frau Dittrich wurde herbeigezogen.* Angeblich kommt Emma *eines Tages* [...] *ganz freudestrahlend zu Plöhns und sagt: "Heut habe ich mir aber eine Güte gethan! Ich habe unsern Trauschein in den Ofen gesteckt!" Frau Plöhn und ihre Mutter sind ganz sprachlos gewesen; sie aber hat sich lachend die Hände gerieben.* [...] *Eines Tages erscheint sie wieder bei Plöhns und zeigt sich entzückt darüber, daß sie nun endlich einmal droben in meinem Schreibtische*

Ordnung geschafft habe. Sie habe die Kästen leer gemacht und Alles verbrannt, auch die Münchmeyerbriefe, und nun könne man doch wieder etwas Neueres und Besseres hineinlegen.

05.21. Pfingstsonntag. Kairo. Brief an Emma, verschollen (gwb 82, 40). – Agnes Seyler schickt von einer Reise nach Wiesbaden Grüße an Emma und Klara. Seylers haben eine Karte Mays bekommen, "eine Antwort auf unsere gemeinsame Karte". – Berlin. Louise Haeußler schickt Pfingstgrüße an Emma und Plöhns: "Nein Emma was muß ich alles für Dich thun! Du alter Bummelant". Vermutlich ist Louise Haeußler in der nächsten Zeit einige Wochen zu Gast bei Emma in Radebeul.

05.23. Kairo. May engagiert den von ihm Sejjid Omar genannten arabischen Diener Sejd Hassan (Kairo, *Muski, Suk el Khando*; kmw VIII.6, 543), der ihn über ein Jahr lang begleiten wird: *Zwischen dem Reisenden Herrn Dr. Karl May aus Dresden und dem anderen Contrahenten Sejd Hassan aus Kairo ist heut folgender Dienstvertrag abgeschlossen worden. / § 1. Herr Dr. Karl May engagiert Sejd Hassan zu und während der jetzt von ihm anzutretenden Reise als Diener. / § 2. Sejd Hassan hat Herrn Dr. Karl May zu begleiten, wohin es diesem beliebt, ihm vor allen Dingen Gehorsam, Treue und Ehrlichkeit zu erweisen und sich der Ausführung keines Befehls zu weigern. Er erhält dafür eine Gage von 5 Mark, sage fünf Mark, pro Tag, wovon er alle Ausgaben für sein Leben, also für Wohnung, Ernährung, Kleidung, Wäsche u.s.w. zu bestreiten hat. Alle Beförderungskosten hingegen trägt H. Dr. May. / § 3. Sejd Hassan erhält von Herrn Dr. Karl May einen Vorschuß von zwei englischen Pfund, deren Empfang er hiermit quittirt. Der Zahlungsmodus des Gehaltes und die Zurückerstattung des Vorschusses geschieht so, wie H. Dr. May es für angemessen findet. / § 4. Wenn Herr Dr. Karl May mit seinem Diener zufrieden ist, kann die Auflösung dieses Contractes nur nach einer Kündigung erfolgen, welche wenigstens eine Woche vorher zu geschehen hat. Entläßt Herr Dr. Karl May Sejd Hassan auf diese Weise an einem anderen Orte, so gewährt er ihm die Reisekosten nach Kai-*

ro dritter Schiffs- oder Wagenklasse. Ungehorsam, Untreue, Unehrlichkeit und dergleichen aber berechtigen H. Dr. Karl May, Sejd Hassan sofort und ohne irgend welche Entschädigung und Zahlung, wofür es auch sei, zu entlassen. Alles Übrige resp. Weitere ist in das Belieben des H. Dr. Karl May gestellt. / § 5. Dieser in zwei Exemplaren ausgestellte Dienst-Vertrag wurde Sejd Hassan vorgelesen, von ihm als richtig befunden und hierauf von den Contrahenten und den beiden als Zeugen unterzeichneten Herren durch ihre eigenhändige Namensunterschrift für bindend erklärt. Als Zeugen unterschreiben der Buchhändler Felix Marschner und R. Zschunke (gwb 82, 69). Klara May an Wiltrud Herzogin von Urach (Prinzessin Wiltrud) 9.10.1934: "Meiner Schätzung nach war der Diener K. Ms. damals 20–25 Jahre alt [...]. Er verstand ein bischen Englisch und als er nach so langem Beisammensein Karl May verließ, sprach er auch etwas Deutsch. Dieser Umstand ermöglichte es ihm Fremdenführer zu sein und im Sommer in großen Luxushotels als arabischer Kaffeekellner seinen Unterhalt zu finden. [...] Mein Mann hat Hassan [...] genau so kennen gelernt, wie er in 'Friede auf Erden' [...] berichtet" (jbkmg 1983, 132f.).

05. Hans Rühlmann, "Karl May in Kairo": "In den letzten Tagen seines Hierseins versprach Karl May für die in unserm Verlag erscheinende Zeitung 'Aegyptischer Kourier' einen literarischen Beitrag einzuliefern 'Rund um Kairo'. Infolge seiner plötzlichen Abreise ging das kostbare Manuskript leider verloren" (kmjb 1923, 129).

05.24. Reisetagebuch: Mit Sejd Hassan *Abreise von Kairo.* Nilaufwärts, wahrscheinlich mit der Bahn, nach *Siut. Hôtel Orient* (gwb 82, 70).

05.25. Siut (Assijut), 380 km südlich von Kairo. Reisetagebuch: *Zimmer 2 Frks., gebe aber 4* (gwb 82, 70). – May an Richard Plöhn: *Ich melde Euch mit frohem Sinn, / Daß ich hier angekommen bin. / Siut ist eine schöne Stadt, / Die aber auch viel Schwächen hat, / Dieweil sie, wie Ihr alle wißt, / Als Stadt* *und Genus weiblich ist. / Doch will ich über sie nicht schelten / Und lasse nur die Schönheit gelten. / Trotz dieser eil' ich froh und heiter / Nach drei, vier kurzen Tagen weiter. / Nach Theben steht nunmehr mein Sinn; / Wahrscheinlich komm ich Sonntag hin. // Bitte, Briefe immer noch nach Hôtel Bavaria in Kairo. Tausend Herzensgrüße!* (gwb 82, 70) – *Wer des Nachts unter funkelndem Sternenhimmel von den Dächern Siuts hinauf nach der Höhe des Stabl Antar* [...] *geschaut hat, dem werden diese Stunden lebenslang im Gedächtnisse bleiben* (XXIX 7).

05.26. Siut. Reisetagebuch: *Hassan will betrügen* (gwb 82, 70).

05.28. Sonntag. Reisetagebuch: *Von Siut fort.* Wahrscheinlich mit der Bahn erreichen May und Hassan nach 263 km *Luxor* am östlichen Nilufer. *Luxor Hôtel* (heute Wena-Hotel; gwb 82, 70), in unmittelbarer Nähe zum Tempel von Luxor, mit oasenhafter Parkanlage (gus 250; eck 98f.).

05.29. Luxor. Reisetagebuch: *E*[mma] *und K*[lara] *Karte aus Weimar. Blatt aus Speier "Pfälzer Zeitung"* [17.5.] (gwb 82, 70).

05.30.-06.04. Luxor. Der von May benutzte Baedeker (Leipzig [4]1897, 229ff.) empfiehlt einen "Aufenthalt von wenigstens 5–6 Tagen" für das gesamte riesige Ruinengebiet von Theben am linken Nilufer: Erster Tag: Besichtigung des großen Ammon-Tempels in Karnak und des Luksor-Tempels. Zweiter Tag: Westufer: Memnons-Kolosse, Tempel von Medinet Habu (Ramses III.); Der el Medine. Dritter Tag: Ramesseum (Tempel Ramses II.); Gräber von Schekh Abd el Kurna; Terrassentempel (Hatschepsut) von Der el Bahri; el Asasif; Drah Abu 'l Negga. Vierter Tag: Grabtempel Sethos' I. zu Kurna; Königsgräber (Tal der Könige); Rückkehr über den Berg. Fünfter Tag: Nochmaliger Besuch des Karnak-Tempels; Besichtigung der verschiedenen Seitentempel und Pylonen; eventuell Ausflug nach Medamut (Vorstadt von Theben, mehrstündiger Ritt) (gwb 82, 70f.; eck 98-117). May an Richard Plöhn: *Das Alles gesehen, aber gar nicht erstaunt darüber gewesen. Sogar entdeckt, warum Memnon beim Morgengrauen klingt, und woran sich die Ge-*

lehrten bisher die Köpfe zerbrochen haben (gwb 82, 71). Nach einer griechischen Sage sind die Memnons-Kolosse, die eigentlich Amenophis III. (1408–1372) darstellen, ein Denkmal für den vor Troja gefallenen äthiopischen Helden Memnon; ein klagender Ton, der früher von der nördlichen, durch ein Erdbeben beschädigten Figur ausging, wurde als Klagegesang seiner Mutter Eos, der Göttin der Morgenröte, interpretiert. Seit Kaiser Septimius Severus (145–211) die Figur wiederherstellte, ist sie verstummt, was May offenbar nicht weiß (eck 114-117).

05.31. Luxor. – Mays Romane sind aus den Bibliotheken mehrerer bayrischer Mittelschulen ausgesondert worden; als Grund wird in einer Zuschrift an den "Bayerischen Courier" die "gefährliche Phantasie" dieser Bücher "für die Jugend" genannt. Beginn der Pressekampagne gegen May (kos 77; mkmg 125, 2).

06.03. Luxor. Reisetagebuch: *Brief v*[on] *E*[mma] *und Kl*[ara] *über Sitzung in Weimar* (gwb 82, 71). Zeugenaussage Louise Dietrich 2.3.1908: "Die Frau Plöhn war eine Anhängerin des Spiritismus. [...] Wie mir die Frau May erzählt, glaubte die Plöhn sogar, als sie einmal in Weimar war, von Goethe inspiriert worden zu sein" (leb 74). Auch laut einer eidesstattlichen Erklärung von Louise Achilles (9.11.1909) behauptete Klara Plöhn, "mit Geistern Goethes und Schillers und anderer großer Männer direkt in Verbindung zu stehen" (leb 327). May selbst verkehrt vor allem mit dem Geist Friedrich Schillers, wie aus einem undatierten Brieffragment an Emma hervorgeht; er berichtet darin von dem Versuch zu einem Gedicht über Engel, der nicht gelingen wollte: *Da gestand ich meinen Lieben, daß ich ohne ihre Hülfe nicht dichten könne, und siehe da, mein Friedrich kam und antwortete: "Setz Dich, und schreib!" Ich nahm das erste, beste Stückchen Papier und den Bleistift und schrieb. Er führte mir nicht etwa die Hand wie beim Schreiben eines Mediums, sondern ich schrieb wie ganz gewöhnlich; er aber stand bei mir und dictirte mir jedes einzelne Wort mit deutlich vernehmbarer Stimme.* [...] *Womit habe ich solche Engelnähe, solche Führung der Hohen, Himmlischen, solche Lie-*

be, Güte und Bereitwilligkeit der Seligen verdient? Ich habe den Zettel [mit dem Gedicht *Es wird ein Engel Dir gesandt*, unter dem Titel *Leitung* in *Himmelsgedanken* 308f.] *sofort auf besseres Papier gezogen und sende ihn Dir, meine Emma, damit er nicht den Zufälligkeiten der Reise unterworfen ist. Er ist mir ein köstliches, unbezahlbares Geschenk. Hebe ihn ja so heilig auf, als ob er mich 10,000 Mark und noch mehr gekostet hätte! Du mußt nämlich bedenken, mein Friedrich schrieb in Weimar doch!* – Dr. Fedor Mamroth (1851–1907), der Leiter des Feuilletons der liberalen "Frankfurter Zeitung", publiziert anlässlich der Aussonderung von May-Büchern aus bayrischen Mittelschulen ("Bayerischer Courier" 31.5.) anonym seinen ersten Angriff gegen May: "Karl May ist ein Mann von Begabung [...], aber diese Eigenschaft allein [...] vermag den stürmischen Erfolg seiner zahlreichen Bücher nicht zu erklären. Wir glauben die Sache hängt etwa so zusammen: Alle Geschichten Carl Mays sind 'Ich'-Erzählungen, aber während bei Erzählungen solcher Art, der Verfasser sonst [...] im Hintergrunde verblieb, finden wir hier zum ersten Mal die Erscheinung, daß der Verfasser selbst sich in der allerpersönlichsten Form zum Helden macht. Dies will also besagen: Karl May hat seine Geschichten nicht nur geschrieben, sondern er hat sie auch erlebt, und dies will ferner heißen, daß der Held der Karl Mayschen Bücher, also Herr May selber, der beste, tapferste, geschickteste, klügste Mensch ist, daß er nirgends seines Gleichen hat, daß er aus den unerhörtesten Abenteuern stets siegreich hervorgeht. Und je entsetzensvoller eine Lage ist, in die Herr May geräth, um so behaglicher gruselt's sich, da der Leser ja weiß, daß dem tapferen Helden nichts passieren kann, weil er sonst diese Geschichte nicht geschrieben hätte. Dieser persönliche Zug in all den Geschichten ist wohl das eigentlich wirkende, das die Leser beeinflußt. Wir [...] fanden, daß sie alle nach einer bestimmten Schablone zurechtgemacht sind, und daß sie von einer gesunden Rohheit strotzen, die durch ihre Verquickung mit einer tendenziösen Verherrlichung des bigotten Christenthums nicht gerade angenehmer wirkt. Wir halten also die ganze Karl May-Literatur für keine erfreuliche Kulturerscheinung. Auf die Gefahr hin, die zahlreichen Anhänger des Autors aufs schmerzlichste zu verletzen, geben wir schließlich noch der Meinung Ausdruck, daß Karl May die fernen Länder, die er so anschaulich schildert, mit keinem Fuß betreten hat" (jbkmg 1974, 113f.; seul4 58f.). *Der dankbare Leser* 18: *Also, der "Index"* [28.11.1897] *hatte sich nicht bewährt. Was nun thun? Die Antwort auf diese Frage ergab sich ganz von selbst. May machte eine Reise nach dem Oriente, durch welche er fast zwei Jahre lang von der Heimat ferngehalten wurde. Welch eine Gelegenheit zur Erfolg verheißenden That! Sie wurde natürlich sofort ergriffen! Die "Frankfurter Zeitung" brachte schnell mehrere Artikel gegen May.*

06. In der "Frankfurter Zeitung" folgen weitere und schärfere Artikel Mamroths gegen May. Der Schriftsteller reist durch Ägypten und hat davon vorerst keine Ahnung (wohl 770).

06.04. Sonntag. Reisetagebuch: *Von Luxor fort – Assuan*, auf dem Nil mit der "Sethi" (gwb 82, 71).

06.05. *1000 Herzensgrüße* aus Theben gehen an Emma (gus 251). – Auf dem Nil. Reisetagebuch: *Wohne auf Schiff Sethi* (gwb 82, 72). – Fragment *Reise nach Egypten* (undatiert): *wer Egypten bis hinauf nach Assuan, also bis ca. zum ersten Katarakt kennen lernen will, der soll sich ja nicht unterwegs durch Dinge zerstreuen, die ihm allüberall begegnen, und auf die gigantischen Eindrücke verzichten, für die ihm dann am herrlichen Nil nur kurze Tage verbleiben. Ein einziger Tag in Karnak, Luxor etc. wiegt für mich ganze kleinasiatische Wochen auf! Egypten ist eine "Persönlichkeit", deren erhabene Heiligkeit nur Dem vor die Augen tritt, der direct vor sie tritt und sich nicht mit tausend kleinen und kleinlichen Bildern belastet, die er unterwegs aufgelesen hat. Dieses Kleine mag er auf der Rückreise betrachten, wenn das Große in ihm unvergänglich geworden ist. In dieser Beziehung wird sehr viel gesündigt. Der Künstler malt erst das Große und fügt die kleine Staffage* *zuletzt hinzu. So auch der kluge Reisende. Wer die Staffage zuerst nimmt, hat für das Große dann nicht Platz* (gwb 81, 223f.).

06.06. Ankunft in Assuan. May am 10.6. an Richard Plöhn, auf einer Postkarte mit Mumienkopf: *Das ist der Pharao Sethi, und das Schiff, auf welchem ich hier in Assuan wohne, heißt nach ihm auch Sethi. Alles Andere ist Krethi und Plethi* (gwb 82, 72, 76). – May an Emma, als Antwort auf Fotos aus Deidesheim, darunter ein unterbelichtetes Gruppenbild (mag 17, 43; kluß2 165), für das sich Emma, Klara und Agnes Seyler in orientalischer Kostümierung mit Klaras Worten als "Dein Harem in Gedanken bei Dir" zusammengestellt hatten: *Ihr müßt eine fürchterliche Hitze in Deidesheim gehabt haben, noch größer als ich hier in Nubien, denn so dunkel bin ich doch noch nicht ganz wie Ihr. Es freut mich königlich, daß Ihr meinem ernsten, steifen Winnetou* [Emil Seyler] *solches Leben in die Bude gebracht habt. Denn von wem dieser köstliche Gedanke ausgegangen ist, das kann ich mir doch denken! Ich danke Euch recht, recht herzlich für diese Bilder!* (gwb 82, 72-74) – May besucht ein Lager der Bischari-Beduinen, die ihre elenden Mattenzelte eine Viertelstunde östlich von Assuan auf einem alten Kirchhof aufgeschlagen haben (hoff2 33-35; gus 253). May an Nikolaus Müller, den Chefredakteur der "Pfälzer Zeitung" in Speyer, dort abgedruckt 16.6.: *Bischari-Lager. Sechs Reitstunden von Schellal in Nubien entfernt. – Vorhin wurden mir die vom Nile her geholten Briefe überbracht. Unter diesen Postsachen befindet sich auch Nr. 133 Ihrer "Pfälzer Zeitung", welche mir meine bei meinem Freunde, Herrn Commercienrath Seyler in Deidesheim, weilende Frau nachgesandt hat.* [...] *Ihre Worte sind traute Heimathsklänge, welche mir das Herz bewegen, und ich will Ihnen auch sogleich schreiben und danken, obgleich es hier im Beduinenlager weder Briefbogen noch Couverts gibt. In meiner Satteltasche steckt etwas gewöhnliches Papier und ein wenig Ssamgh (Gummi arabicum) zum Zukleben holt mir die Frau des Scheikes aus ihrem Toilettentopf. Dann wird ein Bote mit dem Briefe nach Schellal geschickt. Bitte also, mich* *nicht nach diesem Opus zu beurteilen! Ich schreibe sonst besser. Ein Fettfleck ist auch schon im Papier, doch versichere ich Ihnen, daß ich mich daheim am Schreibtische dann einer umso größeren Magerkeit befleißige. Ich gehe jetzt nach dem Sudan. Die Engländer dulden das nicht, darum reite ich als Kara Ben Nemsi meine alten Karawanenwege. Dann will ich über Mekka nach Arabien zu Hadschi Halef und mit ihm durch Persien nach Indien. Sie sehen, daß meine Bücher nicht in meiner Studirstube entstehen, wie hier und da ein kluger Mann sich ausgesprochen hat, der sich in die Eigenartigkeit meiner Aufgabe nicht leicht hineindenken kann.* [...] *Wenn Sie sehen und hören könnten, wie es hier um mich her im Lager zugeht, so würden Sie es für unmöglich halten, daß man dabei überhaupt schreiben kann. Ich bin nämlich beim Kamelkaufe, und die halbkopfs geschorenen Nomaden lassen mir keine Ruhe. Ich habe in den wenigen Monaten der bisherigen Reise schon Stoff für 5–6 Bände gesammelt. Täglich kommen neue Anschauungen und neue Gedanken; täglich öffnen sich neue Gesichtspunkte. Lieber Herr, man ahnt gar nicht, was man, wenn man guten Willens ist, von diesen "sogenannten" Wilden oder Halbwilden lernen kann! Giebt es vielleicht auch nur "sogenannte" Civilisirte, und "sogenannte" Christen? Gestatten Sie mir, daß ich die Beantwortung dieser Frage nicht auf mich nehme, sondern sie Ihnen überlasse! Ich könnte mir sonst zu den alten Feinden noch neue machen und bitte Sie, zuzugeben, daß dies nicht ganz klug gehandelt sein würde von Ihrem Ihnen dankbar ergebenen Kara Ben Nemsi Effendi* (mkmg 18, 3f.). – May an Ludwig Auer, Schriftsteller, Verleger und Direktor des Donauwörther Cassianeums, abgedruckt in der Jugendzeitschrift "Raphael", Donauwörth, letzte Augustwoche: *Ehe ich von hier aus in den Sudan verschwinde, sende ich Ihnen noch diesen Gruß* (gwb 82, 75). – May an Felix Krais: *bevor ich von hier aus in den Sudan verschwinde, sende ich Ihnen und Ihrem Hause noch diesen Gruß.* – May an Emma: *Wenn endlich sich zwei Herzen finden, / Auf die des Lebens Thaugift fiel, / So will der Himmel sie verbinden / Zu gottgeweihtem, hohem Ziel. / Oft glüht das Morgenroth ver-*

gebens; / Der Tag wird kalt, die Sonne bleich; / Ein schönes Abendroth des Lebens, / Das aber führt ins Himmelreich! (gwb 82, 75)

06.07. May reitet von Assuan nach Schellal fokani, einem Nildorf gegenüber der Insel Philae. Zettelnotiz: *Bahnhof. Wüstenweg nach Süden, Telegraphenstangen folgend. Arabische Friedhöfe, rechts davon europäisch. Auf der Höhe rechts engl. Forts. Am Wege Granitblöcke. Hinter Friedhof rechts ab, Dorf Mahatta. Dann Flußweg, Wüste, dann Biban esch Schellal (kleinerer Katarakt). Dörfer: Koror, Tarmusiye, Schellal tahtani (unterer), Schellal fokani (oberer Katarakt)* (gwb 82, 75). – In der "Frankfurter Zeitung" veröffentlicht Fedor Mamroth unter dem Titel "Karl May's Reisen" einen zweiten Artikel gegen May, in dem er einen "Frankfurter Leser" zitiert ("Jeder, der in Dresden bekannt ist, weiß, daß des Autors 'Villa Shatterhand' in Radebeul [...] eine Sehenswürdigkeit ist, die eine werthvolle Sammlung fremdländischer Waffen und sonstiger Gegenstände, sowie zoologischer Kuriositäten aus allen Welttheilen birgt, deren Besichtigung jedem Besucher in liebenswürdiger Weise gestattet wird. Wie Sie ferner aus beifolgenden Karten ersehen wollen, reist Dr. Karl May, der nun 57 Jahre zählt, noch immer und befindet sich augenblicklich auf einer größeren Reise in den Sudan, worüber er sich auch während seiner Anwesenheit in Frankfurt (26.–28. März d. J.) mit mir unterhielt") und kommentiert: "Dieses Beweismaterial ist nach unserem Dafürhalten nicht sehr erdrückend. Man kann Waffen und sonstige Dinge sammeln, ohne einen Fuß vor die Thür zu setzen. Von den beiden Ansichtskarten, die der Herr Einsender uns vorgelegt, stellt die eine Herrn May in einem höchst verführerischen orientalischen Kostüm mit der selbstgewählten drolligen Unterschrift 'Hadschi Kara Ben Nemsi Effendi' dar [...]. Aus dem Inhalt dieser Karte geht blos hervor, daß der Autor von Radebeul nach Frankfurt gereist ist, was in der Regel nicht mit großen Abenteuern und Gefahren verbunden ist. Die zweite Karte dagegen ist wirklich in Cairo aufgegeben.

[...] Aber von Cairo bis in den Sudan ist es noch ziemlich weit, und wir können uns nicht helfen, wir hegen den Verdacht, Herr May wolle sich die Länder, die er bisher blos immer so schön beschrieben, nun auch einmal selber ansehen" (jbkmg 1974, 114; seul4 60f.).

06.08. Schellal (Challal) (gwb 82, 75). Karte an Wilhelmine Beibler (patsch).

06.09. Schellal. Reisetagebuch: *Bestandene Prüfung* (gwb 82, 75). – Zurück nach Assuan (gwb 82, 75). Telegramm an Emma: *Von Dienstag an nichts mehr senden* (patsch). – Fedor Mamroth zitiert in einem dritten Artikel gegen May in der "Frankfurter Zeitung" ("Der 'Freund der Haddedihn'") einen Brief Fehsenfelds: "Herr Dr. Karl May befindet sich seit Ende März in Egypten, jetzt wahrscheinlich im Sudan, von wo er nach Arabien zu dem ihm befreundeten Stamme der Haddedihn-Araber zu reiten beabsichtigt. Aus diesem Grunde kann er nicht auf die Bemerkung in Ihrem Feuilleton vom 3. Juni sogleich antworten. Ich habe dafür gesorgt, daß die betreffende Nummer der 'Frankf. Ztg.' ihm sobald als möglich zugestellt wird. Sie würden mich verbinden, wenn Sie dies Ihren Lesern, zu denen ich seit vielen Jahren zähle, zur Kenntniß bringen wollten." Zur Widerlegung der Reisen zitiert Mamroth den Brief eines Koblenzer *Winnetou*-Lesers: "Als mehrjähriger Bewohner des südlichen Texas und nördlichen Mexiko kann ich aus eigener Erfahrung nur konstatiren, daß in jenem Buche vor Allem die verschiedenen Entfernungen von einem Orte zum andern ganz verkehrt angegeben sind. Karl May hat z. B. angeblich Distanzen zu Pferd in einem Zeitraum zurückgelegt, wozu heute der 'Southern Pacific Express' beinahe ebenso lange braucht. Ferner hat er im südlichen Texas Flüsse per Dampfer befahren (wenn ich nicht irre, war es der Colorado), auf welchen überhaupt noch nie ein Dampfboot verkehrt hat. Ein Mann, der jene Gegenden wirklich bereist hat, kann unmöglich in die Lage kommen, derartige Irrthümer zu begehen" (jbkmg 1974, 114f.; seul4 62f.). Im *Dankbaren Leser* (25) wird May diesen Behauptungen widersprechen: *Wenn die Bahn einen Bogen schlägt und der Train wiederholt zu halten hat, ist es oftmals leicht, eine Station noch vor der Ankunft des Zuges zu erreichen. Das scheint dem texanischen Hunsrücker unbekannt zu sein.* [...] *Brockhaus, Meyer, Spamer und andere sagen* [...] *mit größter Deutlichkeit, daß der Colorado sogar für Dampfer 320 Kilometer weit schiffbar sei, bei Hochwasser noch 90 Kilometer weiter.*

06.10. Assuan. Brief an Emma, verschollen (gwb 82, 40). – May an Emma (auf einer Karte mit den Memnons-Kolossen in Luxor): *Auch diese haben sich eingebildet, groß und berühmt zu sein. Was aber sind sie nun vor Gott, dem Herrn?* (gwb 82, 77) – May an Klara Plöhn: *Meine Klara laß ich nicht, / Und wenn das Aug im Tode bricht, / Denn sie ist mir ungeheuer / Werthvoll und darum sehr theuer!* (gwb 82, 76) – May schickt unbeschriebene Postkarten (Temple de Denderah und Karnak) an *Herrn Dr. Karl May / Sachsen / Almanja* und *Frau Dr. Karl May / Radebeul, Dresden / Sachsen* (kma 4, 4f.). Insgesamt 24 Karten an Emma (sechs ohne Text), vier an Plöhns, eine an Wilhelmine Beibler (patsch).

06.11. Sonntag. Assuan. Pagnon's Assouan Hotel. Brief an Plöhns, verschollen (gwb 82, 40). – Richard Plöhn antwortet auf den Angriff der "Frankfurter Zeitung" vom 3.6. mit einer an Mamroth gerichteten "Berichtigung", die am 17.6. erscheint: "Jedenfalls kann ich, der ich Karl May etwas besser zu kennen glaube als Sie, Herr Redacteur, Ihnen die Versicherung geben, daß seine Erzählungen durchaus keine Phantasiegebilde sind. – Ihren Artikel habe ich meinem Freunde nach dem Sudan, wo ihn die nächsten Korrespondenzen treffen, nachgesandt, um ihm Gelegenheit zu geben, gegen Sie, wenn der Gegenstand für ihn überhaupt von Bedeutung ist, in entsprechender Weise vorzugehen" (jbkmg 1974, 116f.; seul4 66f.).

06.12. Reisetagebuch: *Von Assuan nach Luxor* (gwb 82, 77).

06.13. Reisetagebuch: *Von Luxor nach Kene* [Kainepolis]. *Dentera* [Dendera] *Hôtel* (gwb 82, 77).

06.14. Reisetagebuch: *Von Kene nach Sobat* [Sohag] (gwb 82, 77). – Dresden. Brief des von May über Richard Plöhn beauftragten Rechtsanwalts Paul Reinhold Brückner (1870–1937; klußß2 201) in Sachen Fischer (kmhi 14, 19f.).

06.15. Sohag. Reisetagebuch: *Abydos Hôtel, ganze 1*[te] *Etage* (gwb 82, 77).

06.16. Reisetagebuch: *Sobat* [Sohag] *nach Mynieh* [Minjeh] (gwb 82, 77).

06.17. Minjeh (Minyet Ibn Chasib). Reisetagebuch: *Schlechte Nilfahrt nach Kom el Kefarah, ausgestiegen* (gwb 82, 77). – May aus *Minyeh*, vermutlich an Emma, Klara und Wilhelmine Beibler: *Hört, Ihr drei Mädchen, etwas Neues, sehr Gutes: Wenn Ihr wieder einmal kleine Semmelwürfel röstet, um sie in die Suppe zu thun, so thut etwas kleingeschnittene Petersilie dazu. Ist orientalisch, aber sehr gut!* – Vierter, umfangreicher Artikel Fedor Mamroths in der "Frankfurter Zeitung" ("Karl May im Urtheil der Zeitgenossen") (jbkmg 1974, 115-123; seul4 65-74); dort auch Plöhns Berichtigung vom 11.6. (jbkmg 1974, 116f.; seul4 66f.). Die Frage, ob die Abenteuer persönlich erlebt seien, ist für Mamroth eine "dreiste Zumuthung an die Leichtgläubigkeit von Kindern oder Idioten"; zu erörtern sei lediglich, ob May "die fernen Länder, die er schildert, wirklich selbst betreten" hat. Von einem "Berliner Schriftsteller" aus Lausanne hat Mamroth Mays "Selbstbiographie" (*Freuden und Leiden eines Vielgelesenen*) zugeschickt bekommen ("Der Mann ist wohl nur vom Standpunkte des Psychiaters zu betrachten"), die der Redakteur ausgiebig paraphrasiert: "Die halbe Stunde, die wir mit der Lektüre verbrachten, werden wir lange in dankbarer Erinnerung behalten. Wir lasen und lachten dann, daß man es drei Gassen weit hörte". Zur weiteren Widerlegung der Reisen zitiert Mamroth einen im Rheinland lebenden Sachsen, der halbwahre, gefährliche Details über Mays Biographie kennt: "Der abenteuernde Sinn des jungen Mannes offenbarte sich schon damals; er machte einige Jugendstreiche und entwich in die sagenreichen Wälder seiner Heimath, wo die verfallenen Raubnester Rabenstein und Kauffungen eine besondere Anziehungskraft auf ihn ausübten. Ich erinnere mich noch recht deutlich, daß wir als kleine Knaben hochklopfenden Herzens den Feldhütern nachzogen, tief in die schwarzen Fichtenwälder hinein, um 'May-Karl' einzufangen. Die nun folgende Lebensperiode [Haftzeit] übergehen wir. May heirathete eine Handwerkerstochter aus Hohenstein und etablirte sich dann als 'Schriftsteller'. Wenn ich nicht sehr irre, hieß sein erster Roman 'Karl Stülpner, der kühne Wildschütz im sächsischen Erzgebirge'. [...] Später siedelte May nach Dresden über und schrieb für Dittrichs Verlag [Richard Hermann Dietrich, 1847–1913] Romane für 10 Pfennig-Hefte." "Ergötzlich" findet Mamroth Ausführungen eines Karlsruher Lesers, der ein "Verzeichnis der trefflichen Kenntnisse und Eigenschaften dieses modernen Universalgenies" und das "Rezept zu einer May-Geschichte" angefertigt hat. Abschließend betont Mamroth, May dürfe nicht unterschätzt werden; er sei "auf Wegen, die abseits von der politischen Tagespresse liegen, ein Faktor in den geistigen Strebungen der Gegenwart geworden, mit dem man zu rechnen hat. [...] Das aber, was wir unter gar keinen Umständen schweigend ertragen können, [...] das ist der Kultus der Unwahrheit, der in diesen für die deutsche Jugend bestimmten Geschichten betrieben wird." *Der dankbare Leser* 26: *Was bildet sich denn der Redakteur ein? Er läßt einen ungenannten Hunsrücker, einen Sachsen am Rhein, auch ungenannt, einen Berliner in der Schweiz und einen Leser aus Karlsruhe, auch namenlos, ihren Geifer ausspucken, giebt dann seine eigenen unbewiesenen Behauptungen zu ihren Wildschützen und unschiffbaren Flüssen, und* [...] *die Summe dieses Blödsinnes und seiner böswilligen Behauptungen bezeichnet er, der geistige Riese, als "das Urteil der Zeitgenossen"! Es ist ein wahres Glück, daß es außer diesen fünf Koryphäen in Deutschland noch ein halbes hundert Millionen anderer "Zeitgenossen" giebt!*

06.18. Sonntag. Reisetagebuch: *Zurück* nach Kairo (gwb 82, 77).

06.20. Kairo. Brief an Richard Plöhn, verschollen (gwb 82, 40). – Die "Deutsche Wacht", eine "Dresdner Tageszeitung für nationale Politik, wirthschaftliche Reform und deutsche Kunst", kolportiert unter der Überschrift "Ein erfolgreicher Schriftsteller" die Angriffe der "Frankfurter Zeitung": "Wir fühlen uns verpflichtet, diese Mittheilungen hier wiederzugeben, weniger der Herrn May vorgeworfenen Unwahrhaftigkeit halber [...], sondern hauptsächlich weil wir dieser ganzen sogenannten 'Indianer-Literatur' einen Haupttheil der Schuld an der Verrohung der Jugend beizumessen geneigt sind. Daher ist es vielleicht von Nutzen, wenn Karl May seines Nimbus als 'Weltfahrer' entkleidet wird" (stein2 61).

06.21. Kairo. Reisetagebuch: *Erfahren von Biographie, Leipzig. Wahrscheinlich Klara Angst* (gwb 82, 78).

06.22. Kairo. Reisetagebuch: *Beim Briefeschreiben fürchterl. Aufregung, Klara auch?* (gwb 82, 78) – In "Onkel Franzens Dr. Karl May-Jugendblatt" fordert Franz Langer "die lieben Kinder der geehrten Abonnenten" auf, bei der täglichen Andacht auch für "Dr. May's Reise und glückliche Heimkehr" zu beten (heer4 312).

06.23. Reisetagebuch: *Ab nach Port Said. Hôtel Royal* (gwb 82, 78).

06.25. Sonntag. Port Said. Einschreibebrief an Emma, verschollen (gwb 82, 40). – Ausstellung des Reisepasses und eines Quarantänescheins von der ägyptischen Regierung (gwb 82, 79-87). May an Wilhelmine Beibler 15.7.: *Es wird Euch interessiren, daß ich hier in der Türkei auf einen ganz falschen Paß reise. Die Herren von der Polizei konnten nur ihre Schrift lesen. Als ich mir einen türkischen Paß holte (ein Teskereh), haben sie meinen Familiennamen vergessen und nur die beiden Vornamen Karl Friedrich eingetragen. Und da es in der Türkei* *den akademischen Grad eines Doctors nicht giebt, so haben sie einfach das Wort Professor, Gelehrter gesetzt. Es steht also auf dem Passe: Karl Friedrich, Professor, Gelehrter* [...]. *Ich lasse das nicht ändern, weil ich in Jerusalem dem voraussichtlichen Andrange entgehe, wenn ich mich auf Grund dieses Passes anders nennen kann. Karl May ist nämlich auch hier in Palästina eine so bekannte Größe, daß ich an keinem von Europäern besuchten Ort meinen Namen sagen darf* (gwb 82, 78). – Reisetagebuch: *Ab mit Scherkije* [kleiner orientalischer Küstenbummler] *nach Beyrut. 8 Uhr Abends* (gwb 82, 78).

06.26. Auf der Scherkije nach Beirut (gwb 82, 88). Wegen der Pestgefahr verweigert die Hafenbehörde den Passagieren die Landerlaubnis. Das Schiff erhält einen Liegeplatz in der Bucht von Beirut. May und sein Diener werden in Quarantäne gelegt und müssen zwölf qualvolle Tage lang an Bord bleiben (gus 254; eck 295f.). – Reisetagebuch: *Ankunft 5 Uhr Nachmittags. Quarantaine* (gwb 82, 88).

06.27. Auf der Scherkije. Reisetagebuch: *Debarquement. Quarantaine* (gwb 82, 88).

06.28. Beirut. Reisetagebuch: *Quarantaine* (gwb 82, 88). – Entgegnung auf die Artikel der "Frankfurter Zeitung" in der "Pfälzer Zeitung", 1. Folge: "Karl May und seine Kritiker".

06.29. Beirut. Reisetagebuch: *Quarantaine* (gwb 82, 88). – Entgegnung in der "Pfälzer Zeitung", 2. Folge. – Die "Pfälzische Presse" (Kaiserslautern) bringt infolge einer Fremdenbuch-Fälschung (ein Unbekannter hat sich unter dem Datum vom 31.3., zwischen Eintragungen vom 23. und 24.6., im Tölzer Hotel Bürgerbräu als "Karl May, alias Old Shatterhand" aus "Oberlösnitz b. Dresden", Stand "allbekannt" eingetragen) das Gerücht, May sei nicht im Orient, sondern im oberbayrischen Tölz-Krankenheil, einem Jodbad, das auch von Geschlechtskranken aufgesucht wird. Die Presse kolportiert die Berichte und fügte weitere Falschmeldungen hinzu (stein1 107, seul4 83). *Leben und Streben* 245: *Es wurden Gerüchte über mich verbreitet, die* *teils lächerlich, teils gewissenlos waren. Man las in den Zeitungen, daß ich mich gar nicht im Orient befinde, sondern mich wegen einer bösartigen Krankheit im Jodbad Tölz, Oberbayern, versteckt habe. Hätte ich geahnt, daß das in dieser lügenhaften, geschäftigen und böswilligen Weise ein ganzes Jahrzehnt weitergehen werde, so würde ich meine Reise* [...] *unterbrochen und schleunigst nach Hause zurückgekehrt sein. Hätte ich das getan, so wären mir alle die unmenschlichen Martern und Qualen, die ich während dieser langen Zeit ausgestanden habe, erspart geblieben.*

06.30. Beirut. Reisetagebuch: *Quarantaine* (gwb 82, 88). – Entgegnung in der "Pfälzer Zeitung", 3. Folge. – Einsiedeln. Der Verlag Eberle & Rickenbach schreibt an Emma May: "Mit tiefem Bedauern haben wir aus Ihrer Karte ersehen, dass Ihr Herr Gemahl auf einer grossen Reise sich befindet & wir also wohl noch längere Zeit auf das Manuscript der längst bestellten & z. T. auch schon bezahlten Erzählung warten werden müssen". Emma soll einen Schriftsteller nennen, "welcher ähnliche Erzählungen – wenn auch selbstverständlich nicht in gleicher ausgezeichneter Weise – liefert". Sie sendet May den Brief nach, mit der Bemerkung: "Diesen Brief schicke ich blos deshalb damit Du siehst, dass die Geschichte seinen alten Gang geht!"

07. Ludwig Freytag veröffentlicht im "Pädagogischen Archiv" eine Rezension von *Am Jenseits* und den ersten beiden *Silberlöwen*-Bänden.

07.01. Beirut. Reisetagebuch: *Quarantaine* (gwb 82, 88). – Einschreibebrief an Emma mit Manuskript, verschollen (gwb 82, 40). – May an Emma und Plöhns: *Nun gute Nacht, mein Lieb, und auch ihr Schwestern! / Es gilt dem Bruder ebenso der Gruß. / Ich geh zur Ruh, und es ist wie gestern / Und täglich, daß ich an Euch denken muß. / Von hier zum lieben, trauten Heimathlande / Eilt meine Seele fleißig her und hin, / Gehalten und geleitet von dem Bande, / Durch welches ich mit Euch vereinigt bin. / Ich will im Traume meine Seelenaugen, / Um beim Erwa-*

chen glücklich dann zu sein, / In Eure lieben, warmen Herzen tauchen / Und mir dann selig sagen: Sie sind mein! (gwb 82, 88) – Die "Frankfurter Zeitung" ("Bei den bayerischen Haddedihn") greift das Gerücht von Mays Kuraufenthalt in Tölz auf; das Hotel Bürgerbräu hat der Redaktion auf Anfrage telegraphisch mitgeteilt, May sei im Fremdenbuch eingetragen, doch "persönlich unbekannt". Mamroth: "Sollte der Araberstamm der Haddedihn, mit welchem Karl May befreundet ist, am Ende gar in Oberbayern hausen?" (jbkmg 1974, 123; seul4 78) – Mamroth an einen Unbekannten, der den Brief später an May schicken wird: "Ihre Anfrage können wir nur dahin beantworten, daß Karl May, soweit wir wissen, keine Feinde, sondern Kritiker hat. Was die Ausstellungen anlangt, die wir gegen Karl May erhoben haben, so stehen wir selbstverständlich für Alles ein, was in unserem Blatte gesagt worden ist." May wird dem Unbekannten später mitteilen: *Und grad diese Zeitung hat bewiesen, daß sie nicht Kritikerin sondern Feindin von mir ist. Sie behauptete z. B. Texas habe keinen einzigen schiffbaren Fluß und ich sei also Lügner. Aber schon ein einziger Blick in das erste, beste Conversationslexikon hätte dem Redacteur zeigen müssen, daß Texas sogar zahlreiche Flüsse habe, welche schiffbar sind. Hat dieser Herr das nicht gewußt, so war er unwissender als jeder Quartaner. Hat er mich einen Lügner genannt, ohne in das Lexikon zu schauen, so war er leichtsinnig und gewissenlos. Hat er aber hineingeschaut und mich trotzdem einen Lügner genannt, so seien Sie ja nicht stolz darauf, von einem solchen Mann einen Brief erhalten zu haben!*

07.02. Sonntag. Beirut. Reisetagebuch: *Quarantaine* (gwb 82, 88). – In der "Deutschen Wacht" ("Carl May und die Jugendliteratur") erscheint eine Korrektur des Artikels vom 20.6., in der "folgende Thatsachen, die uns von glaubwürdiger Seite unterbreitet wurden", festgestellt werden: "1. Daß May laut vorgelegten Beweisstücken sich gegenwärtig in Nubien befindet, und daß hieraus der berechtigte Schluß gezogen werden kann, er habe Afrika auch früher bereist und 2. daß ebenfalls laut vor-

Villa „Shatterhand“ in Radebeul (1896)

Karl May in seinem Arbeitszimmer (Aufnahme Alois Schießer, 1896)

Karl May in seiner Bibliothek (Aufnahme Alois Schießer, 1896)

Karl May auf der Verandatreppe der Villa „Shatterhand“,
mit Wilhelmine Beibler und seiner Frau Emma (um 1897)

Karl May als Kara Ben Nemsi (Aufnahme Alois Schießer, 1896)

Karl May als Old Shatterhand (Aufnahme Alois Schießer, 1896)

Emma May als Mann
(Aufnahme Alois Schießer, 1896)

Emma May als Old Shatterhand
(Aufnahme Alois Schießer, 1896)

Skatrunde im Garten der Villa „Shatterhand"; von links:
Emma May, Adolf Nunwarz, Karl May und Unbekannt (Juni 1896)

Besuch von Kaplan Andreas Kempf in Radebeul; von links: Emma May, Walter Weber, Andreas Kempf, Johannes März und Karl May (Aufnahme Max Welte, August 1897, Beschriftung Klara May)

Karl May, Wilhelmine Beibler und Emma May im Garten der Villa „Shatterhand“ (um 1897)

Gartenfest in der Villa „Shatterhand“; obere Reihe von links: Marie Grund, Louise Dietrich, Richard Plöhn, Theodor Haebler (?), Alois Schießer; mittlere Reihe: Dorothea Dietrich, Paul Ziller, Klara Plöhn, Wilhelmine Beibler, Frau Haebler (?), Selma Dreyßig, Emma May; untere Reihe: Baumeister Dietrich, Hans Grund, Karl May, Peter Stein, Georg Peschel, Heinrich Dietrich (?) (um 1897)

Feuerwerksfest in der Villa „Shatterhand“; obere Reihe von links: Elsa Schurtz, Klara Plöhn mit Ernst Witting, Emma May, Baronesse und Baronin Tschirschnitz; mittlere Reihe: Carl Heinrich Schurtz, Antonie Witting, Anna Schurtz, Wilhelmine Beibler, Karl May, Ludwig Gustav Pohl; vorne: Richard Plöhn, Walter Weber und Johannes März (Oktober 1897)

Gartenfest in der Villa Plöhn; obere Reihe von links: Ernst Leberecht Steidte, Richard Plöhn, Caroline Richter, Elsa Schurtz, Wilhelmine Beibler, Barbara Gondák („Frau Székrenyi“), Elsa Steidte, Ernst Witting, Peter Stein; mittlere Reihe: Carl Heinrich Schurtz, Frau Steidte, Emma May, Erdmann Warwas, Klara Plöhn, unbekannter Pianist; vorne Lajos Székrenyi und Karl May (Aufnahme Max Welte, vermutlich Juni 1898)

Richard und Klara Plöhn (Aufnahme Wilhelmine Beibler)

Emma May (rechts) und Klara Plöhn (zweite von links) mit Unbekannten
(Aufnahme Richard Plöhn, vermutlich 1899 in Mulda)

Klara Plöhn (links) und Emma May (rechts) mit Julie Vitali
und dem Hund Spitz (Aufnahme Alois Schießer um 1896)

Klara Plöhn und Emma May

Emma May
und Sejd Hassan
in Arenzano;
Beschriftung von
Klara May:
„Aufgang zu
unserem
‚Himmelreich'"
(Aufnahme
Klara Plöhn,
Frühjahr 1900)

Richard und
Klara Plöhn,
Emma und
Karl May
vor den Pyramiden
in Gizeh;
rechts Mays
Diener Sejd Hassan
(April 1900)

Karl May am Siloahteich bei Jerusalem
(Aufnahme Klara Plöhn, 10. Mai 1900)

gelegtem reichlichem Beweismaterial ihm aus den verschiedensten Gesellschaftsklassen und Kreisen wegen des belehrenden Werthes seiner Werke viel Anerkennung gezollt wird, daß sie nicht mit einer gewissen 'Indianer-Literatur' zu verwechseln sind, die uns bei der Abfassung unseres Artikels vorschwebte und die leider mehrfach unter May's Flagge segelnd, angetroffen worden ist. Letzterer hat schon wiederholt, doch vergebens, Einspruch dagegen erhoben" (stein2 61).

07.03. Beirut. Reisetagebuch: *Quarantaine* (gwb 82, 88).

07.04. Beirut. Reisetagebuch: *Quarantaine* [...] *Hassan bezahlt* (gwb 82, 88). – May an Emma (nach Albert Lortzing, 1801–1851, "Zar und Zimmermann"): *Gern spielt' ich mit Scepter, Krone und Stern, / Doch bin ich dem Purpur und der Krone hier fern; / Der Pest höchst verdächtig im türkischen Haus, / Üb' ich meine Herrschaft auf Flöhe nur aus!* (gwb 82, 88)

07.05. Beirut. Reisetagebuch: *Quarantaine* (gwb 82, 88). – Dr. Hermann Cardauns (1847–1925), Hauptschriftleiter der katholischen "Kölnischen Volkszeitung", greift May unter dem Titel "Ein ergötzlicher Streit" zum ersten Mal an: Cardauns kritisiert wie Mamroth den Realitätsanspruch der Mayschen Romane, die Selbstreklame des Autors (vor allem in den *Freuden und Leiden eines Vielgelesenen*) und seine Predigtmanier; er schließt mit dem "guten Rat", May möge doch "darauf verzichten, Jules Verne und den Apostel Paulus in einer Person darzustellen, sich auf das erstere Genre beschränken und dabei, wenn eben möglich, seinen Stil verbessern" (kos 2-4).

07.06. Beirut. Reisetagebuch: *Quarantaine* (gwb 82, 89).

07.07. Beirut. Reisetagebuch: *Quarantaine* (gwb 82, 89). – Die "Frankfurter Zeitung" kommentiert den Angriff der "Kölnischen Volkszeitung" ("Zu fromm! Die Klerikalen schütteln Herrn Karl May von ihren Rockschößen ab"): Wenn May "das Blatt bei den Haddedihn zu Gesicht bekommt, wird er es sich schwerlich hinter den Spiegel stecken" (jbkmg 1974, 123f.; seul4 79f.).

07.08. Beirut. Reisetagebuch: *Ende der Quarantaine. Hôtel Allemand Blaich* [Deutscher Hof, später Hotel Métropole; J. & Ch. Blaich, Christine Blaich und (Neffe) Jakob Unger, 1878–1937] (gwb 82, 89), am Meer bei der Bucht Zeitouni. – May an Wilhelmine Beibler 15.7.: *Damit Ihr seht, wie herrlich und in Freuden ich hier lebe, schreibe ich Dir diesen Brief auf Speisekarten, welche ich nach der hungerleidenden Quarantaine vollständig abgegessen habe. Der "Deutsche Hof", in welchem ich wohne (Hôtel Allemand), gefällt mir von allen bisherigen Hôtels am besten. Herzensbrave, deutsche Wirthsleute aus dem Schwarzwalde. Gute Küche, größte Sauberkeit. Alles glänzt und spiegelt vor Reinlichkeit. Ich habe schönes, sehr lichtes Zimmer mit Balkon nach dem Garten, andrerseits Balkon auf das herrliche Meer. Mein Zimmer ist hoch, in lichtem Kapellenstyle gehalten, eine ernste, fromme Wohnung, möchte ich sagen. Noch über der Thür mit Spitzbogenfenstern, welche Oberlicht geben. Auch über der Balkonthür noch hoch oben ein Fenster. Alles still und wohlthuend ruhig. Bin wegen der Quarantaine, welche alle Fremden von hier fern hält, der einzige Gast im ganzen Hause. Das thut mir um die lieben Menschen leid, denen die Pest so großen Schaden macht. Alle Hôtels stehen deswegen leer* (gwb 82, 89f.). Fragment *Reise nach Egypten*: *Mich hat meine letzte Quarantaine in Beirut gegen 500 Mark und drei Wochen Zeitverlust gekostet* (gwb 81, 223).

07.09. Sonntag. Beirut (gwb 82, 90).

07.10. Beirut. Brief an Emma, verschollen (gwb 82, 40). – Reisetagebuch: *Nach Brumana*, Quäkerkolonie (gwb 82, 90). Zwei Übernachtungen im Hotel Lebanon (Nouveau Hôtel du Liban, K. Saalmüller), mit Tiefblick auf Beirut (kluß2 166; gwb 82, 175). Franz Sättler, "Am Libanon" (Berlin-Weißensee 1912): "Brumana ist eine Art Luftkurort, zirka 700 Meter über dem Meeresspiegel, mit zwei Gasthäusern, einem französischen von

J. Bonfils und dem deutschen der Familie Saalmüller. Die Straße dahin ist leidlich instand gehalten, sie setzt sich hinter Brumana über el-Mrudj, Zahle und Mu'allaka bis Baalbek fort. Jeden Morgen fährt ein Omnibus hinauf und abends wieder zurück, der zugleich die Brief- und Packetpost befördert" (43). "Das Saalmüllersche Gasthaus ist ein stattliches Gebäude mit halbflachem Dach und einer Veranda auf der Talseite" (45, vgl. Abb. 44).

07.11. Brumana. Reisetagebuch: *Dort spazieren gefahren* (gwb 82, 90). – May an Wilhelmine Beibler 15.7.: *Sogar oben in Brumana, einem kleinen Flecken im Libanon, wurde ich entdeckt und angeschwärmt!* (gwb 82, 90)

07.12. Brumana. Reisetagebuch: *Heim* nach Beirut, Hotel Deutscher Hof (gwb 82, 90). – Mays Einschreibebrief vom 1.7. trifft in Radebeul ein; Vermerk des Briefträgers: "Auf einige Tage verreist" (patsch).

07.12.-14. Emma May hält sich mit Klara und Richard Plöhn in München auf, von wo aus sie nach Tölz (seit 22.6. Bad Tölz) fahren (patsch; leb 141). Aufnahmen zeigen Emma und Klara am Starnberger See mit Josef und Marie Weigl und deren Sohn Hermann.

07.13. Beirut. – Bad Tölz. Hotel Bürgerbräu. Zusammen mit Plöhns ist Emma in das Jodbad gereist, um das Gerücht der "Frankfurter Zeitung" über Mays dortigen Aufenthalt zu klären. Die Wirtinnen, die drei Fräulein Elise, Maria und Regina Faist, schenken ihr die Seite aus dem Fremdenbuch mit dem angeblichen Eintrag Mays. *Schundverlag 09*, 94: *Meine Frau war auf meine briefliche Anweisung hin sofort nach Tölz gefahren und hatte sich das betreffende Fremdenbuch vorlegen lassen. Ja, da stand wirklich mein Vor- und Zuname nebst Stand und Heimat. Aber die Heimat stimmte nicht; auch das Datum war falsch, und die alberne Beifügung "alias Old Shatterhand", die ich nie geschrieben hätte, bestätigte die Absicht, mich zu blamieren.* [...] *Die Wirtinnen des betreffenden Hotels waren*

Leserinnen meiner Werke. Sie interessierten sich also sehr für mich. Sie hatten wirklich geglaubt, dass der Verfasser dieses gefälschten Eintrages der wirkliche Karl May sei. Um so empörter waren sie nun. Sie rissen das Blatt aus dem Buche und schenkten es meiner Frau, um die Fälschung gerichtlich resp. durch vereidete Sachverständige prüfen und feststellen zu lassen. Das ist geschehen. An Agnes Seyler, die sich im österreichischen Wildbad Gastein befindet, schreibt Emma: "Du wirst gelesen haben und Dir denken können, was uns hierher führt." Es grüßen "Miez & Mausel", und Klara fügt hinzu: "Mein guter Mann erlaubt sich gleichfalls herzlichst zu grüßen" (mkmg 26, 3f.).

07.14. Beirut. – "Beste Grüße" von "Drickes" und "Kaninchen" Haeußler gehen "aus dem schönen Berlin" an Emma.

07.15. Beirut. May an Wilhelmine Beibler: *Bin auf das Consulat und in den deutschen Leseverein geladen, gehe aber nicht. Sie sind Leser meiner Werke und wollen mir Ovationen bereiten; das giebt eine Trinkerei, die ich nicht mag. Übrigens will ich überhaupt in Ruhe gelassen werden.* [...] *Der Libanon ist grad in der Gegend von Beyrut von wunderbarer Schönheit, ja Großartigkeit. Ich habe ihn eine ganze Woche lang studirt. So lange hat es gedauert, mich von den Entbehrungen der 12-tägigen Quarantaine zu erholen. Ich war ganz mager und kraftlos geworden* (gwb 82, 90f.). – München. Karte Klara Plöhns an Emma May "Zur Erinnerung an die Münchener Tage vom 12.–14. 6. 99" (patsch).

1899. Nicht genau zu datieren ist ein Besuch Klara Plöhns bei Fedor Mamroth in der Redaktion der "Frankfurter Zeitung"; um ihn auszuhorchen, gibt sie sich als May-Gegnerin aus (patsch).

07.16. Sonntag. Beirut. Gedichteintrag ins Gästebuch des Hotels Deutscher Hof: *Du herrlich Land, wie es kein zweites giebt, / Du Land des Heils, du der Erlösung Land, / Es hat dich meine Seele schon geliebt, / Eh' noch mein Aug dich, Kanaan, gekannt. // Du schöne Stadt, du Braut des Libanon, / Wie bist* *du mir so lieb, so lieb geworden. / Ich scheide zwar; ich muß so bald davon, / Doch denk ich dein gewiß an allen Orten. // Du liebes Haus, ich war dein treuer Gast / Und werde es, so oft ich komme, bleiben. / Wie du mich freundlich aufgenommen hast, / Das werd ich mir tief in das Herze schreiben. // Du kennst nicht Selbstsucht, kennst nicht Eigennutz, / So lieb wie hier, ist selten mir geschehen. / Gott segne dich! Er sei dein Schirm und Schutz. / Leb wohl, leb wohl, vielleicht auf Wiedersehen!* (gwb 82, 91) – Im Mai und Juni 1900 wird May wieder im Hotel Deutscher Hof wohnen.

07.17. Beirut. Brief an Emma, verschollen (gwb 82, 40). – Rechnung des Deutschen Hofs über 9 Tage. Reisetagebuch: *Von Beyrut nach Haifa mit Schiff "Venus"* (gwb 82, 91).

07.18. Ankunft in Haifa. Hotel Kraft (patsch). – Reisetagebuch: *Spaziergang auf dem Karmel* (gwb 82, 91). – May an Wilhelmine Beibler 15.7.: *Dort, wo der Prophet Elias Gott schaute und seine Offenbarungen empfing, wird wohl auch mir ein Blick nach oben werden* (gwb 82, 91). – May an Plöhns 27.7.: *Als ich über meinen lieben, mir heiligen Berg Karmel wanderte, dachte ich an Euch so viel und suchte nach einem Andenken an ihn – für Euch. Von Blumen gab es nur Disteln in seinem Felsengewirr. Da schnitt ich Euch von einem Johannesbrodbaume diese Zweigspitzen ab. Sie mögen die Grüße sein von Elias, dem Propheten und von Eurem treuen Karl* (patsch; gwb 82, 91).

07.19. Haifa. Reisetagebuch: *Fahrt nach Jaffa* [vermutlich nur als Plan notiert, da 100 km von Haifa entfernt], *dann Karmel* (gwb 82, 92).

07.20. Reisetagebuch: *Nach Nazareth* (gwb 82, 92). – Telegramm (von Richard Plöhn?) aus Weimar: "[Beruhige] dich alles gut" (patsch). – Katscher (Oberschlesien). Prinz Ludwig Alfred von Windisch-Grätz, der Neffe des Fürsten Hugo, kündigt seinen Besuch Anfang August an, ohne zu wissen, dass May verreist ist.

07.21. Reisetagebuch: *Nach See Genezareth. Tiberias. Lateinisches Kloster* (gwb 82, 92). Klara May: "Diese 'Himmelsgedanken' sind fast durchweg Nachtschöpfungen. Einen Teil davon schrieb er am See Genezareth auf dem Dach des französischen Klosters in Tiberias. Später führte er auch mich dorthin, doch wurde mir nicht erlaubt, es zu betreten" (kmjb 1918, 69). – Undatierter Vierzeiler: *Auf des Klosters Zinne saß ich, / Tief versunken, gottentzückt; / Meine kleine Welt vergaß ich, / War der Gegenwart entrückt* (gwb 82, 92).

07.22. Reisetagebuch: *Nach Nazareth zurück.* Hotel Germania (Friedrich Heselschwerdt) (gwb 82, 93).

07.23. Sonntag. Nazareth. Hotel Germania. May schreibt der 19-jährigen Hotelierstochter Martha Heselschwerdt ein Gedicht in ihr Poesiealbum, das er (mit Varianten) bereits Weihnachten 1898 Eva Fehsenfeld und am 3.5. Valerie Arlt gewidmet hat: *Schau auf zu Gott, Du holde Menschenblume! / Die kleinste Blüthe blickt ja himmelan. / Blühst Du und duftest Du zu seinem Ruhme, / Ist Dir das Glück des Herzens unterthan. // Schau auf zu Gott! Nicht immer ist es Frieden, / Den Dir das Erdenleben bringen wird. / Scheints dann, als sei das Glück von Dir geschieden, / Er bringt Dirs wieder, er, der gute Hirt. // Schau auf zu Gott! Dann wirst Du bald erfahren, / Wie segensreich Dir seine Pfade sind. / Sein Vaterarm wird allzeit Dich bewahren / In treuer Sorge, als sein Lieblingskind* (mkmg 70, 28f.). – Reisetagebuch: Mit Kutsche und Diener *nach Haifa zurück* (gwb 82, 93).

07.25. Haifa. Telegramm an Richard Plöhn: *Sofort noch einige Briefe, dann weiter* (patsch). – Ritt durch die Saron-Ebene in Richtung Jaffa. May an Plöhns 27.7.: *Am Tage gute Pferde, aber Sonnenbrand, untrinkbare Quellen unterwegs und so armseliger Steinweg, daß man jeden Schritt des Pferdes in den Knochen fühlte* (gwb 82, 93). Reisetagebuch: *Nach Santorin. Jüdisches Hôtel. Schmutz!!!* (gwb 82, 94) May an Plöhns 27.7.: *Konnte das Essen nicht ansehen und habe nur den Kaffee förm-*

lich hinuntergezwungen. Trotzdem kostete mein Loch 6 Franks und der Kaffee 2 Franks. Diener und Pferdeknecht haben auch nichts gegessen und sogar den Kaffee nicht gemocht (gwb 82, 94).

07.26. Santorin (Sarona). Reisetagebuch: *Nach Jaffa* [Tel Aviv]. *Hôtel Jerusalem* (gwb 82, 94). Besitzer ist der deutschstämmige amerikanische Konsul Ernst David Hardegg (1840–1911), ein Sohn des ausgetretenen Mitbegründers (mit Christoph Hoffmann, 1815–1885) des Deutschen Tempels Georg David Hardegg (1812–1879). Das Haus wirbt mit "biblischer Einfachheit" und "evangelischer Reinlichkeit". May an Plöhns 27.7.: *Also 2 Tage und Nächte weder gegessen noch geschlafen, hier in Jaffa meine Stube über dem Salon mit Piano, auf welchem unausgesetzt herumgedroschen wird* [...]. *Wollte Euch weiterschreiben, kann aber unter diesen Umständen nicht. Ade!* (gwb 82, 94)

07.27. Jaffa. May an Plöhns: *Morgen geht es nach Ramle, übermorgen nach Jerusalem, wo ich hoffentlich einen Brief von Euch vorfinde* (gwb 82, 94). – Radebeul. Emma May schickt eine bedauernde Karte an Prinz Ludwig zu Windisch-Grätz.

07.28. Jaffa. Brief an Plöhns, verschollen (gwb 82, 40). – Umschlag mit einer Komposition auf der Innenseite an Richard Plöhn (küh 429f.). – Reisetagebuch: Mit der Bahn *nach Ramle. Hôtel Reinhardt* (gwb 82, 96; gus 275). Porträtfoto der Reinhardt-Kinder (kmw VIII.6, 414f.). Die Familie Reinhardt gehört zu den Templern. – Radebeul. Emma May an Babette Hohl: "Bitte senden Sie mir doch die Broschüre von Karl Muth [vermutlich "Die literarischen Aufgaben der deutschen Katholiken", Mainz 1899], ich bin neugierig sie zu lesen. Ob mein Gatte im nächsten Jahr nach München kommt ist sehr fraglich, noch ist er nicht zurück und wenigstens 1 Jahr wollte er fort bleiben. Seit 6 Wochen fehlt mir jede Nachricht, die letzte kam aus Nubien, er schrieb mir, ich würde ein paar Monate ohne Nachricht sein, er verließe die geebneten Wege" (jbkmg 1997, 31).

07.29. Ramle. Reisetagebuch: *Nach Jerusalem. Lloyd Hotel* (Abraham Fast), westlich des Jaffatores in der Neustadt (gwb 82, 96; eck 181f.).

07.29.-08.20. Aufenthalt in Jerusalem und Umgebung. Es ist glühend heiß, die engen Gassen sind knöcheltief mit übelriechendem Schlamm bedeckt, die Plätze angefüllt mit Kamelmist, an den ins Land führenden Straßen verfaulen Tierkadaver. Die Stadt hat nichts gemein mit den Vorstellungen, die May sich von der Geburtsstätte des Christentums gemacht hat (eck 144-146). – In Jerusalem erreichen May mit Post aus der Heimat weitere gegen ihn verfasste Artikel der "Frankfurter Zeitung". Im August, noch in Jerusalem, schreibt er eine lange Erwiderung. – Vermutlich in dieser Zeit Blumen an Emma mit Gedicht: *Des heilgen Landes Blumen send ich Dir, / Der Blume meines schweren Erdenlebens, / Denn blühte nicht Dein Seelenreichthum mir, / Ich lebte zwar, doch lebte ich vergebens. / Ich sammle seine duftgen Glaubensblüthen, / Sie auszustreun mit segensreicher Hand. / Mag immer Dich der Herrgott mir behüten / Für jetzt und für das ewge heilge Land!*

07.30. Sonntag. Jerusalem. Besuch der heiligen Stätten (Via dolorosa und Golgatha mit Grabeskirche, Tempelplatz mit Felsendom, El-Aksa-Moschee und Klagemauer) (gwb 82, 96). *Ich sah ihn* [Ustad = May] *durch das Jaffathor kommen und geradeaus auf jenem Stufenwege schreiten, welcher hinab nach dem "Heiligtume" führt. Aber dorthin wollte er gar nicht, sondern er bog nach links, in die engen Bazare, die auf das Thor von Damaskus münden. Dort wendete er sich rechts, dem "Leidenswege" zu, hinauf nach Golgatha, dessen Stätte ein Gegenstand der Phantasie geworden ist, weil man die rechte Stelle nicht mehr kennt. Im tiefen Winkel liegt die "Klagemauer". Hier hörte man die wahre Sehnsucht einst nach der Erlösung rufen. Jetzt aber kratzt man sich dort am Gestein die Finger blutig wund, nur um ein karges Bakschisch zu erhalten. So geht überall, nicht bloß im heiligen Jerusalem, die Menschheitsseele betteln, wenn sie den Geist verlor, der hier ihr Führer ist, damit dann* *sie ihn fort, nach oben, leite! Er aber, dieser Geist, schleicht forschend durch den Sukh des niederen Lebens, an Kesselflickern, Krämern und Wechsel-Habichten vorbei, nach dieser Seele suchend, die er verlieren mußte, weil er sein Herz an eitle Dinge hing! Und wenn er sie nicht findet, geht er hinaus vor Salems alte Mauern, steigt hin und her in jenen öden Thälern, wohin die Stadt das Aas gefallener Tiere sendet, am Oelberg dann hinauf, wo an dem Weg nach Jericho das Volk der Hammel abgeschlachtet wird* (XXIX 168f.).

08. In Alfred Coppenrath's Verlag in Regensburg bzw. Altötting erscheint eine Komposition des *Ave Maria* für vierstimmigen Frauenchor von Wunibald Briem (1841–1912) (klußß2 106; küh 290-292; *Christus oder Muhammed* 275-278).

08.01. Jerusalem und Umgebung. – Radebeul. Klara Plöhn an Max Welte: "Wir bedauern außerordentlich Sie verfehlt zu haben und bitten Sie, falls es Ihre Zeit erlaubt morgen Mittwoch Ihren Besuch zu wiederholen" (kmhi 4, 15, 36).

08.02. Jerusalem und Umgebung. – Mays Rechtsanwalt Paul Brückner veröffentlicht in der "Frankfurter Zeitung" eine Gegendarstellung ("Karl May im Fremdenbuch") zu dem dort am 1.7. verbreiteten Gerücht, May halte sich zur Kur in Bad Tölz auf: "Man hat es [...] bei der Eintragung zu thun entweder mit einer Fälschung, die den Zweck verfolgt, May zu schädigen, oder mit dem Streiche eines Jungen, vielleicht auch mit Beidem" (seul4 83).

08.05. Jerusalem und Umgebung. – Dresden. Prinz Ludwig von Windisch-Grätz kündigt Emma May seinen Besuch an.

08.06. Sonntag. Jerusalem und Umgebung. Reisetagebuch: *100 Mark geborgt* (patsch; gwb 82, 97). – Radebeul. 10 Uhr. Ludwig von Windisch-Grätz macht Emma May seine Aufwartung.

08.07. Jerusalem. Telegramm an Richard Plöhn: *Alles erhalten bis m's* [= Mamroths] *Zeitgenossen* ["Karl May im Urtheil der

Zeitgenossen", "Frankfurter Zeitung" 17.6.]. *Was kommt noch?* (gwb 82, 98)

08.08. Jerusalem. Telegramm an Richard Plöhn: *Kritik folgt* (gwb 82, 98).

08.09. Jerusalem. Einschreibebriefe an Emma und an Richard Plöhn, verschollen (gwb 82, 41). Ein gewöhnlicher Brief an Plöhn folgt (patsch). – Während der folgenden Tage Niederschrift der Entgegnung auf die Artikel der "Frankfurter Zeitung" für Richard Plöhn (gwb 82, 98).

08.11. Jerusalem. Brief an Plöhns, verschollen. May beklagt sich, dass er von Emma keine richtigen Briefe bekommt (patsch; gwb 82, 41). An Klara Plöhn schreibt er: *Mausel, mein lieber Herzensadjutant* (patsch).

08.12. Jerusalem. Erste Rechnung des Lloyd Hotels (patsch).

08.13. Sonntag. Jerusalem. May an Emma und Plöhns: *Ich konnte* [...] *nicht weiterschreiben und bin hinauf auf das Dach gestiegen und da bis heut früh herumgelaufen. Jetzt ist Sonntag, d. 13te. Auf dem Dache, unter Sternenschein und fliegenden Sternschnuppen ist folgendes Gedicht fertig geworden: // Ich will zurück (Glaubensheimath) // Ich will zurück! Auch ich ging wie die Andern / Hinaus ins Leben, in die weite Welt, / Doch nirgends bot sich mir bei meinem Wandern / Die rechte Stelle für mein kleines Zelt. / Es störte mich das Locken und das Prahlen / Mit nichtgem Tand, mit eitlem Trug und Schein; / Ich wollte nicht das Blei mit Gold bezahlen / Und meinen Himmel nicht der Erde weihn. // Ich will zurück! Ich sehe rings ein Trachten / Nach Zielen, die nicht meine Ziele sind. / Ich will zur Heimath; mag man mich verachten, / Daß ich da sein will, wo ich war als Kind. / Ich will zurück zu jenen selgen Tagen, / Wo ich an Dich und Deiner Engel Schar / So innig glaubte, ohne viel zu fragen, / Und nur Dein Kind und gar nichts Andres war. // Ich will zurück! Ich bin des Hastens müde / Nach Flitterkram, nach gleißnerischem Ruhm. / Sei Du mein Stab;*

führ' mich durch Deine Güte / Zu meiner Kindheit süßem Heiligthum! / Ich sehe ja, dies Trachten und dies Dichten / Bringt nicht das wahre Heil, das wahre Glück; / Ich will so gern, so gern darauf verzichten / Und kehr' in meine Jugendzeit zurück. // Ich will zurück! Ich sehne mich nach Ruhe, / Und diese find ich nur und nur bei Dir, / Denn was ich für das Zeitliche hier thue, / Das rächt sich an dem Ewigen in mir. / Ich will zurück, mein himmlischer Berather; / Ich bin so gern Dein Kind, so gern noch klein. / Du warst des Knaben Schutz und Schirm und Vater / Und sollst es, wenn ich sterbe, auch noch sein! – Meine liebe Emma, diese 4 Strophen sind mir nicht blos dichterisch gelungen, sondern sie bedeuten auch noch ein ganz anderes Gelingen [...]. *Und so soll dieses Gedicht auch eine Antwort sein für die andern Feinde, die mich um meinen Schriftstellerruhm bringen wollen* [...]. *Ich komme mir oft vor wie Simson mitten unter den Philistern: Von allen Seiten Feinde und Kampf, nur allein von oben nicht. Ich habe nur immer, immer um mich zu schlagen; aber das wird nun wohl bald enden, und dann kommt der Friede, dessen Segen mir in Eurer Mitte blühen wird* (gwb 82, 98f.).

08.16. Jerusalem. – Dresden. Emma May an Agnes Seyler, per Bahnpost Eisenach–Frankfurt, Zug Nr. 188: "Weshalb wir in Tölz waren, wird Dir die Frankf. Ztg. sagen, die schreibt, der Dr. sei in Tölz und da auch wir lange nichts von ihm gehört hatten und uns die Sehnsucht trieb, fuhren wir dorthin, fanden aber nur eine gefälschte ! Fremdenbuchliste, die zwar seinen Namen trug, aber nicht von seiner Hand stammte, zum Andenken nahmen wir jenes hochinteressante Blatt mit, welches uns die liebenswürdige Wirthin überließ. Fortsetzung dieses Romans folgt durch unseren Rechtsanwalt, der z. Zt. in lebhaftem Briefwechsel mit der F. Z. steht. [...] Vom Dr. haben wir über 2 Monate nichts gehört und sind also nicht glücklicher als Du" (mkmg 26, 3, 5).

08.18. Jerusalem. Brief an Wilhelmine Beibler, verschollen (gwb 82, 41).

08.20. Sonntag. Zweite Rechnung des Lloyd Hotels (patsch). Reisetagebuch: Von Jerusalem *nach Ramleh zu Reinhardts* (gwb 82, 99). – Mays unter dem Namen Richard Plöhns am 27., 28. und 29.9. in der Dortmunder "Tremonia" erschienene Entgegnung *Karl May und seine Gegner* trägt das Datum *Radebeul b. Dresden, Villa Plöhn, d. 20. Aug. 1899*, muss aber nicht an diesem Tag geschrieben sein (plaul1 236f.; ued 437f.; gwb 85, 145-148). – Hermann Uebele aus Stuttgart schreibt nach Radebeul: "In meinem letzten Briefe habe ich etwas sehr wichtiges vergessen, nämlich ich möchte Aufklärung haben über die Verleumdungen in der 'Frankfurter Zeitung'." Die Karte wird am 30.8. nach Mulda weitergeleitet, wo Emma mit Plöhns in der Sommerfrische weilt (gus 215).

08. Vermutlich noch in Jerusalem Absendung einer Kiste an Emma und Plöhns (über Jaffa) mit zahlreichen erworbenen Andenken, darunter ein *Pascha-Sattel mit oriental. Reitzeug.* Zur Sendung gehören auch *für ca. 60 Mark türkisches und egyptisches Geld, die Hälfte für mich, die Hälfte für Richardt. Es sind von jeder Sorte 2 Stück. Er mag sich seine Stücke nehmen. Er soll aber ja nicht an den Geldwerth denken und mir die Annahme abschlagen. Ich sende es ihm des Interesses und nicht des Geldes wegen. Soeben sagt Gottfried, mein Onkel* [spiritistischer Geist, spätestens 1895 bei Séancen mit Pfefferkorns eingeführt]*: "Mach doch keine Faxen! Er muß es nehmen, denn er hat es verdient. Es ist sein Schriftstellerhonorar für seinen Leitartikel gegen unsere Anti-Karlisten! Grüß mein Minchen* [Beibler] *von mir! Das Kruzifix kommt auch zum Theil von mir. Wenn ich wüßte, welches sie bekommt, ich würde es wahrhaftig küssen. Man hat doch auch so seine Sehnsucht nach dem alten, guten Minchen, und es ist kein Katzensprung, der mich von ihr trennt. Na, darüber darf man sich aber keine eingekochten Aprikosen machen. Es wird überwunden, und dann, Minchen, steh fest, denn ich stürz in Deine Arme! Dein alter, niet- und nagelfester Gottfried, Onkel meines Karl!"* (gwb 82, 94f.; mkmg 104, 30f.)

08.21. Reisetagebuch: Von Ramle *nach Jaffa. Hôtel Jerusalem* (gwb 82, 99).

08.21.-09.02. Aufenthalt in Jaffa, Hotel Jerusalem (Ernst Hardegg).

08.22. Jaffa. Telegramm an Richard Plöhn: *Encore une lettre passer Luke Thomas banquier Aden* (gwb 82, 99).

08.23. Jaffa. May an Emma: *Heut, meine liebe Emma, sind es 52 Tage, also 7 ½ Wochen, seit Du mir das letzte Mal geschrieben hast. Und das war so wenig! Auf dem Briefe aus Einsiedeln, Schweiz* [Eberle & Rickenbach, 30.6.], *hattest Du die Bemerkung gemacht: "Diesen Brief schicke ich Dir nur, daß Du siehst, daß Alles wieder seinen Weg geht." Diese 2 Zeilen waren das letzte Schreiben, welches ich von Dir erhalten habe. In dieser Beziehung bin ich wirklich so arm, so bitter arm, wie fast kein anderer Mensch!!!* Auf der Rückseite: *Mein Mauselschwesterchen schickte mir einmal eine Karte nach Kairo. Darauf war Folgendes zu lesen: "Deine Briefe werden dir täglich beantwortet!" ! ! !* (gwb 82, 99f.) – Im deutsch-amerikanischen katholischen Wochenblatt "Der Wanderer" (St. Paul, Minnesota) erscheint eine Warnung vor dem "spiritistischen" Band *Am Jenseits*, mit einem ersten Hinweis auf die Münchmeyer-Romane: "Daß Karl May neben seinen Reise-Romanen auch noch [...] Schundromane ('Die Liebe des Uhlanen', 'Waldröschen', u.s.f.) geschrieben und daß er in literarischen Prospecten ganz unverfroren die Behauptung aufstellt, er schreibe 'keine Romane, sondern nur Selbsterlebtes', trägt nicht dazu bei, unsere Begeisterung für ihn zu erhöhen" (kos 78).

08.24. Jaffa. Reisetagebuch: *11 Uhr V*[ormittags]. *Höchst elegische Stimmung* (patsch; gwb 82, 100). – Furka-Passhöhe, Schweiz. Louise Haeußler an Emma May: "Viele schöne Grüße von der Furka, soll ich vielleicht ein bischen Eis schicken damit Emmas Finger sich wieder erholen kann?"

08.25. Jaffa. Gedicht für Friederike Hardegg (1877–1958), eine Tochter des Hoteliers Ernst Hardegg (Familienfoto, Ernst und Beate Friederike Hardegg [geb. Hoffmann, 1845–1912], mit den Töchtern Maria [1871–1948], Eva [1875–1945], Friederike, Viktoria [1881–1957] und Beate [1884–1942] sowie einem Schwiegersohn, kmw VIII.6, 944f.) und Schülerin des bedeutenden Orientmalers Gustav Bauernfeind (1848–1904), der seit 1896 in Jerusalem lebt: *Trägst du Ahnung in dem Herzen, / Daß Dir blüht des Himmels Gunst, / Wallt sie auf mit süßen Schmerzen / Und wird durch die Hand zur Kunst. // Diese Ahnung darzustellen, / Ist dann Deine Erdenpflicht, / Doch, sie liebend aufzuhellen / Bis zum Glauben, zaudre nicht! // Wahre Kunst ist Gottesbote, / Trägt Dich auf im Flügelschlag / Und zeigt dir durch morgenrothe / Wolken deinen Himmelstag. // Möge Deine Kunst Dir geben, / Was sie Jedem geben soll: / Schon auf Erden sel'ges Leben, / Welches aus dem Himmel quoll* (kmjb 1933, 440; gwb 82, 100).

08.26. Jaffa. Reisetagebuch: *Schrecklichster Tag. 11 Uhr vormittags. 5 Rufe Mausels. Anderes Zimmer* (gwb 82, 100). – Dresden. 8.40 Uhr. Telegramm Emma Mays an May, über den Bankier Luke Thomas in Aden: "depeschiere frankfurter soeben nachrichten erhalten besuche sie sobald ich zurückkomme um mein conto persönlich zu begleichen marie [Mays Schutzengel] will es" (patsch).

08.27. Sonntag. Jaffa. May an Klara Plöhn (Original französisch): *Gestern morgen 11 Uhr 5 geschrieben, danke, meine Schwester* (patsch). – Reisetagebuch: *Erholungsfahrt nach Ramleh zu Reinhardts* (gwb 82, 100). – Der "Hohenstein-Ernstthaler Anzeiger" druckt Mamroths ersten Artikel vom 3.6. nach und kommentiert: "Der Name Karl May bildet manchmal das Stammtisch-Gespräch; nach dem Lesen dieses Artikels wird es wiederum einige heitere Episoden anzuhören geben" (stein2 8f., 59, 137).

08.28. Jaffa. Reisetagebuch: *Ritt nach dem Rubinfeste* (gwb 82, 100). – München. Josef Weigl an Emma May: "Eben da ich den Brief absenden will, erhalte ich den betr. Artikel der Köln. Volkszeitung. Die Veröffentlichung der 'Freuden und Leiden eines Vielgelesenen', die mir z. B. sehr gefiel, hat viel böses Blut gemacht u. wird selbst von befreundeter Seite vielfach als unangebrachte Selbstreclame, Selbstverherrlichung bezeichnet u. getadelt." Der "May-Club München" wird wenig später aufgelöst (kmjb 1978, 107f.).

08.29. Jaffa. – Der "Hohenstein-Ernstthaler Anzeiger" meldet, dass Mays Schwester Christiane Wilhelmine Schöne wegen des Artikels vom 27.8. in der Redaktion vorgesprochen und als Reisebeweis erklärt habe, sie sei "im Besitze einer Karte aus Egypten": "Wir haben allerdings diese Karte nicht näher betrachten können, glauben aber, da es selbstverständlich eine Ansichtskarte ist, daß sie von der letzten Kaiserreise herrührt. Wenn Herr Karl Mai über diesen Artikel auch so in Harnisch geräth, wie seine Frau Schwester, so dürfte derselbe von ihm nicht unwiderlegt bleiben. Daß sich der Verfasser des Artikels herzlich wenig um die Erregtheit der Schwester des Herrn Karl May kümmern wird, versteht sich wohl von selbst" (stein2 9, 60, 137).

08.30. Jaffa. – Emma May hält sich mit Plöhns und Wilhelmine Beibler in Mulda bei Freiberg, Ramm's Park-Hotel, auf. Klara Plöhn ("Plöhn & Frauen") schickt Max Welte und den "Herren März & Weber einen freundlichen Gruß aus unserer sehr frischen Sommerfrische" (kmhi 4, 16, 36). Auf Mays Wunsch ist an seinem Lieblingsort bei Mulda eine Bank mit dem Schild "Marien-Stein" errichtet worden; die drei Frauen lassen sich hier von Richard Plöhn fotografieren (klußb2 164; heer2 97; kmhi 16, 7).

08.31. Jaffa. Telegramm an Richard Plöhn: *Encore une lettre au banquier* [Luke Thomas] *Aden* (gwb 82, 100).

09. "Deutscher Hausschatz": "H. W. in B. und P. G. in Wien. Über den Aufenthaltsort Dr. Karl Mays wissen wir seit Monaten absolut gar nichts. May versprach uns zu Beginn des laufenden Jahrgangs, die Fortsetzung des Romans 'Im Reiche des silbernen Löwen' rechtzeitig zu liefern, schickte aber anstatt den ganzen Roman nur einige Seiten und weiter nichts mehr. Es trifft uns also deswegen, weil wir den Roman nicht brachten, auch nicht der leiseste Vorwurf. Alle unsere Schritte, in den Besitz des vollständigen Manuskripts zu gelangen, blieben erfolglos" (mkmg 20, 20).

09.01. Jaffa. Einschreibebrief an Richard Plöhn, verschollen (gwb 82, 41).

09.02. Jaffa. Einschreibebrief an Richard Plöhn, am 11.9. nachgesandt nach Mulda, verschollen. – Konsul Ernst Hardegg, der Besitzer des Hotel Jerusalem, widmet May zum Abschied ein Gedicht (gwb 82, 100f.). – Reisetagebuch: Von Jaffa *ab nach Port Said mit Dakalieh. Nachts 4 Uhr Lichtgruß v. Marie* (gwb 82, 101). – Mulda. Emma schickt einen 36 Seiten langen Brief an ihren Mann, vermutlich mit dem Foto vom Marien-Stein (gwb 82, 115; kmhi 16, 6f.).

09.03. Sonntag. Auf der "Dakalieh". Reisetagebuch: *Ankunft Port Said 6 Uhr früh. Hôtel Royal* (gwb 82, 101).

09.04. Reisetagebuch: Von Port Said *Montag ab nach Suez. Ankunft Abends 7 Uhr. Hôtel Continental* (gwb 82, 101). – München. Grüße aus München an Emma von "Drickes" und "Kaninchen" Haeußler, weitergeleitet nach Mulda.

09.05. Suez. Reisetagebuch: *Umzug nach Hôtel New. Abends vor Tisch: Nicotin entsagt auf dem Balkon †††* (patsch; gwb 82, 101). "Das ist die letzte Zigarre meines Lebens" (mkmg 82, 4). Tatsächlich wird May auch später noch rauchen.

09.08. Suez. Reisetagebuch: *Hassan 40 Frank gegeben, will seinem Vater Geld senden. Noch 10 Piaster* (gwb 82, 101).

09.10. Sonntag. Suez.

09.11. Reisetagebuch: *Von Suez ab. Consul* [Kaufmann Carl Julius Theodor] *Meyer* [1853–1907]. *Schiff Gera* vom Norddeutschen Lloyd. *Hassan Stiefel, sonst nichts* (gwb 82, 102f.).

09.12. Auf der "Gera" im Roten Meer. May an Richard Plöhn 26.9.: *Man fragt so oft vergeblich, warum das rothe Meer eben roth genannt wird. Niemand kann antworten, von jetzt an aber ich* [...]. *Es bilden sich ganz eigenthümliche Wogen-Complicate, welche weiße, schnell zerrinnende Gischt-Kronen tragen, und wenn man gegen die Sonne steht, so haben die von ihr abgewendeten Wogentheile das Aussehen, als ob sie aus lauter flüssigem, phosphorescirendem Blut bestünden* (gwb 82, 102). – Im Reisetagebuch weitere Notizen über Hassans Säumigkeit (gwb 82, 102). – Klara May: "Einen ganz besonderen Reiz hatten für ihn die stillen Mondnächte. Am liebsten sprach er da vom Roten Meer, dort benützte er in keiner Nacht seine Kabine und ein Teil seiner 'Himmelsgedanken' entstand dort" (kmjb 1918, 69).

09.14. Auf der "Gera" im Roten Meer. May an Plöhns 16.9.: *Habe auf dem Schiff einen meiner Gegner kennengelernt, Herzfelder, Freund der Neuen Freien Presse und der Frankfurter Zeitung. Reist nach Australien. Kennt mich nur als "Dr. Friedrich". Hat mich unendlich lieb gewonnen, sogar geküßt, ohne die Wahrheit zu ahnen. Es wird noch interessant!* Horace Herzfelder an May 30.12.1900: "Das Glück meines Verkehrs mit Ihnen war leider nur sehr sehr kurz – vom 14. bis 15. Sept. 1899 an Bord der Gera im Roten Meer. Seitdem ist kein Tag vergangen, ohne daß ich Ihrer in Liebe und Verehrung gedacht, in Erinnerung an diese Stunden geschwelgt hätte. Sie erschienen mir wie eine mir von Gott gesandte Erscheinung, verklärt, magisch, fascinierend. Ich wagte es nicht, in Colombo Sie aufzusuchen. Ich erfuhr, daß Sie Tag und Nacht schrieben, nicht einmal zu den Mahlzeiten kamen. Ich war oft bei Ihrer Tür, aber anzuklopfen getraute ich mich nicht. Mit Dr. Friedrich durfte ich sprechen, aber Dr. May durfte ich nicht kennen" (gwb 82, 103).

09.15. Reisetagebuch: Ankunft in *Aden 10 Uhr früh. Hôtel de l' Europe. Hassan Stiefel* (mkmg 88, 16f.; gwb 82, 103). – May an Plöhns 16.9.: *Es haben mich viele auf dem Schiff lieb gewonnen, obgleich ich jetzt das gerade Gegentheil vom früheren Karl bin. Der ist mit großer Ceremonie von mir in das rothe Meer versenkt worden, mit Schiffssteinkohlen, die ihn auf den Grund gezogen haben* (gwb 82, 103f.).

09.16. Aden. Brief an Plöhns (gwb 82, 104).

09.17. Sonntag. Aden. Gedicht *Ich bin so müd* (*Im Alter*, in *Himmelsgedanken* 117), Vermerk auf der Rückseite des Manuskripts: *Sonntag, d. 17ten Septbr. 99 in Aden gedichtet, als ich Eure Briefe hatte verbrennen müssen. Habe hierbei bitterlich, zum Herzbrechen geweint: Ich bin so müd, so herbstesschwer / Und möchte am liebsten scheiden gehn. / Die Blätter fallen rings umher; / Wie lange, Herr, soll ich noch stehn? / Ich bin nur ein bescheiden Gras, / Doch eine Ähre trag auch ich, / Und ob die Sonne mich vergaß, / Ich wuchs in Dankbarkeit für dich. // Ich bin so müd, so herbstesschwer / Und möchte am liebsten scheiden gehn, / Doch, brauche ich der Reife mehr, / So laß mich, Herr, noch länger stehn. / Ich will, wenn sich der Schnitter naht / Und sammelt Menschengarben ein, / Nicht unreif zu der Weitersaat / Für dich und deinen Himmel sein* (gwb 82, 104).

09.19. Aden. Reisetagebuch: *Hassan 4 ½ Rupie geborgt* (gwb 82, 104).

09.20. Reisetagebuch: *Mit Palästina ab nach Massaua. Mit Küßler und 1 engl. M*[enschen]*händler* (gwb 82, 104).

09.21. Auf der "Palestina", Kapitän Domenico Baracchini. Reisetagebuch: *Ankunft in Assab. Küßler etc. fort* (gwb 82, 104). Datum italienischer Passierscheine des Gouvernements Eritrea für May und "Said Assan" (gwb 82, 106f.).

09.22. Reisetagebuch: *Ankunft in Massaua* (Ostafrika) (gwb 82, 104). – Brief an Emma, verschollen (gwb 82, 41). – Telegramm nach Deutschland (patsch). – May an Johannes Dederle: *Endlich und glücklich hier angekommen, gestatte ich mir, Ihnen mit meinen herzlichsten Grüßen auch einen der jetzt so vielgesuchten König Menelik-Thaler zu senden, damit Sie sehen, daß ich Ihrer stets und gern gedenke.*

09. Massaua, italienische Kolonie Eritrea. *Schundverlag 05*, 369: *Dann an der Küste des roten Meeres in Massaua angekommen, von wo aus ich mit einem mir befreundeten italienischen Kapitän nach Aden dampfen wollte, bekam ich nach langer Briefpause die aus der Heimat hierher bestellten Postsachen ausgeliefert. Dabei die ersten Zeitungen, seit ich von zuhause fort war.* – May an das "Prager Tagblatt" 10.10.: *Wer aus dem Sudan kommt und nach Aden und Indien will, also von und nach englischen Gebieten, muß sich natürlich darauf gefaßt machen, von den Italienern mit Mißtrauen betrachtet zu werden; bei mir aber fand das Gegentheil statt. Kaum hatte ich meinen Namen genannt, der auch jenseits der Alpen bekannt ist – – die Kronprinzessin* [Elena], *Tochter des Fürsten* [Nikola] *von Montenegro* [1841–1921], *ist eine der eifrigsten Leserinnen von mir –, so wurde jeder meiner Wünsche möglichst sofort befriedigt. Ich brauchte weder meinen deutschen noch arabischen oder türkischen Paß vorzuzeigen, sondern auf mein bloses Wort hin erhielt nicht nur ich sondern auch mein arabischer Diener italienische Pässe ausgehändigt* [...]. *Die Offiziere des dort stationirten Kriegsschiffes und andere speisten wiederholt mit mir; sogar der Gouverneur kam in eigener Person, obgleich ich mich in wohlbedachter Zurückhaltung nicht hatte vorstellen lassen* (Literární archív památniku národního písemnictví, Praha). – May an Wilhelmine Beibler 10.10.: *Wenn du gesehen hättest, wie ich in Massaua von den italienischen Marineoffizieren geehrt worden bin!* (gwb 82, 108)

09.23. Massaua. May an Johannes Dederle (abgedruckt in der Dortmunder "Tremonia" 10.10.): *Bei einer Gluth von 41 Grad*

Réaumur schreibe ich Ihnen diesen Gruß. Bin bisher glücklich durchgekommen, noch bei voller Reiselust, und hoffe, daß es so bleibt. Die überall herrschende Pest ist wegen der mit ihr zusammenhängenden Quarantaine außerordentlich hinderlich. Es geht nur sehr langsam vorwärts. Oft sind bedeutende Umwege nötig. Darum wird meine jetzige Reise wohl viel länger als ein Jahr in Anspruch nehmen. Dafür aber bringe ich einen so reichen Stoff mit heim, daß ich an Sujets nie Mangel leiden werde (gwb 82, 107). – *Aus dem glühenden Sonnenbrande Aethiopiens* geht ein *Gruß* an den Referendar Reinhold Blumensath (kmw VIII.6, 424f., 720f.) in Berlin. – *Herzliche Grüße aus Äthiopien* an Hans Grund (patsch). – Quittierte Nachricht an Herzog Ludwig Wilhelm in Bayern, München (patsch). – May an einen "Wiener Freund" (abgedruckt im Wiener "Vaterland" 10.10.): *Glücklich durch den Sudan und Aethiopien hier angekommen* (seul4 85). – May an Felix Krais: *Bin glücklich durch den Sudan und Aethiopien gekommen. Bringe herrlichen Stoff mit. Nun geht es nach Arabien, Persien und Indien.* – *Einen Gruß aus Ost-Afrika!* bekommt Mays Schwester Christiane Wilhelmine Schöne (mkmg 66, 19). – Kapitän Domenico Baracchini widmet dem "amico Doktor Karl May" ein Porträtfoto (kmw VIII.6, 964f.). – May an Fehsenfeld: *Aus dem glühenden Aethiopien sendet Ihnen diesen Gruß Ihr glücklich durchgekommener und noch frisch reiselustiger Freund. Von hier aus nun Arabien, Persien und Indien. Lassen Sie doch die Lügner schwatzen! Mich stört das nicht im Mindesten. Habe hier Briefe und eine Menge solcher Zeitungen vorgefunden. Sie lassen mich vollständig kalt. Lächerliche Bemühungen ohnmächtiger Geister. Weiter nichts!* Ähnlichen Tenor hat ein früherer, nur fragmentarisch ohne Datum und Adresse überlieferter Brief, gerichtet vermutlich an Emil Seyler: *Was ich dazu sage? Sie saßen an den schmutzigen Wassern Babels und hatten ihre ausgetrockneten Tintenfässer zwischen die Weiden gesteckt, denn es nahte die Zeit, welche man die Zeit der "sauren Gurken" nennt. In diesem Theile des Sommers pflegen sie nämlich nur noch vom Seeschlangen-, Journalfrosch- und Entenfange mit der Scheere zu leben. Aber es wollte sich in und auf den Wassern Babels weder eine Seeschlange noch ein Frosch oder eine Ente sehen lassen. Sie litten also Hunger und hatten große Qual. Da saß an einer "Furt" des Wassers, da, wo es stets am seichtesten und am trübsten ist, ein pfiffiger Mann aus Ninive* [Mamroth in Frankfurt], *dessen Magen und Gewissen weit genug waren, einen Unterschied zwischen Froschschenkel und Menschenfleisch nicht gelten zu lassen. Dem kam endlich ein Gedanke. Er sprang auf und rief voller Begeisterung aus: "Herbei zu mir, Ihr Leuchten Babylons, Ihr Beschützer der Tugend, Ihr Verfechter der Wahrheit, Ihr Helden der reinen, keuschen Humanität! Was suchen wir nach Neuem; wir haben ja noch Altes mehr als genug! Wißt Ihr nicht, daß Einer noch vom vorigen Jahre her auf unserer Fleischerbank liegt? Er sollte "ausgemärzt" und abgeschlachtet werden und ist noch immer da. Es ist Karl May, der Gegner alles Un- und alles Superglaubens, der uns so viel zu schaffen macht und gar nicht umzubringen zu sein scheint. Bis jetzt haben uns weder die spitzesten Messer noch die schärfsten Gifte etwas genützt. Wollen es doch einmal auf eine andere, noch zartsinnigere Weise versuchen!" Das schlug ein. Sie eilten alle, alle herbei und wetzten jubelnd ihre Scheeren. Die zartsinnigere Fortsetzung des bisher erfolglosen Leibaufschlitzens wurde an der seichten, trüben "Furt" begonnen und das blutzuckende Fleisch an allen andern Orten Babels öffentlich zur Schau ausgehängt. – Und wie ich mich verhalten werde? Ich sage mit Göthe: "Sie sind Thoren!" Weiter nichts! Ihre Bemühungen, mich "auszumärzen", sind nicht nur vollständig vergeblich, sondern für meine Bestrebungen sogar von unberechenbarem Nutzen. Daß gewisse bayrische Schulbehörden ihren Zöglingen das Lesen meiner Bücher untersagt haben, verpflichtet mich diesen sehr vernünftigen Herren nur zum Dank. Wenn schlecht erzogene Buben, die zufälliger Weise ein Buch von mir gelesen hatten, dumme Streiche machten, so wurde seitens der Eltern die Schuld von sich ab- und auf Karl May gewälzt. Das kann nun nicht mehr geschehen, nachdem diese Behörden mich so weisheitsvoll gegen sol-*

che Verleumdungen in Schutz genommen haben. Einem wohlerzogenen Kinde kann man jedes Buch von mir getrost in die Hand geben. In dieser Weise werden alle feindlichen Angriffe, selbst die rücksichtslosesten, für mich zum Guten führen und zum Besten enden. Ich lehre in meinen Werken, daß man nur Liebe, nichts als Liebe üben soll; ich lehre, daß der Haß in jeder seiner Gestalten und Phasen zum Verderben führt; ich stelle meinen Lesern das gemeine, abschreckende Gerippe der Rachsucht vor die Augen. Soll nun ich, der in dieser Weise vierzig Bände geschrieben hat und dem das Alles aus der tiefsten Seele und aus dem aufrichtigsten Herzen geflossen ist, soll nun ich selbst gegen diese meine eigene Ueberzeugung und gegen diese meine eigenen Lehren handeln, indem ich mich für lüsterne Abonnenten zu einer ordinären Zeitungsbalgerei hergebe? Nein, mein Freund, das sei ferne von mir! Ich lasse mich durch keine Gemeinheit verleiten, auch gemein zu werden! Meine Briefsammlung lieferte mir wohl mehr als genug Material, viele von Denen, welche mich öffentlich und heimlich angreifen, sofort zum Schweigen zu bringen; aber ich unterlasse das, denn ich lebe nicht auf gleichem Fuße mit ihnen. Den Worten, welche für edlere Zwecke und für höhere Ziele aus meiner Feder fließen, darf ich es nicht zu leide thun, als Entgegnungen an denselben Stellen erscheinen zu müssen, die durch derartige Angriffe für mich und das, was ich schreibe, vollständig unbetretbar gemacht worden sind. Meine Thätigkeit gehört nur meinen Büchern, und so werde ich also in meinem nächsten Bande allerdings kurz sagen, was ich zu sagen habe, weiter aber auch kein einziges Wort, es sei denn, daß man mir auch dann noch keine Ruhe giebt. Schon die einfachste Klugheit verbietet mir, diesen Herren zu entdecken, wie sehr sie mir in die Hände gearbeitet haben und wahrscheinlich auch noch arbeiten werden. Solltest Du, mein lieber Freund, mit diesem meinem Verhalten nicht einverstanden sein, so will ich es Dir durch ein Beispiel erklären, welches ich dem Oriente entnehme, weil ich mich jetzt in dieser Gegend befinde. Eine sehr herabgekommene Ferkah (Unterabtheilung) der Zeitun-Bedui-

nen bewohnt droben im Wadi el Makina ein Zeltdorf, welches nach dem Namen des Stammes Duar ez Zeitun genannt wird. Ich bin selbst auch dort gewesen und habe da nicht viel Gutes erfahren und erlebt. Das Duar ez Zeitun ist berüchtigt seiner vielen, bissigen Hunde wegen. Bekanntlich hat jedes Duar Hunde, theils Zelthunde und theils wilde, welche sich außerhalb des Lagers herumtreiben und spärlich von den Brocken leben, die ihnen verächtlich zugeworfen oder von den besser gefütterten Zelthunden überhaupt verschmäht werden; aber so viele wie an dem erwähnten Orte gibt es nirgends mehr. Es liegt das wahrscheinlich an der Unsauberkeit seiner Bewohner, denn wo der Mensch in seinem Hause und in der Umgebung desselben auf Reinlichkeit hält, da sind keine Hunde als Gesundheitspolizisten nöthig. Einst kam nach diesem Duar ein fremder Beduine. Er ging durch das Dorf, blieb oft stehen, schritt weiter und gelangte am andern Ende hinaus, ohne daß es einem der Hunde, die ihn doch alle sahen, eingefallen wäre, ihn anzubellen. Warum das? Weil er ebenso sonnverbrannt, zerlumpt, zerrissen und schmutzig wie ein Zeitun war. Die Hunde erkannten durch ihr Schweigen seine Gleichwerthigkeit und also seine Berechtigung, hier zu verkehren, an. Hierauf kam wieder ein Fremder, der aber kein Beduine, sondern ein Weißer war. Er ging anständig gekleidet, ohne Löcher in und ohne Fetzen an dem Gewande, war also keinem dieser Zeituns ähnlich. Noch hatte er das erste Zelt nicht erreicht, so kam ein Hund aus demselben und bellte ihn an; aus dem zweiten, dritten, vierten Zelte folgten andere. Je weiter der Mann kam, desto mehr Hunde knurrten, fletschten, bellten und heulten auf ihn ein. Es war so ein rechter, ächter Zeitun-Spektakel. Das wurde ihm zu viel; er begann sich zu wehren; er schlug auf sie ein, trat mit den Füßen gegen sie, schimpfte und wetterte und brachte sie dadurch so gegen sich auf, daß sie nun nicht mehr blos bellten, sondern auch bissen. Sie sprangen an ihm empor; sie rissen ihm den Anzug vom Leibe; er fühlte ihre Zähne in seinem Fleische und konnte schließlich nichts mehr thun, als die Flucht ergreifen. Die Zelthunde jagten ihn bis vor das Duar hinaus, wo ihn die wilden Hunde empfingen und kläffend und heulend weiter verfolgten. Die Zeituns aber schauten vergnügt hinterdrein und lachten ihn aus. Warum? Dann kam abermals ein Europäer. Auch er war nicht nach Zeitunart gekleidet und hatte nicht ihre Gesichtsfarbe, nicht ihre Körperhaltung und auch nicht ihre Art, zu gehen. Darum fuhren die Hunde in derselben Weise auf ihn ein. Er aber that, als sähe er nichts, als höre er nichts, als seien sie gar nicht vorhanden. So ging er trotz des wüthenden Gebelles durch das ganze Duar, und als er das andere Ende desselben erreichte und sie von ihm abließen, suchte er sich dort den besten Platz für das Zelt aus, welches er hier aufschlagen wollte. Die Zeituns hatten sich schon auf seine schmähliche Flucht gefreut; nun aber schauten sie still, wie jetzt ihre Hunde, zu, als er sein Zelt errichtete, und schüttelten nur die Köpfe über die ihnen fremde aber überaus praktische Art, in der er dieses that. Es wird wohl nicht lange dauern, so sehen sie die Klugheit seiner überlegenen Weise ein und lernen von ihm außer manchem Andern auch die Kunst, feindliche Angriffe in aller Ruhe auf ihren Werth resp. Unwerth abzuschätzen, bevor man sich auf eine Abwehr einläßt. Uebrigens haben nur schofle Zeituns derartige Köter; ein anständiger schafft sich keinen solchen Kläffer an, und hat er einen, so jagt er ihn – – – zum Teufel. Mein lieber Freund, wünschest Du nun noch, daß ich mich wehre? Oder hältst Du es für anständiger, es zu unterlassen? Ich habe nicht die mindeste Lust, mit meinen Gegnern journalistische Circusscenen aufzuführen, sondern werde mich genau so verhalten, wie der bedachtsame Europäer sich im Duar ez Zeitun verhalten hat. Dies für jetzt. Alles Nothwendige enthält der Brief an meine Frau, den Du ja auch lesen wirst. Sobald ich für einige Tage zur Ruhe komme, wird ein längerer Reisebericht für Euch fertig werden. Ich will einstweilen nur bemerken, daß ich vortreffliches Material für weitere Bände mitbringen werde. Die jetzige Reise wird weit über ein Jahr in Anspruch nehmen (gwb 81, 225-230).

09.24. Sonntag. Massaua. Einschreibebrief an Emma, verschollen (patsch).

09. Aus Massaua schreibt May auch an Marie Hannes. "Allerlei von Karl May": "Wie oft las ich nicht, May sei gar nicht im Oriente, sondern irgendwo in der Irrenanstalt oder im Zuchthause. Und einmal wußte eine Zeitung von seinem schrecklichen Ende zu erzählen, wie er in Afrika, von wilden Tieren zerfleischt, seine schlechte Seele ausgehaucht habe. – – – Als ich den Zeitungssaal, wo ich diese Trauernachricht erfahren, verlassend meinem Heim zueilte, grüßte mich dort eine Karte des so jämmerlich zu Tode gekommenen aus Massaua – 'Ehe ich in den Sudan verschwinde' u.s.w. – – – Ich habe wirklich lachen [müssen], so traurig es an sich war, wie man sich anstrengte, ihn unter die Erde zu bringen" (stein1 107). Vgl. Franz Fethke, "Meine Erinnerungen an Karl May": "Noch deutlich ist mir in Erinnerung, wie in meiner Heimat das Gerücht sich verbreitete, Karl May sei auf seiner Reise durch den Orient von Eingeborenen getötet worden" (kmjb 1922, 313).

09.25. Reisetagebuch: *8 Uhr früh ab von Massaua. Umzug in die Cabine des Prinzen v. Genua* (gwb 82, 108). – May an das "Prager Tagblatt" 10.10.: *auf dem Schiffe, welches mich nach Aden brachte, wurde mir der ganze Salon zur Verfügung gestellt, und der Kommandant Barracchini nöthigte mich sogar, den Speisezettel nach meinen Lieblingsgerichten zu bestimmen. Wenn man bedenkt, daß diese Herren meist altadeligen, berühmten Familien angehören, so ist diese Aufmerksamkeit einem fremden Privatmanne gegenüber gar nicht genug anzuerkennen und wohl nur dem Umstande zuzuschreiben, daß ich einer Nation angehöre, welcher wenigstens der Offiziersstand Italiens eine aufrichtige Sympathie entgegenbringt. Diese Cavaliere wissen ganz genau, welche Macht der Dreibund bedeutet* (Literární archív památniku národního písemnictví, Praha). – May an Richard Plöhn 26.9.: *Der Kommandant der "Palestina", mit der ich nach Aden fahre, hat mich liebgewonnen.* [...] *Der Prinz von Genua* [vermutlich Thomas Herzog von Genua,

1854–1931] *wollte nach Massaua kommen und mit der Palestina fahren; es wurde ihm ein Extra-Salon etc. bestimmt, doch hat er telegraphisch absagen müssen. In diesem Salon wohne nun ich, habe das ganze Hinterdeck für mich allein, und kein Mensch darf mir zu nahe kommen. Ich werde mit größter Auszeichnung behandelt und muß sogar sagen, was ich gern esse; das hat der Koch zu bereiten. Ist das nicht großartig? Welchem anderen Deutschen ist dasselbe wohl schon geschehen? Und das alles würde und dürfte nie für Geld geschehen, sondern es ist die Wirkung einer Persönlichkeit, welche man daheim aber in dem Schmutze der Zeitungen herumzerrt. Ich schreibe diese Anklage nicht sub- sondern objektiv. Ihr kennt mich ja! Welche Deutsche Dampfergesellschaft stellt Karl May wohl einen großen Salon, ein Zimmer mit 4 Betten, Garderoberaum und sogar Extranummer 00 zur Verfügung? Und dabei habe ich mit keinem Worte verrathen, daß ich ein berühmter Schriftsteller bin, sondern es ist wirklich nur die Folge des persönlichen Eindrucks, den ich gemacht habe. Nur der Extrazug in Königswinter und das Extraschiff auf dem Achensee sind würdige Pendants dazu!* – In der Nacht auf den 26.9. drei Gedichte (*Meiner guten Oberboden-Großmutter*, *Schwingen!*, *Kirchlein am Bergeshang*; falsch datiert: *Gedichtet in der Nacht v. 24–25/9 99 auf dem Schiffe "Palestina" zwischen Massaua und Assab*; *Himmelsgedanken* 109, 67, 133): *Diese Gedichte ja gut aufheben! Ich gebe sie wahrscheinlich schon Weihnacht 1900 heraus, grad weil die Gegner über meine Gedichte die Nase rümpfen. Hat mich Gott den Dichtern zugesellt, so will ich mich nun grad auch öffentlich unter sie stellen, und zwar nicht etwa hintenan!* (gwb 82, 108f.). Das erste Gedicht widmet May der *Märchengroßmutter* Johanne Christiane Kretzschmar: *Sie trug mich stets auf ihren Armen; / Sie lehrte mich den ersten Schritt, / Und weinte ich zum Herzerbarmen, / So weinte sie erbarmend mit. / Wenn sie des Abends mich ins Nestchen / Mit linder Segenshand gebracht, / So bat ich: "Bleibe noch ein Restchen", / Und meinte da "die ganze Nacht". // Und wenn ein böser Traum mich schreckte, / So saß sie da beim kleinen Licht, / Nahm weg *den Schirm, der es bedeckte, / Und sah mir liebend ins Gesicht. / Trotz ihrer hellen Augensterne / Tat ich sodann die Frage doch: / "Ich träume ohne dich nicht gerne; / Großmütterchen, sag, wachst du noch?" // Zwar ist sie längst von mir gegangen; / Ich selbst bin alt, fast schon ein Greis, / Und fühl mich doch von ihr umfangen, / Die mich noch jetzt zu segnen weiß. / Stets ist es mir, geh ich zur Ruhe, / Als setze sie sich zu mir hin, / Und wenn ich etwas Wichtges tue, / Kommt sie mir hilfreich in den Sinn. // So oft ich Sterne leuchten sehe, / Hell wie in meiner Jugendzeit, / Hör ich ihr Wort: "Was auch geschehe, / Du und dein Glück, ihr seid gefeit." / Dann möchte ich, wie in jenen Tagen, / Zwar überflüssig, aber doch / Die lieben, lieben Sterne fragen: / "Großmütterchen, sag, wachst du noch?"*

09.26. Auf der "Palestina". May an Richard Plöhn, *auf dem rothen Meere zwischen Massaua und Assab*: *Ich schreibe Dir diese Zeilen auf dem italienischen Schiffe "Palestina" und muß mich kurz fassen, weil wir hohen Wogengang haben. Massaua ist der heißeste Punkt von ganz Ostafrika und wird darum von den Italienern der Inferno genannt. Ich blieb nur drei Tage hier, während welcher Zeit der Gouverneur, die Offiziere des hier liegenden Kriegsschiffes und andere Notabili kamen* [...]. *Die Italiener befinden sich hier in Erythräa in einer höchst prekären Lage; sie müssen sehr vorsichtig sein, zumal gegen Ausländer, die sie nicht kennen. Niemand darf Massaua ohne Erlaubnis des Militair-Gouvernements verlassen. Ich war überzeugt, daß man mir große Schwierigkeiten machen werde, zumal ich im Süden gewesen war, also bei den Engländern, den größten Kolonialfeinden Italiens. Doch wurde die Angelegenheit in ausgezeichneter und für mich höchst ehrenvoller Weise erledigt. Es kamen, ohne daß ich ihnen vorher meinen Besuch gemacht hatte: Der Militairgouverneur selbst, Offiziere des hier stationirten italienischen Kriegsschiffes, der Kolonialarzt und andere Offiziere und Nobili, und wir haben zweimal bei mir unter höchst animirter Unterhaltung gespeist, einmal die Colazione und einmal den Pranzo abends 5 Uhr. Es waren lauter* *geistreiche und angenehme Kavaliere. Ich wünschte im Stillen, daß bei solcher Ehrung einige Radebeuler Dutzendmenschen zugegen sein könnten! Dann bekam nicht nur ich, sondern sogar auch mein arabischer Diener einen Paß. Ich lege Euch diese beiden Pässe als etwaiges Beweismaterial bei (Zeitung in Dresden), auch die Quittung über 2 Lire, die ich dafür bezahlt habe. Von mir dagegen hat man gar keine Lequitimation verlangt. Der Eindruck Karl May's war diesen Herren Lequitimation genug. Gradezu eine Schande für gewisse andere Leute! – Nun geht es nach Arabien, Persien und Indien. Aber die arabischen Häfen des rothen Meeres sind mir durch die Pest verschlossen; ich muß also nach der andern Seite, nach dem persischen Golf, Maskat oder Bender Abbas oder Bender Buschir. Vor allen Dingen in Aden Geld erheben, dann der schnelleren Verbindung wegen zunächst nach Colombo auf Ceylon. Ihr seht, eine Orientreise geht nicht so glatt, gerade und billig vor sich, wie Ihr denkt.* [...]. *Ich sende Euch 30 photographische Ansichten aus Abyssinien, in Deutschland eine große Seltenheit. An Spemann ist ein Brief aus Massaua unterwegs. Emma hat von ihm 2100 Mark zu bekommen.* [...] *Es ist 1 Uhr mittags, ca. 3 Stunden nördlich von Assab.* – Reisetagebuch: *Assab angelaufen* (gwb 82, 110).

09.27. Mays *letztes Mittagessen* an Bord der "Palestina" (es gibt u. a. "Uova al Piatto") macht laut einer Notiz auf der Speisekarte besonderen Eindruck auf ihn: *Diese Platteneier mußt Du auch einführen; sie sind zu niedlich* (gwb 82, 111) – Reisetagebuch: In *Aden angekommen. Hôtel de l' Europe* (gwb 82, 110). – Mays Erwiderung gegen Fedor Mamroth (*Karl May und seine Gegner*) beginnt unter dem Namen Richard Plöhns in der Dortmunder "Tremonia" zu erscheinen: *Herr Karl May weiß zwar nichts davon, daß ich mich an Sie wende, aber ich glaube in seinem Sinne zu handeln und fühle mich als sein persönlicher Freund und als der mit seiner umfassenden Korrespondenz Beauftragte innerlich verpflichtet, mich wenigstens mit der einstweiligen Abwehr zu befassen, bis er unterrichtet und* *dann im Stande ist, selbst einzugreifen, falls er die Waffen, mit denen man auf ihn loshaut und -sticht, für einer Gegenwehr würdig hält.* May hat ein angebliches Gespräch mit Plöhn aus dem Jahre 1891 fingiert und lässt diesen ausführlich daraus zitieren: *"Nun kennst du meine Absicht, ich will kein Schriftsteller, kein Romancier, kein Novellist, kein Gelehrter, kein Geograph, kein Ethnolog sein, sondern ich will meinen Lesern das sein, was meine Großmutter und mein Pate mir gewesen sind, und wenn es mir gelingt, ihnen dies zu werden, so bin ich mehr als zufrieden, denn ich habe das große Ideal meines Lebens erreicht: Ich gebe ihnen spielend und in Liebe das, was sie sich sonst im Kampfe mit der Härte des Lebens mühsam zu erringen hätten.* [...] *Es gibt Schriftsteller, welche weder Geist noch Kenntnisse noch sonst etwas haben, als nur den Styl.* [...] *Ein Kommis rühmt sich seines guten Styles, wenn er sich um eine Stelle bewirbt. Ich mag diesen Ruhm nicht, und wenn ein Kritiker oder Redakteur meinen Styl tadelt, so läßt mich das vollständig kalt, weil ich mich ja nie um eine Anstellung bei ihm bewerben werde. Und wagt es etwa jemand, auch nur eine Zeile meines Manuskriptes zu ändern oder gar sogenannte Verbesserungen anzubringen, so bekommt er keinen einzigen Buchstaben mehr von mir. Du weißt ja, wie streng sich meine Verleger an diese meine stets allererste Bedingung zu halten haben. Es ist genug, daß ich ihnen die neue, noch gar nicht reife Orthographie gestattete, Korrekturen aber auf keinen Fall; denn jedes meiner Worte ist mein unangreifbares geistiges Eigentum. Andere mögen sich von den Redaktionen um- und ausflicken lassen, ich nicht!* [...] *Man wird meine Erfolge vielleicht dem Umstande zuschreiben, daß ich in der ersten Person erzähle. Ich schreibe in der dritten wenigstens ebenso erfolgreich. Der Grund ist nur der: Ich schreibe hundert, zweihundert, wenn es drängt, auch dreihundert Seiten ohne alle Pause, ohne zu schlafen und zu essen.* [...] *Wie es aus dem Herzen kommt, so fliegt es aufs Papier, und geht von da wieder zum Herzen. Es ist das eine direkte Sprache von Gemüt zu Gemüt, durch keinen Styl um ihre Ursprünglichkeit, Unmittelbarkeit und Herzlich-*

keit gebracht. Ich lese keine Manuskripte noch einmal durch; ich ändere kein Wort; ich schicke es fort, wie es aus der Feder kam, und ganz genau so muß es gedruckt werden. Jede redaktionelle Änderung zerschneidet den Faden zwischen mir und dem Leser [...]. *Hierin aber auch ganz allein hierin liegt das Geheimnis meiner bisherigen und wahrscheinlich auch späteren Erfolge. Ich künstele und feile nicht; mein Styl ist Natur.* [...] *Ich hasse die Kritik keineswegs; nein, ich liebe sie; ich will sie haben, auch über meine Werke, sogar streng, aber gerecht. Ich fordere aber, daß der, welcher mich kritisiert, mich nicht nur gelesen, sondern studiert hat, und zwar von der ersten bis zur letzten meiner Arbeiten, die so organisch zusammenhängen, daß sie nur im Ganzen zu beurteilen sind. Und da, lieber Freund, weiß ich schon jetzt, was geschehen wird. Ich lege die Sonde an die großen Wunden der Gegenwart; das schmerzt. Ich zeige die Heilung auf dem Wege des Glaubens, der Liebe und des Friedens. Es gibt aber Unzählige, welche diesen Glauben, diese Liebe und diesen Frieden nicht wollen; sie werden über mich herfallen. Das ist die Reaktion, auf welche ich mich freue, auf welche ich mit Sehnsucht hoffe; denn tritt sie nicht ein, so habe ich in die Luft geschrieben, und der Wert meiner Werke ist gleich Null. Tritt sie aber ein, wenn auch in noch so feindlich gegen mich gerichteter, aber natürlicher und ehrlicher Weise, so werde ich diesen Gegnern mit Freuden Stand halten, denn ich weiß, sie selbst zwar versagen mir ihre Zustimmung, aber ihre Kinder und Enkel werden um so eifriger über meinen Büchern sitzen und dann an ihnen finden, was die Väter nicht gefunden haben, weil sie es absolut nicht finden wollten"* (jbkmg 1974, 131-139; gwb 85, 149-158).

09.28. Aden. Reisetagebuch: *Kaffee bezahlt. Hassan 3 Rupie geborgt* (gwb 82, 110). – Entgegnung in der "Tremonia" (2. Folge): May *schrieb gerade an seinem wunderbaren Band "Am Jenseits", der einen beispiellosen Absatz fand und den seit langer Zeit kräftigsten Schlag in das Gesicht des Unglaubens bedeutet. Hierauf gab die schon seit Jahren gegen ihn so rührige*

"Frankfurter Zeitung" die erste Antwort. Schon Weihnachten 1897 hatte sie im Gefühl ihrer Autorität bestimmt, daß "Karl May auf den Index gehöre". Seine Leser lachten damals recht herzlich über den Demokraten, der sich geberdete, als ob er selbst so fest auf dem heiligen Index sitze, daß nur ihm allein das Recht zustehe, zu bestimmen, wer neben ihm Platz zu nehmen habe. Jetzt nun ereignete sich etwas, was man für eine gegen die "Frankfurter Zeitung" schlecht erfundene Anekdote halten würde, wenn es nicht in ihren eigenen Spalten gestanden hätte. Sie führte nämlich gegen den Verfasser von "Am Jenseits" ein Davidlein ins Feld, dessen Schleuder folgendes Geschoß enthielt: May kann nicht in Amerika gewesen sein, weil er in seinem "Winnetou" behauptet, ein texanischer Fluß, ich weiß nicht, welcher, sei schiffbar, während es doch in Texas keinen schiffbaren Fluß gibt. Auch behauptet er, von einem Ort zum anderen in kürzerer Zeit geritten zu sein als der Bahnzug braucht, diese Strecke zurückzulegen. Dieses entsetzliche Geschoß wurde also wirklich geschleudert. Bisher weiß aber Niemand, wen es getroffen hat. Ich will verraten, daß ich es aufgefangen habe und jetzt mitleidig wegwerfe. Nämlich wer ist dieser David? Die in Anonymen gegen May so überreiche "Frankfurter Zeitung" nannte ihn "ein mehrjähriger Texaner auf dem Hunsrück". Alle Art von Hochachtung, aber wenn dieser kleine "Mehrjährige" keine Erfindung ist, sondern wirklich ganz echt texanisch auf dem Rücken des Hunnen herumkrabbelt, so mag er sich doch beeilen, baldigst sechs Jahre alt zu werden, damit er in die Schule kommt. Dort kann er erfahren, daß es in Texas sogar mehrere schiffbare Flüsse gibt [...] Übrigens, da ich in Sachsen wohne, liegt mir ein erklärendes Beispiel aus diesem Lande nahe. Nämlich, wenn ich von Meissen nach Tharandt reite, komme ich dort eher an, als wenn ich die Eisenbahn benutze. Jetzt bin ich mit dem Hunsrück in Texas fertig und habe nur noch zu fragen: Wer bringt Unwahrheiten, May oder die "Frankfurter Zeitung"? [...] Wen bringt die "Frankfurter Zeitung" dann? Wieder einen Unbekannten! Sie bezeichnet ihn als einen im Rheinlande lebenden Sachsen. Ich will anständig ge-

gen diesen Herrn sein und ihm verraten, daß die Redaktion vorläufig seinen Namen nicht nennt, vielleicht auch nicht nennen kann, jedenfalls sage ich der Redaktion, daß eine Buchkritik nicht das mindeste mit den Privatverhältnissen und gar der Frau des Verfassers zu tun hat, daß die Herabwürdigung seines Schriftstellerrufes einem Autor ganz bedeutenden pekuniären Schaden bereiten kann und daß es in dieser Beziehung Schadenersatzklagen gibt. Dies nur nebenbei zur anderweitigen Warnung. Mein Freund ist nämlich gar nicht der May, welcher für Dittrich und der Ihren kühnen Wildschütz Karl Stülpner geschrieben hat. Wer solche unwahren Behauptungen verbreitet, muß sich die Folgen gefallen lassen. Wer kommt nun? Ein Berliner Schriftsteller in Lausanne, natürlich auch ungenannt. Man möchte diese Leute doch gar zu gern entdecken, doch geht das nicht, weil sie Alle so schlau gewesen sind, nicht daheim zu bleiben. Der Texaner auf dem Hunsrück, der Sachse im Rheinland und der Berliner gar in der Schweiz. Das ist doch höchst beklagenswert! Der letztere Herr flößt mir unendlichen Respekt ein: er ist ein Mann von ungeheurer geistiger Kürze. Er tut einen Autor, der ca. 40 Bücher geschrieben hat, mit 6 ½ Zeilen ins Irrenhaus. Bestehen seine schriftstellerischen Leistungen vielleicht aus ebensovielen Zeilen? [...] *Weiter! Ein Lehrer aus Karlsruhe. Dieser Mann gefällt mir, denn er ist doch wenigstens zu Hause geblieben, von seiner Einsendung ist freilich sehr zu wünschen, daß sie ihm dort treu geblieben wäre.* [...] *Aber noch bin ich nicht fertig, es kommt noch das Ende, und das ist unbedingt die Krone des Ganzen. Trotz all der bisherigen Angriffe lebt May noch, sogar in voller Rüstigkeit. Dieser Mann ist nicht umzubringen! Jetzt ist er gar wieder unterwegs nach Afrika und Asien. Höchst wahrscheinlich bringt er von da eine Fülle von Sujets für neue Bände mit! Diese Fortschreiberei des Verhaßten muß unterbleiben! Kein weiteres Werk darf Absatz finden! Aber wie das anfangen? Was da tun?... Wie, wenn er Deutschland gar nicht verlassen hätte, sondern irgendwo steckte? Wenn diese Reise fingiert wäre? Einer solchen Entdeckung wäre ja der großartigste Erfolg sicher.* [...]

Plötzlich berichtete eine Leserin, natürlich auch ungenannt, aus dem Jodbad Tölz, daß Karl May, der nach seinen eigenen Angaben gegenwärtig "vom Sudan zu dem ihm befreundeten Araberstamm der Haddedihn reitet", der letzten Kurliste zufolge im Hotel "Bürgerbräu" als Kurgast abgestiegen sei. Die liebenswürdige, pflichteifrige "Frankfurter Zeitung" telegrafiert natürlich sofort nach Tölz und erhält folgende Drahtantwort: "Karl May, Fremdenbuch eingetragen, persönlich unbekannt." Sie veröffentlicht das natürlich sofort und fügt in wirklich beneidenswerter breiter Behaglichkeit hinzu: "Sollte der Araberstamm der Haddedihn, mit welchem Karl May befreundet ist, am Ende gar in Oberbayern hausen?" Ich gestatte mir zu sagen: Die fadenscheinige Dürftigkeit dieses neuen Manövers ist wirklich zum Erbarmen. May gibt vor, in Afrika zu sein, steckt aber in Tölz. Er, der das Einkommen eines Millionärs bezieht, welches er allerdings größtenteils zu wohltätigen Zwecken verwendet, wofür er jetzt mit Wonne abgeschlachtet wird, er kommt nur bis Tölz, er kann nicht einmal über die Grenze, um sich jenseits zu verstecken. Jedenfalls fehlt ihm das Geld dazu. Höchst sonderbar! Er hat doch am 26. März, als er von daheim abreiste, 25 000 M Reisegeld mitgenommen, und zwar in Circular Letters of Credit, die in jedem größeren Orte Afrikas und Asiens und in Deutschland überall honoriert werden! Wo ist die Summe hin? Es kann ja doch nur die Geldnot sein, die ihn in Tölz angenagelt hat. Ah, Jodbad! Und dieser May, der Verfasser von ca. 40 Büchern, schreibt in Tölz seinen Namen in ein Fremdenbuch, während er Alles in Bewegung gesetzt hat, die Welt glauben zu machen, daß er sich in Afrika befinde. Wer ist da wahnsinnig? May, der das tut? Oder, da er es nicht getan hat, der Redakteur, der es in seiner Zeitung bringt? Und da ich nicht der Mann bin, mir einen wahnsinnigen Redakteur denken zu können, so frage ich billig: Wie hat dieser Redakteur, und wie haben alle ihn kritiklos nachdruckenden Redakteure gehandelt, als sie über ganz Deutschland und Österreich und so weit die deutsche Zunge klingt, ohne alle vorherige Prüfung verkündeten, daß der gelesenste Schriftsteller der Gegen-

wart den ungeheuren Schwindel begangen habe, in Tölz zu stecken, während er überall, sogar an Fürstenhöfen glauben machte, er sei nach dem Sudan gegangen? Es ist das so über alle Maßen beispiellos, daß ich getrost behaupten kann: So lange die Erde steht, hat noch nie die Presse irgend eines Landes in dieser haarsträubenden Weise an einem Schriftsteller gehandelt! (jbkmg 1974, 139-145; gwb 85, 159-166)

09.29. Aden. Reisetagebuch: *Ab nach Colombo mit "Bayern"* (Schwesterschiff der "Preussen") vom Norddeutschen Lloyd. *Capitain* [Eduard] *Prehn* (gwb 82, 110). – May an Plöhns: *Lebt wohl, Ihr Allerliebsten mein, / Es kann ja doch nicht anders sein, / Wir mußten auseinander gehen, / Um besser uns dann zu verstehen. / Gott wußte, was uns allen fehlte, / Als er die Trennung für uns wählte. / Wer ihm und seinen Engeln traut, / Der hat auf Felsengrund gebaut!* – Ludwig Bergmüller (1871–1930), Besitzer der Brauerei Zu den Karmeliten in Regensburg, in seinen "Tagebuchblättern von meinem Jagdausfluge nach Sumatra" (1909): Mays "Erscheinung entsprach [...] ganz dem Bilde, das ich mir von ihm gemacht. Er hatte einen Araber als Diener bei sich. Im Laufe einer längeren Unterhaltung mit ihm, die mir unvergeßlich geblieben, [...] gab er mir gar manche dankenswerten Ratschläge und Auskünfte, und versprach mir weitere Winke noch zuteil werden zu lassen. Zu meiner größten Freude wurde der interessante Mann noch mein Kabinen- und Schlafgenosse" (mkmg 49, 19). – Entgegnung in der "Tremonia" (3. Folge): *Und dieser so öffentlich an das Kreuz, nein an den Schandpfahl geschlagene Mann ist der frömmste, gläubigste Christ, der edelste, beste Mensch, den es nur geben kann, der durch seinen edlen, wohltätigen Sinn bekannteste Bürger seines Wohnortes und ein so begeisterter Patriot, daß er mit der größten Überzeugung sagen konnte: "Nein, solcher Kafillereien ist unsere deutsche Presse denn doch nicht fähig!" Die einzige, aber auch allereinzige Erklärung liegt in dem Geständnisse des Redakteurs eines gewissen demokratischen Blattes: "Wir beschlossen, ihn auszumerzen!" Nein, mein Herr, ein Karl*

May wird weder von Ihnen, noch von Ihren Helfershelfern "ausgemerzt". Mag auch die "Frankfurter Zeitung" die Unwahrheiten, welche man gegen ihn veröffentlicht, aus Texas, vom Hunsrück, aus Tölz oder sonst woher zusammenklauben, sie mag ihn vor wie nach in der Mistgabelmanier angreifen, sie mag die Angriffe und ungeheuerlichen Beleidigungen in noch so vielen Dutzenden von Blättern nachdrucken lassen, so wird sie doch nur dies Eine erreichen: Sie handelt, wie noch nie an einem Schriftsteller gehandelt worden ist, aber sie macht auch für ihn eine Reklame, wie er sie sich erfolgreicher gar nicht wünschen könnte! [...] *Es ist eine geradezu phänomenale Dreistigkeit, mit welcher die "Frankfurter Zeitung" May Lügen straft. Wie reißt sie ihn in ihrem "Karl May im Urteil der Zeitgenossen" herunter, ohne sich nur die allergeringste Mühe, die Wahrheit festzustellen, gegeben zu haben! Sie selbst, eine Feindin der Wahrheit, wagt es, Karl May eine Lüge nach der andern ins Gesicht zu schleudern. Dabei weiß der Redakteur nicht einmal, was eine Biographie ist, denn er bezeichnet den betreffenden "Hausschatz"-Artikel als solche. May schrieb seine "Leiden und Freuden eines Vielgelesenen" auf mehrmalige Aufforderung des Verlegers und vielseitiges Bitten seiner Leser. Wenn er sich da einen Vielgelesenen nennt, so ist das vollständig richtig, denn auf je einen Leser der "Frankfurter Zeitung" kommen mehr als zweihundert Leser von ihm.* [...] *Ich sage Ihnen, Herr Redaktions-Generalissimus, daß jedes Wort der "Leiden und Freuden eines Vielgelesenen" die reinste Wahrheit enthält, die allerdings Ihnen unglaublich erscheinen mag. Warum wiederholen Sie so oft und höhnisch den Ausdruck "vom Sudan nach Arabien reiten"? Das hat Fehsenfeld geschrieben, nicht May. Warum reiben Sie es dem Unschuldigen immer in den Bart?* [...] *Eine Zeitung, deren sämtliche Zeitgenossen aus einem "Mehrjährigen", einem Sachsen, einem Preußen, einem Karlsruher und Ihnen bestehen, die hat kein Urteil über May und merzt ihn auch nicht aus! Aus was soll er denn eigentlich gemerzt werden? Aus Ihrer Zeitung? Die braucht er nicht und hat sie nie gebraucht. Aus der Schriftstellerei? Er will ja gar kein Schriftsteller sein!*

Nicht einmal ein Journalist, wie Sie! Dann hören Sie nur noch diese kurzen Worte: Sie verschmähen es nicht, mit den geographischen Fehlern eines "Mehrjährigen" gegen May vorzugehen. Sie werfen ihm den Wildschützen Stülpner an den Kopf; Sie schicken ganz und gar ungeprüft und mit sehr bemerkbarer Wonne die Tölzer Fälschung in die Welt hinaus. Sie sagen von dem Artikel meines Freundes, in welchem nicht ein Körnchen Unwahrheit zu finden ist: "Wir lasen und lachten dann, daß man es drei Gassen weit hörte!" Etwa Sie und Ihr "Mehrjähriger"? [...] *Sie machen Karl May in Ihrem Blatte lächerlich, so oft es Ihnen ohne allen Grund beliebt. Sie nennen ihn unwahr; Sie warnen die Jungen und die Alten vor seinen Werken; ja, Sie setzen ihn gar auf den Index, dann versuchen Sie ihn schließlich noch ganz auszumerzen. Und wenn Sie das Alles getan haben, so ist er doch noch da und lächelt über Sie, hören Sie, nur Lächeln, kein Gelächter, drei Gassen weit zu hören! Sie hassen einen Mann, der Ihnen nie etwas getan hat, weil Ihre atheistische Richtung die zu Gott führende Richtung seiner Werke fürchtet. Darum soll er unmöglich gemacht werden, um jeden Preis, selbst um den Preis der Wahrheit und der eigenen Ehre. In dieser Weise wird von Ihnen ohne alles Bedenken die Ehre Ihrer Mitmenschen umgebracht. Darf so ein Mann die hochverantwortliche Stellung eines Redakteurs bekleiden?* [...] *Ist es ehrenhaft, Alles, was er unbefangen und wahrheitsgetreu von seinem Heim, seinem Privatleben, seinen Besuchen, seinen Korrespondenzen erzählt, an den Pranger zu nageln, ohne vorher auch nur einen einzigen Blick in dieses sein Heim getan zu haben? Ist es ehrenhaft, die Ehe eines Autors mit in die Kritik zu ziehen und ihn in den Augen seiner Leser dadurch herunter setzen zu wollen, daß man sich der Veröffentlichung bedient, er habe eine Handwerkerstochter geheiratet?* [...] *Mein May aber würde sogar die zerlumpteste Bettlerin heiraten, ohne Sie zu fragen, und alsdann stolz auf das Glück seiner Ehe sein. Ist es ehrenhaft, mit giftigen Spionenblicken dem Privatleben und privaten Handeln eines Menschen nur deshalb nachzuspüren, weil man beschlossen hat, ihn dadurch als Lügner hinzustellen, daß man selbst die Unwahrheit spricht?* [...] *Man will ihn ausmerzen, ihn verderben! Man sei ja sehr vorsichtig dabei! Mit dem Besitzer der Villa "Shatterhand" anzubinden, ist nicht ganz so sehr kinderleicht, wie man sich das denkt, selbst wenn er abwesend ist; er kommt ja zurück! Und ich will ganz im Vertrauen mitteilen: ich halte noch einige andere Überraschungen bereit. Für dieses Mal aber habe ich die Ehre, Sie so, wie ich Sie jetzt vor mir sehe, in all Ihrer Herrlichkeit und Größe stehen zu lassen! Diese kleine Auseinandersetzung hatte ich mit dem Redakteur der "Frankfurter Zeitung", Mamroth, zu pflegen; wenn er sie liest, wird er nicht sehr erbaut sein, und wenn er dennoch ein Gelächter anstimmen sollte, drei Gassen weit zu hören, dann werde ich ihm, im geeigneten Moment, mit einem neuen, aber prompt wirkenden Reduktionsmittel dienen* (jbkmg 1974, 145-152; gwb 85, 166-175).

09.30. Auf der "Bayern". Reisetagebuch: *Bergmüller aus Regensburg. "Bin von Palästina gekommen", sagte er. Tigerjäger. "Bayerischer Volksbote".* Bergmüller: "Wir verbrachten den Tag mit der Fahrt durch den Golf von Aden, um dann in den Indischen Ozean einzulaufen. Der Abend dieses Tages aber sollte – gleichsam als feierlichen Abschluß des Monats – das längst angekündigte Kostümfest bringen. [...] Dr. Karl May [...] stellte mir [...] nicht nur sein im Sudan getragenes Reitkostüm zur Verfügung, sondern half mir auch persönlich beim Anlegen desselben, eine Unterstützung, ohne die mir das Ankleiden viel zu schaffen gemacht hätte" (mkmg 49, 20).

10.01. Sonntag. Auf der "Bayern". Reisetagebuch: *Tischnachbar Jäger* (gwb 82, 112). Bergmüller: "Am Abend fuhren wir in den Indischen Ozean ein und passierten Afrikas östlichste Spitze, das Kap Guardafui, während gegenüber die 16 Meilen lange und 4 Meilen breite, von Korallenbänken umsäumte Felseninsel Sokotra lag" (mkmg 49, 21). – Gedicht (*Himmelsgedanken* Vf.): *Grüß Gott, du liebes Tröpflein Thau! / So einen Schmuck gibt es wohl nimmer: / Von jedem Hälmchen auf der Au / Spitzt es wie Diamantenschimmer. / Entstammt der Erde,* *harrst du froh / Dem holden Morgenlicht entgegen, / Tränkst deinen Halm und wirst ihm so / Nicht nur zur Zierde, auch zum Segen. // Kommt dann aus gold-brokatnem Thor / Die Königin des Tags gestiegen, / So strebst du sehnsuchtsvoll empor, / Dich ihrem Strahle anzuschmiegen. / Du fühlst, du bist ihr untertan, / Du kannst nicht ohne sie bestehen / Und wirst gezogen himmelan, / In ihrem Kusse aufzugehen. // Ein solches Tröpflein bin auch ich / Am Lebensmorgen einst gewesen, / Ein Tröpflein, das den andern glich, / Nicht auserwählt, nicht auserlesen. / Ich hing nicht hoch, ich wurde nicht / Von einer Rose stolz getragen; / Tief unten sah ich auf zum Licht / Und durfte kaum zu hoffen wagen. // Da stieg sie auf, so himmlisch klar, / So gnadenreich, voll Welterbarmen, / Und mich trieb es so wunderbar, / Mit ihr die Menschheit zu umarmen. / Es war, als ob ich beten müßt: / "O, komm, und stille mein Verlangen!" / Da hat die Liebe mich geküßt, / Und ich bin in ihr aufgegangen* (gwb 82, 112).

10.02. Auf der "Bayern". Bergmüller: "Mit der Eintönigkeit der Fahrt versöhnte mich nur der belehrende und belebende Umgang mit Dr. Karl May [...]. Auch des Doktors arabischer Diener interessierte mich, zumal er Deutsch verstand und sprach" (mkmg 49, 21). – Radebeul. Emma May gratuliert Franz und Marie Langer geb. Rößler in Waldamt telegraphisch zur Vermählung (am selben Tag in der Pfarrkirche zu Opponitz).

10.05. Auf der "Bayern". *Wir kamen jetzt per Dampfer von Bombay und waren froh, den Gefahren dieser von der Pest vollständig verseuchten Stadt glücklich entgangen zu sein. Kap Komorin war dubliert, und wir flogen auf einer wunderbaren See dem herrlichen Ceylon zu* (XXX 107). – Nachdruck der "Tremonia"-Entgegnung im "Bayerischen Courier" ("Karl May", 1. Folge) (gwb 82, 113).

10.06. Reisetagebuch: *Früh 1 Uhr: Colombo an.* Bergmüller: "Etwas nach Mitternacht, gegen 1 Uhr 10 Min. morgens, lief unser Schiff in den Hafen von Colombo von Ceylon ein. Hier verließ uns unser berühmter Reisegenosse May." Von Kapitän

Eduard Prehn hat May sich im Passagieralbum mit "herrlichen, vom Gluthauch der Poesie durchströmten Versen" verabschiedet (mkmg 49, 22). – May bezieht Quartier im *Grand Oriental Hôtel*, zwei Minuten vom Landeplatz, dem Elizabeth Quai, entfernt, nördlich der Altstadt. Vom Hotel aus bietet sich ein weiter Rundblick über den Hafen und das Meer (gwb 82, 113; gus 260; eck 189-191). *Ich hatte nur auszusteigen und nach dem Hotel zu gehen, was der Kürze des Weges wegen erlaubt war. Sonst aber wird ein Europäer, der in Colombo zu Fuß geht, Jeden, mit dem er verkehrt, blamieren. Es gab, wie in jedem orientalischen Hafen, einen unbeschreiblichen Lärm, doch vollzieht sich hier die Ausschiffung in langen, bequemen Böten und einer anderorts sehr wünschenswerten Bedachtsamkeit. Mit Paß- und Zollformalitäten hatte ich nichts zu tun. Unter dem Regendach der Landestelle sitzen Geldwechsler, bei denen man alle möglichen Münzen des Ostens haben kann. Ich verweilte mich bei einem von ihnen, um mich mit landläufigem Silber zu versehen, und schlenderte dann dem Hotel zu. Es ist, beiläufig gesagt, das teuerste, welches ich im Orient gefunden habe* (XXX 113). May nimmt ein nach dem Hof gelegenes Zimmer im zweiten Stock. Sejd Hassan wohnt im Hotel de l' Europe (Max Rosenberg). *Omar konnte in dem "Pettah" genannten Eingeborenenviertel wohnen, wo ein mir bekannter Deutscher ein Hotel niedrigeren Ranges besaß.* [...] *Mein Raum lag* [...] *zwei Treppen hoch, nicht nach der See oder nach der Straße, sondern nach dem Hofe zu, bei dessen Anblick mich das Gefühl überkam, daß ich nach langer Zeit nun wieder einmal zu Hause sei. In diesem Hofe kannte ich jeden, auch den kleinsten und verborgensten Winkel, obgleich ich ihn nie betreten hatte. Er war der Bereich der interessantesten ethnographischen Studien gewesen,* [...] *denn er wurde teils vom Hotel, teils von Geschäftshäusern eingeschlossen und stand mittelst breiter Durchgänge mit den Straßen in Verbindung. Es gab ein immerwährendes Kommen von Gestalten aller Farben und aller Sorten* (XXX 115f.). – In Colombo auf Ceylon (heute Sri Lanka) bleibt May bis zum 28.10. und unternimmt bis auf eine Fahrt nach

Point de Galle, wo er auch übernachtet, laut den erhaltenen Hotelrechnungen höchstens Tagesausflüge (gwb 82, 113). – Die "Deutsche Wacht" ("Nochmals Karl May") wiederholt, "daß May zur Zeit wirklich in Afrika weile, daß er diesen und andere Erdtheile wiederholt besucht habe", und zitiert aus der "Tremonia"-Entgegnung (3. Folge).

10.07. Colombo. – Nachdruck der "Tremonia"-Entgegnung im "Bayerischen Courier" (2. Folge) (gwb 82, 114).

10.08. Sonntag. Colombo.

10.09. Colombo. Reisetagebuch: *36 Seiten v. Emma aus Mulda erhalten. 2. 9. abgeschickt. Große Freude! über den Erfolg in Mulda* (gwb 82, 115; bezieht sich möglicherweise auf die "Marien-Stein"-Bank). – Nachdruck der "Tremonia"-Entgegnung im "Bayerischen Courier" (3. Folge) (gwb 82, 115).

10.10. Colombo. May an Richard Plöhn: *Von Genua an bis zu meiner Ankunft hier, also 6 ½ Monat lang habe ich nicht einen einzigen Tropfen Regen gesehen, nur Gluth, Gluth und Gluth. Hier nun herrscht jetzt der Südwest-Monsun, der regelmäßig täglich 2 mal Regen bringt, 4 Uhr Nachmittags und 4 Nachts. Welche Wonne!* (gwb 82, 114) – May an Klara Plöhn: *Es giebt hier auf Ceylon keine Dattel-, sondern nur Kokospalmen. Philodendren und ähnliche Pflanzen, die bei uns in Töpfen klein und elend hungern, tragen hier kopfgroße Früchte. Herrlich, herrlich! – Dies* [Postkartenabbildung] *giebt Dir nur ein ganz schwaches Bild von der üppigen Vegetation hier. Es ist, als habe der Herrgott seine ganze Schöpfungsliebe auf diese unbeschreiblich schöne Insel concentrirt. Jede einzelne Pflanze predigt sein Lob* (gwb 82, 114f.). – May an Klara Plöhn auf einer Ansichtskarte "Mount Lavinia Hotel, Colombo" (vgl. gus 259): *Dieses Hôtel ist das schönste, was ich auf Erden gesehen habe, leider aber nur zur gründlichen Ausbeutung der Menschen errichtet. Die Segnungen des Christenthums!* (gwb 82, 116f.) – May an Klara Plöhn auf einer Ansichtskarte "Tamil Lady": *So gehen hier die eingeborenen Frauen der besseren Stände. Es* *ist ein herrlicher Menschenschlag, der aber durch die sogenannte Civilisation seine Herzensschätze verlieren wird* (gwb 82, 117). – May an Wilhelmine Beibler: *Es ist hier ein Paradies, von dessen Schönheit Ihr keine Ahnung habt. Ich schwelge förmlich in Natur- und Schönheitswonne. Wie ist Gott doch so gütig!* (gwb 82, 114) – Gedicht an Wilhelmine Beibler: *Ich kenn ein Haus in weiter Ferne / Da schlägt ein Mutterherz für mich; / Wie denk ich sein so oft und gerne, / Wie ists mir lieb, wie heimathlich! // An einem Ort in nächster Nähe / Schlägt auch ein Mutterherz für mich, / Denn wenn ich in mich selber sehe, / Da fühl ich, selge Mutter, dich. // Es einten Himmel sich und Erde / Am sonnigen Marienstein, / Damit das selge Glück mir werde, / Nun zweier Mütter Kind zu sein. // Drum sei mein Trachten und mein Streben / Für sie zu sorgen allezeit, / In diesem und in jenem Leben, / In treuer Sohnesdankbarkeit!* (gwb 82, 116) – May an Klara Plöhn: *Es fliegt hier aus dem heißen Süden / Euch meine Seele grüßend zu. / Mag Dich der Herrgott stets behüten, / Du liebe, liebe Freundin Du! / Ich bin nicht heimisch hier geworden / Und möchte baldigst weitergehn; / Es zieht mich mit Gewalt nach Norden / Zum schönen, frohen Wiedersehn!* – May an Emma, die auch ein Album erhält: *Am Freitag von Massaua über Aden glücklich hier angekommen, darf ich nicht direct nach Bagdad sondern muß schnell einen Abstecher nach Sumatra machen, 5 Tage zur See hin und 5 Tage zurück.* May behauptet, ein Goldlager entdeckt zu haben: *Eine Gesteinsprobe von der Größe eines Kopfes ergab einen Ertrag von ca. 40–45 Mark reines Gold, und zwar bei ganz oberflächlicher Behandlung; denkt Euch doch nur! Es sind nur noch 2 Personen mit im Geheimnisse, von denen der eine, ein Araber, mit einer ganz geringen Abfindung zufrieden ist. Nicht einmal Hassan, mein arabischer Diener weiß etwas davon, daß in dieser sonderbaren Bergformation ungezählte Millionen stecken. Wir brauchen sie freilich eigentlich nicht, wir haben ja zu leben; aber wenn ich diese Reichthümer meinem Vaterlande zuwenden kann, werde ich den Ort verrathen, sonst aber nicht. Es sollen nur Deutsche Antheil haben, Andre nicht. Lieber neh-*

me ich das Geheimniß mit ins Grab. Und vergiß ja nicht, daß die gesandten Proben nicht Gold enthalten, sondern nur Nebenprodukte sind, deren Gehalt ich wissen will. Das Gold bleibt mein Geheimniß! Ich habe diese Entdeckung in Gesellschaft von Menschenjägern gemacht, welche für die englischen Goldgruben in Transvaal Schwarze einfangen wollten. May hat den Entschluss gefasst, Emma und Plöhns nach Ägypten kommen zu lassen, und gibt Emma Anweisungen für ein Treffen in Port Said, *damit Alles so klappt, wie M*[*arie*; Mays Schutzengel] *es will: Dein Aufenthalt zur See wird Dir ein Vergnügen sein. Dafür ist gesorgt! Es ist schon Alles besprochen. Du wirst die See nur als einen wunderbar schönen Spiegel des Firmamentes kennen lernen, und Ihr werdet mit einem ""Kapitain"" reisen, in dessen Gegenwart nichts geschehen kann.* [...] *Sobald ich telegraphire, nehmt Ihr 3 Schiffskarten I Classe Norddeutscher Lloyd von Genua nach Port Saïd mit dem nächsten Schiff und telegraphirt sofort unter der Adresse Dr. Karl May, Savoy-Hôtel Kairo, Egypten, wann dieses Schiff von Genua abgeht und wie es heißt. Aber Ihr dürft es dann auch um keinen Preis der Welt versäumen. Für den Kapitain sorge dann ich, wenn ich auch noch nicht in Kairo angekommen bin. Es wird Alles telegraphisch gemacht. Ihr dürft aber nur einen Dampfer der ostasiatischen, nicht der australischen Linie nehmen!!!!!!* – An diesem Tag zahlreiche Postkartenserien an verschiedene Empfänger (u. a. an das "Prager Tagblatt", heer1 268f.), so an Carl Jung, inzwischen Theologiestudent in Münster: *Habe bisher großartige Reiseerfolge gehabt. Im Sudan nie krank trotz Reitens zur glühendsten Tageszeit. In Massaua seltene Ehrungen gefunden. Habe zwar eine Wunde erhalten, dafür aber ein reiches Goldlager entdeckt. Erzproben sind schon nach Deutschland unterwegs. Muss von hier nach Sumatra. Es gilt ein Menschenglück. Sie sehen, Ihr May ist trotz seiner 60 Jahre noch lange nicht kaput, und es wird ihn auch keine Zeitung kaput machen* (mkmg 75, 20, 23). – May an den *Oberlandes-Gerichtsrath* (recte Rechnungsassistenten) Alois Schießer: *Habe außerordentlich reiche Goldfelder entdeckt. Vielleicht ein orientalisches Klondyke. Ma-*

che von hier aus einen Jagdausflug nach Sumatra. Habe am rechten Oberschenkel eine Wunde bekommen. Bin aber fischmunter, trotz der steten Sonnengluth (mkmb 194; kmjb 1978, 126f.). – May an Felix Krais: *Diese Reise ist von großem tiefsten Erfolge gekrönt. Habe freilich eine Wunde am Oberschenkel erhalten, dafür aber bis jetzt Stoff für mehr als 10 Bände. Das Wunderbarste aber ist die Entdeckung eines außerordentlich reichen Goldlagers.* [...] *Muß von hier schleunigst nach Sumatra. Es handelt sich um ein Menschenglück.* – May an Gewerbeinspektor Hans Grund: *Herzlichen Gruß aus Ceylon, Indien! Gehe von hier nach Sumatra* (gus 260). – May an Reinhold Blumensath: *Herzlichen Gruß aus diesem Paradiese!* – Das "Vaterland" zitiert einen Kartengruß Mays an einen "Wiener Freund" vom 23.9. aus Massaua (seul4 85). – Der "Hohenstein-Ernstthaler Anzeiger" druckt den Artikel der "Deutschen Wacht" vom 6.10. nach (stein2 9, 60-62, 137f.).

10.11. Colombo. – Nachdruck der "Tremonia"-Entgegnung im "Bayerischen Courier" (4. Folge) (gwb 82, 118).

10.12. Colombo. May schreibt an Emma: *Gib der Frau Oberlehrer* [Louise Dietrich] *ja niemals Geld, keinen Pfennig.* May hat Karten an Pfefferkorns nach Amerika geschickt (patsch). – May an Klara Plöhn: *Habe von hier aus auch Folgenden geschrieben: Erbprinzessin* [Lucie] *von Schönburg*[-Waldenburg], *Fürst* [Otto Viktor II.] *von Schönburg*[-Waldenburg, 1882–1914], *Fürst* [Hugo] *Windischgrätz, Prinzessin Adine* [Alexandrine von Windisch-Grätz] *10 Karten, die sie jedenfalls am Kaiserhofe vorzeigt. Graf v. Jankovics. Herzöge* [Paul und Borwin] *von Mecklenburg. Königliche Prinzen und Herzöge von Bayern* (gwb 82, 118). – May an Johannes Dederle (abgedruckt in der "Tremonia" 8.11.; Kartenserien ähnlichen Inhalts gehen an weitere Zeitungsredakteure und Leser; vgl. auch die Kartenserie an das "Prager Tagblatt" vom 10.10., abgedruckt am 10. 11.; jbkmg 1970, 174-176, ergänzt mkmg 13, 19): *Nun kommt eine Mittheilung, welche Sie wahrscheinlich interessiren wird, Herr Redacteur. Ort, Zeit und dergleichen verschweige ich.*

Warum? Das werden Sie gleich erfahren. Es handelt sich um die Entdeckung eines reichen, ausgedehnten Goldfeldes, vielleicht eines orientalischen Klondyke. Zwölf Reitstunden lang kann der Kenner das goldhaltige Gestein zu Tage treten sehen. Es fehlte an den nöthigen Werkzeugen, und die gebotene Heimlichkeit erschwerte den Prozeß noch mehr; trotzdem ergab ein kopfgroßes Stück Muttergestein für ca. 40–45 Mark reines Gold. Dieser Gehalt soll natürlich nicht als der überhaupt durchschnittliche hingestellt werden. Dazu aber kamen noch werthvolle Nebenprodukte und Nebenfunde, die ich nach Deutschland geschickt habe, um sie fachmännisch untersuchen zu lassen. Denken Sie ja nicht, daß ich mich einer Illusion überantwortet habe. Die Goldfelder sind da, wirklich da, doch nicht einmal mein Diener ahnt etwas davon; aber dieser Fund läßt mich sehr kalt; ich brauche ihn nicht, denn ich habe mehr als genug, um nicht darben zu müssen. Die geordnete, fleißige Arbeit segnet Gott; das habe ich ja selbst erfahren; aber das Graben und Kämpfen um den goldenen Klumpen tödtet Leib und Seele und hat noch keinem Lande und keinem Volke geistigen und ethischen Nutzen gebracht. Ich kann dieses Geheimniß mit in das Grab nehmen, ohne daß es mich eine Spur von Überwindung kostet. Ja, wenn die Gegend in der Nähe einer deutschen Kolonie oder Ansiedlung läge, dann würde ich vielleicht nicht schweigen; aber Fremden – – – – ? Nein! Von hier, also von Colombo aus, mache ich zunächst einen Abstecher nach Sumatra. Ich kann dadurch fünf braven deutschen Menschenkindern zu einem lange vergeblich gesuchten Glücke verhelfen. Sie sehen, Karl May ist trotz seiner sechs Dezennien noch unternehmend und thatbereit, wenn es dem Wohle Anderer gilt. Dann geht es durch Indien und Persien nach dem Tigris hinab zu den Haddedihn (gwb 82, 118f.). – May in einer Kartenserie an den Stuttgarter Zoologen Prof. Dr. Gustav Jäger, der im September in "Prof. Dr. G. Jägers Monatsblatt", einer "Zeitschrift für Gesundheitspflege und Lebenslehre", einen Artikel "Ueber Karl May" (klußß2 148) veröffentlicht und an May gesandt hat, in dem der Verfasser R. S. dessen naturpraktische

Kenntnisse auf dem Gebiet der Riechstoffe als "starkes Zeugnis für seine Studien an Ort und Stelle, für seinen längeren Aufenthalt unter den Indianern und anderen Naturvölkern" wertet: *Ich bin jetzt am Oberschenkel verwundet, habe meine anstrengendsten Ritte auch während der jetzigen Reise grad in der heißesten Tageszeit gemacht, von 10–4 Uhr, hatte z. B. in Massaua über 40 Grad Réaumur, schlafe trotz meiner sechzig Jahre und größtem Temperaturunterschied im Sonnenbrand der Fieberluft im Freien und fühle mich doch an Körper, Geist und Gemüth so jünglingsfrisch und wohl, als ob ich erst 25 Jahre zählte. Habe jetzt fast sieben Monate lang keinen Tropfen Regen gesehen und bin doch nicht ein einziges Mal unwohl gewesen. Warum? Ich habe allerdings eine wahre Elefantennatur, aber ich sage dreimal Wolle, Wolle, Wolle!* (kmhi 18, 37f.) Die Bemerkung bezieht sich auf einen Artikel "Wolle und Ungeziefer" im zugesandten "Monatsblatt" und allgemein auf Jägers Theorie von der hygienischen und heilmagnetischen Bedeutung der Wollkleidung. – May an Richard Plöhn: *Es grüßen alle, die Ihr kennt; / Es grüßt das ganze Firmament / Und wer voran der Erste ist, / Das sag ich nicht, weil Ihrs doch wißt!* (gwb 82, 120) – Gedicht an Ferdinand Pfefferkorn, Lawrence, Mass.: *In unsren Herzen war es Nacht / Und auch in unserm Hause, / Da habt Ihr uns das Licht gebracht / Aus Eurer fernen Klause. / Es wich das Dunkel, und mein Stern / Ging auf am Horizonte, / Mit ihm die Herrlichkeit des Herrn, / Daß ichs kaum fassen konnte. // Er strahlte täglich heller auf; / Er wurde uns zur Sonne / Und leuchtet liebend uns hinauf / Ins Land der ewgen Wonne. / Nun folgen wir ihm Schritt für Schritt / Mit unverzagten Füßen / Und bitten Euch: "O kommt doch mit; / Mein Stern, er läßt Euch grüßen!"* (gwb 82, 119) – Nachdruck der "Tremonia"-Entgegnung im "Bayerischen Courier" (5. Folge) (gwb 82, 119). – Die "Frankfurter Zeitung" ("Ein Lebenszeichen von Carl May") glossiert zum Abschluss ihrer Kampagne während der Orientreise Mays Kartengruß an einen "Wiener Freund" ("Vaterland" 10.10.): "Wir verzeichnen diese Mittheilung und beehren uns, blos festzustellen, daß man, um von Egypten nach

Massauah zu gelangen, nicht unbedingt nöthig hat, den Sudan und Aethiopien zu durchqueren"; man könne auch ein "nettes, bequemes Schiff" nehmen. "Nunmehr beabsichtigt Herr May, [...] zu dem ihm befreundeten Stamm der Haddedihn nach Arabien zu reiten. Das würden wir an seiner Stelle so machen: Wir nehmen das italienische Schiff der Verbindungslinie Massauah – Aden und fahren von dort mit dem nächsten so anerkannt vorzüglichen Dampfer des Norddeutschen Lloyd längs der arabischen Küste wieder nach Suez zurück. Und unterwegs, vom Promenadendeck des schönen Schiffes aus, begrüßten wir den uns befreundeten Stamm der Haddedihn, den wir irgendwo in der blauen Ferne vermuthen, durch ein leutseliges Wedeln mit unserm feinsten Taschentuch" (seul4 85f.).

10.13. Colombo. Reisetagebuch: *Wiener Jude, Hôtel* [Rosenberg] *angekommen, wahrscheinlich schon gestern* (gwb 82, 120).

10.14. Colombo. Reisetagebuch: *Hassan 8mal nicht gewichst. 4 Rupien abziehen!* (gwb 82, 120) – May an Walter Weber: *Gehe von hier nach Sumatra. Es gilt das Glück von 5 Menschen. Herzlichen Gruß! Habe großartiges Goldlager entdeckt* (kma 6, 38). – Gedicht an Emma May: *Geh hin, mein Herz, und frage nach, / Ob meine Lieben wach noch sind, / Und ist es dort noch früh am Tag, / So kehr zurück und sag's geschwind! // Geh hin, mein Herz, und frage nach, / Ob sie schon ruhn im Arm der Nacht, / Und wenn vorüber ist der Tag, / So bleibe dort und halte Wacht! // Geh hin, mein Herz, und trittst du ein, / Siehst du in selger Harmonie / Schon wachen viele Engelein; / Grüß sie von mir; ich kenne sie!* (gwb 82, 120) – Emma ist mit dem Ehepaar Plöhn nach Weimar gereist. Ein gemeinsamer Gruß geht an Seylers (mkmg 26, 7).

10.15. Sonntag. Colombo. Reisetagebuch: *Hassan 20 Frank gegeben* (gwb 82, 121). – May an Fehsenfeld: *Natürlich wollen Sie vor allen Dingen wissen, was ich zu den Angriffen meiner Feinde sage und wie ich mich zu ihnen verhalten werde. Ich* *habe jetzt und hier nicht Zeit, mich eingehend darüber zu verbreiten, und bitte Sie nur, ja nicht wieder Etwas selbst zu thun, sondern ganz allein mich walten zu lassen! Ihr Ausdruck, daß ich "vom Sudan zu den Haddedihn reiten" werde, ist leider durch ganz Deutschland belacht worden, hat mir ungeheuren Schaden gemacht, denn nichts schadet mehr als die Lächerlichkeit, zumal wenn sie Einem so öffentlich durch die Journale ins Gesicht geworfen wird! Es haben sich ja Viele meiner angenommen, aber keiner in der rechten Weise, und Jeder hat mir mehr geschadet als genützt. May ist nun einmal eine Ausnahme, und seine Sachen liegen so, daß nur er selbst sprechen darf! Sie kennen Ursachen und Folgen nicht. Es sind großartige Nachforschungen vorgenommen worden, und meine Gegner haben sich übertölpeln und ausforschen lassen. Die Sache liegt so: "May ist eine große Macht, mit welcher man zu rechnen hat!" Diese Worte erklangen in einer Conferenz von Redacteuren, in welcher beschlossen wurde, daß May "ausgemärzt" werden solle. Wer waren sie, und wo ist es gewesen? Das war in – – – ah! Da fällt mir grad noch zur rechten Zeit ein, daß Sie ja selbst auch dieser Richtung angehören! Silentium also! Natürlich ist alles Lüge, was man gegen mich vorbringt, auch die geographischen Schnitzer, die ich gemacht haben soll. Ein namenloser Schulmeister, ein namenloser Sachse im Rheinland und ein namenloser "mehrjähriger Texaner" im Hunsrück! Was diese Jungens sagen, das nennt die Frankfurter Zeitung "Urtheil der Zeitgenossen!" In Wien machte man mich syphilitisch, um mich vom Kaiserhofe auszumärzen; dann machte man mich wahnsinnig, um mich aus den Zeitungen zu märzen; dann setzte mich die Frankfurter "auf den Index", und als das Alles vergeblich war, schickte man mich in das Jodbad für Phenerische nach Tölz. Dabei wußte man aber ganz genau, daß ich im Sudan war, doch grad diese Abwesenheit mußte ausgenutzt werden! Mich läßt das Alles vollständig kalt. Alle, alle diese Leute können gegen mich nichts machen, dafür aber eine Reclame, wie sie noch gar nicht dagewesen ist. Wenn sie wüßten, was für Briefe, und von wem, ich in Massaua, Aden und hier vorgefun-*

den habe! May steht jetzt fester als je vorher! Ich fürchte alle Journale der Welt nicht im Geringsten. Man mag nur warten, bis ich nach Hause komme! Ich bitte aber dringend, in diesen Brief Niemand schauen zu lassen. Sie sind auch freisinnig, und so muß ich leider verschweigen, was ich Ihnen als meinem Verleger eigentlich am allerersten zu sagen hätte. Ich muß aufrichtig sagen, daß mir das wehe thut! In den gestern fortgesandten Karten erwähnte ich, daß wir 1 Band Liebesgedichte herausgeben werden. Der Titel soll aber doch anders lauten, nämlich / "Liebes-Psalmen" / von / Karl May. / Innen eine Abbildung in schöner, feiner Zeichnung: Ein Engel, welcher Harfe spielt. Einband mitteldunkle Nuance von Blau, ja kein Bild, nur den Titel. Der Band muß ein hochfeines Aussehen haben. Um Ihnen zu zeigen, welcher Art diese "Liebesgedichte" sind, sende ich Ihnen No. 1. Das Buch wird ein Schlag sein, und wir werden damit einen Schlag machen. Außerdem sind 2 neue Bände "Reise" unterwegs in Arbeit. Der Druck muß im Frühjahr (April) beginnen. Ich habe vor, noch viel, sehr viel zu schreiben. Stoff ist mehr als genug da, zumal neuer, hoch interessanter. Bin auf Menschenjäger gestoßen, welche Zwangsarbeiter für die Outlanders in Transvaal pressen wollten. Bei dieser Gelegenheit war es, daß ich die Goldfelder entdeckte. Gehe von hier nach Sumatra, Indien, Persien, Arabien = Haddedihn. Den westlichen Zugang nach Arabien versperrte mir leider die Pest. Muß dann nach Egypten zurück, eines neuen, inhaltsschweren Bandes wegen in die lybische Wüste. Da sehe ich mich nun gezwungen, eine Bitte auszusprechen. Mein Reisegeld wird wahrscheinlich grad nur bis Egypten reichen, und da das eine Summe von gegen 30,000 Mark beträgt, so möchte ich meiner sparsamen Hausfrau nicht den Schmerz bereiten, direct noch tiefer greifen zu müssen. Sie soll gar nichts davon merken, und so darf das, was ich noch entnehme, nicht von den neuen Auflagen sein. Bitte, haben Sie die Güte, und kreditiren Sie mir 6000 Mark auf die beiden neuen Bände, welche ich vorhin erwähnte! Die schreibe ich so, daß Emma nichts weiß. Senden Sie diese 6000 Mark in Form einer Anweisung oder noch bes-

ser, als Circular Letter of Credit durch Ihre Filiale der Rheinischen Creditbank für mich (Dr. Karl May) an den Crédit Lyonnais nach Cairo, und zwar, daß ich sie Anfang Januar sicher dort finde. Es darf nicht gut weniger als 6000 Mark sein, weil ich mit dem Umstande zu rechnen habe, daß ich aus der lybischen noch nach Tripolis, Tunis und gar Algier spritze. Aber bitte, bitte, ja gewiß Anfang Januar! Sonst bin ich wie Old Wabble in den Baum geklemmt. Der Erzählerstoff, den ich mir für dieses Geld hole, kommt auch Ihnen zu gute! May erwähnt wieder eine *Wunde am rechten Oberschenkel.* – Dessau. Emma ist mit den Plöhns von Weimar nach Dessau gereist. Aus Klaras "Heimatstadt" geht ein Gruß nach Deidesheim. Klara an Agnes Seyler: "Miez ist selbstverständlich mit uns" (mkmg 26, 7).

10.17. Colombo. Album "Views of Colombo" mit Widmung an Emma und Klara (gwb 82, 122).

10.18. *Colombo, d. 18./10. früh ½ 1 Uhr: Es kam ein milder Abendhauch / Durch die Reseden lind gezogen / Und hüllte mich und dich dann auch / In seiner Düfte süße Wogen. / Du kamst und faßtest meine Hand / Und sahst mir liebend in die Augen. / Mein Lieb, daß ich dich wohl verstand, / Werd ich dir nicht zu sagen brauchen. // Es kam ein Wetter über Nacht / Und hauste zornig in den Beeten, / Und als es sich davongemacht, / Da lagen sterbend die Reseden. / Wir standen dann im Morgenlicht / Dabei in tiefem, ernstem Sinnen, / Und ich sah über dein Gesicht, / Dem lieben, eine Thräne rinnen. // So wird der Düfte Reichthum frei / Wohl auch im menschlichen Gemüthe, / Wenn es sich dankbar öffnet bei / Dem Hauch der Liebe und der Güte. / Und so stirbt wohl auch manches Glück / Und manches junge schöne Hoffen, / Und keine Macht bringt es zurück, / Weil es der blinde Zorn getroffen. – – – // Great Oriental Hotel, Colombo. 18./10. 99 Mittags 1 Uhr: Das Träumchen // Gieb, Mütterlein, mir einen Kuß, / Dieweil ich jetzt nun schlafen muß; / Paß auf, paß auf, Du Liebe, Du, / Es fallen mir die Äuglein zu! // Wenn ich sodann entschlummert bin, / Trägst Du mich zu dem Nestchen hin, / Legst lind und leise mich hin-*

ein / Und winkst den beiden Engelein. // Die haben schon so manche Nacht / Ein süßes Träumchen mitgebracht / Und unters Kissen mir gesteckt, / Damit es nicht zu früh mich weckt. // Doch morgens um dreiviertel Acht, / Da wird das Träumchen aufgemacht, / Und wer ist drin? Mein Mütterlein / In lauter Licht und Sonnenschein. // Die spricht das Bittgesuch mir zu: / "Wach auf, wach auf, mein Liebling Du!" / Und macht mir das vielleicht Verdruß, / Entwaffnet mich der Morgenkuß. – – – (gwb 82, 122) – Einschreibebrief an Emma (patsch).

10.19. Datum einer Rechnung des Hotel de l' Europe über 14 Tage, von May korrigiert: *Mein Diener hat 13 mal bei Ihnen geschlafen, folglich nur 13 Tage oder Nächte.* – Einschreibebrief an Plöhns (patsch). – Reisetagebuch: Von der Fort Railway Station in Colombo mit der Bahn am Indischen Ozean entlang über Ratmalana, Kalutara, Beruwela und Ambalangoda nach *Point de Galle*, dem südlichsten Ort der Insel. Der Zug braucht für die 110 km lange Strecke rund dreieinhalb Stunden. May und Hassan wohnen im Hotel Madras. Point de Galle und das Hotel Madras hat May bereits 1877 in der Erzählung *Ein Abenteuer auf Ceylon* beschrieben (gwb 82, 123; eck 216-219). *Ich fuhr mit Sejjid Omar mit der Bahn nach Point de Galle, dem mir unvergeßlichen Schauplatze einer meiner früheren Reiseerzählungen, in welcher ich auch das dortige Hotel Madras erwähne. Die Bahn geht längs des Meeres, oft auf einem im Wasser liegenden Damme hin, welcher durch Korallenklippen vor Ueberflutung und Zerstörung geschützt wird. Rechts hinaus liegt die entweder blau träumende oder beweglich funkelnde See, die ich hier nie in Erregung gesehen habe, und links die Küste mit dem tiefen Grün ihrer herrlichen Vegetation, aus welcher einzelne Häuser oder zusammenhängende Dorfschaften mit fremdblickenden, verwunderten Augen auf den vorüberrollenden Zug schauen. Die Pflanzenwelt prangt hier in fast noch größerer Ueppigkeit, als drüben auf dem ostindischen Festlande. Bambusgruppen, Jack- und Brotfruchtbäume, riesige Bananen und volltragende Feigen, gelblich leuchtende Piso-*

nien, Borassus-, Caryota-, Corypha-, Calamus- und Arecapalmen bilden die Unterbrechung von Kokospflanzungen, welche kein Ende nehmen. Die dazwischen liegenden Häuser der Wohlhabenden sind mit blumengeschmückten Veranden versehen; der Aermere lebt in einfachen Ziegel- oder Lehmhäusern, deren Dächer meist aus Palmblättern bestehen. Auch diese Wohnungen sind von Gärten umgeben und machen den Eindruck der Sauberkeit, welcher für Jeden, der aus mit Arabern bevölkerten Gegenden kommt, doppelt angenehme Wirkung hat. Die Eingeborenenstadt von Point de Galle liegt im Niveau der See; die Europäerstadt zieht sich über die hohe, luftige Klippe nach dem wieder tiefer stehenden Leuchtturm hin. Von dem noch oberhalb der Kirche liegenden Hotel aus konnte ich den ganzen Hafen mit den hier ankernden Schiffen fast aller seefahrenden Nationen überblicken. Ich habe Point de Galle und seinen Hafen schon wiederholt beschrieben und will hier nur sagen, daß sich eine Fahrt von Colombo nach diesem Ort und Matara fast überreich belohnt. Mein [...] *Aufenthalt währte nicht länger als von heute früh bis morgen abend, also nur eine Nacht, und diese Nacht war keine angenehme. Da ich gern hoch, frei und licht wohne, wählte ich ein Zimmer in der zweiten Etage, während ich Sejjid Omar in der ersten unterbringen ließ. Die Räume hier oben hatten die Eigentümlichkeit, daß ihnen die Decken fehlten; das Hausdach, welches noch hoch über sie emporstieg, schützte sie gemeinschaftlich vor dem Regen, und da die Zwischenwände diesem Dach nicht folgten, sondern in etwas über Manneshöhe aufhörten, so konnten sich die Bewohner dieser Etage zwar nicht sehen, aber Alles, was in dem einen Zimmer gesprochen wurde und ebenso jedes Geräusch und jeder andere Schall fiel von dem hohen Dache mit verdoppelter Stärke in die andern Räume zurück, so daß es fast nicht möglich war, ein lautes Wort zu sagen oder irgend etwas Hörbares zu tun, was Niemand wissen sollte. Man wohnte da, wenigstens in Beziehung auf das Ohr, in vollster Oeffentlichkeit. Ich aß auch hier, wie fast stets im Hotel, auf meinem Zimmer, bekümmerte mich um Niemand und wußte also nicht, was für Gäste noch vorhanden waren* (XXX 147-149). – Gedicht (*Himmelsgedanken* 56): *Vergieb, mein Herz, so wird auch dir vergeben; / Nie trage nach; nie pflege deinen Zorn! / Es strömt aus dir im Blute mir das Leben; / Für Andre sei ein steter Freudenborn. / Gott machte dich so reich, so reich an Habe, / Doch meine nicht, sie sei für dich allein. / Indem du gibst, empfängst du selbst die Gabe; / Die allerschönste aber ist – – – verzeihn. // Vergieb, mein Herz, so wird auch dir vergeben; / Denk nicht, du stehest nicht in Andrer Schuld! / Wie lange willst du in derselben schweben? / Wie oft verlangst du, und wie viel, Geduld? / Des Nächsten Konto hältst du aufgeschlagen / Und stöberst seinem Soll und Haben nach; / Geh einmal hin, um bei ihm anzufragen, / Wie's mit dem deinigen wohl stehen mag! // Vergieb, mein Herz, so wird auch dir vergeben; / Schau doch empor und sag, du zittrest nicht! / Du magst es noch so sehr zu leugnen streben, / Da oben wartet deiner das Gericht. / Dann wirst du nicht nach deinem Maß gemessen, / Nach welchem du dir so gerecht erscheinst; / Drum wolle ja die Mahnung nie vergessen: / "Vergieb, mein Herz!" Das rettet dich dereinst!* (gwb 82, 123f.) – Marie Hannes erhält einen (nicht überlieferten) Brief Mays: *Fast zwei Jahre* (stein1 107f.).

10.20. Point de Galle. – Gedicht (*Himmelsgedanken* 59): *Hüte dein Auge; bewache es immer, / Denn deine Seele, sie zeigt sich darin, / Sei es in sanftem, erbarmendem Schimmer, / Sei es verdüstert von grollendem Sinn. / Gutes und Böses bereiten die Hände; / Segen und Fluch, sie entquellen dem Mund, / Aber durch wundergeheime Verbände / Tun sie vorher schon im Blicke sich kund. // Hüte dein Auge, bewache es immer, / Nicht wegen Anderen, sondern für dich. / Täuscht dich sonst Alles, das Auge trügt nimmer, / Denn auch nach innen entschleiert es sich. / Prüfe dich fleißig, so wirst du entdecken, / Daß jede Regung ins Aug sich verirrt, / Um dort verräterische Lichter zu wecken, / Ehe zum Worte, zum Werke sie wird. // Hüte dein Auge; bewache es immer, / Halte es stetig in sorgender Hut. / Fühlst du im Blick einen glühenden Flimmer, / Warte und schweig,* *denn – – du bist jetzt nicht gut. / Warte und schweig, bis ein besseres Regen, / Welches die sündige Wallung vertrieb, / Zeit gewann, sich in dein Auge zu legen; / Dann rede frei, denn – – du bist wieder lieb* (gwb 82, 124f.). – Reisetagebuch: Nachmittags mit der Bahn nach Colombo *zurück* (gwb 82, 124).

10.22. Sonntag. Colombo.

10.23. Colombo. May an Fehsenfeld: *Erhalte soeben die Ansichtspostkarte mit der Unterschrift Dr. Karl May. Hatte Sie doch gebeten, den Doctor wegzulassen. In den Bänden steht nur Karl May. So soll es auch auf den Karten sein! Bitte um Aenderung! Ich brauche und mag den Dr. nicht öffentlich. Es klingt das nach Einbildung, die ich gar nicht besitze und ist überhaupt nicht schriftstellerischer Usus.* – May an Johannes Dederle: *Soeben, nur Stunden vor der Abfahrt nach Sumatra, erhalte ich den geharnischten Tremonia-Artikel meines Freundes Plöhn. Karten mit meiner Ansicht über diese Punkte sind schon unterwegs an Sie. Ich danke Ihnen von ganzem Herzen! Plöhn schreibt mir, daß Sie ein Manuscript von mir wünschen. Ja, wissen Sie, daß ich nie kürzen oder ändern lasse? Unter dieser Bedingung bin ich sehr gern bereit, und zwar aus persönlicher Sympathie für Sie, Ihnen unter dem Gesamttitel "Reisebilder aus dem Oriente" noch während der Reise eine Reihe hochinteressanter Sendungen zu machen, sozusagen Photographien von Personen, Orten oder Zuständen, die gewiß sehr gern gelesen werden* (gwb 82, 125). – Mays "Sekretär" Johannes März schickt einen gereimten Gruß aus Radebeul.

10.24. Colombo. Zwei (verschollene) Einschreibebriefe an Richard Plöhn (patsch).

10.25. Colombo. (Verschollener) Einschreibebrief an Emma (patsch).

10.26. Colombo. (Verschollener) Einschreibebrief an Emma (patsch). – *Als ich dann am Abend in Colombo auf mein Zimmer kam, lagen die inzwischen eingegangenen Briefe da, unter* *ihnen einer, dessen Inhalt mich bestimmte, die von mir geplante Reiseroute dadurch zu verlängern, daß ich ihr die Strecke Ceylon-Sumatra einfügte, und diese Fahrt mußte möglichst sofort, mit dem nächsten Schiffe, unternommen werden. Auf Befragen erfuhr ich, daß heute ein deutscher Lloyddampfer nach Singapore abgegangen, übermorgen aber ein Oesterreicher fällig sei, welcher auch in Penang anlege. Ich beschloß, auf diesem Passage zu nehmen* (XXX 161).

10. Im Verlag der Union Deutsche Verlagsgesellschaft (Stuttgart, Berlin, Leipzig) erscheint als Bd. 1 der "Kamerad-Bibliothek" die Buchausgabe des Jugendromans *Der schwarze Mustang*, mit Illustrationen von Oskar Herrfurth (plaul1 238f.; ued 297-300).

10.28. Reisetagebuch: Mit der "Vindobona" vom Triester Lloyd *ab von Colombo* in Richtung Sumatra (gwb 82, 126). *Der österreichische Dampfer kam ohne Verspätung; er hatte wenig Fracht und wenig Passagiere und sich also nicht durch aufhaltende Hafenarbeiten verspäten können. Alle Welt fährt lieber mit dem Norddeutschen als mit dem Triester Lloyd. Mir war es sehr lieb, daß es so viel Platz gab, denn ich gehe gern ungestört spazieren, auch auf – – der See* (XXX 166).

10.29. Sonntag. Auf der "Vindobona". *Unser Dampfer brauchte fünf Tage, um von Colombo nach Penang zu kommen. Sonnabend waren wir abgefahren; Donnerstag kamen wir an* (XXX 167).

11.01. Auf der "Vindobona". *In der letzten Nacht ging ich nicht schlafen, sondern blieb an Deck und schrieb. Der Kapitän hatte meinetwegen den Befehl gegeben, das Licht nicht auszudrehen. Er war ein großer Vogelfreund und hatte neben seiner Kajüte eine Anzahl heimischer Vögel in hübschen Käfigen untergebracht. So oft es seine Pflicht erlaubte, ließ er sich einen Tisch zu diesen Käfigen stellen, um unter seinen Lieblingen zu sitzen und sich mit ihnen zu beschäftigen. Auch ich liebe die geflügelte Welt. Er bemerkte das sehr schnell, und so kam es,* *daß er bald nicht mehr allein am Tische saß. Daher auch die Gefälligkeit, mich während der letzten Nacht mit Licht zum Schreiben zu versehen. Es war eine wunderschöne, südliche Meeresnacht.* [...] *Der südliche Himmel hat weniger sichtbare Sterne als der nördliche, aber sie scheinen größer und darum der Erde und mit ihr dem Menschen näher zu sein; die See erstrahlt in hellerem astralischen Glanze, und die Rätsel der Nacht, die man daheim nicht lösen konnte, treten hier viel deutlicher mit der Bitte an den Menschen heran, gelöst zu werden* (XXX 167f.)

11.02. Reisetagebuch: *An Penang. East*[ern] *and Oriental Hôtel* (gwb 82, 127; gus 261). *Als der Sejjid mich fragte, wo wir wohnen würden, zeigte ich ihm das "East and Oriental Hotel", welches wir im Schatten hoch- und vollwipfeliger Bäume von unserm Ankerplatze aus am nahen Strande liegen sahen. Aber trotz dieser Nähe mußten wir nach der Landung per Rickschah einen weiten Umweg durch einen großen Teil der Stadt machen, um nach diesem Hause zu gelangen. Mein Abschied vom Kapitän war herzlich. Es ist nun einmal so, ich habe ein Faible für jeden Oesterreicher, und wer das für einen Fehler hält, der mag ihn mir verzeihen! Das East and Oriental Hotel besteht aus zwei Abteilungen, einer einheimischen und einer europäischen. Die letztere habe ich, den Speisesaal ausgenommen, gar nicht betreten, denn ich lasse mich nicht gern zwingen, jeden Tag volle vierundzwanzig Stunden lang nur immer "Lord" und gar nichts Anderes zu sein. Die andere Abteilung, eine sehr in Ruhe gelassene Dependence, liegt seitwärts, lang gestreckt an einem schmalen Garten hin, den herrlich bewipfelte Bäume einfassen. Gleich hinter diesen Schattenspendern rauscht Tag und Nacht die See am Strand empor* [...]. *Die Dependence war so wenig besetzt, daß es mir freistand, unter den vorhandenen Wohnungen nach meinem Belieben die Wahl zu treffen. Jedes einzelne Logis nimmt einen Querschnitt durch das ganze Gebäude ein und besteht aus mehreren Räumen. Vorn liegt der Garten, von dem aus man in das orientalisch ausgestattete Vor-*

zimmer tritt; dann folgt das geräumige, immer kühle Wohngemach, aus welchem man nach hinten in einen Flur kommt, der auf der einen Seite nach der Badestube und auf der andern nach den Toilettenräumen führt. Hieran schließt sich ein wohlgepflegter Blumengarten, innerhalb dessen Einfassung sich die lieblichen oder auch stolz-schönen Vertreterinnen der hinterindischen Flora durch die Augen in die Herzen schmeicheln. Das Alles steht jedem einzelnen, für sich wohnenden Gaste zur Verfügung. Man sieht, es wird mit den Quadratmetern nicht gespart, und wem das zu splendid erscheint, den kann ich durch die gewichtige Versicherung beruhigen, daß später durch die Rechnung Alles ausgeglichen wird. [...] *Dieses Nebengebäude hat ein Stockwerk mit ganz ebenso angeordneten Räumlichkeiten. Es stand vollständig leer, und da ich unten keine Nachbarn neben mir hatte, so wohnte ich so still und ungestört, wie ich nur wünschen konnte. Für Sejjid Omar brauchte ich keinen besonderen Raum, denn er erklärte, in meinem Vorzimmer schlafen zu wollen. Er tat dies aus Anhänglichkeit zu mir; die Leitung des Hotels aber hatte das, wie ich später bemerkte, als eine nach ihrer Ansicht übel angebrachte Sparsamkeit aufgefaßt, infolge deren sie nun nicht recht wußte, woran sie mit mir war* (XXX 189-192). – Radebeul. Emma May an Max Welte: "Nehmen Sie bitte Parquetplätze für das Residenztheater, denn für die Fledermaus [Operette von Johann Strauß (Sohn), 1825–1899, Aufführung am 3.11. im Opernhaus] ist kein Billet mehr zu bekommen" (*Frau Pollmer* 951). Vermutlich sehen Emma und Welte am 3.11. im Residenztheater das Schauspiel "Nora" von Henrik Ibsen (Gastspiel von Agnes Sorma, 1865–1927). *Frau Pollmer* 858: *Während meiner Reise ging* [Welte] *mit ihr in das Theater oder besuchte sie ganze Abende lang und ging auch des Nachts nicht nach Hause. Da ist es gar nicht zu verwundern, daß er auch mit in die Damenläden ging und beim Korsetanprobiren assistirte.* – Hamburg. Anna Peters dankt für "herzliche Grüße" "aus der Ferne": "Mit Ihrer lieben Frau Gemahlin korrespondiere ich schon seit einiger Zeit".

11.03. Penang. *Dem mit dem Dampfer nach dem Osten kommenden Reisenden treten hier in Penang zum ersten Male chinesische Gestalten, Formen und Gebräuche in der Weise entgegen, daß sein Auge von ihnen gefesselt wird. Er findet das, was er sieht, so überaus fremdartig, seinem gewohnten Fühlen und Denken so fern liegend, daß er sich unwillkürlich fragt, ob es ihm möglich sein werde, unter diesen neuen Eindrücken der Alte zu bleiben. Und er hat ein Recht, einen schwerwiegenden Grund zu dieser Frage, weil allen diesen Erscheinungen eine Lebensfülle, eine strotzende Kraft, eine überzeugende Selbstverständlichkeit innewohnt, durch welche die Ansicht, daß es sich um altersschwache, kranke Zustände handle, schon in den ersten Stunden arg erschüttert wird.* [...] *Solche und ähnliche Gedanken beschäftigten mich, als ich nach Tische einen Gang durch Penang machte. In den Straßen und Gassen stieß ein Laden an den andern. Viele hatten gar keine Tür, weil die Vorderwand des Hauses fehlte und es an ihrer Stelle nur Tragpfosten gab. Und vor diesen Läden zogen sich zu beiden Seiten lange Reihen von feilhaltenden Frucht- und andern Händlern hin. Ich sah weder Polizei noch Militär, und doch herrschte überall eine Ordnung, welche einen erfreulichen Eindruck machte.* [...] *Es gab dasselbe Kunterbunt der Nationalitäten wie in jeder östlichen Hafenstadt, nur daß hier Indochina vorherrschend war. Es war außerordentlich heiß. Plötzlich verdüsterte sich der Himmel; es drohte einer jener plötzlich hereinbrechenden Platzregen, welche der Aequatorgegend eigen sind. Ich blieb stehen und schaute mich nach einem Orte um, der mir und meinem Anzuge Rettung bot* (XXX 201, 204).

11.04. Penang. Einschreibebrief an Emma, verschollen (gwb 82, 41). – Reisetagebuch: *Ab nach Panang* [Padang]. *"Coen". Komm*[andant] [J.] *Wilkens* [kmw VIII.6, 392f.]. Fahrkarten I. Klasse (May) und Deck (Diener) (patsch; gwb 82, 128; kmw VIII.6, 392f.).

11.05. Sonntag. Auf der "Coen" durch die Straße von Malakka nach Sumatra. Reisetagebuch: *Edi – Telok* (gwb 82, 128). *Man* *pflegt, wenn man von Penang nach Uleh-leh geht, nach Durchquerung der Malakkastraße in Edi, Lo-Semaweh und Segli anzulegen. Das sind Militärstationen, welche an der fieberhauchenden Küste angelegt sind, um bei den Kämpfen gegen den Herrscher von Atjeh* [Sultan Alaeddin Muhammad Daud Sjah Jahan] *den kriegerischen Vorstößen in das Innere als Stützpunkte zu dienen. Infolge dieses dreimaligen Anlegens sind zwei Tage notwendig, um von Penang nach Uleh-leh zu kommen.* [...] *Das Wetter war geradezu herrlich; die Luft stand fest; die See ging in langgestreckten Wogen, von denen die eine genau der andern glich.* [...] *In jenen Gegenden, so nahe dem Aequator, wird es regelmäßig kurz nach sechs Uhr Nacht* (XXX 264).

11.06. Auf der "Coen" nach Uleh-leh. *Ich schlief sehr gut und lange. Als ich früh auf das Deck kam, erfuhr ich, daß wir die Spitze von Tanjong Perlak schon hinter uns hätten und uns also in den Gewässern von Sumatra befänden. Später sah man backbordseits den Goldberg in blauer Ferne liegen. Segli wurde doubliert, und dann dauerte es gar nicht lange, so machte Raffley* [Romanfigur] *uns darauf aufmerksam, daß wir dem Ziele nahe seien. Uleh-leh ist nicht groß, fast durchweg nur aus Holz gebaut. Der Stil der Häuser ist darauf berechnet, möglichst luftig zu sein und doch genügenden Schutz gegen die sehr kräftigen Monsumregen zu gewähren. Ein breiter, aus starken Bohlen zusammengefügter Landungssteg reicht in die See hinein. Große Fahrzeuge können sich ihm nicht nähern. Bei der Ankunft von Passagierdampfern entwickelt sich auf ihm ein außerordentlich buntes, hochinteressantes Treiben, bei welchem man die verschiedensten Typen Sumatras in Bewegung sehen kann.* [...] *Es war beschlossen worden, uns im Hafen gar nicht aufzuhalten, sondern mit der Bahn hinauf nach Kota Radscha zu fahren* [...] *Wir booteten aus. Am Landungsstege wurden wir von einem Beamten empfangen, dessen erste Frage war, ob wir Waffen bei uns trügen* (XXX 280). – May aus Uleh-leh an Marie Hannes: *Es grüßt Euch herzlich Dein Onkel Karl* (stein1

170). – May an Hans Grund: *Ulehleh im Sultanate Atjeh auf Sumatra. Gruß!* (gus 262) Ähnlich an Reinhold Blumensath in Berlin u. a. – Von Uleh-leh mit der Bahn nach Kota-Radja, Hotel de l' Europe (G. J. Kugelmann, Hotel Rosenberg), eine Übernachtung. Reisetagebuch: *In Uleh-leh 100 Postkarten. Mit Rosenberg ins Hotel seines Schwagers. 5 Pfennigzigarre 37 ½ Pfennig* (gwb 82, 128f.). – May an Emma: *Wir hatten wieder eine wunderbare Fahrt. Es ist, als ob das Wetter extra für mich gemacht würde!* (gwb 82, 129) – Emma, die (vermutlich mit Plöhns) in Chemnitz gewesen ist, kehrt abends nach Radebeul zurück (mkmg 66, 15).

11.07. Kota-Radja. May an Klara Plöhn: *Meinem Herzensschwesterchen die Mitteilung, daß alle Leiden nun bald zu Ende sein werden. Dein Karl* (patsch). – May teilt Emma mit, er reise morgen nach Padang, wo er *längere Zeit* bleiben werde (patsch). – May an Johannes Dederle: *Ich bin glücklich hier auf Sumatra angekommen, und zwar zu einer für mich sehr günstigen Zeit. Warum? Das werde ich in den Ihnen versprochenen "Reisebildern aus dem Oriente" erzählen. Ich hoffe, sie beginnen zu können, sobald ich nach Padang komme* (gwb 82, 129). – Rückkehr nach Uleh-leh, vermutlich mit Fiaker (patsch).

11.08. Reisetagebuch: Mit der "Coen" *ab von Uleh-leh* entlang der Küste Sumatras nach Padang (gwb 82, 129). – Dortmund. Johannes Dederle sendet Richard Plöhn die aktuelle "Tremonia" mit "einem hochinteressanten Briefe von unserem lieben Karl May" (Kartenserie vom 12.10.): "Der Brief kennzeichnet so recht den edlen selbstlosen Charakter des uneigennützigen Herrn May. Dieser schöne Zug, andere zu beglücken, zieht sich durch sämmtliche Werke unseres verehrten Schriftstellers. [...] Die Entdeckung des Goldfeldes hat mich, wie Herr May vermuthet, wirklich interessirt. Offen gestanden, dachte ich mir unwillkürlich: 'Wenn Du doch dabei gewesen wärest!' Das wäre so was gewesen für einen armen Journalisten, der bei seiner bescheidenen Lebensweise dennoch immer froh ist, wenn der Monats-Erste kommt!"

11.10. Reisetagebuch: *In Padang. Adjeh-Hôtel* (gwb 82, 129). – Abdruck der Kartenserie vom 10.10. im "Prager Tagblatt". – Dresden. Emma geht abends ins Theater (mkmg 66, 15).

11.10.-11.24. Während seines Aufenthalts in Padang, über den fast keine weiteren Unterlagen existieren, erleidet May laut einer späteren Zettelnotiz Klara Mays einen Nervenzusammenbruch: "Auch aus Sumatra schrieb K. M. nach Hause, daß er einen Anfall jener schrecklichen, quälenden Beeinflussung durchgemacht habe, die ihn zu seinen unsinnigen Taten zwang. Er habe 8 Tage gegen diesen Anfall kämpfen müssen und sich in dieser Zeit, wie ihm nachträglich klar wurde und wie ihm sein Diener Hassan sagte, wie ein Irrsinniger benommen. Ein Zwang trieb ihn, alle Nahrung in den Abort zu werfen. Er tat es und hungerte, bis endlich der Normalzustand siegte. Hier war er allein, und nur aus seinem Bericht kam uns die Kenntnis" (gwb 82, 42; jbkmg 1972/73, 55). Denkbar ist auch eine Erkrankung an der Dysenterie (Ruhrfieber).

11.11. Padang. Reisetagebuch: *Hassan will fort.* Abrechnung Hassan: 18,5 Wochen = 647,50 Mark (gwb 82, 129). – May an Fehsenfeld: *Gestern bin ich geistig und körperlich frisch und munter hier angekommen, und heut ergreife ich mit dem bekannten Ausdrucke die ebenso bekannte Feder, um Ihnen zu melden, daß ich eine fast unendliche Fülle von Material für neue Bände mit nach Hause bringe. Weihnacht 1900 wird ein großartiges Geschäft für Sie ergeben; des bin ich jetzt schon so vollständig überzeugt, als ob Sie es schon gemacht hätten. Ich schreibe Ihnen hierüber von hier aus noch ausführlicher. Jetzt habe ich natürlich Correspondenz und Arbeit und andere Dinge in Hülle und Fülle, so daß ich mich für heut nur ganz kurz fassen kann. Natürlich begnügt sich Karl May nicht damit, nur den Rand, die Küste von Sumatra platt zu treten. Sie haben keine Ahnung, was im Innern dieser herrlichen und doch nicht glücklichen Insel für Sujets nur so aufzulesen sind. Gleich der erste Tag im Sultanate Atjeh brachte mir den Anblick gefesselter Empörer. Ich ahne, welchen Reichthum ich hier finden wer-*

de. Die Vorsicht räth mir, auf die Bitte zurückzukommen, welche ich in meinem von Colombo gesandten Briefe aussprach. Bei solchen Entfernungen und der bekannten orientalischen Nachlässigkeit gehen Briefe ja leicht verloren. Die Gründe ausführlich zu wiederholen, ist mir unmöglich; ich bat Sie um 6000 Mark, von denen meine Frau nichts wissen darf, und darum nicht a conto von bisher sondern auf die 2 neuen Bände, welche nach meiner Rückkehr begonnen werden. Haben Sie diesen Brief erhalten und die Erfüllung meines Wunsches beschlossen? Bitte, senden Sie diesen Betrag an d. Credit Lyonnais in Kairo, Egypten, in einer Form, welche mir die Erhebung nicht erschwert; als Anweisung, Circular Lettre etc. das entscheiden Sie. Aber so, daß es Anfang Januar (höchstens bis 15ten) dort ist. Und haben Sie die Güte, mich in einem Briefe über die Art der Einzahlung und die Weise der Erhebung zu benachrichtigen. Dieser Brief ist ein einfacher, ja nicht eingeschrieben, weil er sofort zurückgehen würde, wenn ich noch nicht dort bin. Die Adresse lautet / Savoy-Hôtel Kairo, Egypten. / Meine Reise würde ohne die Erfüllung dieser Bitte in ihrem Abschlusse nicht so verlaufen, wie es in unserm beiderseitigen Interesse liegt!!!!!!!!!! Und nun noch etwas Hochinteressantes. Haben Sie geahnt, daß die Sunda-Inseln Java, Sumatra und Borneo schon vor meinem jetzigen Besuche im Bilde von mir besucht und durchstrichen worden sind. Ich sende Ihnen von hier aus Ihren Kara Ben Nemsi Effendi. Was sagen Sie dazu? Daß ich auf den Gewässern Hinterindiens, der Sunda-, Celebes- und Banda-See als Lichtspender importirt werde? Es ist doch wahr, was die Gegner ausgesprochen haben: "Karl May ist eine Macht!" Finde ich irgendwo Ansichtskarten, so denke ich natürlich auch an Sie. – Radebeul. Emma May an ihre Nichte Ella Schöne, die Schneiderin geworden ist: "Wir sind Montag Abend wieder glücklich hier angekommen, u. bedauern nur, Dich nicht mit nach Chemnitz genommen zu haben, wir hätten den Abend zusammen verbringen können. Du konntest dann mit dem letzten Zug wieder heim fahren, nun, ein anderes mal machen wir es besser! Als ich gestern Abend aus dem Theater heim kam war inzwischen Dein Packet angekommen, ich hatte es noch nicht erwartet, u. habe mich in Folge dessen recht darüber gefreut, zumal Du Deine Sache so gut gemacht hast, der Rock ist nun wieder ganz nett geworden. Es ist mein Lieblingsrock weil er so leicht ist! Aber recht ist es mir nicht, daß Du keine Rechnung beigelegt hast, er hat Dir sehr viel Mühe gemacht, vergiß es nicht wenn Du wieder schreibst, es ist mir sonst peinlich, ich kann dann ein gleiches nicht wieder von Dir verlangen! Heute schicke ich Dir die versprochenen Sachen es sind Gardinenhalter dabei, Du kannst sie vielleicht für Deine Ausstattung brauchen. Auch das Kleid für Lenchen [Ellas jüngste Schwester Magdalene, 1886–1967] schicke ich gleich mit denn ich kann mir nichts bis auf die letzten Wochen lassen, mir wird es Angst wenn ich daran denke was ich noch Alles zu thun habe. Für die Decken sage ich Euch meinen besten Dank, das ist gewiß die gute Mutter gewesen die sie eingepackt hat, ich kenne sie schon" (mkmg 66, 14f.)

11.12. Sonntag. Padang. Reisetagebuch: *Meiner Seelen Sonntag* (patsch; gwb 82, 130).

11.13. Padang. (Verschollener) Einschreibebrief an Fehsenfeld (patsch).

11.14. Padang. – Stuttgart. Gustav Jäger antwortet auf Mays Kartenserie vom 12.10., bleibt aber ohne Antwort (jbkmg 2003, 223). Jäger will die zwölf Karten in "Prof. Dr. G. Jägers Monatsblatt" veröffentlichen, doch leider ist eine verloren gegangen, "u. z. eine Karte, auf der eine Aeußerung eines alten arabischen Arztes über die Wolle niedergeschrieben war" (R. S. im Januar 1900 im "Monatsblatt", kmhi 18, 38).

11.16. Padang. Einschreibebrief an Emma, verschollen (patsch).

11.17. Padang. Brief an Plöhns, verschollen (gwb 82, 41).

11.19. Sonntag. Padang.

11.20. Padang. Einschreibebrief an Emma, verschollen (patsch). – Loschwitz. Dr. Carl Heinrich Schurtz schreibt nach Bagdad und bedankt sich für einen Gruß aus Massaua und einen Menelik-Taler: "Leider können wir Ihre treuen geistigen Freunde, den alten Dessauer u. andere, die Sie sicher schützen und begleiten, von hier aus nicht wahrnehmen. Unser Fernsehen ist eben noch nicht entwickelt, aber es bessert sich von Tag zu Tage" (patsch).

11.21. Padang. – Radebeul. Max Welte gratuliert Emma mit einem spiritistischen Gedicht ("Tage der Schmerzen / Tage des Leides / Bleiben den Sterblichen / Nimmer erspart") zum Geburtstag (*Frau Pollmer* 952).

11.22. Emma Mays 43. Geburtstag. – Padang. May schickt eine Depesche nach Radebeul: Seine Frau und Plöhns sollen nach Port Said reisen, wo er sie abholen will. Zeugenaussage Emma Pollmer 13.12.1907: "Ungefähr Weihnachten 1899 depeschierte er mir von Ceylon aus, er wäre krank geworden, und ich möchte sofort nach Cairo nachkommen. Soviel mir in der Erinnerung ist, depeschierte er ferner noch, für den Fall, daß ich die Reise nicht allein unternehmen wollte, sollte ich Plöhns mitbringen. [...] Da ich schon damals unterleibsleidend war, getraute ich mich nicht, die weite Reise nach Cairo allein zu unternehmen. Ich bat deshalb Plöhns, entsprechend dem Vorschlage meines Mannes, die Reise mit mir zusammen zu unternehmen, und zwar auf Kosten meines Mannes. Plöhns lebten nicht in derartigen Vermögensverhältnissen, um diese Reise auf ihre eigenen Kosten machen zu können. Herr Plöhn war damals bereits schon sehr leidend. Auf meine Einladung erklärten sich Beide sofort bereit, die Reise mitzumachen" (leb 45f.). *An die 4. Strafkammer* 75: *Ich befand mich damals auf der Sundainsel Sumatra und telegraphierte von Padang aus der Pollmer, daß sie unverzüglich nach Ägypten kommen solle, wohin ich von Sumatra aus per Dampfer kommen werde, um von ihr über die gegen mich gerichteten Angriffe genügend unterrichtet zu werden und daraus ersehen zu können, ob ich meine Reise fortset-*

zen könne oder nicht. Ich gab ihr alles an, was nötig war, um pünktlich bei mir einzutreffen. – *Frau Pollmer* 888: *Es war in Hinterindien, wo ich von daheim die Nachricht bekam, daß Freund Plöhn erkrankt sei. Sein Leiden gehörte zu der Art der Erkrankungen, bei denen ein längerer Aufenthalt im Süden geboten erscheint. Ich machte ihm also den brieflichen Vorschlag, mit unsern beiden Frauen nach Egypten zu kommen; ich wolle von den Sunda-Inseln aus direct nach Port Saïd dampfen und ihn im dortigen Hafen vom Norddeutschen Lloyd-Steamer abholen. Dieser Vorschlag wurde angenommen und der Dampfer, der sie bringen sollte, festgesetzt.* – Grußkarte an den gelähmten Schriftsteller Joseph Allgaier (1868–1917), Freiburg i. Br. (mkmg 51, 33). – May kauft eine Schiffskarte für die "Bromo" nach Port Said (gwb 82, 131).

11.23. Padang. May an Johannes Dederle: *Es ist hier so herrlich, daß ich gestern meiner Frau, dem Ihnen bekannten Herrn Plöhn in Radebeul und seiner Gemahlin depeschirt habe, daß sie sofort nach Port Said in Egypten kommen sollen, wohin ich für morgen auch Dampfer genommen habe, um sie nach hier zu holen und ihnen dieses Paradies zu zeigen. Dann nehme ich sie mit nach den anderen Gegenden, in welche mich diese Reise führt. Ist das nicht schön und eine unschätzbare Gnade Gottes, mit der Frau und herzlieben Freunden solche Weiten des Orients bereisen und mein schönes Bagdad auch mit besuchen zu dürfen? Ich versprach Ihnen ein Manuscript für Ihre Zeitung, bin aber weder auf der See noch während der zwei Wochen hier zum Anfang gekommen, kann Ihnen aber sagen, daß ich während der 23-tägigen Fahrt von hier nach Port Said an dieses mein Wort denken werde* (gwb 82, 131f.). – *Gruss* an Adele Lesser, Berlin, Tochter des Dermatologen Prof. Edmund Lesser (mkmg 27, 26; kma 1, 10f.). – Rechnung der Hotel AG in Voldaan, Padang (patsch).

11.24. Padang. Grußkarte an Oberleutnant Josef Mitterbacher in Prag (kma 3, 14). – *An die 4. Strafkammer* 75: *Ich fuhr von Padang ab und kam zur rechten Zeit in Port Saïd an.* Reisetagebuch: *Ab Padang. "Bromo", Rotterdamsche Lloyd. – "Bromo" Dampfer v. Padang nach Port Said.* Gedichtfragment: *Es war in fernen Landen, / Wohl auf der weiten See, / Da habe ich gestanden / Am Bug in tiefem Weh. / Zu tief die blauen Fluthen, / Der Himmel mir zu hoch; / Ich fühlt', daß michs nach unten, / noch mehr nach oben zog* [...] (gwb 82, 132).

11.24.-12.11. Auf der "Bromo". Laut einer Notiz Klara Mays hier "Zusammentreffen mit dem Selbstmörder aus belasteter Familie" (gwb 82, 132). *Es war* [...] *ein Schiffsarzt, mit dem ich von Suez nach Ceylon fuhr. Wir verbrachten eine ganze, helldunkle Sternennacht auf dem Oberdeck über psychologische Fragen. Da gewann er Vertrauen zu mir und teilte mir mit, was er sonst Keinem sagte* (XXXIII 26).

11.26. Sonntag. Auf der "Bromo".

12.01. Auf der "Bromo". – Radebeul. Emma May an Max Welte: "Ich würde mich unendlich freuen, Sie heute Abend 7 Uhr bei mir zu sehen" (*Frau Pollmer* 952).

12.03. Sonntag. "Auf der Bromo".

12.05. Auf der "Bromo". – Dortmund. Johannes Dederle schickt Pressematerial an Richard Plöhn.

12. Emma und Plöhns reisen ab, um May in Port Said zu treffen.

12.07. Auf der "Bromo". – München. Grand Hotel Leinfelder (Jakob Schwarz) (gus 155). 16.35 Uhr. Emma und Plöhns schicken ein Telegramm an Emil Seyler: *Bei einem Glase Deidesheimer trinken wir Ihnen heute im Hotel Leinfelder einen Abschiedsgruß vor unserer Abreise nach Afrika zu. Hätten gern noch geschrieben, Reise kam aber zu überraschend.*

12.10. Sonntag. Auf der "Bromo". – Max Welte und Johannes März schicken gereimte Grüße aus Radebeul nach Kairo.

12.11. Ankunft Mays in Port Said, wo er wegen Krankheit und Pestverdacht zunächst in Quarantäne muss (patsch; gwb 82, 132, 134).

12.12. Port Said. Grand Hotel Continental (Zimmer 31). Hier wartet May vergeblich auf seine Frau und Plöhns (patsch; gwb 82, 132, 134). *Frau Pollmer* 888f.: *Aber als das Lloydschiff dann eintraf, waren die drei Erwarteten nicht zu sehen. Sie befanden sich überhaupt nicht unter den Passagieren. Ich telegraphierte nach Hause; ich schrieb, bekam aber keine Antwort. Dieses entsetzliche Warten und Schweben in peinlicher Ungewißheit verschlang* [...] *bedeutendes Geld. Ich that alles Mögliche, um zu erfahren, wo die drei Personen steckten. Endlich wurde mir der Name eines italienischen Ortes an der Riviera genannt, der aber so unbedeutend war, daß Niemand ihn kannte. Es blieb mir nichts Anderes übrig, als hinüberzufahren und ihn mir zu suchen. – An die 4. Strafkammer* 75: *Auch* [Emmas] *Schiff stellte sich ein, sie aber fehlte; sie war nicht mitgekommen, hatte es aber nicht für nötig befunden, mir Nachricht zu geben. Ich telegraphierte heim; sie war abgereist. Ich wartete bis zum nächsten Schiff; sie kam nicht. Ich schrieb und telegraphierte nach allen Orten, wo ich sie vermuten konnte. Endlich erfuhr ich, sie sei an der Riviera, aber wo, das wisse man nicht.* Richard Plöhn, der an der Brightschen Nierenkrankenheit leidet, ist unterwegs pflegebedürftig geworden, sodass er und die beiden Frauen in Arenzano an der ligurischen Riviera, 20 km westlich von Genua, Station machen mussten (gwb 82, 134, 23. Tsd. 135). Zeugenaussage Emma Pollmer 13.12.1907: "Kurz vor Weihnachten [...] fuhr ich mit Plöhns von Radebeul weg, um uns direkt nach Cairo zu begeben. Dieses Vorhaben mußten wir jedoch aufgeben, da Herr Plöhn der schon sehr leidend wegfuhr, in Mailand sehr krank wurde. Wir sind deswegen dann auf meine Kosten bis Anfang März 1900 an der Riviera geblieben" (leb 46). *Frau Pollmer* 892: *Man reiste also von daheim ab, um in Genua zu Schiff zu gehen. Dort angekommen, wurde Herr Plöhn von einem Unwohlsein ergriffen,* *welches* [Emma] *außerordentlich gelegen kam.* [...] *Man beschloß, erst Besserung abzuwarten und sich bis dahin an einem hübschen Punkte der Riviera festzusetzen.* – Quittungsbuch, 1. Abrechnung Sejd Hassan: *940 Mark (Lohn, Geld zu einem Anzug...)* (gwb 82, 133). – Freiburg. Fehsenfeld an May: "Hier geht alles gut, der Absatz Ihrer Werke ist unvermindert. [...] Die Union bringt 3 M Bände von 'Schwarzer Mustang' u später noch andere. Sie hatten mir doch gesagt, daß Sie mit den Herren fertig seien? Oder haben Sie sich später wieder breitschlagen lassen? Ich hatte gedacht, wir würden 1900 mit der Jugendserie anfangen."

12.13. Port Said. Fahrt nach Kairo, Übernachtung im Savoy Hotel (George Nungovich, Manager A. Wild), Midan Suleiman Pascha (heute Midan Tal'at Harb), gegenüber dem Denkmal des Paschas Suleiman al-Faransawi (gwb 82, 133; kmlpz 47, 4f.). May erhält in Kairo Informationen über den Verbleib Emmas und der Plöhns.

12.14. Kairo. Rückkehr nach Port Said (gwb 82, 133).

12.15. Port Said. May kauft ein großes Fass Weißwein (112 Liter) (patsch).

12.17. Sonntag. Port Said.

12.18. May verlässt Port Said, um in Arenzano an der italienischen Riviera mit Emma und den Plöhns zusammenzutreffen. Die Reise kann lange nicht fortgesetzt werden. *Frau Pollmer* 889: *Ich nahm mit Sejjid Omar, meinem arabischen Diener, Passage auf einem englischen Schiffe, welches nach Marseille ging. Wir hatten wüthenden Sturm, kamen aber glücklich an. Ich war schwer krank, fast ein Skelett, infolge der Anstrengungen und Entbehrungen der Reise. Von Marseille ließ ich den Telegraphen spielen. Es gelang mir, zu erfahren, wo meine Frau sich mit Herrn und Frau Plöhn befand. Ich telegraphirte ihr, daß ich in Marseille sei, und zwar schwer leidend; dennoch aber werde ich die Fahrt unternehmen; sie solle mir nach*

Nizza entgegenkommen und mich dort im Hôtel Métropol treffen. Ich kam dort an; sie war nicht da. Ich wartete; sie kam nicht und schrieb auch nicht! Da fuhr ich weiter und telegraphirte ihr den Zug, mit dem ich eintreffen werde. – An die 4. Strafkammer 75: *Sie steckte in Arenzano, einem kleinen Orte der italienischen Küste. Sie hatte Plöhns bei sich, die aber gar nicht ahnten, daß sie mich ganz ohne alle Nachricht gelassen hatte. Ich fuhr über Nizza hin.*

12. Stade. Der Musikleiter Carl Willi Ball (*1873) schreibt erstmals einen "begeisterungsfrohen Brief" nach Radebeul und erfährt, "daß Karl May sich auf einer längeren Orientreise befände und seine Rückkehr vorläufig noch nicht abzusehen sei". In den kommenden Jahren schickt Ball regelmäßig Geburtstagsgrüße an May und erhält "auch stets von ihm einige Dankeszeilen zurück" (kmjb 1928, 164).

12. Wiedersehen mit Emma und den Plöhns in Arenzano. *Frau Pollmer* 889f.: *Des Abends kam ich an. Sie stand auf dem Bahnhofe. Wir stiegen aus. Ich aus der ersten und mein Araber aus der zweiten Klasse. Wir waren die einzigen Passagiere, die den Perron betraten, und fielen also auf. Sejjid Omar war ein hoch und stark gewachsener, junger Fellahi und nahm sich in seiner arabischen Tracht höchst stattlich aus. Meine Frau sah mit dem ersten Blick, daß er zu mir gehörte, denn er besorgte mein Gepäck. Das genügte, ihr ganzes Interesse sofort nur auf ihn zu lenken. Der Empfang, den ich fand, war keines Wiedersehens werth, und das einzige Interesse, welches sie für die beiden Neuangekommenen besaß, richtete sich anstatt auf mich, auf das hoch interessante arabische Spielzeug, als welches sie den Diener betrachtete, der aber in seiner unendlichen Treue für mich und seinem schönen, orientalischen Stolze diesem Weibe nicht die geringste Spur der gewünschten Beachtung schenkte.* Klara May, "Omar Hassan": "Lang war die Trennung gewesen, die Karl May uns fernhielt und wir harrten auf den Augenblick, der ihn uns wiedergeben sollte. Endlich war jener Augenblick gekommen, und es ist wohl begreiflich, daß wir nur

Karl May sahen und erst viel später merkten, daß noch ein bronzefarbener Gesell im langen Kaftan zu uns gehörte. Rechenschaft kann ich mir heute darüber nicht mehr geben, wann Omar, dessen Name eigentlich Hassan ist, Gegenstand meiner näheren Beachtung wurde. Ich weiß nur, daß Karl May sagte, sein Diener hätte vor Entsetzen die Sprache verloren, als er uns 'unverschleiert' gesehen hätte [...]. Erst nach und nach wich der Bann, und auch mir war es vergönnt, seine Beachtung zu finden" (kmjb 1919, 205f.).

12.24. Sonntag. Heiligabend. Grand Hotel Arenzano. Aufzeichnung Klara May: "So kam es, dass wir Weihnachten beisammen waren. Leider war es nicht ungetrübt, dennoch glaubten wir noch immer die Schwierigkeiten bald überwinden zu können sobald KM die Sache selbst in die Hand nehmen würde."

12.25./26. Weihnachten in Arenzano.

12.31. Sonntag. Silvester. Arenzano.

1900

01.-03.14. Arenzano. Grand Hotel, Fratelli (Brüder) Rodino, 3. Stock, mit Blick aufs ligurische Meer (gus 263f.). Wegen des kritischen Zustands von Richard Plöhn müssen die beiden Paare May und Plöhn drei Monate hier bleiben (gwb 82, 134). Auch May ist während des "Winteraufenthalts" anfangs noch krank und von den Strapazen der Reise geschwächt. *Frau Pollmer* 893-896: *Zunächst war ich krank. Ich konnte nicht weiter. Ich hatte mich erst zu erholen. Die strengste Schonung war geboten. Ich fand sie bei Plöhns, bei meinem rührend treuen Araber, bei diesem Weibe* [Emma] *aber nicht!* [...] *Ich rettete mich täglich einmal auf einen hochgelegenen Punkt der dortigen Alpen. Ich nannte ihn, weil er einsam lag und einem Tempel glich, "Mein Himmelreich". Da schrieb und dichtete ich. Da entstanden die Grundlagen meiner "Himmelsgedanken"* [...]. *Da oben in der reinen Höhenluft, in welche kein häßlicher Laut des niedrigen Lebens aufsteigen konnte, dachte ich auch von Neuem über den Spiritismus nach, mit dem meine Frau hier derart zu manipuliren begann, daß ich auf ganz besondere Abwehr denken mußte. Sie zwang Frau Plöhn mit ihr zu sitzen. Man schrieb dabei. Was mir dann vorgelesen wurde, enthielt die tollsten, aber ächt weiblichen Phantastereien und Widersprüche und lief mit tödtlicher Sicherheit stets darauf hinaus, Herrn und Frau Plöhn ganz unbemerkt zu entzweien und ihnen den Geschmack an der Orientreise zu benehmen. Daß ich wieder hinübermußte, stand fest. Falls Plöhns nicht mitgingen, konnte auch sie verzichten und wurde wieder frei für Alles, was sie wünschte. Ich durchschaute das, kannte aber nicht die Gründe. Um diese kennen zu lernen, mußte ich schweigen. In diesem Schweigen dachte ich über eine ebenso stille wie wirksame Gegenwehr nach und fand sie einzig und allein in dem taktischen Bestreben, dieses gefährliche Weib spiritistisch zu isoliren und dadurch ihre Gifte zu neutralisiren, ohne daß sie fühlte und bemerkte, daß ihre suggestive und hypnotische Macht da-*

durch gebrochen werde. Ich rechnete dabei auf ihre außerordentliche Schreibfaulheit und auf ihren unüberwindlichen Widerwillen gegen Alles, was mit einer rein geistigen Anstrengung verbunden ist. Um keinen Preis durften die Sitzungen aufhören; sie mußten fortgesetzt werden, aber in anderer Weise, nämlich ein Jeder vom Andern getrennt, um ganz unabhängig auf sich selbst und auf sein eigenes Innere gestellt zu sein. Dann war zugleich auch der lächerlichen Klopfgeisterei Einhalt gethan; der sich bewegende Tisch kam ganz außer Spiel. Herr Plöhn, den ich in das Vertrauen zog, freute sich hierüber. Er war der Meinung, daß sich dabei aus dem spiritistischen Schwindel reine Denkübungen und Selbstbetrachtungen entwickeln würden, aus denen die beiden Frauen nur Nutzen schöpfen könnten. Diese Letzteren gingen auf die Neuerung viel bereitwilliger ein, als ich gedacht hatte. Frau Plöhn war es überhaupt gewöhnt, keinen eigenen Willen zu haben; sie sagte sofort ja. Und was meine Frau betrifft, so war auch sie auffällig schnell einverstanden, als sie hörte, daß auch ich mich mit betheiligen werde. Ich hatte mich stets von den Sitzungen ferngehalten; nun aber war sie überzeugt, wieder Einfluß, nämlich spiritistischen, auf mich zu gewinnen und mich derart zu beherrschen, wie sie Frau Plöhn beherrschte. Der Verkehr mit den angeblichen "Geistern" gestaltete sich nun also folgendermaßen: Die Fragen, welche sie beantworten sollten, wurden gemeinschaftlich aufgestellt. Das ergab eine sehr nützliche Gedankenconzentration; man wußte, was man wollte. Dann ging ein Jedes mit Papier und Blei an einen einsamen Ort, um über die Fragen nachzudenken und die Antworten aufzuschreiben. Wer da glaubte, daß ihm diese Antworten von Geistern gegeben seien, der wurde in dieser Annahme nicht gestört. Wir beiden Männer aber wußten sehr wohl, daß es nur die Gedanken des eigenen Innern waren, doch fiel es uns gar nicht ein, dies zu sagen, weil dies die vortrefflichste Gelegenheit war, in dieses Innere zu schauen, ohne daß die Frauen es bemerkten. Was geschrieben worden war, wurde dann entweder im Plenum vorgelesen oder es ging von Hand zu Hand, wobei ich im Stil-

len dafür sorgte, daß eine Art von Wettstreit entstand, der sich auf die Frage richtete, wer von uns die hochsinnigsten und edelsten Geister habe. Infolge dessen gaben die Frauen sich alle Mühe, so musterhaft wie möglich zu schreiben. Das ging wie ganz von selbst auch auf das, was man sprach und that mit über, und so entwickelte sich das, was ich beabsichtigte, nämlich eine Art von Veredelungsverkehr unter uns, der nicht ohne Segen blieb. Meine Frau begann, auf den guten Ruf und die hohe Sittlichkeit ihrer Pollmerschen Geister eifersüchtig zu werden und wachte über sie; das heißt natürlich, über ihr eigenes Denken und Thun. Die Reise durch den Orient wurde jetzt mit andern Augen betrachtet; man hielt sie für sehr nöthig. Es sind damals von den beiden Frauen, besonders aber von Frau Plöhn, eine Menge sehr guter Gedanken zu Tage gefördert worden, und es geschah sogar das große, fast himmelblaue Wunder, daß meine Frau sich ein Buch anlegte, um sie niederzuschreiben und sich aufzubewahren. [...] *Frau Plöhn ist dieser Veredelung der eigenen Gedanken treu geblieben bis auf den heutigen Tag, selbst als sie zu der Erkenntniß kam, daß es sich hierbei keinesweges um spiritistische Geister, sondern nur um die Äußerungen ihrer eigenen Seele handelt. Wir stellen uns noch heutigen Tages allsonnabends die Fragen der vergangenen Woche auf, die ich noch abends beantworte, während sie dies dann am nächsten Morgen thut. Da werden die Antworten mit einander verglichen, die Irrthümer ausgeschieden, das, was gut ist, aber festgehalten, und also für die vergangene Woche ein klarer Abschluß, für die neue aber ein ebenso klares, ehrliches, freudiges Wollen erzielt.* – Vom Aufenthalt in Arenzano sind fast nur Fotos und Postkarten überliefert (u. a. Grand Hotel Rodino, Il Municipio, Villa Pallavicini, Emma und Sejd Hassan [laut Klaras Beschriftung] vor dem "Aufgang zu unserem 'Himmelreich'").

01.07. Sonntag. Arenzano.

01.14. Sonntag. Arenzano.

01.18. Arenzano. Klara Plöhn an den Dresdner Kammermusiker Ernst Hugo Wünschmann, von dem Richard Plöhn 1899 das Zinshaus Adler-Gasse 1 erworben hat: "Meinen nicht sehr viel Erfreuliches enthaltenden Neujahrsbrief werden Sie jedenfalls erhalten haben. Gott sei Dank kann ich Ihnen heute berichten, daß sich mein armer Mann wieder besser befindet, aber noch nicht gut" (gus 264).

01.21. Sonntag. Arenzano.

01.28. Sonntag. Arenzano. Reisetagebuch: *"etwas Süßes" für versprochen.*

01.29. Arenzano. Reisetagebuch: *Das "Süße" kam = meine Marie. Nachmittag ½ 3 stürmisch.*

02. "Deutscher Hausschatz": "J. A. P. Über Karl May wissen wir nichts Näheres, er soll auf Reisen sein" (mkmg 20, 20).

02.04. Sonntag. Arenzano.

02.06. In Dresden stirbt Münchmeyers "Vertrauensmann" August Walther.

02.11. Sonntag. Arenzano oder Genua. Mays und Plöhns unternehmen in diesen Tagen einen Ausflug nach Genua bzw. Pegli, wo sie im Hotel de la Ville et d'Angleterre übernachten.

02.12. Friedhof *Campo Santo, Genua*: *Aus den Gräbern ersteht das Leben, auf Erden als Kunst, im Himmel als Wahrheit* (sud1 325). – Undatierte Notiz: *Mariens Heliothrop berührt in der Kirche Santa Maria* [Assunta] *di Carignano, Genua.*

02.18. Sonntag. Arenzano.

02.22. Wendisch-Wilmersdorf. Graf Friedrich von Schwerin sendet May eine ausführliche, kritische Bewertung von *Am Jenseits*: "Schreiben Sie noch mehr à la 'Jenseits' so wird sich Ihr Leserkreis [...] sehr verringern zu Ihrem materiellen, wie in erster Linie ideellen Schaden, denn es werden Ihnen nur die schon Fertigen bleiben, die das 'Predigen' nicht langweilt. [...] Schreiben Sie wieder, wie früher (Winnetou, Halef)."

02.25. Sonntag. Arenzano. Karl Mays 58. Geburtstag.

03.03. In der Leipziger "Zeitschrift für Spiritismus" veröffentlicht H. B. van Kleef den ersten Teil eines Beitrags über "Das Uebersinnliche in Carl May's Werken", der vor allem der spiritistisch inspirierten Reiseerzählung *Am Jenseits* gilt (kmjb 1978, 136, 149). Fortsetzungen erscheinen am 10.3., 17.3., 24.3., 31. 3., 7.4., 14.4. und 21.4.

03.04. Sonntag. Arenzano.

03.11. Sonntag. Arenzano.

03.14. Arenzano. Bestellung eines Zweibettzimmers in Pisa, Hotel Royale Victoria, auf einer nicht abgesandten Postkarte (patsch).

03.15. Über Pisa (Übernachtung vermutlich im Hotel Royale Victoria) und Fiesole bei Florenz (Hotel L'Aurora, Besichtigung des Anfiteatro Romano) findet die Reise, wie von May schon im Oktober des Vorjahres geplant, zu viert ihre Fortsetzung (gwb 82, 134). Zeugenaussage Emma Pollmer 13.12.1907: "Wir fuhren dann gemeinschaftlich nach Rom, Neapel und von dort direkt mit dem Schiffe nach Port Said" (leb 46). *An die 4. Strafkammer* 75: *Ich kehrte mit ihnen nach Ägypten zurück, weil ich glaubte, daß Plöhn dort Heilung finden könne. Wir wollten später über Palästina, Syrien, die Türkei, Griechenland und Italien heim. Es war keine gute, sondern eine schlimme Reise. Die Pollmer war nur gezwungenermaßen gekommen. Sie wäre lieber daheim geblieben, aus liebenswürdigen Gründen. Das ließ sie uns entgelten.*

03.18. Sonntag.

03.19. Ankunft in Rom. Grand Hotel Quirinal (gwb 82, 134f.). – Während des Rom-Aufenthalts nehmen Mays und Plöhns an einer Audienz bei Papst Leo XIII. (1810–1903) teil (kmg-n 102, 16; gus 265) und besuchen nachts das Colosseum.

03.25. Sonntag.

1900.03.-1901.03. Gegen Mays Willen bringt Adalbert Fischer als illustrierte Neuausgabe *Die Liebe des Ulanen. Original-Roman aus der Zeit des deutsch-französischen Krieges* in zwanzig Lieferungen (3 Bde.) zunächst innerhalb seiner Reihe "Allgemeine Unterhaltungs-Bibliothek" (Dresden, Münchmeyer) auf den Markt. Da dieser Kolportageroman schon in der Erstausgabe (1883-85) unter Mays Namen erschienen ist, muss Fischer keine Klage wegen Bruchs des Pseudonyms befürchten (plaul1 241; hoff4 17f.).

03.29.-04.04. Aufenthalt der Ehepaare May und Plöhn in der süditalienischen Hafenstadt Neapel. Hotel Westend (gwb 82, 135).

03.29. Neapel. Klara Plöhn sendet an Hugo Wünschmann und Familie einen "letzten Gruß von Europas Boden" (gus 266).

03.31. Neapel. Notiz Klara Plöhns auf der Rückseite einer Atelieraufnahme einer neapolitanischen Musikergruppe: "Abends im Westend Hôtel, Spiel, Gesang & Tanz echter Neapolitaner. (Kopfklatschen, Tüte dem Tanzenden anzünden)".

04.01. Sonntag. Neapel.

04.04. Neapel. Abfahrt der Ehepaare May und Plöhn mit dem Reichspostdampfer "Hamburg" (Kapitän P. Lüneschloss) der Hamburg-Amerika-Linie nach Port Said (gwb 82, 135-137).

04.06. Auf der "Hamburg". Postkarte von Plöhns an Grunds.

04.08. Sonntag. Auf der "Hamburg".

04.09. Ankunft in Port Said. Klara May: "Der Unterschied ist geradezu entsetzlich, wenn man [...] in Port Said eines der herrlichen Schiffe [...] verläßt und nun gleich Bekanntschaft mit dem Orient macht" (kmjb 1918, 68). Weiterfahrt mit der Bahn nach Kairo. Grand Hotel Continental (George Nungovich), Shâri'a Kâmel, am Opernplatz mit dem Reiterstandbild des Generals Ibrahim Pascha (1789–1848), gegenüber dem Garten El Ezbekîyeh (gwb 82, 134, 138-140; gus 269; kmlpz 47, 3).

04.10.-28. Kairo. Ausflüge in die nähere Umgebung (gwb 82, 138). – In dieser Zeit Wiedersehen mit dem Buchhändler Hans Rühlmann, der später berichtet: "Auf der großen Eingangstreppe zum Crédit Lyonnais im Palais Coronel, dem Esbekije-Garten gegenüber tritt mir Karl May wie aus dem Boden gezaubert wieder entgegen, eine Dame ihm zur Seite. Die Freude des unerwarteten Wiedersehens ist kurz, aber herzlich. 'Wie kommen Sie denn hierher?' 'Gestatten Sie zunächst, daß ich Ihnen meine Frau vorstelle!' Die Frau des Dichters [...] steht neben ihm. Der lange Reisemantel verhüllt ihre schlanke Gestalt. Ihre Gesichtszüge verraten Müdigkeit. Kein Wort kommt über ihre Lippen. 'Ich habe große Eile! Bevor die Bank hier die Schalter schließt, muß ich auf meinen Kreditbrief noch dringend Gelder abheben zur Osterfahrt nach Palästina und Syrien ins heilige Land. Auf Wiedersehn!'" (kmjb 1923, 130) – Der 15-jährige Carl Kliewer (1885–1982), geboren und aufgewachsen in Kairo (er wird später Schauspieler, u. a. in Hildesheim), begegnet May angeblich in einem griechischen Gartenlokal in Matarieh, einige Kilometer vor Kairo (Erich Heinemann, "Dreißig Jahre Karl-May-Gesellschaft", Hamburg, Husum 2000, 31f.): "Am Nachbartisch saßen zwei Ehepaare. Der eine Herr [Plöhn] stand auf und trat zu den Schülern. Ob sie die Bücher von Karl May gelesen hätten, wollte er wissen. Sie bejahten. 'Der Herr, der dort sitzt, ist Karl May!' Ungläubig und befangen folgten sie der Einladung, ihm vorgestellt zu werden. 'Karl May war alles andere als der Held, den wir uns nach seinen Büchern ausgemalt hatten. Durch seine kleine, untersetzte Figur und seinen unverfälschten sächsischen Dialekt wirkte er auf uns eher wie ein biederer Spießer. Aber als er zu fabulieren begann, waren wir schon bald von ihm gefesselt. Er verstand es, uns den Zauber des Orients – und wir lebten doch selbst im Orient – überhaupt erst nahezubringen.' Zuletzt berichtete Karl May noch, daß er an einem neuen Roman arbeitete, und er wollte auch die beiden jungen Herren darin erwähnen." – *Leben und Streben* 246f.: *Ich sah ein, daß ein Prozeß mit Münchmeyers nicht zu umgehen war, und fragte meine Frau nach den für mich hierzu nötigen Dokumenten.* [...] *Ihr Inhalt war für einen Prozeß gegen Münchmeyer derart beweiskräftig, daß ich ihn glattweg gewinnen mußte. Diese Briefe waren nebst andern gleich wichtigen Sachen in einem bestimmten Schreibtischkasten aufbewahrt. Ich hatte vor meiner Abreise meine Frau auf diesen Kasten und seinen Inhalt ganz besonders aufmerksam gemacht, ihr den Zweck der Briefe ganz besonders erklärt und sie aufgefordert, dafür zu sorgen, daß ja nicht das geringste Blättchen davon verlorengehe. Als ich sie jetzt in Kairo nach diesen Dokumenten fragte, versicherte sie mir, daß sie noch genauso lägen, wie ich sie ihr übergeben habe. Kein Mensch habe sie berührt. Das beruhigte mich, denn das bedeutete den sicher gewonnenen Prozeß. Als meine Frau mir diese Versicherung gab, stand Frau Plöhn dabei und hörte es. Sie sah sie groß an, sagte aber nichts. Das fiel mir damals nicht auf; später aber, als ich mich dieses großen, erstaunten, mißbilligenden Blickes erinnerte, wußte ich nur allzu gut, was er hatte sagen sollen. Meine Frau war nämlich eines Abends zu Frau Plöhn gekommen und hatte ihr mitgeteilt, daß sie soeben unsern Trauschein verbrannt habe, der Vorbedeutung wegen, die sich damit verbinde. Und einige Zeit später hatte sie ihr in derselben lachenden Weise gesagt, daß sie nun auch die Dokumente aus dem Schreibtischkasten genommen und verbrannt habe; sie wolle dadurch verhindern, daß ich Münchmeyers verklage. Frau Plöhn war hierüber entsetzt gewesen, hatte aber die vollendete Tatsache nicht zu ändern vermocht. Jetzt, als sie die Versicherung meiner Frau mit anhören mußte, daß die Briefe noch unberührt vorhanden seien, gab es in ihr den ersten Riß zu jener innern Scheidung, die erst dann auch äußerlich zutage trat, als nichts mehr verheimlicht werden konnte.*

04.11. Kairo. "Tausend herzliche Grüße von Euren oft Eurer gedenkenden Plöhns & Mays" sendet Klara Plöhn an das Ehepaar Grund (gus 268). – Im Namen der "Radebeuler Freunde" sendet Klara an Unbekannt "herzlichste Grüße aus dem schönen bunten Leben des sonnigen Kairo" (Karl-May-Museum, Radebeul).

04.12. Fräulein Christine Blaich vom Hotel Deutscher Hof in Beirut bedankt sich für Mays Werke und erwartet seine Ankunft (28.5.) (patsch).

04.15. Ostersonntag. Kairo. Suk ez Zulat. Reisegrüße an Agnes Seyler kommen "von Deiner Dir stets in treuer Liebe gedenkenden Emma" (mkmg 26, 7; mkmg 28, 9). Auch Max Welte erhält einen "herzlichen Ostergruß aus dem schönen Kairo" von Emma (gus 273; *Frau Pollmer* 941).

04.16. Ostermontag. Heluan. Mittagessen im Helouan Hotel (gwb 82, 144).

04. Aufzeichnung Klara May: "Von Kairo ging es in einer Dahabije den Nil hinauf bis zu den Katarakten. Die Felsentempel von Abu Simbel durften wir ganz allein in stiller, feierlicher Einsamkeit besuchen."

04.20. Kairo. Karl May bittet den Fuhrunternehmer Fritz Unger (1876–1910) in Haifa, den Bruder des Beiruter Hoteliers Jakob Unger und lokalen Repräsentanten der Hapag-Lloyd, um einen Mietwagen nach Jerusalem (gwb 82, 138). Klara May an Euchar Schmid 23.4.1931: "Leider wurde unser Freund Unger [...] Jahre später [in Tireh bei Haifa] von Arabern ermordet" (vgl. "Schwäbisches Bilderblatt" 9.9.1910).

04.22. Sonntag. Fahrt nach Gizeh, wo Mays und Plöhns im Mena House, am Fuß der Pyramiden, wohnen (gwb 82, 138, 146; klußₐ 172; gus 270f.; eck 89-91). *Das Hotel war nicht sehr besetzt, und so bekamen wir leicht dieselben Zimmer, welche wir bei unserer vorigen Anwesenheit gehabt hatten* (XXX 100).

04.22.-26. Gizeh.

04.26. Gizeh. – Haifa. Fritz Unger antwortet auf Mays Nachricht vom 20.4. (patsch).

04.27. Kairo (gwb 82, 138).

04.28. Mit der Bahn nach Port Said (gwb 82, 139).

04.29. Sonntag. Port Said (gwb 82, 139).

04.30. Port Said. Abfahrt mit dem Schiff "Le Caire" nach Jaffa (gwb 82, 139).

05. In der von Dr. Armin Kausen geleiteten "Wahrheit" (Leutkirch) veröffentlicht Pfarrer Dr. Heinrich Rody (Oestrich, 1841–1905) einen positiven Aufsatz über "Karl May's gesammelte Reiseerzählungen": "Hätten wir nur recht viele solcher Wander-Apostel und Laien-Missionare!"

05.01. Ankunft in Jaffa. Hotel Jerusalem, Ernst Hardegg. Klara Plöhn an das "Herzensmuttchen" Wilhelmine Beibler: "Heute glücklich hier angekommen. See war sehr ruhig, hatten sehr gutes Schiff, Kediviallinie, 'Le C'air' war der Name. Wir gehen nun nach Jerusalem. Schade, daß wir gar keine Nachricht von Dir haben. Hoffentlich finden wir in Jerusalem etwas, schreib für alle Fälle mal nach Konstantinopel, postlagernd. Hier ist es herrlich, aber sehr warm. Tausend Herzensgrüße von Deinen Kindern" (gus 274). – Postkarte von Plöhns an das Ehepaar Grund: "Der heutige Tag findet uns im lieblichen Jaffa, morgen geht's, so Gott will, nach Jerusalem".

05.02. Jaffa. – In diesen Tagen (nach einer zweifelhaften Angabe bereits am 29.4.) Besuch der deutschen Ackerbaukolonie Sarona (1871 von Mitgliedern des Deutschen Tempels gegründet, heute Hakirya, Tel Aviv), 3 km nordöstlich von Jaffa. Begrüßung durch den Bürgermeister Christian Friedrich (Fritz) Lämmle (1841–1915) und nähere Bekanntschaft mit den aus Burkersdorf bei Frauenstein stammenden Familien Lippmann (Karl Samuel Gottlieb Lippmann, 1831–1918, und Auguste

Wilhelmine Lippmann geb. Göhler, 1836–1902) und Weiss (Karl Konrad Weiss, 1844–1903, und Wilhelmine [Mina] Pauline Weiss geb. Lippmann, 1864–1934). Lippmanns haben Verwandte in Radebeul, von denen Mays Grüße mitbringen. Klara May auf der Rückseite ihres Fotos der Familien: "Alle Kinder sind dort geboren; die mit hinübergenommen wurden, starben alle. (Fiebergegend)" (gwb 82, 151). Klara May an Euchar Albrecht Schmid 23.4.1931: "Sarona ist ein rein deutscher Ort. Die fleissigen Württemberger haben herrliche Orangenanlagen, und ringsum haben es ihnen die Araber nachgemacht. [...] Die Kindersterblichkeit hatte aufgehört. Keines der hinübergekommenen Kinder wäre am Leben geblieben, so berichtete man uns, nur die dort geborenen hielten aus. Jeder Spatenstich brachte neues Fieber."

05.04. Jaffa. Widmungszeilen in einer Bibel für Emma: *Dies ist das Buch mit tausend Siegeln; / Der Geist allein kann es entriegeln. / Nur, wenn du ihn ergriffen hast, / Wird auch das Wort von dir erfaßt!* (gwb 82, 152)

05.05. Jaffa. – Dresden. Max Welte dankt Emma May für "liebenswürdige Karten" und einen "herzlichen Brief": "Was macht denn Herr Dr.? Man hört ja leider gar nichts von ihm."

05.06. Sonntag. Jaffa. Am Nachmittag mit der Bahn nach Ramle (gwb 82, 152), Reinhardt's Hotel. – Klara Plöhn an Wilhelmine Beibler: "So Gott will, öffnen sich uns morgen die Pforten der heiligen Stadt" (gwb 82, 152). – Klara an Marie Grund: "Auf dem Wege zur heiligen Stadt senden Dir und Deinem guten Manne die herzlichsten Grüße Eure Mays & Plöhns" (gus 275). – Emma May an Agnes Seyler: "Herzlichen Gruß von deinen M [May, Miez und Mausel]" (mkmg 26, 7).

05.07. Ramle. Weiterfahrt nach Jerusalem. Lloyd Hotel Abraham Fast (gwb 82, 152).

05.07.-25. Mays zweiter Aufenthalt im "Heiligen Land". Jerusalem-Fotos von Klara Plöhn zeigen u. a. das Damaskus-Tor

(Bab el Amud), das Jaffa-Tor (Bab el-Chalil) und die russische Gethsemane-Kirche am Ölberg (kluß2 180; gwb 82, 154, 158).

05. Jerusalem. Laut Klara Mays Angabe spielt May in der 1898 durch Kaiser Wilhelm II. eingeweihten Erlöserkirche Orgel; zur Verbesserung der Akustik sollen im Kirchenraum Netze ausgespannt gewesen sein: "In Jerusalem spielte er in der deutschen Kirche die Orgel [Gebr. Oswald und Paul Dinse, II/21; kmlpz 24, 4] und sprach erst noch über das Instrument mit uns allen, dann spielte er den Satz einer Bachschen Fuge. Wir setzten uns, des Stehens müde. Er verließ die vorgeschriebne Linie, irrte ab und verfiel ins musikalische Träumen. Eine Störung trat ein, er brach jäh ab, und wir sahen in ein geistesabwesendes, von Tränen benetztes Antlitz. Schwankend, wie ein Trunkner, erhob er sich, und es dauerte Sekunden, bevor er wieder in unsrer Alltagswelt landete" (kmjb 1925, 61).

05.08. Jerusalem. Vermutlich Besuch der heiligen Stätten (Golgatha mit Grabeskirche, Tempelplatz mit Felsendom, El-Aksa-Moschee und Klagemauer) (jbkmg 1984, 183).

05.09. Jerusalem. Vermutlich morgens Ausflug zu den "Gräbern der Könige" und nachmittags nach Ain Karim (gwb 82, 156; jbkmg 1984, 184). *Wir verwendeten den Vormittag dazu, die "Gräber der Könige" und einige andere naheliegende Orte zu besuchen. Am Nachmittag wollten wir nach Ain Karim, einem meiner Lieblingsplätze, den man für den Geburtsort Johannis des Täufers hält* (*Schamah* 69). – Grußkarte an Unbekannt von Mays und Plöhns (Karl-May-Museum, Radebeul).

05.10. Jerusalem. Besichtigungen und Spaziergänge (gwb 82, 156). Ausflug zum Siloahteich und nach Bethanien (El Azarijeh), einem Dorf 2 km südöstlich von Jerusalem am Ölberg. Dort werden "Schloss" und "Grab" des Lazarus besichtigt. Klara Plöhn fotografiert den Grabhüter vor dem angeblichen Lazarus-Grab: "Der Araber hält den Schlüssel hoch und ruft uns zum Eingang des Grabes." Rückkehr über Beth Phage und El Thur (kluß2 173f., 178f.; jbkmg 1984, 183-185; gwb 82, 155,

160; eck 144, 148, 171). *Als* [*die heißeste Zeit des Tages*] *vorüber war, wanderten wir nach dem Ölberge, um nach Bethanien hinauf zu spazieren und dann über die Stätte Betphage und Kafr et Tur nach der Stadt zurückzukehren. Wir nahmen den photographischen Apparat mit, ohne den meine Frau fast nie verreist.* [...] *So machte sie auch heute in Bethanien einige Aufnahmen, welche die Eigenartigkeit der dortigen Stein- und Mauerreste zeigen. Dann stiegen wir zur vollen Höhe des Ölbergs hinauf. Da gibt es Stellen, an denen man nicht nur die ostjordanischen Berge, sondern sogar einen Teil des Toten Meeres liegen sieht* (*Schamah* 22). – Emma May schickt "Herzliche Grüße von heiliger Stätte!" an Max Welte (abgesandt erst am 15.5.) (patsch; gus 276). – Postkarten von May und Plöhns an das Ehepaar Grund.

05.11. Kutschfahrt nach Hebron (El Chalil), 36 km südlich von Jerusalem, vermutlich mit Abstecher zum Kloster Mar Eljâs, Besichtigung der Salomonischen Teiche und Kaffeepause im Wadi el' Arrûb. In der Nähe Hebrons jetzt oder auf dem Rückweg Besichtigung von "Brunnen" und "Haus Abrahams" (Haram Ramet el-Chalil). Nicht genau zu datieren ist ein Ausflug mit Eseln zur russischen Abrahamseiche im angeblichen Hain Mamre (Hospiz und Aussichtsturm), eine halbe Stunde nordwestlich von Hebron (gwb 82, 160-162; kluß2 178; jbkmg 1984, 184-186, 188; eck 172-174). *Ich ritt auf dem alten Pflasterweg nach dem Haine Mamre hinaus und ließ mir im russischen Hospize dort den Schlüssel zum Aussichtsturme geben. Ich sah die unterhalb desselben stehende "Eiche Abrahams"* [...] *und ritt dann zwischen Weinbergsmauern weiter, die Jerusalemstraße hinaus und rechts hinüber nach dem Brunnen Abrahams. Er liegt in der unteren, rechten Ecke des Mauerfeldes, und die strenggläubigen Bewohner von El Chalil sehen es nicht gern, wenn ein Christ von seinem Wasser trinkt. Ich schöpfte aber doch und trank und trank. Hierauf sammelte ich* [...] *den Samen der dort massenhaft wachsenden Kompositenblumen, um ihn daheim in meinem Garten auszusäen* (XXVIII 274). –

In Hebron wahrscheinlich Übernachtung bei dem Juden Eppstein: *Eppstein nahm uns im höchsten Grade gastlich auf. Er gab uns sein* [...] *"bestes Zimmer", welches verhältnismäßig luftig auf dem platten Dache liegt. In dem Tagebuche meiner Frau, die sich derartige Dinge gern notiert, sind hierüber folgende Zeilen zu lesen: "Es war ein sehr heißer Tag. Wir bekamen ein schönes, kühles, gewölbtes Zimmer, welches zwei weitgeschweifte Bogen hatte. An drei Seiten Fensteröffnungen und an der vierten Seite die Tür. Der Raum war nach dortigen Verhältnissen splendid zu nennen. Die Ausstattung bestand aus zwei Betten, einem auf drei alten Kisten aufgebauten Divan und einem Tisch nebst vier Stühlen mit Holzsitzen, die aber mit weißen Kappen, welche auch noch eine Falbel hatten, belegt waren. Ein schöner Wasserkrug, wie er schon zu Christi Zeiten in Gebrauch war, stand in einer Ecke. Die Wände waren blau getüncht. Auf einem der Stühle stand ein Waschservice aus Messing. Über die Bilder, die an den Wänden hingen, schweige ich. Bewirtet wurden wir mit vorzüglichem Hebronwein, die ganze Flasche für einen Frank. Das Essen, welches man uns vorsetzte, zeugte von großer Mühe, die man sich gegeben hatte, doch wäre diese Mühe gewiß einer bessern Sache wert gewesen"* (*Schamah* 43). – Grüße an Marie Hannes (patsch).

05.12. Von Hebron (vermutlich über Bethlehem, mit Besichtigung der Geburtskirche) zurück nach der *heiligen Stadt* Jerusalem, *in welcher ich mit meiner Frau, Freund Plöhn und dessen Gemahlin vereint weile* (May an Johannes Dederle): *Es sind wahre Odysseus-Fahrten gewesen, welche zwischen meinem letzten Gruß und dem heutigen liegen, und ich fand da leider nicht die nöthige Ruhe und Zeit, das Ihnen versprochene Manuscript zu vollenden. Sie wollen dies gütigst verzeihen! Aber mein Wort halte ich. Gestern waren wir in Hebron, und morgen geht es nach dem todten Meere. Ich habe außer dem Äußerlichen auch so viel, so sehr viel Innerliches erlebt, und Palästina ist in geistiger Beziehung noch heut das Land, darinnen Milch und Honig fließt. Ich bringe davon mit!* (gwb 82, 163)

05.13. Sonntag. Jerusalem. Telegramm an Fritz Unger nach Haifa, einen Mietwagen nach Jaffa zu schicken. Nachmittags Abfahrt nach Jericho am Toten Meer (gwb 82, 163) – *Onkel Karl u. Tante Emma* schicken noch einen *Gruß aus Jerusalem* an Marie Hannes (stein1 175), May an Franz Joseph Börger u. a. – Postkarten von Mays und Plöhns an das Ehepaar Grund (kmhi 11, 48). – In Jericho mietet May in einem russischen Privathaus eine Wohnung. In den folgenden Tagen verschiedene Besichtigungen und Ausflüge in die Umgebung, u. a. zum Dschebel Karantel, wo Klara Plöhn das Strafkloster fotografiert (gwb 82, 163f., 166). *Er-Riha wird diese Stadt vom heutigen Araber genannt. Von ihr aus geht es über eine alte, verfallene Brücke nach dem fernliegenden "Toten Meere". Nach der andern Seite führt, an zerlumpten, niedrigen Beduinenzelten vorüber, ein bequemer Weg nach Aïn es Sultan* [*Sultansquelle*], *wo die eingeborenen Bettler gern unter Wasser tauchen, um die für sie hineingeworfenen Geldstücke herauszuholen.* [...] *Geht man von hier aus noch weiter, so sieht man den imposanten Dschebel Quarantel vor sich liegen, der sich aus dem Abgrunde wie ein böser Traum aus tiefem Schlaf erhebt. Seine Einsamkeit hat schon in den früheren Zeiten anziehend auf fromme Anachoreten gewirkt. Die Höhlen wurden von ihnen bewohnt. Zelle gesellte sich zu Zelle. Sie sind hoch am schwindelnd steilen Fall der Felsen gelegen. Heute wird diese Siedelung als Strafkolonie für griechisch-katholische Priester gebraucht.* [...] *Auch in Jericho habe ich unter freiem Himmel wiederholt ganze Nächte durchgewacht. Warum? Der Unsauberkeit und des Ungeziefers wegen, welches mich aus der Wohnung heraus bis an den verwilderten Garten trieb.* [...] *Ich sah am Tel ed Dem* [*Bluthügel*] *den Chan Chadrur vor mir liegen, welcher die Herberge sein soll, in die der barmherzige Samariter seinen Pflegling brachte. Dort habe ich für eine Flasche allerschlechtesten Bieres drei Mark bezahlt. Ein Glas widerlich parfümiertes Wasser kostete einen Frank* (XVIII 339f.).

05.13.-17. Jericho und Umgebung (gwb 82, 164f.).

05.17. Jericho. Zurück über Jerusalem nach Jaffa, Hotel Jerusalem (gwb 82, 165).

05.18. Jaffa. Der Hotelbesitzer Ernst Hardegg schenkt May ein Porträtfoto "zu freundlicher Erinnerung" (kmw VIII.6, 942f.). – Abreise im Wagen Fritz Ungers nach Nazareth (gwb 82, 165).

05.19. Nazareth. Hotel Germania (Friedrich Heselschwerdt). Klara Plöhn an Wilhelmine Beibler: "Heute erhielt ich Deinen lieben Brief vom 8. April, leider kann ich ihn Richard wegen der Hausgeschichten nicht zeigen, er ist furchtbar angegriffen und verträgt gar nichts. Die Häuser sind eine rechte Plage." Plöhns besitzen zwei Zinshäuser in Dresden, Tieck-Straße 27 und Adler-Gasse 1, mit mehr als einem Dutzend Mietparteien (patsch; kmhi 12, 38).

05.20. Sonntag. Nazareth.

05. Besuch eines Klosters in Nazareth, wo fünf 10-Pfund-Brote erworben werden, "die uns erst durch ihre Menge entsetzten" (Klara May an Euchar Schmid 23.4.1931). Besichtigung der Marienquelle (Foto Klara Mays, gwb 82, 170).

05.22. Nazareth. Klara Plöhn schickt "viele herzliche Grüße von Euren Plöhns & Mays" an das Ehepaar Grund (gwb 82, 170). – Leipzig. Walter Weber teilt May mit, dass er sich am 11.12.1899 als Dr. phil. promoviert hat: "Nun nur noch die kurze Nachricht, daß sich ganz Deutschland sehnt, seinen beliebtesten Schriftsteller bald wieder willkommen zu heißen."

05.23. Tiberias. Hotel Krafft & Großmann. Bootsfahrt über den See Genezareth nach Magdala, Kapernaum, Bethsaida. In Tabgha bei Tiberias, dem angeblichen Ort der wunderbaren Brotvermehrung, Besuch des Hospizes des Deutschen Vereins vom Heiligen Land (Köln) und Begegnung mit dem aus Luxemburg stammenden geistigen Leiter Pater Zephyrin Biever (1849–1915; kmw VIII.6, 541, 726f.), der nicht nur unter den Beduinenstämmen, sondern auch schon in Amerika gepredigt hat. May wird dem Haus nach seiner Rückkehr seine Werke mit dankbarer Widmung schicken ("Kirchenzeitung Köln" 29.3. 2002, 12f.; kmjb 1930, bei 384, 392). Klara May, "Bunte Blätter aus Karl Mays Leben": "Bei Pater Bieber [sic] fanden wir auch Karl Mays Werke. Er selbst ist ein begeisterter Leser und er erzählte uns, daß Karl May sein Lehrer im Umgang mit den Beduinen gewesen sei. Jetzt gilt er dort unter diesen Leuten als Berater und Helfer in allen Lebenslagen. Er ist ihr Richter und Arzt, gestattet sich auch zuweilen einen Scherz mit ihrer kindlichen Einfalt" (kmjb 1918, 70). Biever hält Emma und Klara für Schwestern. Auf dem Rückweg ist der See so stürmisch, *daß wir beinahe in Lebensgefahr kamen* (May an Wilhelmine Beibler; gwb 82, 165). Klara Plöhn an Wilhelmine Beibler 24.5.: "Denke Dir, wir haben gestern auf dem See Genezareth eine Bootsfahrt bis zum Jordan gemacht und wären dabei bald ums Leben gekommen, denn auf dem Rückweg machte sich ein furchtbarer Sturm auf und wir mußten weit von der Stadt landen, das Boot konnte aber auch nicht ans Ufer, und wir mußten auf den Schultern der Bootsleute ans Ufer getragen werden, es war furchtbar" (patsch). Klara auf der Rückseite eines Fotos des Bootes: "Unser Kahn in dem wir den denkwürdigen Besuch beim Pater Bieber machten und auf dem Heimweg in einen Orkan kamen. Es war sehr gefährlich wir konnten nicht mit dem Kahn zurück nach Jericho, mußten uns tief durchs Wasser an den Strand arbeiten, den wir nach langer Zeit völlig durchnäßt erreichten. Karl May schwamm wie eine Wasserratte und beförderte uns ans Land". – Tiberias. May an Johannes Dederle: *Von Kapernaum, Bethsaida und Magdala kommend, sendet Ihnen einen Gruß vom heut sehr stürmischen See Genezareth Ihr ergebener May* (patsch). *Gruß vom See Genezareth* an sich selbst (kma 5, 10).

05. Aufzeichnung Klara May: "An der Jordanfurt, wo einst Christus die Taufe erhielt, war stille Einsamkeit, die es ermöglichte, dass wir in das Wasser hinabsteigen konnten, um aus dem Fluss Wasser zu schöpfen, das wir in Jericho abkochten, in Beduinenpulverflaschen füllten und verlöteten. Noch heute existieren einige solcher Flaschen mit dem heiligen Wasser, was wir dazu mitnahmen, um es für unsre Taufpaten zu verschenken."

05. May an Max Dittrich, um 1904: *Ich kam von Nazareth, der Herrlichliegenden, wiederholt nach dem See Genezareth. Ich sah die Stätten im Osten, von denen Bethsaida, Chorazin, Gamala und Amatha verschwunden sind. Und wieviel fand ich noch vor von Chorassin, von Kapernaum, Magdala, Arbela und alle den anderen? Nur Tiberias ist übrig; was aber ist sie heute?* (aug3 102)

05.24. Tiberias (gwb 82, 168). Klara Plöhn sendet *herzliche Grüße von uns Allen* an Wilhelmine Beibler (patsch).

05.25. Tiberias. Rechnung des Hotels Krafft & Großmann für zwei Tage (patsch). – Von Tiberias nach Nazareth. Klara Plöhn an Wilhelmine Beibler: "Heute nacht fahren wir nach Beyruth. Richard ist immer sehr leidend" (patsch). – "Gruss von Nazareth" an Marie Hannes *von Onkel & Tante May* (stein1 176), an Oberleutnant Josef Mitterbacher in Prag (kma 3, 15) und Johannes Dederle (patsch). – Postkarte Mays an das Ehepaar Grund. – Emma grüßt Max Welte (patsch).

05.26. Von Nazareth nach Haifa (gwb 82, 171). Begegnung mit dem deutschen Vizekonsul Friedrich Keller.

05.27. Sonntag. Haifa. Auf dem Karmel. Klara May an Euchar Schmid 23.4.1931: "Von Haifa fuhren wir dem Meere entlang, ganze Strecken im feuchten Meeressand, oft bespritzt von der Brandung, eine sehr vergnügliche Fahrt, bis Akka. Am Gefängnis kauften wir die Peitsche, die heut in der Halle des Hauses hängt und mich so oft ich sie auch sehe, an die braunen Hände des Gefangnen erinnert, dem wir sie abkauften. Es war den Gefangnen dort gestattet, angefertigte Gegenstände den Besuchern zu verkaufen. Viele mögen ja nicht hinkommen, aber doch immerhin einige, besonders Engländer, die dort die Gräber ihrer gefallenen Helden besuchen. [...] Auf dem Karmel waren wir wiederholt. Dieser Berg hatte es KM ganz besonders angetan. Als er zuerst allein oben war, hatte er mit den gütigen Mönchen Freundschaft geschlossen, und so kam es dass auch das ewig Weibliche einige der geheiligten Räume betreten durfte. Wir bekamen den herrlichen Karmeliter-Likör vorgesetzt, der uns mundete, nahmen auch von den Erzeugnissen der Mönche mit." – Notiz Klara Plöhns auf der Rückseite eines Fotos von "Haifa mit dem Karmel": "Dort sind die Gräber, wo Napolion seine kranken Soldaten vergiften ließ um sich nicht mit ihnen schleppen zu müssen & um die anderen zu retten". – Klara Plöhn sendet die "herzlichsten Grüße" an das Ehepaar Grund (gus 278). – Abends an Bord der "Hungaria" (gwb 82, 171).

05.28. Abfahrt von Haifa und Ankunft in Beirut. Hotel Deutscher Hof (Hotel Allemand, J. & Ch. Blaich). Ausflug zum Nahr el Kelb (Hundsfluss, Gedenkstelen aus vier Jahrtausenden). Reisetagebuch: *Wir gingen gestern an Bord des Österreichischen Lloyd-Dampfers "Hungaria", wo Richardts Cabine No. 5 und wir No. 3 bekamen. Abendessen gab es nicht. Fritz Unger blieb bis ½ 12 bei uns. Dann gingen die lieben Drei schlafen. Das Schiff nahm ca. ¼ 2 Uhr Anker auf. Ich blieb noch länger auf dem Promenadendeck, bis Lichter und Leuchtthurm von Haifa und mit ihnen der liebe Karmel verschwanden. Gegen 5 Uhr war ich wieder oben. Ich sah Sidon im Morgenglanze liegen, dann nördlich Dörfer und einzelne Häuser am Strande oder am Gebirge. 8 Uhr erschien Berut. Ich weckte. Die Lieben zogen den Kaffee dem Anblick der Stadt vor. Sie sind eben anders als ich. Das Schiff wurde von Booten bestürmt. Dasjenige des Hôtel Allemanja mit Ungers Bruder* [Jakob] *war auch da. Er begrüßte mich. Wir waren schon längst erwartet worden. Wir hatten Zeit und beschlossen, mit dem Ausbooten zu warten, bis Ruhe sei. Beyrut nimmt sich von der See wunderbar gut aus, schmuck und sauber mit seinen hellen Mauern und rothen Ziegeldächern. Ich schaute nach dem Quarantaineplatze aus, konnte ihn aber nicht sehen, weil wir im Binnenhafen lagen. Die See war ruhig, und das Ausbooten war* *bequem. Am Gumruk mußten wir alles öffnen, doch verfuhr der Beamte sonst rücksichtsvoll. Geschrei gab es viel, und E*[*mma*] *schrie mit. Wir behielten aber Alles beisammen und kamen glücklich im Hôtel an, wo Fräulein Blaich sich freute, mich wiederzusehen: Ich bekam mein früheres Zimmer, Emma das große nördlich. Klara nahm zwei nebeneinander liegende westlich. Richardt forderte mich auf, noch ehe er sein Zimmer betreten hatte, ein kaltes Bier mit zu trinken. Wir gingen zu Gaßmann* [Bierhaus beim Zollamt, mit deutschem Bier], *wo wir einen Versicherungsinspector (Österreich) fanden, mit welchem wir uns sehr gut unterhielten. Nach Tisch fuhren wir in 2 Wagen nach dem Nahr el Kelb, den ich schon von früher her kenne. Der Weg durch die Stadt war staubig. Wegen Straßenbaues fuhren wir nicht über den Kanonenplatz, sondern durch die untere Stadt und an der Quarantaine vorüber. Mich interessiren an den Häusern besonders die saracenischen Anklänge. Leider sind die auf dünnen Säulen ruhenden Bogen mehr rund als Spitzbogen, oft 3 neben einander, der dritte zuweilen halb oder ganz ausgemauert. Auch der kirchliche Hochfensterbau bei Privathäusern gefällt mir. Das Eindringen des Lichtes wird sogar durch Ochsenaugen unterstützt. Man beweist dadurch, daß man sehr licht und dabei doch kühl wohnen kann. Die Straße außerhalb der Stadt ist gut. Die Kapelle des h. Georg, wo nach der Sage der Kampf mit dem Drachen stattgefunden haben soll, sahen wir leider nicht, weil sie am obern Wege liegt. Jenseits der von Fachr ed Din* [Fakhr ed Din] *erbauten Berutbrücke sieht man Aley, Brumana und andere Ortschaften, später auch das Kloster hoch oben liegen. E. war müde, sie schlief auf dem Hinwege, interessirte sich dafür aber auf dem Rückwege um so mehr für die Bewohner von Dschedeide, Ant Eljas und Debaje. Es sind das fleißigere und intelligentere Menschen, als die, welche wir in letzter Zeit sahen. Sie haben allerdings Wasser, benutzen es aber auch. Es giebt da ausgedehnte und gutgehaltene Maulbeerpflanzungen für die hier fleißig betriebene Seidenraupenzucht. Zwischen den Baumreihen pflügen Ochsen den Acker. An dem mit hohen Schilfgräsern eingefaßten Wege liegen wohlbestellte Äcker und Gärten (Kürbis, Melonen, Wein, Öl etc.). Die Menschen, wohlgenährt und kräftig aussehend, sind besser, oft malerisch, halb militärisch gekleidet und schauen nicht nach Bakschisch aus. Es giebt sehr hübsche Gesichter mit edlen, intelligenten Zügen. Die meist in Gärten liegenden Häuser sind von Mauersteinen massiv und sauber gebaut. Platte Dächer, auf welche Holztreppen von außen führen. Die an der Straße liegenden haben meist eine von sarazenischen Bogen getragene steinerne Vorhalle, welche den dahinter liegenden Wohnungen Kühlung bringt. Sieht man durch die offenen Thüren, so erblickt man freilich meist leere Räume, in denen nichts vorhanden ist, was auf europäische Bequemlichkeit Bezug hat. Man begegnet Wagen (Droschken aus der Stadt), Fußgängern, Reitern zu Kameel, Pferd oder Esel. Sie alle machen den Eindruck der Zufriedenheit und Werkthätigkeit. Wo man hält oder einkehrt, stehen sie auch alle rundum, aber nicht mit der zudringlichen Neugierde anderer Gegenden, sondern mit sichtlich wirklichem Interesse und Nachdenken und sind dem Fremden in jeder Art behülflich. In der Restauration am Nahr el Kelb, dessen Eisenbahnbrücke eingestürzt war, so daß ein Theil der Schienen in der Luft hing, brachte man uns sofort Blumen. Ein Gast übersetzte unsere Wünsche. Ich entdeckte 2 Flaschen Münchener Sedelmeyer, von denen sofort eine im Korbe in den Bach gehängt wurde. Die anderen Drei tranken Kaffee. Ich ging hinter das Haus und entdeckte reife Luhf-Pflanzen, die ich an der Frühstückseiche jenseits des Karmel nur unreif gesehen hatte. Kaum bemerkte man, daß ich sie nahm, so holte man noch mehr. Man mag dabei zwar auch mit an das Trinkgeld denken, aber es geschieht in einer Weise, welche den Eindruck vorzugsweiser Aufmerksamkeit und Gefälligkeit macht. Kurz, ich bin von diesen Leuten sehr befriedigt. Auf dem Rückwege bogen wir links nach El Hersch und Rustam Paschas Garten ein. Der Ausflug gefiel Richardt so sehr, daß Klara meinte, er müsse noch einmal gemacht werden. Hier wird das alte Berytos wieder jung und ist in sein schönstes Grün gekleidet. Man glaubt nun auch, daß es wegen seiner Seidenwebereien einst hochberühmt war. Es giebt an diesem Wege überall kleine Pinienwälder und lichtere Kiefernpflanzungen, welche beweisen, daß das Land wohl wieder grünen könnte, wenn Einsicht, Fleiß, Wasser und Wald vorhanden wäre. Die beiden Ersteren würden die beiden Letzteren wohl unschwer schaffen können. Nur müßte vor allen Dingen der Zoll auf Obstbäume fallen* (gwb 82, 171-173)

05. In den Ausläufern des Ras Beirut Besuch des Syrian Protestant College (patsch).

05.29. Beirut. Besuch bei dem Apotheker H. Heine und dessen Frau, die 1895 in Radebeul gewesen ist. – Klara Plöhn an Marie und Hans Grund: "Noch immer im Süden werdet Ihr denken, bei dieser Hitze, sie macht uns viel zu schaffen; Ihr könntet jedenfalls ein gut Theil davon brauchen, leider kann ich sie Euch nicht wie unsere Grüße senden" (gwb 82, 176). – Ausflug in den Libanon. Quäkerkolonie Brumana. Hotel Lebanon (K. Saalmüller).

05.31. In Ernstthal wird die "Lügenschmiede" wegen einer Straßenerweiterung abgerissen.

06.01. *Am Libanon.* Reisetagebuch: *Es bettelt einen hier kein Mensch an; die Leute sind betriebsam und fleißig; sie würden sich schämen, das Wort Bakschisch auszusprechen. Im Hotel kosteten 7 Sarfs 1 Frank. Es gab ein Lachen über Hassan, der nach den Kebeb-Eisen gefragt wurde und nicht deutsch konnte. Überall erblickt man saubere und wohlgepflegte Maulbeerpflanzungen, die Steine zu Mauern aufgeräumt. In und oberhalb Bukfaja auch Wein. In Bachrsaf traten wir in eine Seidenspinnerei ein und sahen uns das Abspinnen der Cocons an. Es herrschte ein penetranter Geruch, und die oft recht hübschen Mädchen wurden vom Aufseher mit dem Stock zur Arbeit angetrieben! Oben waren wir in den Wolken gewesen, in Bukfaja so kalt, daß wir das Zimmer aufsuchten. Von Bachrsaf wurde es wieder warm und hell, und das großartige Gebirgspanorama trat deutlich hervor. Im Hotel Saalmüller hatte man mit dem*

Mittagessen auf uns gewartet. Es gab sehr reichlich Lachs etc., was mich Etwas ahnen ließ. Und richtig, als ich die Rechnung haben wollte, durfte ich nicht zahlen. Schon Richardt war abgewiesen worden. 4 Personen, 2 Kutscher, 1 Diener, 4 Pferde. Eine ganz und gar unerwartete und großartige Gastlichkeit. Wir erhielten sogar noch Pinienäpfel und echte Zweige der Libanonzedern! Muß mich abfinden! Der Abschied war herzlich und rührend. Gott segne diese guten Menschen! Bei der Niederfahrt hielten wir in Ain Saâda an, wo am Straßenrande aus dem Innern der Seidenwürmer, die gelb sind und dadurch minderwertig, Angelschnuren gemacht werden. Wir kauften 2 Gebinde für à 1 Fr. In Tikwêni lag eine junge Frau am Wege. Der Mann hatte sie geschlagen, bis sie liegen geblieben war, – – – er war Christ. Unterwegs kam mir der Gedanke, daß die Geduld der edlere Beweis der Liebe sei. Zwischen Brumana und Bet Maria schrieb ich: Gedanken beim Sonnenuntergang (Erst wenn man was verloren hat, erkennt man seinen Wert): Die Sonne wird zur Tagesfrist / Oft viel zu heiß gescholten; / Doch dann, wenn sie verschwunden ist, / Färbt sie den Himmel golden (patsch; gwb 82, 173-177).

06.02. Beirut. Aphorismen, Verse und Pläne im Reisetagebuch: *Es kann kein Mensch selig werden, außer dadurch, daß er andere selig macht; denn indem er sie emporhebt, steigt er selbst empor. // Nenne Gott nicht eher deinen Vater, als bis du dich so weit erzogen hast, daß es dir leicht wird, allen seinen Menschenkindern ohne Ausnahme wahrhaft Bruder oder Schwester zu sein! // So ist, so ist das Himmelreich / Ein liebes, schönes heilges Land, / In welchem alle, alle gleich / Zur Besserung reichen sich die Hand // So steigt ein Jeder in dem Chor, / Der ihn mit trägt, der ihn mit hält, / So selig und so leicht empor / Zum Lichte einer edlern Welt. // Es ist mir, als müsse sich das geplante Epos "Die beiden Inseln" auf diese Erlösungslehre beziehen. Aber unter einem anderen Titel. Vielleicht "Der Archipel". Seine Bewohner sehnen sich nach dem Festlande, dem Vater dort, können aber nicht einzeln zu ihm, sondern bekämp-*

fen sich. Endlich gelingt es ihnen durch die vereinigte Liebe und den führenden Verstand (gwb 82, 177f.). – Bekanntschaft mit dem Berliner Theologen Dr. Bruno Violet (*1871), der 1902 ein "Zweisprachiges Psalmfragment aus Damaskus" edieren wird (gwb 82, 178).

06. Von Beirut aus schickt May Fotos an Pater Biever in Tabgha.

06.03. Pfingstsonntag. Mit der Bahn von Beirut nach Muallaka, auf dem Weg nach Baalbek. Die Schmalspurbahn hat streckenweise Zahnstange und steigt steil bergan. Reisetagebuch: *Früh 7.5 nach Muallaka, von da nach Baalbek. – Wie liebe ich dieses Land und seine Gebirgsformationen! Die Gefährten stehen ihm kälter gegenüber. Die Gegend bis Aleih habe ich schon gesehen. Diese Berge alle sind steinerne Gebete zu Gott um Wasser. Sie wollen geben, spenden, fruchtbar sein, und wo die Menschen an der Erhörung dieses Gebetes arbeiten, ernten sie von diesen steril scheinenden Höhen auch wirklich Dankbarkeit. Diese Leute sind mir sympathisch. Sie sehen sauber und intelligent aus und sind freundlich und gefällig. Die auf einer Station, ich glaube Dschenhur, in Körben aushängenden Brote und Früchte machten einen so reinlichen Eindruck, daß sogar die beiden Frauen Appetit bekamen. Die Häuser sind hier noch massiv von Stein; es giebt eine gewisse Sicherheit und Behäbigkeit um sie her. Später wird das freilich anders. In Ain Sofar war der höchste Punkt im Libanon* [1487 m] *erreicht.* Nach vierstündiger Fahrt wird Muallaka erreicht, wo in Wagen umgestiegen wird. Bis Baalbek sind es noch 55 km. *Es geht durch die Hochebene Bekaa (Bika'), welche den Libanon (links) vom Antilibanon (rechts) trennt. Diese Ebene ist wie Eisenoxyd roth und war früher gut bebaut, jetzt nur noch leidlich. Nur mit dem Pflug bewirtschaftet. Dazwischen steppenartige Strecken. Ich wurde nicht müde, die beiden Höhenzüge zu betrachten, aber die Ebene ist einförmig, das Auge ermüdet. Die Häuser der Dörfer, durch welche man kommt, gleichen den egyptischen Schlammziegelhütten, und die Bewohner sind nicht so anspre-*

chend wie bisher. In Bet Schamah wurde gerastet. Dann ging es nach N. O. querlang über die Ebene. Wer mag hier alles gelebt, wer nach Baalbek gezogen sein, um dort zu verehren, "die wir nicht verehren", wie der Kuran in der Fathha sagt? Warum hat man Baalbek dorthin gesetzt, wo es stand und steht? Die Karte giebt keine Antwort darauf, aber das Auge. Man denke sich Libanon und Antilibanon bewaldet, zwischen ihnen die Ebene und auf ihr die Züge der Pilger etc.; da plötzlich scheint sie abgeschlossen von einem Querhöhenzug, der Halt und Ruhe gebietet. Dieser Zug war auch bewaldet, und ein Flüßchen bot reiches Wasser. Das war der passendste Ort. Es mögen auch andere Gründe mitgesprochen haben, vielleicht maßgebender gewesen sein, aber dieser gewiß nicht zum wenigsten. Ich muß sagen, daß Baalbek die Erwartungen, mit denen man ihm sich nähert, nicht täuscht. Die Ruinen und besonders die 6 hohen Säulen des Peristyles machen schon von Weitem einen großen Eindruck. Leider war es, als wir ankamen, schon zu spät, den Tempel noch zu besuchen. Wir wohnten im Hotel Viktoria (gwb 82, 178-180).

06. Klara May an Euchar Schmid 23.4.1931: "Es gab [in Baalbek] nur das eine arabische Einkehrhaus, von dessen Einfachheit man sich hier schwer eine Vorstellung machen kann. Auch die lebendig gerupften, unglücklichen Hühner, die an den Beinen getragen wurden mit zugebundnem Schnabel, sie so am Schreien hindernd, hatten uns alle Lust, sie in der mit Gurken und Zwiebeln gekochten Brühe zu verzehren, genommen. So wurde dünner Kaffee und verschimmeltes Brot [aus dem Kloster in Nazareth] unser Pfingstmahl."

06.04. Reisetagebuch: *Baalbek. 2. Pfingstfeiertag. Wir gingen zur Akropolis (1 Medschidie). Der jetzige Eingang ist ein tunnelartiger breiter Gang, dessen Wände aus der phönikischen Zeit stammen; die Wölbung gehört, wie ich glaube, einer späteren an. Er ist nicht der Einzige. Diese Gänge sind durch Quergänge verbunden. Jetzt zeigt man 2 Haupteingänge und 1 Quergang. Ich meine, das sei nicht alles. Meine Beschreibung* *in Bd. 3 trifft das Richtige. Der Eingang mündet unweit und vor den noch stehenden 6 Säulen. Mein erstes Gefühl war das der Befriedigung, was bei mir leider so selten ist, ich kann nichts groß, gewaltig und schön genug bekommen und habe doch kein ausgebildetes Kunstverständnis für das Schöne. Goethe würde ganz anders sehen, denken und empfinden als ich. Das ist nun leider hier im Leben nicht mehr nachzuholen. Harmonisch. Dieses Wort "harmonisch" scheint mir unentbehrlich, weil das wichtigste für die Kunst. Ohne Harmonie ist wohl nichts wirklich schön. Der Schöpfer gab das herrlichste Vorbild in seinem Schöpfungsplan, dessen Harmonie eine göttliche, dem Geschöpfe also unerreichbar ist; dennoch soll es ihm nachstreben. Dieser Plan ist seit Ewigkeiten da, zwar unvollendet und doch schon vollendet im Einzelwesen und seiner Harmonie zum unendlichen Ganzen. Und wenn er einst vollendet ist, ausgeführt ist, indem sich jede Dis- in Consonanz aufgelöst hat, so wird dieses All doch nur sich offenbaren als ein einzelner Stein eines noch größeren Tempelbaus, als ein einziges Molecule einer ungeahnten, neuen, größeren und herrlicheren Welt, nicht von einem anderen und höheren, sondern von demselben Gott geschaffen, erhalten und regiert, denn größer, erhabener und heiliger als Er ist keiner. Wie dies All sich nach außen dehnt, erweitert und verherrlicht, so vertieft und vervollständigt sich auch das All im Innern des Menschen. Auch in ihm liegt trotz aller Gegensätze und Dissonanzen die Kraft und der Raum der Ausarbeitung und Ausdehnung zu einer großen herrlichen Harmonie. Wir kennen das nicht, was wir Seele nennen, aber wir sollen und können uns innerlich so entwickeln und klären, wie Gott die Außenschöpfung sich entwickeln und klären läßt. Dann werden wir besser in uns sehen als bisher. Ich werde diese Ruinen nie vergessen. Derselbe Himmel stand über ihnen, als sie noch nicht Ruinen waren. Wo sind sie, die einst hier gläubig lehrten und gläubig beteten? Wo sind sie, die hier beides ohne Glauben aus anderen Gründen taten? Kann man dies nicht auch bei anderen Tempeln und Kirchen fragen? Es ist das Alte und sich immer Wiederholende, die Anbetungs-*

stätten waren und sind – – – teils was und teils was? – – – Erst ge- und dann entweiht. Meinen hehren Wald, mein Kämmerlein aber kann mir keiner entweihen, denn ich weihe beide durch mein eigenes Gebet, und diese Weihe bleibt bei mir und kehrt erst mit mir wieder zurück. Hier spielen einige Kapitel. Allein ging ich zum Hadschar el Hublah [Hadjar el Hibla, Stein der Schwangeren, in den Steinbrüchen; eck 303-306], *ich stieg hinauf und konnte 27 Schritte auf ihm gehen. Dieser Stein ist noch nicht ganz aus der Erde gelöst. Von hier zum Friedhof. Welch ein Unterschied! Dort Cyclopen- und hier Pygmäenarbeit, dort künstlerisch fein durchdacht, hier ohne alles Verständnis und unsinnig zusammengeschoben, wie Kinderspiel. // Was taten die, die weniger doch hatten, / Als uns der Himmel jetzt gegeben hat? / Hochmütig zählen wir sie zu den Schatten / Und sind doch gegen sie so schattenmatt. // Baalbek birgt viele Schwalben. Nie zuvor sah ich so viele* (gwb 82, 180-182). – Von Baalbek mit der Bahn über Reyak, wo in den von Beirut kommenden Zug umgestiegen wird, durch das enge Yafufe-Tal nach Damaskus, Beramke-Bahnhof. Grand Hotel S. Besraoui, Zimmer 54, 55, 56 (patsch; gwb 82, 183). Klara Plöhn an Marie Grund: "Wir kommen nun immer mehr in die Hitze hinein und müssen schon aus diesem Grunde eilen heim zu kommen. Auf dem Libanon wo wir zwei Tage waren hat uns freilich gefroren, so hoch waren wir, es ist ein herrlicher Bergzug, einer der Glanzpunkte uns[erer] Reise" (gus 281).

06.05. Reisetagebuch, *Damaskus, Hotel Basrani* (Besraoui): *O komm, du lieber deutscher Wandersmann / O komm, und weile nicht nur einen Tag. / Sieh dir das Aug des Ostens länger an, / Als dir die "Entrepise" erlauben mag. / Jag nicht durch der Bazare laute Flut, / Laß dich vom Zwang nicht hetzen durch die Gassen; / Denn wiß, worauf dein Aug nicht liebend ruht, / Das kannst du mit dem Herzen nicht erfassen. // Und sie ist's wert, "des Orientes Braut", / Daß du den Schleier hebst, der sie verhüllt. / Noch hat sie Jedem, der sie recht geschaut, / Die Hand mit Myrthen überreich gefüllt. / Doch mußt du kommen mit der* *nötgen Zeit, / Ja nicht mit "Cook", mit "Riesel" oder "Stangen"; / Wer als Minutensklave um sie freit, / Der kann zu dieser Braut niemals gelangen. // Es geht ein Sehnen durch die alte Welt, / Das du vielleicht nicht ganz, nicht recht begreifst, / So fast, als wenn an einem fremden Zelt / Auf schnellem Roß du nur vorüberstreifst. / Was sie versäumt, als ihre Zeit einst war, / Was sie gefehlt auf falschen düstren Pfaden, / Das ringt in ihr so tief, so wunderbar / Nach Sühne, nach erlösungsreichen Taten. // Auch geht ein Sehnen durch die Gegenwart, / Dir wohl vielleicht als Ahnung schon bekannt, / So fast, als hätt' im Traum ein Huf gescharrt / Des Geisterrosses aus dem Märchenland. / Was einst versunken, will gehoben sein / Aus lebenden, aus wandelnden Ruinen, / Um, dann als Sage, nun im Sonnenschein / Als Wahrheit unsrer Welt für Gott zu dienen. // So komm, und schau, doch nicht nur die Gestalt; / Sieh nach der Seele, die ihr inne wohnt / Und, findest und befreist du sie, dir bald / Die Liebestat mit Liebestat belohnt. / Doch eile nicht, versenk dich voll und ganz / In Räthsel, die einst keine Räthsel waren, / So wird sich dir in ihrem einstgen Glanz / Der alten Menschheit Jugend offenbaren. // Die Omaijadenmoschee* [eck 245-247] *besitzt mein größtes Interesse. – Auf dem Friedhof B'ab es Saghir besuchte ich Fatimas Grab. Jeden Donnerstag schmückt man die Gräber mit frischem Grün, besonders Myrrthen. Wohltätiger Anblick.* [Lagezeichnung der Gräber:] *1. Khadidscha* [555–619, erste Frau des Propheten Mohammed, 570–632]. *2. Fatima* [606–632, die jüngste Tochter Mohammeds]. *3. Abyss. Prinzessin, auch Mohammeds Frau* [Umm Habiba]. *4. Hammed Nassif Pascha. 5. auch eine Frau Mohammeds* [Umm Salama]. *Die anderen sollen Gräber von Kindern Mohammeds sein. Will mit dem Hüter sprechen, stimmt einiges nicht. Die dritte der heiligen Fahnen ist hier, die 1. in Mekka, die 2. beim Sultan. Dieser Hammed Nassif Pascha hat 2.500 türkische Pfund bezahlt, um hier begraben zu werden. Fatimas Grabdecke hat bunte Wunschfäden. Einen nahm ich zum Andenken, hing ihn aber doch wieder hin, es war mir wie Grabschändung. Die großen Mengen aufgespeicherter Mist* [vor den Stadtmauern] *dienen zum Heizen der 380 Stadtbäder. Auf dem Wege nach Schweifat ein Einsiedler. // Du hast dirs leicht gemacht, ein guter Mensch zu sein; / Doch gegen wen, sag, bist du es gewesen? / Du schlossest hinter Mauern klug dich ein / Und hast im Buch der Menschheit nie gelesen. // Das Räthsel der Gottheit ist nicht mit einem Mal zu lösen, sondern in nach und nach aufsteigenden Intervallen, welche Jahrtausende übereinander liegen. Jeder dieser Intervalle bedarf, um zu ertönen, einer geistlichen oder geistigen Prophetie. // Die Liebe der Menschen gehört Gott, dem Herrn, allein. Er aber hat sie an die Welt weggeworfen. Das ist der Sündenfall, den jeder einzelne für sich selbst begehen, aber auch gut machen kann* (gwb 82, 182-185). – Aufzeichnung Klaras auf der Rückseite ihres Fotos der Omajjadenmoschee: "Aufnahme der Omaijadenmoschee; sie ist zum Teil noch im Bau. Es war früher ein alter heidnischer Tempel. Dr. Violet aus Berlin war mit uns in Damaskus; er hatte vom deutschen Kaiser den Auftrag, die dort befindlichen wunderbaren altarabischen Werke zu studieren und zu übersetzen. Es befinden sich schöne alte Mosaiken in der Moschee. In einem riesigen alten Kasten mit einem weißgrünen Baldachin wird das Haupt Johannes des Täufers aufbewahrt. Dorthin wallen in den Morgenstunden verhüllte Frauengestalten und beten um männliche Nachkommenschaft. An diesem Heiligtum und an der Kiblah (Gebetnische) stehen je 2 mächtige Kerzen, diese brennen an jedem Freitag (Sonntag der Mohammedaner) eine halbe Stunde zum Gebet und sollen länger als 50 Jahre brennbar sein. Hier befindet sich auch der Wunderbrunnen, dessen Wasser die Lebensdauer des Menschen um 10 Jahre verlängert, wenn man 6mal daraus trinkt. Der Turm 'Mâtinet Isâ' soll am Jüngsten Tag Christus tragen; von da wird er die Schlüssel zur Moschee zurückverlangen" (gwb 82, 185).

06.07. Damaskus. Besuch einer Fabrik für orientalisches Kunsthandwerk. Kleinere Besichtigungen, z. B. des "heiligen Baums" (gwb 82, 185). – Aufzeichnung Klaras auf der Rückseite ihrer Aufnahme des Regierungsgebäudes: "Hier wohnte [...] Nasim

Pascha, derselbe, welcher 1897 in Konstantinopel 60.000 Armenier ins Wasser werfen ließ. Er ist krank, spuckt Blut, 5 Ärzte sind in unserem Hotel Besraoui und sein dummer Neffe; er ist Emmas Nachbar bei Tische" (gwb 82, 185). – Klara Plöhn an Wilhelmine Beibler: "Unsere Libanontour war herrlich, nur komme ich nie dazu, die Herrlichkeiten mit ruhigem Gemüth genießen zu können" (gwb 82, 177). – May teilt Fehsenfeld mit, dass die Gedichte fertig seien und nur noch zusammengestellt werden müssen: *Druck kann sofort losgehen, wenn ich heimkomme.* [...] *Haben Sie die Güte, eine Titelprobe anfertigen zu lassen und nach Radebeul zu senden, damit ich sie gleich vorfinde, wenn ich heimkomme. Es eilt. Ich bin so voller Sujets. Mein eigentliches Wirken beginnt erst jetzt. Das Bisherige war nur die Einleitung.*

06.08. Damaskus. Besichtigung des Palastes von Assad Pascha. Aufzeichnung Klaras auf der Rückseite ihrer Aufnahme des Palasthofes: "Das Haus hat 365 Zimmer. Der Pascha hatte zurzeit 50 Frauen, aber nur 10 mit etwa 20 Kindern waren anwesend. Die übrigen waren mit dem Herrn bereits zur Sommerfrische ins Gebirge abgereist. Der Eunuch führte Emma und mich herum. Die Herren blieben beim Hausverwalter, rauchten und nahmen Kaffee ein. Leider konnte ich die Frauen nicht bewegen, sich von mir photographieren zu lassen. Es ist den Mohammedanern verboten, Bilder festzuhalten, weil sie sonst nicht selig werden können. Nur eine junge Nubierin blieb; sie sitzt mit Emma auf dem Brunnenrand im Marmorhof. – Der deutsche Kaiser hat dieses Haus besucht und dem Pascha sein lebensgroßes Bild geschenkt; es stand an der Erde im Empfangsraum. In diesem Hause wurden vom Vater des jetzigen Besitzers einst 2 Armenier lebend mit Kraut gekocht, und die in Damaskus lebenden Armenier mußten ihre Landsleute essen. Die Armenier hatten dem Pascha Kraut gestohlen; er hatte die Diebe entdeckt und sie so bestraft" (gwb 82, 185-188). Auf einem anderen Exemplar der Aufnahme: "Im Harem des Pascha. Er hatte 82 Weiber. Nur die eine Nubierin konnte photographiert werden, alle anderen verschwanden sofort, nachdem sie in die Mattscheibe meines Apparates gesehen hatten und waren nicht zu bewegen mir zu einem Bild Stand zu halten. Das Bild stellt den Marmorhof im Inneren des Palastes dar. Auf dem Brunnenrand sitzt Emma mit der Nubierin. Diese trägt Hosen, wie fast alle Haremsdamen. Die Frauen glauben ihre Seele zu verlieren wenn sie im Bilde festgehalten würden. Der Kuran verbietet jede Abbildung der Menschen, deshalb sind auch in der Aja Sophia die ursprünglichen Engelköpfe in der Kuppel durch Arabesken ersetzt worden." – Am selben Tag macht Klara "bei heißem Siroko" eine Aufnahme in Barada: "Ein beliebter Ausflugsort der Bewohner von Damaskus. Es führt eine sehr staubige Straße dorthin, die aber interessant ist wegen der vielen Reiter, die auf herrlichen Arabern diesen Weg beleben."

06.09. Damaskus. Reisetagebuch (Fragment, auf der Rückseite Notenmelodie *Türkische Hornisten in Damaskus*): *Alles arbeitet, und zwar mit Lust und Liebe. Das sahen wir schon vorgestern, in welcher Zeit wir eine Fabrik besuchten, wo verschiedene orientalische Arbeiten gefertigt wurden. Ich habe da Kinder gesehen, welche Perlmuttereinlegungen etc. mit einem erstaunlichen Verständnisse ausführten. – Wir gingen in das Mausoleum Salah ed Dins* [Sultan Saladin, 1138–1193], *welches in der Nähe der Omaijadenmoschee liegt. Ich liebe diesen Toten* (gwb 82, 188; küh 431, 434).

06.10. Sonntag. Damaskus. Aufzeichnung Klaras auf der Rückseite ihres Fotos vom Markt der Beduinen: "Früh am Markt Aufnahme gemacht; wurde unangenehm, man stürzte auf mich ein, ich rettete mich in ein Kaffeehaus mit unserem Diener und entkam glücklich durch einen hinteren Ausgang. Karl war sehr böse über meinen heimlichen Morgenausflug; ich solle nie ohne ihn gehen bei solchen Unternehmungen" (gwb 82, 188; eck 248-250). – Nochmals Besuch der Omajjadenmoschee. Reisetagebuch (Fragment): In ihrem Bezirk *liegt die Kuppel, welche das Haupt Johannes des Täufers enthält. Sie hat 16 Säulen, je 2 an den Schmal- und 2 an den Längsseiten. An der starken*

Südmauer zählte ich oben 22 Fenster. – Die Moschee wird von 2 Minarehs flankirt, dem Westthurme und dem Isa-Thurm. Letzteren photographirte Klara, und ich zeichnete ihn ab. [Zeichnung]. *Am Nachmittage fuhren wir hinauf nach es Salehije, um das Grab Abd el Kaders* [1808–1883] *zu sehen. Es liegt in der Moschee, in welcher der Muhiadin Ibn el Arabi* [1164–1221] *begraben liegt. Man geht durch den Hof und links eine Treppe hinab. Das Innere sieht folgendermaßen aus:* [Planskizze der Gräber:] *1. Der Muschir Muhammed Amin. 2. Abd el Kader. 3. Der Weli Surir. 4. Muhammed Saad ed Din, Sohn von 6. 5. Muhammed Amad ed Din. 6. Ibn el Arabi.* [Zeichnung des Grabes von Abd el Kader:] *So. Es ist mit Tuch beschlagen. Darauf steht:* [Kopie der arabischen Inschrift]. *Ich liebe auch diesen Muhammedaner, der in seinem Edelmuthe so viele Christen rettete, obgleich es doch Christen waren, die ihn um Alles brachten! Dann fuhren wir nach dem Dschebel Kassiun, um zu photographiren. // Vergangene Nacht und früh habe ich geschrieben: Hinauf zu dir will ich nur immer denken, / Hinauf zu dir, der ewig mein gedenkt. / Zu dir will meinen Flügelschlag ich lenken, / Zu dir, der all mein Sehnen zu sich lenkt. / Es sind nicht stolze Höhen zu ersteigen; / Es ist kein Flug, wie der Phantast ihn liebt, / Und doch gilt es, das Höchste zu erreichen, / Was es auf Erden für den Himmel giebt. // Hinab in mich will ich nur immer denken, / Wo es so falsch, so irrig für mich denkt. / In mich hinab will meine Kraft ich senken, / Der andern nach, die sich dorthin gesenkt. / Es sind nicht graus'ge Tiefen zu ergründen, / So weit hinab wie vorher himmelan, / Und dennoch ist der Abgrund unsrer Sünden / Das grausig Tiefste, was es geben kann. // Hinauf, hinab will ich nur immer denken, / So wie man dort ja meiner stets gedenkt; / Dann werd ich mir das allerhöchste schenken, / Nachdem ich mir das Tiefste, mich, geschenkt. / Es ist nicht schwerer Rätsel Sinn zu lösen, / Es stürzt kein Himmel, keine Erde ein; / Nur möchte ich mich reinigen vom Bösen / Und gern (dann) ein Mensch nach Gottes Vorbild sein* (*Himmelsgedanken* 38; gwb 82, 190-192). – May an Carl Heinrich Schurtz: *Herzlichen Gruss aus dem herrlichen Damaskus! Die hiesige arabische Küche sagt meinem Kleeblatte gar nicht zu. Diese Drei werden keine Beduinen!* (mkmg 49, 34) – Klara Plöhn an Schurtz: "Morgen verlassen wir das orientalische Paradies und Sonnabend hoffendlich Beirut. Ein russisches Schiff soll uns nach Constantinopel bringen, haben wir Glück, rutschen wir ohne Quarantaine durch. Nach Smyrna gehen wir nicht mehr, weil dort 2 Pestfälle vorgekommen. Von Constantinopel geht es über Griechenland nach hause in ca 2 Monaten hoffen wir daheim zu sein. Wir sind in dieser Wildniß ganz verwildert und so schwarz gebrannt, daß Sie uns kaum wieder erkennen werden. Die Sehnsucht nach der Heimath ist groß. Hier haben wir erst so recht den Werth unseres geliebten Deutschlands kennen gelernt, der farbenprächtige Orient und die 40 % [sic] im Schatten bieten uns keinen Ersatz. [...] Uns geht es bis auf meinen armen, guten Mann erträglich; er ist aber leider immer sehr leidend, sein Magen ist von der arabischen Kost sehr kaput, in ihm scheint eine Influenza zu stecken, denn sein Zustand wechselt täglich" (mkmg 49, 35). – Klara Plöhn an Marie und Hans Grund: "Wir sind der geliebten Heimat noch immer sehr fern und werden auch jedenfalls noch mehr als 2 Monate brauchen, bevor wir unser liebes Heim wieder betreten. Morgen verlassen wir das orientalische Paradies und, so Gott will, Sonnabend Beirut. Wir gehen mit einem russischen Schiff nach Constantinopel. Smyrna besuchen wir nun nicht, weil 2 Pestfälle vorgekommen. Von Constantinopel gehen wir nach Griechenland, von da über Triest nach Hause. In Port Said war unser Schiff das letzte, welches ohne Quarantäne herauskam, jetzt sind wir in großer Sorge, noch irgendwo in Quarantäne zu geraten, was für uns in doppelter Hinsicht furchtbar sein würde. Der Aufenthalt wie wilde Tiere hinter Stachelzaun und die Verzögerung unsrer schon übermäßig langen Reise, dazu kommt, daß sich mein armer Mann gar nicht wohl fühlt, die arabische Küche und die 40° im Schatten haben ihn ganz kaput gemacht. Unsere Reise war zwar sehr mannigfaltig und schön, aber furchtbar anstrengend. Jetzt wissen wir erst so recht den Wert unseres lieben deutschen Vaterlandes zu schätzen. Wir haben unseren Blick erweitert und unsere Kenntnisse bereichert, aber billig haben wir's nicht erkauft."

06.11. Damaskus. Reisetagebuch (Fragment): *Heut bin ich nicht ausgegangen. Habe eine Menge Postkarten geschrieben, die letzten Leserkarten auf dieser Reise. Wir haben beschlossen, morgen abzureisen; denn das Kommen der Mekka-Karawane ist ungewiß, und wir haben mit dem Schiffe zu rechnen* (gwb 82, 192). – Grußkarte an Oberleutnant Josef Mitterbacher in Prag (kma 4, 6). – May an Johannes Dederle: *Ich gehe fort in das gelobte Land; / O haltet mich nicht fest; ich gehe hin. / Ich fühle, daß ich dort in Gottes Hand / Und hier bei Euch in fremden Händen bin. // Ich gehe fort; ich gehe wirklich fort, / Wenn auch der Körper noch hier bei Euch bleibt. / Es liegt ja doch die wahre Heimath dort / Für meine Seele, die Ihr von Euch treibt. // Hier finde ich in meiner Einsamkeit / Nur Angriff, wo ich Hülfe finden will; / Drum geh ich fort, so weit und doch nicht weit; / Vielleicht wird's dann auch endlich in Euch still. // Und merkt Ihr dann, was Euch verloren ging, / So ruft die ferne Seele Euch zurück. / Das größte Opfer dünkt mir noch gering / Für meine Seligkeit, für Euer Glück!* (gwb 82, 192)

06. Eheliche Zerwürfnisse. *An die 4. Strafkammer* 75f.: *In Damaskus wollte* [Emma] *mich partout dazu bringen, nach Bagdad zu reiten, weil ich über diese Stadt noch viel zu schreiben hätte* [*Frau Pollmer* 901: *weil auf der dortigen Post sehr viel Briefe für mich liegen*]*; sie aber kehre mit Plöhns wieder heim. Das war in der tödlichen Zeit des Hochsommers, in der es keinem Europäer einfallen darf, diesen gefährlichen Ritt durch die Wüste zu wagen. Außerdem befanden sich die dortigen Beduinen wegen gewaltsamer Steuereintreibung in Aufruhr. Es wäre geradezu Wahnsinn gewesen, zu tun, was sie begehrte. Ich erklärte ihr das; auch andere erklärten es ihr. Sie blieb trotzdem dabei. Plöhns warnten mich, ihr ja nicht etwa zu Willen zu sein. Das machte mich bedenklich. Ich fragte mich, ob es wohl Gründe für meine Frau gebe, meine Heimkehr nicht zu wünschen oder gar zu fürchten. Plöhns schwiegen.* [...] *Ich* *nahm zwar nicht an, daß sie meinen Tod wünsche, aber daß sie aus irgend einem Grunde den Tag unserer Heimkehr fürchtete, das schien mir gewiß zu sein.* – *Frau Pollmer* 900f.: *Man sprach hiervon während des Mittagsessens bei Basrani, der diesen Namen führt, weil er aus Bassora stammt. Er kannte die geschilderten Gefahren also sehr genau. Ich war mit meinem Tischnachbar, einem türkischen Oberst, so tief in ein Gespräch über osmanische Zustände verwickelt, daß meine Frau glaubte, ich habe nicht auf diese Reden geachtet. Ich hatte sie aber doch gehört und bin über die Verhältnisse der Wüste Scham derart unterrichtet, daß ich auch ohnedies gewußt hätte, was dort zu erwarten war.* [...] *Ich hörte und sah, daß sie mich absolut in diese Gefahr senden wolle, und erklärte ihr schließlich mit aller Bestimmtheit, daß ich erstens für eine solche vierzigtägige Reise durch die brennende Wüste schon viel zu abgeschwächt und angegriffen sei und daß ich überhaupt nicht mehr nach Bagdad könne sondern nach Hause müsse weil mein Reisegeld nur noch in 5000 Mark bestehe* [...]. *Mein arabischer Diener stand dabei und machte ganz große, entsetzte Augen. Er fühlte, daß mich dieses Weib gradezu in den Tod schicken wollte.*

06.12. Damaskus. May an Johannes Dederle: *Hätte Ihnen längst ein Manuscript geschickt; aber Sie brauchen wohl nur kurze Sachen und streichen lassen darf ich mir nichts. Ich halte aber Wort. Bin mit Sujets so reich versehen, daß ich bei meinen 60 Jahren nur eilen, eilen, eilen muß, um auch meinen Lesern das zu geben, was mein Herz erfüllt und mich so unendlich glücklich macht, denn was ich bis jetzt geschrieben habe, ist nur die Einleitung, die ohne Kenntnis des folgenden unmöglich verstanden werden kann. Daher auch meine fröhliche und unerschütterliche Ruhe den Zeitungen gegenüber, welche mich angreifen, ohne mich begriffen zu haben. Diese Herren brachten mir große buchhändlerische Erfolge, und das Ende ihrer Angriffe wird ein für mich hochbefriedigendes sein* (gwb 82, 193). – Abreise nach Beirut. Hotel Deutscher Hof (Hotel Allemand, Blaich). *Frau Pollmer* 902: *Während dieser Tage gab es einen* *bittern, eigentlich herzbrechenden Kampf zwischen mir und ihr. Sie wußte, daß es in Berut die letzte Möglichkeit gab, mich los zu werden.* [...] *Mir wurde um mein Leben himmelangst. Es gab eine Angst und Wuth in ihr, die zu Allem fähig war. Ich getraute mich nicht, mit ihr zusammen zu wohnen. Sie bekam im Hôtel ein besonderes Zimmer, zwar das schönste, was es gab, doch von dem meinen vollständig abgelegen.* – In Beirut Gedicht *Für Emma*: *I / Du zürnst mit mir, weil ich oft streng gewesen; / Du dachtest nicht den innern Gründen nach, / Du konntest nicht in meiner Seele lesen; / Du wußtest nicht, wer durch mich zu dir sprach. // Die Stimme wars des Edlen und des Schönen, / Das durch dich auf mich wirken hat gesollt. / Du ließest sie dir nicht zum Herzen tönen / Und hast, anstatt zu denken, mir gegrollt. // II / Es ist ein heilig Zürnen, welches tadelt, / Was die Geliebte fest am Staube hält. / Ich wünschte dich nur durch dich selbst geadelt; / Statt dies zu fühlen, wurdest du vergällt. // Nicht Hindrung sondern Fördrung wollt ich finden, / Erleichterung im Kampf und endlich Sieg; / Doch zog der "Kamerad im Ueberwinden" / Mich stets zurück, so oft ich einmal stieg. // III / Nun werd ich dir kein strenges Wort mehr sagen; / Ich laß dich gehn, so wie du eben gehst. / Ich will dich schweigend mit mir aufwärts tragen; / Vielleicht, vielleicht, daß du mich dann verstehst. // Wenn nicht, so liebst du deine alten Ketten / Und willst hinab, anstatt mit mir hinauf. / Dann möge dich der liebe Herrgott retten; / Ich hoffe es, noch geb ich dich nicht auf!* (gwb 82, 192f.)

06.15. Beirut. Widmungsgedicht für den Globetrotter Gustav Kögel (1860–1947): *Geh hin; fahr hin, und sieh die Welt, / Die schöne, herrliche, und lerne. / Schau auf zu dem, der fest sie hält / Am Himmel seiner lichten Sterne. // Sieh dir der Menschheit Völker an, / Ihr Hoffen, Wünschen, Dichten, Trachten, / Und hast du es gesehn, sodann / Sag mir, ob sie es richtig machten. // Du wirst dann meiner Meinung sein / Und ihr auch deine Worte leihen: / "Die Welt ist groß, der Mensch so klein; / Gott hat ihm viel, viel zu verzeihen!"* (klußZ 188; jbkmg 1970,

178f.) Spätere Aufzeichnung Klaras: "In Jerusalem hatte Kögel die Ehre, dem deutschen Kaiser vorgestellt zu werden und eine Hand vom Kaiser zu erhalten. Viele hochstehende Persönlichkeiten haben ihren Namen in das Gedenkbuch dieses mutigen Wanderers eingetragen. [...] Sie [Kögel und Schwiegershausen] waren 8 Tage in Beirut mit uns zusammen" (gwb 82, 194).

06.16. Beirut. Reisetagebuch: *Hier im Hause* [Hotel Deutscher Hof] *sind 2 Radfahrer angekommen. Leipziger. Wollen nach Teheran. Kögel über Stambul und Schwiegershaus* [Willy Schwiegershausen] *über Damaskus. Kögel ist 2mal durch die Vereinigten Staaten und hat den Weltmeisterschaftspreis. Bescheidener Mensch, aber unvorsichtig, und von Sprachen keine Spur* (gwb 82, 194). Klara auf der Rückseite ihres Fotos der beiden Radfahrer: "Schwiegershaus hat dann Jahre später [am 4.12. 1905] hier in Radebeul einen Vortrag über seine Weltreise gehalten und kam bei dieser Gelegenheit mit [Albert] Stock und [Albin] Spillner hierher" (gwb 82, 194). Ein Foto, das Kögel mit dem Ehepaar Pfefferkorn zeigt, aufgenommen vermutlich in Lawrence, Mass., befindet sich in Mays *Leseralbum* (kmw VIII.6 994f.). – Reisetagebuch: *Der religiöse Gedanke ist der eminenteste civilisatorische, wenn er nicht in den ausschließlichen Besitz einer* [...] *Geburtskaste gerät. Jedes Kastenwesen bringt Verderben, weil es den Paria ausspeit und um jeden andern Mauern zieht, zwischen denen er zur Petrefakte erstarrt* (gwb 82, 194). – May an Johannes Dederle, der nach Differenzen mit Lambert Lensing (1851–1928), dem Verleger der Dortmunder "Tremonia", als Redakteur zum Koblenzer "Rhein- und Moselboten" gewechselt ist: *Ihren vorherigen, an Herrn März gesandten Brief habe ich nicht erhalten. Ich weiß also nicht, weshalb Sie kündigten und wer dieser liebe Herr L. ist. Sollten Sie etwa gar ein Opfer Ihrer Ehrlichkeit geworden sein, mit welcher Sie sich meiner gegen die Unehrlichen angenommen haben? Ich würde das auf das herzlichste bedauern und beklagen. Ich persönlich mache mir auch nicht den geringsten Pfiff aus diesen Angriffen, die einst durch sich selbst gerichtet wer-*

den, aber ich möchte nicht, daß ein Freund durch sie zu leiden habe. Bitte, wollen Sie doch so gütig sein, einen recht baldigen Brief an meine Adresse in Radebeul zu richten (May, Radebeul-Dresden), in welchem Sie mir des Pudels Kern noch einmal zeigen! Ich denke, gegen den 15–20 Juli dort einzutreffen. Muß unbedingt einmal in die Heimath, obwohl ich dann sehr wahrscheinlich bald wieder nach dem Oriente gehe. Uebrigens drängt mich mein Herz, Ihnen für Ihr neues Wirken Gottes reichsten Segen zu wünschen. Redacteure wie Sie sind selten. Gott erhalte Ihnen die Kraft zum Wirken für seine heiligen Zwecke und für den wahren, einzig rechten Glauben, dem Sie treu und redlich dienen! Gestatten Sie mir, eine Kleinigkeit beizulegen. Sie wissen, wie sehr ich die Moschee der Ommaijaden in Damaskus liebe. Das Medinat Isa dieses Tempels ist dasjenige Minareh, von dem man sagt, daß am jüngsten Tage Christus auf dasselbe herabsteigen werde, um zu richten alle Lebenden und die Todten. Am Westthore verkauft man Amulets, denen die Kraft zugeschrieben wird, das Leben des Besitzers für 10 Jahre zu verlängern. Ich sende Ihnen eins dieser sonderbaren Schriftstücke. Volle 10 Jahre Lebensverlängerung! Mehr kann ich einstweilen wohl nicht für Sie thun. Ich denke aber, Sie erhalten noch vor Ablauf dieser Frist ein neues!

06.17. Sonntag. Beirut. Schmerzlicher Abschied von Sejd Hassan und 2. Abrechnung im Quittungsbuch: *Vom 12ten Dezember 99 bis 21 Juni 00 = 26 Wochen. à 35 Mark = 910 Mark* (gwb 82, 195). *Frau Pollmer* 902: *In Beirut mußte ich noch einmal länger verweilen, weil ich mich da von meinem Diener trennte, den ich per Schiff in seine Heimath sandte.* Klara May: "Der gute Mensch hing zuletzt so sehr an uns, daß er seine Familie verlassen und mit uns nach Europa gehen wollte. Der Abschied in Beirut war schwer; er kam noch einmal auf den russischen Dampfer, der uns nach Griechenland bringen sollte, und bat, mitgenommen zu werden. Seine Frau, die ich im Bilde mit seinen übrigen Angehörigen festgehalten habe, übte offenbar gar keine Anziehungskraft auf ihn aus. [...]. Ich hatte sein Haus und die Seinen gesehen und konnte ihm nachfühlen, daß das Wiederhineinpassen in die Enge für ihn keine leichte Sache gewesen sein wird" (kmjb 1919, 207). – Reisetagebuch: *Im Paradies gab es keine Gewalt noch Macht als allein die Liebe von Gott. Gottes Liebe gab das Paradies, aber die Gegenliebe des Menschen wendete sich bald von Gott ab und dem Paradiese zu; sie setzte dieses höher als den Schöpfer. Da ward der Undankbare aus dem Paradiese verbannt (denn der Garten Eden lag niemals auf der Erde), um sich nach ihm und Gott zurückzusehnen und in dieser Sehnsucht die Liebe zu Gott wiederzufinden. Seine letzte Erinnerung an Gott war die der strafenden Allmacht und Gerechtigkeit. Die Erinnerung an die Liebe war ihm verloren gegangen. Dies übertrug er auf die Verhältnisse seines jetzigen Aufenthaltes. Er trachtete nur nach Macht und sah im Besitze derselben sein einziges Glück. (Die "Religion der Liebe" hat das nur wenig geändert, denn Jeder strebt auch heute noch nach Macht – durch Geburt, Rang, Besitz, Kenntnisse etc.). Die Macht, welche sich ihm zunächst bot, war nur eine weltliche, die Herrschaft über Leben, Arbeitskraft, Hab und Gut. Aber er mußte bald ein höheres Walten anerkennen, dessen Gunst er zu erreichen trachtete. Er stellte sich äußerlich diesem Walten unterthan, trachtete aber im Geheimen, als ordinärer Diener desselben, es zur Erlangung noch größerer als weltlicher Macht zu verwenden. Es entwickelte sich das Streben nach geistlicher Gewalt. Diese beiden Bestrebungen, nach weltlicher und nach geistlicher Macht, kämpften oft genug gegen einander, gingen ebensooft auch Hand in Hand, in beiden Fällen war weltliche und geistliche Unterdrückung die Folge. Der Hochmuth, welchen die Macht beim Menschen zur Folge hat, trachtete nach falscher Verewigung; er setzte sich Zeichen und Denkmäler. Es entstanden jene Bauten, welche der Nachwelt einen Begriff der Macht zu geben hatten. Aber das Streben nach dieser Macht ist ebenso irdisch, wie sie selbst es ist. Die Machthaber starben; die herrschenden Familien, Sippen, Völker verschwanden; ihre Bauten fielen in Trümmer. Aber selbst in diesen Trümmern blieb Jahrtausende lang das Eine, Ewige erhalten: Der Himmelsschein des göttlichen Waltens, dessen Zerrbild das menschliche Streben gewesen war und heut noch ist – die Rückahnung zum Paradiese, welche die Seele dieser Bauten geworden war. Und nach dieser Seele habe ich zu suchen, um von ihr zu lernen, mit ihr zurückzukehren zum Anfang und dort einzusehen, daß die Nichtigkeit des Menschen und all seiner Werke nur mit der Erkenntniß aufhört, daß der Mensch auf die Erde kam, um sie nach dem Bilde dessen, was er jenseits sah, zum Paradiese zu gestalten. Dazu gehört vor allen Dingen, daß er der persönlichen Macht für persönliche Zwecke entsagt und einzig und allein bestrebt ist, das Glück und Heil der Allgemeinheit zu erwirken. Hat er dies erreicht oder wenigstens ehrlich und mit allen Kräften erstrebt, so wird ihm die Erlaubniß werden, aus dem von ihm geschaffenen oder erstrebten Abbilde des Paradieses zurückzukehren. Das ist die soziale Aufgabe der Völker, der Gemeinden, der Familien und auch jedes einzelnen Menschen, also ein allgemeines Auf- und Untergehen im Streben nach dem Glücke der Gesammtheit, dem Gesammtglück aller Menschen. Wer nicht daran theilnimmt, ist nicht nur unnütz sondern sogar schädlich. Erst wenn dieses Glück erreicht ist, dieses "Glück von Edenhall", ist der Mensch geschickt, mit den Boten zu verkehren, die vom Himmel steigen, um den aus dem Paradiese Verbannten wieder in dasselbe zurückzuführen. Und auch erst dann wird im eigentlichen Sinne von Religion die Rede sein. Selbstverständlich braucht der einzelne Mensch nicht zu warten, bis die Neuheit dieses Ziel erreicht hat, da er es während seines Lebens schon für sich und die Seinen erreichen kann. // Aphorisme. Du kannst und du sollst denken. Doch glaube nicht, daß alle Gedanken schon ursprünglich die deinigen sind. Viele, viele werden dir von diesseits oder jenseits gegeben, und es ist dann, wenn du sie empfangen hast, deine Sache, ob du sie von dir weisen oder festhalten, erweitern und ausführen willst* (gwb 82, 196f.).

06.18. Beirut. Richard Plöhn trägt sich in Gustav Kögels Reisebuch ein: "Es war mir eine große Freude, den auch durch seine Fuß- und Radwanderungen um die Erde berühmt gewordenen Herrn Gustav Kögel kennen gelernt zu haben. Möge ihm auf seiner weiteren Reise Fortuna hold sein." Klara Plöhn schreibt: "Die rechte Befriedigung von der Welt wird wohl nur der empfinden, der all ihr Licht und allen ihren Schatten sah" (jbkmg 1970, 179). – Bei der Abreise aus dem Hotel Deutscher Hof vergisst May, einen Schlüssel abzugeben und lässt versehentlich ein Lebensamulett aus der Omajjadenmoschee zurück. Gedichteintrag ins Fremdenbuch. – Reisetagebuch: *Heut Abschied von Berut. Wir fahren mit Alexander II, einem russischen Schiffe von 1720 Tonnen* [Odessa, Kapitän Peter Irbit; kmw VIII.6, 872f.]. *Schlank, 10 Knoten, über 30 Jahre alt. 8 Uhr Anker auf. R*[ichard] *Kl*[ara] *E*[mma] *sofort seekrank in die Cabinen. Wir dampfen die Küste entlang. Wunderbares Land! Bet Meri mit seinen breiten Pinien oben und Brumana verschwinden rechts. Dann ein Berg, ein Thal, ein Ort nach dem anderen. Später eigenartige Höhenbildung. Die Abhänge steigen an wie Theile eines Wagenkissens, welches der Sattler durch unregelmäßige Stiche in hervortretende Bausche gezogen hat. Die Ortschaften liegen bald am Strande selbst, bald weiter zurück, bald ganz oben. Sichtbar nur einzelne Bäume. Vielleicht sind die versteckten Thäler grün. Nach 4 ½ Stunden langes Vorgebirge, hinter welchem Tripolis zum Vorscheine kam. Es wird hier leider bis morgen Nachmittag 4 Uhr gehalten. Tripoliter = gewandte Seeleute. Kamen in Masse kühn angesegelt, als ob sie den Alexander auf den Grund rennen wollten; es sah aus wie ein Angriff malayischer Seeräuber mit Prauen. // B... heut über Sternschnuppe: Ists eine Welt, die im Entstehn / Sich Kraft und Stoff zu holen strebt? / Ists eine Welt, die im Vergehn / Durchs Leuchten sich zu Ende lebt? // Das werdet Ihr vielleicht, vielleicht / Durch Eure Rohre noch ergründen, / Jedoch wer ihren Weg ihr zeigt, / Kann Euch der Glaube nur verkünden* (*Himmelsgedanken* 27; gwb 82, 198f.).

06.19. Auf der "Im. [Imperator, Zar] Aleksander II". Reisetagebuch: *Für mich herrliche Fahrt, die Andern leider alle see-*

krank. Sogar Tripolis lockt sie nicht. – Um 3 Uhr nahmen wir Anker auf und steuern nun auf Cypern los. – Erster Offizier überraschend guter Mensch, seine Ansicht: Menschheit muß besser werden. Palästina wird wieder von großer Wichtigkeit werden. – Gespräch mit Herrn [Auslassung in Klaras Abschrift] *aus Wien. Sein Kind. Wird als Engel gesandt, um die Eltern, indem sie es erziehen, selbst zu erziehen und in das Paradies zu führen. Dadurch wird das Leben des Einzelmenschen ein Bild des Menschheitslebens und des Erlösungsplanes* (gwb 82, 199).

06.20. Auf der "Aleksander II". Reisetagebuch: *Heute früh Cypern doublirt. Ich sah Strand und Berge kahl. Nun halten wir auf Rhodos zu* (gwb 82, 199). – In Peking fällt der deutsche Gesandte Clemens Freiherr von Ketteler (*1853) während des "Boxer-Aufstands" einem Attentat zum Opfer. Es beginnen die "55 Tage von Peking", die Belagerung des Diplomatenviertels durch die Aufständischen (*Et in terra pax* 14-16).

06.21. Auf der "Aleksander II". Reisetagebuch: *Die herrlichen Sporaden kamen. Nachmittags Samos (Schiller* ["Ring des Polykrates"]*) mit dem hochgelegenen Marathokampos. Abends hielten wir vor Kastron auf Chios. Es wurde bis 2 ½ Uhr geladen, 3 Uhr Anker auf. Ich blieb bis ½ 4 Uhr auf dem Deck. // Laß mich, o Vater, vor dir knien, / Und zeige gnädig dich zu mir; / Ich will aus meinen Sorgen fliehen / Auf Flügeln des Gebets zu dir. // Ich will mich auf zum Himmel tragen / Mit meinem Leid, mit meinem Weh / Und dir, nur dir allein es sagen, / Für wen ich zu dir beten geh* (gwb 82, 199).

06.22. Richard Plöhns 47. Geburtstag. – Auf der "Aleksander II". Reisetagebuch: *Heute früh gingen wir vor Mitali (Mitilene, Lesbos) vor Anker. – Wir gingen an Land. Malerisch lieblich. Ja, hier mußten die schönen Frauen geboren werden, welche zur byzantinischen Zeit nach der Hauptstadt gesucht wurden. Hier lebte einst der Venuskult. Hier machen sich heute die reichen Griechen seßhaft, die irgendwo ein Vermögen erwarben. – Viel Ölbäume. – Mytilini liegt an der Innenseite eines bergi-*

gen Halbmonds, dessen Spitze sich allmählich in das Meer wieder senkt. Es ist sehr heiß hier. Gedichtentwürfe: *Sujet, letzte Strophe: / O kehr zurück, und werde / Mein Helfer und mein Rat. / Es schweigt das Leid der Erde, / Wenn sich der Himmel naht. // Du bist nicht gut und bist nicht schlecht / Und also deiner Schwachheit Knecht. // Daß zwischen bös sein oder gut, / Die Schwachheit auf dem Kissen ruht. // "Ich bin nicht bös", sagst du von dir / Und bist mit dir so recht zufrieden, / Doch merkst du auf, so wirst du hier / Und dort von irgendwem gemieden. // Nachtrag von der Prophetenschule Karmel: / Ich stieg den Berg hinauf zu dir, / Des alten Bundes Geist zu spüren, / O sag, Elias, bist du hier, / Zur Bundeslade mich zu führen? // Ich möchte, ach so gern, so gern, / Ins Heiligtum Jehovas treten, / Um am Altar zu deinem Herrn, / Der auch der meine ist, zu beten. // O komm, und öffne mir das Tor, / Dem einzgen Gott und Herrn zu dienen. / Mir ist, als hört ich schon den Chor / Der Cherubim und Seraphinen. // Sie preisen den Herrn Sebaoth; / Es klingt sein Ruhm aus allen Pforten, / Daß er, des alten Bundes Gott, / Im neuen Vater ist geworden. / (Ich muß ändern, hat einen Mißklang!) // Die Insel bot beim Scheiden einen wunderbaren Anblick. Die Ortschaften glänzten in der Abendsonne wie Lager von eingesprengten Perlen aus dem Grün der Ufer und Berggelände* (gwb 82, 199-201). – Laut der ukrainischen Speisekarte der "Aleksander II" gibt es mittags als Vorspeise Pastete, Räucherfisch und Pilze sowie Suppe nach griechischer Art, als Hauptgericht Hammelragout und gebratene Küken, als Nachspeise eine japanische Spezialität, Käse und verschiedene Desserts, dazu Kaffee.

06.23. Auf der "Aleksander II" nach Konstantinopel (Istanbul), Hafen von Galata. Reisetagebuch: *5 Uhr früh war der Dampfer im Hellespont und legte grad das Ruder um. Er war so nahe am hohen, nördlichen Ufer, daß es schien, er wolle ein Loch hineinstoßen. Dann ging es auf die Dardanellen los. Nach kurzem waren wir dort. Die asiatische Seite liegt tief, die europäische hoch. Das Wasser war trotz der frühen Morgenstunde be-*

lebt. Wir bekamen "Pratica" [Landgang, Erledigung von Zollformalitäten durch die türkischen Seebehörden] *und dampften nach ca. 1 Stunde weiter. Ich war tief bewegt. Dann kam das Marmara. Es zeigte sich in seiner größten Schönheit. Spiegelglatt wie feinster Sammet mit graublauem Silberglanz, von sanft erhabenen Querlinien durchzogen. Ich sah viele Trupps von Delphinen fischen, doch hob sich keiner recht über die Wogen. Wie viel schöner ist Stambul als Kairo! Hier pulsirt irgend etwas nicht in Worte zu Fassendes fortwährend, immerwährend. Hier ist ewige Hochzeit zwischen Ocean und Festland; hier fließt stets eine Kraft von Erdtheil zu Erdtheil, gleichzeitig hin und her. In Egypten schlägt der Puls nur ein einziges Mal! Hier giebt es auch Ruinen, auch Gräber in Menge, aber sie liegen nicht in todter Einsamkeit, sondern mitten im Leben drin. Sie gleichen todten Blutkörpern, welche von dem gesunden Lebenden entweder aufgezehrt oder ausgeschieden und vernichtet werden. Dieses Assimiliren resp. Ausscheiden hat vielleicht auch auf geistigem Gebiete stattzufinden. Trümmer haben nur dann ein Recht zu bleiben, wenn sie der Menschheit als Gegenstände des Anschauungsunterrichtes, also zu Bildungszwecken dienen, als Fingerzeige, wo geistige Schätze zu heben sind. Dann sind sie nicht mehr Trümmer, sondern Gottesmahnungen, die wir nicht beseitigen, sondern erhalten müssen, um mit großem Fleiße auf sie zu achten und während unseres Lebens so zu handeln und zu arbeiten, daß wir nicht einst auch nur Trümmer hinterlassen, sondern für die Ewigkeit schaffen. Der Bau eines Triumph- oder Siegesbogens wird einst zerfallen; die Etagen eines Kranken-, Wittwen- oder Waisenhauses aber ragen in den Himmel hinein!* (gwb 82, 201) – Bordrechnung der "Aleksander II" (ukrainisch) über 4 Gläser Tee, 2 Flaschen Cheres-Wein, 2 Eier, 3 Birnencognac und 1 Rum, 8 Flaschen Bier und 1 Flasche Soda.

06.24. Sonntag. Konstantinopel. Grand Hotel Kroecker (Paul und Rosa Kroecker), rue Kabristan in Galata (kmhi 17, 73; eck 332, weh 50f., V), angeblich einziges deutsches Haus. Reisetagebuch: *Mein guter alter Kapitain Peter Irbit, Odessa, Jamskaja N. 55 W. N. 22, suchte mich auf. Wir gingen zusammen zu Janni* [Bierhaus in Pera, Große Perastraße 396; weh 52]. *Kroecker schlecht* (gwb 82, 202). Klara auf der Rückseite eines Fotos: "Aufnahme aus dem Zimmer Karl Mays im Hotel, wo er erst wohnte. Hotel Kröcker." – Radebeul. Johannes März, der Mays Leserpost beantwortet, teilt dem Berliner Buchhändler Gotthart Hammer mit, dass "Herr Dr. May noch immer nicht von seiner Reise zurückgekehrt" sei: "In 3–4 Wochen wird er zurückerwartet, und es wird dann Ihr Brief als einer der ersten mit vorgelegt werden."

06. Klara May, "In Konstantinopel": "Konstantinopel war so recht der Boden für Karl May. Er traf viele Freunde, und wir hatten hier weniger von ihm als auf der übrigen Reise, auch ging er oft allein aus" (kmjb 1923, 132). Als Fremdenführer engagiert May Jacob Sibrover (Hotel Kroecker), der noch am 26.12.1910 Grüße zum Jahreswechsel schicken wird.

06.25. Konstantinopel. Umzug ins renommierte Pera Palace Hotel am Munizipialitätsgarten, rue Kabristan (eck 331-333; weh 52f.). Reisetagebuch: *Ausgezogen nach Pera Palace Hotel. Sehr gut. Die wahre Freude an den Bewohnern der Erde hat nur der, der sie mit den Augen der Nächstenliebe betrachtet* (gwb 82, 202).

06.26. Konstantinopel. Reisetagebuch: *Sujet: Im Morgengrauen schlief das stille Thal, / Und seine Schönheit war mir noch verborgen; / Doch plötzlich kam der erste Sonnenstrahl, / Und mit ihm ward es heller, goldner Morgen* (*Himmelsgedanken* 293) // *Aphorisme: Die einzige Gott wohlgefällige und wahrhaft siegreiche Vertheidigungswaffe der Völker und des Einzelnen ist die Friedfertigkeit. Sie kennt keinen Scheinfrieden, der in Waffen starrt und nach Revanche schreit. // Das Verbrennen der Leichen ist ein gewalttätiger Prozeß, den man nicht an die Stelle der allmählichen Auflösung setzen sollte. Es sprechen wichtige Gründe dagegen, die der Wissenschaft noch* *nicht zugänglich sind. Die vorschnelle Zerstörung vernichtet mehr als das, was man beseitigen will. (Astralleib!)* (gwb 82, 202f.).

06.27. Konstantinopel. Reisetagebuch: *Suleimanije Moschee* [Süleymaniye Cami]. *Seine Turbe* [Mausoleum]. *Zu Roxolane* [Roxelane, d. i. Haseki Hürrem, 1507–1558, russische Lieblingsfrau Süleymans I., des Großen oder Prächtigen, 1494–1566] *fehlte der Schlüssel. – Taubenmoschee* [Beyazit Cami]. *Dann nach den 1001 Säulen* [unterirdische Zisterne, 264 Marmorsäulen; weh 54]. *Anderen ist der Zutritt seit den Armenierwirren nicht mehr gestattet. – Janitscharen Museum* [mit Wachsfiguren] *etwas Barnum. Diese Truppe repräsentirte die rücksichtslose Gewalttätigkeit, und so war es auch ein Akt derselben alten Erbsünde, der sie vernichtete. Blut um Blut. Die Weltgeschichte ist das Weltgericht. Fast wie die Mameluken, nur noch augenfälliger. Es hat bisher noch jede Prätorianerwirtschaft ein solches Ende genommen. Das Museum liegt im Hippodrom, von dessen Herrlichkeit nur noch "3 Säulen" stehen. Nämlich der Obelisk, welchen Theodosius der Große* [424–529] *aus Heliopolis hierher versetzte. Den andern sahen wir ja dort noch stehen. Sodann die brennende Schlangensäule aus dem Apollotempel von Delphi und der gemauerte Obelisk Konstantins* [280–337] [nicht erwähnt ist der Brunnen Kaiser Wilhelms II.]. *Von da zum Mörder und Richter der Janitscharen. Zur Turbe Mahmuds, des Reformers* [1785–1839]. *Der Schließer war erfreut, einen Deutschen mit viel Interesse zu sehen. Er zeigte mir den Kuran Harun al Raschids* [786–809], *dann einen Shawl, in dem mit unendlicher Feinheit in Handgewebe der Kuran eingewebt ist. Dann eine Farbenabbildung des Haram von Mekka. Aja Sophia* [Hagia Sofia]. *Sie hat Wort gehalten. Was schien mir schöner, die Peterskirche, der Lateran oder sie? Ich kann's nicht entscheiden, setze sie aber diesen beiden keinesfalls nach. Mir ist der Kuppelbau sympathisch, weil er das Bild des Himmels giebt, während die Säulenwölbung nur das unbefriedigte Streben nach demselben zeigt; sie enden* *oben spitz, ohne ein End- und Anfangsloses zu geben. Damit gebe ich meine laienhafte Vorliebe für die Gotik auf, hat doch auch Goethe in seinen späteren Jahren seine Meinung geändert und den hellen, "gütigen" Kuppelbau vorgezogen. Die Gotik ist ein schweres, überernstes, nach außen abgeschlossenes, lichtarmes Ringen nach der Höhe. Ihre zahlreichen, gewaltigen Säulen sind zu viel irdische Materie. Es fehlt der Geist, die freie, lichte Kunst. Die formale Kraft, welche sich die Höhe bildet und sie hält und trägt, ohne solcher Stützen zu bedürfen, die dadurch, daß sie den Platz hinwegrauben, das Streben nach oben in Theile zerlegen, den Schwung unmöglich machen und die Einheit der Andacht vernichten. Der Sammlung des Einzelnen mag das dienlich sein, aber weder der Mensch noch gar der Betende ist ein Einzelwesen; er ist ein Theil des Ganzen, mit dem er aufzustreben, mit und für welches er zu denken, zu sorgen und auch – – – zu beten hat. Für die Einzelandacht ist das "Kämmerlein", der Tempel aber hat der vereinten Erbauung der Gemeinde zu dienen. Dazu, nur dazu sind die Kirchen etc. da! Die zugemauerte Pforte in der Sophia interessirte mich sehr. Durch sie verschwand der Priester, und durch sie soll er einst wiederkommen. Es ist mir, als wär's ein Sujet für mich. Ich meine, wenn man auch nichts davon weiß und sieht, es hat jede Kirche solch eine Pforte, durch welche die wahre Religion verschwand und durch welche sie einst wieder erscheinen soll und wird. Diese Pforte der Sophia ist symbolisch, die Machtliebe ist der Muhammed II.* [Mehmed II., 1432–1481], *vor dem sie flieht; der Brudersinn wird ihr die Pforte wieder öffnen. Die Gräber der "Hadschi" zeigen einen Goldstreifen schief um den Turban. Auf den Gräbern der Enthaupteten steht der Turban schief. Nach Jedi Kule* [Schloss der sieben Türme] *längs der alten Mauer hingeritten. Die Kahrije Dschami* [byzantinische Kirche des ehemaligen Chora-Klosters; eck 353] *mit besucht. Der alte Gang, der hier mündet und zur Sophia führt, reizt mich zu gehen. Mit dem Schließer läßt sich was machen* (gwb 82, 203-206). – Klara Plöhn an Wilhelmine Beibler: "Wir sind alle reisemüde, und das Geld wird auch alle [...]. Richard geht es bald besser, bald schlechter, leider ist das letztere mehr der Fall. Mir geht es nicht besonders, ich bin recht zusammengefallen von der Hitze" (gwb 82, 206).

06.28. Ausflug nach Skutari (heute Üsküdar), dem asiatischen Teil Konstantinopels. Reisetagebuch: *Die "Heulenden" in Scutari stoßen mich ab, grad wie die in Kairo. Ich kann mich für diese Art des "Gottesdienstes" nicht erwärmen; mir scheint es mehr wie Gottes- wenn nicht -lästerung, dann -entweihung. Ja, diese Leute sind gewiß nicht Lügner, sie glauben an die Gottwohlgefälligkeit ihrer Übungen; das Entré wird für gute Zwecke verwendet, und es werden auch oft Kranke gebracht – (der Schech stellt sich ihnen auf den Rücken, haucht Wasser in Gläsern an, Magnetismus). – Aber das Geschrei ist mir zu trivial, es ist unschön, und das Häßliche soll man nicht zum Dienste dessen verwenden, der Alles nach dem Gesetze des Schönen schuf und leitet. Dieser Gesang und diese gegen den Körperbau und den Zweck der Glieder sündigenden Bewegungen können doch wohl ebenso wenig Gottes Wohlgefallen finden wie das blutrünstige Gesicht eines Fakirs und die skelettierte Gestalt eines europäischen, hungernden Zeloten. Luther sagt: "Fasten und leiblich sich bereiten ist wohl eine feine äußerliche Zucht"; aber Gott ist Geist, und wir haben auch eine Seele. Wenn diese Seele mit ihm in Verehrung spricht, soll der Körper still und ruhig sein und nichts tun, was so außerordentlich unseelisch, so turnerisch, so schlangenmenschartig aussieht, wie diese Quirlungen der Gedärme auf den Hüften. Es gehört das auch zu den gewalttätigen Unterdrückungen des Geistes. Der Gründer der Heulenden Derwische hat das erfunden, und die nachfolgenden Schechs treiben es fort als sogenannte "Disciplin", welche die Freiheit der Geister tödtet und sie ihnen in die Hände giebt. Herrschen, herrschen um jeden Preis, selbst durch so häßliche Mittel. Es ist die alte Erbsünde, das Streben nach Macht durch Fesselung des Göttlichen im Menschen unter naturwidrigen, von der Selbstsucht ausgetüftelten Verordnungen, denn den Ehrennamen "Gesetz" verdient so Etwas* *nicht!* (gwb 82, 206-208) Vermutlich Besuch des Großen Friedhofs von Skutari, beim Kloster. – Grüße an Grunds (patsch).

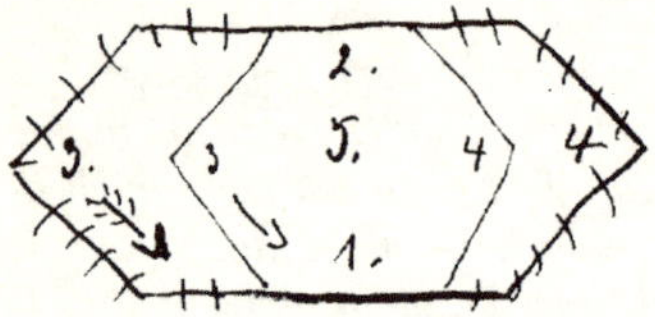

06.29. Konstantinopel. Reisetagebuch: *Gäste des Sultans zum Selamlük* [d. i. das Freitagsgebet des Sultans in einer öffentlichen Moschee um 12 Uhr, mit Truppenparade etc.] *durch die deutsche Botschaft. Hochinteressant.* [Aufzeichnung Klara May: "Ich denke daran, wie wir Gast des Sultans Abdul Hamid [Abd el Hamid II., 1842–1918, türkischer Sultan 1876-1909] waren. Welcher geheime Zauber, welche Poesie! Wie schön, wie geheimnisvoll war da alles. Im Harem die Frauen, im Selamlik die Männer."] *Dann zu den "Tanzenden Derwischen"* [Kloster zu Pera am Tunnelplatz]. *Schon der Raum war einer religiösen Andacht angemessen. Er war 6-eckig. Von Säule zu Säule unten mit Gittern, oben mit Balustraden versehen.* [Skizze des Raums] *1. Unter dem Eingang. Ihm gegenüber bei 2. saß der Scheik. Hinter den Gittern und Balustraden die Zuschauer. Nur 1. oben ausgenommen, wo die Loge der Sänger und Musici war, und 2. hatte keine Empore, sondern ging als Nische bis nach oben durch, wo sie mit kalligraphischen Inschriften verziert war. Von der Mitte hängt ein Glasleuchter herab. Der Scheik war ein kleiner, ergrauter Mann. 25 Derwische mit den bekannten hohen Mützen und dunklen Talaren waren von 3. über 1. bis 4. aufgestellt. Wir saßen oben, links von 4. Als wir kamen, war in der Musikloge links von uns eine einzelne Rohrflöte zu hören, eine eigenthümliche, melodische Weise, oft abbrechend und dann fast stets mit einem Schlage der großen Septime in die Oktave hinüber wieder beginnend. Nicht die arabische Art, die mir so mißfällt, sondern wohllautend, fast wie der Hirt in Wagners Tannhäuser. Dann fielen eine Pauke ein und mit ihr der Gesang aus häßlich aufgerissenen Mäulern. Das musikalische Häßliche war da, mit ihm das Zeichen zum Beginn. Die Derwische begannen einen 3-maligen*

Rundgang, in der Richtung des Pfeiles: der erste schritt langsam, in würdevoller Haltung vorwärts. Als er den Scheik erreichte, zog er die Füße zusammen und verbeugte sich, nicht vor ihm, sondern geradeaus, tat 2–3 Schritte an ihm vorüber, drehte sich um, verbeugte sich gegen seinen Hintermann, der den Scheik inzwischen erreicht hatte, wendete sich wieder um und ging weiter. Das geschah, bis jeder 3-mal am Scheik vorübergekommen war, worauf der Tanz begann, und zwar folgendermaßen: Die Teilnehmer näherten sich einer nach dem andern dem Schech und küßten ihm die Hand. Nach dem Kuß tat der Betreffende einige Schritte vorwärts und begann sich dann zu drehen. Sie hatten die dunklen Kaftans abgelegt und waren darunter weiß gekleidet. Ein Shawl hielt das Gewand an den Hüften zusammen. Von ihnen abwärts blähte es sich zu einem rotirenden Kreise auf. Die erst herabhängenden Hände wurden erhoben, zunächst hoch; dann breiteten sie sich bei denen, die den äußeren Kreis bildeten, waagerecht aus. Indem sich Jeder um sich selbst drehte, bewegte er sich im Kreise auch vorwärts, in der Pfeilrichtung, nur den Einen ausgenommen, der genau im Mittelpunkte unter dem Leuchter blieb und die Arme in nicht unschöner Haltung erhoben hielt, die eine Hand nach oben geöffnet, die andere nach unten, halb geschlossen. Er bewegte sich langsam, doch in voller Rundung, um ihn die 6 anderen schneller, und um diese wieder 14 noch schneller, doch war die Schnelligkeit der auf derselben Bahn Tanzenden nicht gleich, sondern verschieden. Ich denke mir den hierdurch dargestellten Gedanken so: Der Scheik stellt den Schöpfer dar, von dem alles Sein und alle Bewegung ausgeht, und zwar zum Preise seiner Herrlichkeit – daher der verehrende Handkuß. Die Tanzenden stellen die Sterne, die Welten dar. Eigentümlicher Weise geht nicht der Mittlere (unter dem Leuchter) zuerst und dann die 6 nächsten von ihm aus. Sondern Jeder bewegt sich zunächst aus der Hand des Scheiks vorwärts und findet erst später seinen Platz. Also die Anschauung, daß der Centralkörper nicht vor den ihn umkreisenden hat dasein müssen. Und Gott steht nicht inmitten, sondern außerhalb der

Kreisenden; er ist nicht ihresgleichen; er ist der Schöpfer, der Herr; sie sind die Gehorchenden. Er giebt ihnen das Gesetz, die Kraft der Bewegungen; er aber selbst steht außerhalb dieses Gesetzes; er tut, was er will – – – er ist Person. Auch das, was man Urkraft nennt, kommt von ihm, ist aber nicht mit Ihm Selbst zu verwechseln. Der Tanz fand 2 Wiederholungen. Bei der ersten war die Verteilung 1–3–11. Bei der zweiten wurde ein einfacher Kreis von 15 mit Niemand in der Mitte gebildet. Gottes Wille, seine Allmacht ist an keine Zahl, an keine Bestimmungen gebunden. Hierauf kehrten sie alle noch einmal zu ihm zurück und küßten ihm die Hand, wobei er Diesem oder Jenem seinen Mund wie im Kusse näherte, einige küßte er wirklich, und zwar hinten auf die Mütze, bei der Verbeugung. Andere fanden diese Auszeichnung nicht. Was von ihm ausging, kehrt zu ihm zurück, und er hält da Gericht; er belohnt und er bestraft, doch letzteres ohne Vernichtung. Wem heute sein Kuß nicht wird, weil er sich ihm nur widerstrebend nähert, dem giebt die Gnade Zeit und neue Bahn zur besseren Heimkehr in das Vaterhaus. Vielleicht begriff ich den Sinn des Tanzes, vielleicht auch nicht; aber er war mir sympathisch, besonders der Schluß. Nämlich nachdem Jeder die Hand des Scheiks geküßt hatte, ging er nach seiner Stelle, die er vor dem Tanz eingenommen hatte, jeder Folgende am Vorhergehenden, nun Stehenden vorüber, und im Vorübergehen blieb er bei Jedem einen Augenblick im Handkusse stehen. Die Liebe, die vom Vater ausgeht, wird von einer Welt der anderen zugetragen. // Die Liebe wird von einer Welt / Der andern zugetragen. / Das ist es, was das Himmelszelt / Den Sterblichen will sagen. / Ausarbeiten! // Nachdem dies geschehen war, schwiegen Pauken und Gesang, und die lieblichen Töne der Rohrflöte erklangen wieder. Dann warfen sich die Derwische auf den Ruf des Scheiks vorn nieder, um zu beten. Er sagte 3-mal Salam und ging über den Saal. Am Ausgang wendete er sich zurück, wiederholte den Gruß und entfernte sich. Seine Untergebenen folgten. Von Skutari [über den Bosporus] *heimkehrend hatte ich auf dem Schiff eine rührende Scene. Ich suchte, wie immer, einen Platz ganz vorn auf dem Schiff. Da saß ein Offizier in etwas abgerissener Uniform, abgewendet, weil er aß; Gurke, Käse, Brot, aus einer Papiertüte. Ich setzte mich an seine Seite und tat, als ob ich ihn nicht beachte. Da schälte er eine Gurke, hielt sie mir mit dem Messer hin und bat mich höflich, an seinem Mahle teilzunehmen. Ich besann mich nicht gleich auf meine Pflicht und dankte, ich hätte keinen Hunger. Es tat ihm weh. Als er fertig war, nahm er eine Ansichtskarte vom Leanderturm* [eck 338; beob 4, 26] *aus der Tasche und reichte sie mir mit den Worten: Nimm dann wenigstens dies von mir. So ist der "Türke", ein seelensguter Mensch! Freitag abend Nachricht von Dr.* [Carl Heinrich] *Schurtz' Tod* [Datierung unklar: Schurtz starb erst am 30.6. in Loschwitz, kmhi 12, 45]. *// Wo gingst du hin? Ich weiß es leider nicht. / Du gingst und bist wahrscheinlich doch geblieben* (*Himmelsgedanken* 206; gwb 82, 208-211).

06.30. Konstantinopel. Reisetagebuch: *Heute das Antiquitäten-Museum im Seraj besucht. Ich muß gestehen, daß ich all diesen Sammlungen wenig Verständniß entgegenbringe. Ich erkenne an, daß der sogenannte Alexandersarkophag ein Kunstwerk ist, fühle aber keine Begeisterung und sehe die gepriesenen Schönheiten nicht.* [Klara May an Euchar Schmid 23.4.1931: "In Konstantinopel ist auch der Alexandersarg, der eines der schönsten existierenden Kunstwerke ist."] *Warum sehe ich aber die Schönheit einer Blume, eines Angesichts? Der Kolossalbau der Ahmedije* [Ahmediye Cami, Blaue Moschee; eck 356f.] *gefällt mir wohl, obgleich die Kritiker die 4 Säulen plump nennen. Sie haben genug zu tragen, und ich finde sie also zweckmäßig. Es ist hinreichend Licht vorhanden; sie rauben nichts davon. Sie sind doch nicht Streber, sondern Grundpfeiler, auf denen die Last sämmtlicher Kuppeln ruht, und diese müssen stark genug sein, sie zu tragen. Diese Moschee hatte 6 Minarehs; also mußte das Haram von Mekka ein 7tes bekommen. Natürlich ist das wieder Grund zur Fabel über den Baumeister. // Der Mann macht die Fabel, und das Weib glaubt sie. // Sei mir gegrüßt in stiller Stunde, / Du liebes, frohes Händefalten! / Du trägst zum Himmel auf* *die Kunde, / Daß ich vertraue seinem Walten. / Des Tages Last ist mir genommen, / Und meine Seele ruht im Herrn, / Ich darf mit Dank und Bitten kommen, / Und ich, ich komme ja so gern. // Sei mir gegrüßt in stiller Stunde, / Du liebes, frohes Händefalten! / Du bringst vom Himmel mir die Kunde, / Daß mich des Vaters Hand wird halten. / Des Tages Stimmen sind verklungen, / Und meine Seele ruht im Herrn; / Es tönen in mir andre Zungen, / Und ich, ich höre sie so gern. // Sei mir gegrüßt in stiller Stunde, / Du liebes, frohes Händefalten! / Steig auf und nieder, Himmelskunde, / Mich für das Jenseits zu gestalten. / Will einst der letzte Tag verschwinden, / Ruht meine Seele in dem Herrn / Und wird die Heimat wiederfinden, / Nach der sie sucht so gern, so gern* [*Himmelsgedanken* 138]. *// Tschibuks. Rechnung für Dr. Eser.* Aufstellung über diverse Pfeifenköpfe und -spitzen. Die Tschibuks sind für die treuen Leser Dr. Carl Eser und Dr. Karl Emil Gättelmann bestimmt, denen May sie bereits im Januar 1898 versprochen hat (gwb 82, 211f.).

07. Ludwig Freytag veröffentlicht im "Pädagogischen Archiv" eine Rezension des *Schwarzen Mustangs*.

07.01. Sonntag. Konstantinopel. Reisetagebuch: *Noch einmal zur Turbe Solimans. Giebt es noch eine Stadt, in welcher so viele Herrscher so prächtig begraben liegen, wie hier in Konstantinopel? Welche Gedanken drängen sich mir da auf! Das Innere dieser Turbe ist mit der kostbarsten Fayence ausgelegt; aber daß die zuweilen nußgroßen Steine an der Deckenwölbung wirklich Diamanten seien, welche die Sterne bezeichnen sollen, das möchte ich doch bezweifeln. Die 6 Gräber gehören:* [Zeichnung] *1. Soliman d. Großen, 2. Soliman II.* [Süleyman II., 1641–1691] *und 3. Achmed II.* [Ahmed II., 1642–1695], *seinen Söhnen* [tatsächlich Söhne des Sultans Ibrahim, 1615–1648]. *Am Kopfende je ein weißer Turban mit Federstutz. Rechts und links. 4–6 sind Frauen von ihm. Auch die Turbe Roxolanes, seiner Lieblingsfrau, ist bis zu den Fenstern mit Fayencen ausgekleidet. Die Kuppel ist einfach weiß. Von da zur Turbe Mohammeds des "Eroberers"* [Fatih Cami]. *Sie ist prächtig. Decke und*

Wände sind mit Goldarabesken in Rot und Blau, mit Rosenbouquets und Guirlanden geschmückt. Ein schöner Lüster hängt von der Decke herab. Die Grabeinfassung ist Silber. An den 4 Seiten silberne Leuchter. Unter der weißen Decke des Katafalks liegt die eigentliche von braunem Sammet mit herrlichen Silberstickereien. Hierauf nochmals zur Aja Sophia. Ich habe sie lieb, obgleich ich erst 2-mal da war. Heute war ich auch auf den Emporen. Welche Fülle von Raum! Welch herrliche Arbeit der durchbrochenen Kapitäle! Eine eigenartige Liebe nimmt mich für dieses Gotteshaus ein (gwb 82, 212f.).

07.02. Reisetagebuch: *Per Dampfer nach Rumeli Kawak* [nordwärts in den Bosporus] *und von da zu Pferde und Wagen nach Bujukdere und Therapia zurück. Im letzteren Orte im Sommer-Palace-Hotel gerastet. Sehr gut dort. Mit dem Bosporus kann sich keine der schönsten Flußgegenden vergleichen. Es ist, als ob die Fülle des Wassers, welche 2 Meere verbindet und 2 Welttheile vereinigt, die landschaftlichen Schönheiten in Menge herbeigetragen hätte. Eindrücke, nie zu vergessen* (gwb 82, 213).

07.(?) Randnotizen in Meyer's Reisebuch "Türkei und Griechenland" (^{2}1888), zu Kittreys Hotel (Konstantinopel): *Wohne hier; höchst einfach, aber gute Wirthsleute und guter Wein* (Karl-May-Museum, Radebeul; beob 4, 25). Näheres über diesen Aufenthalt ist nicht bekannt.

07.(?) Ausflug nach Brussa (Bursa). Randnotiz in Meyer's Reisebuch "Türkei und Griechenland": *Ein ausgezeichnetes Bierrestaurant des Ungarn Hangoskuty-Jenö "Zum Tannenbaum" ungefähr dem Hotel d'Anatolie gegenüber in der Hauptstraße, wenn man von Mudania kommt, links* (Karl-May-Museum, Radebeul; beob 4, 25).

07.03. Reisetagebuch, mit Informationen aus Meyer's Reisebuch "Türkei, Rumänien, Serbien, Bulgarien" (^{5}1898; vgl. beob 4, 25): *Besuch des Friedhofs von Ejub* [Eyüp; weh V]. *Die Moschee unten darf kein Christ betreten. Hier werden die Sultane mit dem Schwert Osmans* [†1326], *des Gründers der Dynastie,* *umgürtet, und hier wird der heilige Sandschak* [Fahne] *aufbewahrt. Ejub (Hiob) hat seinen Namen von Abu Ejub Ansâri Achâlid Ben Saijid* [Abu Eyub al Ansari, Eyüp Ensari], *dem Fahnenträger und Waffenbruder des Propheten, der 672 bei der Belagerung durch die Araber gefallen und begraben worden sein soll. Ejub gilt den Türken als der heiligste Ort in Europa. Darum lassen sich viele hier begraben. Von der Höhe von Ejub (Bektaschkloster und Kaffeehaus) hat man eine herrliche Aussicht auf das Goldene Horn. Von hier bis zum Tore von Adrianopel lagerte das Kreuzheer unter Gottfried von Bouillon* [1060–1100] (gwb 82, 214).

07.04. Konstantinopel. Reisetagebuch: *Heute Klaras* [36.] *Geburtstag. Leider hat Konstantinopel keine Blumen für so Etwas. Gott segne sie mit der ganzen Fülle seines Segens! Heute auf der Hochebene nach Maslak bis Rumeli Hissar. Möchte wieder hin. // Unserer Herzensschwester Klara am 4. Juli 1900 in Konstantinopel // Sei lieb und gut, und trag uns gern, / Wenn wir es Dir auch oft erschweren; / Es wird ein Engel unsres Herrn / Den Dank dafür Dir noch bescheeren. // Sei lieb und gut und denke nicht, / Daß wir Dein Herze nicht erkennen; / Wenn auch die Zunge schnell oft spricht, / Die Seelen lassen sich nicht trennen. // Sei lieb und gut, und harre aus; / Die Hand des Herrn führt all die Seinen / Und wird dereinst im Vaterhaus / Die Angehörigen vereinen. // Dann wirst Du klar und deutlich sehn, / Wie lieb, wie lieb Du uns gewesen. / Es wird im Buch des Lebens stehn; / O könntest Du es jetzt schon lesen! // Deine Geschwister Emma und Karl* (gwb 82, 214).

07. Konstantinopel. May erleidet laut einer späteren Zettelnotiz Klaras einen zweiten Zusammenbruch: "K. M. war mit seinem Freund [Muhammad Adil] Schmitz du Moulin, der ihn mit Abdul Hamed bekannt gemacht hatte, auch eines Nachts an einem Ort gewesen, wo zu damaliger Zeit noch im Verborgenen der Mädchenhandel betrieben wurde. Der Ort und die dort verkehrenden Menschen müssen auf K. M. einen derartigen Eindruck gemacht haben, daß er nach dem Besuch in einen derart unnormalen Zustand geriet, der uns so beunruhigte und erschreckte, daß wir befürchteten, ihn einer Irrenanstalt zuführen zu müssen. Nach 8 Tagen, genau wie auf Sumatra, flaute der Zustand ab, er nahm wieder Nahrung zu sich, kam aber mit keinem Wort auf die entsetzliche, eben überstandene Zeit zurück; auch wir vermieden alle Fragen" (gwb 82, 42; jbkmg 1972/73, 55f.).

07.06. Konstantinopel. Klara macht abends eine Aufnahme von May auf dem Friedhof: "Frauen den Untergang der Sonne betrachtend. Karl May angelehnt sie beobachtend."

07.07. Reisetagebuch: *Heute früh verließen wir das Hôtel und bestiegen das Schiff "Aurora" des österreichischen Lloyd. Um 10 Uhr sollte es abgehen. Ein Defekt an der Maschine verzögerte den Abgang bis 6 Uhr nachmittags. Es war noch Tag, und das unvergleichliche Bild konnte noch einmal die Seele überraschen. Der letzte Tag im eigentlichen Orient* (gwb 82, 216). – Aufzeichnung Klara May: "Am 7. Juli 1900 hatten wir Constantinopel verlassen, auf dem oestr. Lloydschiff 'Aurora', es war ein miserabler alter Kasten." – Datum eines angeblichen Briefes von Sejd Hassan aus Kairo: "Dem tag wan ich nach Kairo gekommen, wahr ich ser mühde von die Reise, und war auch nicht am besten, aber ietzt wie ich ganz wohl bin, habe ich das Liberte genomen, ihnen gleich zu schreiben, und mache ihnen bekannt dass ich Gott sei dank wohl bin und ich hoffe von ihnen desselbe zu hören, und bin von euch alle ganz zu frieden, und das brod dass ich von euch gegessen habe werde ich nie fergessen, ich hoffe, wir werden sich wieder sehen."

07.08. Sonntag. Auf der "Aurora". Reisetagebuch: *Als der neue Tag erwachte, war Gallipoli in Sicht. Das Marmarameer lag hinter uns. Der schöne Hellespont mit seinen Schlössern kam, links die Ebene von Troja. Bis zum Ausgang der Dardanellen ging alles gut; aber als sich die bewegten Wogen der Ägäa bemerklich machten, verschwanden die Lieben* (gwb 82, 216). – Aufzeichnung Klara May: "Das Meer war bewegt gewesen und die 'Aurora' war ein alter Kasten, beide Umstände hatten mich gezwungen die Wände meiner Cabine mehr zu bewundern als die Seefahrt, die an Abwechslung reich gewesen sein muß nach Karls Berichten. Er wurde nie seekrank und fühlte sich bei Sturm an Deck ebenso wohl, wie bei Sonnenschein."

07.09. Reisetagebuch: *Montag früh* [5 Uhr], *anstatt Sonntag abend, kamen wir in Piräus an. Man hatte ohne unser Wissen aus dem Pera Palast nach Athen telegraphiert, und so wurden wir erwartet am Hafen und nach dem Hotel de Bretagne* [Hotel Grande-Bretagne, E. Lampsa] *geleitet. Kein Koffer wurde geöffnet. Wagen zur Fahrt nach Athen standen bereit. Zuerst grüßte uns der Piräus, dann der Hymettos, dann die Sternwarte und die Akropolis. Athen liegt nur wenig höher als Piräus. Die Häuser sind freundlich und von wohltuender verschiedener Individualität. Die Nähe der Marmorbrüche macht sich bemerklich, und das künstlerische Erbe, welches die Alten dem jetzigen Geschlechte hinterlassen haben, ist nicht zu verkennen. Tempel des Zeus, Hadriansbogen, Akropolis, auf welche ich zurückkomme. Abends auf unserem Balkon das rege Treiben auf dem Königsplatz zu beobachten, ist lohnend und schön. Am Abend erwacht das Leben, da es am Tage zu heiß ist. – // Geh hin und schau die Welt dir an; / Ergründe, was sie falsch getan, / Und wenn du es begriffen hast, / So trag es mit als deine Last. // Und wird sie schwer, so leg sie hin / Vor Gott mit frommem Kindersinn; / Er wird als Vater gnädig sein / Und dich von ihr befrein. / ??? – // Umkehr // Ich segne dich. Ich sah die Träne stehn / Im Auge, das du bittend zu mir hast... – // Dem Klausner // Du schlossest klug dich hinter Mauern ein / Und hast im Buch der Menschheit nie gelesen, / Jetzt willst du Geist bei lichten Geistern sein, / Bist du denn Mensch bei Menschen einst gewesen? // Ich frage nicht, wenn ich auch Fragen fände, / Ich hoffe froh und gern, bin ich auch still; / Ich gebe mich in Gottes Vaterhände; / Es wird doch alles so wie er es will. // Scheint's heut, als sei die Sonne uns entschwunden, / So werden wir sie morgen wieder schaun. / Es hängt der Rathschluß Gottes nicht an*

Stunden; / Er fordert nur Gehorsam und Vertraun. – // Sonne: // – – – wird sie von dir gescholten, / doch dann, wenn sie gesunken ist, / färbt sie den Himmel golden. – // "Tiefe Wahrheiten, reiner Glaube entsprangen diesem Boden. Rein und edel war der Ursprung. Auch hier siegte, wie überall, das Böse und zertrat das Gute. Dort aber, auf jenen Bergen, weilte ich oft, und draußen am murmelnden Bach unter den schattigen Bäumen." Wie kein Mensch, kein Volk, kein Land eine eigene Sonne hat, deren Licht und Wärme nur ihm allein gehört, so giebt es auch für keinen Einzelnen und für keine irgendwelche religiöse Gesamtheit einen besonderen Eigentumsgott, mit dem man sich brüsten kann. Diejenige Religion, welche Andere von der Gemeinschaft mit Gott ausschließt, hat sich den ihrigen selbst construirt, ihre Verehrung ist nicht Gottes- sondern Götterdienst; sie steht, und wäre es Jahrtausende lang, auf tönernen Füßen, die einst zerbrechen werden! (gwb 82, 216-218) – Aufzeichnungen Klara May: "Von Piräus fuhren wir nach dem Hôtel Bretagne, hier umgab uns wieder europäische Behaglichkeit. In der II Etg. des Hotels lagen unsere Zimmer mit einem herrlichen Balkon, der 5 Zimmer verband, die wir alle erhielten, da zu dieser Zeit die Stadthotels nicht besetzt sind. Die Aussicht von dort war grandios. Verlockend lag die schöne Stadt vor uns. Früh der erste und abends der letzte Blick ruhte auf der sagenumwobenen Akropolis." "Nach kurzer Ruhepause begannen auch hier die Wanderungen wieder. Der Orient lag hinter uns. Athen ist ein kleines Paris, nur hie und da erinnert uns ein alter Grieche daran, daß wir in seiner Hauptstadt sind, durch die schöne alte Volkstracht, die leider fast ganz verschwunden ist. [...] Die Hitze war groß. Athen war ausgestorben, Fremde nicht mehr da, unsere Reise hatte sich zu lange ausgedehnt. [...] In Athen trat eine kleine Abspannung ein. Der herrliche Fruchtmarkt mit seiner Überfülle der köstlichsten Früchte war vorerst das begehrenswerteste für uns. Wir versahen uns reichlich und schwelgten im Genuß vollreifer Trauben, Aprikosen, Pfirsich, Pflaumen, Melonen u.s.w." – Streichungen auf einer Ansichtskarte des Hotels Grande-Bretagne (erworben bei der Rezeption des Pera Palace Hotels in Konstantinopel) dokumentieren einige der in Athen besichtigten Sehenswürdigkeiten: Olympiastadion (1895 für die ersten neuzeitlichen Olympischen Spiele im Jahre 1896 errichtet), Tempel des Olympischen Zeus, Hadrians-Bogen, Lysikrates-Denkmal, Theater des Dionysos, Akropolis, Areopag, Sokrates-Gefängnis, Pnyx, Tempel des Theseus.

07.10. Athen. Reisetagebuch: *Nationalmuseum. Das wunderbare Relief im Saale II No. 126 aus Eleusis tat es mir an. Solche Gesichtszüge bringen wir jetzt nicht mehr fertig. An den vielen schönen Grabreliefs fiel mir auf, daß kein Gesicht unsern herkömmlichen, hoffnungslosen, aber tränenreichen Schmerz zeigt, welcher unschön ist und dem Glaubensmangel entspringt. Meist zeigen die Züge der Sterbenden einen fragenden und die der Anverwandten einen beruhigenden Ernst. Ich werde noch oft an No. 869 Saal IX denken (Vater, Sohn und Diener, ein unten sitzender Knabe). Der Sohn scheint das Jenseits schon zu sehen, und der Vater blickt ihn mit offenen Augen an, als ob er erwarte, Staunenswertes zu erfahren. Tage, Wochen möchte man hier lernen* (gwb 82, 219). – Aufzeichnung Klara May: "Am nächsten Tage ging es mit frischen Kräften an eine Rundreise durch die Stadt. [...] Im Nationalmuseum sind die Ausgrabungen [Heinrich] Schliemanns [1822–1890] die an Schönheit alle anderen Sammlungen übertreffen." – Auguste Lippmann, die May im Mai in Sarona kennen gelernt hat, hält ein Briefversprechen und schickt Honig. Auch an "Madam Plön" geht ein Brief und Honig.

07.11. Athen. Reisetagebuch: *Markttor, Äolustempel, dann Akropolismuseum. – Gräberstraße. Stier, Löwe, Hund! Das Grabmal der Freundinnen Demetria und Pamphile. Erstere aus Eleusis, letztere von Athen. Das Grab liegt an einer Quelle. Man weiß nicht, woher das Wasser kommt. Rennbahn, die alte. Ein Grieche in Alexandrien gab 16 Millionen, sie wieder aufzufrischen. Vor 4 Jahren faßte sie einmal 120.000 Zuschauer. Der Tempel des Jupiter Olympios, der einst 120 Säulen hatte, zeigt nur noch 16. Eine in Trümmern; an ihnen sieht man die Ver-*

bindung. Hadriansbogen, Lysikratesdenkmal, die sogen. Laterne des Diogenes. Der Theseustempel, nur noch ein Mauerwerk in seinem Innern. Das Markttor hat mich interessirt. Es führte zum Ölmarkt. Der Weg ist jetzt durch häßliche Häuschen versetzt. Die Säulen des Ölmarktes stehen nur noch in Resten, sie und ihre Trümmer in dichtem Unkraut, Coloquinten etc. In der Böschung sieht man noch einige Ölkrüge oder die Eindrücke derselben. Der Äolustempel (Turm der Winde) ist klein, achtseitig mit 2 Eingängen, oben die liegende Figur des Gottes, die verschiedenen Winde darstellend. Er hat mir sehr gefallen. In einer Nische der Brunnen des Äsculap. Und nun die Akropolis. Das Museum hat mich nicht erwärmt. Natürlich liegt das an mir. Meine Heimat war nichts weniger als ein Athen, und die dortigen Menschen sind keine Kallosbioten. Ich sehe den Parthenon und das Erechtheion jetzt durch mein Fenster hoch oben im Sonnenstrahle liegen, 6 Uhr Nachmittags. So hoch und entfernt liegt mir auch das Begreifen der einstigen Zeit, aber es liegt doch für mich <u>schon</u> im Sonnenstrahl, während das Irdische nur <u>noch</u> in demselben liegt. Jetzt kriechen nüchterne Häuser und Hütten den Fuß des Berges hinauf. So kriechen auch wir langsam am Vergangenen empor, welches noch immer unser Mittelpunkt ist, den wir wieder erreichen müssen, um dann neue Säulen aufzubauen. Ich ahne es: Es ist nicht nur das Schöne, das Gewaltige, das Können, sondern noch etwas Anderes: Es ist der Dank! Der Dank soll das Fundament jedes Tempels sein. Der Glaube zeigt den Menschen Gott. Der Dank steigt auf zum Herrn und nimmt den Menschen mit. Er ist die Leiter, an welcher der Mensch Sprosse um Sprosse höher bauen soll, bis er im Himmel einen Stützpunkt für eine neue, höhere Stufenfolge findet. Das ist dann nicht die unthätige, vor Gott knieende und fromme Lieder singende Religion, sondern das ist das werkthätige Streben hinauf zum Vater, das Streben an sich selbst, um ihm Freude zu machen, und das Wirken an der Menschheit, um ihrer recht viele mit zu ihm empor zu bringen. Der Dank ist das einzige Verdienst, welches sich der Mensch vor Gott erwerben kann. Die Liebe sorgt auch ohne Dank; aber sie sorgt *heiterer, freier, unbefangener, wenn sie Dank findet. (Der Dank vervielfältigt die Liebe und die Gabe)* (gwb 82, 219-221).

07.12. Athen. Reisetagebuch: *Heute nach Eleusis, auf der heiligen Straße. Sie führt vorüber an dem botanischen Garten und auf der Höhe am Eliaskloster. Die Höhen sind fast so kahl wie die von Palästina. Am Ende des Thales erschien der Golf von Salamis. Es geht am Ufer hin, dann wieder ab von ihm durch die Ebene. Pfeffer- und Ölbäume stehen an den Straßen und riesige Agaven in Blüte. Endlich ist Eleusis erreicht. Wir fanden im Hause des Kustos freundliche Aufnahme. Eleusis. In Trümmern. Könnte ich die Geheimnisse dieser Vergangenheit aus den Trümmern lesen! Ich pflückte einen Ölzweig, will ihn zu den aus dem Haram zu Jerusalem mitgenommenen legen und aus Italien, dem Lande des heutigen, "positiven" Christentums, noch einen dazu tun. Dann habe ich muslimische, christliche und "heidnische" Ölzweige. Ein Noahzeichen, daß das Land vorhanden ist. Es muß zur Zeit der Prozessionen ein wunderbares Leben hier geherrscht haben, auf der "heiligen Straße", welche, wenigstens für die Bevorzugten, direkt hinauf bis in die Akropolis führte. Der ursprüngliche Sinn der Mysterien war ein reiner, tiefer, ist wohl aber bald menschlich verschleiert worden und dann ganz in Vergessenheit geraten. Sobald der Gottesbegriff durch Spaltung in Personen seine Einheit verloren, trat das Heidenthum an Stelle der reinen Wahrheit. Hat der Christ durch die Spaltung in Vater, Sohn und Geist denselben Schritt getan? Der Mensch geht um so lieber zur Jugend zurück, je älter er wird, weil sie ihm mehr Paradiesisches geboten hat als das ganze spätere Leben* (gwb 82, 221). – Aufzeichnung Klara May: "Am 12. 7. unternahmen wir eine Tour nach Eleusis, über Daphni. Riesige Agaven blühten an der Straße ich hielt sie im Bilde fest. Eleusis, das Heilige, ist ein Trümmerfeld. Vergangene Pracht und Herrlichkeit liegt zerbröckelt am Boden. Diese Trümmerstätten machen nach den großartigen Plätzen, die hinter uns lagen, keinen überwältigenden Eindruck mehr. Das Meer war reizvoller und kühler als die heiße Sandwüste."

07.14. Athen. Begegnung mit dem aus Radebeul stammenden, in Griechenland wirkenden Architekten Ernst Moritz Theodor Ziller (1837–1923), dem älteren Bruder von Moritz Gustav Ferdinand und Gustav Ludwig Ziller (Gebr. Ziller) und Freund von Heinrich Schliemann. Aufzeichnung Klara May: "Sonnabend den 14. 7. früh besuchte Karl den Lykabethos und ich hielt ihn von gegenüber im Bilde fest. Wir unternahmen herrliche Ausflüge nach Phalleron etc. trafen auch einen Radebeuler, den Professor Ziller, der schon Jahrzehnte in Athen wohnte und uns manches interessante zeigte." Klara May 1934: "Ein in Athen lebender Architekt, ein Radebeuler Kind, Professor Ziller, hatte uns durch Griechenlands Schätze geführt" (jbkmg 1995, 16). – Reisetagebuch: *Heute nahmen wir Abschied von Athen. Ich stieg früh auf den Lykabettos. Es war da ein Ausblick sondergleichen. Die Stadt lag im Sonnenglanze unter mir mit ihren rotgrauen Dächern. Wie mag sie erst früher von hier ausgeschaut haben! Ich wünsche, daß ich sie wiedersehe. Dann nach der Sternwarte* [auf dem Nymphenhügel]. *Dann zum Jupitertempel noch einmal. Abends nach Tische spät noch einmal auf meine Sondererlaubniskarte, die auch Nachts mir und meiner Begleitung Eintritt verschafft, hinauf zur Akropolis. Zauberhaft spielte der Mondenschein in den Trümmern, die sich zu beleben schienen. Lange verweilten wir. Auf den Stufen des Niketempels begeisterte uns Klara für den Gedanken, diesen Tempel nachbilden zu lassen und ihn zum Andenken an diese Zeit auf dem heimischen Friedhof zu erbauen und uns alle darin zur letzten irdischen Rast betten zu lassen.* Zusatz aus späterer Zeit: *Sie bekam dazu freie Hand* (gwb 82, 222). Aufzeichnungen Klara May: "Ich brachte es so weit, daß wir nicht nur am Tage die Akropolis besuchten, sondern auch vom Consulat einen Erlaubnisschein erhielten eine Nacht dort oben zuzubringen. Nie werde ich diese Vollmondnacht vergessen, sie war tiefer und erhabener als die Nacht im Colosseum in Rom. Wir bewunderten von allen Seiten die schlafende Stadt, dann in der Ferne das Meer, wie flüssiges Silber erschien die Bucht von Phaleron, dunkel die kleine Insel Salamis, das heilige Eleusis. Ernst lag die Höhe von Korinth in der Ferne und die ungarischen und argalischen Berge. Am Fuße des Niketempels rasteten wir still im Anschauen all dieser Pracht. Es mögen Stunden gewesen sein. Im wachen Träumen verflogen sie. Belebt zog die Vergangenheit vorüber. Die Trümmer versanken. Leben stieg aus den Ruinen. Jeder gab dann was an Wissen aus Griechenlands klassischer Sonnenzeit in ihm war, den anderen kund. Das Perikleische Zeitalter stand vor uns auf. [...] Diese Gedanken führten uns zu den Bestrebungen in Italien, wie besonders Mailand, Genua und Neapel versuchen, den Tod zu verschönen, indem sie ihren Todten Monumente errichten. [...] Aus diesen Erwägungen heraus und ganz unter dem Banne einer großen Vergangenheit, an geweihter Stätte stehend, entstand der Gedanke, den Nike-Tempel auf Heimatsboden zu übertragen und als gemeinsame Ruhestädte zu erwählen. Menschen die im Leben so innig verbunden waren, beschlossen gemeinsam zu ruhen nachdem sie das Schönste auf Gottes Welt gemeinsam bewundert hatten." "Eine wunderbare Vollmondnacht verbrachten wir auf der Akropolis. Die Güte des deut. Konsuls [Hermann Otto Lüders, 1844–1912] hatte Karl May diese Vergünstigung verschafft. Nach einem Rundgang auf dem Auge und Phantasie reiche Befriedigung gefunden hatten, rasteten wir auf den Stufen des Nike Tempels Gedanken und Gefühle austauschend. Das Durchlebte und die momentane Gegenwart boten Stoff in Fülle. Hier reifte als Resultat der Betrachtungen der Plan aus, den Niketempel nachzubilden und als Begräbnisstätte für uns zu errichten, als Dankesmonument für all das Große und Schöne was wir durch Gottes Güte hatten schauen dürfen." – Klara May 1934: "Begeistert griff [Ernst Ziller] unseren Gedanken auf und führte ihn mit seinem Bruder [Paul Friedrich Ziller], der ebenfalls ein Menschenalter in Athen gelebt hatte, in Radebeul aus" (jbkmg 1995, 16). – Fehsenfeld schickt May eine Satzprobe und Deckenmuster für die *Himmelsgedanken.*

07.15. Sonntag. Korinth. Reisetagebuch: *Heute fuhren wir* [mit der Eisenbahn] *nach Korinth. Noch einmal sahen wir Eleusis. Wir sahen Megara, die skironischen Felsen und Kalamaki. Die Fahrt war wunderschön. Links stets das Meer mit den es einengenden Felsen. In Korinth gingen wir in das Hotel Grande Bretagne. Gute Menschen. Will sie empfehlen. Dann nach Akrokorinth, Alt-Korinth, wo eben hochinteressante Ausgrabungen gemacht waren. Wir gruben mit und fanden alte Münzen und Scherben in Menge. Die Rückkehr durch die Korinthenfelder war reizvoll und genußreich, wir kauften einen ganzen Korb voll dieser fast übersüßen Trauben für einen sehr geringen Preis. Die Früchte sind dort überall vorzüglich und sehr billig* (gwb 82, 222f.). Aufzeichnung Klara May: "Am 15 Juli, einem Sonntag nahmen wir von Athen Abschied und setzten unsere Reise fort. Das nächste Ziel war Korinth. Im Hotel Bretagne fanden wir ein einfaches Unterkommen. Ich erhielt das Stübchen in dem die Kaiserin Elisabet zu wohnen pflegte, wenn sie von Korfu herüber kam. Alt Korinth war das Ziel unserer Wünsche. Wir machten selbst Ausgrabungen dort und brachten manches nette Stückchen mit. Buntes Glas und bemalte Scherben. Am alten Tempel mit den schönen dorischen Säulen hielt ich Karl May im Bilde fest. Akrokorinth lohnte den Aufstieg durch eine wundervolle Aussicht." Klara May an Euchar Albrecht Schmid 23.4.1931: "Später haben wir auch selbst ausgegraben, und zwar am Fuss von Akrokorinth, im alten Korinth, wohin wir eine herrliche Tour durch üppige Weinfelder unternahmen. Es sind nur winzige Scherben aus Ton und Glas, aber eigenhändig dem antiken Boden entnommen. Dafür hatte sich nun auch KM begeistert, nachdem er die wunderbaren Schätze in Konstantinopel im Museum gesehen hatte." – In Korinth macht Klara eine Aufnahme von zwei griechischen Soldaten an einem Brunnen. "Die Soldaten haben je einen Abzug erhalten." Andere Fotos zeigen May in den Tempelruinen (mkmg 66, 18).

07.16. Patras. Reisetagebuch: *Weiterreise nach Patras. Eine herrliche Fahrt. Der Parnaß fesselte mein Auge lange, lange*

Zeit. Griechenland ist ein herrliches Land; ich liebe es und möchte es wiedersehen. Die Gegend verliert nichts an Schönheit bis Patras. Im Hôtel d'Angleterre nahmen wir Wohnung. Auch gute Leute, die alles Mögliche tun. – Ausflüge gemacht (gwb 82, 224). – Aufzeichnung Klara May: "Von Korinth setzten wir unsere Reise nach Patras fort. Die Tour dorthin ist wundervoll, immer am Ufer des Meeres, durch Wein und Fruchtgärten. Karl May berichtete von den vor uns liegenden Inseln von Delphi und seinem Orakel, von der Zauberquelle, die jeder zuvor zu benützen hatte, bevor er Apolls Heiligtum betrat. [...] Im Hotel d'Angleterre erhielten wir ein gutes Unterkommen. Wir besuchten von hier Olympia, doch war die Anstrengung größer als die Freude am Geschauten. Man wird müde immer wieder Ruinen zu sehen. Sie reizen zum Philosophieren und es ist ein gar schlüpfriger Boden auf dem sich da der gequälte Geist bewegt." – Beirut. Jakob Unger vom Hotel Deutscher Hof bedankt sich für die Übersendung eines von May versehentlich mitgenommenen Schlüssels und schickt ihm das vergessene Lebensamulett aus der Omajjadenmoschee.

07.17. Reisetagebuch: *Heute gingen wir mit dem italienischen Dampfer "Kandia" von Patras ab, nach Korfu. Herrliche Fahrt!* (gwb 82, 224)

07.18. Korfu. Besuch des Achíllion bei Gastourion, das Kaiserin Elisabeth von Österreich (Sisi) für sich erbauen ließ (Fertigstellung 1892) (gus 287). Reisetagebuch: *Wir kamen 10 Uhr vormittags dort an, dann* [mit Wagen] *hinauf zum Achilleion der Kaiserin von Österreich. Die Stadt liegt außerordentlich schön. Es ist nicht zu verwundern, daß Elisabeth sie und die Insel so lieb hatte. Die alten Festungswerke präsentieren sich gut. (Denkmal Schulenburgs hier).* [Graf Johann Matthias von der Schulenburg, 1661–1747, verhinderte 1716 die Einnahme Korfus durch die Türken.] *Es war egyptisch heiß. Der Weg geht durch die Vorstadt und dann zwischen Kaktuszäunen hin. Weinpflanzungen, Föhren, Cypressen, Tamarisken. Das Achilleion liegt auf halber Bergeshöhe, wunderbar schön. Man* *denkt 15 Kilometer weit im Binnenlande zu sein und staunt freudig, von der Schloßtreppe aus plötzlich das Meer tief unten und doch so nahe vor sich athmen zu sehen. Unsere Erwartungen wurden übertroffen. Der Bau und die Innenräume sind wunderbar schön. Die Musen. Der sterbende Achilles im Garten* [Werk des Berliner Bildhauers Ernst Herter, 1846–1917]*! Ich nahm da ein Efeublatt mit. Am meisten wirkte auf mich das Gemälde "Achilles, den Hektor um Troja schleifend"* [Gemälde des Wiener Malers Franz Matsch, 1861–1942, im Stiegenhaus, kmhi 18, 81]. *Das Heinedenkmal* [des dänischen Bildhauers Louis Hasselrijs, 1844–1912, in einem kleinen Gartentempel]. *Als Geist soll Heine der Kaiserin hoch gestanden haben. – Nachmittags 4 Uhr Korfu ab. Ade von Griechenland!* (gwb 82, 224-226) – Aufzeichnung Klara May: "Das herrliche Acheleion wurde besucht. Mit denkbar feinstem Geist und Empfinden hat es die Kaiserin Elisabet nach klassischen Modellen erbaut. [...] Nach all den Trümmerstätten eine Erholung für Auge und Seele. Die Aussicht vom Achillesplatz auf das unendliche Meer und die schöne, blütenumrankte Insel ist bezaubernd. [...] Einen schöneren Abschluß unserer Orientreise konnten wir uns nicht wünschen."

07.19. Reisetagebuch: *Heute früh ½ 4 Uhr Ankunft in Brindisi. 7 Uhr mit dem Zuge nach Ancona, wo wir gegen Abend ankamen. Dieses östliche Italien gefällt uns allen viel besser als das westliche. Ich glaube nicht, daß es nur an der Jahreszeit liegt. Herrlich grün, wohlbebaut, fruchtbar. Saubere Ortschaften in prächtigen Gegenden. Italien ist schön! Im Hôtel Milano fanden wir gute Unterkunft und noch bessere Küche und Weine* (gwb 82, 226).

07.20. Reisetagebuch: *Heute nach Bologna. Hôtel Brunn. Ausgezeichnetes Haus. Große Zimmer, feine Küche. Gute Dienerschaft. Die Stadt gefällt mir sehr. Schöne alte Paläste. Rundfahrt wie überall zuerst. Campo Santo, er gefällt mir nicht. Ein Spezereikasten mit Namensinschriften auf den Deckeln. Eine Leichensammlung mit Daten auf jeder Nummer. Nur ein Mo-*

nument von [Bertel] *Thorwaldsen* [1770–1844] *fesselte mich* (gwb 82, 226). – Klara Plöhn auf einer Karte von Brindisi an Wilhelmine Beibler: "Nun sind wir in Italien, nun geht's flott der Heimath zu" (gus 288). – Schloss Kettenburg. Clemens Freiherr von der Kettenburg fragt an, ob er May Anfang August besuchen kann.

07.21. Reisetagebuch: *Heute nach Venedig. Grand Hôtel Britannia, vis-à-vis der Maria della Salute. Sehr gut. Diesmal nur 4 Tage. Bald hoffe ich wieder hier zu sein. Die Wohnung Wagners aufgesucht. Ich stand auf der Stelle, wo er starb. Tiefbewegt. Künstlerwallen. – – – Markuskirche hat mir zu viel Gold und Mosaiken, sie machen auf mich den Eindruck von Geduldsspielen. Der Dogenpalast imponiert mir. Nicht seiner Kunstwerke wegen, sondern als Denkmal, und zwar als ein mahnendes und warnendes. Diesen Menschen war eine große Aufgabe anvertraut; es war ihnen auch die Macht gegeben, sie zu lösen, doch sie lösten sie nicht. Sie beherrschten ihre Welt und wollten sie richten. Sie herrschten ohne Liebe und richteten ohne Gerechtigkeit. Nun sind sie selbst gerichtet. Wer die ihm gewordene öffentliche Macht zum heimlichen Terrorismus zwingt, dem wird sie genommen. Gott ist Licht, er will auch von denen, die ihn vertreten, Licht. Umgeben sie sich aber mit Finsterniß, so gehen sie in ihr unter. Was ist von ihnen geblieben? Der Besucher ihrer Paläste freut sich über die Werke ihrer Künstler; er nennt die Namen derselben mit Ehrerbietung; das Andere ist Schweigen. Wagners Sterbezimmer wird mit Pietät betreten und betrachtet. Der Name der Aristokraten, denen der Palast gehört, ist uns vollständig schnuppe! Venedig, die einstige "Königin der Meere", ist zum alten Weibe geworden, welche sich von den Überresten ihrer einstigen Schönheit nährt. Das ist der Eindruck, den sie im allgemeinen auf mich macht, wenn ich auch im besonderen viel würdige. Die "Straßen" der Stadt sind in Wahrheit "Adern", in denen das Leben pulsirt. Aber das Blut ist nicht rein und der Puls träge. Dieser einst so schöne Leib muß mit fremden Säften ernährt werden* (gwb 82,

226f.). – In Venedig skizziert May eine Architekturzeichnung. – Dresden. 7.45 Uhr. Im Städtischen Irren- und Siechenhaus stirbt Münchmeyers Schwiegersohn Rudolf Jäger an Herzschwäche und fortgeschrittener Hirnlähmung (Begräbnis am 24.7. auf dem Annenfriedhof in Löbtau).

07.22. Sonntag. Venedig. Um das Hochamt in der Chiesa Santa Maria della Salute zu besuchen, muss May vom Hotel aus mit einer Fähre (Traghetto) auf die andere Seite des Canale Grande übersetzen (1864 hat er das *Ave Maria der Gondolieri am Traghetto della Salute* komponiert, zu einem Text von Ida von Düringsfeld) (mkmg 34, 6f.). Reisetagebuch: *Die St. Maria della Salute zum Hochamt besucht. Dann nach der Frari. Mir scheint sie nicht hell genug. Für mich waren nur die Grabmonumente* [Antonio] *Canovas* [1757–1822] *und Tizians* [Tiziano Vecellio, 1488–1576] *vorhanden. Das Erstere, eine Pyramide, wirkt grad durch die Einfachheit groß. Wenig Figuren. Aber warum immer wieder diese Trauer um den Leib? Wo ist die Freude darüber, daß die Seele frei geworden ist? Die Trennung beider ist ja nur dann zu beklagen, wenn die irdische Vereinigung beider nicht zu dem Ziel geführt hat, welches sie zu erreichen hatte. Das Letztere ist auch schön, aber die Menge der Figuren zerstreut. Ein Monument soll nicht ein Katalog der Werke des betreffenden Künstlers sein, sondern so kurz, aber auch so schön wie möglich sagen, was er denen, die es errichteten, hat sein wollen und geworden ist. Auch den Dogenpalast sah ich wieder. Diesmal ließ er mich noch kälter. Die heimlichen Gänge und Gefängnisse suchte ich gar nicht auf* (gwb 82, 227). – Klara Plöhn sendet auf einer Karte von Bologna die "herzlichsten Grüße" an das Ehepaar (Hugo) Wünschmann (gus 289).

07.23. Venedig. Zettelnotiz: *Kennst du die rollenden Spiralen der Chiesa Santa Maria della Salute in Venedig? Sie streben, Propheten tragend, nach allen Richtungen hinaus, doch fest verbunden mit der Kuppel bleibend. Der Körper lastet; der Geist ist es, der wirkt. Das ist ein monumentaler Ruf zur ächten* *christlichen Mission. Gehet mit Eurer Kraft hinaus in alle Welt, doch Alles, was da lastet, bleibe daheim!* (gwb 82, 229)

07.25. Reisetagebuch: *Heute mit der Bahn über Verona nach Bozen. Ankunft 2.*[35] Uhr. *Das Batzenhäusel noch besucht* (gwb 82, 229). Das Batzenhäusl (Kirchebnerstraße, heute Andreas-Hofer-Straße 30) hat schon Paul Heyse (1830–1914) bedichtet: "Das Bozner Batzenhäusel / Das sei mein Standquartier / Ist kein alltäglich Beisel / Manch' Wackern triffst du hier!" (gus 292)

07.26. Bozen. Reisetagebuch: *Wagenfahrt* [über Eppan und Kaltern und von dort auf der kehrenreichen Mendelstraße] *nach dem* [25 km entfernten] *Mendelpaß* [Passo Mendola]. *Die Fahrt durch die lombardische Ebene hat mein Interesse für Italien gesteigert. Dann führte der Schienenweg empor zur Alpenherrlichkeit. Der italienische Teil der Brennerbahn ist schöner als der der Gotthardtstrecke. Es steigert sich fortwährend bis Bozen, und das ist ein Juwel. Wir nahmen im Hôtel Victoria* [Zollstange 188, Bahnhofsnähe, nicht mehr existent] *Wohnung, empfohlen vom Onkel des Wirtes in Venedig. Nicht gut. 5 Stunden hinauf zum Mendelpaß. Hotel Penegal. Prachtlage. Küche vorzüglich. Dieser Ausflug hat mich entzückt. // Auf dem Weg nach dem Mendelpaß* Gedichte: *Im heimlich* [...] *stillen Waldesfrieden, / Vom Lärm des Lebens abgeschieden, / Liegt mein geliebtes Gotteshaus. / Will ich einmal die Erdenfragen / Zum Abschluß und zur Ruhe tragen, / So pilgre ich zu ihm hinaus. // Es führt der Pfad mich über Wiesen, / Durch düftereiches Blühn und Sprießen / Zum sonnenlichten Erlenschlag. / Dort heißt willkommen mich die Quelle, / Und ich leg an verschwiegner Stelle / Hin, was ich Schweres bei mir trag. – // Weg nach dem Mendelpaß: // Streckt sich bittend dir entgegen / Eines Bettlers arme Hand, / Sei ein Theil ihr von dem Segen, / Der dir wurde, zugewandt. // Güter, die dir Gott gegeben, / Sind für Andre dir geliehn, / Und nur was du für das Leben / Brauchst, sollst du davon beziehn. // Gehst du dennoch da vorüber, / Wo Erbarmung nöthig ist, / O, so denke dort hinüber, / Wo du auch nur*

Bettler bist! (*Himmelsgedanken* 54; gwb 82, 229f.) – Grand Hotel Penegal (Grandi Alberghi) (gus 33). Eigentümer ist Alois Schrott (1838–1902), Besitzer der Schlösser Vorst (Burggrafenamt) und Freudenstein (Appiano). Das 1896 eröffnete, 104 m lange und auf drei Seiten von Tannenwald umgebene Hotelgebäude hat über 120 Schlafzimmer und Salons (heute Apartmentwohnungen), außerdem ein geräumiges Restaurant, einen Billardsaal, Damensalons, Musikzimmer und einen 5 m hohen Speisesaal für 200 Personen (seit 2003 Veranstaltungssaal). Von 24 Balkonen aus Rundsicht vom Rosengarten bis zum Ortler. – Gemeinsame Grüße von der Mendel gehen in Klaras Handschrift an Agnes Seyler und Familie "von Euren Plöhns und Mays" (mkmg 26, 7). – *Frau Pollmer* 916: *Wir waren auf unserer Heimkehr aus dem Oriente über den Mendelpaß bei Bozen gekommen. Da steht auf stolzer, waldiger Höhe das große, herrliche, palastähnliche Hôtel Penegal. Wir hatten nur einen Tag lang dort rasten dürfen, uns aber vorgenommen, die nächste Erholungszeit ganz unbedingt hier oben zu verbringen.*

07.27. Reisetagebuch: *Wagenfahrt nach den Dolomiten. Abgestiegen im Karersee-Hotel* [1650 m; mkmg 55, 1f.; gus 294]. *Gut! Gründlich verdorben! O dieses Weib!* (gwb 82, 230) – Klara Plöhn an Wilhelmine Beibler: "Tausend herzinnige Grüße aus dieser herrlichen Gegend die Du noch sehen mußt von Deinen Deiner in inniger Liebe gedenkenden Kindern" (gus 294). – Klara May, "Meine 3 Italienreisen": "Herrliche Tour nach dem Karersee und -paß. Rosengarten [2981 m], Lattemar [Latemar, 2846 m]. Sarnthal, Rungelstein [Burg Runkelstein; gus 191], Gries" (gwb 82, 230). – In Bremerhaven hält Wilhelm II. bei der Aussendung deutscher Verbände nach China seine berüchtigte "Hunnenrede" ("Kaiserlicher Scheidegruß an das Expeditionskorps"): "Kommt Ihr vor den Feind, so wird er geschlagen. Pardon wird nicht gegeben; Gefangene nicht gemacht." Als die deutschen Truppen in Peking eintreffen, ist der "Boxer-Aufstand" bereits niedergeschlagen (*Et in terra pax* 15f.).

07.28. Reisetagebuch: *In das herrliche Sarnthal* (gwb 82, 230).

07.29. Sonntag. Reisetagebuch: *Nach München. Hôtel Leinfelder. Nach Tische kam der Herzog Paul von Mecklenburg zu mir. Wohnte zufällig auch da* (gwb 82, 230).

07.30. München. Reisetagebuch: *Bei* [Josef] *Weigl* [Auenstraße 72] *gewesen. War verreist. Paul Mecklenburg kam mit seinem Bruder Borwin. Morgen 8,42 geht es heim. Mutters Geburtstag* (gwb 82, 230).

07.31. Rückkehr nach Radebeul, pünktlich zum Geburtstag von Klara Plöhns Mutter Wilhelmine Beibler. Aufzeichnung Klara May: "Am 31 Juli 1900 waren wir Abends 9 Uhr wieder in Radebeul, wo wir mit viel Liebe und Blumen empfangen wurden." – *Leben und Streben* 247: *Wir reisten* [...] *nach Hause. Während dieser Zeit ist meine Frau auf wiederholte Anfragen immer dabei geblieben, daß die* [Münchmeyer-]*Dokumente völlig unverletzt noch in dem betreffenden Kasten lägen. Sie wurde schließlich zornig und verbat sich jede weitere Erwähnung. Aber als ich nach Hause kam und mein erster Schritt nach dem Schreibtisch war, fand ich den Kasten – – – leer! Hierüber zur Verantwortung gezogen, erklärte sie, daß sie die Briefe allerdings verbrannt und vernichtet habe. Sie sei stets eine Freundin Münchmeyers gewesen und sei es auch noch heute. Sie wisse zwar, daß ich recht habe, aber sie dulde nicht, daß ich Münchmeyers verklage. Darum habe sie die Papiere verbrannt. Man kann sich denken, wie mir zumute war, aber ich beherrschte mich und tat, was ich schon jahrelang in solchen Fällen zu tun gewohnt war, ich war still, nahm den Hut und ging.* – *An die 4. Strafkammer* 76f.: *Ich griff zum Hute und ging fort, hinaus in die Luft, hinaus auf das Feld, hinaus in den Wald. Da bin ich geblieben, die ganze, lange Nacht, bis es Morgen wurde. Dann ging ich heim, setzte mich in meinen Winkel und arbeitete. Was? Ein Gedicht für die "Himmelsgedanken".* – *Frau Pollmer* 885f.: *Damals glaubte* [...] *ich an die Verbrennung* [...]. *Später aber versprach sie sich wiederholt,* *und es gab während des Prozesses gewisse* [...] *Redewendungen, die in mir den Verdacht erweckten und bestätigten, daß die Briefe nicht verbrannt, sondern an Frau Münchmeyer ausgeliefert worden seien.*

08. Erste persönliche Begegnung Mays mit Adalbert Fischer in Radebeul. *Leben und Streben* 248f.: *Um diese Zeit war es, daß sich der Käufer des Münchmeyerschen Geschäftes, Herr Fischer, bei mir meldete. Ich hatte keinen vernünftigen Grund, ihn abzuweisen; er wurde angenommen. Die Unterredung war eine hochinteressante, sowohl psychologisch als auch prozessual. Fischer machte gar kein Hehl daraus, daß er wisse, ich sei vorbestraft. Er meinte, wer solches Werg am Rocken habe, der solle sich wohl sehr hüten, zu prozessieren, sonst könne die Sache sehr leicht ein anderes Ende nehmen, als man denke. Meine Romane seien jetzt sein Eigentum. Man habe sie schon früher verändert, und nun lasse er sie von neuem umarbeiten, ganz so, wie es ihm gefalle. Wenn ich gegen ihn prozessiere, so könne das länger als zehn Jahre dauern; aber bis dahin sei ich längst kaput. Er sei aber gekommen, mir die Hand zu bieten, all diesem Aerger zu entgehen. Ich solle ihm siebzigtausend Mark zahlen, so verzichte er auf meine Romane und liefere sie mir mit allen Rechten aus. Dann sei es mir leicht, die ganze Aufregung der Presse gegen mich mit einem einzigen Schlage zum Schweigen zu bringen. Er biete mir seine Hilfe dazu an. Er wisse mehr, als ich ahne. Er kenne die ganze Münchmeyerei. Man habe ihm Alles gesagt. Aber unter siebzigtausend Mark könne er nicht verzichten, denn er habe hundertfünfundsiebzigtausend Mark bezahlt. Es ist ganz selbstverständlich, daß ich auf diesen Vorschlag nicht einging. Ich erklärte ihm, daß ich keinen Pfennig geben werde und zur Klage fest entschlossen sei. Da wollte er wissen, gegen wen ich diese Klage richten werde, ob gegen ihn oder gegen Münchmeyers Witwe. Er rate mir zu dem letzteren, weil er mir da wahrscheinlich als Zeuge dienen könne, denn er sei mit dieser Frau keineswegs zufrieden, sondern stehe in immerwährendem Streit mit ihr. Hierauf* *entfernte er sich mit der Warnung, mich ja mit meinen Vorstrafen in acht zu nehmen.* – *Schundverlag 05*, 380-386: *Zum ersten Male sah ich diesen Mann kurz nach meiner Heimkehr aus Afrika und Asien. Er hatte erfahren, dass ich wieder da sei, und kam nach Radebeul, scheinbar, um Frieden mit mir zu schliessen, in Wirklichkeit aber, um mich auszuhorchen.* [...] *Sein Auftreten war gleich bei diesem ersten Male ein derartiges, als ob er bei mir zu Hause sei, als ob meine ganze Villa ihm gehöre. Er genierte sich nicht im geringsten. Er sagte mir, dass er ein steinreicher, hochangesehener Mann sei und das Münchmeyersche Geschäft für den Preis von 175 000 Mark erworben habe. Einen Prozess wegen dieses Kaufes habe er nicht zu fürchten, weil er Justizräte in seiner Verwandtschaft habe. Er habe sich in Leipzig vom Geschäft zurückgezogen und sei nach der Lössnitz bei Dresden übergesiedelt, um da als Rentier zu leben; das nötige Vermögen besitze er dazu. Da aber sei ihm noch ein Sohn* [Johannes Adalbert Lothar] *geboren worden, und er habe es für seine Pflicht gehalten, auch für diesen noch ein Vermögen zu erwerben. Nur dieser Sohn sei schuld, dass er sich wieder in das Geschäft gestürzt und die Firma Münchmeyer gekauft habe, um für ihn zu weiteren und neuen Kapitalien zu kommen; er sei ja Vater und müsse für seine Kinder sorgen.* [...] *Nur meine Berühmtheit habe ihn zu diesem Schritt veranlasst. Er habe gehört, dass mein Verleger Fehsenfeld ein blutarmer Teufel gewesen, durch mich aber Millionär geworden sei. Da habe er sich nach Sachen von Karl May erkundigt und sei hierbei auf Frau Münchmeyer getroffen.* [...] *Der ganze Münchmeyersche Verlag sei nichts mehr wert gewesen, weder die alten Maschinen noch alles andere, ausgenommen nur allein meine Romane.* [...] *Eben wollte ich ihn veranlassen, sich schleunigst zu entfernen, da begann er, von Frau Münchmeyer und ihren Schlechtigkeiten zu sprechen.* [...] *Er behauptete, bei diesem Kauf von ihr betrogen worden zu sein* [...]. *Jetzt, da ich nun einmal entschlossen sei, zu klagen, so solle ich doch nicht ihn, sondern diese Frau verklagen; die habe das verdient! Aber nur einige Minuten später drehte er die-*

sen Satz grad um und forderte, dass ich nicht sie, sondern ihn verklagen möge. Ich schloss hieraus, dass er nur gekommen war, um zu sondieren. Er gab an, dass er mit Frau Münchmeyer in Klage und Gegenklage stehe. [...] *Man hat zwar nicht umhin gekonnt, ihm meinen Brief* [vom 16.3.1899] *zu zeigen und ihn also in die Zweifelhaftigkeit der Münchmeyerschen Rechte einzuweihen; aber man ist zugleich auch bemüht gewesen, die hierauf ganz notwendigerweise in ihm entstehenden Bedenken sofort zu zerstreuen, indem man ihm glaubhaft machte, dass ich es auf keinen Fall wagen werde, meine Rechte zu verteidigen. Man log ihm vor, dass ich seinerzeit wegen Unzucht mit Kindern bestraft worden sei. Jetzt sei ich ein berühmter Mann, der mitten und hoch im öffentlichen Leben stehe. Meine Berühmtheit komme nur davon her, dass ich niemals Liebesgeschichten schreibe. Das Bekanntwerden dieser Unzuchtsverbrechen wäre mein Verderben, mein öffentlicher Tod.* [*Schundverlag 09*, 88: *Der unzüchtige Umgang eines Lehrers mit seinen Schulmädchen wird mit bis zehn Jahren Zuchthaus bestraft. Ich betone ausdrücklich, daß ich so etwas nie getan habe.*] *Ich würde mir also alles mögliche gefallen lassen, wenn man verspräche, hierüber zu schweigen; darauf könne er sich verlassen!* [...] *Meine damalige Frau war bei diesem ersten Besuche Fischers, der in meinen Arbeitsräumen stattfand, zugegen. Sie sagte aber fast kein Wort. Was sie da hörte, war mehr als genug, ihr über ihre mütterlich zärtliche Freundin Pauline Münchmeyer nun endlich einmal die Augen zu öffnen.* – Gegendarstellung Fischers in einem Brief an Felix Bondi vom 5.7.1905: "Karl May behauptete [...], ich hätte ihn veranlassen wollen, sich mit mir gegen Frau Münchmeyer zu verbinden, und beruft sich dabei auf das Zeugnis seiner ersten Frau! Dies ist natürlich vollständig erlogen, erstens war diese Dame bei der kurzen Unterredung gar nicht zugegen, und zweitens habe ich damals die betr. Werke May zum Kauf angeboten, weil ich sehr krank und geschäfts- und prozeßmüde war. May lehnte dies dummerweise ab (er hätte die Sachen bei meiner damaligen Stimmung spottbillig erhalten), und bat ich ihn darauf, mich doch mit einem Prozesse zu verschonen; die Sache ginge mich ja zunächst gar nichts an, da ich diese Werke wie alle laut Vertrag mit allen Rechten von Frau Münchmeyer erworben hätte. [...] Der Vertrauensmann von Frau Münchmeyer, der alte Walther, hat mir erst Monate nach Kauf – als außer May noch andere Schriftsteller, besonders wegen Tantiemeforderungen, an mich herantraten – gestanden, daß er mir bezügliche Ansprüche verschiedener Schriftsteller verschwiegen, so könne auch May besondere Tantiemeansprüche (ich glaube in Gestalt von Gratifikation) haben, dieser werde aber kaum ob derselben klagen, da genügten ein paar Zeilen an ihn, da er vorbestraft sei usw." (*Buch der Liebe* 222, 224f.).

08. Beim Amtsgericht Dresden hinterlegt May sein Testament und setzt Emma als Universalerbin ein; auch das Ehepaar Plöhn und Klaras Mutter Wilhelmine Beibler werden bedacht.

08.05. Sonntag.

08.06. Prag. Josef Vilímek plant nach Abschluss des Orientzyklus eine tschechische Ausgabe der *Winnetou*-Trilogie (in einer Übersetzung von Oskar Flögl) und bittet May, ihm die Bedingungen mitzuteilen (mor).

08.12. Sonntag.

08.14. Ein Hilfskorps von Japanern, Russen und Briten erobert (ohne deutsche Beteiligung) Peking und befreit das Gesandtenviertel (*Et in terra pax* 16).

08.19. Sonntag.

08.22. In Dresden stirbt mit 11 Jahren Fritz Louis Alexander Meyer, das einzige Kind des mit Mays befreundeten Hoteliers Franz Meyer (*1856) und seiner (aus Hohenstein stammenden) Frau Martha Cornelia Constanze geb. Tröltzsch (*1867, eine Schwester von Camilla Beyer; Hotel zum Goldenen Engel, Wilsdruffer Straße 7; rich 170f.). Um Meyers zu trösten, veranstalten Emma May und Klara Plöhn mit ihnen später spiritistische Sitzungen. Emma Pollmer an das Amtsgericht Weimar 6.9.1909: "Als ein 10jähriges Kind der Meyer'schen Eheleute gestorben war, behauptete Klara [...] Ploehn, sie könne mit ihrer hellseherischen Gabe als Medium den Geist des verstorbenen Kindes in dem Wohnzimmer der Meyerschen Eheleute sitzen sehen. Auf Veranlassung und auf Drängen der [...] Ploehn nahmen die Meyerschen Eheleute an einer spiritistischen Sitzung in der Radebeuler Villa [...] teil. Die Meyer'schen Eheleute gewannen aber während der Sitzung den Eindruck, daß die Frau Klara May [Plöhn] eine Schwindlerin sei. Sie schenkten deshalb den Beteuerungen der Frau Klara May, daß das verstorbene Meyer'sche Kind abermals anwesend wäre, keinen Glauben" (leb 156). Zeugenaussage Franz Meyer 11.2.1910: "Ende 1900 und 1901, als ich einen 12jährigen Sohn durch den Tod verloren hatte und darüber sehr untröstlich war, wurde mir von der damaligen Frau May [...] sowie auch der jetzigen Ehefrau [...] wiederholt angeraten, ich und meine Frau sollten uns doch mit Spiritismus befassen. [Frau Plöhn] sagte mir auch eines Tages, sie könne mein verstorbenes Kind in meiner Wohnung sitzen sehen. [...] Da ich damals infolge des Verlustes meines Kindes sehr niedergeschlagen war, folgte ich einer Einladung [Frau Mays] zu einer spiritistischen Sitzung nach Radebeul. Als meine Frau und ich in die Villa [Mays] kamen, trafen wir hier [Herrn May, Frau Plöhn und Frau May] an. Es war auch noch ein Frl. Schulz [vermutlich Martha Schurtz, Tochter des Ende Juni verstorbenen Spiritisten Carl Heinrich Schurtz] und ihr Bruder [vermutlich Camillo Heinrich Schurtz, 1863–1903] mit zugegen. Vor oder nach dem Abendessen, als wir alle um den Tisch saßen, sagte [Frau Plöhn], es habe geklopft und mein Kind wäre da. Das sagte sie wohl zweimal und ich sagte ihr, daß ich das nicht empfände. [...] Bemerken will ich noch, daß [Frau Plöhn] auch einmal in meiner Wohnung zu mir und meiner Frau sagte, mein Kind säße auf dem Stuhl im Zimmer, sie könne es sehen und wir würden es auch sehen, wenn wir den Glauben annehmen würden. [...] Bemerken will ich weiter noch, daß an dem betreffenden Tage, an dem die Sitzung [...] stattgefunden hatte, mir [Herr May] sagte, die guten Geister hätten ihm in der Nacht gesagt, der Fehsenfeld betrüge ihn; er habe das dann dem Fehsenfeld auf den Kopf zugesagt und dieser habe ihm noch einen Betrag ausgeliefert" (leb 163f.). Zeugenaussage Constanze Meyer: "Hauptsächlich ist [...] die Unterhaltung über den Spiritismus von [...] Frau Plöhn geführt worden; denn waren wir beim Privatkläger, so hatte dessen [...] Ehefrau mit der Wirtschaft zu tun. Wir wurden [...] aufgefordert, nach dem Abendbrot eine spiritistische Sitzung mitzumachen. Es war [...] ein Frl. Schulz und deren Bruder mit zugegen. Wir hielten alle die Hände an den Tisch und blieben ruhig. Es sollte auch einmal geklopft haben. Das sagte Frau Plöhn. Mein Mann sagte aber, er hätte nichts gehört. Daß auch Frau Plöhn gesagt hätte, unser Kind sei jetzt da, dessen entsinne ich mich nicht mehr. Aber soviel hat sie gesagt, daß es ja erst der Anfang sei, und daß wir noch nicht so weit in dem Spiritismus seien, daß wir das Kind sehen könnten. Später sind [Frau Plöhn und Frau May] auch einmal bei uns in der Wohnung gewesen. [...] Frau Plöhn hatte mir [...] versprochen, einmal eine Sitzung in meiner Wohnung vorzunehmen. Das haben wir dann auch getan und Frau Plöhn sagte dabei, sie sehe das Kind sitzen auf dem roten Sessel am Fenster. [...] Ich kann nicht mit Bestimmtheit sagen, ob sich [Herr May] bei der Sitzung in seiner Villa mit beteiligte. Im Zimmer war er bestimmt. Bei der Sitzung in unserer Wohnung war Herr May nicht zugegen. [Er] hat aber meinem Manne und mir sehr eingehende Erklärungen über den Spiritismus gemacht und uns diesbezügliche Bücher empfohlen" (leb 164f.). Eidesstattliche Erklärung Franz Meyer 6.12. 1909: "Karl May erklärte uns [...] bei unserm Weihnachtsbesuch 1902 oder 1901, in Hohenstein gäbe es deshalb so viel niedrige und schlechte Charaktere, weil sich die Seelen der dort zahlreichen abgeschiedenen Selbstmörder an die Menschen klammerten und sie ungünstig beeinflußten" (leb 328).

08.23. Auf einer Karte der Ruine Lauenstein (Osterzgebirge) dankt Max Welte May für einen "liebenswürdigen Empfang":

"Das wunderbare Aroma des Dschebeli kribbelt mir noch jetzt in der Nase!"

08.25. Der seit 1889 geisteskranke Philosoph Friedrich Nietzsche (*1844) stirbt in Weimar.

08.26. Sonntag. Beerdigung des kleinen Fritz Louis Alexander Meyer auf dem Johannesfriedhof in Dresden. Mays nehmen wahrscheinlich teil.

08.27. Mainz. Baurat Dr. Carl Eser bedankt sich für die "herrlichen Tschibuks", die May für ihn und seinen Freund Gättelmann am 30.6. in Konstantinopel besorgt hat; er vermisst jedoch die Rechnung. Zum "Zeitungsgeschmier" meint er: "Was Wahrheit u. Dichtung ist, kümmert mich nichts. Ich habe Ihnen viele kostbare Stunden zu verdanken – u. das genügt mir bezw. meinen Ansprüchen."

09.02. Sonntag.

09.03. Prag. Josef Vilímek wiederholt seine Bitte um die Autorisation einer tschechischen *Winnetou*-Ausgabe. Falls May einen besonderen Vertrag wünsche, sei er bereit, ihn "in Dresden persönlich zu besuchen" (mor).

09.08. Radebeul. May an Vilímek: *Da ich wegen Ueberhäufung mit Arbeit nicht nach Prag reisen kann und doch eine mündliche Besprechung geboten erscheint, so wäre es mir allerdings lieb, wenn Sie die Güte haben und hierherkommen wollen. Bestimmt aber bin ich nur noch bis nächsten Donnerstag Abend hier* (jbkmg 1977, 235).

09.09. Sonntag.

09.10. May an Fehsenfeld: *Nach anderthalb Jahr endlich wieder daheim! Nun bin ich wieder Sklave meiner Leser! Und wie, wie fällt man über mich her, den so Ruhebedürftigen! Dazu Dauerbesuch aus Amerika* [vielleicht Carl H. und Flora Drescher], *der mich keine Minute allein läßt! Darum heut nur ganz kurz einen Manuscripttheil zu "Himmelsgedanken". Im nächs-*

ten Briefe mehr, auch über die Einbände, welche meinen Beifall natürlich nicht haben. Zu Ihrer Orientirung kurz Folgendes: Alle meine bisherigen Bände sind nur Einleitung, nur Vorbereitung. Was ich eigentlich will, weiß außer mir kein Mensch, auch Sie nicht. Es ist also Unsinn, über mich und meine Werke schon jetzt zu urtheilen, weil jedes jetzige Urtheil später lächerlich erscheinen wird. Ich trete erst jetzt an meine eigentliche Aufgabe, und zwar mit diesem Gedichtsbande, welcher das Thor zu meinem Tempel bildet. Er steht außerhalb unserer Reisebände und erfordert also ein besonderes Uebereinkommen. Ich sende Ihnen zunächst ca. 70 Gedichte und 70 Aphorismen ein, zum Anschauen. Senden Sie es mir getrost zurück, wenn Sie diesen Band nicht verlegen wollen; ich nehme es Ihnen nicht übel. Aber bitte, umgehend, weil dieser Band vor Weihnacht erscheinen muß. Verleger sind mehr als genug da. Wollen Sie ihn aber nehmen, so bitte, welches Honorar bestimmen Sie? Ca. 400 Seiten, starkes, gutes Papier, schöner Druck und natürlich ein Einband, welcher dem Inhalte und der Zukunft eines solchen Werkes entspricht. Ich vertraue Ihnen unter vier, höchstens sechs Augen an, daß wir Epoche machen werden. Man hat zu früh über Old Shatterhand gelacht. Er ist kein Nebelbild. Seine eigentlichen Jagdhiebe kennt man noch gar nicht. Ich weiß, ich sterbe nicht eher, als bis ich meine Aufgabe erfüllt habe, und die gegenwärtige Zahl der May-Leser wird sich mehr als verzehnfachen. Ueber Winnetou, der schon jetzt das Ideal ungezählter Seelen ist, wird man später staunen. Die Angriffe gegen mich lassen mich vollständig kalt. Ich bin überzeugt, daß man sich später ihrer schämen wird. Es ist nur eine einzige Seite eines späteren Bandes nöthig, um alle diese Lästerer und Verleumder zum Schweigen zu bringen. Die Waffen habe ich mir auf meiner letzten Reise geholt (jbkmg 1984, 167-170). – Prag. Vilímek an May: "Soeben nach Hause zurückgekehrt finde ich Ihren sehr geehrten Brief v. 8 d. wo Sie mich zu sich einladen! Ich ersehe aus demselben, dass das brave Dienstmädel, welches mir die Pforte Ihres schönen Tusculums öffnete, den Auftrag ihres Dienstherrn, den Eintritt gegen alle die unzähligen neugierigen Verehrer des Old Shatterhand zu wehren, leider nur allzugut ausgeführt hatte!!" Vilímek ist ausgerechnet an dem Tag, an dem May ihn zu sich bat, tatsächlich unangemeldet in Radebeul gewesen. Für die *Winnetou*-Trilogie bietet er 900 Mark an (mor; mkmg 22, 12).

09.16. Sonntag. May ist (vermutlich bereits am 14.9.) mit Emma nach Weimar gereist. Hotel Erbprinz (Eduard Schmidt, später Parkhotel, Markt 16, nicht mehr existent; hall 267). Auf einer Karte mit dem Goethemuseum dichtet er an Wilhelmine Beibler: *Wir denken Dein beim Kaffeetrinken, / Wenn früh um Neun wir auferstehn, / Auch dann, wenn wir spazieren hinken, / Und auch noch, wenn wir schlafen gehn!* (gus 227) – Gedichtgruß an Klara Plöhn, auf einer Karte mit dem Goethe-Schiller-Denkmal vor dem Theater: *Wir denken Dein, wie Du an uns gedacht; / Es giebt für uns kein Dort, es giebt kein Hier. / Hat sich die Seele frei vom Raum gemacht / Und denkt sie Dein, das heißt: sie ist bei Dir!* – Auch an Richard Plöhn geht ein Gedichtgruß: *Wir senden diese Grüße Dir / Aus wohlbekannter Ferne. / Wärst Du bei uns, wärst Du mit hier, / Wie hätten wir das gerne! / Doch fügen wir uns völlig drein, / Das nächste Mal wirds besser sein!*

09.21. Weimar. May an Vilímek: *So? Also auch Sie haben sich der Schaar derer angereiht, welche nachträglich schreiben oder gar depeschiren, weil sie vorher versäumten, es zu thun! Nach einer so langen, anderthalbjährigen Abwesenheit giebt es in der Heimath für mich so viel Pflichten zu erfüllen, daß ich der Herr keines einzigen Tages bin und mich nur für wichtige Besuche nach Hause telegraphiren lasse.* [...] *Sie wollen Winnetou herausgeben – auch 300 Mark pro Band. Verehrtester, nachdem der Versuch mit den ersten sechs Bänden, den Sie ja machen wollten, so außerordentlich gelungen ist, daß er die Aufmerksamkeit und den Neid anderer Verleger erregt (es wurden mir Offerten aus Wien etc. gemacht), ist das Verhältniß doch ein anderes geworden. Winnetou ist das Hauptwerk dieser Serie und wird viel, viel mehr gekauft werden als die ersten Bän-*

de, für welche Sie mir ein Honorar von 6 Pf. sage und schreibe Sechs Pfennigen pro Exemplar gezahlt haben. Meine jetzt beendete Reise hat gegen 50.000 gekostet, denn um solche Werke schreiben zu können, muß ich stets allein und unabhängig reisen und darf mir nicht um des Geldes willen Erlebnisse und Beobachtungen versagen, welche nothwendig zu machen sind. Das müssen mir die Bücher natürlich wieder einbringen. Bei solchem Honorare aber müßte ich auf jede weitere Reise verzichten, und das will keiner meiner Verleger und keiner meiner Leser. Ich gestatte mir also die Frage (unter vier Augen): Wollen Sie [...] *in meiner demnächst erscheinenden Biographie mit "Sechs Pfennige pro Exemplar" aufgeführt werden? Nein! Unmöglich! Nachdem ich die Ehre hatte, Sie persönlich kennen zu lernen, bin ich überzeugt, daß Sie ganz aus eigener Initiative mir hierüber einige verbessernde Zeilen zukommen lassen werden. Diese würden mir von daheim sofort nachgesandt werden, da man dort über meinen jeweiligen Aufenthalt stets unterrichtet ist. Ein persönliches Aussprechen ist freilich wünschenswerther als dieses häßliche Feilschen aus der Ferne, doch bin ich leider zu sehr in Anspruch genommen, als daß ich nach Prag reisen könnte, zudem ich Tag und Nacht an einem Werke zu arbeiten habe, welches vor Weihnacht erscheinen und bis Mitte October fertig sein muß* (mor; jbkmg 1977, 235f.).

09.22. Mays besuchen von Weimar aus Eisenach und die Wartburg. May an *Mutter* Wilhelmine Beibler (Ansichtskarte "Gruss von der Wartburg", Restaurant auf der Wartburg): *Wir denken hier, wo Du im vorigen Jahre auch mit geweilt, in herzlicher Liebe an Dich und senden Dir, Klara und Richardt tausend thüringer Grüße, in feinster Butter gebacken!* (gus 72) – May an Klara Plöhn (Ansichtskarte Wartburg): *Es ging ein Licht von hier wohl aus, / Doch drang es nicht in jedes Haus, / Weil der, den es hier einst erfüllt, / In mattes Glas es eingefüllt. / Und dieses Glas, es wird zerschlagen, / Ob bald, ob erst in spätern Tagen, / Das weiß als Mensch ich leider nicht, / Doch siegen muß und wird dies Licht!* – Prag. Vilímek bietet May für die tschechische *Winnetou*-Ausgabe 1500 Mark an. Tatsächlich hat er mit der Edition bereits begonnen (mor).

09.23. Sonntag. Weimar.

09.24. Weimar. May teilt Vilímek mit, dass er mit seinem Honorarvorschlag einverstanden ist: *Als Contract gelten einstweilen der vorliegende Brief von mir und der am 22ten d. M. abgesandte von Ihnen* (mor).

09.25. Vilímek sendet May 1500 Mark Honorar (mor).

09.30. Sonntag.

10.01. Radebeul. May schickt *weiteres Manuscript* zu den *Himmelsgedanken* an Fehsenfeld: *Ich war 11 Tage zu Studienzwecken in Weimar. Darum erst jetzt meine Antwort. Habe von dort aus Herrn Krais betreffs von "Himmelsgedanken" geschrieben. Sie nehmen diese Angelegenheit im Sinne einer "Probe". Gut, so bin auch ich "probeweise" mit Ihren Vorschlägen einverstanden. Natürlich aber nehme ich Ihre Bemerkung, es mit 5000 "versuchen" zu wollen, als Scherz. Da kommen ja nur auf die Leihbibliotheken je nicht ganz ein Exemplar! "Gedichte von Karl May"! Passen Sie auf, was wird! Aber die Ausstattung muß dem Inhalte selbstverständlich angemessen sein. Denken Sie ja nicht, daß ich mich als Dichter aufblasen will! Das fällt mir ganz und gar nicht ein! Ich habe weder Lust noch Zeit, zu denken, daß ich ein gescheidter Kerl bin. Aber wenn es Ihnen gelingt, auch nur ein ganz klein Wenig in das Innere, in den Geist und in den hochernsten, heiligen Zweck dieser Gedichte einzudringen, so werden Sie erkennen, daß Sie etwas viel Höheres, für die Menschheit Kostbareres zu verlegen haben, als blos das, was man im gewöhnlichen Sinne eine "Sammlung von Gedichten" nennt. Was der Menschheit verloren ging, weil sie es nicht festzuhalten wußte – – was die Gegenwart braucht, wenn sie nicht dem Schicksale der Vergangenheit verfallen soll – – – was wir der Zukunft zu vererben haben, um zu vermeiden, daß sie uns ihre Vorwürfe auf die Gräber pflanzt – – – kurz,* *das so oft angezogene und niemals recht verstandene "Menschheitsproblem" wird Blatt für Blatt in diesem Buche aufgeschlagen und in theils ernsten, theils liebevollen, stets aber eindringlichen und oft sogar erschütternden Erläuterungen Denen, die es nöthig haben, und das sind Alle, an das Herz gelegt. Sie lächeln? Sie denken, daß ich schwärme? Ich thue nichts weniger als das! Ich arbeite zwar begeistert, aber mit kaltem Verstande und zielbewußt. Ich bilde mir nichts ein; aber ich weiß und bin überzeugt, daß dieser Band eine große, große Zukunft hat. Sie können das bezweifeln, weil Sie nicht wissen, was ich noch zu schreiben habe; aber ich gebe Ihnen die Versicherung, daß der Name Fehsenfeld berühmter sein wird, als Sie denken. Diese Versicherung persönlich für Sie, weil ich glaube, Sie zu kennen. Nun haben Sie aber auch die Güte, für einen entsprechenden Deckel zu sorgen! Ganz einfach, kein Prassel, besonders solid und rein. Keine Zwanzigpfennig-Waare! Von den mir zur Ansicht gesandten bitte ich, abzusehen! Was für schöne, gediegene und dabei doch so billige Deckel werden z. B. in Leipzig gemacht! (Hofbuchbinder etc.). Es ist nicht nur dem Vertriebe schädlich, sondern auch intellectuell peinlich, wenn man einem solchen Buche sofort ansieht und mit den Händen anfühlt, daß man neben dem Werke auch noch mit dem Einbande ein besonderes "Geschäft" machen will. Dazu geben wir doch unsere beiden Namen nicht mehr her! Habe ich Recht? Ich sende Ihnen also die Deckel mit Dank zurück und lege Ihnen zur gefälligen Ansicht und Beachtung "Julius Göbel"* ["Gedichte", Dresden, Leipzig 1895] *bei. Piersons Verlag, denken Sie! Und wird in hiesigen und auswärtigen Putz- und Schnittwaarengeschäften jedem Käufer, der für drei Mark Waare kauft, zu dieser gratis beigegeben! Darf unser Deckel auch nur das Geringste gemein haben mit dem Gedanken an eine solche Werthlosigkeit und Schleuderei? Auf keinen Fall und um keinen Preis! Man soll uns weder Unsolidität noch Geschmacklosigkeit vorwerfen, und wenn wir ein Buch herausgeben, welches mehr noch für die Zukunft als für den heutigen Tag geschrieben ist, so darf in Beziehung auf den Einband unser Geschmack nicht der sein, der schon vor 10 Jahren keine hohe Geltung hatte! Hierzu bitte ich, wiederholen zu dürfen, was ich Ihnen schon schrieb. Der Deckel soll nichts, weiter gar nichts enthalten als: / Himmelsgedanken, Gedichte v. K. M. / Ich habe Ihnen noch viel, noch viel Geschäftliches mitzutheilen, denn meine eigentliche Arbeit beginnt erst jetzt. Stecke aber so tief und so unausgesetzt in Vorstudien, daß ich sogar mit der einzelnen Minute geize. Das Nothwendige wird also nach und nach gesagt werden.*

10.02. Pillnitz. An der *Ruine zu Pillnitz* schreibt May an Klara Plöhn: *Komm, Wanderer, verweile hier, / Und hör, was sagt der Wald zu dir: / Nur mit dem Herzen tritt herein; / Das Herz und der Wald wollen verstanden sein!* (gus 163)

10.07. Sonntag.

10.10. Köln. Dr. Hermann Cardauns, der Hauptschriftleiter der "Kölnischen Volkszeitung", wendet sich an einen unbekannten Kollegen, der "Material" gegen May besitzt: "Beim Kongreß in München [Gelehrtenkongress] erhielt ich von e. gemeinsamen Bekannten [Dr. Philipp Huppert, Konviktsrektor in Bensheim an der Bergstraße, *1857] Mitteilungen über K May [...] mit der Anfrage, ob die K. Vztg. geneigt sei, den Herrn zu entlarven". Von Huppert hat Cardauns erfahren, dass May neben anständigen und frommen auch angeblich pornographische Romane geschrieben habe. Da es möglich sei, dass man May "auf den Leib rücken muß", möchte Cardauns über zwei Punkte orientiert werden: "1) Welche unsauberen Bücher soll er unter anderem Namen geschrieben haben? u. 2) Ist es richtig, daß ein Verleger 'Milchmeier' [...] bereits einen zweifelhaften Roman ('Die Liebe des Uhlanen') mit M.s vollem Namen u. unter Berufung auf seine große Berühmtheit ankündigt? In letzterem Falle würde es ja sicher zum Scandal kommen, u. viele gute Leute an ihrem Liebling große Freude erleben."

10.14. Sonntag.

10.21. Sonntag. May schickt *weiteres Manuscript* zu den *Himmelsgedanken* an Fehsenfeld: *Warum erhalte ich noch keine Correcturen? Es wird die höchste Zeit! Wahrscheinlich muß ich verreisen, sobald ich das Manuscript zu Ende gestellt habe und könnte dann die Correcturen nicht lesen, was ich der Wichtigkeit grad dieses Bandes wegen doch unbedingt thun muß. Warum zögert Herr Krais so unnöthig lange?*

10.23. Die Redaktion des "Deutschen Hausschatz" fragt bei der Direktion des Lehrerseminars in Waldenburg an, ob May tatsächlich, wie von der "Frankfurter Zeitung" am 17.6.1899 angegeben, dort zwei Jahre lang das Seminar besucht hat: "Da Karl May eine Zeit lang auch zu unseren Mitarbeitern gehörte, so gehen uns aus Lehrerkreisen vielfach Anfragen zu" (kmhi 11, 27f.).

10.24. Notiz des Waldenburger Direktors Ernst Gustav Steude auf dem Anschreiben des "Deutschen Hausschatz" vom Vortag: "Am 24. X. 00 bejahend beantwortet, denn ein Karl Friedr. Mai gehörte dem hiesigen Seminar von 1856–61 an" (kmhi 11, 27f.).

10.28. Sonntag.

10.30. Berlin. Alwin Eichler, ehemals Münchmeyers Vertreter in Amerika und jetzt im Musikalienhandel ("American Harp-Zither") tätig, will in einem eigenen Verlag "einen grösseren Roman nordamerikanischer Tendenz" über "ein sehr populäres Sujet" (Buffalo Bill) herausgeben, dessen Bearbeitung May übernehmen soll. Obwohl May nicht daran denkt, einen solchen Auftrag zu übernehmen, wird er sich mit Eichler treffen, um durch ihn eine Handhabe gegen Adalbert Fischer zu gewinnen. Eichler wird später mit Heftromanen ("Buffalo Bill", "Nick Carter", "Jesse James" u. a.) Millionen verdienen.

10.31. Haasberg. Fürst Hugo von Windisch-Grätz dankt für die "vielen und höchst intereßanten Nachrichten von Ihrer wieder höchst gefahrvollen Reise".

11.02. May an Fehsenfeld, verärgert über einen Einbandvorschlag für seine Gedichte: *Nun hat der Berg gekreißt, und was wurde für meine "Himmelsgedanken" geboren? Eine Maus, und zwar eine uralte! Denn in diesem Einbande stecken ja schon meine Reisebücher, und der Rudolf Baumbach, den ich vom Jahre 1877 besitze* ["Zlatorog. Eine Alpensaga", recte Leipzig 1885], *trägt ganz genau dasselbe Kleid mit ganz genau demselben Muster! Ihr armen, lieben Himmelsgedanken, was habe ich über Euch nachgedacht! Jede einzelne Zeile kostet mich Hirn! Und nun stellt es sich heraus, daß ihr buchhändlerisch gar keines Nachdenkens werth seid! Meiner Liebe und Fürsorge aber könnt ihr sicher sein! Auch hatte ich geschrieben: nur dunkelblau, nicht anders! Grad das wird nicht erfüllt! Es ist kein Scherz, sondern es ist die volle Wahrheit, daß ich Ihnen in Wehmuth sage: Machen Sie, was und wie Sie es wollen! Die Gedichte müssen heraus, und die Zeit, über die Schale nachzudenken, ist vorüber. Aber nehmen Sie kein ganz so starkes Papier, damit der Band nicht "klotzig" wird! Die Schrift ist auch zu klein. Man kann sie am Schaufenster nicht lesen. Ich lege Ihnen einen Band aus meiner Bücherei mit bei. Noch etwas dunkler als diesen, hatte ich es gewünscht. Die genaue Veilchenfarbe. Wie einfach diese Schale, und doch genügend. Der Engel freilich weg – nur Schrift. Aber ja nichts weiter, als nur / Himmelsgedanken, Gedichte v. K. M.* – Hermann Cardauns dankt seinem Kollegen für "interessante Zuschriften": "Daß er als Protestant geboren wurde, wußte ich längst."

11.04. Sonntag.

11.06. Der Gesundheitszustand von Marie Hannes hat sich im Laufe des Sommers so verschlechtert, dass ein Klinikaufenthalt dringend geboten schien. Seit einigen Wochen ist sie daher in der Berliner Universitätsklinik von Prof. Ernst von Bergmann (1836–1907), Ziegelstraße 5-9, wo sie im Oktober operiert wurde (stein1 12, 177). May schickt ihr ein Widmungsexemplar von *"Weihnacht!": Meinem Mariechen, die mein Liebling ist, von ihrem Onkeln Karl, welcher der Verfasser ist.*

11.07. Vierte Honorarzahlung des Kölner Bachem-Verlags für eine vierte Auflage der *Wüstenräuber* von 1885 (*Hausschatz-Erzählungen* 14).

11.09. Der Wiener Prälat Prof. Josef Cal. Heidenreich, der Fehsenfeld während Mays Orientreise angeboten hat, "in österreich. Journalen [...] für [May] eine Lanze zu brechen" und eine Karte des Verlegers vom 5.11. erhalten hat ("Habe Ihren Brief nach Dresden an Frau Dr. May gesendet, weil Dr. May den Auftrag gegeben in dieser Sache alles ruhen zu lassen bis zu seiner Ankunft!"), heißt May "nach so langer Abwesenheit" mit einem "Salaam aleikum!" "willkommen auf deutscher, vaterländischer Erde": "Und jetzt nicht sobald wieder fortgegangen sondern weitläufig all' Ihre Erlebnisse u. Abenteuer erzählt u. den Wissensdurst Ihrer zahlreichen Freunde u. Verehrer gestillt! Was für Gerüchte waren über Sie im Umlauf, welche gruselige Legenden und Fabeln hat man sich erzählt!" Erneut bietet er seine Hilfe an.

11.11. Sonntag. Nachdem May bereits dreimal (1885, 1888 und 1894) kleine Honorarzahlungen des Bachem-Verlags für die *Wüstenräuber*-Erzählung angenommen hat, sendet er nun das Honorar von 24 Mark für den vierten Abdruck zurück: *Meine Frau hat während meiner Abwesenheit heut früh Ihre 2400 Pfennige in Empfang genommen. Ich sende sie Ihnen natürlich sofort zurück, verbitte mir eine Wiederholung dieses mir ganz unbegreiflichen Scherzes*. Fälschlich nimmt May einen *verbotenen Nachdruck* an (*Hausschatz-Erzählungen* 14).

11.14. Prälat Heidenreich an Fehsenfeld: "Habe [May] sogleich geschrieben, aber bin bis heute ohne jede Antwort geblieben." Bei einem "Literatur-Abend" der "Leo-Gesellschaft" habe er vor zwei Tagen "dieselbe traurige Mähre" gehört, "die ich Ihnen s. Z. aus Traunstein berichtete: Dr. May sei wegen Grössen- u. religiösem Wahnsinn seit 1½–2 Jahren in einer Heilanstalt interniert. Ich konnte nichts weiteres thun, als Ihre Nachrichten benützend den wahren Sachverhalt darlegen. [...] Ich ließ Tags darauf in der 'Reichspost' beifolgende Notiz einrücken. [Beilage 14.11.: "Die zahlreichen Verehrer dieses Schriftstellers dürfte es interessiren, zu erfahren, daß Dr. May nach fast zweijähriger Abwesenheit wieder in Dresden eingetroffen ist. Im Monate Dezember wird von ihm ein Band Gedichte 'Himmelsgedanken' betitelt bei Fehsenfeld in Freiburg erscheinen."] Möchten Sie mich durch mehr detaillirtes Material nicht in den Stand setzen, ausführlicheres in unseren Organen zu schreiben?"

11.18. Sonntag.

11.22. Emma Mays 44. Geburtstag.

11.24. Im Berliner Verlag von August Weichert erscheint der Sammelband *Im wilden Westen. Zwei Erzählungen für die reifere Jugend*, der neben der Erzählung "Sigismund Rüstig" von Frederick Marryat (1792–1848) die May-Texte des Bandes *Die Karawanenwürger und andere Erzählungen* (1894, Neuausgabe 1896) enthält; spätere Neuausgabe unter dem Titel *Auf der Prairie* (plaul1 242f., 261f.).

11.25. Sonntag.

11.28. Die Wiener Privatlehrerin Wilhelmine Bergmann dankt dem "unvergleichlichen Erzähler u. edlen Menschen" für "viele genußreiche Stunden" (vgl. *Der dankbare Leser* 118f.).

11.29. May an einen unbekannten Bittsteller: *Ja, ich habe jährlich viele, sehr viele Bücher verschenkt und bin auch anderweit stets zur Unterstützung* [...] *bereit gewesen, bin aber leider dieses Glückes beraubt worden, und zwar grad von Denen, die so Etwas am allerwenigsten thun sollten! Ich bin als armes Kind geboren und habe die Kosten für meine Reisen stets erst durch meine Werke verdienen müssen. Was das heißt, erklärt sich z. B. daraus, daß ich erst soeben von der anderthalbjährigen Orientreise heimgekehrt bin, welche rund 50 Tausend Mark gekostet hat. Das müssen mir natürlich meine Bücher einbringen, sonst kann ich nicht mehr reisen und nichts mehr schreiben.*

Nun haben Sie aber doch einmal die Güte, zu sehen, wie vergnügt man meine Werke übersetzt, nachdruckt etc. ohne mir auch nur einen Pfennig Honorar dafür anzubieten! Ich habe so hohe Summen zu bestreiten, setze mich allen möglichen Gefahren und Entbehrungen aus, habe 60 schwere Lebensjahre durchgekämpft, und nun ich die Früchte sehen und mit Bedürftigen theilen will, werden sie mir weggenommen, ohne daß man sich ein Gewissen daraus macht. Fragen Sie z. B. Ihre frommen P. P. Benediktinern in Brünn an, welche zu glauben scheinen, daß es sogar eine Ehre für mich sei, wenn sie Karl May drucken und herausgeben, ohne daß er auch nur ein Schluck Wasser für seine Reisen von ihnen bekommt! Wenn das solche Herren thun was kann ich da zu Andern sagen welche diesem Beispiele folgen weil sie selbstverständlich glauben, daß geistliche Herren nie unrecht handeln können. Da ich in meinem Einkommen dergestalt geschädigt werde, ist es mir unmöglich geworden zu geben, wie ich früher gegeben habe. Wie gern würde ich Ihre Bitte erfüllen, die Mittel dazu werden mir aber von einer Seite genommen, von welcher ich ein solches Verhalten am allerwenigsten gedacht hätte. Ich habe so manches Herz trösten, so manchen armen Teufel ermuthigen können; aber wenn man mir meine selbst gezogenen und wohlverdienten Früchte so über den Zaun hinwegnimmt, so muß ich vor allen Dingen dafür sorgen, daß ich knapp so viel zusammenbringe, wie ich brauche, um selbst weiter existiren zu können.

11.30. May dankt Wilhelmine Bergmann für ihre *freundliche Zuschrift* und schickt einen *Band* [*Am Jenseits*] *zur Erinnerung* (kma 3, 24).

12.01. Wien. Wilhelmine Bergmann bedankt sich bei May für die "liebe Sendung" (vgl. *Der dankbare Leser* 123).

12.02. Sonntag.

12.07. May wartet auf *neubackene* Exemplare der *Himmelsgedanken* und bittet Fehsenfeld um sechs broschierte Bücher, die er *in Prachtband binden lassen* will.

12.08. Adalbert Fischer antwortet auf einen Brief Mays vom Vortag: "Geradezu naiv finde ich ihre Äußerung, daß Sie in mir einen wichtigen Zeugen gegen Frau Münchmeyer gefunden haben wollen! Was ich Ihnen & Frau Plöhn s. Zt. über dieselbe in vertraulicher Unterredung gesagt habe, dies kann Ihnen gar nichts nützen & muß es sehr schlimm um Ihre Ansprüche stehen! [...] Ihre Frage bezl. der Manuscripte vermag ich nicht zu beantworten! [...] Was Sie nun auch thun mögen, ich werde jederzeit mein Recht zu wahren wissen!" Fischer hat Pauline Münchmeyer im persönlichen Gespräch als unehrlich bezeichnet; Hintergrund ist ein Prozess, in dem Fischer den Kauf des Münchmeyer-Verlags vergeblich anzufechten versucht hat und seine Betrugsklage zurückziehen musste.

12.09. Sonntag.

12. Mays Gedichte *Himmelsgedanken* erscheinen, gegen Fehsenfelds Bedenken und in der vergleichsweise geringen Auflage von 5000 Exemplaren, in Freiburg (plaul1 244).

12.16. Sonntag.

12.17. May beschwert sich bei Fehsenfeld über die Korrektur eines vermeintlichen Fehlers in einem Aphorismus der *Himmelsgedanken* (*Ob sich wohl die Bewohner der Sterne, wenn es welche giebt, in derselben Weise mit den Bewohnern der Erde beschäftigen, wie diese mit ihnen?*, 208, vgl. sud1 238): *In der Frage, ob andre Sterne bewohnt seien, liegt die Pointe meiner Antwort grad darin, daß ich die Bevölkerung der Erde grad so anzweifele, wie die Menschen die Bewohner der Sterne in Frage stellen. Die Aphorisme lautet und hat zu lauten, wie ich sie Ihnen hier beilege und wie sie in allen Correcturen und Revisionen gestanden hat. Nun ist aber noch im letzten Augenblicke der allerdümmste Ihrer Setzer, der sich trotzdem für klüger als May gehalten hat, über diese Aphorisme hergefallen und hat mir grad das herausgenommen, was die Hauptsache war, nämlich die Wiederholung der Worte "wenn es welche giebt". Da dieser Mensch jedenfalls vom Geiste keine Ahnung hat, ist ihm* *grad das Geistreiche als falsch erschienen. Leider hat er meine Aphorisme dadurch zu einem Gemeinplatze gemacht, über den jeder denkende Leser den Kopf schütteln wird. Ich muß also bitten, die Platte pag. 208 sofort ändern zu lassen. Aber nun kommt die Consequenz: In meinen nunmehrigen Werken ist jedes Wort, jeder Buchstabe genau überlegt; es muß Alles genau so gesetzt werden, wie ich schreibe. Es sind Werke, welche Bahn zu brechen haben. Die kleinste Aenderung kann schaden. Ich habe darum Sie und Herrn Krais gebeten, ja recht treu zu sein. Nun steckt aber unter den Setzern so ein Traugott Nudelmüller, der sich nicht nur für klüger als die Autoren hält, sondern sich sogar erdreistet, meine Arbeit durch eigenmächtiges Auswerfen eines ganzen Satzes total zu verschimpfiren. Denn hier liegt kein Versehen, kein Zufall sondern eine Absicht vor. Warum wurde mit der Aenderung gewartet, bis es mir nicht mehr möglich war, sie rückgängig zu machen? Kann ich aber Werke, in denen jeder einzelne Satz seinen Werth, seine Absicht, seine Bedeutung hat, auf einem Wege veröffentlichen lassen, an welchem irgendwo versteckt so ein fataler Mensch sitzt, der sich für berechtigt hält, ohne voherige Anfrage sogenannte Verbesserungen anzubringen, die aber nach der geistigen Stufe, auf welcher er steht, nur Verschlechterungen sein können? Die Aphorisme hat genau so zu lauten, wie sie meine Revision passirt hat, die ich Ihnen beilege, und ich bin überzeugt, lieber Freund, daß Sie diesen Brief Herrn Krais schicken werden, damit er pag. 208 ändere und die Geistesgröße ersten Ranges zu entdecken sucht, die mich um meine Trics und besten Pointen bringt und wahrscheinlich auch später weiter "verbessern" würde, wenn ich ihr nicht vorsichtig aus dem Wege gehe.* Notiz Fehsenfelds für Krais: "Lieber Vetter! Kannst du das eruiren?"

12.18. Im "Börsenblatt" werden die *Himmelsgedanken* als "erschienene Neuigkeit" angezeigt. – Berlin. Marie Hannes befindet sich noch immer in der Universitätsklinik von Prof. Ernst von Bergmann. Hannes, "Allerlei von Karl May": "Um die Weihnachtszeit [...] kam gerade, als ich mich sehr elend fühlte, matt und gebrochen an Körper und Geist, die Nachricht, daß Onkel geschäftlich in B. zu thun habe und dabei auch ein wenig den Wunsch, Wiedersehen mit seinem kleinen Mariechen zu feiern. An jenem Tage fühlte ich die Schmerzen kaum, welche ich unter den Händen der Ärzte litt; alle meine Empfindungen klangen aus in den Worten 'Hurrah – er kommt', die ich nachhaus schrieb. Mein Bruder [Ferdinand], der damals in Berlin [Medizin] studierte und sein krankes Schwesterlein täglich besuchte, jubelte nicht minder [gestrichen: und schnell schrieben wir, wie Onkel Karl es angeordnet, eine Karte ins Centralhotel, wo er am nächsten Tage eintreffen wollte.] Er hatte mich gebeten, ihm dorthin die Besuchszeit der Klinik und die genaue Lage meines Zimmers in dem riesigen Gebäude mitzuteilen, falls ich überhaupt wohl genug sei, ihn und die Tante zu sehen. Das alles schrieb ich auf und sandte es in das angegebene Hotel, wo sie am [...] übernächsten Tage eintreffen wollten. Der Tag brach an und – ging zu Ende, ohne daß der sehnsüchtig erwartete Besuch erschienen war – Wie groß war unsre Enttäuschung, unser Kummer. Ferdi hatte kaltlächelnd sämtliche Kollegs dieses Tages geschwänzt u. war bei mir über tags geblieben, bis der Abend kam – Endlich aber mußten wir die Hoffnung aufgeben u. ergingen uns in den gewagtesten Vermutungen über die Ursache des Ausbleibens, die alle weit am Ziele vorbeischossen. – Um 9 Uhr endlich ging Ferdi traurig seiner Wege – erschien aber nach einer halben Stunde atemlos und vor Freude strahlend wieder und berichtete folgendes – 'Als ich eben die Linden entlangbummele und mir das bunte Menschengewühl ansehe, höre ich plötzlich eine wohlbekannte Stimme hinter mir sagen: 'Guck mal, Emma, das Bild dort, das Schloß' – im lieben sächsischen Dialekt. Im gl[eiche]n Moment eilen auch schon eine Dame und ein Herr an mir vorüber, in elegante Pelze gehüllt, in denen ich sofort Mays erkenne. Da verschwinden sie auch schon um die Friedrichstraßenecke, sie haben mich nicht gesehen und tauchen in der Menge unter. Ich stürze atemlos hinterher und rufe so laut, daß ich selbst erschrecke: 'Herr Dr., Herr Dr.! – Halt!' – Gehört mußte er's haben, doch vermutlich hatte er keine Lust, jetzt mit irgend einem seiner Leser Bekanntschaft zu machen und geht schnell weiter, die Dame mit sich ziehend. – Natürlich verfiel ich nun in Trab, unbekümmert um die elegante Welt um mich her und fasse endlich Tante Emma beim Cape. Sie schaut ärgerlich um und ruft erstaunt – 'Karl – schau – der Ferdi! Grüß Gott!' – Na, da hatten wir uns denn nun gefunden und wanderten zum Weihenstephan. – Famoses Bier giebt's da. – Dann sagte Onkel Karl, sie seien schon heute früh angekommen, hätten aber keine Nachricht von uns vorgefunden und deshalb gedacht, ihr Besuch sei mir wohl lästig. –' – Empört fiel ich Ferdi in die Rede – 'und hast Du nicht gesagt, daß ich geschrieben habe – – –' 'Ja, nun warte doch, es kommt gleich', sagte Ferdi gemächlich und setzte sich auf den Rand meines Bettes. 'Nämlich, 'ne komische Geschichte, das! – Ich ging nachher mit ins Hotel und Onkel fragte nun den Kellner nochmals wegen der Karte. Der gab dann endlich zu, es sei eine gekommen, gestern abend, da aber der Herr Dr. noch nicht dagewesen seien, auch nicht angemeldet, so habe man die Karte einem Weinhändler gleichen Namens übergeben. Dieser habe sie kopfschüttelnd gelesen und in den Papierkorb geworfen. Onkel Karl bestand nun darauf, daß dieses Möbel geholt wurde, und brachte man dann nach einigem Suchen die zerknitterte Stadtpostkarte zum Vorschein – – – Morgen früh wollen sie denn nun kommen'" (stein1 108f.). – Brohl am Rhein. Pfarrer Joseph Leusch, der May im Juni 1897 persönlich kennen gelernt hat, dankt ihm für eine Karte mit der "Nachricht Ihrer glücklichen Rückkehr in die deutsche Heimat" und ein "kostbares großartiges Geschenk"; vermutlich handelt es sich um die Reiseerzählung *Am Jenseits*, die Leusch auch seinen "Pfarrkindern" empfehlen will (vgl. *Der dankbare Leser* 128).

12.19. Berlin. Central-Hotel. Karl und Emma besuchen Marie Hannes in der Universitätsklinik (Ernst von Bergmann). "Allerlei von Karl May": "Und sie kamen – nicht nur einmal, sondern 3 mal in den zwei Tagen, die sie in Berlin weilten und schenkten [...] uns köstliche Stunden in dem kleinen engen Krankenzimmer – – – – – die mir viel Leid und Herzweh aufwogen, das diese schwere Zeit mir gebracht. – [...] Sie brachten mir erquickende Früchte, gute Bücher u. Bilder und blühende Rosen grüßten mich, wohin das Auge blickte. – – – [...] Onkel Karl spendete mir [...] von den Schätzen seines inneren Lebens unsterbliche Gaben von unschätzbarem Werte, die wir dankbar [...] hinnahmen" (stein1 109f.).

12.20. Berlin. Erneuter Besuch bei Marie Hannes. May ermuntert sie zu lyrischen Versuchen. "Allerlei von Karl May": "Er bat mich auch zu versuchen, meine Gedanken wie schon früher in Verse zu kleiden, zu dichten, so gut ich's vermöge, das würde mir ein Quell der Freude und Anregung sein und mich über vieles hinwegtragen. Ich befolgte seinen Rat und sandte ihm, als er gegangen war, folgendes kleine Gedicht [...]: Ich will dirs ewig danken, / Daß du in Wintersnacht / Der todesmüden Kranken / Den Frühling hast gebracht / [...] // Onkel Karl hat sich darüber gefreut – er bat mich, ihm noch mehr meiner Verse zu senden u. ich that es gerne. [...] Er nahm einen lebhaften Anteil an meinen kleinen poetischen Versuchen, ging in langen, äußerst wertvollen Briefen auf jedes einzelne Gedichtchen ein, erklärte, verwarf, kritisierte, wies die Anlehnung an berühmte Muster nach, alles in feinsinnigster Weise, [das] war mir ganz etwas neues, da meine Musenkinder nur unter den liebevoll nachsichtigen Augen von Verwandten und Freunden erblüht waren, und ich fast nur – Lob gehört hatte – dessen Unrichtigkeit ich jetzt einsehen lernte" (stein1 35f., 110f.). – Von den Gedichten, die Marie ihrem "Onkel Karl" in nächster Zeit zu lesen gibt, wird May unter der Überschrift *Mariechen* sorgfältige Abschriften anfertigen. Es schmeichelt ihn, dass einige der Gedichte ("An Onkel Karl, als er fort war") ihm gewidmet sind. Dass auch die Liebesgedichte, so ein Zyklus mit dem Titel "Irrlichter", insgeheim an ihn gerichtet sind, bemerkt er aber nicht (stein1 22f., 34-50).

12.21. Prälat Heidenreich an May: "Heuer weiss ich es schon, welches mein werthvollstes Christgeschenk ist und wenn man mir in den folgenden Tagen noch so viel Gold und Edelgestein anbieten würde. Die 'Himmelsgedanken' welche Sie so freundlich waren, Ihrem ältesten und ersten Wiener Freunde zu überschicken, bilden heuer mein werthvollstes und liebstes Weihnachtsgeschenk. [...] Die Worte der rührenden Dedication vermehren, wenn möglich, den Werth der Gabe. Es wird jetzt mein Bestreben sein, wie bei Ihren früheren Werken als Apostel durch Wort und Schrift für Sie thätig zu wirken! Aber nicht wahr, wir werden bald etwas über Ihre Reisen hören? Lassen Sie Ihre zahllosen Freunde nicht zu lange fasten. Schreiben Sie mir doch mein Herzenssihdi! wie es Ihnen in den letzten anderthalb Jahren ergangen, wo Sie geweilt, welche Länder Sie besucht. Alles forscht und frägt und die böse Fama streut mit Wollust Fabel um Fabel aus. [...] Ihr literarischer Halef". – München. Josef Weigl schreibt einen enthusiastischen Brief über die *Himmelsgedanken*: "So oft ich drinnen lese, mutet es mich an, als ob ich beten würde [...]. Erst mit diesen beiden Sachen: 'Am Jenseits' u. den 'Himmelsgedanken' sind Sie wirklich in Ihre gottgewollte Mission getreten. [...] Gott führt Ihre Feder" (vgl. *Der dankbare Leser* 141-143).

12.22. May hat Johannes Dederle die *Himmelsgedanken* geschickt: *Ich ahne, welche irdischen Gedanken sie hervorrufen werden!*

12.23. Sonntag. Loschwitz. Anna Schurtz geb. Falk (1845–1902), die Witwe von Carl Heinrich Schurtz, schreibt an Klara Plöhn: "Herr Dr. May hat mir durch sein herrliches Buch [*Himmelsgedanken*] eine so große Freude bereitet, ich habe schon viel Schönes daraus gelesen, der Nachruf [206f.] hat mich so erfreut, wie aus der Seele geschrieben" (kmhi 12, 44).

12.24. Heiligabend. Vermutlich an diesem Tag (Jahr unsicher) Weihnachtstelegramm an Carl Felber in Hamburg: *wir sind von euerm kommen entzueckt* (Karl-May-Museum, Radebeul). Ein bisher auf den Herbst datierter Besuch des Ehepaars Felber in der Villa "Shatterhand" (Lisbeth Felber schwärmt für Klara

Plöhn, die sich liebevoll um ihren schwer kranken Mann kümmert; kmjb 1978, 259) ereignet sich wohl erst Ende des Jahres. – Berlin. Universitätsklinik. Marie Hannes erhält Pakete aus Radebeul. "Allerlei von Karl May": "In den Weihnachtstagen des Jahres 1900 ging mir's wieder schlechter u. mußte ich den heiligen Abend ganz allein unter Fieber u. Schmerzen im großen Berlin verbringen – [...] Es klopfte – die Thür sprang auf und herein trat die hohe Gestalt unseres gestrengen Oberarztes [Assistenzarzt Privatdozent Dr. Erich Lexer, 1867–1937], heute aber sah er gar nicht strenge aus. Die Augen schauten freundlich unter der goldenen Brille hervor und in der Hand trug er einen kleinen Christbaum, ohne Schmuck und Flitter, nur mit vielen Wachskerzen besteckt und mit zartweißen Schneeflöckchen bestreut. – Hinter ihm kam die Schwester mit einer großen Kiste und vielen Briefen [...] aus aller Welt – Ich hörte kaum, was sie sagten, während der kleine Tisch [...] sorgsam an mein Lager gerückt wurde und der Doktor den Deckel der Kiste sprengte – ich sah nur den lieben leuchtenden Weihnachtsbaum und las leise den Spruch, der sich durch seine Zweige schlang – Siehe – ich verkündige Euch große Freude – Meine beiden Christengel waren gegangen – und ich packte mit bebenden Händen meine Kiste aus und warf eine Fülle von bunten, hübschen Sachen auf die Bettdecke aus. Dann las ich all die lieben Briefe von daheim – und dann kamen die drei dicken kleinen Packete aus Radebeul-Dresden daran. – Sie enthielten – mehrere hübsche Notizblöcke, frankierte Couverts und Bleistifte [perforierte Abreißblocks, Bleistifte, 25 frankierte Briefumschläge]. Dabei lag folgender Brief [nicht überliefert: Bitte um die Zusendung weiterer Gedichte und Ankündigung eines weiteren Besuchs] War das nicht wohl ein herrliches Weihnachtsfest – also Onkel Karl kam wieder und bald – wenn ich nur aufstehen könnte bis dahin – aber daran konnte nicht gedacht werden, das wußte ich. Am nächsten Tage kam als beste Christgabe noch meine liebe Freundin [Elisabeth Schwartzkopff, 1883–1963] zu mir, die mehrere Tage bei mir blieb und auch Onkels dritten Besuch mit erlebte – – – Sie hatte ihn bisher noch nicht gesehen, liebte ihn nur aus seinen Büchern und meinen Erzählungen und teilte jetzt auch meine Erwartung und Freude von Herzen" (stein1 112f.). – Freiburg i. Br. Der gelähmte Schriftsteller Joseph Allgaier dankt May für die Nachricht seiner Heimkehr aus dem Orient: "Der einzige Erfolg der Hetze wird [...] der sein, daß sich Ihr Leser- und Verehrerkreis vergrößert" (vgl. *Der dankbare Leser* 127f.).

12.25. Erster Weihnachtstag. 20 Uhr. Berlin. Marie Hannes an May: "Gleich muß ich 'zu Bett'; dann wird das Gas ausgedreht u. die Kranken müssen schlafen, ob sie wollen, oder nicht wollen. Da will ich Dir schnell noch ein wenig schreiben; morgen früh soll der erste Brief fort, denn nachmittag kommt meine liebste, beste Freundin, Lisabeth, die Mutter mir auf 14 Tage zum Weihnachten geschenkt hat d. h. ihr die Reise u.s.w. geschmissen. [...] – Aber nun will ich schnell zur Hauptsache übergehen, denn dies Geplauder ist ja Papierverschwendung. Denn es ist ja nicht mein Papier, sondern Deins! Ich danke Dir 1000mal für solch famosen Gedanken. Es ist mir solch unendlich liebes Gefühl, daß alles, was ich brauche, um zu dichten, Dein ist. Alles? O nicht doch – die Hauptsache muß ich ja thun, ich bin dankbar, daß du etwas Großes von mir forderst, denn etwas Großes ist es – mein Ich – meine Seele – das Beste an mir schicke ich Dir in 25 Couverten. Ich hätte Dir übrigens auch so meine Sachen geschickt – ich habe Einiges gesammelt – was Du zunächst bekommen sollst. Und was für hübsche Blocks u. 1 goldnen Bleistift! Der macht mich arg glücklich! – Aber wissen möcht' ich doch, was Du denn 1 teuren Block und Bleistift nennen würdest. Aber lieber Onkel Karl – das mit den Marken ist doch sehr leichtsinnig von Dir. Du sagst: 'Old Shatterhand weiß stets, was er thut.' Ich sage: Respice finem! Wenn Du den 25. Brief bekommen haben wirst, denkst Du vielleicht à la (Gott, wie hieß der alte Kaiser doch gleich?) Mariechen, Mariechen, hätt' ich meine Legionen, wollte sagen 2,50 wieder! O weh! – Ich schenke Dir natürlich alles – Du kannst thun damit, was Du willst – aber bitte nicht kaputreißen! [...] Und dann

– kannst Du wohl mal nachdenken, ob es wohl z. T. gedruckt werden kann? – Ich möchte es wirklich nicht, weil ich ruhmsüchtig bin – sondern weil ich hier so viel koste! – Aber wer wird so dumm sein, so etwas zu kaufen! [...] Soll ich immer nur 1 Seite beschreiben oder ist es verschwenderisch? Willst Du alle, oder bloß rel[igiöse] Gedichte? Ich würde m[eine] Gedichte 'Mayglöckchen' betiteln, weil sie Dir erklingen! Wieviel kann ich für 10 Pf schreiben?" (stein1 180f.)

12.26. Zweiter Weihnachtstag. Berlin. Marie Hannes bekommt Besuch von ihrer Freundin Elisabeth Schwartzkopff, die bis zum 8.1.1901 bleibt (stein1 180, 184, 186). – Wien. Feldmarschall Baron Otto Karl von Scholley bedankt sich bei May für ein Widmungsexemplar der *Himmelsgedanken* und bedauert, dass "eine ganz gemeine Presse" es unternommen habe, gegen ihn "in einer niederträchtigen gemeinen Weise" vorzugehen. May habe "ganz recht ein solches von sehr tief unten kommendes Gewäsch, Gekreisch und Gekläff keiner Antwort zu würdigen" (vgl. *Der dankbare Leser* 126).

12. Wien. Gräfin Anna Elisabeth Jankovics sendet Neujahrsgrüße und bedankt sich für eine "schöne Weihnachtsgabe" und die "vielen vielen Grüße aus der Ferne die Sie uns so getreulich übersandten u. die wir nicht zu beantworten wußten in Ermangelung der Adresse!"

12.27. Berlin. Marie Hannes schickt die Gedichte "Dein I Platz", "Sangesfreude im Krankenhaus", "Bitte", "An Onkel Karl, als er fort war 1899" und "Nachtstimmung" nach Radebeul (stein1 37-41): "Also Du kommst – wirklich – wirklich? Wundervoll! Dann wirst Du, wenn Du gleich nach Neujahr kommst (sie bleibt bis zum 8. ca.) meine Lisabeth auch kennen lernen und sie Dich! – O wie glücklich bin ich! Gestern nachmittag kam sie an ganz plötzlich ins Zimmer gestrahlt! Wir waren zuerst ganz still vor Freude – aber nicht lange, solche sentimentalen Tuten sind wir beide nicht. Und denke, die Schwester brachte neue Lichter für meinen süßen kleinen Tannenbaum herein und zündete ihn uns noch einmal an, daß wir unter ihm noch einmal Weihnachten feierten u. zugleich unser Wiedersehn! – Wie schön das war! Und Du, Du warst auch dabei, denn nachdem die Wogen unserer Begeisterung etwas ruhiger gingen, wie der technische Romanausdruck lautet, fing ich an, von Dir zu erzählen u. alles, was Du gesagt hast u. sie hörte mit großen glänzenden Augen zu und wir dachten zusammen darüber nach und freuten uns so sehr, daß unsere Freundschaft auf den Fels gegründet ist und deshalb nie, niemals aufhören kann und daß wir auch im Jenseits, wenn wir dürfen, uns nie trennen wollen u. bei Dir sein u. allen, die wir lieben – das war unser Weihnachtsgottesdienst! – O wie lieb wirst Du meine Lisabeth haben! Sie ist so frisch, rein, klar u. tief, wie ein Bergsee. – Als ich las, daß Du mir gerne etwas schenken willst (das ist schon chronisch bei Dir), da dachte ich zuerst, weil Du es <u>so</u> geschrieben hattest, daß es beinahe war, als wolltest <u>Du</u> eine Freude, ein Geschenk <u>von mir</u> haben, – da dachte ich erst <u>ja</u>. Aber dann fühlte ich, wie mein Plexus solaris brummte: 'Schäme Dich! Was würde Vater dazu sagen – Ja, wenn Du eine blutarme Schneiderswittwe mit sieben lebendigen Kindern u. einem toten Mann wärest – aber so – nein!' Und überdies hat jemand, dem ich so gerne gleich sein möchte, von Winnetou auch niemals sich etwas schenken lassen, sondern wollte selbst was verdienen u. nicht die Freundschaft aussaugen, <u>siehst Du</u>! Und damit jagte ich alle Wünsche, die schon aus ihrem Reservoir ausgekrochen waren, wieder hinein. Und <u>heut</u>? O ich schäme mich <u>so</u>! Aber sieh, ich habe eine Idee bekommen (ich habe allerdings immerzu Ideen, aber die sind dann auch danach!) u. eine <u>schöne</u> Idee ist es und schöne Ideen kosten immer Geld! – Und ich habe keins u. aber Du! – Jetzt schäm' ich mich schon wieder so stark, daß ich nicht weiter schreiben mag! – Ich will Dir schnell meine Idee entwerfen, damit ich an ihr wieder warm werde! – Sieh, Lisabeth und ich wollten schon immer so gerne etwas Gleiches haben, immer bei uns, einer vom andern, damit wir es immer, wenn die Eine nicht bei der Andern ist, ansehen und denken können, sie ist doch mit ihrer Liebe bei

Dir! – Und etwas Schönes mußte es sein, was wirklich ein wenig das ausdrückte, was wir uns dabei denken wollten. Aber wir können nichts finden. Und nun dachte ich, als Lisabeth gestern abend wieder klagte, wie schrecklich es sei – ohne, da dachte ich an Dich u. ob Du nicht mal darüber nachdenken kannst, Du kennst ja viel mehr schöne Gedanken als wir! – Und wenn Du etwas weißt, dann besorg' es für uns – so recht etwas Originelles, weißt Du, was nicht jeder hat – denn unsere Freundschaft ist ja auch ungewöhnlich stark (auf uns beide zusammen sind wir nämlich wirklich stark eingebildet, wir dummen Gören!) und schön. Und dann, wenn Du kommst, giebst Du es uns, weißt Du, so als wenn Du dann unsere Freundschaft weihst! Das ist das Schönste! Aber nur besorgen sollst Du es, ich habe jetzt beinahe 20 Mk.! Sonst thu' es nicht! Schenken ist wirklich unrecht, glaube ich! Grade wenn ich extra schreibe, daß es etwas Schönes sein soll! Ich gebe es Dir nach und nach wieder! – Willst Du es thun? – Ich habe, wenn ich es abbezahle, gar keine Angst, daß es unrecht ist!" (stein1 184f.)

12.28. Haasberg. Mathilde Fürstin von Windisch-Grätz dankt May für Karten aus dem Orient und die *Himmelsgedanken*.

12.29. Berlin. Marie Hannes schickt zwei Gedichte "An die Nacht" und "Allein" nach Radebeul (stein1 41f.).

12.30. Sonntag.

12. Radebeul. Klempnermeister Albert (Ludwig) Stock, der Schriftführer des Evangelischen Arbeitervereins "Gruppe Lößnitzorthschaften", sendet die "herzlichsten Glückwünsche zum Neuen Jahre 1901" und drückt die Bitte aus, "dem Verein auch fernerhin das schätzbare Wohlwollen und freundliche Interesse zuzuwenden".

1901

01.01. Neujahr. Beginn des 20. Jahrhunderts. – Berlin. Der Lustspieldichter Thilo (Friedrich Wilhelm) von Trotha (1851–1905) widmet seinem "verehrten Collegen" ein Porträtfoto (kmw VIII. 6, 960f.).

01.02. May sendet einem unbekannten Priester (*Ew. Hochwürden*) den Band *Himmelsgedanken*: *Diese Gedichte sind meist während der einsamen Stunden meiner letzthin beendeten, anderthalbjährigen Orientreise fertig geworden. Sie sind Gedichte, und dennoch keine, ebenso wie meine bisherigen Werke Reiseerzählungen und dennoch keine sind. Es giebt keinen Freund und auch keinen Feind meiner Bücher, der mich bisher verstanden hat. Darum wird mich Alles, was man über sie gesagt hat und noch sagt, bis dahin gleichgültig lassen, wo man beginnt, die Seele, welche in den Reiseerzählungen lebt und wirkt, in den nun erscheinenden Bänden deutlicher zu sehen und endlich, endlich besser zu begreifen. Für persönliche Angriffe aber habe ich natürlich erst recht kein Wort. Meine Feder aber gehört meiner Aufgabe; sie hat für Zeitungsbalgereien keinen Augenblick übrig. Wer mir nicht glaubt, nun, der mag getrost nur an sich selber glauben; ich hindere ihn nicht! Meine einzige und unbedingt siegreiche Waffe besteht in meinen kommenden Werken, welche die bisherigen, unverstandenen, erklären und mich so vollständig rechtfertigen werden, daß man sich über sich selbst wundern und sich erstaunt fragen wird, wie es nur möglich sein konnte, einen Mann feindlich zu behandeln, der aller Menschen aufrichtiger und ehrlicher Freund ist und niemals auch nur ein allereinziges Wort gegen irgend Jemand geschrieben oder gesprochen hat. Und diese Liebe, in welcher alle meine Werke athmen, ist eine Sonne, in deren Strahlen alle Arten von Tinte, die man gegen mich verwendete und noch verwendet, schließlich doch eintrocknen werden* (jbkmg 1976, 284f.).

01. May an einen unbekannten "geistlichen Schriftsteller" (laut Ansgar Pöllmann, "Über den Wassern" 25.4.1910): *Also ein Kritiker* [Pöllmann] *hat Zweifel ausgesprochen, ob ich katholisch oder sonst was sei?* [...] *In ca. 40 Büchern und vielen, noch ungesammelten Journalbeiträgen habe ich über diesen meinen Glauben so deutlich gesprochen, daß grad er es ist, von welchem die meisten der erwähnten Zuschriften handeln! Und ein Kritiker, welcher, wenn er über mich urteilen will, meine Werke doch ganz anders als ein gewöhnlicher Leser durchdacht haben muß, hat in ihnen noch so wenig von diesem Glauben entdeckt, daß er nicht weiß, ob ich katholisch oder was sonst sei!!!* May will wissen, um welchen Kritiker es sich handelt; dieser soll sich direkt an ihn wenden: *Er kann überzeugt sein, von mir dann eine echt katholische Antwort zu erhalten!*

01.03. May ist mit Emma nach Berlin (Central-Hotel) gereist. Er besucht Marie Hannes erneut in der Universitätsklinik und lernt dabei auch ihre Freundin Elisabeth Schwartzkopff kennen (stein1 12, 184). "Allerlei von Karl May": "Am 3. Januar war's, als ich wieder das mir so teuere Antlitz blicken durfte, in dem ich außer der innigsten Liebe auch die Sorge um mein Leben las – wenngleich er mir heiter versicherte, ich werde bald wieder gesund sein und auf unseren Harzer Bergen herumspringen. Nach dem ersten Halbstündchen, in dem auch Onkel Karl u. meine kleine Lisabeth sich zu lieben begannen – er schenkte ihr einen Band 'Himmelsgedanken' – zog plötzlich Onkel Karl ein dickes blaues Heft aus seiner Rock[tasche] und hielt's vor unsre erstaunten [Augen]. 'Wißt Ihr, was das ist' – fragte er lächelnd, auf den Umschlag deutend, welcher in O[nkel] K[arl]s zierlicher Schrift das Wort 'Mariechen' trug. 'Das ist Dein seelisches Portrait, meine Liebe', sagte er ernster werdend. Und nun – nach dieser Einleitung begann er, an jedem einzelnen Gedicht anknüpfend, eine noch weit eingehendere und schärfere Kritik meiner Poesien, bei welcher mir heiß und kalt wurde – – Ach – wie manche [...] dunkle Stelle, die ich für so genial, so vielsagend gehalten hatte, wurde da erbarmungslos zerpflückt, wie manche halb verstandene, kindische Empfindung festgefaßt und in ihrer wahren Gestalt resp. Mißgestalt gezeigt – so ging's weiter – weiter, bis ich zuletzt buchstäblich – in meines Nichts durchbohrendem Gefühle dasaß oder vielmehr lag – mit heißen Wangen, kleinlaut. Lisabeth streichelte tröstend meine Hand. Gerne hätte ich opponiert – aber was hätte ich sagen sollen? Gab es Gründe gegen diese überzeugende Logik, die mich niedergeschmettert in meinen hochstrebenden Dichtergefühlen, die meinem feurigen Pegasus das Flügelpaar so sehr beschnitten? Onkel Karl mochte wohl fühlen, was in mir tobte, er stand auf, beugte sich nieder und küßte mich. 'Kind', sagte er weich – 'ich weiß – es tut weh – aber sieh – es muß sein. Du mußt die Wahrheit kennenlernen – Laß mich als Gärtner meine junge Pflanze pflegen, ihr die üppig wuchernden Ranken beschneiden und kürzen, das Welke abstreifen und das Edle entwickeln – vielleicht hemme ich im Moment die Triebkraft etwas – später aber wird sie um so fröhlicher grünen und blühen und edle gesunde Früchte tragen. – Glaubst Du, wenn ich Dich nicht lieb hätte, Dich – Deine Seele – Deine beste Kraft, ich würde Dir stundenlange Reden halten über diese kindischen unreifen Erzeugnisse Deiner Muße? – Wieviele Manuskripte werden mir zum Durchsehen, Corrigieren und [...] zugesandt – denkst Du, ich wende auf alle eine solche sorgfältige Prüfung, die mir viele Zeit raubt, die ich nicht einmal habe', schloß er lächelnd. – 'Darum, Liebling, laß Dich nicht entmutigen – Du wirst einmal etwas Rechtes werden, das weiß ich gewiß – scheue nicht den weiten, dornigen Weg – er führt Dich ja nach oben – –' So sagte Onkel Karl und ich drückte ihm schweigend die Hand, – wußte ich doch, wie er es meinte. 'Denkst Du denn', sprach er weiter, 'andern – reiferen Dichtern u. Denkern bleiben solche niederdrückenden Momente erspart – meinst Du, sie fehlen mir? – Gieb acht, ich werde Dir ein Gedicht sagen – Und er rezitierte ein längeres formvollendetes Gedicht, was die Reize Indiens in glühenden Farben beschrieb und mir sehr gefiel – [...] – Onkel Karl fragte jetzt nun, 'wie gefällt's Dir?' 'Es ist wunderschön', sagte ich mit Überzeugung. 'Nein', rief nun Onkel Karl mit starker Stimme aus, daß ich zusammenschrak – 'es ist nicht schön – schlecht ist es, ganz schlecht. Denn sieh – in diesem Gedichte habe ich – wenn auch halb unwillkürlich – zuviel Wert auf die Sprache gelegt, auf die fremde, exotische Form, es ist mit Indinismen gespickt, die imponieren sollen und den inneren Wert des Gedichts töten – Jetzt höre ein anderes.' Und er deklamierte ein zweites, wunderbares Gedicht, welches in schlichten warmen Herzenstönen ein ähnliches Thema behandelte, auf die verschiedenen Religionen der Völker einging und dann in den schönen Schlußakkord ausklang, daß einst wieder eine Herde und ein Hirt sein möchte – 'Sieh', schloß er dann – so verschieden sind die Gedichte, welche ein Dichter je nach seiner Stimmung schafft. Welches das bessere von beiden ist, weißt Du wohl selbst. – Es ist aber schwer, das, was einem im Innern deutlich und klar leuchtet, immer in die rechten Worte zu kleiden, so daß es unmittelbar in die Seele des Lesers eindringt und eine reine Wirkung erzielt – daß so sich die beiden Persönlichkeiten in ihrem Besten berühren – Wie oft bin ich stundenlang – nächtelang im Zimmer umhergewandelt, um gerade das richtige, erschöpfende Wort zu finden – Es ist schwer – schwer – zum Schlafen komme ich ja überhaupt wenig.' 'Ja', fiel hier die Tante ein – 'oft auch wenn der Onkel erst um 1–2 zu Bette gegangen ist, steht er schon nach einer Stunde leise wieder auf [...] und geht – wohin – in die Speisekammer, denke Dir – Herzchen – und kommt mir über meine Zwetschen, denn Obst liebt er leidenschaftlich – oft auch geht er in die Küche und braut sich einen starken schwarzen Kaffee. Dann höre ich ihn eifrig die Kaffeemühle drehen – und eins der schönsten Gedichte aus den 'Himmelsgedanken' ist beim Acompagnement der Kaffeemühle entstanden.' – Wir lachten alle – Onkel Karl mit. Dann erzählte er uns weiter von allerlei Freuden und Leiden seines Daseins und kam endlich auch auf seine Freunde u. Feinde zu sprechen. – 'Ich weiß', sagte er, 'daß man mir Eitelkeit und Prahlsucht vorwirft – weil ich in jedem meiner Bücher und auch meiner Briefe in einem gewissen, sagen wir einmal selbstbewußten Ton rede – aber – wenn nur die Menschen ein wenig nachdenken wollten u. mich zu verstehen such[t]en. Ich schreibe nicht um meines Ruhmes, auch nicht um des Erwerbes willen, denn ich bin ein wohlhabender Mann geworden – aber doch arbeite ich noch Tag und Nacht und werde es noch lange thun. Kann man denn wirklich glauben, daß ich wie ein Clown, ein Athlet im Cirkus um die Gunst, den Beifall der großen Menge buhle, mit dem bischen Schießen, Karten- und Spurenlesen?' – – – Onkel Karl schritt erregt im Zimmer auf und ab – – – – sein Atem flog, seine Augen blitzten zornig auf – Tante Emma aber sagte zu uns beiden gewandt mit schönem Vertrauen in Ton und Blick – 'O und der Onkel ist nicht eitel – nicht eingebildet. Kinder, glaubt das nur nicht – niemand fühlt so seine Fehler, leidet so unter ihnen und kämpft so gegen sie wie er – niemand auf der weiten Welt – davon bin ich fest fest überzeugt. Ich weiß es.' – 'Es ist so schwer, gut zu sein', fuhr Onkel Karl nachdenklich fort – 'wie oft hab' ich schon versucht, mir auf einem Bogen Papier durch Striche anzumerken, wie oft ich täglich, stündlich fehle gegen das Gute – das Rechte, das Göttliche – ich habe es viele Tage nacheinander gemacht und doch, die Striche wurden nicht weniger, so sehr ich mich auch mühte – es ist eben eine Lebensarbeit. Und wenn ich weiß, daß ich etwas that – so weiß ich noch sichrer, daß ich noch viel mehr thun konnte – thun sollte, denn wem viel gegeben wird, von dem kann man viel fordern.' Der Onkel seufzte schwer – – und wir sahen, wie ernst es ihm war. Eine Weile schwiegen wir alle – Lisabeth sah Onkel Karl mit weitgeöffneten Augen an, aus denen Rührung und Bewunderung leuchtete – sie mochte dasselbe fühlen wie ich bei diesen demütigen Worten des Mannes, der mehr getan und erreicht als Tausende. [...] Onkel Karl fuhr sich über die Stirn und fuhr dann fort in seinen Erzählungen, sprach von vielen Beweisen der Liebe und des Verständnisses, die ihm aus aller Welt täglich zuflogen und erzählte von originellen Briefen und Geschenken – so zum Beispiel von einem kleinen Quartaner, der ihm geschrieben, er wolle und müsse ihm durchaus etwas schenken u. habe ihm für sein Taschengeld dieses gekauft –

und dieses war ein – Schlips, ein schöner bunter, großkarrierter Schlips, den Tante Emma sorgfältig aufgehoben hat – Diese kleine Geschichte machte uns großen Spaß. – – Und dann kam Onkel Karl auf ein andres Gebiet zu sprechen, sein Lieblingsgebiet, zu dem sein Leben und Thun die herrlichste Illustration liefert – auf seinen Glauben und wieder durfte ich sehen, wie sich die göttlichen Heilswahrheiten in dieser großen Seele spiegelten – durfte etwas hören von den Ewigkeitsklängen, die in seiner Brust wiedertönten – ich durfte etwas spüren von dem Himmelsfrieden, [der] im Glauben liegt für den, der ihn als einziges Heil erkannt und ergriffen hat – manches von dem, was er sagte, seinen wunderbaren tiefen Gedanken über das Leben der Seele in Gott, findet sich [...] in knapper Form in den 'Himmelsgedanken' wieder – aber ich würde es kaum verstanden haben, ohne diese vorbereitenden Worte Onkel Karls" (stein1 113-117).

01.04. Berlin.

01.05. Berlin. May trifft sich im Beisein Emmas im Central-Hotel mit Alwin Eichler. Aus taktischen Gründen lehnt er einen gewünschten Roman über Buffalo Bill nicht grundsätzlich ab. Eichler unterschreibt ihm daraufhin eine Erklärung, aus der indirekt hervorgeht, dass May auch Münchmeyer seine Kolportageromane nur für einen einmaligen Abdruck überlassen und sie von Anfang an für seine "Gesammelten Werke" bestimmt hat: *Ich erkläre hiermit, daß ich Herrn Schriftsteller Karl May den Wunsch geäußert habe, mir eine Arbeit über "Buffalo Bill" zu schreiben und daß ich auf die ihm eigene Grundbedingung eingehe, daß diese Arbeit nach einer noch näher zu bestimmenden Zeit ihm wieder so ausschließlich gehört, daß er sie in seine "Gesammelten Werke" aufnehmen kann.* Für May ist die Angelegenheit damit erledigt; weiteren Verhandlungen mit Eichler wird er ausweichen. – Der Dresdner Kolportageverleger Richard Hermann Dietrich macht May ein Angebot; er will Abdruckrechte für zwei Jahre.

01. Berlin. May an Fehsenfeld: *Tausend Herzenswünsche von Haus zu Haus, von denen aber, wie Sie sehen, das eine, wenn auch nicht den allerersten, so doch mehrere der ersten Tage des neuen Jahrhunderts sich gezwungen sieht, die erquickende Ruhe der Weltstadt zu genießen. Es gehen Briefe über "Himmelsgedanken" ein, welche gradezu köstlich lauten.*

01.06. Sonntag.

01.07. Radebeul. May richtet eine Anfrage an Adalbert Slottko (1839–1908), den Inhaber von Dr. Loewenstein's Bureau für Vermittelung litterarischer Geschäfte (Manuscripten-Verlag) in Berlin. – Berlin. Marie Hannes schickt die Gedichte "An Onkel Karl, als er fort war", "An Lisabeth" (für Elisabeth Schwartzkopff), "Merk dirs!", "Ein kleines Kind!" und "Wie kommts?" nach Radebeul (stein1 42-45).

01.09. Berlin. Slottko teilt May mit, "daß, so weit mir erinnerlich ist, die von dem Münchmeyerschen Verlage erworbenen Manuscripte nur mit der Berechtigung des erstmaligen und einmaligen Abdrucks erworben wurden."

01.10. Berlin. Marie Hannes an May: "Ferdi ist [...] wieder da u. thut weiter nix als schimpfen, daß er Dich nicht gesehn hat. Aber solches Schimpfen mag ich ganz gerne hören. Aber was gräßlich ist – ich hab noch immer immer solches Heimweh nach der Tante und dem Onkel! [...] Lisabeths Vater, Prof. [Paul] Schwartzkopff [1849–1923, Gymnasialprofessor], liest jetzt mit großer Freude Deine Gedichte [*Himmelsgedanken*, Geschenk für Elisabeth Schwartzkopff] und will an Dich schreiben. Ich habe ihn so gern, denn er hat Ähnlichkeit mit Dir, hat einen famosen Charakter, wie solch kleiner Taschen-Old Shatterhand kommt er mir vor" (stein1 186).

01.11. Marie Hannes schickt den Zyklus "Irrlichter" (5 Gedichte) und ein "Sonett" nach Radebeul (stein1 46-50).

1901. May schreibt Marie Hannes zu ihren Liebesgedichten "Irrlichter": *Also ich soll geglaubt haben, daß Deine "Irrlich-*

ter" an mich gerichtet sind? Und zwar weil ich gesagt habe, sie würden einst vorgezeigt? Mein Kind, verwechsele nicht die Seele eines Gedichtes mit den geschriebenen Versen! Denke darüber nach, was ich wohl gemeint haben mag! Und vernichte sie aus deinem Herzen, daß diese ihre Seele nicht einmal zur Anklägerin gegen den werde, den du doch wahrscheinlich so gern und lieb gehabt hast! Diese Deine "sogenannte" Liebe ist krankhaft, Du hast Dich von ihr freidichten wollen. Das ist der Zweck dieser Reime; weiter sollen sie keinen haben. Vernichte sie. Wenn Du sie aber heilig aufbewahrst, um mit ihren Reimen, welche Dir gefallen, zu liebäugeln, so kannst Du Dich nicht frei machen sondern bist noch immer gefangen und liegst gerade ebenso schwach und krank in dieser sauerbittersüßen Erinnerung, wie Du in Deinem lazarethlichen Streckbette liegst! Glaube mir, wäre ich nicht Dein alter, verheiratheter Onkel, so würde ich nicht anstehen, Dir zu zeigen und zu beweisen, daß es mit der "ehelichen" Liebe denn doch eine ganz andere und viel höhere und unendlich reinere Bewandtniß hat, als man in Deinen jungen Jahren denkt. Da bleibt alle Leidenschaft ausgeschlossen, denn keine Leidenschaft ist rein und gut. Eine sogenannte "unglückliche" Liebe ist stets krank und auf Täuschungen beruhend, denn entweder sie ist verwerflich leidenschaftlich, oder sie führt zu einem stillen, heimlichen, dummen Hadern mit der Vorsehung, welche ihr grad die 120–150 Pfund Menschenfleisch versagt, auf welche sie es partout abgesehen hat (stein1 187).

01.13. Sonntag.

01.14. Wien. Arnold Graf zur Lippe-Weißenfels an May: "Ist eine Besprechung Ihrer Dichtungen u. Sentenzen erschienen, da sie großen Beifall finden?"

01.16. May an Fehsenfeld, der vorgeschlagen hat, den 1893 bei Wehberg erschienenen Band *Die Rose von Kaïrwan* in die "Gesammelten Reiseerzählungen" aufzunehmen: *Wenn wir "die Rose von Kaïrwan" bringen wollen, so muß sie erst beschnitten* *und oculirt werden, und dazu ist jetzt in diesem kalten Winter nicht die rechte Zeit.*

01.18. In Serkowitz (heute Radebeul, Untere Weinbergstraße 17) stirbt Dr. Ernst Witting.

01.20. Sonntag.

01.22. Mays nehmen an der Beisetzung Ernst Wittings auf dem Radebeuler Friedhof ("nach katholischem Ritus") teil.

01.27. Sonntag.

01.29. Im Wiener "Vaterland" erscheint eine differenzierte Kritik der *Himmelsgedanken* von Carl Landsteiner: "Es ist jedenfalls ein interessantes Buch. Möge der Verfasser nur nicht unter der oft beobachteten Thatsache leiden, daß das Publikum es nicht gerne sieht, wenn ein Schriftsteller das gewohnte Genre verläßt und neue Bahnen beschreitet."

01.-02. Im Literaturblatt des vom Württemberger katholischen Lehrerverein herausgegebenen "Vereinsboten" erscheint in zwei Folgen (Spectator: "Kritische Wälder") eine pädagogische Warnung vor den Reiseromanen Karl Mays: "Ich behaupte [...], daß die litterarischen Neigungen junger Leute durch die fortgesetzte Lektüre Karl Mays in ganz falsche Bahnen gedrängt werden."

02.01. May an Fehsenfeld: *Besten Dank für die Zusendung des Münchener Briefes! Habe gegen das betreffende Geschäft Prozeß angestrengt. Solche Sachen sind aber entsetzlich langwierig! Und keiner von diesen Briefschreibern ist so klug, mir den betreffenden Beweis beizulegen, den ich doch so nothwendig brauche!*

02.02. Serkowitz. Nur zwei Wochen nach dem Tod ihres Mannes Ernst Witting stirbt seine Witwe Antonie Emilie Pauline geb. von Amelunxen (*1833) an Lungenkatarrh. May wird sich um die Hinterlassenschaft des Ehepaars kümmern.

02.03. Sonntag.

02.05. Mays nehmen an der katholischen Beisetzung Antonie Wittings auf dem Radebeuler Friedhof teil. Bei dieser Gelegenheit lernen sie deren aus dem westfälischen Peckelsheim angereiste Nichte Maria Elisabeth Charlotte von Amelunxen (1882–1957), die Tochter ihrer Schwägerin Wilhelmine von Amelunxen geb. Freiin Spiegel von und zu Peckelsheim (1839–1916, Witwe des Bruders Ernst August Emil), kennen. May in einem Blindexemplar der *Himmelsgedanken*: *Ich gab Baronesse v. Amelunxen Frau Dr. Wittings "Himmelsgedanken" und schrieb auf ihren Wunsch hinein: Wer ists, der dieses Buch nun weitergiebt? / Die Selge ist es, der Verfasser nicht. / Sie ists, die nun mit Himmelsliebe liebt / Und dieses Buchs Gedanken zu Euch spricht. / O, hört die Stimme, die herniederklingt / Und aus dem Paradies Euch Grüße bringt!*

02.07. Prag. Josef Vilímek sendet May sechs Exemplare der tschechischen Übersetzung von *Winnetou I* (mor).

02.08. Adalbert Fischer kündigt u. a. im "Börsenblatt" das Erscheinen der vier ehemals pseudonym veröffentlichten Kolportageromane als "Karl May's illustrierte Werke" an: "Die günstige Aufnahme, welche der illustrierte Roman 'Die Liebe des Ulanen von Karl May' in meiner 'Allgemeinen Unterhaltungs-Bibliothek' gefunden hat, veranlasst mich, als Fortsetzung derselben auch die übrigen in meinem Verlag erschienenen Werke dieses hervorragenden und beliebten Schriftstellers in besserer Ausstattung und neu durchgesehen herauszugeben." Als erste Serie soll *Deutsche Herzen und Helden* erscheinen (plaul3 444; hoff1 2633; hoff4 18; hard 209).

02.09. May im Blindexemplar der *Himmelsgedanken*, als Antwort auf den Dresdner Arzt Dr. Franz Freudenberg, Redakteur der Zeitschrift "Der Frauenarzt" (auch Vorsitzender des Psychologischen Vereins und Arzt bei Bilz): *Dr. Freudenberg schrieb: // Hast du den Nothschrei nicht gehört? / Er kam aus tiefbeklommnem Herzen. / Von jähem Wirbelwind zerstört / Erlöschten plötzlich unsre Kerzen. // O führte doch dein Weg zu-*

rück / Dich jetzt zur einst gewohnten Stätte, / So schüfst du uns ein neues Glück / Als fehlend Glied der alten Kette. // Ich antwortete: // Ich hab den Schrei gar wohl gehört, / Auch klang und drang er mir zu Herzen, / Doch wurde damals nichts zerstört: / Es brannten niemals hell die Kerzen. // Sie glimmten nur; sie waren nicht / Von lieber Engelshand gegossen, / Und darum ist das rechte Licht / Von ihnen niemals ausgeflossen. // Wer mit dem Himmel reden will, / Der muß die Erde schweigen lassen; / Dann lauscht der Glaube froh und still / Und wird des Himmels Wort erfassen. // Ihr aber ließet fort und fort / Euch von der irdschen Weisheit leiten, / Die doch den Weg von hier nach dort / Nicht finden wird in Ewigkeiten. // Euch mangelt nichts; Euch fehlt kein Glied; / Ihr seid nur auf dem falschen Pfade, / Und wenn man falschen Weges zieht, / So ist um jeden Schritt es schade. // Hier gilt es, geistig arm zu sein / Und nur hinauf, hinauf zu hören; / Dann stellt das wahre Licht sich ein, / Und Niemand wird es Euch zerstören!

02.10. Sonntag.

02.11. Emil Seylers Tochter Tony (aus erster Ehe) hat sich verlobt. May gratuliert telegraphisch und notiert im Blindexemplar der *Himmelsgedanken*: *Es ging von Euerm lieben Haus / Der Engel Eures Kindes aus, / Um seiner Flügel Glanz zu schwingen / Und Freudenbothschaft uns zu bringen. // Nun kehrt er froh zu Euch zurück, / Euch zu verkünden unser Glück / Und seine Hand mit unserm Segen / Auf Eures Kindes Haupt zu legen. // Und will es ihm sich* [...] *anvertraun, / So wird das neue Haus er baun / Und bringt den Himmel auf die Erde, / Damit auch sie zum Himmel werde.*

02.13. May besucht in Blasewitz, Deutsche Kaiserallee 14, die Schriftstellerin und Majorswitwe Clara Schnackenburg (Pseud. C. Wittburg). Er kennt sie aus seiner Redakteurszeit bei Münchmeyer, in der er mehrere ihrer Novellen für das "Deutsche Familienblatt" und den "Deutschen Wanderer" angenommen hat. Jetzt will er von ihr die Bestätigung, dass Münchmeyer Beiträge seiner Autoren stets nur für einen einmaligen Abdruck erwarb. – Prag. May hat Josef Vilímek mitgeteilt, dass er alle fremden Gesuche um tschechische Übersetzungsrechte abschlage. Vilímek will sämtliche Werke Mays verlegen.

02.14. 7.30 Uhr. Radebeul. Der Freund Richard Plöhn stirbt an seinem Nierenleiden. Seiner Frau Klara hinterlässt er Werte in Höhe von etwa 140.000 Mark: die Villa Gellertstraße 5, zwei Zinshäuser in Dresden, 35.000 Mark in Wertpapieren und ca. 12.000 Mark Bankguthaben. Zeugenaussage Emma Pollmer 13.12.1907: "1901 im Frühjahr starb Herr Plöhn. [...] Behandelt wurde er in der Zeit vor seinem Tode von Dr. med. Mickel in Radebeul und einem oder zwei Dresdener Aerzten" (leb 46). *Leben und Streben* 252f.: *Diese Zeit war nicht nur für mich, sondern auch für Frau Plöhn eine beinahe tödliche, weil sie ihr den Mann raubte, den sie mit einer Aufopferung liebte, wie selten ein Mann geliebt worden ist.* [...] *Frau Plöhn brach fast zusammen. Wäre ihre Mutter nicht gewesen, so wäre sie ihrem Manne sicher nachgestorben.* Emma nimmt ihre Freundin Klara für zwei Wochen zu sich, um ihr im Leid beistehen zu können. Aufzeichnung Klara May 6.8.1942: "Emma richtete mich durch ihre heitere Art auf, ich unterlag ihrem Wesen. Sie war immer lieb zu mir in den Tagen der Leiden." Auch nach der Rückkehr in ihre Villa kommt Klara fast täglich in die nahe gelegene Villa "Shatterhand" (masch 94). Zeugenaussage Emma Pollmer 13.12.1907: "Nach dem Tode ihres Mannes war sie äußerlich tief unglücklich. Sie besuchte fast täglich zweimal in der ersten Zeit das Grab ihres Ehemannes und trug frische Blumen hin. Einmal tat ich ihr deswegen Vorhalt und erklärte ihr, daß es doch eigentlich unserem spiritistischem Glauben nicht recht entspreche, daß sie so oft das Grab ihres Mannes besuche, da wir doch ganz genau wüßten, daß dort nur der Körper ruhe, während sein Geist bei uns sei. Ferner sagte ich ihr, daß ich, wenn mein Mann einmal stürbe, nur vielleicht alle 8 Tage nach dem Friedhofe hinaus gehen würde. Mein Mann, dem ich dies auch erzählt habe, war auch vollkommen damit einverstanden und erklärte mir, daß er es im Falle meines Todes selbst nicht anders machen würde. [...] Direkt nach dem Tode ihres Mannes habe ich die Plöhn im Einverständnis meines Ehemannes 14 Tage lang zu mir genommen, um ihr stets tröstend zur Seite stehen zu können. Danach zog sie wieder in ihre Villa [...], besuchte uns aber fast täglich" (leb 47). *An die 4. Strafkammer* 77: *Da starb Plöhn an seiner unheilbaren Nierenkrankheit. Die Pollmer sagte zu seiner Witwe: "Wenn doch ich an Deiner Stelle wäre!" Ich hatte also ganz richtig beobachtet: Sie wünschte meinen Tod. Sie veranlaßte nach dem Begräbnisse die Frau Plöhn, einige Wochen bei uns zu wohnen, angeblich um besser über die erste Zeit der Einsamkeit hinwegzukommen, in Wirklichkeit aber, um mir mein Heim vollends zu verleiden und eine Verbündete gegen mich stets bei der Hand zu haben.* – *Frau Pollmer* 856f.: *Als mein Freund Plöhn starb,* [...] *tröstete* [Emma] *die Wittwe mit den Worten: "<u>Ich wollte, er lebte noch und Meiner wäre dafür gestorben</u>!" Und als Frau Plöhn diesen ihren verstorbenen Mann so heilig hielt, daß sie dann aus Liebe zu ihm einen ihm bei seinem Tode sehr nahe gelegenen Gegenstand ununterbrochen auf dem Herzen trug, rief meine Furie höhnisch lachend aus: "Die ist verrückt! Die hat einen Klapps! So einen alten, ekelhaften, dicken, fetten Kerl noch so im Tode anzubeten! Aber diesen Wahnsinn treibe ich ihr aus!" Sie ruhte auch wirklich nicht eher und machte Frau Plöhn so lange lächerlich, bis diese das Andenken beseitigte.* – Blasewitz. Clara Schnackenburg teilt May den Inhalt eines Briefes mit, den er ihr am 25.3.1876 geschrieben hat; daraus geht hervor, dass er eine ihrer Novellen nur für den Erstabdruck erwarb.

1901.02.-1902.02. In einer Bearbeitung des seit 1897 in Dresden lebenden Stettiner Redakteurs und Schriftstellers Paul Staberow (1855–1926), der auch noch das *Waldröschen* überarbeiten wird, veröffentlicht Adalbert Fischer Mays Klagedrohung zum Trotz *Deutsche Herzen und Helden* als "Karl May's Illustrierte Werke, Serie I" (*Eine deutsche Sultana*, *Die Königin der Wüste*, *Der Fürst der Bleichgesichter I/II*, *Der Engel der Ver-*

bannten), also unter Bruch des von Münchmeyer zugesicherten Pseudonyms (plaul1 245-248). May wird Staberow später ("Die Sonntagsglocken" 14.7.1907) *als Verfasser unzüchtiger Schriften* charakterisieren, der *schon vor dem Strafrichter gestanden hat und empfindlich bestraft worden ist* (hoff4 30f.). *Schundverlag 05*, 393: *Die ganz ohne meine Genehmigung gewählten Titel der einzelnen Stücke hatten den Zweck, die Kauflust zu reizen.*

02.17. Sonntag. Richard Plöhn wird auf dem Radebeuler Friedhof vorübergehend in einer "Grabstelle an der Mauer" beigesetzt; seine letzte Ruhe soll er in einem Mausoleum finden, das dem Nike-Tempel in Athen nachgebildet ist (jbkmg 1995, 20). – In der Faschingsnummer der "Münchner Neuesten Nachrichten" veröffentlicht Fritz von Ostini (1861–1927) anonym die Parodie "Die blaue Schlange. Indianer-Roman von Karl May" (sud2 12f., 27-33, 588-590). Auf ein entrüstetes Schreiben von Marie Hannes wird May mit einem (nicht überlieferten) Brief antworten: *Die Faschingsnummer darf Dich* (stein1 108). May an Heinrich Kirsch 4.4.: Man griff *zu dem sonderbaren Mittel, sich auf das Münchener Narrenpodium zu stellen. Für mich stehen diese Gentlemen heut noch dort; mich finden ihre Witze nicht, die Narren sind für mich nichts weniger als turnierfähig!* – Wien. Der Buchhändler Heinrich Kirsch schickt May ein "Circular" (Fischer-Reklame), in dem mit Mays berühmtem Namen Schwindel getrieben werde (patsch).

Frühjahr. Spätestens jetzt beginnt Klara Plöhn, ihrer älteren Freundin Emma May, mit der sie seit längerem nicht nur das gemeinsame Interesse am Spiritismus, sondern (laut Tagebuchaufzeichnungen) auch ein intimes Verhältnis verbindet, systematisch den Mann auszuspannen. May schmeichelt es, von einer mehr als 20 Jahre jüngeren Frau angehimmelt zu werden (plet 93). Zeugenaussage Louise Dietrich 2.3.1908: "Meiner [...] festen Ueberzeugung nach ist die Plöhn von Anfang an planmäßig vorgegangen. Sie hat, wie ich glaube, von Anfang an und insbesondere nach dem Tode ihres Ehemannes alles darauf angelegt, die Ehe Mays zur Auflösung zu bringen, um dann mit May die Ehe selbst eingehen zu können. Motiv für sie wird dabei gewesen sein, einmal die Aufbesserung ihrer finanziellen Verhältnisse, dann aber auch der Gedanke, einen Mann ihr eigen nennen zu können, der schriftstellerischen Ruhm genoß" (leb 74). – Zur selben Zeit beschließt May, künftig mit Emma in geschlechtlicher Enthaltsamkeit zu leben, und zieht aus dem gemeinsamen Schlafzimmer aus, was er (laut Emmas Zeugenaussage vom 13.12.1907) damit begründet, dass er "höheren Zielen zustrebe und sich von der Materie frei machen wolle"; eine Beeinflussung dieses Entschlusses durch Klara Plöhn ist wahrscheinlich (masch 97). Eidesstattliche Erklärung Louise Achilles 9.11.1909: "Ich machte die Beobachtung, daß [...] die Frau Plöhn mit Vorbedacht und systematisch durch Aufhetzen die Eheleute gegenseitig von einander entfernte. In der letzten Zeit verbot die Plöhn [...] durch 'Briefe der Lieben' den beiden Eheleuten den intimen Verkehr. Auch isolierte die Plöhn Frau Emma von ihren Freundinnen. Mit mir z. B. durfte Frau Emma auf Geisterbefehl nicht mehr brieflich verkehren" (leb 326). *An die 4. Strafkammer* 77: *Ich rührte* [Emma] *nicht mehr an. Ich vermied es, mit ihr allein zu sein, und schlief in einer abgelegenen Bodenkammer, wo ich mich selbst bediente. Ich aß nur von der Speise, von der vorher die Dienstboten aßen, und hatte meine guten Gründe dazu. Meist aber hielt ich meine Mahlzeiten im Restaurant. Dieses Leben regte mich körperlich und geistig auf. Ich war fast zum Skelett abgemagert, konnte kaum noch gehen, und von der Arbeit war auch kaum noch die Rede. – Frau Pollmer* 904: *Ich schlief nicht mehr in demselben Zimmer mit ihr, sondern droben in einer kleinen, niedrigen Bodenkammer, die nicht einmal mehr reingehalten wurde, wenn ich nicht selbst dafür sorgte, daß es geschah.*

02.19. Auf Nachfrage teilt Adalbert Fischer dem Buchhändler Heinrich Kirsch mit, dass der Verfasser der berühmten Reiseerzählungen und der der "Illustrierten Werke" "ein und derselbe Schriftsteller" sei (patsch). – Wendisch-Wilmersdorf. Graf

Friedrich von Schwerin antwortet verspätet auf einen Neujahrsbrief Mays: "Sie schreiben, 'daß man Sie mit aller Gewalt zu einem Räthsel machen wollte.' Es ist dies das erste Mal, daß ich dies höre. Den Hunderten von Menschen, mit denen ich über Sie gesprochen, sind Sie nie ein Räthsel gewesen. Sie schreiben ferner, daß das, was Sie mit Ihren früheren Erzählungen pflanzten, jetzt in den 'Himmelsgedanken' etc. Früchte bringen soll. Ich bin anderer Meinung. Für den Wanderer sind die Werke im Style der Himmelsgedanken noch keine Früchte, sondern nur neue Pflanzen. Nur der Kenner wird sie begeistert an's Herz drücken, der Nicht-Kenner wird an ihnen vorübergehen, weil sie ihm nicht mehr interessant und leichtverdaulich genug sind."

02.21. Koblenz. Johannes Dederle gratuliert May zum Geburtstag und dankt zum wiederholten Mal für die *Himmelsgedanken*: "Dürfte ich wohl ab und zu einen der Sinnsprüche oder eines der herrlichen Gedichte in meinem Sonntagsblatt 'Familienfreund' abdrucken?" Dederle erinnert May an das während der Orientreise versprochene "Reise-Manuscript" und erbittet "dasselbe so gegen Ende Mai oder Anfang Juni". – München. Prinzessin Wiltrud von Bayern fragt nach Ben Nil, dem Reïs Effendina, Ben Wasak, Hafid Sichar und Selim; eine Bekannte will sich nach diesen (fiktiven) Personen aus dem *Mahdi*-Roman in Kairo erkundigen.

02.24. Sonntag. May an Johannes Dederle: *Herzlichen Dank für Ihre freundliche Gratulation! Werde Montag, am Geburtstage, Ihrem Wohle meinen besten Tropfen widmen. Wenn Sie aus "Himmelsgedanken" zuweilen Etwas in Ihrem "Familienfreund" bringen wollen, bin ich gern einverstanden. Mein Versprechen hinsichtlich eines Extrabeitrages für Sie werde ich halten, und hoffentlich auch zu der von Ihnen angegebenen Zeit.*

02.25. Karl Mays 59. Geburtstag. – Unter diesem Datum findet sich ein Eintrag Mays *Das Leben ist ein Kampf* in Eva Fehsenfelds "Christlichem Album" (kmv 75, 19).

02.26. May an Franz Joseph Börger in Ehrenbreitstein: *Was die Firma Münchmeyer betrifft, welche diese Romane unter dem Namen Karl May veröffentlicht, um von meiner Berühmtheit zu profitiren, so regen Sie sich ja nicht auf. Auch ich selbst stehe diesem Geschäftskniff möglichst ruhig gegenüber. Der Prozeß ist ja bereits eingeleitet, was die Sortimentsbuchhändler allerdings nicht wissen können, sonst würden sie sich hüten, eine solche Thorheit, welche der Bestrafung nicht entgehen kann, zu unterstützen.* – Beschluss des Radebeuler Kirchenvorstands: "Frau Plöhn Radebeul bittet um Ueberlassung eines Erbbegräbnisses an der westlichen Friedhofsmauer von 18 □m wozu Genehmigung erteilt wird" (jbkmg 1995, 21).

02. Emma Pollmer an das Amtsgericht Weimar am 6.9.1909: "14 Tage nach dem Tode ihres Mannes setzte [Klara Plöhn] ein Testament auf, indem sie mir 40 000 Mark vermachte. Eine Abschrift dieses Testaments wurde dem Dresdner Amtsgericht übergeben." Das Geld gehört ohnehin Emma (resp. May), die es Richard Plöhn für Häuserspekulationen geliehen hat (leb 158).

03.01. Foto von Josef und Franz Weigl (kmw VIII.6, 800f.).

03.03. Sonntag.

03.08. Leipzig. Der angehende Lehrer Walter Weber (ab Ostern Vikar am Realgymnasium zu Leipzig) schreibt einen enthusiastischen Brief über die *Himmelsgedanken*, die er zu den "Perlen unsrer heimischen Poesie" rechnet. In den Osterferien will er den Mays seine Braut vorstellen (vgl. *Der dankbare Leser* 83f.).

03.10. Sonntag.

03.12. Peckelsheim (Westfalen). Der Forstassessor Adolf Wilhelm Paul von Amelunxen (1866–1957), der Bruder der Baronesse Maria von Amelunxen, bedankt sich bei May für seine "liebenswürdige Unterstützung und Güte" in den "Trauertagen" nach dem Tod seiner Tante Antonie Witting und bittet ihn, die

"Pflegschaft für das Vermögen" zu übernehmen: "Ich weiß nun wohl, welches Opfer Sie bringen durch Antritt des Amtes. Allein dennoch kann ich nicht wünschen, daß Sie die Pflegschaft ablehnen. Wie oft habe ich in den kurzen Tagen des Zusammenseins mit meiner lieben Tante bemerkt, welch' großes Vertrauen die Verstorbene zu Ihnen hegte. Ich wüßte auch keinen Besseren, dem die selige Tante die Sorge für ihren Liebling hätte anvertrauen können." Erbe des Vermögens ist der Enkel Curt Arnold Ernst Gustav Witting (1888–1947; kmw VIII.6, 550f.): "Übrigens hätten Sie, soweit ich weiß, nur die Verwaltung des Vermögens – nicht die Sorge für die Person des Enkels – zu übernehmen. Letztere liegt dem Vormund ob, zu welchem [...] Herr Gustav Meyer in Düsseldorf bestellt ist." Meyers Tochter Johanna Luise Emilie (*1862), in zweiter Ehe Frau Beyer, ist Curts Mutter; sein Vater, der Premierleutnant Arnold Ludwig Ernst August Witting (*1859), ist bereits am 25.9.1892 mit 33 Jahren in Greifswald an Schwindsucht gestorben.

03.14. Datum einer rechtsanwaltlichen Bestätigung, nach der May rechtliche Schritte gegen Adalbert Fischer unternommen hat (hard 211). Zur tatsächlichen Klageerhebung kommt es jedoch erst am 10.12.

03.17. Sonntag. Marie Hannes ist von Prof. Ernst von Bergmann zur Weiterbehandlung in die Orthopädische Heilanstalt von Johann Friedrich Hessing (1838–1918) in Göggingen bei Augsburg überwiesen worden. Bis zum 18.7.1902 wird sie in der Hessing'schen Anstalt behandelt (zuletzt in Bad Reichenhall). Bis 1904 ist sie dort noch mehrfach Patientin. 1902 wird sie in Versform eine humorvolle Beschreibung ihres ersten Aufenthalts unter dem Titel "Bunte Bilder aus dem Gögginger Leben" veröffentlichen (stein1 12).

03.19. May im Leipziger "Allgemeinen Wahlzettel für den deutschen Buch- und Musikalienhandel": *In Bezug auf Karl May's illustrirte Werke, angekündigt von H. G. Münchmeyer, Dresden, mache ich alle Sortimenter, welche dabei an* *meine bekannten "Reiseerzählungen" denken, darauf aufmerksam, dass ich gegen die genannte Firma gerichtlich vorgegangen bin.* – In Erweiterung des ursprünglichen Antrags erteilt der Radebeuler Kirchenvorstand (Pfarrer Karl Hermann Hingst) Karl May und Klara Plöhn für 383 Mark die "Erlaubnis zur Anlegung eines gemeinsamen Erb- und Familien-Begräbnisses in der Größe von 21 □m an der westlichen Umfassungsmauer des hiesigen Friedhofes." Bald darauf wird der Begräbnisplatz nach einer Friedhofserweiterung an die neue nördliche Mauer verlegt werden (jbkmg 1995, 21).

03.20. Johannes Dederle hat May eine Abschrift einer Fischer-Anzeige geschickt: *Soeben beschäftigt mich die Absicht, mir die Zeit für den Ihnen versprochenen Beitrag zu erübrigen, da erhalte ich Ihren Brief. Lieber, armer Freund! Was haben Sie sich mit der Abschrift für Mühe gegeben! Ich kenne das Dings sehr wohl; es wird mir ja aus allen Gegenden Deutschlands zugeschickt! Haben Sie Herzensdank! Es handelt sich um eine Ausbeutung meines Namens, wie sie gewissenloser gar nicht sein könnte. Der Prozeß ist gegen die Firma angestrengt, auch habe ich die Buchhändler bereits gewarnt. Daß Sie dagegen angehen wollen, ist mir erfreulich. Ich werde niemals auf eine gemeine Zeitungsbalgerei eingehen; Sie aber, den ich so hochachte, sollen nächster Tage, da Sie sich dieser Angelegenheit annehmen wollen, ein Manuscript für Ihren "Rhein- und Mosel-Boten" bekommen, durch dessen Veröffentlichung Sie wieder einmal den Beweis liefern, daß Redacteur Dederle thurmhoch über den Leitern derjenigen Blätter steht, über welche man, um sich nicht mit ihnen zu beschmutzen, leider nur die Achsel zucken kann.*

03.21. Marie Hannes schickt May eine Karte mit einem Foto von Friedrich Hessing: "Hier siehst Du den Mann in dessen Händen mein Schicksal liegt!"

03.22. Johannes Dederle veröffentlicht im Koblenzer "Rhein- und Moselboten" einen Artikel zur ersten Lieferung der Fischer-Ausgabe, die eine "schnöde, geradezu empörende und gefährliche Ausbeutung" eines "hochangesehenen schriftstellerischen Namens" darstelle; er paraphrasiert Mays Brief vom 20.3. und schließt: "Wir möchten [...] nicht verfehlen, an dieser Stelle darauf aufmerksam zu machen und unsere Leser zu warnen, sich durch eine derartige Usurpation des Namens eines hochgeachteten Mannes durch einen Unbekannten irre führen zu lassen, zumal der Unbekannte nicht derart aufgetreten ist, daß man nach unserer Ueberzeugung die Erzählung unserer Jugend empfehlen kann" (*Am Tode* 126).

03.23. May im "Börsenblatt": *In betreff der jetzt angebotenen Karl May's illustrirte Werke und "Ulanenliebe" von Karl May mache ich die Herren Sortimenter darauf aufmerksam, daß ich gegen die betreffende Firma H. G. Münchmeyer in Dresden gerichtliche Hülfe in Anspruch genommen habe* (kos 79; hoff1 2635; hard 213). Adalbert Fischer im "Börsenblatt" ("Entgegnung!", auch im "Wahlzettel"): "Die in meinem Verlage unter dem Gesamttitel: 'Karl May's illustrierte Werke' erscheinenden Romane und Reisebeschreibungen, und der Roman 'Die Liebe des Ulanen', der in meiner Allg. Unterhaltungs-Bibliothek erschien, sind von demselben Karl May in Dresden-Radebeul 'Villa Shatterhand', der die 'bekannten' Reiseerzählungen geschrieben hat! [...]. Von einem gerichtlichen Vorgehen gegen mich ist mir bis zur Stunde leider noch nichts bekannt, obgleich ich seit zwei Jahren Herrn Karl May fortgesetzt aufgefordert habe, seine diesbezügl., vollständig unbegründeten Drohungen wahr zu machen!" (kos 79; hoff1 2634; hard 214)

03.24. Sonntag.

03.25. May antwortet auf Johannes Dederles Artikel vom 22.3.: *Sie irren [...] in der Annahme, daß ich nicht der Verfasser der betreffenden Werke sei. Ich bin es, aber ich bin es doch auch wieder nicht! Hätte ein anderer Schriftsteller* [...] *sich meines Namens als Pseudonym bedient, so könnte ich den Fall mit* *mildem Auge betrachten; aber es liegt eine Thatsache vor, welcher ich nur mit größter Strenge Rechnung tragen kann: Man treibt Maskerade mit mir selbst!* Ausführlich schildert May die Hintergründe seiner Tätigkeit für Münchmeyer.

03.26. May verfasst eine Erklärung gegen Fischers "Entgegnung!", die im "Börsenblatt" und im "Allgemeinen Wahlzettel" erscheinen wird.

03.27. Im "Rhein- und Moselboten" erscheint Mays Brief vom 25.3 (*Am Tode* 127f.) – Köln. Hermann Cardauns weist seinen unbekannten Kollegen auf die Erklärungen Mays und Fischers im "Börsenblatt" hin: "Vorläufig ist der Krakehl rein geschäftlich u. m. E. kein Anlaß zur Einmischung gegeben".

03.28. Mays *Erklärung zur "Entgegnung" des Buchhändlers Fischer* vom 26.3. erscheint im "Börsenblatt" und im "Allgemeinen Wahlzettel": *Ich schrieb die Erzählungen, um welche es sich hier handelt. Münchmeyer wußte, daß ich keine Zeit hatte, Correkturen oder gar dann die fertigen Werke wieder durchzulesen, und so entdeckte ich nur durch Zufall, daß er mein heimlicher Mitarbeiter gewesen war. Er hatte geändert, weil sein Verlangen nach Liebesscenen vernachlässigt worden war. Ich brach mit ihm und habe seitdem kein Wort mehr für ihn geschrieben.* [...] *Herr Fischer liefert* [...] *diese Werke nicht nach meinen Originalen, sondern Umarbeitungen, und zwar ist diese Veränderung so ausserordentlich eingreifend, daß z. B. bei "Deutsche Herzen, deutsche Helden" der Unterschied zwischen Original und Fischers Ausgabe wenigstens zwölfhundert Seiten betragen wird.* Fischer kontert: "Die Umarbeitungen [...] betreffen keineswegs den Inhalt, sondern sind rein formelle" (hoff4 31f.; jbkmg 1976, 273; hard 210f.).

03.31. Sonntag. München. Josef Weigl schreibt wiederholt enthusiastisch über die *Himmelsgedanken* und fordert May auf, seine Feinde "vor das Forum eines Gerichtshofes" zitieren zu lassen: "Sie dienen damit anderen geistig Arbeitenden, die ohnmächtig sind, einen Dieb ihrer Arbeiten verfolgen lassen zu können [...]. Gegen dieses geistige Raubritterunwesen müssen Größen der literarischen Welt auftreten; kleine Leute finden nicht Beachtung" (vgl. *Der dankbare Leser* 137).

04. Eisenach (Hohenhainstein). Der Herausgeber Joseph Kürschner will May als Mitarbeiter für einen im Leipziger Verlag von Hermann Zieger (1856–1916) erscheinenden Sammelband über China ("China. Schilderungen aus Leben und Geschichte, Krieg und Sieg. Ein Denkmal den Streitern und der Weltpolitik") gewinnen, der die Niederschlagung des chinesischen "Boxer-Aufstandes" feiern soll (jbkmg 1983, 147; *Et in terra pax* 17).

04.02. May an Unbekannt: *Wer nicht glauben will, daß ich die Wahrheit schreibe, nun, der glaubt es eben nicht! Ich kann mich doch nicht mit jedem Menschen herumhauen, der so unerfahren ist, zu denken, die einzige Wahrheit sei nur das, was er die Güte haben will, zu glauben. Ungläubige Redacteure ärgern sich darüber, daß ich meine Leser zu Gott führe. Sie wollen dies dadurch verhindern, daß sie den Leuten weiß machen, ich sei ein Lügner; dabei aber lügen grad sie in ihren Blättern nicht wie sondern wirklich gedruckt. Und neidische Schriftsteller ärgern sich darüber, daß meine Bücher so viel gelesen werden, die ihrigen aber nicht. Das versuchen sie, dadurch zu ändern, daß sie über mich allerlei Gerüchte ausstreuen, die ebenso unwahr wie albern sind. Giebt es nun Thoren, welche diese Albernheiten glauben, so kann doch nicht ich dafür, daß ihnen solcher Unsinn lieber ist* [als] *der Sinn für alles Edle, Gute und Schöne, welcher aus allen meinen Büchern athmet. Am Allerwenigsten aber habe ich Zeit dazu, mich über sie zu ärgern oder gar mich mit ihnen herumzuzanken. Sie existiren einfach nicht für mich. Ich habe während meiner letzten Reise tausende von Karten, Briefen etc. aus Asien und Afrika nach Deutschland gesandt, also sind tausende von Zeugen da. Die feindlichen Zeitungen haben trotzdem behauptet, daß ich irgendwo in Bayern versteckt sei. Das ist so kindisch, daß ich kein Wort der Entgegnung für solche Leute habe! Uebrigens sage ich Ihnen aufrichtig, daß solche Äußerlichkeiten vollständig Nebensache* *sind. Ich schreibe keine topographischen Reisewerke, sondern ich will zeigen, wie die ächte, deutsche Volksseele sich zu den Seelen anderer Völker zu verhalten habe; wer nun diese Seele nicht sucht und findet, sondern sich nur für das Tüpfelchen auf dem i interessirt, der wird mich freilich nicht begreifen und auch fernerhin tief da unten stehen bleiben, wo es ihm besser als bei mir gefällt, weil er sich für einen gescheidten Menschen hält. Streiten Sie sich also mit solchen Leuten nicht herum! Das wahrhaft gute kommt schon ganz von selbst zum Siege! Was nun Ihren Freund betrifft, so dauert er mich, denn es ist 100 gegen 1 zu wetten, daß er zu Grunde gehen wird. Auch er hat mich nicht verstanden. Die Zeiten sind längst vorüber, von denen ich in meinen Reiseerzählungen spreche. Und zu glauben, daß die Waffen die Hauptsache seien, ist Unsinn. Kenntnisse, aber viel Kenntnisse werden von der Fremde heut verlangt, nicht Pulver und Blei! Wenn mir Jemand von seinen Waffen spricht, weiß ich sofort, weß Geistes Kind er ist!!! Meine Bücher sind nicht dazu geschrieben, daß die Leser hinauslaufen und sich ins Elend stürzen sollen. Nur Der hat mich richtig verstanden, der sich bestrebt, daheim ein guter, brauchbarer Mensch zu werden. Glauben Sie ja nicht, daß es mir draußen so wohl gefallen hat! Mein Glück wohnt daheim in meinem Hause. Suchen auch Sie es nie an einem andern Ort! Ich bitte Sie darum, weil ich es aufrichtig gut mit Ihnen meine. Lesen Sie meinen letzten Band "Himmelsgedanken". Dort werden Sie finden, was zu Ihrem Heile dient, aber nicht in überspannten Hoffnungen auf fremde Länder, für welche Sie nicht geboren sind!*

04.03. May an Carl Felber: *Wenn Du wüßtest, wie ich zu thun habe, würdest Du mir mein Schweigen gern verzeihen. Es kommen täglich neue Leser. Dazu die neuen Orientbekanntschaften. Für Die, denen ich früher schrieb, habe ich keine Zeit mehr. Nur den Aller-, Allerliebsten kann ich noch zuweilen eine Zeile senden. Bitte, Karl, kannst Du mir nicht diesen Hamburger May-Verein ausfindig machen?* [...] *// Nach Hamburg* *fliegt von Haus zu Haus / Der Karl mit seiner Emma aus, / Um bei Kaffee und Osterkuchen / Die alten Lieben zu besuchen, / Und wenns auch geistig nur geschieht, / Sie thun es doch mit Appetit, / Denn wenn Ihr seid beim Kaffeekochen, / So wirds in Radebeul gerochen, / Und so ein Duft macht alte Treu / Und alte Freundschaft wieder neu!* (kmjb 1978, 253-255) – Die Wiener "Reichspost" konstatiert, May habe "in der katholischen literarischen Welt nicht mehr den Namen, den er früher besaß": "Neulich erschienen sogar schmutzige Colportageromane mit seinem Namen, die noch schmutziger illustrirt waren. Nun hat Carl May gegen die Veröffentlichung dieser Romane, welche aus seiner früheren Periode stammen sollen, protestirt und im Buchhändler-Börsenblatt angekündigt, daß er gegen den Verleger Münchmeyer in Dresden gerichtliche Schritte unternehmen wird. Was den Roman 'Uhlanenliebe' betrifft, [...] so ist derselbe derart anstößig, daß er nicht als Volkslectüre empfohlen werden kann. Carl May will den genannten Roman in einer früheren Periode geschrieben haben, die wohl als Sturmperiode des Schriftstellers bezeichnet werden muß. [...] Was den Abbruch der Beziehungen des Reise-Schriftstellers zu der Redaction des 'Deutschen Hausschatzes' betrifft, so hat die Redaction deshalb die Verbindung lösen müssen, weil May auf ein viel zu hohes Zeilenhonorar Anspruch erhob. – So viel wir wissen, war dies aber nicht der einzige Grund" (jbkmg 1982, 213).

04.04. May an Heinrich Kirsch in Wien: *Es braust wieder einmal durch die druckerschwarze Welt ein Sturm, um diesen unbequemen Karl May zu vernichten, und sonderbar! – – – dieser May hat keinen Sinn für solche Stürme; sie regen aber auch nicht den kleinsten seiner Nerven auf! Dazu ist er viel viel zu gesund! Vor nun über 2 Jahren wurde, wie ich ganz bestimmt von Augenzeugen weiß, die Parole ausgegeben: "May ist eine Macht. Er muß unbedingt und mit allen Mitteln ausgemerzt werden!!!* [...] *Nun kommt Münchmeyer mit seiner unerlaubten Bearbeitung alter Sachen aus meiner Feder. Jeder Mayleser sieht sofort, um was es sich handelt. Diese Herren aber sehen* *nichts, als eine passende Gelegenheit zu neuen, doppeltkräftigen Düngergabelstichen, von denen sie erwarten, daß sie mich durchbohren und mäusetödten werden. Und sonderbar!: Die Parole wurde von einer ungläubigen, extrem demokratischen Zeitung ausgegeben, und sofort beeilen sich 40, 50 Blätter der gläubigen, streng katholischen Presse, in das "Kreuzige, kreuzige ihn" einzustimmen. Unter den Ungläubigen darob natürlich allgemeiner Jubel!* Später im selben Brief: *Ich sehe eine Kirche stehen, mit vielen Leuten um sie herum. Sie gehen nicht hinein, obgleich die Glocken klingen. Sie betrachten und bekritteln das Äußere, jeden Stein, ob Ziegel-, Bruch- oder was sonst für Stein. Sie zählen die Fenster und die Thüren und die Schiefer auf dem Dache. Sie hören die Sperlinge da oben schwatzen und bemerken jeden Frosch, der da unten im Grase hüpft. Aber hinein geht keiner. Der Altar, die Kanzel, die Orgel, das Innere, das Heilige, die Erhebung und Erbauung – – – nichts von Alledem! Und diese Leute halten sich für berechtigt, über das Gotteshaus und seinen Erbauer abzuurtheilen! Diese Kirche sind meine Werke, lieber Freund!* [...] *In meinen Büchern lebt eine ganz, ganz eigene Seelenwelt, und wem diese entgangen ist, der hat sie umsonst gelesen. Den Enkeln werden sie verständlicher sein, als dem jetzigen Geschlechte, welches mit seinem Urtheile absolut nicht warten will, bis ich die noch folgenden Bände, die Haupt- und Schlußsteine, dazugeschrieben habe!* (mkmg 2, 14-16; sud1 281f.) – May an den Buchhändler Gotthart Hammer in Berlin: *In Betreff der Münchmeyerschen Angelegenheit habe ich im Annonciren für den Buchhandel (Wahlzettel, Börsenblatt) keineswegs erhebende Erfahrungen gemacht. Obgleich ich in meinem Rechte bin und den Prozeß unbedingt gewinnen werde, nimmt man die – – – Phantastereien (um das Wort Lügen zu vermeiden) Fischers willig auf, mir aber streicht man grad das, was die Hauptsache ist, wenn ich den Zweck der Entgegnung erreichen will. Ich habe also diese Sisyphusarbeit aufgegeben; nicht ich bin es ja, der den Schaden haben wird. Auch bin ich nicht der Mann, welcher sich zu einer Zeitungsbalgerei verleiten läßt.* [...] *Was die Fastnachts-*

nummer der "Münch. Neust. Nachrichten" ["Die blaue Schlange"] *betrifft, so handelt es sich um eine Fortsetzung der Thorheit, welche vor ca. 2 Jahren ihre Angriffe gegen mich begann. Ich wollte damals nur 3 Tage in Wien bleiben, wurde aber an den Hof gezogen und von der Aristokratie 5 Wochen festgehalten. Man wurde dadurch auf der gegnerischen Seite aufmerksam auf mich. Die Herren Redacteure hielten eine erregte Besprechung, deren Resultat, wie ich von einem dabei Betheiligten erfuhr, wörtlich lautete / "May" ist eine Macht; er muß unter allen Umständen und mit allen Mitteln ausgemärzt werden! / Man wußte genau, ich sei in Afrika; das gab gute Zeit zum Beginne der Angriffe, deren erster lautete, daß ich garnicht dort sei sondern irgendwo in Bayern stecke. Mir fällt es natürlich garnicht ein, auf solchen Mistgabelkampf einzugehen. Die Seele des Verfassers der "Himmelsgedanken" lebt nicht an so niedriger Stätte. Da dies nichts fruchtete, streut man nun von Zeit zu Zeit die Fabel aus, ich sei geisteskrank. Auch hierzu schweige ich, habe grad durch diese "Himmelsgedanken", welche den Schlüssel zu den Absichten meiner Reiseerzählungen enthalten, bewiesen, daß dieser "Geisteskranke" in einer Gedankenwelt lebt, für welche diesen Leuten die Gedankenschärfe fehlt. Und da mir also auch hier nicht beizukommen ist, hat man sich auf das Narrenpodium gestellt, wohin ich diesen Herren erst recht nicht folgen werde. Wer so öffentlich zeigt, daß er dorthin gehört, der mag dort stehen bleiben; für turnierfähig ist er da keinesfalls zu halten!* – Die "Dresdner Nachrichten" melden, dass der Verlagsbuchhändler Johann Adalbert Fischer und der Redakteur Johannes Jühling vom Landgericht "wegen Verbreitung unzüchtiger Schriften" bzw. "geleisteter Beihilfe" zu 900 resp. 300 Mark Geldstrafe verurteilt worden sind.

04.06. May schreibt einen Osterbrief an Marie Hannes in Göggingen: *Heute ist heiliger Abend, und morgen wird Ostern sein. Weißt Du, was das sagen will? Wem das Diesseits ein heiliger Abend ist, der wird im Jenseits Ostern und Auferstehung halten, anders nicht. Jeder Lebenstag sollte für uns eine fromme*

Minute dieses heiligen Abends sein, denn wir wissen nicht, wann für uns die Abendglocken zum letzten Male erklingen werden. Kennst Du das Osterkirchlein, welches ich gebaut habe? Wohl nur äußerlich, denn hineingekommen bist wohl auch Du noch nicht. Ich habe die Steine dazu, die Säulen, die frommen Bilder, den Schmuck, aus allen Ländern zusammengetragen. Der Bau ist noch nicht ganz fertig, denn die Schlußsteine, die heiligen Altarbücher und die Orgelchöre fehlen noch. Aber die Glocken lasse ich täglich erschallen, damit man komme, um einzutreten und Einkehr zu halten bei Gott und bei sich selbst. Aber Wenige, sehr Wenige sind es, welche die offene Thüre beachten. Tausende und Abertausende stehen draußen, um jeden einzelnen Stein zu bekritteln, woher er ist, wie er heißt und ob er auch ein ächter, wahrer Stein und nichts Anderes sei. Sie schwatzen und loben und tadeln, weil sie denken, daß sie diese meine Kirche vom oberflächlichen Schauen so genau kennen gelernt haben, daß sie nun als Sachverständige über sie urtheilen können. Die Thoren! Die Hauptsache, nämlich das Innere, die Erhebung, die Erbauung, ist ihnen fremd geblieben. Die Seele, welche am Altare dieser Kirche steht, um ihres Priesteramtes zu walten, von ihr haben sie kein einziges Wort gehört, nicht einen einzigen Hauch gespürt. Diese Kirche, wo steht sie? Überall, wo Karl May gelesen wird, denn meine Werke, sie sind ein Gotteshaus, in welchem jeder Tag als Ostern gefeiert werden soll, weil es für mich zwischen dem Himmel und der Erde nur ein einziges Fest, das Fest der Auferstehung giebt (stein1 118, 187f.).

04.07. Ostersonntag. Göggingen. Marie Hannes erhält Mays Osterbrief "mit prächtigen Blumen und süßem Confekt" (stein1 118).

04.09. Der Leipziger Verleger Hermann Zieger teilt Joseph Kürschner mit, dass er bereit sei, May zu besuchen, um ihn für den "China"-Band zu gewinnen: "May will ich gern in der beregten Weise zu erledigen suchen. Hoffentlich ist er z. Z. in Dresden!" (jbkmg 1983, 147)

04.10. Zieger an Kürschner: "[Über] May erwarte ich Ihren Bericht und fahre ev. sofort nach Dresden" (jbkmg 1983, 147).

04.11. Zieger an Kürschner: "Mays Schweigen wohl auf Ostern zurück zu führen sein. Ich fahre sofort nach Dresden, wenn ich Ihre Weisung erhalte". Die Reise erübrigt sich dann, weil May telegraphisch zusagt, eine Erzählung für den "China"-Band zu schreiben. An einem der nächsten Tage teilt er Kürschner seine Bedingungen mit (jbkmg 1983, 147).

04.12. Zieger an Kürschner: "Die mit Ihrem freundlichen Briefe übermittelte Depesche Mays lässt uns hoffen, dass wir mit diesem zum Abschluss kommen. Ich denke, er könnte sich mit 2500 M begnügen" (jbkmg 1983, 185).

04.14. Sonntag. May an einen unbekannten Forstmeister (Karl Junack?): *Nachdem ich erst kürzlich von einer anderthalbjährigen Reise in Asien und Afrika zurückgekehrt bin, habe ich so viel Arbeit nachzuholen und ich bin dazwischen so oft nicht daheim, daß es für meine Besucher fast genau so ist, als ob ich mich noch im Oriente befände.* – Zieger an Kürschner: "Wir müssten mit May wohl noch einen Vertrag machen? Jedenfalls möchte ich Sie bitten, das hierzu Nötige mit May direkt zu erledigen [...]. Wie ist Mays Hinweis auf seine 'Gesammelten Werke' zu verstehen? Würde das Honorar nur für den Roman als Verwendung für unser Werk zu verstehen sein? Uns liegt natürlich daran, das Verlagsrecht für immer zu erwerben [...]. Sind Sie der Meinung, dass ein Besuch meinerseits bei May von Vorteil für einen schnelleren Abschluss sein könnte, so würde ich auf Ihr Geheiss sofort nach Radebeul fahren + nach Ihren Vorschriften verhandeln. [...] Die Mayschen Ausführungen haben mich bezaubert + unsere Stimmung für den Erfolg des Werkes wesentlich gehoben." May wird einen Vertrag mit Kürschner abschließen (Honorar 3000 Mark), der vorsieht, dass er seine Reiseerzählung für den "China"-Band nach einer Sperrfrist von zwei Jahren in die Gesamtausgabe seiner Werke aufnehmen kann (jbkmg 1983, 147, 186).

04.15. May an Ambros Opitz (1846–1907), den Chefredakteur der Wiener "Reichspost", als Antwort auf die Notiz vom 3.4.: *Ich habe nun über ein Vierteljahrhundert lang an der schriftstellerischen Aufgabe gearbeitet, die deutsche Volksseele hinaus zu fremden Völkern zu führen, damit sie die Seelen dieser Völker kennen und lieben lerne* [...]. *Diese Missionsarbeit ist nicht ohne Erfolg gewesen. Ich wurde und werde noch heute von mehr als Hunderttausenden gelesen, was neben anderen Gründen vorzüglich auch dem Umstande zuzuschreiben ist, daß ich niemals ein ethisch anfechtbares Wort geschrieben habe, schreibe oder auch noch schreiben werde.* [...] *Jetzt nun tritt ein mir vollständig fremder Verleger mit sogenannten Werken von mir auf. Er hat einen Verlag gekauft, für welchen ich früher einmal geschrieben habe, ganz ebenso sittlich rein wie stets. Er hat diesen Verlag eingestandenermaßen nur zu dem Zwecke gekauft, meine alten Werke, welche dem Verlage längst nicht mehr gehören und zum Theil auch schon in meine Reisebände aufgenommen worden sind, ohne daß selbst der strengste Sittenrichter an ihnen auch nur das Geringste auszusetzen gefunden hätte, in einer seinen Zwecken entsprechenden Umarbeitung herauszugeben.* [...] *Er hat trotz aller meiner Warnungen meine 1½jährige Abwesenheit in Asien und Afrika dazu benutzt, diese Ausgabe vorzubereiten, und zwar in der Überzeugung: wenn er auf meinem Namen reise, werde er bis zur Beendigung des Processes so viel Geld zusammenbringen, daß ihm eine Strafzahlung von einigen tausend Mark gar nicht geniren könne. Die Presse hat diese angeblichen "Carl May's illustrirte Werke" streng verurtheilt: ich thue das noch viel strenger als sie und habe es also wohl nicht verdient, daß man es nicht bei der Sache bewenden läßt, sondern in einer Weise persönlich wird, welche nur bei solchen Personen zu begreifen ist, welche meine Werke entweder nicht gelesen oder nicht verstanden haben und mich für nichts als einen Indianer- oder Beduinen-Schriftsteller halten, in dessen Büchern das Reiten, Hauen, Schießen, Stechen etc. die Hauptsache ist.* [...] *Es handelt sich nicht* [...] *um Erzeugnisse einer*

Sturmperiode, die ich niemals gehabt habe, sondern um Bearbeitungen vollständig sittenreiner Originalarbeiten von mir. [...] *Sie erwähnen meine früheren Beziehungen zu dem "Hausschatze".* [...] *Die Wahrheit ist: Nicht der "Hausschatz" hat mit mir, sondern ich habe mit ihm gebrochen, und zwar nicht zum ersten Male! Schon unter der Redaction von Vincenz Müller zog ich einmal meine Mitarbeiterschaft zurück und nur meine persönliche Sympathie für diesen Herrn vermochte mich, weiter zu schreiben. Später wurde mir von Heinrich Keiter eine Arbeit, um sie im Jahrgang unterzubringen, in solcher Weise gekürzt, daß ich erklärte, nichts mehr zu schreiben. Da kam Herr Commerzienrath* [Karl] *Pustet persönlich zu mir gereist, um mich zur Zurücknahme dieses Entschlusses zu bewegen. Er sandte mir in gleicher Absicht seinen Neffen* [Friedrich Pustet jun.] *und endlich gar Herrn Keiter selbst. Jeder dieser drei Herren versicherte mir wörtlich und mit voller Ueberzeugung: "Der "Hausschatz" steht und fällt mit Karl May!" Diese Versicherung, welche mich zur Fortsetzung meiner Mitarbeiterschaft bewegen sollte, wurde während meines zweimaligen Besuches in Regensburg öfters wiederholt und da Herr Pustet seine Bitte durch die sofortige Verdopplung des Honorars unterstützte, so ließ ich mich bewegen, wieder zu der Feder zu greifen. Wenn man Ihnen, Herr Redacteur, gesagt habe, ich habe ein viel zu hohes Zeilenhonorar erhoben, so ist das nicht wahr. Man hat mir das Honorar freiwillig verdoppelt, um mich beim Hausschatze festzuhalten. Und wenn Sie hinzufügen: "So viel wir wissen, war dies aber nicht der einzige Grund", so steht zu erwarten, daß auch die anderen Ihnen angegebenen Gründe die Wahrheit nicht erreichen werden. Der einzige und wirkliche Grund ist vielmehr Folgender: Ich befand mich mitten in der vierbändigen Arbeit "Im Reiche des silbernen Löwen", als mir von verschiedenen ehrlichen, wohlmeinenden Redactionen Waschzettel gesandt wurden, welche sie vom "Hausschatze" zur Aufnahme in ihre Spalten erhalten hatten. Diese Zettel enthielten einen Passus über mich, welcher mit den persönlichen Versicherungen der*

Besitzer und des Redacteurs dieses Blattes in solchem Widerspruch stand, daß ich [...] *Herrn Commerzienrath Pustet augenblicklich meinen nunmehr festen Entschluß kundgab, von nun an kein Wort mehr für den "Hausschatz" zu schreiben, obwohl diese Arbeit für vier Bände berechnet war* (jbkmg 1982, 213-215).

04.17. Mays Brief an Ambros Opitz erscheint in der "Reichspost" (jbkmg 1982, 213-215).

04.18. Peter Fuchsbrugger, der verantwortliche Redakteur der Zeitung "Der Tiroler" (Bozen), entschuldigt sich bei May für den Nachdruck der "Reichspost"-Notiz vom 3.4.

04.20. Der Kairoer Buchhändler Felix Marschner (Buchhandlung F. Diemer) schickt May den im Mai 1899 vorbestellten zweiten Band "Vom Mittelmeer zum Persischen Golf" des Diplomaten Max von Oppenheim (Berlin 1900) (kmhi 16, 18f.).

04.21. Sonntag.

04.26. Berlin. Alwin Eichler an May: "Leider habe ich bis heute von Ihnen nichts gehört wie Sie über Buffalo Bill denken; ich war vorgestern bei Ihnen um Sie persönlich zu sprechen wurde aber nicht vorgelassen."

04.27. Sarona (Palästina). Auguste Lippmann dankt für ein Büchergeschenk.

04.28. Sonntag. Klara Plöhn sucht einen Bildhauer für die Ausgestaltung des geplanten Mausoleums auf dem Radebeuler Friedhof. Kommissionsrat Hermann Paulus, der Geschäftsführer der Internationalen Kunstausstellung Dresden (20.4.–20. 10.), nennt ihr auf Anfrage mehrere Adressen von "vorzüglichen Bildhauern". Der Name des später tatsächlich beauftragten Selmar Werner fehlt.

04.29. Zieger an Kürschner: "[Über] May erwarte ich noch Ihre Nachrichten. Hoffentlich geht von ihm bald Manuskript ein, denn ich kann mir nicht denken, dass er nach seinen früheren

Briefen für uns nicht mehr zu haben wäre" (jbkmg 1983, 148). – Im "Börsenblatt" erscheint eine "Erklärung" Adalbert Fischers vom 27.4., in der er betont, dass die in seinem Verlag erscheinenden "illustr. Werke" Karl Mays tatsächlich "von dem bekannten und beliebten Reiseschriftsteller" geschrieben seien (klußZ 200; kmh 49). Dasselbe erscheint, mit Datum vom 10.5., später auch im "Novitäten-Anzeiger für den Colportage-Buchhandel".

04.30. Zieger an Kürschner: "Mays Brief ist ausserordentlich liebenswürdig + verbindlich gehalten + wir dürfen nunmehr der Zukunft wohl vertrauensvoll entgegensehen. Das einzige Fatale ist der Termin, der für den Anfang des Mayschen Romans immerhin kurz sein muss, wenn wir mit dem 1. Hefte Anfang Juni herauskommen wollen. [...] Es ist schlimm, wenn die Autoren so überlaufen werden, wie es bei M jetzt der Fall ist, + wir müssen thatsächlich zufrieden sein, wenn uns M in einigen Wochen den Anfang seines Romans liefert" (jbkmg 1983, 148). – Dresden. Prof. Friedrich Wilhelm Ludwig Grützmacher, Kgl. Konzertmeister und Kammervirtuose a. D., erklärt sich bereit, für Klara May ein Violoncello zu verkaufen. Am 8.5. wird ein Dienstmann das Instrument in die Ostra-Allee 19^{II} bringen. Ein Verkauf wird nicht gelingen, sodass das Cello im März 1904 wieder abgeholt werden muss.

05.02. Zieger an Kürschner: "Werden wir mit den ersten Lieferungen nicht im Juni fertig, so befürchte ich, dass Sie sich mit der Chinafrage bis zu Ihren Ferien herumschlagen müssen" (jbkmg 1983, 149).

05.05. Sonntag. In der Zeitung "Lößnitzer Erzähler" erscheint eine Rezension der *Himmelsgedanken* von Redakteur E. Eiben (Karl Heinrich Christian Emmerich-Eiben, Radebeul, Schildenstraße 6).

05.07. May an Marie Hannes: *Sei mir nicht bös, daß ich Dir erst heut antworte. Der Inhalt der Villa Shatterhand besteht jetzt nur aus Dame Influenza nebst ihren Opfern. Bei Tante*

Emma ist es sogar gefährlich. Ich kann mich nicht legen und pflegen, weil ich zu nothwendig habe. Zu den Manuscriptarbeiten ist eine Vormundschaft [über Curt Witting] *gekommen, welche ich übernommen habe.* [*Schundverlag 09*, 134: *d a s s i c h m i c h i m V o l l b e s i t z d e r b ü r g e r l i c h e n E h r e n r e c h t e b e f i n d e, d a s s i c h d i e s e l b e n a u c h a l s v o n d e r V o r m u n d s c h a f t s b e h ö r d e a n g e s t e l l t e r P f l e g e r u n d V e r w a l t e r e i n e s b e d e u t e n d e n V e r m ö g e n s a u s g e ü b t h a b e*] *Da giebt es Berichte, Nachlaßberechnungen, Auctionen, Kataloge fertigen u.s.w. Mein Kopf hat nie gebrummt, jetzt brummt er doch!* [...] *Im nächsten Briefe kann ich ausführlicher sein. Für heut sende ich Dir als erste Schwalbe eines hoffentlich bald anbrechenden Frühlings ein blaues Vöglein* [100 Mark], *dessen Ankunft Dir Deine kleinen großen Sorgen erleichtern wird. Es ist das ein Vorschuß, den Du getrost annehmen kannst, weil ich weiß, daß die Zukunft ihn einlösen wird. Kein einziger Mensch, auch Tante Emma nicht, soll ahnen, daß ich mich zu Deinem Bankier emporgewachsen habe* (stein1 189f.).

05.09. Die Wiener "Reichspost" bringt als Antwort auf Mays am 17.4. veröffentlichten Brief eine Erklärung Karl Pustets vom 29.4.: "Wie unsere verehrlichen Leser wissen, hat der 'Deutsche Hausschatz' seit Beginn des XXV. Jahrganges aufgehört, Beiträge von Dr. Karl M a y zu bringen. Bis dahin schätzten wir seine Mitarbeiterschaft sehr hoch und gerne haben wir ihm jeden Wunsch erfüllt, eine Honorardifferenz gab es zwischen uns nicht. Ob zuerst er mit uns oder wir mit ihm gebrochen haben, ist völlig gleichgiltig. Wir sind der Meinung, daß w i r die ersten gewesen sind, indem wir veranlaßten, daß er bei der Abonnements-Einladung für den XXV. Jahrgang nicht mehr als Mitarbeiter am 'Hausschatz' genannt worden ist. Seine Briefe beweisen, daß er uns richtig verstanden hat. Die Fortsetzung seiner Erzählung 'Im Reiche des silbernen Löwen' strebten wir aber aus Rücksicht für unsere Abonnenten an, dazu hatten wir um so mehr ein Recht, als Herr Dr. Carl May den Anfang zu dieser Fortsetzung thatsächlich geliefert und das dafür treffende Honorar auch in Empfang genommen hat. Nachdem aber Dr. Carl May auf unsere wiederholte bezügliche Aufforderung erklärte: 'Diese Fortsetzung sei eine derartige, daß sie für den Hausschatz ganz ungeeignet sei,' gedenken wir von unserem Rechte keinen Gebrauch mehr zu machen. Gründe sehr ernster Natur zwangen uns, auf die fernere Mitarbeiterschaft des genannten Herrn zu verzichten. Wir waren nämlich von verschiedenen Seiten darauf aufmerksam gemacht worden, daß Carl May [...] Hintertreppen-Romane der allerbedenklichsten Sorte herausgegeben habe." Auf Befragen habe May am 16.7. 1897 erklärt, er werde den Münchmeyer-Verlag verklagen: "Dr. Karl May hat aber weder den Rechtsweg beschritten, noch auch sonst den allermindesten Versuch gemacht, sich von der schweren Anschuldigung zu entlasten. Damit war für uns die Sache entschieden" (jbkmg 1982, 215f.).

05.10. Da May noch immer kein Manuskript für den "China"-Band geliefert hat, hat Kürschner Zieger gebeten, nach Radebeul zu reisen. Zieger antwortet: "May will ich gern in Ihrem Sinn erledigen. Ich werde also Sonntag reisen, falls bis morgen Abend von Ihnen keine Gegenordre eintrifft" (jbkmg 1983, 149).

05.12. Sonntag. Max Welte, inzwischen Regierungsbaumeister, ist zu Gast in der Villa "Shatterhand". – May an Prälat Josef Heidenreich in Wien ("Reichspost" 18.5.; jbkmg 1982, 216f.): *Wenn mir Herr Comm. Rath Pustet vorwirft, nicht schon im Jahre 1897 den Rechtsweg gegen Münchmeyer beschritten zu haben, so kann ich nur sagen, daß ich meine Interessen zu wahren pflege, wann und wie es mir paßt, nicht aber einem Anderen.* – Hermann Zieger besucht unangemeldet die Villa "Shatterhand", um mit May über den "China"-Band zu sprechen. Zieger an Kürschner 12./14.5.: "Als ich vor dem Gartenthore stand, fragte mich eine Art Gärtnergestalt um mein Bekehr, worauf ich die Antwort erhielt Dr. M wäre verreist. Da ich mich nicht abweisen liess, sondern erklärte, Herrn Dr. M wohl persönlich vor mir zu sehen, so stellte er (nemlich der besagte Herr) sich mir als Verwandter vor, dem ich nunmehr mein Anliegen vorbrachte + von ihm fast ¾ Stunde erhört wurde." "Nun entpuppte sich der Verwandte als ein in jeder Beziehung völlig Vertrauter des Dr. M. Er sprach von den Plänen, die M mit der Ihnen zugesagten Erzählung habe, fand dass das große Publikum in der gefährlichsten Art Dr. M belästigte, erzählte mir, wie viele Personen schon unverrichteter Sache wieder von der Villa geschieden seien, welche Anstrengungen die Verleger machten, um etwas Neues von Dr. M zu erlangen [...]. Natürlich erkannte ich bald die Sachlage + also haben wir uns dann ziemlich eine Stunde vor den Stufen der Villa unterhalten. Jedenfalls war ich mit dem Resultat zufrieden, + ich hoffe, der anliegende Brief Ms [...] wird Sie überzeugen, dass M. bei der Arbeit ist" (jbkmg 1983, 149f.).

05.-09. Nachdem May durch Zieger erfahren hat, welche politisch-literarischen Absichten der Verleger und der Herausgeber Kürschner verfolgen, schreibt er *Et in terra pax*, einen pazifistischen Roman, mit dem er bewusst die imperialistische Tendenz des geplanten "China"-Bandes unterläuft. Aus taktischen Gründen wird er das Manuskript in kurzfristigen Raten liefern.

05.15. Zieger an Kürschner: "An Mays Zusage wage ich nicht zu zweifeln. Ich bat ihn, für Mitte Juni doch mindestens so viel Manuskript Ihnen zukommen zu lassen, dass mindestens 6 Hefte ohne Unterbrechung fertiggestellt werden könnten. Der Cousin sagte zu + ich denke, Sie werden in den nächsten Tagen den Anfang des Manuskripts erhalten." – Langebrück. Max Welte dankt Emma May für "die freundliche Aufnahme am letzten Sonntag" und hofft, morgen die "gewünschten Bilder bringen zu können".

05.16. Sitzung des Radebeuler Kirchenvorstands: "Die Herren Gebr. Ziller haben das Gesuch [...] gestellt, ein Mausoleum für den verstorbenen Fabrikbesitzer Plöhn an der neuen nördlichen Mauer des Friedhofes und zwar an dem auf dem Mittelweg stoßenden Punkte ausführen zu dürfen". Der Antrag wird genehmigt. Ausführen soll das Grabmal der Architekt Paul Friedrich Ziller (1846–1931), Serkowitz; Paul ist der jüngste der Brüder Ziller (die Firma wird seit Gustav Zillers Tod am 27.2. von dessen Witwe Johanna Sophie Maria Ziller geb. Hennig, 1862–1910, geleitet) und macht sich erst am 1.10. selbstständig (jbkmg 1995, 22). Aufzeichnung Klara May: "Der Architekt Paul Ziller, ein Radebeuler, der 25 Jahre in Athen als Baumeister tätig war, schuf [den Nike-Tempel], nach genauen Zeichnungen vom Original."

05.17. Zieger an Kürschner: "May wird Ihnen jedenfalls nunmehr definitive Erklärung übermittelt haben, wenn nicht schon einen Teil des Manuskriptes" (jbkmg 1983, 151).

05.18. Zieger an Kürschner: "May wird mich freuen zu hören, wenn Sie den Anfang des Manuskripts erhalten haben" (jbkmg 1983, 151). – Der Lehrer und Schriftsteller Georg Ruseler (1866–1920) veröffentlicht in den "Nachrichten für Stadt und Land" (Oldenburg) eine Polemik "Karl May, eine Gefahr für unsere Jugend", an die sich in den nächsten Tagen eine heftige Diskussion im "General-Anzeiger für Oldenburg und Ostfriesland" anschließt. Ruseler versteigt sich zu der Aussage, er gönne May "nicht weitere 10 Jahre seines arbeitreichen Lebens" (sokmg 107, 19-21). – In der Wiener "Reichspost" (jbkmg 1982, 216f.) erscheint Mays Brief an Prälat Heidenreich vom 12.5.: *Es ist geradezu ein Elend, immer und immer wiederholen zu müssen, was man schon in X, Y, Z-Zeitungen veröffentlicht hat. Ich thue es noch einmal, nun aber zum letztenmale: Ich habe nie etwas sittlich Unreines geschrieben und werde es auch nie thun. Meine Originale sind schon früher und jetzt zum zweitenmal verstümmelt worden, ich bin nicht schuld daran und wehre mich nun dagegen.* Heidenreich schickt 25 Exemplare der Beilage nach Radebeul: "Für Ihren Brief danke ich aus dem Grunde meines Herzens. [...] Ein Mißverständnis hat sich allerdings in Ihrer lieben Antwort eingeschlichen. Ich schrieb beiläufig: 'Mir genügt, wenn Sie betheuern, niemals etwas Anstößiges geschrieben zu haben' u. meinte damit, daß ich nach Ihrer ersten mir bekannt gewordenen derartigen Betheuerung in der 'Mosel Zeitung' (?) in meiner schon a priori gefassten Meinung felsenfest bestärkt worden sei. Sie aber theurer Freund scheinen gemeint zu haben, ich wünsche nochmals eine solche Betheuerung. Darum das widerwillige 'zum letzten Male'. Nein, mein lieber Shidi!, da haben Sie mich unrichtig verstanden. Ich wollte sagen: 'Nach Ihrer ersten Betheuerung, niemals so etwas geschrieben zu haben halte ich an Ihnen fest u. wenn alle Pustet u. Münchmeyer gegen Sie mobilisiren!' Weitere Zeitungsbelege werden folgen. Bereits haben alle mir bekannten oest. Blätter über meine Veranlaßung ihre Notizen gegen Sie berichtigt. In den beiden grössten Tagesjournalen erscheinen demnächst Artikel aus meiner Feder." May hat Heidenreich angeboten, ihm seine Werke zu schicken, von denen der Prälat viele zu Werbezwecken verschenkt hat.

05.19. Sonntag.

05.23. Im "General-Anzeiger für Oldenburg und Ostfriesland" antwortet E. Sch. E. auf Georg Ruselers Polemik "Karl May, eine Gefahr für unsere Jugend" vom 18.5.: "Es wäre schade, wenn manchem unserer Jungen die Freude an der Maylektüre durch jenen Artikel genommen würde" (sokmg 107, 2-25).

05.24. Zieger an Kürschner: "Ebenso werde ich May noch einen Pfingstgruss senden in der Hoffnung, dass er mir dann Nachricht bezüglich Fertigstellung seiner Manuskripte zukommen lassen wird" (jbkmg 1983, 151). – Oldenburg. Georg Ruseler antwortet in den "Nachrichten für Stadt und Land" und im "General-Anzeiger" auf den "Angriff eines Ungenannten" vom 23.5.: "Karl Mays Romane halte ich [...] für Schund, der zwar in feinerer Form und in besserem Gewande auftritt, aber deshalb um so gefährlicher ist" (sokmg 107, 26-31).

05.25. Zieger an Kürschner: "China-Werk [...] hoffe ich, dass May auch recht bald etwas von sich hören lassen wird" (jbkmg 1983, 151). – Kürschner an Zieger: "May ließ noch nichts von sich hören" (jbkmg 1983, 151).

05.26./27. Pfingsten.

05.28. Zieger an Kürschner: "May hat auch an mich noch nicht geschrieben. Hoffentlich erhalten Sie demnächst Manuskript von ihm, wenn nicht, so müsste ich ihm wohl nochmals einen entsprechenden Rippenstoss geben" (jbkmg 1983, 151). – Oldenburg. Im "General-Anzeiger" erscheint unter dem Pseudonym Veritas eine Verteidigung Mays gegen Ruseler (sokmg 107, 32f.).

05.29. Zieger an Kürschner: "Dass May nichts von sich hören lässt, ist eigentlich sehr unrecht. Ich glaubte, dass er mir [...] wenigstens einige Zeilen schreiben würde und werde ich noch bis morgen warten, um ihn dann eventuell nochmals mit einem Brief zu beglücken. Wenn das nichts hilft, so müsste ich nochmals nach Villa Shetterhand wandern, um mein Glück beim Cousin zu versuchen" (jbkmg 1983, 151). – Oldenburg. Im "General-Anzeiger" antwortet E. Sch. E. auf Ruselers "Verteidigungen resp. Angriffe" vom 24.5.: "Uebrigens gönne ich Ihnen noch 30, 40 Jahre, damit Sie es lernen, statt eines unfeinen, gehässigen Artikels eine feine, sachliche Abhandlung zu schreiben" (sokmg 107, 34f.). "Ein Vater" dagegen begrüßt Ruselers "Vorgehen nur mit Freuden" (sokmg 107, 37).

05.30. Zieger an Kürschner: "An May habe ich heute Vormittag depeschiert mit Antwort, die aber bis zur Stunde noch nicht eingetroffen ist" (jbkmg 1983, 151). – Zieger an Kürschner: "Soeben trifft von May Telegramm ein: 'Manuskript ist nach Eisenach unterwegs. Ergebenster Gruss.' Mit einem Hallelujah! habe ich beim Durchlesen dieser Zeilen einen Sprung in die Luft gemacht" (jbkmg 1983, 152f.).

05. May schickt den Anfang des Manuskripts *Et in terra pax* an Joseph Kürschner in Eisenach (XXVIII N14).

05.31. Zieger an Kürschner: "Vielen Dank für Ihr freundliches Schreiben von gestern und Ihr heutiges Telegramm. Jedenfalls ein erfreuliches Zusammentreffen, dass Sie am Schluss des

Maien den Anfang des berühmten Maienliedes 'Der May ist gekommen' depeschieren konnten" (jbkmg 1983, 153). – Oldenburg. Im "General-Anzeiger" greift ein M. C. "Herrn E. Sch. E." an und meint, Mays Schriften gehörten "auf den Scheiterhaufen" (sokmg 107, 38f.).

06.01. May an Emil Körber, Saargemünd: *Konnte keine Bücher schreiben, weil ich eine Reise in Asien und Afrika unternahm, welche mit den Vor- und Nachtouren ca. zwei Jahre in Anspruch genommen hat. Habe natürlich nun zu Correspondenzen nicht die mindeste Zeit* (patsch). – Zieger an Kürschner: "Ich habe das wenige Manuskript sofort nach Eingang Ihres Briefes durchgelesen und finde den Missionar [Waller] doch etwas sehr krotesk gezeichnet. Im Uebrigen will es mir scheinen, dass die May'sche Schreibweise für die grosse breite Masse einen besonderen Reiz ausübt und müssen wir eben abwarten, wie sich May mit der Erzählung abfindet. [...] Ich habe angefangen May'sche Reiseerzählungen zu lesen und finde, dass ich jedenfalls nicht der Mann dazu bin, um seinen Erzählungen mit Interesse zu folgen. Sie sind mir teilweise zu langathmig angelegt und ist vielleicht auch meine Fantasie nicht so lebhaft, um mir die Schönheit der Länder so vorzustellen, wie es May in seinen Schriften beabsichtigt. In unserer Erzählung erscheint mir der Eingang ebenfalls etwas sehr gesucht. [...] Eine besonders gefährliche Sache will mir die Kritik des Manuskriptes meinerseits May gegenüber erscheinen und ich muss natürlich hier sehr vorsichtig zu Werke gehen, um May nicht Gelegenheit zu geben mit der weiteren Lieferung des Manuskriptes uns warten zu lassen [...]. Immerhin will ich ihm heute resp. morgen schreiben, dass der Missionar etwas zu grotesk gezeichnet ist und vielleicht bei manchen Anstoss erregen könnte" (jbkmg 1983, 153f.). – In den "Historisch-politischen Blättern für das katholische Deutschland" (München, Redaktion Dr. Franz Binder) veröffentlicht der Benediktinerpater Ansgar Theodor Pöllmann (1871–1933) unter der Rubrik "Kreuz- und Querzüge durch die neuere katholische Poesie" den Artikel "Neuestes von

Karl May"; er bezweifelt, dass Mays Romane durch Münchmeyer bearbeitet wurden und schließt: "Schade um den Mann!" (kos 83-88; jbkmg 1976, 273f.)

06.02. Sonntag.

06.03. Zieger an Kürschner: "May schrieb ich gestern ausführlich + ich hoffe, er wird unsere gemeinsamen Wünsche korrekt aufnehmen. Jedenfalls muss uns daran liegen, das weitere Manuskript von May ehestens zu erhalten + deshalb ist es nötig, ihn in guter Stimmung zu halten." Zieger schickt bereits die ersten Fahnenkorrekturen nach Eisenach; May und der Illustrator Ferdinand Lindner (1847–1906) werden die Korrekturbögen von Kürschner erhalten (jbkmg 1983, 154f.). – Oestrich am Rhein. Pfarrer Heinrich Rody, der May im Mai 1900 in der "Wahrheit" (Leutkirch) einen "Wander-Apostel und Laien-Missionar" genannt hat, informiert May über Pater Pöllmanns Artikel "Neuestes von Karl May" in den "Historisch-politischen Blättern" vom 1.6.; da Pöllmann ihn zitiert hat, will er nicht schweigen und bittet May um "Aufklärung" über die beanstandeten "früheren Schriften".

06.04. Oldenburg. Georg Ruseler im "General-Anzeiger": "Ich habe Karl May als gefährlich und die Ausführungen meines Gegners [E. Sch. E.] als innerlich haltlos und hohl bezeichnet. [...] Beides habe ich aber bewiesen" (sokmg 107, 40f.)

06.05. Radebeul. Für eine Lotterie stiftet May einen Band der *Himmelsgedanken*: *Wer Du auch seist, der dieses Buch gewinnt, ich bitte Dich, gewinne es nicht nur durch die Lotterie, sondern gewinne es auch – – – lieb! Dann wird es wirklich Dein!* (mkmg 27, 2f.) – Zieger an Kürschner: "May hat leider von sich nichts hören lassen" (jbkmg 1983, 155). – Prälat Heidenreich schickt May Pöllmanns Artikel in den "Historisch-politischen Blättern": "Auf das zu antworten, was der Artikel minder günstiges gegen Sie, theurer Freund enthält ist wohl keiner Ihrer Verehrer im Stande, da wohl niemand als Sie selbst über die einzelnen Details eingehend Aufschluss geben kann."

06.07. Zieger an Kürschner: "Insbesondere hat mich der May-sche Brief sehr beruhigt und hoffe ich das Manuskript mit den übrigen Sachen an mich unterwegs" (jbkmg 1983, 155).

06.09. Sonntag.

06.11. Ostinis May-Parodie "Die blaue Schlange" wird in den "Nachrichten für Stadt und Land" (Oldenburg) nachgedruckt.

06.16. Sonntag.

06.17. Zieger an Kürschner: "May sehr erfreulich" (jbkmg 1983, 155).

06.17./18. Zweiter Orthographiekongress in Berlin. Die beschlossene Rechtschreibreform tritt erst am 1.1.1903 in Kraft.

06.18. Marie und Hans Grund aus Annaberg besuchen Klara Plöhn in Radebeul; eine Begegnung mit May ist anzunehmen. Vermutlich bei dieser Gelegenheit schenkt May Marie Grund auf der Veranda von Klaras Wohnung ein Widmungsexemplar der *Himmelsgedanken*.

06.20. May hat vermutlich das zweite Kapitel von *Et in terra pax* fertig gestellt (XXVIII N14). – Zieger an Kürschner: "May sandte mir gestern einen liebenswürdigen Brief, in dem er sich beschwerte, dass wir in dem Korrekturabzug seinen Titel 'Et in terra pax' in Kairo abgeändert hätten und er sich gegen eine derartige willkürliche Abänderung verwahren müsse. Ich habe ihm natürlich geschrieben, dass weder Sie noch ich an der Veränderung schuld sind, sondern lediglich die Druckerei das Stichwort zum Unterschied von anderen Korrekturen gewählt habe." May hat versprochen, heute weiteres Manuskript zu senden (jbkmg 1983, 155).

06.22. Zieger an Kürschner: "May ist sehr erfreulich, dass wir wieder Manuskript von diesem erhalten haben und er wird hoffentlich auch weiter fleissig liefern" (jbkmg 1983, 155).

06.23. Sonntag.

06.24. Zieger an Kürschner: "May schickt mir heute auf meinen Brief das anliegende Schreiben nebst einer Aufnahme seines Arbeitszimmers und habe ich ihm sofort geschrieben, dass Sie demnächst Ihre Sommerreise antreten werden und bis dahin sämtliches Manuskript unseres Chinabuches fertigstellen möchten. Es wäre mir sowohl wie auch Ihnen sehr erwünscht, den Umfang seiner Erzählung zu erfahren" (jbkmg 1983, 156). May wird mitteilen, seine Erzählung werde etwa 650 Manuskriptseiten umfassen, was sich auch bewahrheitet (jbkmg 1983, 166f.).

06.25. Zieger an Kürschner: "Soeben geht von May anliegender Brief ein, den ich sofort dahin beantwortete, dass die Kapitelüberschriften im Reindruck selbstredend richtiggestellt werden. [...] May regt sich unnötigerweise auf, was ich nicht recht verstehe." Der Illustrator Ferdinand Lindner hat die ersten sieben Zeichnungen geliefert (jbkmg 1983, 156).

06.26. Zieger an Kürschner: "May hat noch nichts wieder von sich hören lassen. Die Sache ist hoffentlich in Ordnung" (jbkmg 1983, 156). – Tabgha bei Tiberias. Pater Zephyrin Biever bedankt sich bei May für das "äußerst werthvolle Geschenk Ihrer interessanten Werke".

06.27. Zieger an Kürschner: "Ich musste dem Manne nur etwas schreiben, um ihn zur schleunigsten Lieferung der Fortsetzung zu bewegen" (jbkmg 1983, 156).

06.28. Zieger teilt Kürschner mit, er wolle "die erste Lieferung gern bis zum 16. Juli zum Versand bringen" (jbkmg 1983, 156f.).

06.30. Sonntag.

06. Parallel zur Arbeit an *Et in terra pax* denkt May an die Fortsetzung des *Silberlöwen*-Romans. Von Pustet lässt er sich die letzten 100 (1898 verfassten, aber noch nicht publizierten) Manuskriptseiten zurückschicken (jbkmg 1979, 120f.).

07. Ludwig Freytag veröffentlicht im "Pädagogischen Archiv" eine Rezension der *Himmelsgedanken*.

07.01. May an Fehsenfeld: *Wir sind beide, wie es scheint, schweigsamer geworden, und das ist auch das Richtige. In privater Beziehung giebt es ja nichts zu berichten, und Geschäftliches erledigt man nur dann, wenn die geschäftliche Pflicht es eben erfordert. Ich arbeitete an einem besondern Lebenswerke, welches, wenn ich sterbe, vollendet sein muß, und da der Mensch die Zeit seines Todes nicht kennt, so mußte ich mich zunächst über diese Arbeit machen, welche zwar nicht vollendet ist, mir aber doch erlaubt, nun bald "Im Reiche des silbernen Löwen" fortzusetzen. Dabei war seit Januar meine Zeit durch die Regulirung einer Erbschaftssache außerordentlich in Anspruch genommen. Es starb ein reicher Freund von mir* [Dr. Ernst Witting]. *Ich hatte die Erbschaft zu reguliren, den Nachlaß, Bibliothek etc. zu ordnen und zu verkaufen, und da mein Mündel, der Universalerbe* [Curt Witting], *in Godesberg am Rheine, andre Verwandten aber in Düsseldorf* [Gustav Meyer] *und Westfalen* [Adolf und Maria von Amelunxen in Peckelsheim] *wohnen, so gab es ein so oftmaliges Hin und Her, daß ich für etwas Anderes nicht zu haben war. Auch starb unser guter Herr Plöhn, und auch diese Erbschaft brachte mir Arbeit. Er hat Verwandte in Berlin und Westpreußen. Da ist nun Ihr Herr Krämer dagewesen. Meine Frau lag schwerkrank zu Bette. Der Arzt war schwer besorgt um sie. Einen Besuch zu empfangen rein unmöglich. Hätte dieser Herr uns eine Vorhernachricht gegönnt, so wäre ich telegraphisch gerufen worden, da mir der Osterabschluß doch überaus wichtig ist. Sie schreiben mir nichts hierüber, und so nehme ich an, daß Sie jetzt den Druck ruhen lassen. Gönnen wir unserm guten Herrn Krais diese Erholungszeit! Nachdem im vorigen Jahre das eine Feindesheer zurückgeschlagen worden ist, regt man sich in dem Lager des andern umso mehr. Mich läßt das sehr kalt. Diese Leute sind nichts als Thoren, welche mich nur halb und sich selbst fast gar nicht kennen. Zwischen uns wird die Zukunft* *entscheiden, und da diese meine zuverlässige Freundin ist, habe ich mit der wunderlichen, wetterwendischen Gegenwart nichts zu schaffen. Mehr als genug, daß ich öffentlich meinen Standpunkt genau gekennzeichnet habe. Wer mehr verlangt, mag sich eben an die Zukunft wenden. Ich habe weder Zeit noch Lust, mich auf Angriffe einzulassen, bei denen der Angreifer mir gar nichts schadet sondern in den eigenen Säbel rennt. "Himmelsgedanken" gehen nicht gut! Ja, wohin ich komme, klagt man über den Ladenpreis von 4 Mark 50. Grad diese 50 liegt so zerg und quer; sie macht uns zu schaffen! Wenn ich nur erst wieder angefangen habe; dann reihen sich an "silb. Löwen" sofort "Am Jenseits"* [*Im Jenseits*] *und "Marah Durimeh". Ich habe von meiner Reise eine solche Fülle des Stoffes mitgebracht, daß ich bis jetzt noch nicht damit zu Ende bin, ihn litterarisch zu sichten, obgleich schon einiges Hochinteressantes, wie "Et in terra pax!" geschrieben wurde, welches später in die "Gesammelten" aufgenommen wird. Mein "liebes" Harem hat sich noch nicht ganz von der Krankheit erholt und läßt, noch immer stark hustend, schön grüßen. Frau Plöhn und ihre gute Mutter schließen sich diesem Gruße an, und ich, nun, ich umarme Fehsenfeld mit Haus und Hof, mit Haut und Haar aus meiner leider weiten Ferne.* – Zieger an Kürschner: "Das erste Kapitel von May wird [...] nur ca. 30 Seiten geben, natürlich ohne Illustrationen" (jbkmg 1983, 157).

07.02. May an Franz Joseph Börger: *Sie beklagen mich wegen der ungerechten Angriffe. Bitte, ja kein Mitleid! Ich bin vielmehr stolz darauf, daß die Thorheit mich nicht zu ihren Jüngern zählt. Diese armen Leute sehen ja nicht einmal ein, daß sie ihre Waffen, indem sie mich zu bekämpfen meinen, nur gegen sich selbst richten. Sie wollen einen Mann vernichten, der nur das Gute und das Edle erstrebt; aber indem sie ihre blutleeren Fäuste machtlos gegen mich ballen, erheben sie sie gegen die Liebe, welche sie zwar lehren aber nicht begreifen. Ich aber spreche in meinen Büchern unausgesetzt von ihr und – – – gehorche ihr auch selbst. Was diesen Klosterbruder* [Pater Pöllmann] *betrifft, welcher letzthin gegen mich geschrieben hat, so wurde mir gesagt, daß er zu einem Orden gehört, welcher in Oesterreich meine Werke ohne meine Erlaubniß nachdruckt, ohne daß ich auch nur einen Kreuzer Honorar erhalte. Also hier diese Anerkennung meiner Schriften, mit der rücksichtslosesten Ausbeutung verbunden, und dort das hochmüthige Gegentheil der christlichen Demuth und Milde, zu deren besondern Pflege die Klostermauern doch errichtet sind. Damit ist dieser Mann für mich vollständig abgethan! Oder meinen Sie, daß ich ihm hätte antworten sollen? Pshaw! Was hat er gesehen, erfahren und gelernt? Wo ist er gewesen, und wo wird er sein? Hat er seinen engen Kreis jemals verlassen, um die Welt und das Leben kennen zu lernen? Ist er jemals aus sich selbst herausgetreten, um für andere Menschen einen offenen, vorurtheilslosen Blick zu bekommen? Nie! Sein Angriff strotzt ja förmlich von Beweisen der geistigen Befangenheit! Er befindet sich ja sogar über die einfachsten und allerbekanntesten Verlags- und Redactionsgebräuche in vollständiger Unwissenheit. Und so einem armen, irrigen Menschen sollte ich, der ich die Liebe predige, zu all diesen Schwächen auch noch einen Fußtritt versetzen? Nein! Er hat schon so genug zu tragen, freilich ohne daß er es ahnt; aber es werden ihm einst und grad dann die Augen auf- und übergehen, wenn er den scheinbar höchst werthvollen Wechsel seines Lebens präsentirt und nichts dafür bekommt. Solche Irrende muß man bemitleiden, aber ihnen ja nicht Unverstand mit Unverstand vergelten! Also beklagen Sie mich nicht! Mein ganzes Leben war, ist und bleibt ein Kampf, und ich bin gewöhnt daran. Während solche Feindschaft Andere niederdrückt, erhebt sie mich und giebt mir immer neue Kraft. Seien Sie ja überzeugt, daß mich die Druckerschwärze niemals unterkriegen wird!*

07.03. Einsiedeln. Der Verlag Eberle & Rickenbach erinnert daran, im September und November 1897 insgesamt 200 Mark für eine Erzählung für die "Mariengrüsse aus Einsiedeln" gezahlt zu haben: "Es ist uns dabei recht, wenn Sie auch für unseren 'Einsiedler Marienkalender', sowie für unsere 1899 neu gegründete Jünglingszeitschrift 'Die Zukunft' uns mit Ihren werten Beiträgen beehren."

07.04. Prälat Heidenreich bedankt sich dafür, dass May ihm *"Weihnacht!"* und zwei Tage darauf die "Gesamtausgabe" seiner Werke geschickt hat: "Nun fehlt mir nur noch 'Am Jenseits' u. 'Im Reiche des silb. Löwen'".

07.07. Sonntag.

07.08. Zieger an Kürschner: "May'sche Illustrationen sind [...] heute eingegangen" (jbkmg 1983, 157). – Prag. Josef Vilímek, der nach *Winnetou* eine autorisierte tschechische Ausgabe von *Old Surehand* (Übersetzung Jan Klecanda, Pseudonym J. K. Landa) verlegen will, fragt May nach den Bedingungen.

07.09. Königstein an der Elbe. Postkartengruß an Wilhelmine Beibler von einem Ausflug zum Pfaffenstein in der Sächsischen Schweiz: *Wie Gottes Liebe durch die ganze Welt, / So geht ein Hauch hier um das Blätterzelt, / Und wie die Liebe Gottes immer wacht, / So hab bei diesem Hauch ich Dein gedacht* (gus 195). – Zieger an Kürschner: "May werde ich Ihrem Auftrag gemäss erledigen. [...] Ich denke, es wird nunmehr auch von Lindner alles geliefert werden, so dass wir mit den Textbildern ebenfalls in Ordnung kommen" (jbkmg 1983, 157). Kürschner fürchtet, May durch einen brieflichen Einspruch gegen die Tendenz seiner neuen Reiseerzählung verärgert zu haben, und hat Zieger gebeten, den Schriftsteller zu beruhigen.

07.10. May an Pfarrer Heinrich Rody: *Gestern von einer Reise heimgekehrt, welche länger währte, als ich bei ihrem Beginne wissen konnte, finde ich heut unter Bergen von Briefen auch den Ihrigen vom 3. Juni a. c. Ich bin so außerordentlich in Anspruch genommen, daß es mir unmöglich ist, Ihnen eine lange Antwort zu geben. Sie erwähnen die "hist.-polit. Blätter". Ich bin nicht Abonnent, lese überhaupt nur eine einzige Zeitung. Die mir von Gott gegebene Zeit ist mir viel zu kostbar, als daß* *ich sie durch die Beschäftigung mit den unfriedlichen Angelegenheiten dieser thörichten, weil unverträglichen Menschenkinder kürzen möchte. Sie haben mir die Nummer nicht beigelegt. Es ist auch gar nicht nötig, sie zu kennen, weil ihr Inhalt mich doch nicht im Mindesten aufregen würde. Man theilte mir von anderer Seite mit, daß in München ein Mönch gegen mich geschrieben habe, dessen Orden in Oesterreich meine Werke abdruckt, ohne meine Erlaubniß zu besitzen und ohne mir auch nur einen Heller Honorar zu zahlen. Hier also die öffentliche Anerkennung dieser Werke durch eine geschäftlich fast undenkbare Rücksichtslosigkeit, dort aber die Verlästerung derselben durch einen Mann, von dem mir gesagt wird, daß er mit denen, welche sich an meinem geistigen Eigentum bereichern, gleichen Gelübdes sei! Damit ist die Sache für mich abgethan. Ich antworte nicht. Oder würden Sie vielleicht an meiner Stelle dem Angehörigen eines Standes, dessen geistliche und einzige Pflicht es ist, als ein Beispiel der von ihm gelehrten Güte, Liebe und Menschenfreundlichkeit zu leben, zu wandeln und zu handeln, einen öffentlichen und darum doppelt häßlichen Fußtritt versetzen? Ich kann das unmöglich tun, denn ich lehre in meinen Büchern auch von dieser Güte, Liebe und Versöhnlichkeit, und wie ich lehre, so habe ich auch zu leben. Wenn ein Anderer das, was er theoretisch als die höchste Christenpflicht bezeichnet, durch sein praktisches Verhalten öffentlich verleugnet, indem er aus seinem himmlischen Beruf heraustritt, um als irdischer Richter zu erscheinen, so lasse ich mich keineswegs durch eine mir vollständig unbekannte Rachbegierde verleiten, ebenso wie er das, was ich lehre, zu verleugnen, indem ich aus meinem Laienstande heraustrete und mir anmaße, ihn vom geistlichen Standpunkte aus in Beziehung auf seinen Richterspruch zu kritisiren. Ich möchte diesem geistlichen Herrn doch nicht ein schlechtes, sondern ein gutes Beispiel geben! Übrigens, wenn ich mich auf jeden Angriff sogenannter frommer Christen verteidigen wollte, so würde ich, der Sünder, sehr bald für frömmer und für christlicher gehalten werden, als sie, die so gerecht erscheinen; das könnte mich verleiten, mich phari-*

säischen Gesinnungen hinzugeben, und ich kenne das Gleichniß vom Pharisäer und Zöllner zu genau, als daß ich wünschen möchte, dem Ersteren zu gleichen. Mein Standpunkt ist in einer ganzen Reihe von Zeitungen klargelegt worden. Man wußte also genau, woran man mit mir war. Was nun noch kommt, kann nur eine nachträgliche Beschönigung der Schwäche sein, und ich kenne die Stelle, wo der Stachel sitzt, so gut, daß ich es für vollständig überflüssig halte, auch nur ein einziges Wort noch zu verlieren. Weil ich mehr für die Zukunft als für die Gegenwart schreibe, kann ich nicht verlangen, daß mich alle meine Leser verstehen. Ich führe sie nicht nur äußerlich, sondern auch innerlich in fremde Länder, und thue das in einer dem Schriftstellerthume bisher fremden Weise. Wenn man sich in dieser doppelten Fremdheit nicht zurechtfinden kann, so ist das wohl ein Grund, meine Wege kennen zu lernen, aber nicht, über mich zu räsonniren. Ich zwinge ja keinen Menschen, meine Bücher zu lesen! Aber außer denen, welche diese Bücher nicht verstehen wollen, gibt es auch solche, die sie nicht verstehen dürfen. Gesunde Kost scheut jeder kranke Magen! Ich biete diese Kost Allen, denen helles, rothes Blut, nicht aber Wasser oder gar Tinte durch die Adern rinnt. Und die Andern? Nun, die mögen immerhin gegen mich zürnen, ich aber zürne ihnen nicht, denn in meinen Augen sind sie beklagenswerte – – – Patienten! (jbkmg 1976, 285f.) – Fehsenfeld hat May das Juli-Heft der "Jugendschriften-Warte" (Hrsg. Hamburger Prüfungsausschuß für Jugendschriften, Hermann Leopold Köster, Redaktion Heinrich Wolgast, Leipzig, Ernst Wunderlich) geschickt, mit einer vernichtenden Beurteilung von *Durch die Wüste* (31.-35. Tsd.): "Das Buch ist aufs entschiedenste abzulehnen, denn es ist noch gefährlicher als die gemeinen Indianergeschichten, da es, wie diese einer wilden Abenteuerlust frönend, auf die Lesewut der Jugend und der Erwachsenen spekuliert und dabei doch, zumal bei wohlhabenden Eltern, den Eindruck eines ernsten, bildenden Buches zu erwecken sucht, und zwar äußerlich durch Ausstattung und Preis, inhaltlich durch den Umstand, daß der Verfasser die tollen Ausgeburten seiner ausschweifenden Phantasie auf dem Hintergrund geographischer und ethnographischer Schilderungen, sowie eingestreuter Abschnitte aus der heil. Schrift erscheinen läßt. Jene Täuschung wird noch größer, weil der Verfasser selber der Held ist und selber erzählt, so daß unerfahrene Gemüter glauben müssen, hier die wirkliche orientalische Welt und kein jahrmarktmäßiges Zerrbild zu finden. Der Held ist ein Monstrum von Gemüt und Genialität, er trieft von Edelmut. Mittels seiner gewaltigen Geist- und Leibesgaben vollbringt er niegesehene Wunderthaten, so daß hier der orientalische Zauberer in neuer, aber gefährlicher Gestalt aufersteht. Es ist bedauerlich, daß ein Erzähler von so hoher Begabung auf eine derartige abschüssige Bahn gerät. Die Pflicht aller ernst denkenden Erzieher ist es, die Jugend vor den wilden Ausgeburten der Phantasie eines May zu bewahren und sich nicht betören zu lassen durch den Wert etwaiger geographischer und ethnographischer Aufschlüsse." May an Fehsenfeld: *Grandiose Geister! Wer ist Köster? Und wer Wolgast? Diese Herren kommen übrigens beim 35. Tausend sehr post festum! Daß sie das nicht merken, läßt tief blicken! Diese Alphabetklassen-Ansicht geht mich gar nichts an. Sie stellen sich aber mit dem Worte "Warte" außerordentlich hoch. Bitte, gönnen wir ihnen dieses Vergnügen! Kindern darf man nicht jeden Spaß verderben!* – May teilt Josef Vilímek mit, er autorisiere die tschechische Ausgabe von *Old Surehand* unter denselben Bedingungen wie *Winnetou*, also für 500 Mark pro Band bei einer Auflage von 5000 Exemplaren. Da Vilímek verreist ist, erhält er den Brief erst Anfang September.

07.12. Zieger an Kürschner: "Es ist ja nicht nötig, dass wir die Bilder genau dort einordnen, wo sie hingehören, sondern so arrangieren, dass jede Seite ein hübsches Aussehen erlangt." May ist vermutlich anderer Ansicht und verständigt sich darüber auch mit Ferdinand Lindner (jbkmg 1983, 162).

07.13. May an Heinrich Rody: *Es tut mir unendlich leid, immer und immer wieder in diese Pfütze herniedersteigen zu sollen, mit welcher ich weder als Christ noch als Mensch oder als*

Schriftsteller etwas zu schaffen habe. Sie sprechen von Anklagepunkten!!!!!! Wenn Sie wüßten, was das eigentlich für Punkte sind!!!!!! Sie würden mir nicht zumuthen, mich abermals mit ihnen zu befassen!!! Ich sende Ihnen einige Zeitungen, in denen ich meinen Standpunkt erklärt habe. Sie ersehen aus ihnen, daß ich einstweilen mein letztes Wort gesprochen habe, und dieses Wort werde ich halten. Und wenn sonst wer nun noch gegen mich aufträte, ich würde ihm nicht antworten, denn ich habe weder Zeit noch Lust dazu. Und Hülfsknappen einer gewissen Verlagsbuchhandlung sind wohl für diese, aber nicht für mich vorhanden. Sie behaupten, daß mein letzter Brief Ihnen keine Aufklärung bringe, und Sie sagen, ein Ordensmann könne nicht für die Ungehörigkeiten anderer Ordensleute. Herr Doctor, Sie scherzen! Jede einzelne Zeile dieses Briefes enthält meine Rechtfertigung! Und wenn ein Mönch gegen mich auftritt, um mich und meine Werke moralisch zu vernichten, während sein Orden, ohne meine Erlaubnis und ohne mir einen Heller dafür zu zahlen, diese meine Werke nachdruckt und verbreitet, so hat die Ordensregel das, was der Mönch verdammt, als vortrefflich anerkannt und mich zu seinem Vorteile ausgebeutet. Mit anderen Worten: Der Mönch ist ganz ohne mein Zuthun von seinem eigenen Orden gerichtet und verurteilt worden, und mir bleibt nichts anderes übrig, als dieses Urtheil schweigend anzuerkennen. Übrigens – und das ist mein allerletztes Wort! – wer so hoch erhaben über mir steht, daß er meint, mein Richter sein zu müssen, den fordere ich auf, mich auf meiner nächsten Weltreise zu begleiten. Dann werden wir ja sehen, was der Mann gelernt hat! Bis dahin aber mag er, falls er Christ oder gar geistlicher Herr ist, sein Augenmerk auf Matthäus 7,1 und Lucas 6,37 lenken, damit er als mein Reisebegleiter nicht etwa die unangenehme Erfahrung macht, daß ich in seinem Berufe besser zu Hause bin als er in dem meinigen! Ich bitte, mir die Zeitungen gütigst wieder zuzustellen. Ich brauche sie sehr nothwendig zum Versande, denn Sie, Herr Doctor, sind leider nicht der Einzige, der von mir verlangt, grad für ihn eine besondere, spezielle Aufklärung auszuarbeiten (jbkmg 1976, 286). – Zieger an Kürschner: "Ich hoffe zuversichtlich, dass May nicht bockbeinig werden wird und weiteres Manuskript sofort nach Erhalt meines nächsten Briefes liefert; eventuell müsste ich den Löwen wieder in seiner Höhle aufsuchen. [...] Ich bin ja überzeugt, dass die grosse Mehrheit der Käufer des Chinawerkes den May'schen Roman vielleicht gar nicht liest, und derjenige Teil, welcher das Werk ordentlich durchschnoppert und Alles verschlingt, wird an dem May'schen Roman sicherlich keinen Anstoss nehmen, im Gegenteil, ich vermute sogar, dass der Roman ausserordentlich spannend und schön gefunden werden wird" (jbkmg 1983, 162). In einem zweiten Brief schreibt Zieger über den "Aerger mit May, der sich in trotziger Weise auf die Hinterbeine stellt": "Wir müssen wohl nachgeben, denn jetzt können wir wegen des Anfangs der 3. Abteilung nicht nochmals von vorne anfangen. Lindner hat ja nicht so unrecht, aber solche Leser wie Lindner werden wohl nicht allzu zahlreich als Käufer des Buches auftreten" (jbkmg 1983, 162). Ein dritter Brief enthält den Entwurf eines Schreibens an May: "Was ich beim Durchlesen der May'schen Korrespondenz mit Lindner und Ihrem Brief an May vorausgesehen habe, ist eingetroffen, May ist im höchsten Grade aufgeregt und sendet anliegenden Brief, den ich vorerst nicht beantwortete [...]. Ich für meinen Teil dachte ihm Folgendes zu schreiben: Wie ich aus dem Brief des Herrn Geheimrat Kürschner ersehen habe, ist Ihr Manuskript 'Et in terra pax' von den verschiedensten Seiten gelesen worden und hat man sich über die philosophischen Auseinandersetzungen bezüglich der Religions-Anschauungen dahin geäussert, diese Einfügungen könnten wohl etwas mehr gekürzt werden, damit die Handlung des Romans packender und dem grossen Publikum leichter verständlich sei. Ich selbst habe Ihr Manuskript bis zur letzten Zeile des von Ihnen eingesandten Teiles gelesen und wenn ich auch Ihre niedergelegten Anschauungen zum grössten Teil sehr wohl begreife und verstehe, so will es mir doch scheinen, als wenn das grosse Publikum, also auch der ungebildete Mann, mancherlei dieser Anschauungen nicht so recht begreifen dürfte. Die gleichen Ansichten scheinen von den verschiedensten Seiten bei Herrn Geheimrat Kürschner eingelaufen zu sein und infolgedessen ist der mir von Ihnen freundlichst eingesandte Brief des Herrn Geheimrat Kürschner an Sie gerichtet worden. [...] Wie bereits bei meinem Dortsein Ihnen gegenüber geäussert, ist es ja ausserordentlich schwer, die Anschauungen der verschiedensten Religionssekten richtig zu beurteilen und für die grosse Masse so zu schreiben, dass sich die eine oder andere Sekte mit Ihren Anschauungen sofort verständigt. Im Besonderen dürften die orthodoxen Heisssporne des einen oder anderen Glaubens diese oder jene Stelle Ihres Romans nicht für richtig halten. Man muss eben immer im Auge behalten, dass man für die grosse Masse schreibt und für diese so verständlich als möglich. In diesem Sinne dachte ich mir den Brief von May zu beantworten" (jbkmg 1983, 163f.). – Im "Radebeuler Tageblatt" erscheint ein Nachdruck der Negativkritik von *Durch die Wüste* in der "Jugendschriften-Warte" (jbkmg 1994, 18).

07.14. Sonntag.

07.15. Zieger an Kürschner: "May schreibe ich heute Abend noch direkt" (jbkmg 1983, 163; vgl. den Briefentwurf vom 13.7.).

07.17. May hat einem Brief an Hermann Zieger ein *Gleichnis für Zieger* (*Der Zauberteppich*) beigelegt, in dem in Märchenform die Entstehungsumstände von *Et in terra pax* verschlüsselt sind; das Manuskript erbittet er sich zurück (XXVIII N17; gwb 81, 203; ued 466f.; kms 6, 8, 39-42). Zieger an Kürschner: "May sendet auf meinen letzten Brief ein wunderbares Gleichnis von einem Teppich, das ich erst durchstudieren muss, um ihm heute Abend zu antworten. Dieser neueste Erguss zeigt wiederum die Selbstverherrlichung May's. Man muss diesen Menschen eben nehmen, wie er ist. Jedenfalls bin ich sehr froh, dass er das weitere Manuskript liefern will. Wenn Sie das Teppichgleichnis interessiert, sende ich es Ihnen gern ein" (jbkmg 1983, 165f.). Kürschner an Zieger: "May verlange ich nicht zu lesen, hat ja auch keinen Zweck, Hauptsache, daß die Sache wieder in Ordnung ist" (jbkmg 1983, 166). – Dresden. Alwin Eichler, der noch immer glaubt, May könne ihm einen Buffalo-Bill-Roman schreiben, der sein "Glück als Verlagsbuchhändler" begründet, hat zum siebten Mal vergeblich versucht, in dessen "Tuskulum einzudringen": "Sie wissen lieber Herr Doctor um welch hochwichtige Angelegenheit es sich handelt, Sie hatten damals [5.1.] die Güte mich in Berlin anzuhören und waren damals, wie ich glaubte, ebenfalls begeistert von der Idee welche ich Ihnen unterbreitete. [...] Also lieber Herr Doctor ich bitte Sie herzlichst, lassen Sie mir von den köstlichen Gaben Ihres Geistes und Herzens auch einen kleinen Theil zukommen, bitte bitte schreiben Sie mir meinen Buffalo Bill!" Nach "Verlauf von einer halben Stunde" will Eichler noch einmal bei May vorsprechen. Er kann jedoch nur einige Worte mit Emma wechseln, die ihm mitteilt, er müsse schriftlich um Audienz bitten.

07.18. Berlin. Alwin Eichler an May: "Bin gestern Abend nach einer viertägigen Belagerung der Festung 'Old Shatterhands' (leider resultatlos) zurückgekehrt". Ein gewünschtes persönliches Gespräch wird auch künftig nicht zustande kommen; Eichler wandelt sich daraufhin zu einem Gegner Mays. – Oestrich. Pfarrer Heinrich Rody teilt May mit, dass er soeben eine "Entgegnung auf Pöllmanns Angriff" vom 1.6. an die "Historisch-politischen Blätter" gesandt habe. May hat ihm Zeitungen zur Information geschickt.

07.21. Sonntag.

07.22. In der "Frankfurter Zeitung" veröffentlicht Redakteur Hermann Voget (*1832) den Artikel "Gymnasiasten auf dem 'Kriegspfad'. (Karl May als Erzieher.)" über einen Prozess vor der Freiburger Strafkammer, in dem am 20.7. die Schüler Karl Ganzmann (*1886) aus Konstanz und Eugen Vogt (*1888) aus Freiburg u. a. wegen Brandstiftung in ihrem Gymnasium verurteilt worden sind; gestützt auf den Sachverständigen, Medizinalrat Dr. Alfred Fritschi, hatte der Verteidiger Vogts, Rechtsanwalt Karl Mayer (Ganzmann wurde von Constantin Fehrenbach vertreten), entlastend "die für kindliche Gemüther verderbliche Lektüre von der Art der Mayschen Erzählungen" vorgebracht (seul4 99-103). *Der dankbare Leser* 60: *Jungens, welche von den Eltern verwahrlost waren, saßen auf der Anklagebank. [...] Aber sollte man den Eltern die Schande anthun, dies vor Gericht zu konstatieren? Nein! Woher nun Gründe nehmen? [...] Also – – Unterhaltungsschriften, Leihbibliothek, "Jugendschriftsteller" – – ah! Da ist ja z. B. dieser überall gelesene Karl May! [...] Jetzt war die Ehre der Eltern gerettet! Nach der Ehre Mays wurde aber nicht gefragt! [...] Welches Recht hat man, jugendliche Verirrungen mit dem Namen Karl May zu bedecken, um die Eltern zu entlasten?*

07.23. In der "Freiburger Zeitung" erscheint ein Nachdruck des Artikels der "Frankfurter Zeitung" unter der Überschrift "Die Folgen einer Lüge und ungeeigneter Lektüre".

07.24. May an Fehsenfeld: *Die Entscheidung ist gefallen! "Im Reiche des silbernen Löwen" wird 4 Bände stark. Ich schrieb dieses Werk bekanntlich für den "Hausschatz" und kam bis zu 100 Seiten des 3ten Bandes. Da beging Pustet einen faux pas, und ich erklärte ihm, kein Wort weiter für ihn zu schreiben. Er wollte mich bis vor Kurzem gerichtlich zwingen, die Erzählung für ihn zu Ende zu schreiben. Ich weigerte mich absolut. Da versuchte er, sich öffentlich in den Zeitungen zu rechtfertigen. Es gelang ihm nicht. Nun hat er klein beigegeben und mir die 100 Seiten [Der Löwe von Farsistan,* später *In Basra] zurückschicken müssen. Ich vollende Bd. 3 u. 4 also direct für Sie. Ferner halte ich die Zeit nun für gekommen, für Weihnacht auch die ersten zwei Bände von / "Karl May's Jugendwerke" / herauszugeben, dasselbe Honorar, dasselbe Format, doch nicht bunte Einbände. Sind Sie bereit dazu, oder soll ich sie einem andern Verleger geben? Unser Contract verpflichtet Sie nur für Reiseerzählungen, welche bereits erschienen sind.*

07.25. May an Fehsenfeld: *Was nun den Freiburger Gerichtsfall betrifft, so lassen mich solche ungerechte Angriffe vollständig kalt. Sie gehen theils von der Unwissenheit und theils von der feindlichen Mache aus. Was zunächst diese Unwissenheit betrifft, so weiß auch ich, wie verderblich eine gewisse Indianerlitteratur auf die Jugend wirken muß, aber meine Werke gehören nicht zu ihr. Es ist im Gegentheile meine Aufgabe gewesen und wird es auch bleiben, grade diesen Schund vollständig todtzuschreiben, und das ist die einzige Art, wie man ihm beikommen kann. Ich bin gradezu der Reformator dieser Litteratur geworden. Ich bin in diese Tiefen hinabgestiegen, um meine Leser aus ihnen emporzuführen. Ich übe ihre Intelligenz; ich gebe ihnen reiches, interessantes Bildungsmaterial; ich sporne sie zum guten Gebrauche ihrer Kräfte, zum Fleiße und zur Pflichttreue an; ich zeige ihnen die Nothwendigkeit der Menschenliebe und der Dankbarkeit; ich ermahne sie zum Gehorsam gegen Eltern, Lehrer, Vorgesetzte und die Obrigkeit; ich biete ihnen Ideale, an denen ihre Seelen sich zum Edeln, Schönen, Reinen, also zu Gott emporranken sollen. Welchen Erfolg ich habe, zeigen mir die ungezählten Besucher, welche persönlich kommen, um mir zu danken, und die Abertausende von Zuschriften, in denen mir ehrlich gestanden wird, daß man durch meine Bücher zum Guten, zur Besserung, zur Selbsterkenntniß geführt worden sei. Diese Erfolge genügen mir vollständig. Etwaige Mißerfolge sind nur scheinbar; sie gehen mich nichts an, sie sind von andern Verfassern verbrochen worden, um welche man sich aber nicht bekümmert, weil man sich gewöhnt hat, dieses Genre in seinem ganzen Umfange mit "Karl May" zu bezeichnen. Unter diesem Decknamen werden sämmtliche Vorwürfe und Klagen angesammelt, und der eigentlich und wirklich Schuldige duckt sich vorsichtig hinter diesem Busch zusammen, um nicht gesehen und erkannt zu werden. Zu diesen Schuldbewußten zählen ganz besonders Eltern, welche ihre Kinder schlecht erzogen haben. In dem beklagenswerthen Falle, daß ein Vater mit seinem verwahrlosten Jungen vor Gericht zu erscheinen hat, ist es eine sehr beliebte und billige Manier,* *die Schuld von sich hinweg- und auf etwa gelesene Bücher abzuwälzen; aber so erklärlich dieses Bestreben, sich zu entsündigen, für mich ist, so wenig kann ich begreifen, daß die Herren Richter auf solche Spiegelfechtereien eingehen und sich von ihnen täuschen lassen können. Schlechte Lectüre hat es stets gegeben und wird es immer geben; die Erziehung hat da streng zu unterscheiden, und wenn sie das nicht thut, so haben die Folgen nicht auf diese Lectüre sondern eben auf Diejenigen zu fallen, welche ihren Kindern solches Gift gestatteten! Jeder Einsichtsvolle weiß, daß überall, wo die Vorbedingungen dazu gegeben sind, jedes gute Buch, sogar die heilige Schrift, Gift anstatt Manna bieten kann, und wenn die Erziehung in der Weise falsch gearbeitet hat, daß unter ihren Händen sich das Mannah in Gift verwandelt, so scheint mir nicht der mindeste Zweifel darüber vorzuliegen, wen der Tadel gerechter Weise zu treffen hat. Wer seine Kinder zur moralischen Kräftigkeit erzieht, der wird trotz aller schlechten Jugendschriften niemals das fürchterliche Unglück erleben, eines von ihnen auf der Anklagebank sitzen zu sehen. Und nun kommt die Hauptsache, nämlich meine Frage: Wer hat die Stirn, mir in das Gesicht zu sagen, daß meine Reiseerzählungen aus ethischen Rücksichten zu verwerfen seien? Er würde mit diesem Urtheile die Ethik selbst verwerfen! Man bringe mir ein einziges, ein allereinziges Wort aus diesen meinen Büchern, auf welches ein solcher Fall, wie der jetzt in Freiburg vorgekommene, zurückgeführt werden könnte!*

07.27. May an Fehsenfeld: *Die Freiburger Gerichtsverhandlung hat meinen Gegnern Gelegenheit gegeben, wieder einmal zu zeigen, daß sie mich nur hassen, aber nicht verstehen.* [...] *Mich läßt das kalt, berührt mich nicht! Meine Zeit ist noch nicht gekommen. Ich handle nach einem festen Plane, von welchem nicht abgewichen wird, und wenn ich tausendmal verleitet werden sollte, diese Kläffereien zu beachten.* [...] *Was haben Sie in Beziehung auf "K. Mays Jugendwerke" beschlossen?*

07.28. Sonntag.

07.30. Bad Harzburg. Der Buchhändler Herman Schoof und der Gymnasiast Franz May wenden sich wegen des Freiburger Gerichtsfalls an May: "Wir können uns leider nicht der Überzeugung verschließen, daß die Auslassungen der Herren Fritschi und Mayer nur geeignet sind, sehr vielen Ihrer jugendlichen Leser den Idealismus zu rauben und dadurch der Allgemeinheit unendlich mehr zu schaden, als es je möglich gewesen wäre, den beiden Verurteilten zu nützen, indem der Richter vielleicht annimmt, daß sie sich mildernde Umstände angelesen hätten" (vgl. *Der dankbare Leser* 138f.).

08.04. Sonntag.

08.05. Oestrich. Pfarrer Heinrich Rody teilt der Redaktion der "Historisch-politischen Blätter" mit, dass May, mit dem er "seit einiger Zeit in Korrespondenz stehe", "äußerst aufgebracht" über Pöllmanns Artikel vom 1.6. sei: "Um ihn zu beruhigen, habe ich ihn [am 18.7.] von der Absendung einer Entgegnung benachrichtigt. Bei dem polemischen Charakter des Hrn. M. fürchte ich alles, wenn er erfährt, daß meine Entgegnung nicht gebracht wird. Soweit bis jetzt ein Urteil möglich ist, glaube ich, daß man ihm Unrecht tut, ihn unter die Pornographen einzureihen. Die Frage nach dem katholischen Taufschein ist m. E. von untergeordneter Bedeutung. [...] Überlegen Sie daher gefl. mit Herrn P. Ansgar, was zu tun sei. Bleibt der Vorwurf der Pornographie an Hrn. M. hängen, ohne daß eine Richtigstellung erfolgt, so wird ein Sturm heraufbeschworen, der vielleicht den Genannten in's gegnerische Lager treibt. Man sollte ihm keinen Grund geben, wider die Katholiken in der Öffentlichkeit Klage zu führen." Hofrat Franz Binder wird Rodys Entgegnung nicht abdrucken, da sie ihm nicht "stichhaltig" genug ist ("Über den Wassern" 25.1.1910).

08.06. Hermann Zieger benachrichtigt C. Berthold, den Vertreter Kürschners, der im Bergurlaub ist, dass die ersten beiden Lieferungen des "China"-Bandes im Satz "soeben fertig geworden sind" (jbkmg 1983, 158).

08.08. Zieger an Berthold: "Manuskript May ist bei mir eingelaufen und zwar bis zum Schluss des dritten Kapitels." Zieger bittet um Kürschners Urlaubsadresse (jbkmg 1983, 168).

08.10. Zieger an Kürschner (im Urlaub): "Mit dem China-Werk ist bis jetzt alles so weit ganz gut gegangen. Die Herstellung des Druckes [...] hat ja mancherlei Schwierigkeiten bereitet, immerhin sind wir aber jetzt so weit, die 1. Lieferung nächste Woche ausgeben zu können" (jbkmg 1983, 171f.).

08.11. Sonntag.

08.12. Sarona. Auguste Lippmann dankt für einen Brief.

08.13. Im "Börsenblatt" wird für den 15.8. das Erscheinen der ersten Lieferung des "China"-Bandes angekündigt (jbkmg 1983, 158; *Et in terra pax* 18). – Zieger an Kürschner: "Dass wir in Lieferung 2 nochmals Fortsetzung von Roman May brachten, hatte seinen Grund darin, den Käufern der ersten Lieferungen Gelegenheit zu geben, sich in den May'schen Roman gewissermassen einlesen zu können." Mit den Illustrationen Lindners ist Zieger nicht zufrieden: "Wir hatten gehofft, etwas ganz besonders Schönes herauszubringen, leider aber ist durch Lindner unsere gute Absicht zum Teil sehr vereitelt worden" (jbkmg 1983, 173, 176).

08.14. May an Fehsenfeld: *Sie beantworten meine Offerte dahin, daß Sie zwar die Herausgabe meiner Jugendwerke übernehmen wollen, doch erst nach Vollendung der Reiseerzählungen, weil die Leser nach diesen verlangen. Ich antworte: Die Jungens, welche meine Reisesachen als Radaugeschichten betrachten und sie nur als solche verschlingen, sind für mich nicht maßgebend. Man hat mich ganz absichtlich zum "Jugendschriftsteller" gestempelt, weil dies meinen Gegnern einen hochwillkommenen und fieberhaft ausgebeuteten Angriffspunkt bietet. Der Fall in Ihrem eigenen Freiburg hat Ihnen ja zur Evidenz zeigen und beweisen müssen, was man will. Diese Arbeiten sind alle im "Deutschen Hausschatz" erschienen, wel-*

cher nicht von Jungens sondern von sehr ernsten Männern gelesen wird. Sie wurden von sittlich strengen Redacteuren gut geheißen und von dem "Typographen Seiner Heiligkeit, des Papstes" gedruckt. Dieser hat mich sogar gerichtlich zwingen wollen, weiter für ihn zu schreiben. Wenn nun Staats- und Rechtsanwälte sogar in öffentlicher Gerichtssitzung die große Lüge meiner Feinde benutzen, nachlässige Eltern und Erzieher weiß zu waschen, so ist es für mich die allerhöchste Zeit, wenigstens meinem Verleger zu sagen und zu zeigen, daß ich keineswegs die Absicht habe, mir grad von denjenigen Lesern, welche mich am allerwenigsten verstehen, vorschreiben zu lassen, was ich zu arbeiten und zu veröffentlichen habe! Ich verfolge meine Aufgabe nach einem festen Plane, und dieser fordert jetzt das Erscheinen meiner Jugendwerke. Ich habe sie Ihnen für jetzt angeboten. Sie weisen sie für jetzt ab. So ziehe ich also meine Offerte zurück! Die Ausgabe dieser Bände hat mit der Ausgabe der Reisewerke nicht das Mindeste zu thun. Ich habe Zeit für Beides, aber keine Lust, grad die Zeit zu wählen, welche inferioren Lesern beliebt. Ich weiß gar wohl, daß Ihre geistige Welt eine ganz andere als die meinige ist, doch muß und wird nur die letztere für mich maßgebend sein.

1901.08.15.-1902.02. Die pazifistische Reiseerzählung *Et in terra pax* (Untertitel: *Chinesischer Reise-Roman*), mit Illustrationen von Ferdinand Lindner, erscheint im dritten Teil "Erzählendes und Anderes aus und von China" der Lieferungsausgabe des von Joseph Kürschner herausgegebenen Sammelbandes "China. Schilderungen aus Leben und Geschichte, Krieg und Sieg. Ein Denkmal den Streitern und der Weltpolitik" (Leipzig, Hermann Zieger). Die weiteren belletristischen Beiträge dieses Teils und der zweite Teil des Bandes, "Die Wirren 1900/1901" von Oberleutnant Alfred von Müller (*1869), sind chauvinistisch gestimmt, während der erste, ethnographische Teil, "China, Land und Leute", durchaus objektive Informationen bietet (plaul1 251; *Et in terra pax* 18-24, 33-41).

08.18. Sonntag.

08.25. Sonntag. Aus Hamburg (Mehwal) wird May die Satzung des dortigen Karl-May-Vereins von 1900 zugeschickt. Zugleich wird er "in Anerkennung seiner interessanten, lehrreichen Erzählungen" zum Ehrenmitglied ernannt (masch, Bildteil 12; heer1 251).

08.29. Die dritte Lieferung des "China"-Bandes kommt zur Versendung (jbkmg 1983, 173).

08.30. Zieger an Kürschner: "Die Lieferungsausgabe hat ja verschiedene Nachteile, und gerade die Dreiteilung wird von den meisten nicht verstanden werden. Wir müssen also sehen, was wir mit dem kompletten Werk erzielen." May sei jetzt beim 4. Kapitel: "Soviel ich vermute, dürfte vielleicht noch die letzte Hälfte dieses Kapitels im Manuskript von May zu erwarten sein. Vielleicht lassen Sie an May eine kleine Anfrage abgehen, wann dieser Rest zu erwarten ist. Ich möchte May jetzt aus bestimmten Gründen nicht schreiben" (jbkmg 1983, 175).

09.01. Sonntag.

09.03. Zieger an Kürschner: "May wird mir immer unverständlicher. Ich glaube, der Mann leidet wirklich an Grössenwahn. Ich muss den Brief erst nochmals durchlesen, bevor mir die Sache klar ist, denn auch mir hat er wegen des Wortes 'Reiseroman' einen fast vier Seiten langen Brief geschrieben mit allen möglichen Auseinandersetzungen, dass dieses Veranlassung sei, seinen Schriftstellerruf einzubüssen" (jbkmg 1983, 168).

09.04. Zieger an Kürschner: "Im Anschluss an meinen gestrigen Brief erlaube ich mir Ihnen angeschlossen die Korrespondenz May zurückzugeben und bemerke, dass mir May immer unverständlicher wird. Ich bin der Meinung, dass man von einem Autor wohl mit vollem Recht verlangen kann, dass er seine langatmigen Ausführungen in der Weise kürzt, wie es notwendig ist, um die ganze Arbeit auf einen vorher bestimmten Raum zu bringen. Gerade May hat in dem mir bis jetzt vorliegenden zweiten Teil seiner Erzählung so unendlich viel schwülstige

Sachen darin, dass es absolut nichts schaden könne, wenn mindestens auf die Hälfte zusammengestrichen würde. Ich bin wirklich neugierig, was der Schluss des Romans noch bringen wird. Leider aber muss man diesem Herrn gegenüber die grösste Vorsicht beobachten, weil wir den Schluss des Romans absolut haben müssen" (jbkmg 1983, 168f.).

09. Motiviert durch den Freiburger Schüler-Prozess, bereitet May eine anonyme Broschüre (späterer Titel *"Karl May als Erzieher" und "Die Wahrheit über Karl May" oder Die Gegner Karl Mays in ihrem eigenen Lichte von einem dankbaren May-Leser*) mit Verehrerzitaten vor, in der er sich vor allem mit den Kritiken in der "Frankfurter Zeitung" (Fedor Mamroth) und der "Kölnischen Volkszeitung" (Hermann Cardauns) auseinander setzt.

09.07. Sogar dem eigenen Verleger verheimlicht May, dass er selbst der Autor der Broschüre sein wird: *Ein Leser von mir läßt mir keine Ruhe. Er meint, daß es mir schade, daß ich die Thorheiten und Böswilligkeiten meiner Gegner nicht beantworte. Er will eine Brochure gegen diese Leute schreiben, und er hat die Gabe dazu. Er will besonders dem Schwindel, welcher unter dem Titel "May als Erzieher" jüngst in den Zeitungen cursirte, durch Veröffentlichung einer Anzahl meiner Correspondenzen entgegentreten. Nun liegt mir zwar die Welt meiner Feinde so unendlich fern, daß es mir niemals einfallen kann, auf ihr Gebell direct einzugehen; aber ich sehe doch ein, daß meine Freunde das Recht besitzen, beweisen zu dürfen, daß ich ein ganz Anderer bin, als ich von jener Seite so dumm und lügnerisch verschrieen werde. Darum habe ich mich bewegen lassen, zur Veröffentlichung dieser Brochure meine Einwilligung zu ertheilen, zumal ich mir sage, daß ihr Erscheinen vor Weihnacht vom besten Einflusse auf das "Geschäft" sein werde. Ich liefere dem Verfasser das Material und bin überzeugt, daß sie brillant ausfallen wird. Nur versteht es sich ganz von selbst, daß der Verleger dieser Bochure auf Gewinn verzichten muß, wenigstens auf directen; der indirecte aber wird Ihnen zufal-*

len. Sie muß so billig werden, daß jeder arme Schüler sie kaufen kann (vielleicht 50 Pfennig). In großer Masse vertrieben, ein Object auch für Leihbibliotheken (Mayleser) u.s.w. u.s.w. Da Sie an dem erwähnten indirecten Gewinn vorzugsweise participiren und diese Brochure zugleich als beste und erfolgreichste Reclame für Ihren Verlag zu betrachten ist, so liegt natürlich der Gedanke nahe, den Verlag derselben Ihnen zu übergeben. Aber Sie haben sich bei einem ähnlichen Angebote dahin geäußert, daß Sie grad als Verleger von Mays Werken sich doch unmöglich mit so Etwas befassen könnten. Ich halte es aber für meine Pflicht, Ihnen mitzutheilen, daß ich und der Verfasser uns bis zum 12ten *dieses Monates (September) entschieden haben müssen, wem wir den Verlag übertragen. Man scheint zu glauben, daß Derjenige, der sich ohne augenblicklichen Gewinn mit Fleiß auf diese Brochure wirft, dann später meinerseits auf gute Compensation zu rechnen habe. Ich mache Ihnen diese Mittheilung als Geschäftsfreund. Vielleicht halten Sie es trotz Ihrer oben erwähnten Äußerung doch für opportun, diese Angelegenheit in keine andre Hand gehen zu lassen. Ein Geldopfer wird nicht verlangt. Die Brochure muß sich selbst bezahlen; aber auf Gewinn ist zu verzichten, denn auch der Aermste muß den Preis erschwingen können, und die Sortimenter haben auch ihre Rechnung zu finden, wenn auch nur eine kleine, sonst nehmen sie sich der Sache nicht an. Der Titel wird so gewählt, daß ein Massenvertrieb in Aussicht steht.* – Zieger an Kürschner: "Soeben [...] trifft noch Ihr zweiter Eilbrief ein, aus dem ich mit ganz besonderer Freude den Brief von May nebst Ihrer Antwort entnehme. [...] Jedenfalls werde ich an May auch noch einige Zeilen schreiben, um ihn zu veranlassen, dass er den Schluss des Manuskriptes sobald als möglich schickt" (jbkmg 1983, 169). – In Peking muss die chinesische Regierung einen demütigenden Friedensschluss, das sogenannte "Boxer-Protokoll", unterzeichnen (*Et in terra pax* 16).

09.08. Sonntag.

09.09. Prag. Josef Vilímek antwortet erst jetzt auf Mays Brief vom 10.7. und sendet 1500 Mark für die Autorisation einer tschechischen Ausgabe von *Old Surehand*. Er bittet um die Erlaubnis, "in den böhmischen Tageszeitungen eine Warnung den böhm. Verleger in Ihrem Namen zu veröffentlichen, worin Sie ausdrücklich betonen, dass Sie die alleinige Autorisation zur böhmischen Edition Ihrer Romane meiner Firma anvertraut haben und dass Sie eine jede andere Ausgabe gerichtlich verfolgen werden." May reagiert nicht auf diesen Vorschlag (mor).

09.10. Auftragsbestätigung der AG Marmorindustrie Kiefer in Kiefersfelden für das Plöhn-Grabmal an den Architekten Paul Ziller, Oberlößnitz.

09.12. Fehsenfeld an May: "Aus meinem Telegramm werden Sie gütigst ersehen haben, daß ich von ganzem Herzen Ihr Angebot annehme, um so mehr, als dies Unternehmen meinem ureigensten Wunsche entgegenkommt. Wie gerne hätte ich selbst schon die Feder ergriffen, um meinem Herzen Luft zu machen gegen die Thoren." Fehsenfeld ist bereit, die Broschüre des vermeintlichen "May-Lesers" "völlig umsonst in 100 000 Ex. zu vertreiben". – Architekt Paul Ziller quittiert Klara Plöhn den Erhalt von 2000 Mark.

09.13. Zieger an Kürschner: "Es ist mir eine grosse Beruhigung jetzt wenigstens vom May'schen Roman viele Umbruchseiten vorliegen zu haben und können wir deshalb auch hier rüstig vorwärts schreiten" (jbkmg 1983, 178). "Rezensionsexemplare habe ich nicht versandt, bis auf May, der die fertigen Lieferungen zu haben wünschte" (jbkmg 1983, 177).

09.14. Klara Plöhn an Max Welte: "Wenn Sie Zeit und Lust haben, würde es mich freuen Sie morgen, Sonntag Nachmittag 4 Uhr zum letzten Mal bei mir zu sehen. Montag früh geht es fort. Ihre herrlichen Bücher habe ich noch durchgesehen, Sie haben mir dadurch einige wirklich genußreiche Stunden bereitet, wofür ich Ihnen herzlich danke. Bitte grüßen Sie Ihre lieben Damen [Mutter Antonie Marie und Schwester Rosa]" (kmhi

4, 19, 38; das Datum 14.10. ist falsch, der 14.9. kann jedoch nur vermutet werden). – Zieger an Kürschner: "Es dürfte sich vielleicht empfehlen, May Revisions-Bogen zu übersenden, damit der Herr nicht gar zu quenglich wird wenn irgend ein Fehler unterläuft" (jbkmg 1983, 178).

09.15. Sonntag. 16 Uhr. Vermutlicher Besuch Max Weltes bei Klara Plöhn (kmhi 4, 19, 38). – Zieger an Kürschner: "Hat er denn den Schluss noch abgesandt? Auf meine letzten 3 Briefe hat er noch nicht geantwortet. Ich befürchte fast, May lässt uns sitzen, denn er glaubt in seinem Eigendünkel soweit gehen zu dürfen, dass er Ihnen und mir zumutet, ihn noch fussfällig um Fertigstellung des Schlusses zu bitten. Jedenfalls müssen wir bei diesem sonderbaren Heiligen auf Alles gefasst sein" (jbkmg 1983, 178f.).

09.17. Ein Teil des abschließenden vierten Kapitels von *Et in terra pax* geht zur Post (XXVIII N14). – Zieger an Kürschner: "May wird hoffentlich nun bald sein Manuskript senden. [...] Es ist ein Jammer, dass wir mit May nicht vorwärts kommen" (jbkmg 1983, 179).

09.18. Mit seinen *Herzensschwestern* Emma und Klara ist May unterwegs in die Schweiz. Die Bahnfahrt führt über Lindau am Bodensee nach St. Gallen; von dort geht es mit der Zürichsee-Gotthard-Bahn nach Biberbrugg, wo in den Zug nach Einsiedeln gewechselt wird (elbs 12). – Zieger an Kürschner: "Mit besonderer Freude habe ich aus Ihrem gestrigen Brief ersehen, dass May nunmehr mit der weiteren Lieferung des Manuskriptes begonnen hat. [...] Hoffentlich kommt nunmehr auch recht bald der Schluss des Manuskriptes" (jbkmg 1983, 179).

09. Marien-Wallfahrtsdorf Einsiedeln. Hotel Pfauen (Hôtel du Paon), am Klosterplatz, neben der Verlagsanstalt Benziger & Co., mit Blick auf das gegenüber liegende barocke Benediktinerkloster mit der Klosterkirche, in deren Gnadenkapelle die "Schwarze Madonna" verehrt wird (gus 70; elbs 12f.). – Mit dem Verlag Eberle & Rickenbach, in dessen "Einsiedler Marien-Kalender" zuletzt 1898/99 die Erzählung *Mutterliebe* erschienen ist, werden geschäftliche Verhandlungen geführt. Eine weitere Zusammenarbeit kommt jedoch nicht zustande (jbkmg 1972/73, 102-104). May trifft nur Eberle an, Heinrich Rickenbach ist nach Deutschland verreist.

09. Einsiedeln. May lässt sich von Franz Kälin (1880–1953), der im hinteren Teil des Gasthofs Weißes Kreuz eine Rasierstube betreibt, rasieren ("Maria Einsiedeln" 11/94, 317).

09. Grüße aus Einsiedeln gehen u. a. an die Lehrerin Gertrud Walmrath in Königswinter.

09.20. Einsiedeln. May an Babette Hohl, seit 1900 verheiratete Kopp in Neukirchen: *Wie Sie sehen, sind wir (meine Frau, Frau Plöhn und ich) an diesem Ihnen wohlbekannten Ort. Warum senden Sie uns Ihren Namen und Adresse nicht nach Radebeul? Muß deshalb noch Ihren Mädchennamen und Amberg adressiren* (jbkmg 1997, 32). – Eintrag ins Gästebuch des Hotels Zum Pfauen: *Sei mir gegrüßt, du liebes, schönes Thal! / Es ist, als habe Gott mich hergeleitet. / Du liegst vor mir im hellen Sonnenstrahl / Wie ein Geschenk des Himmels ausgebreitet. / Wohin ich schau, wohin ich mich nur wende, / Seh ich vor mir die Herrlichkeit des Herrn; / Die Schöpfung rühmt den Schöpfer ohne Ende, / Und auch mein kleines Lied preist ihn so gern. // Sei mir gegrüßt, du liebes, hohes Thal / Um welches rings die Berge Gottes ragen! / Du bist so über aller Erdenqual, / Daß mir unmöglich wird, nach ihr zu fragen. / Wem es gelingt, zu dir emporzusteigen, / Der athmet schon des Himmels Odem ein, / Und macht er diesen Himmel sich zu eigen, / So wirst du ihm dann unvergeßlich sein. // Sei mir gegrüßt, du liebes, frommes Thal, / Nach welchem tausend, tausend Pilger streben! / Es glänzt in dir der Liebe heilger Gral, / Und endlich, endlich wird das Wort zum Leben. / O laß dir doch den großen Schatz nicht rauben, / Den täglich dir der Herr von Neuem gibt: / Es hat wohl Jeder irgend einen Glauben, / Doch christlich glaubt nur der, der christlich liebt!* (mkmg 24, 6) – Zum Abendessen im Hotel gibt es laut Menükarte: Potage Bagration, Saumon grillé à la mtr. de hôtel, Pommes nouvelles, Omelettes aux fines herbes, Salade, Beignets de pommes, fromage. – Zieger an Kürschner: "May wird hoffentlich baldigst den Rest liefern, denn der Druck der May'schen Bogen erfordert gerade sehr viel Zeit" (jbkmg 1983, 179).

09.21. Einsiedeln. Nach sonnigen Tagen ist es neblig geworden (elbs 15). Am Morgen Abreise mit der Zürichsee-Gotthard-Bahn zur Rigi, der "Königin der Berge" (kmhi 14, 1; elbs 15). Vom Bahnhof Arth-Goldau in Goldau geht es mit der Arth-Rigi-Bahn, der ersten Zahnrad-Bergbahn Europas, auf der Nordseite der Rigi über den Wallfahrtsort Maria im Klösterli (1302 m) und Rigi-Staffel (1604 m) hinauf zu den Hotelanlagen von Rigi-Kulm (1792 m) (gus 185f.; elbs 11, 15). – Rigi-Kulm, zwischen Vierwaldstättersee und Zugersee. Rigi-Kulm-Hotel Dr. Friedrich Schreiber (300 Betten); erster Gästebucheintrag ("Dr. Karl May mit Frau u Schwester" aus "Dresden") durch das Hotelpersonal. Karl, Emma und Klara bewohnen die Zimmer 19, 20 und 21 (kmhi 14, 1f.; gus 187; elbs 15f.).

09. Rigi-Kulm. Das Wetter ist in den folgenden Tagen bedeckt, die Temperaturen liegen zwischen 11° und 25° C (elbs 15). – May nutzt den Kur-Aufenthalt dazu, mit etwa 50 Manuskriptseiten den Roman *Et in terra pax* abzuschließen und für den zweiten Teil der Broschüre (*"Karl May als Erzieher"*) die Verehrerbriefe zusammenzustellen; den eigentlichen Textteil wird er erst im November schreiben. – Für seine Frau hat May kaum Zeit. Obwohl das Hotel genügend Zeitvertreib bietet und illustre Gäste aus England, Paris, Antwerpen, Brüssel, Norwegen, Breslau und München anwesend sind, langweilt sich Emma und verhält sich zänkisch. Klara Plöhn notiert, dass Emma oft eine "furchtbare Plage" für Karl sei (elbs 16). Gedicht *Rigi*: *Sei mir gegrüßt und heiße mich willkommen, / du Erdenfeste, die zum Himmel ragt! / Wie mancher, mancher hat dich schon erklommen / der nicht wie du nach Gottes Himmel fragt! / Ich aber komm' zu dir, zu ihm zu beten / aus meines Herzens aller-*

tiefstem Grund, / denn seine Sterne sind mir wie Propheten; / vielleicht tun sie mir seinen Willen kund. // Sei mir gegrüßt! Ich nahe aus der Tiefe / und steige hier zu meinem Gott empor; / mir ist, als ob mich seine Stimme riefe, / so voller Güte, wie noch nie zuvor. / Ich folge gern und freudig diesem Rufe, / der hell in meinem Innern mir erklingt. / Sei mir gesegnet als die heil'ge Stufe, / die mich dem Himmel heute näherbringt. // Wie glücklich bist du doch! An deinem Fuße / küßt Gottes Wasser liebend Gottes Land. / Aus blauen Fluten taucht empor die Muse / und reicht mir lächelnd ihre weiße Hand. / Der zarte Nebel legt um mich den Schleier, / doch deutlich liegt vor mir der stille Pfad, / ein Glöcklein klingt in frommer Sonntagsfeier, / und du, du Hoher, zeigst dich im Ornat. // So soll es denn, wie ich geahnt, geschehen. / Hinauf, hinauf! Die Sehnsucht zaudert nicht. / Dort oben will ich Gottes Wunder sehen, / durch die er laut zu seiner Menschheit spricht. / Dort soll sich mir die Macht der Liebe zeigen, / die felsenfest sich ihre Säulen baut, / und ich will mich anbetend vor ihr neigen, / wenn sie im Glühn der Alpen auf mich schaut (kmjb 1931, 452f.).

09.22. Sonntag. Rigi-Kulm. May an Fehsenfeld, auf einer Karte mit der Gnadenkapelle von Einsiedeln: *Ich mußte in dringender Geschäftsangelegenheit nach Einsiedeln, Schweiz. Nun sind wir für einige Zeit hier, Rigi Kulm. In einigen Tagen werde ich Ihnen ausführlich über die Brochure* ["*Karl May als Erzieher*"] *schreiben. Für heut nur die Mittheilung, daß der Verfasser sich bereit erklärt hat, Ihnen den Verlag zu übergeben* (elbs 13). – Zieger an Kürschner: "May schreibe ich heute noch einige Zeilen. Hoffentlich lässt sich der Cousin erweichen. Es ist ein Kreuz, wenn sich solche Leute so ungemein bockbeinig stellen" (jbkmg 1983, 179).

09.23. Rigi-Kulm. – Hosterwitz bei Dresden. Rittmeister Georg Metzsch von und zu Reichenbach, der persönliche Adjutant des Prinzen Georg Herzog von Sachsen (1832–1904, Bruder und 1902-04 Nachfolger König Alberts), lässt May eine Visitenkarte zukommen: "Herrn Karl May ist zu jeder Zeit eine genaue

Besichtigung von Haus, Garten u.s.w. zu gestatten." Wann May den Sommersitz des Prinzen (Villa Dresdner Straße 149) besichtigt hat, ist unbekannt.

09.24. Tagesausflug (kmhi 14, 2). – Zieger an Kürschner: "Zu meiner Freude kann ich Ihnen in der Anlage Telegramm von May behändigen aus dem ersichtlich, dass der Schluss des Manuskriptes sicher übermorgen an Sie abgeht. Ich habe meiner Freude sofort nach Eingang des Telegramms nach Rigi Kulm Ausdruck gegeben und hoffe, dass nunmehr die Sorge wegen 'Et in terra pax' ihren Abschluss erreicht hat" (jbkmg 1983, 180).

09.26. Rigi-Kulm. Klara Plöhn an Max Welte: "Soeben kam Ihre Karte hier an, wir sagen vom Inhalt derselben dem Dr. noch nichts, weil er arbeitet, bitten Sie aber das betreffende Buch sofort für uns zu kaufen und uns per +Band zuzusenden. Versuchen Sie auch bitte, die Prospecte zu erlangen die der Herausgabe vorangegangen sein müssen. Adressieren Sie alles an mich. Die Auslagen erhalten Sie bei unserer Rückkehr mit Dank zurück. Seit 3 Tagen hat uns das schöne Wetter verlassen, undurchdringliche Nebel umgeben uns, wir sind ans Zimmer gefesselt. Ihre Damen besuchen wir nach unserer Rückkehr, gestern erlangten wir dazu die Genehmigung" (kmhi 4, 18, 37). – Zieger an Kürschner: "Aus Ihrem freundlichen Schreiben von gestern ersehe ich mit Vergnügen, dass auch Sie die Stunde herbeisehnen, in der der Schluss von May, Et in terra pax, eingehen wird" (jbkmg 1983, 180).

09.27. Rigi-Kulm. Telegramm Mays an Zieger: *Schluß des Manuskriptes Et in terra pax abgegangen, Brief folgt* (jbkmg 1983, 181). In den nächsten Tagen stellt May die Leserbriefe für seine Verteidigungsbroschüre zusammen, die er kürzt und ändert. – Zieger an Kürschner: "May telegraphiert soeben, dass ihm die Korrekturen postwendend nach Rigi Kulm, Schweiz, zu senden seien. Es ist mir für heute Abend ein Teil der Korrekturen zugesagt worden und soll der Rest morgen folgen. Ich möchte Sie deshalb bitten, die Korrekturen von dort aus nach Rigi Kulm weitergeben zu wollen. [...] May's Adresse ist mir auch nur aus dem Ihnen übermittelten Telegramm bekannt gewesen: Dr. May, Hotel Rigi-Kulm, und da er heute um die Korrekturen nach dort bat, so bitte ich Sie, morgen und übermorgen die betreffenden Korrekturen nach dort zur Versendung bringen zu lassen. Ich habe May sein Telegramm noch schriftlich nach Rigi-Kulm bestätigt" (jbkmg 1983, 181).

09.28. Vermutlich Tagesausflug mit Übernachtung (kmhi 14, 2).

09.29. Sonntag. Rigi-Kulm. May an Fehsenfeld: *Daß Sie bereit sind, 100,000 Ex. der Brochure gratis auszugeben, hat den Verfasser für Sie eingenommen. Er ist einverstanden. Das Werkchen wird zwei Abtheilungen haben: 1.) den eigentlichen Text und 2.) die Briefstellen, welche der Verfasser gegen die über mich ausgestreuten Lügen veröffentlichen will. Mit Abtheilung 1 will er nächstens beginnen. Was Abtheilung 2 betrifft, so kann natürlich nicht er bestimmen, welche von den zahllosen Briefen und welche Stellen aus ihnen zu nehmen sind, sondern das thue ich. Es war keine geringe Arbeit, auszuwählen; sie ist beendet, und die erste Sendung der Auszüge wird Ihnen schon von hier aus zugehen, wo wir bis zum 5ten October bleiben. Natürlich muß jede Abtheilung besonders paginirt werden, und ich wünsche der Leserlichkeit wegen auch für die zweite nicht etwa lateinische sondern arabische Ziffern. Da Ihnen das Manuscript dieser zweiten eher in die Hand kommt, als dasjenige der ersten, kann sie früher gesetzt werden, was hoffentlich keine Schwierigkeiten macht. Auch aus andern Gründen muß sie eher fertig sein: Erstens muß sich der Verfasser im Texte der ersten auf die Seitenzahlen der zweiten beziehen und sie also vorliegen haben. Und zweitens muß ich diese Briefauszüge dem Notar zur Bestätigung vorlegen, daß sie authentisch sind und mit den Briefen wörtlich übereinstimmen. Auch hierzu ist der Vorausdruck der zweiten vor der ersten Abtheilung nöthig. Mit dieser zweiten können Sie baldigst beginnen. Das Format etc. bleibt Ihnen überlassen; am Besten alles Andere ebenso. Aber*

Bilder giebt es nicht dabei. Der Billigkeit wegen würde sich für die 2te Abtheilung ein engerer Druck empfehlen, doch undeutlich dürfte auch er nicht sein. Der Verfasser ist ein Mann, welcher fertig bringt, was er will. Er verfolgt zwei Zwecke: 1.) Die Zurückweisung der Thoren, welche durch ihre Angriffe gegen mich nur zunächst sich selbst und dann auch Andern schaden, nicht aber mir. 2.) Eine Reclame für Ihren Verlag, wie es besser und erfolgreicher wahrscheinlich noch keine gegeben hat. Ich denke, daß er beide Zwecke vollständig erreichen wird. – Zieger an Kürschner: "May. Ist von diesem der Schluss des Manuskriptes eingegangen? Wenn nicht, so wird er uns hoffentlich nicht mehr allzu lange warten lassen" (jbkmg 1983, 181).

09.30. Rigi-Kulm. – Zieger an Kürschner: "May schreibt mir heute 2 sehr liebenswürdige Karten, eine mit der Bemerkung: 'Schluss des Manuskriptes Et in terra pax abgegangen, Brief folgt' Rigi-Kulm 27/9." (jbkmg 1983, 181).

10.01. Rigi-Kulm. Emma May an Max Welte: "Gestern hatten wir einen Sonnenuntergang von unbeschreiblicher Pracht u. Erhabenheit!" (*Frau Pollmer* 953) – Zieger an Kürschner: "May sendet mir heute einen sehr liebenswürdigen Brief, in dem Sie sowohl wie auch ich nicht gerade am besten wegkommen, weil wir für 'Et in terra pax' nicht das richtige Verständnis gehabt haben. Er beklagt sich, dass wir von seinen philosophischen Ausführungen nichts wissen wollten und meint, dass jedenfalls sein Werk im ganzen China-Werk dasjenige sein würde, was das Buch gewissermassen gangbar macht" (jbkmg 1983, 181). "Ebensosehr bedauert er, das Werk nicht seinem Verleger für die Einzelausgabe überlassen zu haben, denn er hätte dann das Dreifache an Honorar bekommen, was er jetzt von uns erhält" (jbkmg 1983, 187). "Korrektur May sende ich sofort jeden Abend mit seinem Manuskript nach Interlaken. May schreibt, dass er bei den letzten Korrekturen wiederum sein Manuskript nicht von Ihnen mit erhalten habe und beklagt sich darüber. Ich sende ihm Korrektur und Manuskript stets sofort nach Fertigstellung jeden Tag zu und da er schreibt, dass er nur bis zum

5. Oktober in Hotel Rigi-Kulm weile, dann aber über den Rhein heimreise, so treffen ihn Briefe sicher am schnellsten, wenn sie nach Radebeul adressiert werden. Jedenfalls richte ich die Uebersendung der Korrekturen entsprechend ein" (jbkmg 1983, 182).

10.02. Rigi-Kulm. Das Wetter verschlechtert sich wieder (elbs 16). – Zieger an Kürschner: "May schimpft wieder einmal recht, dass der Korrektur das Manuskript nicht beigelegen hat" (jbkmg 1983, 177).

10.03. 14.20 Uhr. Rigi-Kulm. May telegraphiert Fehsenfeld, dass er nicht nach Freiburg kommen kann. – Zieger an Kürschner: "Ueber die Helligkeit der Sachsen hat mir das China-Werk auch mancherlei neue Lichter aufgesetzt und bei unserer nächsten Zusammenkunft werde ich Ihnen so mancherlei unterbreiten können, was Sie gewissermassen in Erstaunen versetzen dürfte. Jetzt atme ich schon freier, nachdem das Manuskript May vorhanden ist" (jbkmg 1983, 182).

10.04. Tagesausflug (kmhi 14, 2).

10.06. Sonntag. Rigi-Kulm.

10. Rigi-Kulm. Klara Plöhn notiert: "Es wird kalt und wir werden die Rigi verlassen und in Luzern im 'Hôtel Du Lac' und in Basel im 'Hôtel Trois Roi' Zwischenstation auf unserer Heimreise machen." Im Gästebuch des Hotels wird vermerkt: "wegen schlechtem Wetter großer Aufbruch der Gäste" (elbs 16).

10.07. Spätestens an diesem Tag Abreise von der Rigi, vermutlich mit der Vitznau-Rigi-Bahn auf der Südseite der Rigi nach Vitznau und von dort mit einem Dampfer (Salondampfer "Uri") nach Luzern (elbs 14, 16). – Aufenthalt in Luzern, Hotel du Lac (1948 abgerissen) an der Reuss, Bahnhofstraße, in der Nähe des Wasserturms und der Kapellbrücke. Das Hotel verfügt über ein prachtvolles Foyer mit einer Säulengalerie (gus 145; elbs 16f.). Wahrscheinlich Besichtigung der Sehenswürdigkeiten (u. a. Hofkirche, Bertel Thorwaldsens Löwendenkmal, Gletschergarten und Bourbaki-Panorama).

10.09. Verleger Heinrich Rickenbach von Eberle & Rickenbach bedauert, dass May ihn in Einsiedeln nicht angetroffen hat; vergeblich hat er am 7.10. telephonisch "bei mehreren Rigi-Hotels" angefragt: "Wir nehmen [...] an, das schlechte Wetter habe Sie allzufrüh von den Höhen des Rigi vertrieben". Der Verlag will Mays im "Einsiedler Marien-Kalender" erschienene Erzählungen in einer illustrierten Buchausgabe veröffentlichen, erbittet weitere (zugesagte) Beiträge für Kalender und Zeitschriften und ist daran interessiert, künftig auch "anderweitige litt. Produkte in Buchform" herauszubringen. Die vorausgezahlten 200 Mark für eine Erzählung für die "Mariengrüsse" wird nicht zurückverlangt, da man hofft, "recht bald in der angenehmen Lage zu sein, selbe mit neuem Manuscript verrechnen zu können". May wird nicht antworten.

10.10. In der wöchentlich erscheinenden "Illustrierten Reise-, Bade- und Fremden-Zeitung Süd und Nord" werden "Hr Dr. C. May und Familie, Dresden" als Gäste des Hotel du Lac, Luzern, genannt (elbs 16). Derselbe Eintrag findet sich auch in der Ausgabe vom 17.10., doch ist May zu diesem Zeitpunkt längst abgereist.

10. Vermutlich Zwischenaufenthalt in Basel, Hotel des Trois Rois (Drei Könige) (elbs 18).

10. Abreise aus der Schweiz vom Bahnhof Basel (elbs 18).

10. Mit Emma und Klara ist May in Stuttgart eingetroffen, Hotel Marquardt (gus 216). Er will mit Druckerei, Binderei und Sortiment strategische Vorbereitungen zur Herausgabe der Broschüre (*"Karl May als Erzieher"*) treffen (jbkmg 1979, 123). – Besuch des Restaurants Uhlandshöhe in Stuttgart (heute Waldorfschule, Haußmannstraße 44). – Vermutlich während dieses Stuttgart-Aufenthalts kauft May sich (laut handschriftlichem Vermerk im Buch) die 4. Auflage seiner *Waldläufer*-Bearbeitung, die der Verlag von Robert Bardtenschlager unberechtigt und ohne sein Wissen herausgegeben hat. Mays Reaktion ist unbekannt (*Der Waldläufer* N44).

10.12. Stuttgart. May telegraphiert an Fehsenfeld: *war bei krais, koch schwabe und buchbinder fischer.* Er misstraut seinem Verleger und erwartet eine genaue Aufstellung der Auflagen seiner Werke.

10.13. Sonntag. Stuttgart (?). – Peckelsheim. Maria von Amelunxen, die "oft und gerne" an die "Bewohner" der Villa "Shatterhand" zurückdenkt, bittet May, ihr aus dem Vermögen Curt Wittings eine "gewisse Summe" zu senden, um einige "hl. Messen" für die "Seelenruhe" ihrer "Tante Toni" (Antonie Witting) lesen lassen zu können: "Welche unendliche Mühe mögen Sie gehabt haben, bei Erledigung der verwickelten Angelegenheit, welche Sie meiner guten Tante wegen, so großmütig übernahmen!"

10. Vermutlich in dieser Zeit von Stuttgart aus Ausflug nach Marbach am Neckar. Ein Besuch von Schillers Geburtshaus ist durch eine Ansichtskarte Klara Plöhns belegt.

10. Ansichtskarten Klara Plöhns belegen einen Aufenthalt in Urach im Ermstal (Hotel Post).

10.16. Postkarten Klara Plöhns (Rathaus, Diebsturm mit Peterskirche, Hafenpartie) belegen einen Aufenthalt in Lindau am Bodensee. – Neukirchen. Geburt des ersten gemeinsamen Sohnes Karl von Babette Kopp geb. Hohl und ihres Mannes Johann Kopp (1865–1933). May ist Pate und schickt später Taufwasser vom Jordan (mag 9, 11-14; jbkmg 1997, 23).

10.20. Sonntag.

10.24. Der "Hausschatz"-Redakteur Otto Denk teilt einem unbekannten Leser mit: "Was nun Karl Mays Erzählung betrifft, so haben wir bereits vor längerer Zeit in verschiedenen Blättern die Erklärung abgegeben, daß K. May nicht mehr zu unseren

Mitarbeitern gehört, seitdem wir konstatiert haben, daß er auch der Verfasser höchst unsittlicher, ja geradezu niederträchtig gemeiner Kolportageromane ist. May gehört der kathol. Kirche nicht an, wie wir jetzt wissen und zwar auf Grund amtlicher Erhebungen."

10. Im Münchmeyer-Verlag (Dresden) veröffentlicht Adalbert Fischer Mays Novelle *Wanda* erstmals unerlaubt in Buchform (plaul1 253).

10.26. Hermann Cardauns dankt einem unbekannten Kollegen für ein Schreiben, das zu seiner Beruhigung "fast Nichts mir Unbekanntes" enthielt. – Hermann Zieger an Kürschner: "Mit besonderer Freude und gewisser Genugthuung kann ich ihnen heute melden, dass China in 2000 Exemplaren bis heute Abend fertiggestellt werden wird, so dass die Buchbinderei Montag vormittag mit dem Binden beginnen kann und ich voraussichtlich dann Mittwoch Exemplare erhalten werde" (jbkmg 1983, 183). Probleme mit May erwartet Zieger wegen einer Bemerkung in Kürschners Vorwort (vgl. 1.11.): "Ihre Bemerkung [...] hat ganz meine Zustimmung, nur befürchte ich, dass May sich in seiner Eitelkeit verletzt fühlen wird. Jedenfalls bin ich jetzt über diese Sache nicht sehr beunruhigt, sondern freue mich, dass wir das Werk nunmehr fertig vorliegen haben. May kann sich dann genügend auslassen und werde ich dann schon versuchen, ihn zu beruhigen" (jbkmg 1983, 184). – Stuttgart. Prof. Gustav Jäger schickt May eine Abschrift seines Briefs vom 14.11.1899 und bittet um nachträgliche Antwort (jbkmg 2003, 223; kmhi 18, 38).

10.27. Sonntag.

10.28. Stuttgart. May, der nur eine *ungenügende* Aufstellung von Krais bekommen hat, teilt Fehsenfeld mit, dieser habe nun zu beschwören, *daß außer den an mich honorirten Auflagen kein Exemplar irgend eines Bandes gedruckt resp. verkauft worden ist*: *Mehr kann ich wegen nunmehriger Abreise nicht schreiben. Wohne bis 2ten Novbr. im Hôtel "Godesberger Hof", Godes-*

berg am Rhein. – Abreise nach Godesberg. – Zieger an Kürschner: "May. Lassen wir also ruhig die Sache an uns herantreten" (jbkmg 1983, 184).

10.29. Mit Emma und Klara in Godesberg. Hotel Godesberger Hof in Rüngsdorf, Luisenstraße 44/46 (heute Basteistraße, Haus nicht mehr existent), am Rhein gelegen, mit Blick auf das Siebengebirge. Besitzerin des Godesberger Hofs ist die ledige Marie Elisabeth (Elise) Maibücher (1857–1902), eine Schwester von Agnes Seyler.

10.30. Zieger an Kürschner: "Hurra, Vivat, Eljen, Hoch + Heil! China liegt vor + soeben geht das erste Exemplar p. Eilbote an Sie ab!" (jbkmg 1983, 183)

10.31. Zieger an Kürschner: "China ist gestern wohl in einigen 100 Exemplaren von der Buchbinderei geliefert worden" (jbkmg 1983, 183).

11.01. Im Leipziger Verlag von Hermann Zieger ist die Buchausgabe des imperialistischen "China"-Bandes mit Mays Reiseerzählung *Et in terra pax* erschienen und kommt zum Versand (plaul1 252; jbkmg 1983, 183; *Et in terra pax* 18, 31, 44-58). Im Vorwort vom 18.10. distanziert Kürschner sich von Mays pazifistischem Text: "Karl Mays Reiseerzählung, die erst während des Erscheinens der einzelnen Lieferungen des Buches vollendet wurde, hat einen etwas anderen Inhalt und Hintergrund erhalten, als ich geplant und erwartet hatte" (*Et in terra pax* 24, 49f.). Im neuen Schlusskapitel der veränderten Buchausgabe *Und Friede auf Erden!* (1904) wird May den Vorgang kommentieren: *Ich hatte etwas geradezu Haarsträubendes geleistet* [...]. *Das Werk war nämlich der "patriotischen" Verherrlichung des "Sieges" über China gewidmet, und während ganz Europa unter dem Donner der begeisterten Hipp, Hipp, Hurra und Vivat erzitterte, hatte ich mein armes, kleines, dünnes Stimmchen erhoben und voller Angst gebettelt: "Gebt Liebe nur, gebt Liebe nur allein!" Das war lächerlich; ja, das war mehr als lächerlich, das war albern. Ich hatte mich und das* *ganze Buch blamiert und wurde bedeutet, einzulenken. Ich tat dies aber nicht, sondern ich schloß ab, und zwar sofort, mit vollstem Rechte. Mit dieser Art von Gong habe ich nichts zu tun!* (XXX 491) Der "China"-Band wird mit Nachauflagen im Berliner Verlag der deutschen Kriegerbund-Buchhandlung Dr. Hans Natge (1902) und des Breslauer Verlags von P. Lück & Co. (1906), für die Lindners Illustrationen in den ersten drei Kapiteln durch ansprechendere Duoton-Zeichnungen von Wilhelm Roegge d. J. (1870–1946) ersetzt werden, eine Gesamtauflage von ca. 100.000 Exemplaren erreichen (jbkmg 1983, 191f.; *Et in terra pax* 18, 31, Roegge-Zeichnungen 411-464).

11.02. In Godesberg ist es zu einem Wiedersehen mit Familie Seyler gekommen, die sich wegen einer Erbschaftsangelegenheit am Rhein befindet; zum Abschied dichtet May: *Wie war's so schön, als wir uns wiederfanden, / Wie glücklich lächelte der alte Vater Rhein! / Wenn Menschenherzen liebend sich verstanden, / Soll auch die Ferne niemals Trennung sein. // Wir gehen weiter, ziehen unsre Bahnen, / Was Gott, der Herr will, wird mit uns geschehen, / Doch geht mit uns das frohe, schöne Ahnen, / Daß, Ihr Geliebten, wir Euch wiedersehen* (mkmg 26, 8). – Auch in das Stammbuch von Elise Maibücher (sie stirbt am 12.3.1902 und ist vermutlich schon jetzt krank) trägt May sich mit Versen ein: *Du liebes Heim! Wir durften dich bewohnen / Und deine Seele ward uns offenbar. / Das Glück mag diese Gastlichkeit dir lohnen, / Die uns wie Sonnenschein beschieden war. // Zwar warst du still; es klangen keine Lieder; / Es schwieg der Mund, dem wir so oft gelauscht, / Doch von den Bergen strömten Grüße wieder / Und wurden uns vom Rheine zugerauscht. // Ade, ade! Daß dich der Herr behüte, / Ist unser Wunsch, den wir zum Himmel flehen. / Es wohnt und wirkt in dir die Herzensgüte; / Wir segnen sie, indem wir scheiden gehen!*

11.03. Sonntag.

11. Aufenthalt in Köln, Hotel Ernst. *Der dankbare Leser* 31f.: *Karl May ist im letzten November persönlich in Köln gewesen,* *auch in der Marzellenstraße, wo die "Kölnische Volkszeitung" täglich neu geboren wird.* May erwirbt dort ein Exemplar des erstmals 1885 erschienenen *Wüstenräuber*-Bandes, den der Verlag Bachem (in dem auch die "Kölnische Volkszeitung" erscheint) nach seiner Überzeugung widerrechtlich weiterdruckt.

11.05. Düsseldorf. Palast-Hotel Breidenbacher Hof (heute Heinrich-Heine-Allee 36, 2005 abgerissen; gus 67). Mays besuchen mit Klara die Familie des ehemaligen Mitinhabers des Essener Blechwalzwerks Schulz, Knaudt & Co. und jetzigen Rentners Johann Carl Gustav Meyer (1827–1901), Reichsstraße 19 (Korrespondenz seit spätestens 1891). Spätere Notiz Klaras: "Diese Meyers in Düsseldorf sind Verwandte von Krupp, sehr reiche Leute. [Belegt ist nur, dass Gustav Meyers Frau Ida Rosalie Emilie (1832–1908) eine Schwester des Essener Firmengründers Carl Julius Schulz (1828–1886) war. Die Firma Schulz, Knaudt & Co. war neben Krupp das bedeutendste Eisenwerk Essens.] Wir wurden fürstlich aufgenommen. Karl May war der Vormund vom Enkelsohn dieser Meyers, Curt Witting. Liebe Freunde". Im Garten der Meyers entsteht eine Gruppenaufnahme. Gedicht Mays in Gustav Meyers Gästebuch: *Es stand dies liebe Haus uns freundlich offen; / Wir säumten nicht durch seine Thür zu gehen; / Es leitete uns ja das frohe Hoffen, / Daß wie die Thür, die Herzen offen stehn. / Wir brachten Grüße aus der weiten Ferne, / Uns anvertraut aus todesbleichem Mund, / Und thaten Euch, Ihr Lebenden, so gerne / Die treue Liebe der Verstorbnen kund. // Wie kamen nicht die Toten zu beklagen, / Die nur im Leib für uns begraben sind. / Sie kamen mit, um Euch durch uns zu sagen: / "Seid lieb, seid gut mit unsrem Schmerzenskind!" / Und nun wir Euch ins offne Herz gesehen, / Sind wir von jeder Sorgenlast befreit: / Der Wunsch der Selgen wird gewiß geschehen, / So lange Ihr des Kindes Eltern seid. // Nun scheiden wir und tragen unsre Bitte / In diese Euch geweihten Blätter ein: / Laßt uns im Geiste hier in Eurer Mitte / Zuweilen wieder liebe Gäste sein! / Denn, wollte uns kein andres Band verbinden, / Wenn wir durch Ort und Zeit geschieden* *sind, / So wird die Liebe uns doch immer finden, / Die Liebe, mein ich, für – – – unser Kind* – – – Am 15.11. wird Gustav Meyer unerwartet sterben. Seine Witwe Emilie schreibt am 6. 12.: "Am 5 November waren Sie noch unsere lieben Gäste, ich lese eben in trauriger Erinnerung in unserm Buch Ihr herrliches Gedicht, und jetzt weilt er, der Vormund unseres lieben Curts nicht mehr bei uns, er ist aber im Geiste bei uns, und wird er es sicher gut geheißen, wenn ich Sie, lieber Herr May bitte, seine Stelle als Haupt Vormund anzunehmen."

11.06. In Dortmund hält Hermann Cardauns erstmals einen Vortrag ("Literarische Curiosa. Leo Taxil, Robert Graßmann und Karl May") gegen May. "Tremonia" 8.11.: "In einer kurzen Schlußbemerkung verzichtete der Vortragende auf eine schriftstellerische und moralische Gesamtcharakteristik May's, dafür sei das Material noch zu lückenhaft, und in mancher Beziehung bleibe der Mann ein Rätsel. Aber auch bei der schonendsten Beurteilung sei er als Apostel und Laien-Missionar ebensowenig ernst zu nehmen, wie als Reiseberichterstatter; als Jugendschriftsteller, wie als religiöser Lyriker, als welcher er neuerdings in den frommen 'Himmelsgedanken' auftrete, müsse man ihn sich verbitten". Bei Mays fünf Großromanen handele es sich um "gräuliche Kolportage-Fabrikate", "in denen sich die tollste Erfindung mit abgründlicher Unsittlichkeit der Darstellung" vereine (kos 80-82).

11.08. Wiesbaden. Klara Plöhn schickt Max Welte und seinen "lieben Damen" "viele herzliche Grüße" von den "alten Radebeuler Freundinnen" (kmhi 4, 19, 39). – In der Dortmunder "Tremonia" erscheint ein Bericht über Cardauns' Vortrag "Leo Taxil, Robert Graßmann und Karl May".

11.09. Die "Frankfurter Zeitung" kolportiert den Bericht der "Tremonia" über den Dortmunder Cardauns-Vortrag und reklamiert für sich, zuerst "Die Wahrheit über Karl May" (im Artikel "Karl May im Urtheil der Zeitgenossen" am 17.6.1899) entlarvt zu haben: "Es ist gewiß sehr nützlich, wenn man weiß, wozu man seinen Verstand hat. Schade blos, daß die meisten Leute so viel Zeit nöthig haben, ehe sie sich entschließen können, von ihm Gebrauch zu machen" (kos 89-91; seul4 106-109).

11.10. Sonntag.

11.12. Hermann Cardauns erklärt, mit Datum vom 11.11., in der "Frankfurter Zeitung" ("Der Fall Karl May"), auch er sei bereits 1899 (in dem Artikel "Ein ergötzlicher Streit" vom 5.7.) gegen May aufgetreten. "Der erste Hinweis darauf, daß May 'auch Schundromane geschrieben' habe, steht meines Wissens in einem amerikanischen Blatt, dem Wanderer von St. Paul (23. August 1899)" (kos 92; seul4 110f.).

11.13. Die "Münchner Zeitung", die "Dresdner Neuesten Nachrichten" ("Die Wahrheit über Karl May") und andere Blätter kolportieren den Bericht der "Frankfurter Zeitung" vom 9.11.

11.17. Sonntag.

11.20. Weimar. Nach längerem Aufenthalt dort reist May mit Emma und Klara weiter nach Leipzig, Thüringer Bahnhof. Hotel Hauffe (?). Vergebens sucht er den abwesenden Verleger des "China"-Bandes Hermann Zieger in dessen Wohnung auf (jbkmg 1983, 184).

11.21. Leipzig. Am Vormittag besucht May Hermann Zieger in dessen Buch- und Kunsthandlung in der Breitkopfstraße 5 in Reudnitz. Zieger an Kürschner: "Als ich gestern Abend nach Hause kam fand ich zu meiner nicht geringen Verwunderung eine Visitenkarte von Dr. May vor + hörte von meinen Angehörigen, dass May zweimal in der Wohnung vorgesprochen habe. Heute Vormittag besuchte er mich nun im Geschäfte + Sie können sich gewiss denken, mit welch eigentümlichen Gefühlen ich unsern Freund empfing. Er war äusserst liebenswürdig + ich glaube es ihm gern, wenn er seiner Freude dahin Ausdruck verlieh, mich noch vor seiner Heimkehr nach Radebeul angetroffen zu haben, denn er ist seit Monaten unterwegs + gestern von Weimar nach hier gekommen. Das ihm vorige

Woche ges. Exemplar hat er noch nicht gesehen + er war deshalb aufs höchste überrascht als ich ihm das Werk vorlegte, denn er glaubte, es sei überhaupt noch nicht vollständig erschienen + Ihre sowie meine Drängeleien seien gewissermassen nur vom Stapel gelassen, um für Weihnachten rechtzeitig herauszukommen. Er hat sich sofort ein zweites Expl. gekauft, um es im Hotel mit seiner Frau durchzusehen + davon heute Abend mit mir Weiteres hierüber zu besprechen. Gegen ¼ 8 Uhr wollen wir uns in Aeckerleins Keller treffen + ich bin wirklich sehr gespannt, wie sich May + seine Gattin nunmehr über das Buch aussprechen werden. Heute Vormittag sind wir wie alte Freunde geschieden + ich hoffe es wird mir vergönnt sein, auch heute Abend als Verlegerfreund von ihm Abschied zu nehmen." Am Abend Treffen mit Zieger in Aeckerleins Weinkeller (A. und Curt Däweritz) am Markt 11 (1943 zerstört) (jbkmg 1983, 184f.; kmlpz 7, 3; hall 137, 140f.; gus 135).

11.22. Emma Mays 45. Geburtstag. – Auch das "Radebeuler Tageblatt" kolportiert den Bericht der "Frankfurter Zeitung" vom 9.11. ("Die Wahrheit über Karl May").

11.23. Zieger an Kürschner: "May hoffe ich Ihnen Weiteres morgen ausführlich schreiben zu können" (jbkmg 1983, 185).

11.24. Sonntag.

11.28. Ein "J. Sgbr." hat May einen apologetischen Artikel "Die Wahrheit über Karl May" (Entgegnung auf den gleichnamigen Artikel der "Münchner Zeitung" vom 13.11.) zur Prüfung geschickt. May antwortet: *Nehmen Sie für den mir gesandten Aufsatz meinen Herzensdank! Sie wollen ihn veröffentlichen; ich habe nichts dagegen, daß Sie es thun. Ich fühle mich von jedem Schuldbewußtsein frei und habe mir nicht das Mindeste vorzuwerfen* [...]. *Die gegen mich gerichteten Angriffe sind keineswegs im Stande, auf meine Seelenruhe störend einzuwirken. Ich betrachte und behandle diese Gegenströmung so, wie sie betrachtet und behandelt werden muß. Sie trägt mir die Gebilde einer mir bisher unbekannten geistigen Atmosphä-*

re zu, und ich lausche schweigend, um ja nicht durch störende Einwürfe zu verscheuchen, was meine Menschenkenntniß zu bereichern hat (kos 94). Tatsächlich schreibt May in dieser Zeit den Hauptteil seiner Broschüre *"Karl May als Erzieher"*.

11.30. May an Franz Joseph Börger: *Seien Sie ruhig! Ich bin es auch, und zwar sehr! Oder halten Sie mich für so thöricht, mich in den Sumpf einer ordinären Zeitungsbalgerei hinabzerren zu lassen? Nie! Ich lebe in einer schönen, lichten, reinen geistigen Welt, in welche keiner dieser Angriffe dringen kann. Wissen Sie denn noch nicht, daß stets nur der Geist siegt? Der Erdenstaub wird immer unterliegen. Nur Geduld! Was geschehen muß, wird ganz gewiß geschehen! Und wenn inzwischen noch so viele Leser abfallen, so beklage ich das nicht im Geringsten, sondern ich halte es für gut für mich! Wer nicht treu bleibt, hat mich nie verstanden, und solche oberflächliche Menschen haben mir stets viel mehr geschadet als genützt. Meine Tenne wird gefegt! Weg mit der Spreu! Der Weizen aber bleibt!*

12.01. Sonntag. Während einer Bahnfahrt von Dresden nach Leipzig schreibt Walter Weber ein Gedicht "An Karl May".

12.02. Leipzig. Walter Weber teilt May mit, der Artikel im "Radebeuler Tageblatt" vom 22.11. habe ihn "bis in den tiefsten Grund meiner Seele getroffen". Er hat heute "Einige Bemerkungen zu 'Die Wahrheit über Karl May'" geschrieben, glaubt aber, "daß dieser skizzenhafte Artikel wohl keineswegs geeignet sein dürfte für eine Zeitung". Er schickt ihn daher nur, um May "zu bezeugen, daß ich nach wie vor mit vollem Herzen der Ihre bin". Weber sendet auch das Gedicht vom Vortag.

12.04. In der "Münchner Zeitung" erscheint der Artikel von "J. Sgbr.", zusammen mit Mays Brief vom 28.11. (kos 93f.). – Mays ungarischer Übersetzer Lajos Szekrényi bittet um *Am Jenseits* und *Himmelsgedanken*: "In dem Bande Auf fremden Pfaden sind ziemlich schwache Sachen, so daß ich dieses Band in Ihrem Interesse nicht herausgeben will."

12.05. Zieger an Kürschner: "Honorar May möchte ich am liebsten zur Auszahlung bringen. Es sind dies 3000 Mark" (jbkmg 1983, 186).

12.06. Düsseldorf. Emilie Meyer bittet May, die Hauptvormundschaft über ihren Enkel Curt Witting zu übernehmen.

12.08. Sonntag.

12.10. Beim Landgericht Dresden (Justizgebäude Pillnitzer Straße 41; rich 188f.) reicht May, wie lange schon angekündigt, durch Rechtsanwalt Paul Brückner eine Unterlassungs- und Schadensersatzklage gegen Adalbert Fischer ein wegen unbefugten Nachdrucks seiner Kolportageromane und Verletzung des Urheberrechts. Mit dem Zivilprozess verbunden ist ein Arrestprozess zur Erweiterung einer einstweiligen Verfügung. Mays Klage zieht in den folgenden Jahren eine Prozesslawine nach sich, deren Ende er nicht mehr erleben wird (hoff1 2635; woll 113; jbkmg 2002, 291f.).

12.15. Sonntag.

12.22. Sonntag. Die Dresdner Rechtsanwälte Rudolf Bernstein, Ernst Hugo Klotz und Dr. Hans (Johannes Clemens) Langenhan bezeugen, "dass sämmtliche, zu den vorersichtlichen 178 Briefen [in der Broschüre *"Karl May als Erzieher"*] gehörige Urschriften in unserer Kanzlei in Dresden, Amalienstrasse 5, zu Jedermanns Einsicht verwahrt werden" (*Der dankbare Leser* 2). "Erinnerungen an Karl May" (1944) von Hans Langenhan: Wir "erhielten [...] eine telegrafische Postüberweisung über 20 RM von dem Schriftsteller Karl May in Radebeul. Ein gleichzeitig eingehender Brief fragte an, ob wir bereit wären, die Übereinstimmung einer Anzahl Briefe mit den Urschriften zu beglaubigen. Wir waren verwundert über diesen ungewöhnlichen Auftrag und die (im Verhältnis zu der von uns verlangten Leistung hohe) Vorauszahlung des Honorars. Nachdem wir unsere Bereitschaft zurückdepeschiert hatten, erhielten wir von Herrn May ein Postpaket mit einigen hundert Briefen verschiedenen Formats und verschiedener Handschriften sowie ein etwa 100 Seiten starkes Heft mit Auszügen dieser Briefe. Schon bei oberflächlicher Prüfung stellte sich heraus, dass diese Auszüge sich mit den Urschriften nicht wörtlich deckten, sondern durch kleine Zusätze und stilistische Verbesserungen davon abwichen. Es handelte sich um Zuschriften von Lesern seiner Erzählungen, die ihrer Bewunderung mehr oder weniger unbeholfen Ausdruck gaben. Die Briefauszüge verstärkten vielfach diese naiven Anerkennungen durch die Wahl prägnanterer Wendungen. Eine Beglaubigung der Übereinstimmung war also ausgeschlossen. Ich schlug meinen beiden Kollegen schliesslich vor, die von uns erwartete Beglaubigung in der Form zu erteilen, dass uns 'die zu den abgedruckten Briefauszügen gehörigen Urschriften vorlägen.' Das geschah. Nicht lange danach [1902] erschien Herr May persönlich in unserer Kanzlei und bat meinen älteren Kollegen Bernstein, einen vormaligen Ratsassessor vom Baupolizeiamt, um seine Vertretung bei der Führung eines Urheberrechtsprozesses gegen den Kolportage-Verlag von Münchmayer bezw. dessen Rechtsnachfolger Fischer" (mkmb 202; kmlpz 10, 3f.). Die Anwaltsfirma Bernstein, Klotz & Dr. Langenhan wird May künftig im Münchmeyer-Prozess vertreten. Friedrich Rudolf Bernstein (1858–1932) ist von Klara Plöhn empfohlen, die mit seiner Frau Anna Bianka Emilie (Emmy) geb. Haage befreundet ist. *Frau Pollmer* 907: Bernstein *kam, um die Schriftsätze vorzubereiten, sehr oft zu mir nach Radebeul heraus, wobei* [Emma] *jede Gelegenheit benutzte, ihn zu verwirren.*

12.27. May bittet Fehsenfeld, auf dem Umschlag der Broschüre *"Karl May als Erzieher"* (*Der dankbare Leser* 162) Ludwig Freytags Rezension der *Himmelsgedanken* aus dem "Pädagogischen Archiv" (Juli) abzudrucken: *Wegen des Prozesses gegen Münchmeyer, in welchem ich auch diese Brochure vorlege, ist es von höchster Wichtigkeit, wenigstens ca. 20 Exemplare sehr bald zu haben! Bitte, schreiben Sie mir eine Zeile, wann das spätestens geschehen kann! Müßte sonst Termin verschieben* *und das würde ungeheuern Schaden machen. Wenn Sie es schnell ermöglichen, sende ich sofort Manuscript zu "Silberlöwe".*

12.29. Sonntag. May an Fehsenfeld: *Ich schreibe Ihnen in aller Eile, um Sie zur Vorsicht zu mahnen. Ich höre, daß unsere Gegner aufpassen! Sprechen Sie mit keinem Menschen ein Wort über die Brochure, bevor sie ausgegeben ist! Zeigen Sie Niemandem einen Correcturbogen! Wenn es vorher verrathen wird, so werden die Gegner Alles thun, die Herausgabe zu hintertreiben. Wenigstens werden Sie vorläufige Beschlagnahme beantragen. Wir bekämen sie zwar wieder frei, hätten aber die kostbare Zeit verloren, während welcher die "Fr. Ztg." und "K. Vztg." uns in ihren Spalten vorausgekommen wäre und uns um die ganze Wirkung gebracht hätte. Also Schweigsamkeit und Vorsicht! Wenn die Brochure dann einmal heraus ist, kann uns Niemand Etwas thun! Sie muß mit einem Schlage heraus, wenn es möglich wäre, alle 100,000 an einem Tage! Warten Sie ja nicht auf Bestellung, sondern senden Sie unbestellt, jedem Ihrer Abnehmer je nach seiner Effectuirung! Diese Liste muß vorher genau aufgestellt sein. Es wäre mir außerordentlich lieb, wenn ich sie sehen könnte. Dieser Hieb muß die Gegner vollständig ahnungslos treffen, sonst ist das Geld umsonst hinausgegeben! Also, ja verschwiegen sein!* – May an Felix Krais: *Diese Exemplare werden als Prozeßunterlage dienen. Aber bitte, drucken und verausgaben Sie ja kein einziges weiteres Exemplar, bevor ich das Ganze nochmals durchgesehen habe. Denn: 1.) ist der Herr Verfasser zuweilen etwas spitz gewesen, und wenn ein Preßprozeß vermieden werden soll, habe ich vielleicht noch einige zu gravirende Ausdrücke zu ändern. 2.) muß die Ausgabe der 100,000 ein Schlag für die Gegner sein, der sie gänzlich ahnungslos trifft. Ein unvorsichtig vorhergegebenes Exemplar aber könnte das sehr leicht zu nichte machen. Ich weiß genau, daß man aufpaßt!* [...] *Warten Sie ja nicht, bis Bestellungen einlaufen! Sondern senden Sie an jeden Ihrer Abnehmer directement und unbestellt.*

12.31. Silvester. May sendet einen Gruß und ein Gedicht an Babette Kopp (jbkmg 1997, 33f.).

1901ff. *Die Liebe des Ulanen* und *Deutsche Herzen und Helden* bringen dem Geschäftsmann Adalbert Fischer großen Gewinn. Nach diesem Erfolg publiziert er unbeeindruckt von Mays Klage weitere Münchmeyer-Romane unter dessen Namen in illustrierten Neubearbeitungen. Durch die Propaganda Fischers und die Entrüstung Cardauns', der dem Autor "abgründlich Unsittliches" vorwirft, wird May einer breiten Öffentlichkeit als Verfasser von "Schundromanen" bekannt (wohl 774).

KARL MAY
GESAMMELTE WERKE

1 Durch die Wüste
2 Durchs wilde Kurdistan
3 Von Bagdad nach Stambul
4 In den Schluchten des Balkan
5 Durch das Land der Skipetaren
6 Der Schut
7 Winnetou I
8 Winnetou II
9 Winnetou III
10 Sand des Verderbens
11 Am Stillen Ozean
12 Am Rio de la Plata
13 In den Kordilleren
14 Old Surehand I
15 Old Surehand II
16 Menschenjäger
17 Der Mahdi
18 Im Sudan
19 Kapitän Kaiman
20 Die Felsenburg
21 Krüger Bei
22 Satan und Ischariot
23 Auf fremden Pfaden
24 Weihnacht
25 Am Jenseits
26 Der Löwe der Blutrache
27 Bei den Trümmern von Babylon
28 Im Reiche des silbernen Löwen
29 Das versteinerte Gebet
30 Und Friede auf Erden
31 Ardistan
32 Der Mir von Dschinnistan
33 Winnetous Erben
34 „ICH“
35 Unter Geiern
36 Der Schatz im Silbersee
37 Der Ölprinz
38 Halbblut
39 Das Vermächtnis des Inka
40 Der blaurote Methusalem
41 Die Sklavenkarawane
42 Der alte Dessauer
43 Aus dunklem Tann
44 Der Waldschwarze
45 Zepter und Hammer
46 Die Juweleninsel
47 Professor Vitzliputzli
48 Das Zauberwasser
49 Lichte Höhen
50 In Mekka (von Franz Kandolf)
51 Schloss Rodriganda
52 Die Pyramide des Sonnengottes
53 Benito Juarez
54 Trapper Geierschnabel
55 Der sterbende Kaiser
56 Der Weg nach Waterloo
57 Das Geheimnis des Marabut
58 Der Spion von Ortry
59 Die Herren von Greifenklau
60 Allah il Allah!
61 Der Derwisch
62 Im Tal des Todes
63 Zobeljäger und Kosak
64 Das Buschgespenst
65 Der Fremde aus Indien
66 Der Peitschenmüller
67 Der Silberbauer
68 Der Wurzelsepp
69 Ritter und Rebellen
70 Der Waldläufer
71 Old Firehand
72 Schacht und Hütte
73 Der Habicht
74 Der verlorene Sohn
75 Sklaven der Schande
76 Der Eremit
77 Die Kinder des Herzogs
78 Das Rätsel von Miramare
79 Old Shatterhand in der Heimat
80 Auf der See gefangen
81 Abdahn Effendi
82 In fernen Zonen
83 Am Marterpfahl
84 Der Bowie-Pater
85 Von Ehefrauen und Ehrenmännern
86 Meine dankbaren Leser

Karl-May-Atlas, Karl-May-Chronik I-V, Der geschliffene Diamant, Die blaue Schlange
Winnetous Blutsbruder, Mein Hengst Rih, Fürst und Junker I-III, Zwischen Himmel und Hölle
Karl May auf sächsischen Pfaden, Durchs wilde Lukullistan, Auf Karl Mays Fährte
Auf Winnetous Spuren, Mit Kara Ben Nemsi durch den Orient, Karl-May-Filmbuch
Karl-May-Stars, Karl May und die Musik (mit CD), Ich war Winnetous Schwester
Karl-May-Bibliografie 1913–1945, Traumwelten · Bilder zum Werk Karl Mays I-II

KARL-MAY-VERLAG
BAMBERG·RADEBEUL
www.karl-may.de